제9판

경영조직 전략노트 목차키워드

김유미 노무사

새흐름

머 리 말

경영조직은 조직행동(organizational behavior)과 조직이론(organization theory)을 포함하는 방대한 범위의 과목입니다. 이 책은 「경영조직 전략노트」의 핵심 요약판으로, 출간 전부터 독자들로부터 많은 요구와 관심에 따라 「경영조직 전략노트 목차키워드」를 발간하게 되었습니다.

시험장에 들어가기 전의 잘 정리된 한 권의 책은 수험생에게 그 무엇보다 가장 든든하고 강력한 무기가 될 수 있습니다. 특히 이 책은 넓은 범위의 경영조직 내용을 여러 번 리마인드하면서 실제 시험에 현출할 수 있도록 압축 정리한 것으로, 좀 더 정확히 말하면 목차·개념·키워드·도식·용어사전 노트라고 할 수 있습니다.

[개정 사항]

제9판에서는 다음과 같은 주요 개정 사항이 반영되었습니다. 첫째, 각 편마다 기출문제를 수록하였고, 둘째, 제8판보다 더 많은 키워드와 주요 내용을 포함하였습니다. 이를 통해, 학습을 시작한 지 얼마 되지 않았거나 공부량이 부족하여 문장을 구성하는 데 어려움을 느끼는 분들도 불안감을 덜고, 보다 풍부한 키워드를 통해 자신감을 가질 수 있도록 하였습니다.

[활용방법]

1. 2단 구성의 활용

이 책의 가장 큰 특징은 많은 내용을 체계적으로 정리하여 〈좌측〉에는 목차와 도식을, 〈우측〉에는 개념과 키워드를 배치하였다는 것입니다. 좌측에 위치한 목차 흐름(Flow)에 따라 우측의 개념과 키워드를 숙지하면 아주 빠른 시간 내에 전체적인 Frame을 파악하면서도 세부 내용까지 효율적으로 정리할 수 있을 것입니다. 또한, 실제 답안 형식으로 목차와 내용을 구성하였기 때문에 이 책으로 충실히 공부한다면 시험장에서 출제 문제에 따라 가감할 수 있는 내용들을 빨리 판단할 수 있을 것입니다.

2. 학습자

'학습자'는 일종의 가림판 역할을 할 수 있는 도구(tool)입니다. '백지복습법'과 마찬가지로 해당 편과 장을 공부하기 전에는 좌측의 목차를 학습자로 가린 후 대략 어떤 주제들이 있었는지를 연상해보고, 그 후에는 우측의 내용을 학습자로 가린 후 좌측의 목차만 보고 설명을 떠올리는 연습을 반복하게 되면 논술 시험 대비에 아주 효과적일 것입니다. 서술형 시험에서는 아는 것 같은 느낌과 아는 것을 확실하게 구별할 수 있어야 하기 때문입니다.

3. 기본서 및 전략노트와의 호환성

이 책은 교수님들의 기본서 및 전략노트와 호환성이 높습니다. 이 책으로 빠르게 회독 수를 높이면서도 특정 부분을 찾아보고 싶을 때, 이 책의 각 장에는 전략노트의 어떤 페이지에 해당 내용이 수록되어 있는지 명시해 두었습니다. 시간을 최대한 절약할 수 있도록 수험생의 편의를 배려한 부분입니다.

4. 용어사전

용어사전이란 경영조직론에 나오는 기본적이고 핵심적인 개념, 시험장에서 깊이 있게 설명할 수 있는 개념, 차별화 포인트로 활용할 수 있는 개념 등을 알차게 모아둔 것으로 기본서에서의 Basic한 부분뿐 아니라 신조어까지 답안 서술 시 직접 사용할 수 있는 단어들까지 수록해두었습니다(각 단어 밑에는 ★의 개수로 중요도를 표시해두었습니다).

5. 학자, 개념 및 평가(공헌 및 비판점)의 차별화

전문성이 돋보이도록 학자들의 이름과 연도를 최대한 명기하였고, 타 답안과의 차별화를 위해 개념 설명에 있어서 어원이나 히스토리를 활용하여 최대한 인상적인 답안을 쓸 수 있도록 정밀하게 기술하였습니다. 이론 자체의 내용도 풍부하게 담았지만, 특히 수험생들의 답안에서도 가장 크게 변별력의 차이가 나는 평가(공헌 및 비판점)에도 중점을 두어 정밀하게 구성하였습니다.

6. 그림, 도표들의 도식화

최근 시험에서는 도식화를 직접적으로 요구하는 문제들도 출제되고 있어 여러 교과서와 논문에서 자주 사용되는 좋은 내용의 그림 및 도표들을 엄선하여 수록하였습니다. 경영조직론을 현출함에 있어 적시적소에 활용하는 그림과 도표들은 채점교수님들로 하여금 타 답안들과 차별화시키는 역할을 할 뿐만 아니라, 서술 내용을 모두 읽지 않아도 수험생이 정확하게 알고 있다는 것을 표시할 수 있기 때문에 아주 훌륭한 커뮤니케이션 도구(communication tool)가 될 수 있습니다.

7. 가장 좋은 스터디메이트는 책과 강사

오랜 강사생활 동안 보고 느낀 점이 있습니다. 가장 좋은 스터디메이트는 내 답안을 간헐적으로 지적해주는 스터디 구성원이 아니라 '책'과 '강사'인데, 수험생활을 하다 보면 심리적으로 불안하기 때문에 내 답안에 대해 스터디원이 지적한 내용을 더 중요하게 생각하기도 한다는 것입니다. 하지만 수년에 걸쳐 업그레이드하면서 진화해온 책이야말로 여러분들이 더 중요하게 생각해야 하는 보석같은 지식들의 산물이라 할 수 있습니다. 지금 가장 풍부한 컨텐츠와 세련된 모습으로 자신의 옆에서 도움을 줄 수 있는 것은 '책'이라는 사실을 항상 잊지 마시고, 여러분들 곁에 항상 두고 보고 익히시길 바랍니다.

답안을 작성하기 위한 재료를 많이 갖고 있다는 것은 밑천(seed money)이자 무기(weapon)가 될 수 있습니다. 그래서 상대평가로 진행되는 시험에서 우위를 점하기 위해서는 많은 재료(key word)

를 확실하게 준비해 놓는 것은 매우 중요합니다. 혹시 주변에 자신보다 앞서가는 수험생이 있다면, 그것은 그 수험생이 특별한 능력과 재능이 있어서라기보다는 그 수험생이 어렵고 하기 싫은 일(키워드 추출과 반복)을 자신보다 먼저 더 많이 했기 때문임을 기억하기 바랍니다.

책을 출간하기까지 저자의 완벽주의자 성격에 고난과 피해를 받은 가족들, 이제는 하늘나라에 있는 엄마, 노무사 동기들(순수지속)과 합격한 후배님들, 존경하는 지도 교수님, 류종수 부장님, 이종은 대표님 외 새흐름 편집부 식구들, 서강대 인사조직 대학원 동기들에게 감사함을 표합니다. 또한 그동안 「목차키워드 노트」를 기다려준 많은 수험생분들에게도 이 기회를 빌어 꼭 감사인사 드리고 싶습니다. 저자는 항상 같은 자리에서 나름의 소명의식을 다하면서 여러분들의 성장과 행복을 맘속 깊이 기원하겠습니다.

2025. 3.
공인노무사 **김유미** 드림

차례 contents

제1부 경영조직 용어사전

(가) / 3

가상조직	경영과학적 접근법	관리격자 모델	귀인
가치관	경쟁가치 접근법	관리자의 역할	귀인이론
가치 체계	계층적 통제	공동체 생태학이론	긍정심리자본
갈등	균형성과표 접근법	공식 집단	기계적 조직과 유기적 조직
감성지능	권한 계층	공식적 커뮤니케이션	기능식 조직
감정 리더십	고전적 조건화	공식화	기술
감수성훈련	고정관념	규모	기업의 사회적 책임
감정노동	과학적 관리론	규범	
강화	관료제론	권력	

(나) / 7

나르시시즘	내부 프로세스 접근법	네트워크 조직
내면적 다양성	네오카리스마적 리더십 이론	

(다) / 8

다양성	대인지각	도덕적 해이
대리인 비용	델파이 기법	동기부여

(라) / 8

리더–구성원 교환이론	리더십 대체이론	리더십 상황이론
리더십	리더십 특성이론	린 생산
리더십 귀인이론	리더십 행동이론	린 식스 시그마

(마) / 10

마키아벨리즘	매개변수	모델	몰입상승 오류
명목집단법	매트릭스 조직	목표달성 접근법	미시간 대학교 리더십 연구

(바) / 11

반생산적 과업행동	변혁적 리더십 이론	분화	비공식 집단
배분적 협상전략	복잡성 : 분화의 정도	본원적 경쟁전략	비공식적 커뮤니케이션
변수	분권적 통제	브레인스토밍	빅데이터

(사) / 13

사내벤처 분사조직	사회적 정체성 이론	생산적 작업행동	스키마
사업부제 조직	사회정보처리모형	싸이코패시	쓰레기통 모형
사회·기술시스템	산업구조 분석–Porter의	소시오그램	시스템 이론
사회적 교환이론	산업구조 분석	소시오메트리	시장과 위계이론
사회적 범주화 이론	상황적합론	소시오메트릭스	심리적 계약
사회적 비교이론	서번트 리더십 이론	수퍼 리더십과 자율적 리더십	
사회적 전염	성격	스트레스	

(아) / 16

아이오와 대학 리더십 연구	애드호크라시 조직	오하이오 주립대학의	인상형성이론
암묵지	유사성 매력관점	리더십 연구	인지부조화 이론
역피라미드 조직	유연생산기술	의사결정	일반관리론
역할	윤리	이해관계자 접근법	임파워먼트
역할 갈등	윤리적 리더십	인간관계론	임파워먼트 리더십

(자) / 19

자기관찰	정신역동이론	조직균형론	지식
자기결정이론	제도적 동형화	조직문화	지위
자기존중감	제도화이론	조직몰입	직관적 의사결정 모델
자기충족적 예언 기대 효과	제한된 합리성 모형 : 기술적 모델	조직사회화	직무만족
자기효능감	조작적 조건화	조직 쇠퇴	직무 요구–자원 모형
자원기준 접근법	조절변수	조직시민행동	진정성 리더십
자원의존이론	조직	조직 정치	집권화
장(場) 이론	조직개발	조직지원인식	집단
전략	조직구조	조직통제전략의 유형	집단사고
전문화 : 직무의 세분화 정도	조직변화	조직학습	집단양극화
점증적 의사결정 모형	조직설계	조직행동수정	집단 역학
정보기술	조직설계를 위한 차원	조직행동론	집단응집력
정보·의사결정 관점	조직의 다섯 가지 기본부문	조직효과성	징계
정서, 감정, 기분	조직 간 관계 분석의 틀	조하리의 창	
정서적 사건 반응이론	조직군 생태학이론	지각	

(차) / 27

창의성	초국적 조직

(카) / 28

카네기 모형	카이젠	커뮤니케이션 네트워크
카리스마 리더십 이론	커뮤니케이션	코칭 리더십

(타) / 29

태도	통합	특성-유형 이론	팀워크
통제 위치	통합적 협상	팀의 개념	

(파) / 29

팔로워십	표면적 다양성	프로세스 조직	프로젝트 조직

(하) / 30

학습	행동과학	협동행동	형식지
학습조직	행위학습 이론	협력적 네트워크 관점	환경
합리적 의사결정 모형	혁신행동	협상	

숫자, 외국어 / 31

1차 산업, 2차 산업, 3차 산업	Fiedler의 리더십 상황 모델	Locke의 목표설정이론	Schneider의 유인-퇴출 이론
3S 운동	ERP	Maslow의 욕구단계이론	Schein의 모델
Adam Smith의 분업	Gersick의 단절 균형 모델	McClelland의 성취동기이론	Senge의 학습조직이론
Adams의 공정성 이론	GLOBE 문화 분석 틀	McGregor의 X, Y론	Simon의 의사결정체계
Affirmative action정책	Greiner의 조직수명주기 모형	Miles&Snow의 전략 유형	Skinner의 실험
Alderfer의 ERG이론	Hackman&Oldham의 직무특성모델	Milgram's Obedience Experiment	Thomas와 Kilmann 및 Rahim의 갈등관리유형
Argyris의 성숙-미성숙 이론	Hersey&Blanchard의 상황적 리더십 이론	Miller의 조직 쇠퇴 유형	Thompson의 기술 연구
Asch effect	Herzberg의 2요인 이론	Myers-Briggs Type Indicator	Thorndike 실험
Astley & Van de Ven	Hofstete의 문화 차원	Ouchi의 Z이론	TQM
Bandura의 사회학습이론	Holland의 RIASEC 모델	Pascale과 Peters의 7S 모형	Tuckman의 5단계 집단 발전모형
BATNA	House의 경로-목표 이론	Perrow의 연구	T/F
Big-Five 모델	JIT	PM 리더십 모형	Vroom의 기대이론
Chandler의 전략결정론	John Kotter의 변화실행의 8단계 계획	Porter와 Lawler의 수정 기대이론	Vroom · Yetton · Jago의 리더십 규범이론
Child의 전략적 선택이론	Katz	Quinn의 경쟁가치 모형	Woodward의 연구
Deci의 인지평가이론	Kurt Lewin의 세력 장 이론	QC circle	
Duncan과 Thompson의 환경분류 통합적 틀		RIASEC 모델	
Deal과 Kennedy의 모형		Ringelmann's rope-pulling experiments	

제2부 경영조직 목차키워드

제1편 조직행동 개관 / 47

제 1 장 조직(organization)의 이해 · 49
제 2 장 조직행동론(organizational behavior : OB)의 이해 · 56
제 3 장 조직행동론의 현대적 이슈들과 연구의 흐름 · 59

제2편 개인 수준(individual level) / 61

제 1 장 개 요 · 64
제 2 장 다양성(diversity) (=개인차) · 65
제 3 장 지각(perception) · 73
제 4 장 성격(personality) · 87
제 5 장 가치관(value) · 100
제 6 장 태도(attitudes), 신뢰(trust) · 106
제 7 장 감정(emotion), 직무 스트레스(job stress) · 121
제 8 장 동기부여(motivation) · 137
제 9 장 학습(learning) · 166

제3편 집단 수준(group level) / 183

제 1 장 개 요 · 188
제 2 장 집단(group)과 팀(team) · 191
제 3 장 갈등(conflict), 협상(negotiation) · 217
제 4 장 권력(power), 임파워먼트(empowerment), 조직 정치(organizational politics) · · · · · · · · · 232
제 5 장 커뮤니케이션(의사소통, communication) · 243
제 6 장 리더십(leadership) · 255
제 7 장 의사결정(decision making) · 286

제4편 조직 수준(organizational level) / 307

제 1 장 개 요 · 312
제 2 장 조직이론(organization theory) · 314
제 3 장 조직구조(organizational structure)의 이해 · 345
제 4 장 조직구조의 설계(design of organizational structure) · 371
제 5 장 조직문화(organizational culture), 윤리(ethics), 기업의 사회적 책임(CSR) · · · · · · · · · · · · · 431
제 6 장 조직변화(organizational change)와 조직개발(organizational developement) · · · · · · · · · · · 454

부록 기출문제 / 475

제1부
경영조직 용어사전

(가)

가상조직 (virtual organization) ★★	가상조직이란 팀 구성원들이 시간, 공간 또는 조직의 경계를 초월하여, 주로 전자통신을 통하여 커뮤니케이션하면서 과업을 수행하는 조직을 의미한다. 가상조직은 21세기에 고객의 욕구가 매우 다양해지고 기술이 점점 더 복잡해져서 기술개발에 필요한 비용을 한 기업이 감당하기 힘든 상황에서, 정보네트워크 기술의 발전을 이용한 새로운 기업 간 협력을 통해 경영성과를 높이려는 경영전략의 일환으로 설계된 조직형태이다.
가치관 (value) ★★★	가치관이란 어떤 특정한 행동방식이나 존재양식(specific mode of conductor and state of existence)이 그 반대의 행동방식이나 존재양식(opposite mode of conductor and state of existence)보다 개인적으로나 혹은 사회적으로 더 바람직하다는 기본적인 신념을 나타낸 것이다(Milton Rokeach, 1973). 가치관은 다양한 상황에서 무엇이 올바르거나 그르다거나, 좋거나 나쁘다거나 바람직하다거나 그렇지 않다거나 하는 개인적 생각이 담겨 있어 도덕적 성향 내지는 판단적 요소를 내포하고 있는 개념이다(옳고 그름(right or wrong)의 판단기준).
가치 체계 (value system) ★	가치관은 그 '내용'과 '강도'의 속성을 지니고 있는데, '내용'은 어떤 행동 양식이나 존재 상태가 중요하다는 것을 말하고, '강도'는 그것이 얼마나 중요한가를 나타낸다(Robbins & Judge, 2009 : 150). 여기서 개인의 개별적인 가치관이 그 강도, 즉 상대적 중요성에 따라 우선순위화 되어 있는 것을 〈가치 체계〉라고 한다.
갈등 (conflict) ★★★	갈등이란 용어는 '칡'을 의미하는 한자어 '갈(葛)'과 '등나무'를 의미하는 '등(藤)'으로 구성된 것이다. 이들은 모두 덩굴식물로서 넝쿨이 돌아가는 방향이 서로 다르다. 칡은 오른쪽으로 감지만 등나무는 왼쪽으로 감는다. 이들이 서로 얽히면 풀기 어렵다. 갈등이란 이러한 나무들의 덩굴이 서로 복잡하게 뒤엉켜 있는 것과 같이 서로 적대시하며 분쟁을 일으키는 것을 말한다. 리터러(J. Litterer)에 의하면 "갈등이란 어떤 개인이나 집단이 다른 사람이나 집단과의 상호작용이나 활동으로 상대적 손실을 지각한 결과, 대립·다툼·적대감이 발생하는 행동의 한 형태"라고 정의하였다.
감성 지능 (emotional intelligence : EI) ★★★	감성 지능(=감정 지능, 정서 지능)이란 감정적 단서나 정보를 파악하고 관리하는 능력을 말한다. 즉, 다른 사람의 정서(feeling)와 감성(emotion)을 잘 알아채고 이해하고 조절할 수 있는 능력을 말한다. 감성지능의 대표적 연구학자인 다니엘 골만(D. Goleman)은 감성 지능(EQ)이 지적 지능(IQ)보다 경력을 형성함에 있어 훨씬 중요하다고 하였다. 자기 자신(self) / 다른 사람(social) 인식 차원(recognition): 자기 인식(self-awareness) - 자신의 감정 이해, 자기 평가, 자신감 / 사회적 인식(social awareness) - 공감(empathy), 조직 인식, 서비스 정신 감성지능(EI) 관리 차원(management): 자기 관리(self-management) - 자신의 감정통제, 정직성, 진실성, 신뢰성, 적응성, 성취욕구, 주도성, 낙관주의 / 관계 관리(relationship management) - 영감고취형 리더십, 효과적인 영향력 발휘, 타인의 역량 육성, 변화촉진, 갈등관리, 팀워크와 협력관계 구축
감성 리더십 (emotional leadership) ★★★	감성 리더십이란 구성원들이 즐거운 기분으로 업무를 수행할 수 있도록 업무환경을 조성해주고 배려해주는 리더십을 뜻하는데, ① 자기 감정을 지각하는 능력, ② 자기 감정을 관리하는 능력, ③ 타인 감정을 지각하는 능력 및 ④ 타인 감정을 관리하는 능력을 갖추어야 한다는 것이다. 감성지능의 대표적 연구학자인 다니엘 골만(D. Goleman)은 감성지능(EQ)이 지적 지능(IQ)보다 경력을 형성함에 있어 훨씬 중요하다고 하였다. 리더십 전문가인 네프(T. J. Neff)와 시트린(J. M. Citrin)은 Lesson from the Top이라는 그들의 저서를 통해 50명의 성공한 리더가 갖춘 15가지 공통자질을 제시해 화제가 된 바 있다. 여기서 주목할 점은 성공적인 리더가 갖춘 자질들 중 지적 혹은 기술적 능력과 관련된 부분은 단지 3가지뿐이고 대부분이 소프트한 차원에서의 감성지능(Emotional Intelligence : EI)을 기반으로 한 태도나 의지라는 것이다. 즉, 지적 능력 혹은 기술적 능력은 훌륭한 리더가 되기 위한 필요조건이기는 하지만 충분조건은 아니라는 것이다.

감수성훈련 (T-Group Training) ★★	감수성훈련은 1946년 Kurt Lewin이 주도했던 T-Group활동을 모체로 하여 발달한 프로그램으로 대인관계의 감수성 증대를 통해서 인간관계 능력과 조직유효성을 향상시키려는 기법으로 T그룹 훈련이라고도 한다. 대인능력의 향상을 위해 개인의 태도 변화를 도모하고자 하는 것이다. 조직구성원들이 다른 구성원과의 대면접촉(face-to-face contact)을 통해 타인에 대해 관심을 가지고, 그들의 처지나 입장을 이해함으로써 마음의 벽을 허물고 인종, 지역, 학력, 출신 등 차이를 극복하고 협동을 하게 됨으로써 조직이 활성화되고 이를 통해 조직성과가 향상된다는 것이다.
감정노동 (emotional labor : EL) ★★★	감정노동은 Hochschild(1983)의 「The managed Heart : Commercialization of Human Feeling」이라는 저서를 통해 보편적 개념으로 자리 잡았다. 그는 승무원에 대한 조사를 통해 표면행동을 통한 정서노동의 수행이 자신의 진실한 정서로부터 소외를 유발하여 구성원이 다양한 심리적 복지에 부정적 영향을 미친다는 것을 제시하였다. 감정 노동이란 종업원이 직무상 고객으로부터 만족, 기쁨 등의 정서반응을 이끌어내고 음성이나 표정으로 교감을 형성하기 위하여, 자신의 기분과 맞지 않더라도 필요에 따라 감정을 제대로 표현하는 것으로 정의된다(Hochschild, 1983). 다시 말해 직무상 대인 간의 상호작용이 이루어지는 동안 종업원이 조직 차원에서 바라는 감정을 표현하는 상황을 말한다.
강화 (reinforcement) ★★★	조건화(conditioning)란 학습이 일어나도록 조건(여건)을 마련해주는 것을 말하는데, 강화(reinforcement)란 조건화를 통하여 개인의 행동을 증가시키거나 소멸시키는 행동변화 방법을 말한다. 즉, 행동변화를 위하여 학습대상자에게 일정한 자극을 주는 것으로, 강화가 없을 때 행동의 발생이나 변화는 있을 수 없다.
경영과학적 접근법 (management science approach) ★	경영과학적 모형이란 집단적 의사결정 모형을 조직관리에 일부 도입한 가장 합리적인 방식이다. 기업경영에 사용되고 있는 수리적 모형은 이런 식으로 개발된 의사결정 모형이다. 선형계획법(LP method), PERT 차트, 컴퓨터 시뮬레이션 등의 기법이 개발되었으며 오늘은 전사적 자원관리(ERP)라는 시스템으로 기업의 전반적 의사결정까지 과학적으로 실시간에 이루어진다.
경쟁가치 접근법 (competing values approach : CVA) ★★★	경쟁가치 접근법이란 조직의 효과성을 평가하는 데에는 조직의 다양한 관점의 다양한 가치들이 함께 고려되어야 하며, 어느 하나만을 가지고 조직을 평가해서는 안 된다는 것이다(Quinn & Rohrbaugh, 1981). 하나의 조직을 싸고 있는 다양한 여러 개의 가치들은 서로 대등하게 경쟁하는 입장에 놓이는 것이 필요한데, 다양한 가치들은 상황의 변화에 따라 약해지고, 사라지고, 강해지고, 새로 생기는 것도 있으므로 처음에 공시된 한 개의 조직목표로써만 그 조직의 유효성을 평가해서는 안 되기 때문이다. 가치들은 서로가 더 중요하다고 경쟁하면서 중요성의 가중치가 다르게 매겨지는데, 이로 인하여 '경쟁가치(competing values)'라는 용어가 사용된 것이다.
계층적 통제 (hierarchical control) ★★	계층적 통제는 규칙, 정책, 권위계층, 문서, 보상 시스템 및 여타 공식적 메커니즘들을 광범위하게 사용하여 구성원들의 행동을 모니터링하면서 영향을 미치는 방식을 말한다.
균형성과표 접근법 (Balanced Score Card approach : BSC approach) ★★★	BSC는 조직의 전략으로부터 도출되어 신중하게 선택된 평가지표들의 합으로 정의될 수 있다(Balanced Score Card is a carefully selected balanced set of measures derived from the vision and strategies that represent a tool for leaders to use in communicating strategies to the organization and motivating change. by David P. Norton & Robert S. Kaplan).
권한 계층 (hierarchy of authority) ★★★	권한 계층(= 통제 범위(span of control)) : 관리의 폭 권한 계층이란 관리자가 직접 관리하고 감독하는 부하의 수를 말한다. 즉, 조직에서의 보고 체계와 관리의 통제 범위를 지칭하는 말이다. 통제범위가 좁으면 조직 계층이 높아지고 통제범위가 넓어지면 조직은 수평적이 되며 계층은 낮아진다.

고전적 조건화 (classical conditioning)) ★★★	가장 초보적이고 고전적인 방법으로 러시아의 심리학자 파블로프(I. Pavlov)가 제시한 이론으로서 조건 자극(conditioned stimulus : CS)을 무조건 자극(unconditioned stimulus : UCS)과 관련시킴으로써 조건 자극으로부터 새로운 조건 반응을 얻어내는 과정을 말한다. 파블로프는 개를 연구대상으로 하여 소화작용에 따른 타액의 분비현상을 연구하던 중, 음식에 의한 직접적인 자극이 없어도 이에 관련된 신호에 의해서 타액과 위액이 분비되는 것을 발견하여 조건반응 형성에 관한 원리를 정립하게 되었다. 이 이론은 자극과 반응 간의 반복적인 결합(association)에 의해 행동이 학습될 수 있다고 주장하는 것이다. 자극(S) → 반응(R)
고정관념 (stereotyping) (=상동적 태도) ★★★	Stereotyping이라는 용어는 원래 인쇄를 하기 전에 만드는 연판(鉛版) 내지 동판을 뜻하는 것으로 인쇄공들이 쓰던 말이었다. 1922년 미국의 저널리스트인 리프만(W. Lippman)에 의해 사회적 지각에 처음으로 사용된 이후부터 이 용어는 편견을 나타내는 용어로서 자주 통용되고 있다. 고정관념이란 그 사람이 개인의 특성(차이)은 무시한 채 특정한 사람 또는 집단에 대해 갖고 있는 고과자의 지각에 의해 나타나는 것으로, 과거에 학습된 평가적 체계(evaluative frameworks)와 사용하는 표식(using labels)에 의해 사람을 분류하는 것이다. 고과자가 평소 특정 종교, 사회단체 등에 좋지 않은 감정을 갖고 있을 때 이러한 감정이 피고과자 평가에 나타나는 경우가 있다.
과학적 관리론 (scientific management) : F. W. Taylor ★★★	인사관리에 대한 기계적 접근은 1911년 Taylor가 출판한 「과학적 관리법(Scientific Management)」을 출발점으로 형성되었는데, 그는 작업능률을 향상시키고 생산성을 증가시키는 유일한 최선의 방법(one best way)은 과학적인 방법을 사용하는 것이라 주장하였다.
관료제론 (bureaucracy) : M. Weber ★★★	19세기 말 독일의 사회학자 베버(M. Weber)는 한층 더 조직 자체에 접근하였다. 그는 18세기 이후 서구의 근대화과정에서 생성된 대규모 공공조직들의 공통된 특징을 통합하고, 합리적이고 작업능률을 극대화할 수 있는 이상적인 조직형태로서 관료제에 대한 이상형(ideal type)을 설정하였다. 관료제(bureaucracy)라는 말은 bureau(사무실, 책상)와 cracy(kratia : 관리, 지배)의 합성어로서 사무실 책상에서 미리 규정과 절차를 정해 놓고 나서 전체 구성원은 그에 따라 현장 실무를 진행해야 한다는 뜻이다. 그는 조직구성원들 간의 권력관계를 연구하여 조직의 권한구조(authority structure) 이론을 정립하였다.
관리격자 모델 (managerial grid model) ★★★	관리격자 모델은 리더십에서 가장 효과적인 것이 무엇인가를 찾으려는 데서 시도되었다. 블레이크(Blake)와 머튼(Mouton)은 리더십 유형을 리더가 가지고 있는 관심사가 무엇인가에 따라 구분했다. 이 프로그램은 구조주도와 배려 대신에 '생산에 대한 관심(concern for production)'과 '인간에 대한 관심(concern for people)'이라는 용어를 사용하면서 각 차원을 9등분하여 주요 좌표 다섯 지점에 명칭을 붙였다. 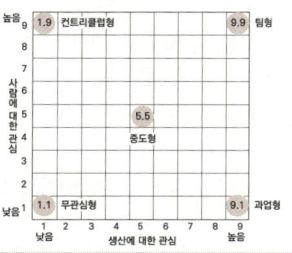
관리자의 역할 ★★	관리자는 조직 내에서 여러 가지 역할을 한다. 민츠버그(Mintzberg, 1983)는 이를 대인적 역할, 정보역할, 의사결정의 역할로 구분한다. 대인적 역할에는 우두머리, 지도자 그리고 연락관의 지위가 포함된다. 정보역할에는 점검자, 보급자 그리고 대변인의 지위가 포함된다. 의사결정 역할에는 사업가, 해결사, 자원 배분자 그리고 중재자의 지위가 포함된다. 이러한 관리자의 역할에 따라 관리자가 갖추어야 할 기술이 요청된다.

공동체 생태학이론 (community ecology or collective strategy) ★	공동체 생태학이론은 조직을 생태학적 공동체 속에서 상호의존적인 조직군들의 한 구성원으로서 파악하고 이에 따라 조직의 행동과 환경적응과정을 설명하려는 이론이다(Beard & Dess, 1988). 이 이론은 기본적으로 조직은 환경과의 관계 속에서 그 활동을 영위하고, 조직의 생존과 성과는 다른 조직들과의 관계에 의해 크게 좌우된다는 인식에 바탕을 두고 있다. 이 분야의 연구들은 연구자들에 따라 공동체 생태학, 공동전략, 조직 간 네트워크, 전략적 네트워크 등의 상이한 명칭으로 불려지고 있다.
공식 집단 (formal group) ★★	공식 집단은 관리자, 작업자 등으로 구성된 집단으로서, 조직의 목표에 의해 구성원의 행동이 정해지고 이에 상응하는 직무가 부여되며, 이를 수행하는 데 있어서 규정과 절차가 문서화 혹은 비문서화되어 구비되어 있는 집단이다.
공식적 커뮤니케이션 (formal communication) ★★	공식적 커뮤니케이션이란 조직에서 어떤 정보가 제공될 때 주어진 절차, 권한 및 의무관계를 바탕으로 이루어지는 것을 말한다. 예를 들면, 상사가 부하에게 업무지시를 하는 것 등을 말한다.
공식화 (formalization) : 과업수행방식의 표준화 정도 ★★★	공식화는 조직구성원이 수행하는 과업의 내용, 수행절차, 수행방법 그리고 수행결과 등에 대해 사전에 기준을 정해 놓은 정도를 말한다. 이것을 과업과정에 대한 표준화(standardization)라고도 한다. 공식화는 개인과 집단을 조정하기 위한 방편이며 이러한 공식화의 정도가 높아질수록 구성원의 행동은 자유재량권이 없어지고 일률화된다. 예컨대, 직무명세서, 규칙과 절차, 역할규정 등이 자세하게 되어 있으며 엄격하게 지켜지면 공식화의 정도가 높은 것이다.
규모 (size) ★★★	규모란 조직의 크기(size)를 의미한다. 조직규모는 조직설계와 통제방법에 영향을 미치는 중요한 변수이다. 조직이 크게 성장하면 관료적이어야 하는지, 어느 정도 규모의 조직이 관료적 특성에 가장 적절한지가 문제가 되는데, 연구에 따르면 대부분에서 대규모 조직과 중소규모 조직 사이에 관료적 구조의 각 차원인 공식화, 집권화, 관리직 비율에서 차이가 있는 것으로 보고되었다.
규범 (group norm) ★★★	규범이란 집단구성원이 공유하고 있는 수용가능한 표준화된 행동을 말한다. 더 구체적으로 표현하면 집단구성원들 간에 공유되고 인정된 비공식적 행위기준을 의미하기도 한다. 또한 집단규범은 행동에만 국한되지는 않는다. 이것은 태도, 의견 그리고 느낌까지도 포함된다. 집단규범은 대개 문서화되지 않고 공개적으로 논의되지는 않지만 집단구성원의 행동에 결정적인 영향을 미친다.
권력 (power) ★★★	권력이란 사회적 관계에서 상대방의 의지와 관계없이 나의 의지(will)를 상대방에게 관철시킬 수 있는 잠재적/실제적 힘(force) 또는 능력(ability)을 말한다.
귀인 (attribution) ★★★	귀인(attribution)이란 다른 사람이 행한 행동의 원인을 추론하는 것을 말한다. 대부분의 원인이나 귀인은 직접적으로 관찰할 수 없기 때문에, 인간의 개인적 지각에 의존한다.
귀인이론 (attribution theory) ★★★	귀인이론(attribution theory)이란 타인의 행동을 관찰할 때 그 행동의 원인이 외재적인가 아니면 내재적인가를 결정하려는 노력을 말한다.
긍정심리자본 (positive psychological capital : PsyCap) ★★★	긍정심리자본은 구성원의 복합적인 개인의 긍정적인 심리상태를 의미하며(Luthans & Youssef, 2007), 긍정적인 심리상태는 기질적(trait-like)이기보다는 관리가능한, 개발 및 개선이 가능한 상태적(state-like)인 특성을 가지고 있다(Luthans et al., 2002). 하위 차원으로는 ① 자기효능감(self-efficacy), ② 희망(hope), ③ 낙관주의(optimism), ④ 회복탄력성(resilience)이 있다.

기계적 조직 (mechanistic organization)과 유기적 조직 (organic organization) ★★★	환경의 불확실성에 적응하기 위한 조직설계의 형태로서 기계적 조직과 유기적 조직에 관한 연구가 있다. 번스(Tom Burns)와 스토커(G. M. Stalker)는 영국 내에 있는 20개의 기업을 대상으로 연구한 결과, 외부환경과 조직의 내부구조가 서로 관련이 있음을 발견하였다(1961). 환경이 급속하게 변화하고 있는 동태적 환경에 직면한 조직의 구조는 안정적인 환경에서 활동하고 있는 조직의 구조와 현저한 차이를 갖는다.	
기능식 조직 (functional organization) (=직능부제 조직) ★★★	U-form이라고도 불리는 기능식 조직은 조직의 상층에서 하층까지 공통기능을 중심으로 활동이 부서화되는 구조이다. 모든 엔지니어들은 엔지니어링 부서에 배치되고, 엔지니어링 부서의 부장은 엔지니어링 활동에 대해 모든 책임을 지고 있다. 마케팅, 연구개발 부서, 제조 부서 등도 이와 같은 방식으로 기능별로 부서화되어 있다.	
기술 (technology) ★★★	기술(technology)은 조직의 투입물(원료, 정보, 아이디어)을 산출물(제품과 서비스)로 변환시키는데 사용되는 작업절차, 기법, 기계, 행동 등을 총괄한 개념을 말한다. 기술은 조직의 생산 프로세스이며 기계만이 아니라 작업절차까지도 포함한다.	
기업의 사회적 책임 (corporate social responsibility : CSR) ★★★	기업의 사회적 책임이란 경영자윤리가 확장된 개념이며, 조직이 사회적 발전을 위해 대외적으로 가지고 있는 여러 가지 책임 및 의무사항을 의미하는 것이다. 〈CSR의 적용영역〉으로는 경제적 기능, 사회기대 부응, 사회 거시적 목표달성이 있고, 〈CSR의 대상〉으로서는 종업원, 주주, 소비자, 정부, 지역사회에 대한 책임이 있다.	

(나)	
나르시시즘 (narcissism) ★	나르시시즘은 그리스 신화에서 자기 외모를 너무 뽐내며 자부심을 가지다가 물에 비친 자신의 외모와 사랑에 빠지게 된 님프인 나르시서스(Narcissus)의 스토리에 기초하여 만들어진 성격유형으로 자기애(自己愛), 자아도취 또는 자기도취성향이라고 불린다. 자기애가 강한 사람은 다른 사람들보다 더 카리스마적이라는 점도 보고되고 있다. 리더나 관리자 모두 나르시스트 성향이 높게 나타나는데, 이는 자기 중심성(self-centeredness)이 어느 정도 있어야 성공한다는 논거에 입각한 것이다. 나르시스트 성향이 높을수록 근로 의욕, 직무 열의 및 인생에 대한 만족도가 높다고 한다.
내면적 다양성 (deep-level diversity) ★★	내면적 다양성이란 능력, 가치관, 성격, 일에 대한 선호도 차이로서 사람들이 함께 어울리면서 서로 유사성을 파악하는 데 갈수록 중시되는 다양성이다. 즉, 내면적 다양성에 대한 공감을 통하여 상호간 이해의 폭이 넓어지면 자연스럽게 인구통계학적 차이에 대한 관심은 감소할 수 있다는 것이다.
내부 프로세스 접근법 (internal process approach) ★★	내부 프로세스 접근법은 투입·변화·산출 중에서 변환 단계의 유효성에 초점을 맞추는 접근법이다. 조직이 원활하게 잘 돌아가려면 자원들이 무엇이건 그것들의 변환과 결합이 잘 되어야 하는데 이것은 조직의 내부 변환 프로세스가 어떠한지에 달려있다. 업무처리 프로세스는 분업화와 통합화 상태, 역할 배분과 권한의 위임 정도, 조직위계와 부서규모 등 주로 조직 내부 구조의 설계와 관련이 깊으며, 내부 프로세스 접근법은 그것이 어떻게 설계되어 있는지에 따라서 조직의 유효성이 결정된다고 보는 것이다.
네오카리스마적 리더십 이론 (neocharismatic leadership theory) ★	최근에 거론되고 있는 네오카리스마적 리더십이란 어떤 개인의 특수한 능력, 다시 말하면 추종자에게 극대의 몰입을 끌어낼 만한 능력을 가진 리더를 의미한다. 네오카리스마적 리더십 이론은 다음과 같은 네 가지 특징을 가지고 있다. ① 비전을 가지고 있으며, ② 그 비전을 실현하기 위해 위험을 감수하려는 용기가 있으며, ③ 환경적인 제약이나 부하들의 니즈(needs)에 민감하고, ④ 남이 생각하지 않는 기발하고 새로운 행동을 실행에 옮기는 것이다. 대표적인 네오카리스마적 리더로는 케네디, 마틴 루터 킹, 잭 웰치, 빌 게이츠, 스티브 잡스 등을 예로 들 수 있다.

네트워크 조직 (network organization) ★★★	네트워크 조직이란 업무적인 상호의존성이 큼에도 불구하고 자본적으로 연결되지 않은 조직들이, 서로의 자원을 내부 자원처럼 활용하기 위하여 조직간 상호의존적인 협력관계를 형성하는 것을 말한다.

(다)

다양성 (diversity) ★★★	다양성이란 일반적으로 구성원들의 이질성(heterogeneity)을 의미한다.
대리인 비용 (agency cost) ★★★	조직은 많은 이해관계자들의 모임이다. 그런데 이해관계자들이 모두 조직운영을 직접 떠맡는 것은 아니다. 마치 주주와 CEO의 관계와 같은데, 주주 입장에서 보면 CEO는 자신들의 대리인인 것이다. 대리인이론 관점에서 보면 대리인과 주인 간에는 상호불신과 이해의 상충관계, 즉 대리인 문제(agency problem)가 생기는 것이 불가피하다. 주인은 대리인의 노력과 봉사로 자신의 이익을 추구하려는 이기적 동기를 가지고 있으며, 대리인은 주인이 주는 대가로 자기의 이익을 추구한다. 이 때 발생하는 손실이 대리인 비용이다. 대리인 비용에는 감시비용, 확증비용, 잔여손실이 있다.
대인지각 (person perception) ★★	대인지각(person perception) 또는 사회적 지각(social perception)이란 한 개인이 다른 사람들을 어떻게 지각하고 그들에 대해 어떻게 이해하는가에 관한 것을 말한다. 사물의 지각에 대한 연구는 오래 전에 시작되었으나, 사회적 지각에 관한 연구는 그리 오래되지 않은 1970년대부터 본격적으로 시작되었다. 대인지각의 경우 일반인의 공통패턴이 있다.
델파이(Delphi) 기법 ★★★	구성원이 모인 자리에서 토론을 거쳐 결정을 하는 것이 아니라, 전문적인 의견을 설문을 통해서 전하고 다른 사람들의 의견을 보고나서 다시 수정한 의견을 제시하는 일련의 절차를 거쳐 최종결정을 내리는 방법이다. 전문가들은 서로 대면접촉(face-to-face)을 하지 않도록 되어있다.
도덕적 해이 (moral hazard) ★★	도덕적 해이의 개념은 경제학에서 출발되었다. 〈경제학적 의미〉로는 정상적인 시장을 해칠 수 있는 경제주체들이 자신들이 빠져나갈 구멍만 찾고 도덕적·윤리적·경제적으로 부정적인 태도 및 행동으로 타인이나 사회에 위험 또는 위협적인 요인을 제공하는 것이다. 도덕적 해이란 〈일반적인 의미〉로는 미국에서 보험가입자들의 부도덕한 행위를 가리키는 말로 사용되기 시작하였다. 윤리적으로나 법적으로 자신이 해야 할 최선의 의무를 다 하지 않은 행위를 나타내는데, 법 또는 제도적 허점을 이용하거나 자기 책임을 소홀히 하는 행동을 포괄하는 용어로 확대되었고, 이후 〈조직관리적 관점〉에서 다양하게 사용되고 있다.
동기부여 (motivation) ★★★	동기부여란 어떤 목표를 성취하기 위하여 개인의 행동을 자극하고 지휘하며 유지하는 과정이다. 동기부여란 목표를 달성하기 위한 개인의 노력의 강도(intensity)·방향(direction)·지속성(persistence)을 설명하는 역동적인 힘의 집합으로 정의할 수 있다(Pinder).

(라)

리더 – 구성원 교환이론 (leader – member exchange theory : LMX theory) ★★★	리더-구성원 교환이론(Leader-Member Exchange theory : LMX theory)은 리더가 자신의 부하와 어떤 관계를 맺고 있느냐에 따라 리더의 부하에 대한 영향력 행사가 달라진다는 이론이다.

리더십 (leadership) ★★★	리더십에 대한 정의는 매우 많아서 리더십을 연구하는 사람마다 각자 자기만의 정의를 가지고 있다고 할 만큼 다양하다. 리드(lead)의 어원은 고대 영어의 leden 또는 loedan이다. 본래의 뜻은 "안내하다(to guide)"였다. 나아가 leden과 loedan의 라틴어 어원은 "ducere"로서 "끌다(to draw)"라는 뜻이다. 베니스(W. Bennis)는 리더십이란 조직구성원들로 하여금 각자 비전을 가지고 자신의 능력을 모두 쏟아 그 비전을 실현하게끔 하는 것이라고 정의했다. 리더십의 대가인 스토그딜(R. M. Stogdill)은 리더십이란 집단의 구성원들로 하여금 특정목표를 지향하게 하고, 그 목표달성을 위해 실제 행동을 하도록 영향력을 행사하는 것이라고 하였다.
리더십 귀인이론 (leadership attribution theory) ★★	콜더(Calder, 1977)는 리더십이 특성이기는 하지만 중요한 것은 추종자들에 의해서 리더십이 어떻게 지각되는가 하는 점이라고 주장하면서 리더십 귀인이론을 제시하였다. 즉, 리더십이란 사람들이 다른 사람들에 대해 갖는 귀인이며, 실제로 존재하는 개념이 아니라 타인의 어떤 특성에 대해서 갖게 되는 귀인에 불과하다는 것이다.
리더십 대체이론 (leadership replacement theory) ★★	리더십 대체이론은 1978년 커와 저미어(Kerr & Jermier)에 의해서 제시되었다. 이들은 하급자, 과업, 또는 조직의 어떤 특성들은 구조주도나 배려와 같은 리더십의 기능을 대체할 수 있고 리더십의 효과가 반감되거나 중화(무력화)될 수 있다고 주장하였다. 예를 들어, 리더가 구조주도 행위를 발휘한다는 것은 하급자들에게 역할과 임무를 명백히 해주고 바람직하지 않은 행동에 대해서는 벌을 내리는 행위를 뜻한다. 그런데 조직 내에는 리더십의 도움 없이도 역할과 임무의 명확화, 행동통제 등의 효과를 가져올 수 있는 다른 방법들이 존재한다. 가령 과업수행의 규칙과 결과를 매우 구체적으로 명시하고 있는 경우에는 리더가 따로 설명해줄 필요가 없기 때문에 구조주도 행위를 발휘할 수 있는 여지가 거의 없게 된다.
리더십 특성이론 (leadership trait theory) ★★	리더십에 대한 특성이론은 리더십을 성공적으로 이끄는 주된 요인이 바로 리더가 갖추고 있는 개인적 '특성 및 자질'에 있다는 주장이다. 훌륭한 리더는 일반인이 가지지 않는 특성을 가진다고 보고 리더가 갖춘 자질과 특성에 초점을 맞추는 이론이다. 유능한 리더는 지적 능력, 성격, 신체적 조건, 과업 감독능력 면에서 탁월해야 한다고 보았다. 특성이론은 과거 성공적이었던 리더들이 갖추고 있었던 개인적인 특성을 찾아내어 이를 통해 리더십의 성공 여부를 예측할 수 있다는 것이다. 리더십 특성이론은 사회적으로 훌륭한 것으로 정평이 난 인물을 중심으로 리더의 선천적 자질을 탐구했다는 면에서 '위인 이론', '자연적 리더십 이론'이라고도 할 수 있다. 그러나 실제로는 혈통적 배경이나 제한된 몇 가지 개인적 특성이 리더십 발휘 능력과 상관관계가 있다는 일관된 증거가 존재하지 않아 한계를 가지는 이론이라고 할 수 있다. 리더의 특성 → 리더십의 유효성
리더십 행동이론 (behavioral theory of leadership) ★★★	행동이론은 1940년대 이후 등장한 이론으로 리더가 실제로 표출하는 것은 행동(behavior)이지, 내면에 있는 특성이 아니라고 주장함으로써 특성이론을 반박하였다. 특성이론과 달리 리더의 기질은 타고나는 것이 아니라 훈련을 통해 습득되는 것이라고 보았다. 행동이론은 리더가 부하에게 보여주는 행동 스타일(이 때부터 '리더십 스타일'이란 말이 많이 쓰이기 시작했다)을 리더십으로 규정하고 리더십 스타일을 찾아내어 각각의 유효성을 검증하고자 다양하고 특별한 리더의 행동이 부하나 업적에 미치는 영향을 연구하였다. 행동이론은 미국 주요 대학을 중심으로 리더십 스타일을 유형화하는 연구가 집중적으로 진행되면서 이론적 기반을 형성하였다. 리더의 행위 또는 관계 → 리더십의 유효성
리더십 상황이론 (contingency theory of leadership) ★★★	리더십 특성이론과 행동이론은 본질적으로 모든 상황에서 보편타당한 최상의 리더십을 찾으려는 노력이었다. 그러나 이론에서 제시한 내용이 논리적으로는 타당성이 인정되지만, 조직 실무에 적용했을 때 나타난 결과는 일관성을 확보하기 어려웠다. 이렇게 되자 최상의

	리더십이 존재하는가에 대해 학자들은 의문을 가지게 되었고, 효과적인 리더십은 리더가 부하에게 영향력을 행사하는 과정에 존재할 수 있는 여러 상황에 의해 결정될 수 있다는 인식을 하게 되었다. 이후 연구들은 '리더십 효과성(effectiveness)을 설명해 줄 수 있는 상황(situation)'을 발견하는 데 초점을 두고 진행되었다. 리더의 행위 또는 특성 → 리더십의 유효성 ↑ 상황 특성 리더십은 상황적합성이다. (리더의 특정한 특성이나 행위가 주어진 상황에 적합하면 유효성이 커지고, 그렇지 않으면 낮아진다)
린 생산 (lean manufacturing) ★★	유연생산을 통해 모든 부품들이 상호의존적으로 사용되고 유연관리 프로세스와 결합할 때, 품질, 고객서비스, 원가절감이 최고의 수준에 이르며, 이를 우리는 린 생산이라고 부른다. 린 생산은 매 단계 생산 프로세스마다 숙련된 종업원을 사용한다. 숙련된 종업원들은 낭비를 없애고 품질을 개선하여 문제를 해결하는 데 많은 노력을 기울인다.
린 식스 시그마 ★★	린 생산은 전형적으로 식스 시그마와 결합되어 있다. 린 식스 시그마는 팀 중심의 전체적 접근으로서 낭비를 줄이고 품질을 향상시키는 것이다. 식스 시그마란 품질-통제 접근방식으로 높은 품질과 낮은 원가를 끊임없이 추구하는 것이 강조되는 것이다(매우 의욕적인 품질 표준으로 100만개의 부품 당 3.4개의 결함을 목표로 하는 것이다). 즉, 린 식스 시그마는 팀 중심의 전체적 접근으로서 낭비를 줄이고 품질을 향상시키는 것이다. 이는 기술적 요인들을 종합한 것이지만 그 핵심은 기계나 소프트웨어에 있는 것이 아니라 사람에 있다. 린 생산은 의사결정 절차와 경영 프로세스와 같은 조직시스템의 변화를 요구하며, 적극적인 종업원의 참여, 품질관점, 고객초점 등과 같은 조직문화를 필요로 한다. 종업원들은 모든 분야에서 낭비를 없애고 지속적인 개선을 하도록 교육을 받는다.

(마)

마키아벨리즘 (Machiavellism) ★★	16세기 군주론의 저자로 권력의 획득과 조작 방법에 관한 일반적인 전략을 기술한 이탈리아의 철학자 니콜로 마키아벨리(Niccolo Machiavelli)의 이름을 따서 명명된 것이다. 군주론에 근거하여 구성된 성격유형으로, 자신의 목적달성을 위해서는 수단과 방법을 가리지 않고 비도덕적 방법도 불사하면서 다른 사람을 이용하거나 조작하려는 성향과 관련된 성격 특성을 말한다. High Mach(하이맥 : 마키아벨리즘 성향이 높은 사람들)은 자신의 강점으로 남을 조정하여 단기적으로는 성공적인 모습을 보이지만 장기적으로는 남들에게 신임을 받지 못하므로 결국 패배자로 남게 된다고 한다. 하이맥들은 노사협상, 현장 영업, 신시장 개척 등의 직무에서 큰 성과를 낸다. 마키아벨리즘 성격은 세 가지 핵심요인으로 구성된다. ① 대인관계에 있어 속임수와 조작을 사용하는 성향, ② 인간본성을 나약하고 믿을 수 없다고 보는 냉소적 관점, ③ 전통적 도덕과 윤리를 무시하는 성향이다.
명목집단법 (nominal group technique : NGT) ★★★	서로 다른 집단에 종사하고 있는 사람들을 명목상 집단으로 간주하고 아이디어를 문서로 받음으로써 익명성을 보장하고 반대논쟁을 최소화하는 방법을 말한다. 여기서의 명목(名目)이란 독립적으로 행동하는 이름만으로 집단을 구성함을 뜻한다. 이 방법의 특징은 참석자들로 하여금 서로 대화에 의한 의사소통을 못하도록 하는 데 있다. 그럼으로써 집단의 각 구성원들이 진실로 마음 속에 생각하고 있는 바를 도출해내려는 것이다.
매개변수 (mediator variable) ★★	독립변수가 종속변수에 직접적으로 영향을 주지 않고 제3의 요인을 거쳐 종속변수에 영향을 주는 경우가 있다. 매개변수는 독립변수와 종속변수 사이에 존재하는 변수로, 원인과 결과 사이에서 결과를 이끌어 내는 이유를 설명해주는 개념이다.
매트릭스 조직 (matrix organization) ★★★	매트릭스 조직은 계층적인 기능식 조직에 수평적인 사업부제 조직을 결합한 부문화의 형태로 양자 간의 균형을 추구하는 것이다. 이 구조는 기능식 구조이면서 동시에 사업부제적인 구조를 가진 것이다. 때로는 조직구조에서 제품과 기능 또는 제품과 지역이 동시에 강조

		되는 다초점이 필요한 경우에 수평적 연결 메커니즘이 잘 작동되지 않을 때 발생한다. [조직도: 최고경영자 - 매트릭스 보스, 엔지니어링 부사장, 연구개발 부사장, 운영 부사장, 재무 부사장 / 사업 A 관리자, 사업 B 관리자, 사업 C 관리자 / 사업 A 운영 담당, 사업 B 연구개발 담당]
모델 (model) ★		모델은 실제 현상의 축약이자 실상을 단순화시켜 묘사한 것을 말한다.
목표달성 접근법 (goal-attainment approach) ★★★		목표달성 접근법은 우선 목표에 대한 파악과 그 목표를 달성한 정도를 평가하여 유효성을 판단하는 것이다. 조직은 어떤 목적을 이루기 위해 의도적으로 만들어진 것이기 때문에 그 목표를 얼마나 달성했는가를 가지고 유효성을 판단하는 것이다.
몰입상승 오류 (escalation of commitment bias) (=결정의 지속성 오류) ★★★		몰입상승 오류는 경영자가 어떤 의사결정이 잘못되었음을 인지한 후에도 시간, 노력, 자원을 계속 투입하여 결국에 가서는 조직에 큰 해를 입히는 경우를 말한다. 이러한 오류는 다음의 단계를 거치면서 나타난다. 첫째, 의사결정자는 부정적인 결과를 가져다주는 의사결정을 한다. 둘째, 의사결정이 잘못되었음을 알고도 자원을 더 투입한다. 셋째, 결국에 가서는 의사결정에 대한 커다란 손해가 발생한다.
미시간 대학교 (university of michigan) 리더십 연구 (1940년대 후반~ 1950년대 초반) ★★★		행위중심의 리더십 개념을 탐구한 연구팀들 중 하나는 1947년 리커트(Rensis Likert)를 필두로 한 미국의 미시간 대학 연구팀이었다. 이들은 어떤 리더십 유형이 집단성과를 증진시키는지를 알아내기 위해 다양한 리더에 대한 인터뷰와 설문조사를 실시하여 2개의 대표적 리더 행동 유형을 도출하였다. ① 직무중심적 리더(job-centered leader) ② 종업원중심적 리더(employee-centered leader) 두 가지 리더십의 유형 중 효과적인 리더십 유형을 찾고자 하였으나, 실증연구 결과 어느 유형이 항상 효과적이라고 결론내리지 못하였다. 가령, 직무중심적 리더십에서 부하의 만족도가 낮고 이직률이 높아도 생산성이 높은 경우가 있고, 부하중심적 리더십의 경우 부하의 만족은 높지만 조직성과가 낮은 경우도 나타나기 때문이다.

(바)		
반생산적 과업행동 (counterproductive behavior) ★★		조직에 부정적인 영향을 미치는 개인의 행동이 있는데 이를 반생산적 과업행동이라고 한다(반사회적 행동(antisocial behavior)이라고도 한다). 이러한 행동들은 소극적인 행동으로부터 적극적이고 파괴적인 행동들 등 그 형태가 매우 다양하다.
배분적 (distributive) 협상전략 ★★★		배분적 협상전략이란 고정된 파이(fixed pie)를 나누어 가지는 Zero-sum(혹은 Win-Lose) 협상전략을 말한다.
변수 (variable) (變數) ★★		변수란 여러 가지 개념 가운데 측정할 수 있는 개념을 의미한다. 측정할 수 있기 위해서는 분명한 의미(범주)를 갖고 있으면서 또한 숫자로 나타낼 수 있어야 한다(계량화 필요).

변혁적 리더십 이론 (transformational leadership theory) ★★★	변혁적 리더십 이론은 1978년 번스(Burns)에 의해서 처음 제시되었으며 그 후 1985년 베스(Bass)가 조직상황에 맞춰 구체화함으로써 널리 알려지게 되었다. 변혁적 리더십은 매슬로우의 욕구단계설(생리적 욕구, 안전욕구, 소속욕구, 자존욕구, 자아실현욕구)에서 출발한다. 변혁적 리더는 저차원 욕구에 얽매어 살아가는 사람들이 고차원 욕구를 추구하도록 마음속 가치체계를 변혁(transform)시키는 리더이다.
복잡성 (complexity) : 분화의 정도(degree of differentiation) ★★★	복잡성이란 조직 내에서의 부서나 활동의 개수를 말한다. 복잡성을 측정하는 방식은 수직적, 수평적, 공간적 복잡성 세 가지이다.
분권적 통제 (decentralized control) ★★	분권적 통제란 조직목표에 따르도록 하기 위하여 문화적인 가치관, 전통, 공유된 신념 등에 의존하며, 경영자들은 광범위한 규칙이나 철저한 감독을 하지 않아도 구성원들은 신뢰할 수 있고 효과적으로 일하려는 의지가 있다는 가정 하에 운영하는 방식을 말한다.
분화 (differentiation) ★★	분화란 조직이 발전함에 따라 조직이 하부단위로 나누어지는 정도를 나타낸다.
본원적 경쟁전략 (generic competitive strategy) ★★★	개별 사업단위들이 어떻게 하면 해당 사업에서 경쟁우위를 확보할 수 있도록 하느냐가 바로 경쟁전략이다. 경쟁전략이 달라지면 그 전략수행을 위해 필요한 역할행동(role behaviors)이 달라지고, 이런 기대되는 역할행동은 인적자원관리 제도들에 의해서 형성될 수 있다고 보는 것이다. '본원적 경쟁전략(generic competitive strategy)'은 산업 내에서 효과적으로 경쟁할 수 있는 일반적인 형태의 전략유형을 의미하는데, Michael Porter는 높은 투자수익률을 확보하고 장기적으로 산업 내에서 경쟁우위를 가질 수 있는 본원적 경쟁전략으로 다음을 제시하였다. |	경쟁우위(competitive advantage)	
	저원가	독특성
---	---	---
경쟁범위(competitive scope) 넓음	저원가 전략 (Ryan air)	차별화 전략 (Starbucks coffee)
좁음	집중화된 저원가 전략 (Allegiant travel company)	집중화된 차별화 전략 (Puma)	
브레인스토밍 (brainstorming) ★★★	이 기법은 오스본(A. F. Osborn)에 의하여 창안된 기법으로, 여러 명이 한 가지의 문제를 놓고 아이디어를 무작위로 개진하여 그 중에서 최선책을 찾아내는 방법이다. 특히 타인의 아이디어에 대해 비판하지 않음으로써 집단구성원들이 자유롭게 창의력을 발휘하는 데 효과가 있는 기법이다. 이 기법은 문제해결을 위한 대안을 제시하는 데 어떠한 제약을 두지 않고 집단구성원들이 자유롭게 의견을 낼 수 있도록 유도한다.
비공식 집단 (informal group) ★★	비공식집단은 조직 내에서 공식목표나 과업에 관계없이 자연적으로 형성된 집단으로 조직 전체의 만족보다는 구성원 개개인의 이해(interest)나 만족(satisfaction)을 위하여 구성된다. 이러한 집단의 형태로는 이해 집단과 우호 집단이 있다.
비공식적 커뮤니케이션 (informal communication) ★★	비공식적 커뮤니케이션은 조직 내 어떤 위계나 권한 관계로부터 벗어난 자연발생적인 것을 말한다. 이러한 유형은 대개 인간적 유대, 학연, 입사 동기 등과 같이 극히 사적인 관계에서 나타나는 커뮤니케이션을 말한다. 비공식적 커뮤니케이션을 그레이프 바인(grape vine)이라고 부르기도 한다. 이 말은 미국의 남북전쟁 때 통신상의 장애가 많이 일어났는데, 그 이유가 전선이 나무들 사이에서 포도 넝쿨 모양으로 어지럽게 얽혀져 있기 때문인 것으로 보았다.

빅데이터 (big data) ★★	디지털 경제의 확산으로 우리 주변에는 규모를 가늠할 수 없을 정도로 많은 정보와 데이터가 생산되는 '빅데이터(Big Data)' 환경이 도래하고 있는데, 빅데이터란 과거 아날로그 환경에서 생성되던 데이터에 비하면 그 규모가 방대하고, 생성 주기도 짧고, 형태도 수치 데이터뿐 아니라 문자와 영상 데이터를 포함하는 대규모 데이터를 말한다. 빅데이터는 산업혁명 시기의 석탄처럼 IT와 스마트혁명 시기에 혁신과 경쟁력 강화, 생산성 향상을 위한 중요한 원천으로 간주되고 있다(McKinsey, 2011). 기업은 보유하고 있는 고객 데이터를 활용해 마케팅 활동을 활성화하는 고객관계관리(Customer Relationship Management : CRM) 활동을 1990년대부터 시작했다.

(사)

사내벤처 분사조직 ★★	사내벤처 분사조직은 기업가적(entrepreneurial) 조직이라고도 하는데, 조직구성원의 기업가정신을 고취함으로써 조직의 내부 또는 외부에 자율적인 사내기업을 설치·운영하여 지속적인 혁신과 조직변화를 촉진하려는 조직이다.
사업부제 조직 (divisional organization) ★★★	M-form 혹은 분권화된 구조라고도 불리는 사업별 구조(divisional structure)는 사업부를 개별제품, 서비스, 제품그룹, 주요 프로젝트나 프로그램, 사업 또는 이익센터 등에 따라서 조직화한다. 사업별 구조는 때로는 제품구조 혹은 전략사업단위구조라고 불리기도 한다.
사회·기술시스템 (sociotechnical system) ★★★	사회·기술시스템이론에서 기업시스템은 기계설비 및 이의 조작지식이라는 〈기술시스템〉과 생물적 및 사회·심리적 원칙에 지배받는 종업원의 심리상태와 종업원 간의 〈사회시스템〉으로 구성된다. 기업이 전체 업무를 최적화하기 위해서는 각각의 시스템이 독자적인 기능에 따라 충분히 기능할 수 있도록 관계를 설정하는 것이 필요한데, 기술적 요구와 인간적 요구의 '동시최적화(joint optimization)'를 추구하면서 환경적 조건에도 부합되어야 함을 의미한다. 사회시스템 → 공동최적화 ← 기술시스템
사회적 교환이론 (social exchange theory : SET) ★★★	집단에는 상호작용과 대인관계가 상존하는데 그 원리는 얻는 것(보상 : rewards)과 주는 것(비용 : costs) 차원에서 설명될 수 있다. 조지 호만스(G. C. Homans)에 의하면 어떤 타인과의 인간관계를 가짐으로써 생기는 득과 실을 비교하여 득이 많을수록 그 사람에게 끌린다고 한다. 우정, 매력 심지어 사랑까지도 거래적이고 경제적인 교환의 관점에서 보면서 집단 안에서는 항상 이러한 사회적 교환(social exchange)이 있다는 것이다.
사회적 범주화 이론 (social categorization theory) ★★	사회적 범주화란 우리가 타인을 인식할 때 그 사람 자체만을 보기 전에, 일단 그 사람을 어떤 집단 속에 집어넣고(범주화) 난 후에, 그 집단의 속성으로써 그 사람을 판단한다는 것이다. 이 때 그 사람은 그가 속한 집단의 일부로 간주된다.
사회적 비교이론 (social comparison theory : SCT) ★★	사회적 비교는 준거인물과의 비교를 통한 공정성 지각이 개인의 태도에 미치는 영향에 주목하고 있다(Festinger, 1954). 우리는 하루에도 수백 번씩 나와 남을 비교판단하며 살고 있는데, 판단과정의 처음 단계는 대상자를 사회적 집단 속에 넣는 것이며, 그렇기 다른 사람들과 비교한 후에 판단을 내린다. 이러한 패턴은 인간 누구에게나 있다.
사회적 전염 (social contagion) ★★	집단에서 한두 사람만 사회적 태만을 부려도 태만행동이 다른 사람에게 전염된다. 태만뿐만 아니라 술 마시기 등 비윤리적인 행동은 사내의 타인들에게 쉽게 전염되어 성과를 낮춘다. 태만행동을 한 장본인은 보상도 적게 받아야 하지만, 많은 사람이 속해 있는 집단 속이어서 평가자가 정확히 관찰하지 못했기 때문에 적잖은 보상을 받을 것이며, 그것을 본 다른 사람들도 불공정성을 느끼면서 자신의 노력을 줄이게 된다.

사회적 정체성 이론 (social identification theory : SIT) ★★	우리가 어떤 사람을 인식한다는 것은 그의 정체를 알아내는 것이다. 대개의 사람들은 다른 사람의 정체를 밝혀낼 때 주로 비슷한 행동패턴을 보이는데, 사회적 비교와 사회적 범주화이다. 그리고 이런 행동패턴을 이용해서 타인의 정체를 밝히려는 것이 사회적 정체성 이론이다.
사회정보처리모형 (social information processing) ★★	사회적 지각이란 매우 복잡한 과정으로 구성되어 있는데, 사회정보처리모형이란 타인에 대한 정보를 평가자의 머리 속에서 지각하고 분류하고 저장, 기억하는 방법을 구성하는 인지적 과정을 말한다.
산업구조 분석 (industry analysis) - Porter의 산업구조 분석 (industry analysis) ★★	Porter의 경쟁환경분석과 전략은 많이 알려져 있는 효과적인 전략수립 모형이다. Michael E. Porter는 많은 기업연구를 통해서 경영자가 산업환경의 다섯 가지 영향요인을 잘 이해하면 훨씬 더 수익성이 높고 위험이 낮은 전략을 수립할 수 있다고 제안하였다. Porter에 의하면 산업 내 경쟁자와 비교한 기업의 상대적 위치는 다음의 다섯 가지 영향요인에 의해 결정된다.) [5 forces model] 잠재적 진입자의 위협 공급자의 교섭력 — 산업 내 경쟁 / 기존 경쟁자 간의 경쟁 정도 — 구매자의 교섭력 대체재의 위협
상황적합론 (contingency theory) ★★★	상황적합론(contingency theory)은 시스템적 접근의 추상성을 극복하여 조직이나 경영에 보다 현실적으로 적합하도록 변형한 것으로, 조직유효성(Organizational Effectiveness : OE)을 높이기 위하여는 보편적인 최선의 방법(one best way)이 있음을 부정하고, 조직과 환경과의 적합성(fitness)이 이루어지도록 조직변수를 조정·통제하는 것이 필요하다고 주장하는 이론이다.
서번트 리더십 이론 (servant leadership theory) (=섬기는 리더십 이론) ★★★	서번트 리더십을 처음 언급한 그린리프(R. K. Greenleaf)는 헤세(H. Hesse)가 쓴 「동방순례」라는 책에 나오는 서번트인 레오(Leo)의 이야기를 통해 서번트 리더십의 개념을 설명한 데서 출발하였다. 서번트 러더십이란 '하인' 내지 '종'이라는 단어와 '리더십'이라는 역설적인 단어를 창조적이고 의미 있게 결합한 것이다. 서번트 리더는 집단구성원 모두를 일체화시키면서 공동의 목표를 이루어나가는 데 있어 정신적·육체적으로 지치지 않도록 환경을 조성해주고 집단구성원 개개인의 성장과 계발을 도와주는 사람을 말한다. 서번트 리더는 진정으로 섬기고 싶어하는 마음에서 시작한다. 그런 마음을 가진 이후에 앞에서 끌어가고 싶은 열망을 갖게 되는 사람을 서번트 리더라고 하는 것이다.
성격 (personality) ★★★	성격에 대한 가장 보편적인 정의는 80여년 전에 Gordon Allport(고든 올포트)에 의해 이루어졌는데, 그는 성격이란 "한 개인의 독특한 환경 적응 방식으로서 개인 내부에 존재하는 동태적인(dynamic) 심신 시스템(psycho-physical system)을 의미한다"고 하였다(Allport, 1937, P.48). 즉, 성격이란 개인의 독특한 사고, 감정 및 행동패턴을 말한다. 성격의 어원은 라틴어 Persona(페르조나)이다. 페르조나는 배우들이 쓰는 탈(mask) 또는 인격을 나타낸다. 그리스나 로마에서는 배우들이 공연할 때 쓰고 나오는데, 탈을 보면서 그 배우가 어떤 성격의 역할을 할 것으로 기대하는 데서 파생된 것이다. 셰익스피어는 '인간은 잠시 무대에 서는 배우와 같다'고 하였다. 이것은 사람의 인생이라는 무대에서 성격을 표현하며 살아가는 배우와 같다는 것을 의미한다. 페르조나가 또한 인격을 의미한다는 것은 인간이 인격적인 존재로 이해되어야 한다는 것을 보여준다.
생산적 작업행동 (productive work bebavior) ★	생산적 작업행동은 조직의 목표달성에 공헌할 수 있는 조직구성원의 행동을 말한다. 예를 들면 자신에게 부여된 역할을 완수하기 위해 열심히 노력한다든가, 자기 일은 아니지만 남을 도와준다든가 혹은 조직의 발전을 위해 새로운 아이디어를 내는 등 매우 다양하다. 이러

	한 생산적 작업행동은 역할을 기준으로 역할 내 행동(in-role behavior)과 역할 외 행동(extra-role behavior)으로 나누어 살펴볼 수 있다.
싸이코패시 (psychopathy)	OB에서의 Psychopathy는 해악을 끼치면서도 다른 사람들에 대한 배려심과 죄책감 및 양심의 가책이 결여된 상태를 의미한다. 최근 연구에서는 싸이코패시와 밀접한 관계가 있는 반사회적 성격이 조직 내 승진여부와 정의 관계에 있지만 기타 성공적 경력관리나 효과성과는 무관하다는 결과를 보여준다. 한편 싸이코패시는 거친 기법(위협, 조작) 및 물리적 또는 언어적 폭력으로 직장 내 약자를 괴롭히는 방법을 사용하는 것과 관련되어 있다고 한다.
소시오그램 (sociogram) ★	소시오그램은 관찰·검사·면접 등 여러 방법에 의해 구성원들이 서로 좋아하고 싫어하는 관계를 파악한 뒤 구성원들 사이의 선호·무관심·거부관계를 그림으로 나타낸 것이다. 이 그림을 통해 선호지위나 자생적 지도자, 집단 내의 전체적인 서열관계, 집단 내의 하위 집단, 하위 집단 내의 세력집단과 비세력 집단, 정규지위, 주변지위 그리고 고립지위 등을 한 눈으로 찾아볼 수 있다.
소시오메트리 (sociometry) ★	소시오메트리(sociometry)는 동료·집단·사회를 뜻하는 라틴어 '소시우스(socius)'와 측정을 뜻하는 '메트룸(metrum)'을 결합한 말로서 집단의 상호관계를 측정하는 이론과 기술을 말한다. 이것은 모레노(J. L. Moreno)에 의해 발전되었다. 그는 집단역학을 집중적으로 연구한 학자로서 집단 행동을 진단·평가하고 개선하는데 크게 기여하였다.
소시오메트릭스 (sociomatrix) ★	소시오그램이 구성원의 상호관계를 그림으로 나타낸 것이라면 소시오메트릭스는 산술적 계산으로 나타낸 표이다. 선호관계를 1, 무관심을 0 그리고 거부관계를 -1로 표시하고, 각자의 선호신분지수(choice status index)를 파악한 다음 가장 높은 지수를 얻은 사람을 집단의 지도자로 간주한다. 선호신분지수는 각자의 선호총계를 총 구성원 수에서 자기를 뺀 수로 나누면 된다. 소시오메트릭스는 실제 상호선호관계의 수를 가능한 한 상호선호관계의 수로 나누어 응집성 지수를 계산해냄으로써 집단의 응집력의 정도도 파악할 수 있다. 소시오 메트릭스는 집단구성원 간의 정서적 관계를 중심으로 구성원 사이의 상호 관계, 하위 집단구조, 선호인물과 응집성을 계량적으로 측정하는 방법을 제시함으로써 집단을 진단하고 집단행동을 이해하는데 도움을 주고 있다.
수퍼 리더십 (super leadership)과 자율적 리더십 (self-leadership) (=자기 리더십) ★★★	수퍼 리더십 이론(super leadership theory)은 추종자들이 자기 자신을 리드할 수 있는 역량과 기술을 갖도록 하는 것을 리더의 역할로 규정하는 것이다. 즉, 수퍼 리더란 "추종자들이 스스로를 리드해 나아갈 수 있도록 리드하는 사람"을 말한다. 또한 스스로를 리드하는 데 필요한 행동이나 사고에 관련된 일단의 전략을 셀프 리더십이라고 규정하고 있다. 따라서 수퍼 리더십(super leadership)은 리더가 구성원들을 스스로 판단하고 행동에 옮기며 그 결과도 책임질 수 있는 셀프 리더(self leader)로 만드는 과정이라고 볼 수 있다. 개념적으로는 수퍼 리더가 구성원들의 셀프 리더를 완성하는 순간 리더로서의 자신의 역할은 끝나게 된다.
스트레스 (stress) ★★★	스트레스란 환경의 변화에 대한 반작용으로 발생하는 개인의 생리적 변화 및 심리적 변화를 가리킨다. 즉, 개인에게 주어진 각종 요구들이 개인이 해결할 수 있는 능력을 넘어선다고 생각될 때 나타나는 흥분, 걱정 및 신체적 긴장상태이다. Stress라는 말의 어원을 살펴보면 중세 영어 'stresse(고난, 고통)'에서 파생되었고, 고대 프랑스어 'estresse(좁음)'에서 유래했으며, 라틴어의 'stringere(팽팽하게 당기다)'에서 유래했다.
스키마 (schema) ★★	지각의 각 과정에서 특히 정보의 선택과 조직화에 중요한 영향을 미치는 것이 이른바 스키마이다. 지각의 사회정보처리 모델에 의하면 스키마란 과거의 경험을 통해서 어떤 사람이나 사물, 사건에 대한 정보를 보다 경제적이고 편리하게 처리하도록 해 주는 개인의 머릿속에 저장되어 있는 조직화된 지식의 인지적 구조를 말한다. 사람은 일상생활에서 접하는 모든 자극의 정확한 원인을 규명할 수는 없기 때문에 사람들은 스키마라는 일종의 지름길(short-cut)을 사용한다.

쓰레기통 모형 (garbage can model) ★★★	쓰레기통 모형은 극도의 불확실성에 처한 조직의 의사결정과정을 설명하기 위한 것으로 코헨(M. cohen), 마치(J. March), 올슨(J. Olsen)에 의해 주장되었다(1971). 그들은 합리적 의사결정 모형이나 사이몬의 바늘이론을 비판하면서 조직의 의사결정은 그보다도 훨씬 비합리적으로 이루어진다고 하였는데, 합리성을 극도로 제약하는 세 가지 전제 조건 하에서 의사결정의 네 가지 요소가 우연히 결합되어 의사결정이 이루어진다고 하였다.
시스템 이론 (system theory) ★★	시스템 이론이란 시스템 개념을 이용하여 주어진 문제의 해결을 시도하는 과학적이고 문제 중심의 현대적 해결방법이라고 할 수 있다. 시스템(system)이란 어휘는 그리스어의 'systema(여러 개의 조합)'에서 유래된 것인데, 여러 개의 부문으로 구성된 전체(whole compounded of several parts)로서 어떤 하나의 목적(purpose)을 가지고 이를 성취하기 위하여 여러 구성요인이 유기적으로 연결되어 상호작용하는 결합체(association)를 말한다.
시장과 위계이론 (markets and hierarchies) ★★★	신 제도주의 경제학(New institutional economics)에서는 기존의 미시이론이 지나친 추상화로 인해 중요한 미시경제 현상들을 적절히 다루지 못하였다고 비판하면서 Coase(1937)는 시장이라는 교환거래제도가 존재함에도 불구하고 왜 계층제로 상징되는 조직제도가 생성되고 선택되는가를 설명하고 있다. 거래비용이론(transaction cost theory)은 경제학 이론을 조직이론에 연결시킨 것으로서 기업과 시장 사이의 효율적인 경계(efficient boundary)를 설명하는 이론으로, 기업활동 가운데 어떤 부분은 내부화(internalize)하며, 어떤 부분을 외부화(externalize)하는지를 설명하는데 일반적으로 적용되는 이론이다.
심리적 계약 (psychological contract) ★★	Argyris(1960)가 심리적 계약이라는 용어를 처음 사용한 이래, Schein(1965)에 의해 상호 호혜적 의무에 대한 기대감으로 정의된 후, Rousseau(1995)에 의해 개인의 주관적 차원에서 상호의무에 대한 믿음으로 그 개념이 구체화되기 시작했다. 여러 학자들의 논의를 종합했을 때 심리적 계약이란 장기간에 걸쳐 조직과 구성원 간 상호기대와 의무가 제대로 이행된다고 느낄 때 나타나는 조직과 구성원 간 상호의무에 대한 기대와 믿음이라고 할 수 있다. 심리적 계약은 실체적 서류상의 합의에 근거한 것이 아니라 개인이 지각한 약속이나 지각한 합의(perceived promise & perceived agreement)에 근거한다고 볼 수 있다(Conway and Briner, 2005 : 22-23; Morrison and Robinson, 1997 : 228-229).

(아)

아이오와 대학 (university of IOWA) 리더십 연구(1938년) ★★	이 모형에서는 리더가 자신의 권한을 어떻게 사용하는가에 근거하여 3개 리더 유형으로 분류하고 있다. ① 독재적 리더(autocratic leader) ② 민주적 리더(democratic leader) ③ 자유방임적 리더(laissez-faire leader) 실험 결과 구성원 만족도는 민주적 리더십에서 가장 높았고, 직무수행 성과는 독재형 리더십에서 가장 높았으며, 자유방임형 리더십에서는 구성원의 만족도와 직무성과가 모두 낮은 것으로 나타났다. 종합적으로는 민주적 리더십 유형의 효과성을 지지하는 결과가 많았다. 이러한 결과는 부하중심의 민주적 리더십이 대체적으로 이상적임을 시사한다.

암묵지 (暗默知, tacit knowledge) ★★★	암묵지란 개개인의 독특한 노하우와 주관적 경험으로 구성된 감성·직관·주관적 지식을 말한다. 이는 학습과 체험을 통해 개인에게 습득되어 있지만 겉으로 드러나지 않은 상태의 추상적인 지식이다. ↔ 형식지
역피라미드 조직 (upside-down organization) ★★	역피라미드 조직은 소비자주도형 조직(customer-driven organization)이라고도 하는데, 조직구조가 경영자에 의한 명령보다 고객의 요구에 따라 설계되고 운영되는 조직을 말한다(Galbraith & Lawler III, 1991). 고객요구가 빠르고 다양하게 변함에 따라 기업 간 경쟁이 격화되어 고객만족이 기업생존을 좌우하는 핵심과제가 되었다. 이로 인해 종래 조직의 외부자로 인식해왔던 고객을 기업의 내부자로 인식하도록 조직도표를 재개념화한 것이 역피라미드 조직이다.
역할 (role) ★★	역할이란 하나의 사회단위 내에서 주어진 직위를 차지하고 있는 사람에게 귀속되어 있는 일련의 기대되는 행동 패턴을 의미한다. 집단은 목표를 달성하기 위해 과업을 수행해야 하는데, 이를 한 사람이 수행할 수가 없기 때문에, 여러 구성원들에게 지위(position)를 부여하고, 그에 상응하는 행동을 요구하게 된다. 집단구성원에게 주어진 역할은 새로운 지위가 부여되면 바뀐다.
역할 갈등 (role conflict) ★★	역할 갈등이란 개인이 다른 역할 기대에 직면하게 되는 상황으로, 한 가지 역할 요건에 대한 순응이 다른 역할 요건과의 순응을 힘들게 할 때 나타나게 되는 것이다. 역할 갈등은 크게 역할 간 갈등(interrole conflict)과 역할 내 갈등(intrarole conflict)으로 구분할 수 있다. 역할 간 갈등은 집단구성원이 여러 역할을 동시에 수행할 때 개별 역할들 간에 상충하는 현상이 나타날 때 발생하며, 역할 내 갈등은 하나의 역할에서 문제가 생길 때 나타난다.
애드호크라시 조직 (adhocracy organization) ★★★	애드호크라시는 기존의 관료제에서 탈피하여 문제해결(problem-solving)을 위해서 다양한 기술을 갖는 비교적 이질적인 전문가집단으로 구성된 탄력적·융통적·적응적·혁신적·일시적 조직을 말한다. 애드호크라시는 1968년 워렌 베니스(Warren Bennis)가 저술한 The temporary society에서 처음 사용되었다. 그 후 1970년 앨빈 토플러가 쓴 Future Shock에 의해 널리 알려졌고, 이후 헨리 민츠버그와 같은 학자들에 의해 개념이 더욱 발전되었다. 대표적인 유형으로는 매트릭스 구조, 태스크포스(T/F), 위원회 조직 등이 있다. 성과만을 지향하는 뷰로크라시와는 달리 문제해결을 통한 조직구조의 형성을 기본으로 하고 있다.
유사성 매력관점 (similarity attraction perspective) ★★	조직구성원은 자신과 유사한 내집단(in-group)과, 유사하지 않은 외그룹(out-group)으로 구분하고 내집단 사람들에게 호감, 신뢰, 협력하므로, 다양성 증가는 유사성을 떨어뜨려 조직에 부정적인 영향을 미친다.
유연생산기술 (flexible manufacturing technology : FMT) ★★★	유연생산기술이란 컴퓨터를 기초로 제품설계, 제조, 마케팅, 재고관리 및 품질관리 등을 전체적으로 관리하는 기술을 의미한다. 컴퓨터를 기초로 한 유연생산기술을 도입한 조직은 한 제품에서 다른 제품으로 유연하게 생산기술을 변화시켜 환경변화에 빨리 적응할 수 있게 된다. 유연생산기술을 통해 크기, 형태, 고객욕구가 각기 다른 제품을 한 조립 라인에 동시에 생산할 수 있다. 조직은 생산단위 크기에 제한 없이 다양한 제품을 생산해 낼 수 있다. 궁극적으로는 각각의 제품이 고객의 요구사항에 맞춰 만들어지는 대량주문생산(mass customization)이 가능하게 된다.
윤리 (ethics) ★★	윤리(ethics)는 옳고 그름과 관련하여 개인이나 집단의 행동을 이끌어 가는 도덕적 원칙과 가치관이다. 윤리적 가치는 행동과 의사결정의 좋고 나쁨을 판단하는 기준을 설정한다. 윤리는 항상 개인의 행동과 연결되기 때문에 개인의 윤리를 살펴보는 것은 중요하다. 조직에서 개인의 윤리적 관점은 동료, 부하직원, 상사는 물론이고 조직문화에 의해 영향을 받는다. 조직문화는 흔히 개인의 선택에 중대한 영향을 미치며, 윤리적 행동을 유발하기도 하고, 반대로 비윤리적이고 사회적으로 무책임한 행동을 일으키기도 한다.

윤리적 리더십 (ethical leadership) ★★★	윤리적 리더십은 개인의 행동뿐만 아니라 개인 간 관계에서 규범적으로 적절한 행동을 하고, 커뮤니케이션, 지원, 의사결정을 통해 부하들에게 그러한 행동을 장려하는 능력으로 정의된다(Brown, Trevino & Harrison, 2005 : 120). 최근 기업윤리나 환경윤리 혹은 기업의 사회적 책임이 중시되고 있기도 하지만, 리더가 윤리적일 때 기업의 성과가 높아졌다는 연구 결과가 있기 때문에 강조되고 있다. 존경받는 경영자는 주주, 종업원, 소비자, 지역사회, 자연환경에 대한 기업의 책임과 적극적인 기여를 행사하는 리더인 것이다.
오하이오 주립대학 (Ohio State University : OSU)의 리더십 연구 (1945년) ★★	1940~50년대 들어오면서, 리더십을 위한 대형 프로그램들이 시도되었는데, 그 중에 가장 큰 공헌을 한 것은 스토그딜(Ralph Stogdill)과 플라이쉬만(Edwin A. Fleishman)이 이끌었던 오하이오 주립대학의 리더십 연구 프로그램이었다. 이 연구팀은 리더십 스타일을 구조주도(Initiating structure)와 배려(Consideration)라고 하는 두 개의 독립된 차원으로 보았다. 즉, 미시간 대학 연구에서와는 달리, 리더는 구조주도와 배려행위를 동시에 보일 수 있다는 관점을 취하였다(구조주도와 배려가 독립된 차원이라는 점).
의사결정 (decision making) ★★	의사결정이란 바람직한 목표를 달성하기 위하여 하나 혹은 그 이상의 대체안 중에서 선택하는 과정(process of choosing among alternative courses of action)이다. 즉, 문제를 인식하고 진단하여 해결에 필요한 대안들을 찾아 평가한 후 최적의 대안을 선택하는 일련의 과정인 것이다. 여기에는 제시된 대안들 중 어느 것도 선택하지 않고 현재의 상태를 그대로 유지하는 것도 이에 포함된다.
이해관계자 접근법 (stakeholder approach) ★★	이해관계자(stakeholder)란 조직성과에 이해를 가지고 있는 조직 내부 혹은 외부의 모든 집단을 지칭한다. 다양한 이해관계자들이 조직으로부터 무엇을 원하는지를 생각하고 이에 부응하기 위해 조직 활동이 통합적으로 이루어질 때 효과성을 달성할 수 있다. 이해관계자들의 만족 수준이 조직성과와 효과성을 나타내는 하나의 지표가 될 수 있다.
인간관계론 (human relation theory) ★★★	기존의 이론이 조직체의 능률과 생산성 이외에 경영조직과 조직구성원의 행동을 둘러싸고 많은 문제들이 발생하게 되자, 조직경영에 대한 새로운 관점과 접근법이 요구되었다. 미국의 시카고 근처의 한 전화기 제조회사인 호손 공장(Hawthorne factory)에서는 테일러의 과학적 관리법에 입각한 성과급 제도를 도입하고 있었으나 생산성 측면에서 만족스럽지 못하여, 작업환경의 물리적 변화나 작업시간, 임률의 변화 등이 종업원의 작업능률에 어떠한 변화를 미치는가를 연구하기 위해 일련의 관찰을 실시하였다. 하버드의 사회학자인 메이요(Mayo)와 뢰스리스버거(Roethlisberger)는 웨스턴일렉트릭사 엔지니어들의 요청으로 시카고 근교에 위치한 Western Electric Company의 호손 공장에서 과학적 관리법의 타당성을 실제로 검증하는 연구를 시작하였다.
인상형성이론 (impression formation theory) ★★	인상은 어떤 사람에 대한 지각의 결과로 나타나는 느낌이며, 각인된 느낌은 이후 그를 판단할 때 다시 지각과정을 거치지 않고 그 인상으로 대하게 된다. 이렇게 제한된 정보를 가지고 타인을 평가하는 과정 및 발생할 수 있는 오류 등을 다루는 것을 인상형성이론이라고 한다. 즉, 다른 사람에 대한 인상을 형성할 때 어떤 원리에 따르는가를 보여 주는 것이다.
인지부조화 이론 (cognitive dissonance theory) ★★★	인지부조화이론은 레온 페스팅거(Leon Festinger)가 정립한 이론이다(1957). 인간은 대상세계에 대하여 가지는 신념, 태도, 행동들 간에 가급적 일관성(consistency)을 유지하려고 한다는 것이다.

일반관리론 (general administrative theory) ★★	과학적 관리가 맹위를 떨치던 비슷한 시기에 프랑스의 광산회사에서 30여년 간 경영자로 활동한 Fayol은 1916년 「산업의 일반관리론(Administratino Industrielle et Générale)」이라는 저서를 통해, 인간을 경제적 관점으로 보고, 조직의 관리 기능(management)에 초점을 두면서 경영자의 자리에서 조직 전체를 효율적으로 운영하는 관리 원칙을 주장하였다.
임파워먼트 (empowerment) ★★★	임파워먼트(empowerment, 권능감)란 조직원들에게 자신이 조직을 위해서 많은 중요한 일을 할 수 있는 권력, 힘, 능력 등을 갖고 있다는 확신을 심어주는 과정이다. 그러한 확신을 조직원들에게 심어주기 위해서는 능력과 의지를 키우는 일, 공식적 권력(권한)을 위임해 주는 일, 그리고 실제 의사결정과정에 깊이 참여시킴으로써 자신의 영향력을 체험토록 하는 일들이 전제되어야 한다. 임파워먼트는 조직 내 권력의 분배문제를 뛰어넘어 권력의 증대(또는 창조) 문제에 초점을 두고 있다. 즉, A와 B가 긍정적 상호작용을 통해서 양자 모두의 권력을 키워 나아갈 수 있다는 것이다(plus sum game).
임파워먼트 리더십 (empowerment leadership)	임파워먼트 리더십이란 리더가 부하에게 권한과 책임을 위임해주고, 주어진 권한과 책임을 제대로 완수해낼 수 있도록 지원하고 배려하는 등 부하의 능력을 키워주는 리더십을 말한다.

(자)

자기관찰 (self-monitoring) (=자아통제, 자기감시) ★★	자기관찰이란 자신의 행동을 외부 상황적 요인에 적응시키려는 개인의 능력을 측정한 수준을 말한다. 자기관찰을 잘 하는 사람은 자신의 행동을 외적인 상황요인에 적응시키는 능력이 뛰어나다. 그들은 외부 정보에 무척 민감하고 상황마다 다르게 행동할 수 있다. 뿐만 아니라 남들 앞에 내미는 외관적 성격인 퍼블릭 페르소나(public persona)와 자신이 소유하고 있는 자아인 프라이빗 셀프(private self) 간의 현격한 상반성을 보여줄 수 있는 능력이 있다.
자기결정이론 (self-determination theory : SDT) ★★★	최근 들어, 인지적 평가이론은 자기결정이론(self-determination theory)으로 발전하였다. 자기결정이론은 인간행동의 통제원천이 내면인가 아니면 외부인가에 초점을 맞추면서, 사람들이 자기 행동에 대해서는 본인이 스스로 통제하여 결정한다고 믿는 경우 동기부여가 증가한다는 것이다(Deci&Ryan).
자기존중감 (self-esteem) (=자긍심) (=자존감) ★★	자기존중감 또는 자부심은 스스로 지각하는 능력과 자기 이미지(self-perceived competence and self-image)와 관계가 있다. 자기존중감이 조직 내 인간의 행동과 그 행동의 결과에 영향을 미친다는 연구가 많다. 자신의 업무를 특히 잘 수행했을 때 남이 알아주고 칭찬해주는데 관심을 두기보다는, 스스로 잘 해냈다는 성취감을 느끼는 것으로 만족하고, 어떤 업무를 잘 해내지 못했을 때 남의 비난을 생각하기 이전에 스스로에게 실망하고 자존심이 상한다(Rosenberg, 1965).
자기충족적 예언 (self-fulfilling prophecy) (=피그말리온 효과 (Pygmalion effect), 기대 효과 (expectancy effect)) ★★	자성적 예언 또는 자기충족적 예언(self-fulfilling prophecy)이란 일종의 기대효과이다. 기대란 인간이 바라고 있거나 추구하는 것을 얻을 수 있다는 확신을 주는 일련의 정신적 요인으로 정의할 수 있다. 기대는 인간이 자신이 소망하는 것을 이룩할 수 있다는 확신을 주기도 하지만, 지각자가 대상자에 대해 잘못된 믿음을 갖게 되면 대상자의 행동이 결과적으로 그 믿음과 일치하는 방향으로 변화하기도 한다. 예를 들어 면접 상황에서 면접자가 피면접자에 대해 부정적 기대를 가지고 있는 경우 무언의 메시지를 통해 그러한 기대가 피면접자에게 전달되어 피면접자가 더욱 긴장하게 됨으로써 피면접자의 면접 결과가 더욱 나빠지는 경우가 있다.

자기효능감 (self-efficacy) ★★★	자기효능감이란 개인이 특정 상황에서 특정 과업을 얼마나 잘 수행할 수 있는지에 대한 믿음의 정도를 말한다(Bandura). 즉, 일을 할 수 있다는 신념의 정도로 자신의 일에 대한 자신감을 말한다. 자기효능감은 개념적으로도 자기존중감과도 유사하지만, 자기존중감은 특정 상황에 구애받지 않는 일반적인 개념인데 비해 자기효능감은 특정 상황과 결부되는 경향(situation-specific)이 있다는 점에서 차이가 있다.
자원기준 접근법 (resource based approach) ★★★	자원기준 접근법은 투입(input) 측면에 초점을 맞추어 조직을 평가하는 방법으로, 조직효과성을 희소하고 가치 있는 자원을 획득하고, 성공적으로 결합하고 관리할 수 있는 능력을 평가하여 유효성을 판단하는 것이다. 자원기준 접근법은 산출물(output)이 객관적이고 정량적인 지표로 측정되기 어려운 비영리조직이나 사회복지기관의 경우에 유용하게 사용될 수 있다(이러한 조직들의 산출은 계량화하기 어렵지만 투입물(input)의 계량화는 어느 정도 측정이 쉽기 때문이다).
자원의존이론 (resource dependence theory : RDT) ★★★	자원의존이론이란 조직은 다른 환경에 의존할 뿐만 아니라 능동적·적극적으로 가능한 환경에 대한 의존도를 최소화하고, 의존에서 비롯되는 여러 가지 제약과 불확실성에 대응하는 자율성과 독립성을 유지하기 위하여 환경에 영향력을 행사하려 한다는 이론이다 (Pfeffer & Salancik, 1978).
장(場) 이론 (field theory) ★★★	장(場)이란 개체와 그 주변을 모두 포함하여 일컫는 말이다. Kurt Lewin에 의하면 인간의 심리상태인 태도는 고정적이거나 안정되어 있는 것이 아니라, 겉으로는 그렇게 보일지라도 실제로는 서로 상충되는 힘의 작용으로 동적인 세계에서 균형상태를 유지하고 있을 뿐이라는 것이다. 따라서 이 균형상태에 변화를 주려면 어느 정도의 힘(특정 상황에 영향을 주는 모든 변화)을 강하게 또는 약하게 만들면 된다. 만일 현재의 태도를 바람직한 태도로 변화시키려 한다면 변화를 추진하려는 힘과 저항하려는 힘으로 나누어지는데, 이 때 추진하려는 힘을 강화시키면 행동변화를 이루게 될 것이다. 해빙(unfreezing) → 변화(changing) · 순응 · 동일화 · 내면화 → 재동결(refreezing)
전략 (strategy) ★★	전략은 기업경영에 도입되어 기업이 불확실한 상황 및 경쟁환경 하에서 나아가야 할 방향을 설정하고 기업의 목적을 달성하기 위하여 체계적이고 합리적인 대응노력을 기울이도록 하는 기본방침 또는 계획이라는 의미를 갖는다. 원래 전략(strategy)이란 군사학에서 사용된 말로써 그리스어의 'strategy'에서 유래된 말인데, 이 말의 원래 뜻은 전쟁의 장수가 그 역할을 수행하기 위하여 갖추어야 할 행동능력을 말한다. 이것은 경영전략에 적용되었을 때는 경영의 목표와 사명을 달성하기 위하여 경영외부환경의 기회·위협 요인과 경영내부자원의 장·단점을 결합함으로써 기업의 장기적인 사업방향과 그에 필요한 행동방침을 결정하는 의사결정이라고 할 수 있을 것이다.
전문화 (specialization) : 직무의 세분화 정도 ★★★	전문화란 조직의 직무가 개별 업무로 세분화되어 있는 정도를 말한다. 전문화 정도가 높으면 구성원들은 매우 제한된 업무만을 수행하게 된다. 전문화의 정도가 낮은 경우 구성원들은 다양한 직무를 수행할 기회를 가지게 된다. 전문화는 분업화(division of labor)라고 부르기도 한다.
점증적 의사결정 모형 (incremental decision process model) ★★★	민츠버그(Henry Mintzberg)는 카네기 모형의 정치적·사회적 요인을 덜 강조하고 문제 발견에서 해결까지 연속적인 행동으로 이루어져 있다고 주장한다. 즉, '많은 조직의 의사결정은 한번에 큰 결정을 하기보다 작은 선택의 연속으로 이루어진다는 것'이다. 조직은 의사결정 중에 장애물을 만날 수도 있는데, 이를 의사결정 방해(decision interrupts)라고 한다. 방해물은 이전의 의사결정 과정으로 돌아가서 새로운 것을 시도해야 하는 것을 의미한다. 이런 과정을 거친 해결책은 처음에 시도했던 것과 매우 다를 수도 있다.

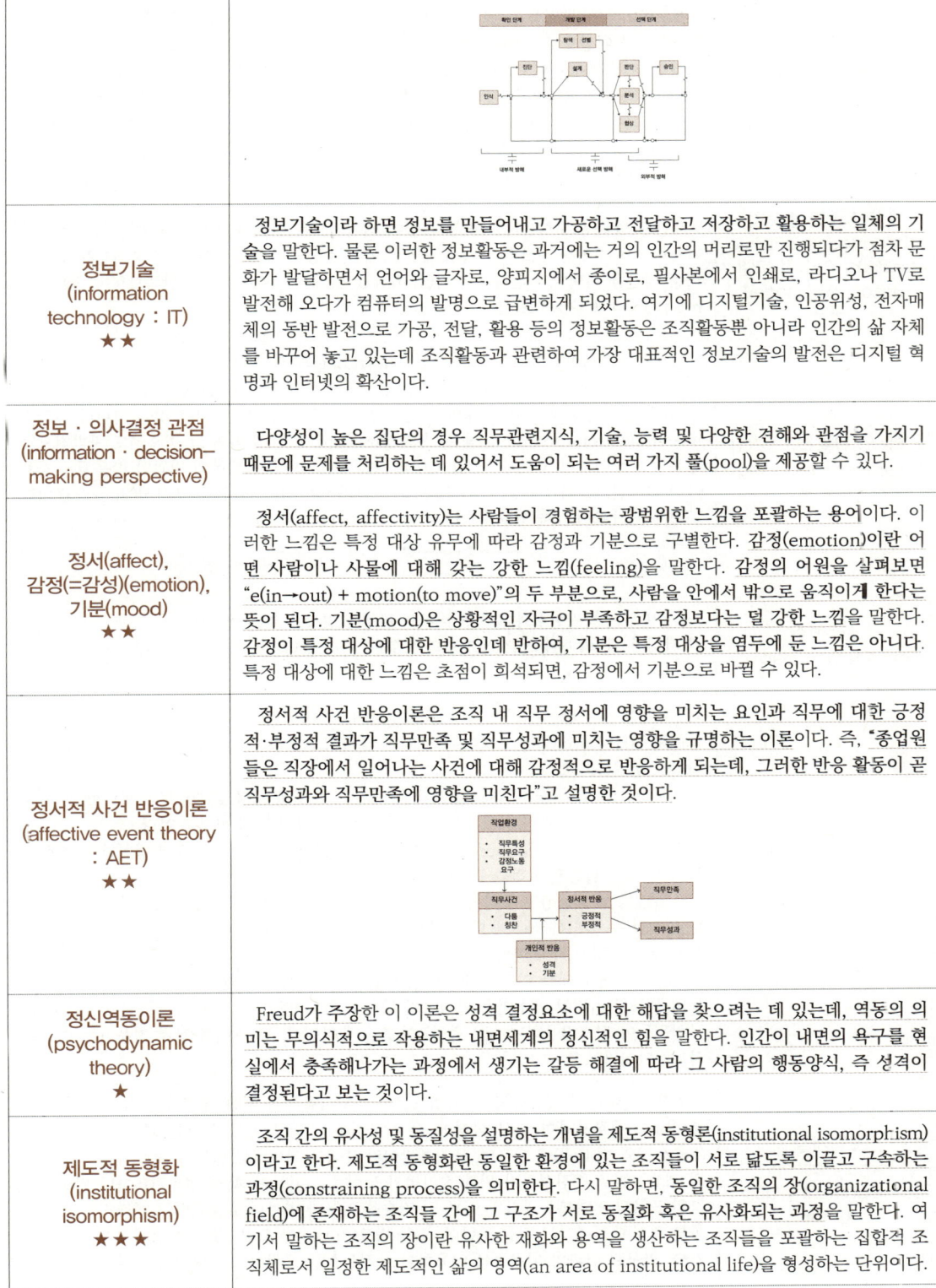

정보기술 (information technology : IT) ★★	정보기술이라 하면 정보를 만들어내고 가공하고 전달하고 저장하고 활용하는 일체의 기술을 말한다. 물론 이러한 정보활동은 과거에는 거의 인간의 머리로만 진행되다가 점차 문화가 발달하면서 언어와 글자로, 양피지에서 종이로, 필사본에서 인쇄로, 라디오나 TV로 발전해 오다가 컴퓨터의 발명으로 급변하게 되었다. 여기에 디지털기술, 인공위성, 전자매체의 동반 발전으로 가공, 전달, 활용 등의 정보활동은 조직활동뿐 아니라 인간의 삶 자체를 바꾸어 놓고 있는데 조직활동과 관련하여 가장 대표적인 정보기술의 발전은 디지털 혁명과 인터넷의 확산이다.
정보・의사결정 관점 (information・decision-making perspective)	다양성이 높은 집단의 경우 직무관련지식, 기술, 능력 및 다양한 견해와 관점을 가지기 때문에 문제를 처리하는 데 있어서 도움이 되는 여러 가지 풀(pool)을 제공할 수 있다.
정서(affect), 감정(=감성)(emotion), 기분(mood) ★★	정서(affect, affectivity)는 사람들이 경험하는 광범위한 느낌을 포괄하는 용어이다. 이러한 느낌은 특정 대상 유무에 따라 감정과 기분으로 구별한다. 감정(emotion)이란 어떤 사람이나 사물에 대해 갖는 강한 느낌(feeling)을 말한다. 감정의 어원을 살펴보면 "e(in→out) + motion(to move)"의 두 부분으로, 사람을 안에서 밖으로 움직이게 한다는 뜻이 된다. 기분(mood)은 상황적인 자극이 부족하고 감정보다는 덜 강한 느낌을 말한다. 감정이 특정 대상에 대한 반응인데 반하여, 기분은 특정 대상을 염두에 둔 느낌은 아니다. 특정 대상에 대한 느낌은 초점이 희석되면, 감정에서 기분으로 바뀔 수 있다.
정서적 사건 반응이론 (affective event theory : AET) ★★	정서적 사건 반응이론은 조직 내 직무 정서에 영향을 미치는 요인과 직무에 대한 긍정적・부정적 결과가 직무만족 및 직무성과에 미치는 영향을 규명하는 이론이다. 즉, "종업원들은 직장에서 일어나는 사건에 대해 감정적으로 반응하게 되는데, 그러한 반응 활동이 곧 직무성과와 직무만족에 영향을 미친다"고 설명한 것이다.
정신역동이론 (psychodynamic theory) ★	Freud가 주장한 이 이론은 성격 결정요소에 대한 해답을 찾으려는 데 있는데, 역동의 의미는 무의식적으로 작용하는 내면세계의 정신적인 힘을 말한다. 인간이 내면의 욕구를 현실에서 충족해나가는 과정에서 생기는 갈등 해결에 따라 그 사람의 행동양식, 즉 성격이 결정된다고 보는 것이다.
제도적 동형화 (institutional isomorphism) ★★★	조직 간의 유사성 및 동질성을 설명하는 개념을 제도적 동형론(institutional isomorphism)이라고 한다. 제도적 동형화란 동일한 환경에 있는 조직들이 서로 닮도록 이끌고 구속하는 과정(constraining process)을 의미한다. 다시 말하면, 동일한 조직의 장(organizational field)에 존재하는 조직들 간에 그 구조가 서로 동질화 혹은 유사화되는 과정을 말한다. 여기서 말하는 조직의 장이란 유사한 재화와 용역을 생산하는 조직들을 포괄하는 집합적 조직체로서 일정한 제도적인 삶의 영역(an area of institutional life)을 형성하는 단위이다.

제도화이론 (institution theory) ★★★	제도화이론이란 조직 간 관계에 대한 관점 중 조직이 생존하기 위해서는 효율적인 생산을 하는 것 이상으로 이해관계자로부터 정당성(legitimacy)을 획득하는 것이 중요하다고 주장한다. 환경에서 어떤 조직의 존재가 정당하다고 인정할 때에만 조직이 성공할 수 있다는 것이다. 제도화이론은 조직화과정에서 구성원들 사이에 규범이나 관습이 굳어진 제도들의 집합체가 조직이라고 보는 관점이다. 그러므로 이 이론에 따르면 조직이 제도화되는 과정을 관찰하면 실제의 조직을 알 수 있다. 조직에 의해 형성된 제도화된 룰은 행동의 정당성을 부여받는다.
제한된 합리성 모형 (bounded rationality model) : 기술적 모델 (descriptive model) ★★	제한된 합리성 모형은 문제해결에 있어 객관적으로 완전한 최선책을 발견하는 것은 불가능하므로 주어진 정보와 능력의 제한 속에서 소정의 기준을 세워 이를 통과하는 만족스러운 대안을 선택하게 된다고 한다(March & Simon, 1958). 이는 만족모형(satisficing model)이라고 부르기도 한다.
조작적(=작동적) 조건화 (operant conditioning) ★★★	행동주의 심리학자인 손다이크(E. L. Thorndike)와 스키너(B. F. Skinner)에 의해 제시되었는데, 인간을 수동적인 존재로 본 고전적 조건화와 다르게 인간을 행동의 주체자로 보면서, 학습은 단순히 자극에 대한 조건적 반응에 의하여 이루어지는 것이 아니라 인간의 행동이 강화(reinforcement)를 통해 보상(reward)을 받게 되면 그 이후에도 자발적으로 반복되면서 이루어진다고 주장한 것이다. 즉, 사람들의 반응행동의 결과와 반응행동 자체를 연결시킴으로써 학습이 이루어진다는 기본가정이 있는 것이다. '조작적(operant)'이란 유기체가 자극에 대해 단순히 반응하는 것이 아니라 환경을 조작하여 변화시킨다는 의미이다.
조절변수 (moderator variable)	조절변수는 독립변수와 종속변수 간의 관계에 영향을 주는 변수를 의미한다. 즉, 두 변수 간 관계가 제3의 변수의 조건(정도와 상황)에 따라 달라지는 효과를 나타내는 변수라고 할 수 있다.
조직 (organization) ★★	조직이란 보는 관점에 따라 다양한 정의가 이루어지고 있다. 　① 쿤츠(H. Koontz)는 조직이란 '계획과 같이 조직계층에서 이루어지는 경영자의 기능'이라고 정의하고 있다. 　② 브라운(A. Brown)에 따르면 조직은 '개인의 노력을 보다 효과적으로 협력할 수 있는 수단이면서 동시에 관리가 이루어지며 또한 목표를 향한 과정'이라고 한다. 　③ 구텐베르그(E. Gutenberg)는 조직이란 '계획에 의해 이루어진 질서 정연한 과정을 위한 수단이며, 설정된 목적을 구체화하기 위한 도구'라고 정의하고 있다. 　④ 알렌(L.A. Allen)은 조직이란 '구성원이 기업의 목표를 달성하기 위해 가장 효과적으로 협력할 수 있도록 직무에 대한 내용을 명확히 하고 이에 대한 위임을 통해 상호 관계성을 이루는 과정'이라고 한다. 　이러한 조직에 대한 여러 학자들의 정의를 통합해보면, 조직(organization)이란 ⅰ) 공동의 목표를 가지고, ⅱ) 이를 달성하기 위하여 의도적으로 정립한 체계화된 구조에 따라 구성원들이 상호작용하며, ⅲ) 협력관계를 구축하면서, ⅳ) 외부환경에 적응하는 인간의 사회집단이라고 할 수 있다.
조직개발 (organizational development : OD) ★★★	조직개발이란 조직변화의 한 방법으로서 조직효율성을 계속 유지하기 위해 변신을 되풀이하고 재투자하여 항상 환경에 잘 적응하는 조직을 만들어 가는 과정이다. 프렌치(French)와 벨(Bell)에 따르면, 조직개발이란 조직이 직면하고 있는 문제를 해결하고 조직의 재생능력을 증진시키기 위한 장기적인 노력을 의미하며, 특히 변화관리자나 변화주도자의 도움과 응용행동과학의 이론 및 기술을 이용하여 보다 효율적이고 협력적인 조직문화를 형성해 나아가는 것을 뜻한다. 또한 버크(Burke)는 조직개발은 행동과학에서 개발된 기술, 연구된 결과와 이론들을 이용하여 조직문화를 계획적으로 변화시켜 나아가는 과정

		이라고 하였다. 즉, 조직개발은 구성원의 능력개발과 조직기능의 개선을 위해서 직무환경을 계획적으로 변화시키는 사회과학적 기법이라고 할 수 있다.
조직구조 (organizational structure) ★★★		조직구조란 조직 안에서 과업들이 분리되고, 분리된 과업들이 연결되며, 과업의 집단들이 모여 부서를 이루고 다시 부서들끼리 연결된 상태를 말한다. 조직이란 여러 사람들이 모여 공동의 목표를 달성하기 위해 활동하는 시스템인데, 이러한 활동을 보다 효과적으로 수행하기 위해서 조직구조가 필요하다.
조직변화 (organizational change : OC) ★★★		조직변화란 적응적(unplanned)으로 혹은 인위적(planned)으로 조직의 구조와 기술과 사람을 변화시키는 것이라고 정의할 수 있다. 오늘날의 조직은 지속적인 변화를 하지 않고서는 생존을 보장받을 수 없다. 조직변화는 조직 내 개인이나 집단의 변화, 그리고 조직 차원의 포괄적 변화 등으로 구분된다. 개인의 변화란 조직구성원 개인의 행동, 가치관, 몰입, 만족도 등의 변화를 목표로 하며 집단의 변화란 소집단의 과정손실을 최소화하고 집단활동에서 얻어질 수 있는 여러 가지 장점들을 최대한 활용하는 것을 목표로 한다.
조직설계 (organizational design) ★★★		조직설계란 여러 과업과 과업담당자, 담당부문들을 적절하게 분화(differentiation)하고, 분화된 과업 및 부문들이 서로 연결되도록 통합(integration)시키는 것을 말한다.
조직설계를 위한 차원 ★★★		조직설계를 위한 차원은 구조적 차원과 상황적 요인으로 구분할 수 있다. 구조적 차원(structural dimensions)이란 조직 내부 특성을 설명하는 속성변수를 말한다. 이들 속성변수를 통해 여러 조직을 측정하고 비교할 수 있다. 상황적 요인(contingency factors)은 조직의 환경, 기술, 규모, 전략 및 권력과 같이 조직구조에 영향을 주는 요소들로 구성된다. 조직의 구조적 차원에 영향을 미치는 조직배경이 상황적 요인이다. 조직을 제대로 이해하고 평가하기 위해서는 이들 구조적 차원과 상황적 요인 모두를 살펴보아야 한다. 이 두 차원은 서로 상호작용하면서 조직의 목표달성에 기여하게 된다. [구조적 차원과 상황적 요인 간의 상호작용]
조직의 다섯 가지 기본부문 ★★★		민쯔버그(H. Mintzberg)는 조직이란 적어도 다섯 가지 기본부문으로 이루어져 있으며 각 부문별로 나름대로의 힘을 발휘하여 각각 자기 쪽으로 조직을 몰고 가려는 힘이 작용한다고 하였다. 그리하여 다섯 부문 중 어디에 무게중심이 놓여 있는지에 따라서 조직의 형태는 달라진다는 것이다.
조직 간 관계 분석의 틀 (Daft) ★★★		조직 간 관계란 둘 혹은 그 이상의 조직 사이에 자원의 거래, 이동, 연결이 지속적으로 이루어지는 관계를 가리킨다. 조직 간 관계는 조직들이 서로 유사한가 아니면 그렇지 않은가 하는 차원과, 서로 협력적인가 아니면 경쟁적인가 하는 두 차원을 기준으로 구분할 수 있다.

조직군 생태학이론 (population ecology theory : PET) ★★★	조직군(population of organization)이란 유사한 형태의 자원을 활용하고 유사한 산출물을 생산하며 유사한 행동양식을 보이는 조직들의 집합체(aggregate)를 가리킨다. 예를 들면, 동일지역 내의 동종회사들을 말한다. 동일한 조직군에 속한 조직은 유사한 자원, 유사한 고객을 두고 서로 경쟁하게 된다. 생태학을 조직에 응용한 조직군 생태학이론은 개별 조직들의 집합체인 조직개체군과 환경과의 관계를 연구하는 학문으로, 조직군의 생성과 소멸 과정에 초점을 두고 어떻게 변이, 선택, 보존이 이루어지는가를 설명하는 데 중점을 둔다(한난(M. T. Hannan) & 프리만(J. Freeman)).
조직균형론 ★★★★	Barnard의 조직론은 조직의 목적과 개인의 목적(동기)은 원래 일치하는 것이 아니라는 데에서 출발한다. 일치하지 않는 이 두 개의 목적을 어떻게 극복하느냐가 그의 조직이론의 출발점이다. 그는 조직이 존속하기 위해서는 대내적 균형과 대외적 균형을 유지해야 한다고 주장했다.
조직문화 (organizational culture : OC) ★★★	조직문화란 조직구성원들, 조직구조, 규범을 제공하는 통치체제와 상호작용하는 공유된 가치(무엇이 중요한가)와 신념(무엇을 해야 하는가)의 시스템을 말한다. 가장 일반적으로 받아들여지고 있는 정의는 조직문화의 대가인 샤인(Schein)은 "한 집단이 다양한 환경에 대하여 어떻게 지각, 사고 및 반응할 것인지를 결정하는 요인으로써 흔히 조직구성원들 사이에 공유되어 당연시되는 내재적 가정"(1966), "조직문화란 일정한 패턴을 갖는 조직활동의 기본가정과 신념(basic assumptions and beliefs)"(1985)이라고 정의하였다.
조직몰입 (organizational commitment) ★★	조직몰입이란 개인이 자신을 자기가 속한 조직과 동일시(identification)하여 조직에 몰입하는 정도를 의미하는데, 보다 구체적으로는 i) 특정 조직의 구성원으로 남아 있으려는 강한 욕망, ii) 조직을 위하여 기꺼이 높은 수준의 노력을 기울이려는 의사, iii) 조직의 목표와 가치에 대한 명확한 신념과 이의 수용으로 정의된다(Mowday, Porter & Steers, 1982).
조직사회화 (organizational socialization) ★★★	조직사회화란 한 개인이 어느 조직에 소속되면서 그 조직의 과업관련 규범, 가치, 사회적 분위기에 대한 지식, 생활양식과 조직문화 등을 습득해가는 과정을 의미한다.
조직 쇠퇴 (organizational decline) ★★★	조직 쇠퇴란 오랜 기간에 걸쳐 나타나는 절대적이고 상당한 조직자원기반의 감소를 의미한다. 조직의 쇠퇴는 환경적 쇠퇴, 즉 조직 크기의 감소(소비자 수요축소나 과세 기반 약화 등)나 형태의 변화(소비자수요의 변화)와 관련이 있다.
조직시민행동 (organizational citizenship behavior : OCB) ★★★	조직시민행동이란 조직의 공식적인 보상시스템에 의해서 직접적으로 또는 명백히 인식되는 것은 아니지만, 총체적으로 볼 때 조직의 효과적인 기능을 촉진시키는 개인의 재량적인 행동을 말한다(Organ, 1988). 조직시민행동의 유형으로는 ① 이타주의(altruism), ② 예의성(courtesy), ③ 양심성(conscientiousness), ④ 스포츠맨십(sportmanship), ⑤ 시민의식(civic virtue)이 있다.
조직 정치 (organizational politics) ★★	권력과 밀접한 관계를 가지고 있는 것이 조직 정치 혹은 정치적 행동이다. 권력을 획득하는 과정을 정치(politics)라고 하는데, 경영조직에도 이러한 과정이 발생하게 된다. 조직 정치란 개인 혹은 집단이 원하는 결과를 얻는 데 필요하다고 판단되는 권력을 획득하거나 이를 증가시키기 위해 하는 행동을 말한다. 즉, 조직에서 공식적으로 부여된 행동을 제외하고 자신의 이득에 영향을 미치는 행동을 했다면 그것은 정치적 행동(political behavior)이라고 할 수 있다. 이러한 행동은 합법적일 수도 있고 비합법적일 수도 있다.
조직지원인식 (perceived organizational support : POS) ★★	조직지원인식은 조직이 구성원들의 공헌을 가치있게 여기고 그들의 복지에 대한 관심이 있다고 구성원들이 믿는 정도를 말한다. 이를테면 육아배려 문제가 있을 경우 조직이 편의시설을 제공해 줄 것으로 믿거나, 정직한 실수에 대해서는 관용을 베풀어 줄 것으로 믿는 경우가 그 예가 된다. 연구결과에 의하면 사람들은 보상이 공정하다고 생각하고, 의사결정에 발언권을 갖고 있고, 또한 상사들이 지원적이라고 생각할 때 자신들의 조직이 지원적이라고 지각하게 된다고 한다.

조직통제전략의 유형 – William Ouchi ★★★	UCLA의 William Ouchi는 실제 조직이 수행가능한 세 가지 조직 통제전략 – 관료적 통제, 시장통제, 문화통제 – 을 제시하고 있다. 각각의 통제 전략은 다른 유형의 정보에 기반을 두고 있지만, 한 조직 내에서 세 가지 전략이 동시에 시행될 수도 있다. 	유 형	요 구 사 항
관료적 통제 (bureaucratic control)	규칙, 표준, 위계, 합법적 권한
시장 통제(market control)	가격, 경쟁, 교환관계
문화 통제(clan control)	전통, 공유가치와 신념, 믿음	
조직학습 (organizational learning) ★★	조직은 학습을 하지만 조직 스스로는 학습할 능력이 없다. 조직은 결과적으로는 구성원 개개인의 학습을 통해서 학습한다. 그렇다고 조직학습이 단순하게 개인학습을 통합한 것은 아니다. 즉, 조직학습 역시 개인학습과 학습의 의미는 동일하지만 학습의 과정이 다르다. 개인이 축적한 지식들이 조직 전체에 널리 확산되어 구성원들에 의해 공유되고 타당성을 인정받아 조직의 전략실천과 조직관리에 활용되어야 조직학습이라고 할 수 있다. [조직학습과 학습조직] 개인학습 → (지식의 공유·확산) → 조직학습 ↓ 지식축적의 반복·습관화 ↓ 조직학습의 반복·습관화 학습인 학습조직
조직행동수정 (organizational behavior modification : OB-Mod) ★★	행동수정은 강화의 개념을 실제 작업장의 근로자들에게 적용하여 바람직한 행동을 익히도록 하는 것이다. 즉, 작동적 조건화를 체계적으로 사용하여 중요한 새로운 행동을 학습시키고 강화하는 것을 행동수정이라고 하는 것이다.
조직행동론 (organizational behavior : OB) ★	조직행동론이란 조직구성원들의 행동이 조직 생존 및 성공에 중요한 영향을 미칠 수 있다는 관점 하에, 개인 행동·집단 행동·조직 행동을 체계적으로 이해하고, 예측하고, 더 나아가 조직 문제에 대한 해결대안을 제시하는 학문이다. 조직행동론은 조직에서 일어나는 여러 가지의 현상과 문제에 대한 우리들의 이해를 높여주는 것은 물론, 조직 문제를 해결하기 위한 처방을 해주는데 도움을 줄 수 있다.
조직효과성 (organizational effectiveness) ★★	조직효과성은 조직이 추구하는 목표를 궁극적으로 달성한 정도를 의미한다. 효과성이라는 개념은 상당히 폭넓은 개념으로 조직 전체와 부서 수준의 다양한 변수들을 암묵적으로 포함하고 있다. 효과성에 대한 평가는 여러 가지 목표(조직 전체의 공식적인 목표 또는 운영 목표)에 대한 달성정도를 통해 이루어질 수 있다.
조하리의 창 (Johari's window) ★	조하리의 창은 이것을 개발한 조셉 루프트(Joseph Luft)와 해리 잉검(Harry Ingham)의 이름을 딴 것이다. 이 이론에 따르면 우리는 스스로가 알고 있는 부분도 있지만 무의식과 같이 모르는 부분도 있고, 자신의 모습 중 다른 사람이 아는 부분과 모르는 부분이 존재한다고 한다. 이 창은 나와 남의 관계에서 볼 때 다음과 같은 네 개의 영역을 가지고 있다. |	자신이 알고 있는 부분 (known to self)	자신이 모르고 있는 부분 (unknown to self)
---	---	---
타인에게 알려진 부분 (known to others)	Open area(A) : 공개 영역	Blind area(B) : 맹인 영역
타인에게 알려지지 않은 부분 (unknown to others)	Hidden area (C) : 비밀 영역	Unknown area(D) : 미지 영역	
지각 (perception) ★★★	지각이란 개인이 속해 있는 환경으로부터 오는 자극을 선택(selection)하고 조직화(organization)하며, 해석(interpretation)하는 총체적인 심리적 과정이라고 할 수 있다.

지식 (knowledge) ★★★	지식이란 조직이나 개인이 얻은 경험을 체계적으로 정리한 정보로서, 의사결정과정이나 경영활동에 효용가치를 발휘할 수 있는 실력·노하우·기술정보를 총 망라한 것이다.
지위 (status) ★★	지위는 집단에서 한 개인이 차지하는 위치, 즉 신분적·사회적 서열이라고 할 수 있다. 이러한 서열은 여러 가지 표출되는 현상을 가지고 식별할 수 있다. 동물 세계에서는 자신이 상대방보다 서열이 높다는 것을 직접 표시하는 사례가 많은데, 인간으로 구성된 집단의 경우도 크게 다를 바 없다. 악수할 때 손을 꽉 잡는다던가, 회의시 가장 늦게 회의장소에 들어온다든가, 보다 넓은 책상 크기 등 여러 종류의 비언어적 커뮤니케이션 방법을 동원하여 자신의 지위를 확인시킨다.
직관적 의사결정 모델 (intuitive decision making model)	의식적인 논리적 과정을 거치지 않고 의사결정을 하는 것을 직관적인 의사결정이라고 한다. 한 연구에 의하면 조직의 일상생활에서 관리자의 89%는 가끔, 59%는 자주 직관적인 의사결정을 한다고 한다. 직관(intuition)이란 이성이나 논리적 추론을 통하지 않고 사물을 인식하는 것을 말한다. 이를 오감(five senses)에 추가하여 육감(six senses)이라고도 한다.
직무만족 (job satisfaction) ★★★	직무만족은 조직 구성원 개인의 직무에 대한 태도, 긍정적인 감정 상태라고 할 수 있다. 즉, 직무만족이 높은 사람은 자신의 직무에 대해서 긍정적인 태도를 가지고 있고, 반대로 직무만족이 낮은 사람은 직무에 대해 부정적인 태도를 갖고 있다고 말할 수 있으며, 직무에 대한 높고 낮음의 개인 평가는 자신이 처한 작업과 작업환경, 개인특성 등 여러 측면에 의하여 이루어진다고 할 수 있다.
직무 요구-자원 모형 (Job Demands-Resources model : JD-R모형) ★★	최근에 들어서는 과도한 직무요구를 완화시키는 요소인 직무통제력을 보다 넓게 확장, 해석하여 직무수행 상황과 관련된 다양한 직무맥락 변수들을 적극적으로 도입하고 있는데, 이른바 직무통제력의 개념을 직무자원으로 넓게 확장한 직무 요구-자원 모델(Demerouti et al., 2001)이 나타나게 되었다. '직무 요구(job demand)'란, JD-C 모형에서도 이미 활용되어 온 개념으로, 직무담당자로 하여금 직무수행이나 완수를 위해 지속적인 육체적, 정신적 노력을 기울이도록 요구함으로써 그 결과 해당 직무수행자에게 상당한 생리적, 심리적 희생을 감내하게 만드는 직무특성을 의미하며, '직무 자원(job resources)'은 직무통제력을 포함하여 보다 확장된 개념으로 상사와 동료들과의 의사소통, 지원, 팀 분위기 등과 같은 대인관계적 요소와 전반적인 임금수준, 경력 기회, 고용안정성 등 조직적 차원, 음주 문화, 직장 문화 등 문화적 차원 등의 다양한 요인 등을 포함하고 있다. JD-R 모형은 점증하는 직무요구에도 불구하고 적절한 직무 자원 요인의 제공을 통하여 사원들이 경험하는 직무긴장과 스트레스를 완충시켜 갈 수 있는, 나름대로 의미 있는 직무설계 및 경영관리 방향을 제기해 주고 있다고 평가해 볼 수 있다. 직무 자원(job resource) high: 낮은 스트레스(low strain) / 능동적 영역(active) 직무 자원(job resource) low: 수동적 영역(passive) / 높은 스트레스(high strain) 직무 요구(job demand) low — high
진정성 리더십 (authentic leadership) ★★	진정성 리더십은 최근 기업조직에서 리더가 가지고 있는 자신의 고유가치를 리더십을 발휘하는 데 회복시키자는 동기에서 개발되었다. 진정성(authenticity)이라는 개념은 원래 "너 자신을 알라"라는 그리스 철학에서 연유된다. 여기서 말하는 진정성에는 순수하고, 투명하고, 믿을 수 있고, 가치 있고, 가식이 없으며 무엇보다도 진실한 것을 말한다. 진정성리더십은 변혁적 리더십 및 서번트 리더십보다 한층 더 깊은 개인의 내면적인 측면을 다루고 있다. 진정성을 가진 리더는 일상생활에서 자신이 가지고 있는 핵심 가치, 정체성 그리고 감정 등에서 벗어나지 않고 이를 근거로 타인과 상호작용하는 경우를 말한다.

집권화(centralization) : 조직 내에서 의사결정이 이루어지는 계층수준 ★★★	집권화는 조직의 중요한 의사결정 및 통제권한이 조직의 특정 부분에 집중되어 있는 것을 말한다. 분권화(decentralization)는 조직의 의사결정 및 명령지시권이 조직의 여러 계층에 위양되어 있는 것을 말한다.
집단(group) ★★★	집단이란 공동의 목표달성을 위해 서로 상호작용을 하면서 서로가 같은 집단의 멤버임을 인식하고 있는 2명 이상의 사람들로 구성된 단위를 말한다.
집단사고 (groupthink) ★★★	집단사고란 1982년 미국의 심리학자 어빙 재니스(Irving Janis)가 그의 저서인 「집단사고에 의한 희생들(Victims of Groupthink)」에서 피그만 침공이 실패한 이유를 분석하는 과정에서 만들어낸 개념이다. 즉, 집단사고란 집단구성원들 간의 동조압력과 전문가들의 과다한 자신감 등으로 인해 비합리적인 의사결정을 내리게 되는 현상을 말한다. 집단사고에 희생된 구성원들은 대안에 대한 충분한 분석과 토론 없이 쉽게 합의한 대안이 최선이라고 믿으며 적을 과소평가하려는 경향이 있고 범법을 저지르면서도 자신들은 도덕적이라고 합리화하려는 성향이 있다.
집단양극화 (group bipolarization) ★★★	집단에 들어온 개인들은 집단에 들어오기 전에 갖고 있던 방향으로 더욱 이동하는 경향이 있는데, 이를 집단이동(group shift)이라고 한다. 예를 들어 개개의 생각들은 처음에 별 차이가 없었지만, 집단에 참여해서 토론을 하면서 의견이 완전히 나뉘는 경우를 흔히 본다. 야당 편인지 여당 편인지를 처음 결정할 때, 대개의 사람들은 각자의 당에 대해 약간의 선호도만 있다가 토론이 진행되면서 점점 더 자기 당으로 기울어지는 경향이 강해진다. 집단이동 시 당초에 가지고 있었던 양측 구성원들의 태도가 집단 속에서 더욱 과장되고 더욱 기울어진 상태로 나타나는데, 이런 현상을 집단양극화라고 한다(Baron & Kerr, 2002).
집단역학 (group dynamics) ★★	Lewin이 이 용어를 사용한 이래 집단역학에 대한 해석이 다양하게 전개되었는데, 일반적으로 일정한 사회적 상황에서 집단구성원들 사이에 존재하는 상호작용, 힘의 형성 및 관계를 의미한다. 집단역학은 힘·세력·동태성을 나타내는 희랍어의 '두나미스(dur.amis)'에서 파생된 것으로 이것은 집단 내에서 활동하는 힘들을 의미한다.
집단응집력 (group cohesiveness) ★★★	집단응집력은 멤버들이 집단에 이끌리는 매력의 정도, 공동체 의식이라고 할 수 있다. 집단구성원들의 결속을 막거나 갈라놓는 힘들에 대항함으로써 집단을 온전하게 유지시키는 힘으로 집단구성원들이 서로 서로가 뭉치는 정도, 구성원의 집단에서의 소속감의 정도 그리고 구성원들이 집단에 남아 있으려는 의지의 정도를 말한다.
징계 (discipline) ★	조직구성원으로부터 기대되는 최저의 행동기준을 설정하고, 이를 어기는 구성원에 대하여 적절한 조치를 취하는 과정을 징계라고 한다. 기업은 많은 사람들이 다양한 행동기준에 의하여 행동하고 있다. 대부분의 사람들은 기업의 목표달성을 위하여 기여하고 있지만, 극히 일부는 전체의 행동기준에 어긋나는 행동을 하여 조직구성원의 상호관계나 기업의 목표달성에 위협을 준다.

(차)	
창의성 (creativity) ★★★	기존에 있던 아이디어들을 새롭게 결합시키든지 이미 있는 아이디어들을 다른 것과 서로 연결하여 새로운 아이디어를 탄생시키는 능력을 말한다.
초국적 조직 (transnational model) : 가장 진보된 국제조직의 형태 ★★★	초국적 조직은 가장 진보된 국제조직의 형태이다. 이 조직은 다양한 부문을 많이 가지고 있어서 조직의 복잡성이 가장 높으며, 여러 다양한 부문들을 통합하는 메커니즘으로 인해 조직의 조정활동이 가장 잘 이루어지고 있는 형태이다.

(카)

카네기 모형 (carnegie Model) ★★★	카네기 모형(carnegie Mode)은 사이어트(R. Cyert), 마치(J, March), 사이먼(H, Simon)의 연구에 기반을 두고 있다. 이들의 연구는 제한된 합리성(bounded rationality)을 공식화하고 조직의 의사결정에 새로운 시각을 제공해 주었다. 예전에는 모든 정보가 최고 경영자에게 집중되어 의사결정이 이루어진다고 가정했으나, 카네기학파는 조직수준의 의사결정은 많은 관리자가 연관되어 있고 최종 선택은 관리자들의 연합(coalition)에 기초한다고 주장한다. 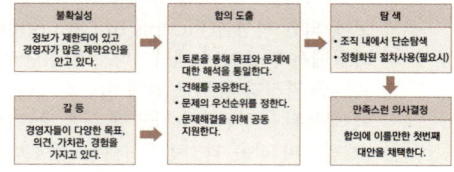
카리스마 리더십 이론 (charismatic leadership theory) ★★	카리스마 리더십이란 부하 직원이 리더의 특정 행동을 리더의 영웅적인 혹은 특별한 능력으로 간주한다는 것을 강조하는 이론이다. 카리스마라는 어휘는 1920년대 사회학자인 막스 베버(Max Weber)에 의해서 제시되었다. 그가 합법적 권위의 세 가지 형태를 전통적 권위, 법적 권위, 그리고 카리스마적 권위로 분류하면서 추종자들의 절대적 존경에 기초한 카리스마적 권위를 강조한 이래 지금까지 여러 사회과학 분야에서 연구되어 왔다. 그러나 조직행동 분야에서 카리스마 리더십이 본격적으로 연구의 대상이 되기 시작한 것은 로버트 하우스(Robert House)가 1977년 카리스마 리더십모델을 발표하고 난 후부터였다. 리더가 가지고 있는 특성과 그가 보여주는 행동을 종합하여 인식된 리더십 유형으로서 리더십 특성이론과 행동이론을 모두 포괄한다.
카이젠 (Kaizen) ★	린 생산으로부터의 교훈은 언제나 개선의 여지가 있다는 점이다. 지속적인 개선, 즉 카이젠(Kaizen)은 수많은 점진적이고 작은 개선을 조직 내 모든 영역에서 지속적으로 실천하는 것을 말한다. 카이젠의 기본적 철학은 한 번에 조금씩 어떤 것을 개선하는 것이 성공의 가장 큰 부분이라는 점이다.
커뮤니케이션 (communication)	커뮤니케이션이란 원래 라틴어의 'communis'에서 유래한 것으로 'common(공동의)'이란 뜻을 가지고 있다. 커뮤니케이션이란 "두 사람 혹은 그 이상의 사람들 간에 의견(opinion), 감정(sentiment), 정보(information)를 교환하고 의미를 공유하는 것으로, 일반적인 상징을 통한 정보나 의사를 전달하는 것"이라고 할 수 있다. 여기에서의 상징이란 언어적인 것과 비언어적인 것을 모두 포함한다.
커뮤니케이션 네트워크 (communication network) ★★	커뮤니케이션 네트워크란 조직 내 구성원 간의 커뮤니케이션 경로의 구조를 뜻하는 말이다. 집단이나 조직에서 정보가 오가는 길은 이미 정해져 있기 마련인데 이 길들의 집합을 의미하는 것이다. 네트워크 유형에 따라 의사소통의 속도나 정확도, 구성원들의 만족도, 권한의 집중도 차이 등이 차이가 난다.
코칭 리더십 (coaching leadership) ★	조직에서 개인보다 팀을 강조하고 팀의 필요성이 점차 높아지면서 구성원 개개인의 능력 향상보다 팀원들의 상호교류와 네트워크 그리고 구성원의 능력개발을 이끌어내는 리더십 행동이 강조되고 있다. 그 중 하나가 리더는 스포츠팀의 코치처럼 행동해야 한다는 소위 코칭 리더십이다.

(타)	
태도(attitude) ★★	태도란 어떤 사람이나 사물, 사건에 대해서 긍정적이거나 부정적인 방식으로 반응하려는 개인의 선유경향(先有傾向, predisposition)이다. 달리 말하면, 특정 대상에 대해서 호의적이라든지 비호의적(호-불호 : 互-不互)이라든지 특정한 방식으로 반응하려는 자세(readiness to respond)로도 정의될 수 있다.
통제 위치 (locus of control) ★★	J. B. Rotter에 의하면 통제의 위치가 어느 쪽에 위치하고 있느냐에 따라서 사람들을 크게 내재론자와 외재론자로 구분하였다. 통제 위치란 자신에게 일어나는 일을 자신이 통제할 수 있다고 믿는가, 환경에 의하여 통제된다고 믿는가를 의미하는 것이다. 내재론자 → 외재론자 → "노력한 만큼 보상받는다" "세상만사 운때가 맞아야 한다"
통합 (integration) ★★	분화를 통하여 여러 기능이 작업집단이 만들어지면 각 기능과 부문은 나름대로 목적이 있고 관점도 달라진다. 하지만 분리된 작업집단의 작업결과가 합해져야 조직 목표가 완수된다. 이 때문에 이들을 다시 연결시키고 통합해야 할 문제가 대두되는데 각 기능과 부문 간의 협동을 꾀하고 상호 연결시키는 것을 통합화라고 한다.
통합적(integrative) 협상	통합적 협상전략이란 파이의 크기가 늘어날 수 있는 Plus-sum(혹은 Positive-sum 혹은 Win-Win) 협상전략을 말한다.
특성-유형 이론 (type-traits theory) ★★	특성-유형 이론은 성격을 개인의 독특한 성향에 맞추고 여러 사람들이 같은 상황인데도 불구하고 다르게 행동하는 이유를 그들이 가지고 있는 독특한 성향에서 찾고자 한다. 특성-유형 이론에는 개인이 보여주는 여러 성격들에서 개별적으로 그 정도가 얼마나 높게 혹은 낮게 나타나는가를 설명하려고 하는 〈특질론〉과 사람의 특성을 몇 개의 범주로 묶어 설명하고자 하는 〈유형론〉이 있다.
팀(team)의 개념 ★★★	팀이란 소수의 사람이 상호 보완적인 업무기술을 가지고 공동의 목표를 달성하기 위해 공동의 작업방식으로 스스로가 상호책임을 가지고 협동적으로 직무를 수행하는 집단이다.
팀워크 (teamwork) ★★	팀워크란 팀 구성원들의 서로 다른 생각과 역량과 정서를 역동적으로 조합하여 개인들의 합을 뛰어넘는 팀 성과를 창출하는 과정이라고 정의된다. 팀워크가 강한 팀은 개인의 성과보다는 팀 성과 향상을 위해서 구성원들이 헌신하며, 구성원들 간에 교류가 활발하고 팀 정신(spirit)을 공유한다. 예를 들어, 병원에서 환자를 수술하는 경우, 진단과 각종 검사를 담당하는 의료진, 마취전문가, 집도의, 간호사, 재활의 등 각기 다른 전문기술을 갖고 있는 구성원들이 역동적으로 교류하면서 환자 '치료'라는 하나의 목표를 달성하기 위해서 노력한다. 이 과정에서 서로 간에 목표와 정보의 공유, 피드백, 신뢰 등에 기초한 팀워크가 없으면 목표를 달성하기 힘들다.

(파)	
팔로워십 (followership) ★★★	지금까지 우리는 리더에 대해서만 관심을 기울여 오면서, 누가 어떤 리더십 기술을 습득하여 어떻게 리더로서 앞장서 제 역할을 하는가에 초점이 모아졌었다. 이끄는 사람, 앞장선 사람, 곧 리더만이 중요한 것인 양 여겨져 왔던 것이다. 그러나 사실은 이끄는 사람뿐 아니라 따르는 사람, 즉 '팔로워'도 매우 중요하다. 이들이 적절한 역할을 해주지 않으면 리더십의 성과는 나타날 수 없다. 이 점에 착안하여 팔로워십(followership)을 꾸준히 연구해오고 있는 학자는 켈리(Robert E. Kelley)이다. 켈리는 '조직의 성공에 리더가 기여하는 바는 10%~20%에 불과하고 나머지 80%~90%는 팔로워가 결정한다'라는 가정 하에 팔로워십에 대한 인식을 바꿔야 한다고 주장하고 있다.

	즉, 팔로워를 리더의 하수인 정도로 생각할 것이 아니라 독립적이고 능동적 주체로 인식해야 한다는 것이다.
표면적 다양성 (surfaced-level diversity) ★★	표면적 다양성이란 성별, 인종, 민족, 나이, 외모 등 쉽게 파악할 수 있는 특성 차이로서 사람들의 사고 활동이나 감정 상태가 반영된 것은 아니지만 고정관념(stereotype)을 유발하는 원인이 될 수 있다.
프로세스 조직 (process structure) ★★★	고객과 시장의 정보가 날로 중요해지고 있는 오늘날에는 의사결정이 정보에 가장 밀착된 현장에서 바로 이루어져야 한다. 프로세스 조직이란 리엔지니어링(Business Process Reengineering : BPR)에 의하여 기존의 업무처리절차를 재설계하여 획기적인 경영성과를 도모하도록 설계된 조직이다. 업무가 수평으로 진행되도록 한 것이라서 수평적 조직구조라고도 한다.
프로젝트 조직 (project organization) ★★★	프로젝트 조직이란 특정한 사업목표를 달성하기 위하여 일시적으로 조직 내의 인적·물적 자원을 결합하는 조직형태를 말한다. 프로젝트 자체가 시간적 유한성을 지니기에 프로젝트 조직도 임시적·잠정적이다. 즉, 프로젝트조직은 해산을 전제로 하여 임시로 편성된 일시적 조직이며, 혁신적·비일상적인 과제의 해결을 위해 형성되는 동태적 조직이다.

(하)

학습 (learning) ★★★	학습이란 개인 행동형성의 기본적 과정으로서 반복적인 연습이나 경험을 통해 이루어진 영구적인 행동변화를 말한다(Blau & Boal, 1987). 철학자 J. Locke는 인간은 백지상태로 태어나지만 이 세상을 살아가면서 하나하나 경험을 하게 되고 그 경험을 백지 위에 써내려 간다고 하였다. 인간의 행동 대부분은 후천적으로 경험을 통해 학습한다는 것이다. 서양에서는 학습(leis, 인도·유럽어)은 그 어원인 track(이랑) 또는 고랑(furrow)이라는 뜻처럼, 어떠한 길(track)을 따라가서 경험을 증대시킨다는 의미를 가진다.
학습조직 (learning organization) ★★★	학습조직이란 변화에 적응하는 능력(지식, 노하우, 실력 등)을 계속 습득해 나가는 조직을 말한다. 피터 셍게(P. Senge)는 대부분의 조직들은 심각한 학습 무능력현상을 겪고 있으며, 이로 인하여 그들 대부분은 얼마 못 가서 사멸한다고 말하면서 "학습조직은 사람들이 진실로 바라는 결과를 창출하기 위한 능력을 지속적으로 확대해 가는 곳, 새롭고 팽창적인 사고의 패턴이 자라는 곳, 집단적인 획일성에서 해방되는 곳 그리고 사람들이 함께 학습하는 방법을 끊임없이 배우고 있는 곳"이라고 하였다. 개인도 학습하지 않으면 경쟁에서 뒤처지듯이 조직도 인간처럼 새로운 것을 학습하면서 환경에 적응하는 법을 더 배우고 성장하면서 개발하여야 오랜 기간 동안 존속·번영할 수 있다는 것이다.
합리적 의사결정 모형 (rational decision making mode) : 규범적 모델 (normative model) ★★	합리적 의사결정모형이란 의사결정자가 '완전한 합리성(perfect rationality)'에 기초하여 완전한 정보 속에서 '최적(optimal)' 대안의 의사결정을 한다고 간주하는 모형이다. 이는 최소의 비용으로 최대의 효과를 얻으려는 경제성 모델에 근거한 모델로, 가능한 대안들을 모두 발견하고 평가하여 경제적으로 최적의 대안을 선택한다는 이론이다.
행동과학 (behavioral science) ★	행동과학은 인간 및 인간집단의 모든 행위를 체계적이고 과학적으로 분석·개발하고자 하는 연구방법으로, 정치학, 심리학, 사회학 등 다양한 분야에서 제창되었는데, 특히 조직 연구와 인적자원관리에 주요한 영향을 끼쳤다.

행위학습 이론 (behavior learning theory) ★★	행위학습 이론은 성격이 개인과 환경 간의 상호작용하는 과정에서 사회적 학습(social learning)을 통해 형성된다는 이론이다. 이 이론에서는 성격이 후천적으로 획득되는 것이라고 전제한다(personality is acquired). 성격이 후천적으로 사회적 학습을 통해 형성된다는 주장을 편 사람은 스키너(B. F. Skinner)와 반두라(A. Bandura)였다. 먼저 ① 스키너는 후천적인 강화(reinforcement)를 통해 형성된다는 주장을 하였다. ② 반면 반두라는 모델링(modeling) 이론을 제시함으로써 사람의 성격이 후천적인 관찰학습, 모방학습을 통해 형성된다는 것을 역설하였다. 모델링이란 어린이가 부모나 선생, 또는 인기 연예인과 같은 모방하고 싶은 대상을 자신의 model로 설정하고, 모델의 생각과 행동을 관찰학습(ovservational learning)을 통해 수용하고 보존하여 자신도 그것을 그대로 답습하거나 약간 변형시킨 형태로 받아들여 결국 자신도 모델과 유사한 사고를 하고 행동을 하게 되는 현상을 말한다.
혁신행동 (innovation behavior) ★	혁신은 "무언가 새롭게(innovare)"라는 라틴어에서 유래하였다. 혁신행동이란 기본적으로 조직의 목표달성을 용이하게 하기 위해 새로운 아이디어를 내고, 이를 실행하는 과정 모두를 포함한다. 혁신행동의 내용을 구체적으로 새로운 제품, 기술이나 제조동정을 찾기 위해 아이디어를 내는 활동, 다른 사람의 아이디어를 증진시키는 일, 새로운 다이디어를 실행하기 위해 계획을 수립하는 것 등이다.
협동행동 (cooperation behavior) ★	조직에서의 협동행동이란 두 사람 이상이 조직의 목적달성을 위해 서로 돕는 행동을 말한다. 협동은 조직구성원 개개인이 추구하는 목표와 조직의 목표가 서로 긍정적으로 연관되어 있고 개인 간 목표들의 차이가 적을 때 보다 긍정적인 상호작용이 나타나게 된다. 협동의 결과 조직에서는 시너지 효과(synergy effect)가 나오게 된다. 조직은 바로 이것을 통해 잉여가치를 창출할 수 있게 되어 계속 생존할 수 있게 된다.
협력적 네트워크 관점 (collaborative-network perspective) ★★	협력적 네트워크 관점은 자원 의존 관점에 대한 대안으로 떠오르고 있는 이론이다. 기업들은 경쟁력을 높이고 희소한 자원을 공유하기 위하여 공동체를 구성하고 있다. 항공기업들은 중소기업과 협력하여 차세대 제트기를 개발하고, 대형 제약회사들은 혁신적인 중소 생명공학기업과 협력관계를 맺으면서 자원과 지식을 공유하며 혁신을 촉진하고 있다.
협상(negotiation) ★★★	협상이란 서로 상이한 이해와 관심을 갖고 있는 둘 또는 그 이상의 당사자들이 합의에 이르기 위해 노력해가는 과정이다. 협상이란 두 사람 혹은 두 집단 이상이 서로 물품과 서비스를 교환하기 위해 교환율을 약정하는 과정이라고도 할 수 있다. 이때의 교환은 주고받는(give and take)것일 수도 있고 상쇄적(trade off)일 수도 있는데 이 기술이 그렇게 쉽지만은 않다. 혹은 협상은 부족한 자원을 서로 어떻게 나눌 것인지를 결정하는 과정이기도 하다. 기업에서 협상(negotiation)과 교섭(bargaining)은 서로 바꾸어 사용하기도 한다.
형식지(型式知, explicit knowledge) ★★★	형식이란 객관적으로 측정·관찰할 수 있는 논리·기계적 지식을 말한다. 언어나 숫자로 표현할 수 있고 쉽게 공유할 수 있는 객관적이고 구체적인 지식이다. ↔ 암묵지
환경 (environment) ★★★	환경(environment)이란 개방시스템(open system)으로서의 조직의 경계(boundary) 외부에 존재하는 모든 요소로서 조직의 전략수립, 조직설계 및 조직관리에 영향을 주는 제 요인이라고 할 수 있다.

숫자, 외국어	
1차 산업, 2차 산업, 3차 산업 ★★	영국의 경제학자 클라크(C. G. Clark)는 산업을 제1차 산업(농림수산업·목축수렵업), 제2차 산업(광업·제조업·건설업 등), 제3차 산업(상업, 금융·보험, 운송·통신, 기타 서비스업)으로 나누고, 국민경제의 발전에 따라서 노동 인구와 소득의 비중이 제1차 산업에서 제2차 산업으로, 다시 제2차 산업에서 제3차 산업으로 이동한다는 것을 통계적으로 입증했다.

3S운동 ★	3S란 Fordism에서 부각된 것으로 작업 방법의 단순화(Simplification), 부품 및 제품의 표준화(Standardization), 노동이나 직장의 전문화(Specialization)라는 세 단어의 영어 머리말에서 따온 것으로 이 3S를 주축으로 전개되는 생산성 향상 운동을 3S운동이라고 한다.
Adam Smith의 분업 ★★★	A. Smith는 그의 저서 《국부론(The wealth of nations)》에서 독점 기업가에 반대하고 소비자의 이익을 옹호했으며 소비자의 욕구, 생산, 시장 경쟁, 그리고 노동 분업이 국가의 부를 창출하는 동력이라고 보며 '보이지 않는 손'을 강조하였다. 특히 분업의 이익과 관련한 내용은 다음과 같다. 아담 스미스는 어느 날 옷핀 만드는 소규모 공장을 방문했다. 기능공 열 명 각자가 똑같은 작업을 하고 있는 것이 아주 비능률적으로 보였다. 그래서 아담 스미스는 핀제조과정을 18개 공정으로 나누고 열 명이 분업을 하도록 하였다. 전에는 열명이 하루에 200개를 만들었는데 후에 찾아가보니 이제 하루 48,000개의 옷핀을 만들고 있었다. 철사 자르는 사람은 온종일 철사를 자르다 보니 숙달이 되어 자 없이도 정확히 자를 수 있었고 도구를 들었다 놓았다 할 필요도 없고 어디 두었는지 찾아다니면서 시간 낭비할 필요도 없었다. 나머지 사람들도 마찬가지였다. 이것이 분업의 위력이다.
Adams의 공정성 이론 (equity theory) ★★★	공정성 이론은 Homans(1961)의 저서 「Social Behavior」에 의한 사회교환이론(social exchange theory)에 의해 도입되었으며, Festinger(1957)의 인지부조화이론(cognitive dissonance theory) 등 기존 연구 결과들의 토대 위에서 Adams(1965)가 확립시켰다. Adams의 공정성 이론은 조직 내 개인과 조직 간의 교환관계(exchange relationship)에 있어서 공정성 문제와, 공정성이 훼손되었을 때 공정성을 확보하기 위해 동기화되는 개인의 행동유형을 제시하였다.
Affirmative action정책 (AA 정책)	미국에서 인종, 성별 등을 이유로 차별받기 쉬운 이들에게 혜택을 주는 〈차별 철폐 조치〉를 말한다. Jhon F. Kenedy 대통령이 1961년 '고용평등위원회'를 설립하면서 실시한 행정 명령으로 미국 연방정부와 계약을 체결하는 사업자는 인종·피부색·종교·성·출신국가를 이유로 한 고용상 차별을 금지하고, 평등기회 부여 위한 적극적 조치를 취하지 않으면 불이익에 처한다는 정책으로 미국 내 대학 입시, 취업, 승진 등 여러 분야에 광범위하게 적용되고 있다.
Alderfer의 ERG이론 ★★	Alderfer의 ERG 이론은 Maslow의 욕구단계설(욕구계층이론)이 직면했던 문제점들(실증조사에 의해 뒷받침되지 못한다는 것)을 극복하고 보다 실증조사에 부합되게 수정한 이론이라고 할 수 있다. Alderfer는 Maslow가 제시한 5단계 범주를 저차원적 욕구와 고차원적 욕구 간의 기본적 구별이 필요하다고 생각하고 세 범주로 구분하면서 다음의 3가지로 압축하여 제시하였다.
Argyris의 성숙-미성숙 이론 ★★	개인의 성격은 유아에서 성인으로 성장해 나감에 따라 미성숙한 성격에서부터 점차적으로 성숙된 성격으로 발달해나간다. 즉, 아지리스는 다음의 표와 같이 일곱 가지의 요소를 중심으로 개인의 성격발달을 설명하고, 그 과정에서 나타나는 개인과 조직체와의 관계를 분석하였다.
Asch effect ★★	1950년대 애쉬(Asch) 교수의 실험에서 유래된 말로서, 사람들이 심리적으로 다른 사람의 의견을 따라가는 성향을 나타낸 말이다. 집단 의사결정에서는 다수가 공유하는 틀린 생각 때문에 개인의 옳은 판단이 영향을 받게 되는 현상을 애쉬 효과라고 부른다.

Astley & Van de Ven ★★★	애스틀리(Astley)와 반드벤(Van de Ven)은 환경 인식에 대한 가정과 조직분석의 수준이라는 두 가지 차원에 의해 조직이론을 분류하는 틀을 제시하였다(1983). 이 분류는 거시 조직이론의 여러 접근을 제시하는 데 적절한 frame을 제시하고 있다. 조직군 / 개별 조직 (분석수준) × 결정론 / 임의론 (환경 인식) - 자연적 선택 관점(natural selection view) – 조직군 생태학이론, 시장과 위계이론 - 집단적 행동 관점(collective action view) – 공동체 생태학이론 - 시스템-구조적 관점(system-structural view) – 구조적 상황이론 - 전략적 선택 관점(strategic choice view) – 전략적 선택이론, 자원의존이론
Bandura의 사회학습이론(social learning theory : SLT) ★★★	사회적 학습(social learning)은 학습을 단순히 자극-반응-강화-결과의 기계적 과정에 따른 행동변화로만 보지 않고, 여기에 개인의 성격과 인지가 결합된 복잡한 과정으로 인식한다(Bandura, 1977). 사회적 학습이론에 의하면 학습은 개인 자신의 인지와 행동 그리고 환경과의 계속적이고 복합적인 상호작용을 통하여 이루어진다. 사회 학습 이론은 조작적 조건화의 확장된 형태라고 할 수 있다.
BATNA (Best Alternative To Negotiated Agreement) ★★★	협상상대와 계약을 체결하는 대신 선택할 수 있는 최선의 대안을 말한다. "이달 말까지 결론을 주지 않으면 거래를 포기한다", "회사 룰에 벗어나는 요구는 결코 받아들일 수 없다", "얼마 이하로는 거래할 수 없다" 등과 같이 절대로 양보할 수 없는 최후의 보루를 의미한다. 상대방의 BATNA를 알고 협상에 임하면 백전백승이 될 확률이 높다.
Big-Five 모델 ★	John Bearden이 개발한 Big-Five 모델은 다섯 가지의 기본적 성격 차원이 존재하고 이것이 인간의 성격의 많은 부분을 설명한다고 한다. ① 외향성(extraversion), ② 친화성(agreeableness), ③ 성실성(conscientiousness), ④ 정서적 안정성(emotional stability), ⑤ 경험에 대한 개방성(openness to experience)으로 나뉜다.
Chandler의 전략결정론 (strategic imperative) ★★★	챈들러는 1962년에 발행된 [전략과 구조(Strategy and Structure)]라는 책에서 미국 기업의 발전사를 70개 기업의 실증적 연구를 통하여 고찰한 후, 기업이 채택한 전략과 그 전략을 수행하는 조직구조 사이에는 아주 밀접한 상관관계가 있음을 발견하고 "구조는 전략에 따른다(structure follows strategy)"라는 유명한 이른바 '챈들러의 가설'을 제시하기에 이르렀다. 환경요인과 조직의 능력 → 전략 → (결정) → 조직의 구조
Child의 전략적 선택이론 (strategic choice theory : SCT) ★★★	전략적 선택이론이란 조직은 환경 속에서 자신이 원하는 것만 전략적으로 선택해서 활용하며 살아간다는 것이다. 1970년대 초 차일드(J. Child)는 챈들러(A. Chandler)가 주장한 전략결정론(strategy imperative)을 확장시킨 전략적 선택이론을 주장하였다. 전략적 선택이론은 조직설계의 문제가 단순히 상황적응의 문제만이 아니라 창조적 행위자로서의 경영자의 자유재량에 의한 의사결정과 관련 당사자들, 특히 조직에서 권력을 가지고 있는 관리자 내지는 경영자들의 이해관계나 가치를 반영하는 정치적 과정의 산물로서 파악한다. 환경이 조직구조를 결정한다고 하더라도, 환경은 그저 일방적으로 주어진 것이 아니라 조직의 주도적인 의사결정자(관리자)에 의해 전략에 따라 선택된 것이라고 주장하였다.
Deci의 인지평가이론 (cognitive evaluation theory : CET) ★★★	인지평가이론은 벰(Bem)의 자기귀인(self-attribution) 이론에 근거하여 데시(Deci)가 발표한 이론으로, 내재적으로 동기부여된 행동에 외재적 보상이 주어질 때, 내재적 동기가 오히려 감소하는 과잉정당화(over-justification) 효과가 발생한다는 것이다(Deci와 Ryan, 2002). 동기유발 정도: 내재적 보상효과 / 외재적 보상효과 (외재적 보상 투입 → 외재적 보상 제거, 시간)

Duncan과 Thompson의 환경분류 통합적 틀 ★★★	<table><tr><td colspan="2" rowspan="2"></td><td colspan="2">환경의 복잡성</td></tr><tr><td>단 순</td><td>복 잡</td></tr><tr><td rowspan="2">환경의 동태성</td><td>안정적</td><td>단순 + 안정 = 낮은 불확실성 1. 소수의, 유사한 환경요소 2. 환경요소의 낮은 변화성 3. 예 : 컨테이너 제조업, 식품가공, 음료수병 제조업</td><td>복잡 + 안정 = 다소 낮은 불확실성 1. 다수의, 서로 다른 환경요소 2. 환경요소의 낮은 변화성 3. 예 : 대학, 병원, 화학기업, 보험사</td></tr><tr><td>동태적</td><td>단순 + 동태적 = 다소 높은 불확실성 1. 소수의, 유사한 환경요소 2. 환경요소의 높은 변화성 3. 예 : 유행의류, 장난감 제조업, 전자상거래</td><td>복잡 + 동태적 = 높은 불확실성 1. 다수의, 서로 다른 환경요소 2. 환경요소의 높은 변화성 3. 예 : 전자산업, 컴퓨터기업, 항공사, 석유회사</td></tr></table>
Deal과 Kennedy의 모형	딜과 케네디는 기업문화를 위험감수 정도와 일의 결과가 얼마나 빨리 피드백되는가에 따라서 네 가지로 분류하였다. 위험 감수성: 고 / 저 시간성 단기: 무법·남성형(tough guy·macho style) / 노력·유희형(work hard·play hard) 시간성 장기: 전심전력형(bet your company) / 관료·절차형(process)
Fiedler의 리더십 상황 모델 ★★★	효과성이론(theory of leadership effectiveness)이라고도 부르기도 한다. 그는 집단의 성과(리더십 효과성)는 리더십 스타일과 리더십 상황의 호의성(好意性, favorableness) 간의 적합화(match) 정도에 달려 있다고 주장했다. 리더십 스타일을 과업지향형과 관계지향형으로 분류하고 있다. 리더십 유형 • 리더의 LPC 평점 • 과업지향적 리더십 • 관계지향적 리더십 리더의 효율성 집단의 성과 상황적 호의성 • 리더와 구성원의 관계 • 과업구조 • 리더의 직위권력
ERP (enterprise resource planning) ★	기업 전체의 경영자원을 효과적으로 관리하기 위해서 기업 전반의 업무 프로세스를 통합 관리하여 경영상태를 실시간으로 파악, 관리함으로써 효율성을 높이는 방법이다.
Gersick의 단절 균형 모델 ★★★	집단은 상황에 따라 매우 가변적이고 역동적으로 생성·소멸된다는 주장이 있다. 이러한 논리는 기본적으로 진화론에서 따온 것이다. 진화란 항상 점진적으로만 이루어지는 것이 아니고 급격하게 변화되기도 하고, 변화의 방향이 예측할 수 없는 것으로 갈 수도 있다는 것이다. 이러한 논리에 기초하여 나온 것이 바로 집단발전에 대한 단절적 균형모델이다. 이 모델에 의하면 집단의 발전단계가 점진적 발전 모델에서 보여준 단계처럼 순서에 맞게 차례로 나타나는 것은 아니라는 것이다. 집단에 어떤 특별한 자극(예 : 위기 등)이 가해지면, 그 집단은 현재의 균형으로부터 단절되어 새로운 시작을 맞이한다. 다음 그림에서는 단절적 균형 모델에서의 변화 형태를 보여준다. 성과: 고/저, 시간: A ~ $\frac{(A+B)}{2}$ ~ B, 최초모임 → 1단계 → 전환 → 2단계 → 완성

GLOBE (Global Leadership and Organizational Behavior Effectiveness) 문화 분석 틀 ★	홉스테드의 문화 차원의 연구는 국가 간 문화의 차이를 분석하는데 기본적인 틀이 되어왔다. 그러나 그의 연구 결과가 수십 년이 지난 지금도 계속 유효한지에 대해서는 의문이 없지 않다. 홉스테드의 연구 이후 그 동안 한국은 물론 소비에트연방의 블락, 동·서독의 통일, 중국의 급부상 등 세계적으로 많은 변화가 일어났다. 이에 따라 문화차원평가의 update를 위해 1993년 시작된 GLOBE(Global Leadership and Organizational Behavior Effectiveness)연구팀은 62개국의 825개 조직으로부터 수집된 자료를 사용하여 홉스테드의 5가지 차원을 확대·보완해서 성차별, 집단 내 집합주의(in-group collectivism : 사회의 구성원이 가족이나 소집단 및 조직의 구성원이라는 자부심을 느끼는 정도), 성과 지향성, 인간 지향성 등도 포함된 국가문화의 차이를 나타내주는 9가지 차원을 확인하였다(Javidan & House, 2001 : Robbins, 2003 : 69~70).
Greiner의 조직수명주기 모형	1970년대 Greiner에 의해 개발된 조직수명주기 모형이 있다. 그는 조직은 모든 유기체와 마찬가지로 어떤 개체의 생존능력은 유전적으로 타고 태어나는지? 아니면 환경의 영향을 받는지?의 의문에서 시작하여, 〈조직 적응 측면〉에서 개체의 생존기간 동안 사전에 정해진 일정한 규범적 문제를 성공적으로 통과해야한다는 관점에서 파악하고 있다. 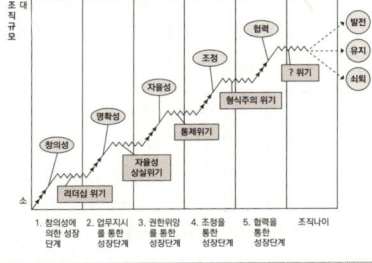
Hackman&Oldham의 직무특성모델 (job characteristics model : JCM) ★★★	이 이론은 작업동기를 유발하는 근원이 작업자 개인에게 있다기보다 수행되는 직무의 내용에 있다는 것이다. 즉, 직무가 적절하게 설계되어 있다면 이 직무가 개인에게 열심히 일하고자 하는 마음을 생기게 만든다는 것이다. 해크만과 올드햄(Hackman&Oldham, 1975)에 의해 제시된 이론으로 5가지 핵심직무차원(원인)이 중요한 심리상태(매개)를 유발하여 조직구성원들이 동기부여되고, 그 결과 내재적 보상으로 인한 업무수행 상승, 직무만족 상승, 이직이나 결근 저하 등의 결과가 나타난다고 설명하는 이론으로 종업원의 성장욕구 강도에 따라 달라진다고 보았다. 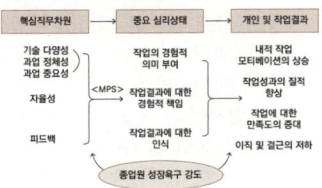
Hersey & Blanchard 의 상황적 리더십 이론 (situational leadership theory : SLT) ★★★	종전의 오하이오 주립대(OSU)의 연구에서 제시된 리더의 배려와 구조주도 행위가 리더십 유효성과 일관된 결과를 보여주지 못한 점에 착안하여 허시와 블랜차드(Hersey & Blanchard)는 "상황적 리더십 이론(Situational Leadership Theory)"을 발표하게 되었다. 특히 상황적 리더십 이론은 효과적인 리더십을 발견하는 데 있어서 부하의 성숙도(maturity : readiness)를 상황변수로 도입하였다. 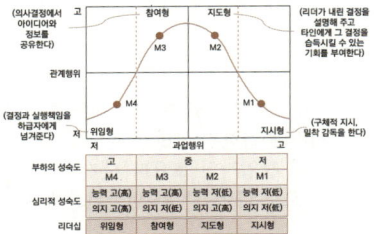

Herzberg의 2요인 이론 (dual factor theory) ★★★	Herzberg는 매슬로우의 연구를 확대하면서, 1950년대 Herzberg는 기업 종업원의 직무태도를 조사하던 중 종업원에게 '만족'을 가져다 주는 사건들과 '불만족'을 가져다 주는 사건들을 발견하게 되었다. 여기서 '불만족'의 주요 원인이 되는 사건들은 이상하게도 작업성과와 특별한 인과관계를 보이지 않았으나, '만족'의 주요 원인이 되는 사건들은 작업성과와 직접적인 인과관계가 있음을 발견했던 것이다. 특히 〈전통적 견해〉는 만족과 불만족을 동일선상의 양극점으로 파악하였으나, 〈Herzberg〉는 만족과 불만족은 전혀 별개의 차원이고 각 차원에 작용하는 요인 역시 별개의 것이라고 주장한 것이다.
Hofstete의 문화 차원 (cultural dimensions) 연구 ★★★	네덜란드의 사회심리학자 홉스테드(Hofstede)는 1980년대 여러 나라들 간의 상이한 국가문화적 차이를 분석하는 접근법을 개발하고 다국적기업인 IBM에 세계 40여개 국가에서 근무하는 116,000명의 종업원을 대상으로 작업 관련 가치에 대하여 비교·조사하였다(Hofstede, 1980). 그 후 연구범위를 확대하여 관리자와 종업원은 국가문화의 다섯 가지 가치 차원(① 권력의 거리(power distance), ② 개인주의-집단주의(individualism vs collectivism), ③ 남성-여성성(masculinity vs femininity), ④ 불확실성의 회피(uncertainty avoidance), ⑤ 장기-단기 지향성(long-term vs short term orientaion)(=유교적 역동성(Confucian dynamics)))에서 차이가 있음을 밝혔다(Hofstede & Bond, 1988).
Holland의 RIASEC 모델 (성격-직업 적합이론) ★★	사람의 성격은 각각 다르며, 직업 또한 똑같을 수 없다. 이러한 논리에 따르면, 성격에 맞는 적합한 직업을 선택할 수 있도록 노력을 하여야 한다고 본다. 가장 잘 이론화된 성격-직업 적합이론은 심리학자 홀랜드(John Holland(1973))에 의해 개발되어 왔다. 그의 이론은 직업에 있어서 나타나는 개인적인 성향뿐만 아니라 직업에 대한 만족도를 설명하며, 직업환경에 개인의 성격이 부합되는 정도를 설명하고 있다. 홀랜드는 조직체에서 구성원이 갖고 있는 여섯 가지 기본적인 성격유형을 규명하였다. 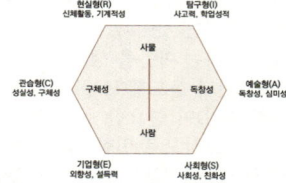
House의 경로-목표 이론 (path-goal theory) ★★★	경로-목표 이론은 리더십 행동이 부하의 직무만족과 동기유발에 어떠한 영향을 미치는가를 설명하기 위하여 개발된 이론으로, 하우스(Robert House) 교수가 세 편의 논문을 통하여 제시하였다. 하우스에 따르면, 리더의 행위가 추종자들의 동기를 유발할 수 있으려면, 추종자들의 목표성취에 방해가 되는 요소들을 제거해 줘야 하고 그들이 필요로 하는 지원과 도움을 줄 수 있어야 하며, 목표성취와 그에 따른 유의한 보상을 연결시켜줘야 한다고 주장한다. 즉, 목표와 보상에 이르는 경로를 다루고 있다고 하여 '경로-목표이론'이라고 작명(作名)하였다. 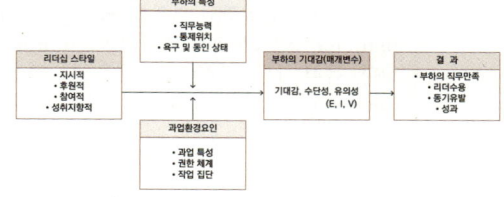
JIT (Just in time) ★★	재고부담을 줄여서 원가를 절감하자는 재고관리의 한 방식으로 '필요한 물품을 정해진 시간에 정해진 양만큼 정해진 장소에 공급한다'는 개념이다. 이러한 JIT 개념은 토요타 그룹의 창업자인 토요타 사키지의 토요타이즘(Toyotaism)을, 토요타 자동차의 공장장이었던 오노 다이이치가 생산현장에서 구체화한 결과이다.

	미국 MIT 대학의 자동차 산업 연구팀은 토요타 자동차의 성공사례를 분석하면서, 이러한 토요타의 생산방식은 21세기 제조업을 주도할 유일한 생산방식이라 결론내렸다. 그리고 토요타 생산방식의 핵심은 모든 것이 조금만 들어가면 된다는 의미이므로 이를 린 생산방식(lean production)이라고 명명하였다.
John Kotter의 변화실행의 8단계 계획 ★★★	하버드 경영대학원의 존 코터(John Kotter)는 르윈의 3단계 모델을 바탕으로 변화 실행을 위한 더 구체적인 방법을 제시했다. 코터는 먼저 경영자들이 변화를 실행하려고 할 때 흔히 일어나는 실패를 열거했다. 즉, 변화의 필요성에 대해 공감대를 형성하지 못하는 것, 변화과정을 함께 관리할 연합을 형성하지 못하는 것, 변화에 대한 비전의 결여와 비전을 효과적으로 전달하지 못하는 것, 비전의 달성에 방해가 되는 장애물을 제거하지 못하는 것, 단기적이고 달성가능한 목표를 제공하지 못하는 것, 너무 빨리 성공을 선언하는 경향, 변화를 조직의 문화에 뿌리내리지 못하게 하는 것 등이다.
Katz(1955) ★★★	R. L. Katz(카츠)는 관리자의 자질을 세 가지로 나누어 관리자의 위치에 따라 각 자질들의 비중이 다르게 요구된다고 주장하였다. [관리층 구분에 따라 요구되는 능력]
Kurt Lewin의 세력 장 이론 (force field theory) (=레윈의 조직변화 3단계 모델) ★★★	조직에는 항상 변화를 강요하는 요소들(추진세력(driving force))이 있는가 하면 이에 저항하는 혹은 전통을 고수하려는 요소들(저항세력(resisting forces))도 존재하는데, Lewin의 세력 장 이론에 의하면 이 두 세력의 크기가 균형을 이루고 있을 때에는 조직은 관성(inertia)의 상태를 유지하면서 어떤 변화도 일어나지 않는다. 그러므로 조직이 변화를 위해서는 변화세력을 증대시키든지 저항세력을 감소시키든지 해야 한다. [Lewin의 태도변화과정]
Locke의 목표설정이론 (goal setting theory : GST) ★★	E. Locke는 기존 이론들을 인지적 쾌락주의(인간 행동이 본능과 욕구에 따라 가장 쾌락적인 방향으로 동기화된다)라고 비판하면서 인간 행동은 목표(goal) 혹은 의도(intention)의 난이도와 구체성에 의해 개인의 성과가 결정된다고 주장했다(1968). 즉, 인간이 합리적으로 행동한다는 기본적인 가정에 기초하여, 개인이 의식적으로 얻으려고 설정한 목표가 동기와 행동에 영향을 미친다는 이론이다. 목표는 개인이 의식적으로 얻고자 하는 사물이나 혹은 상태를 말하며, 장래 어떤 시점에 달성하려고 시도하는 것이다.
Maslow의 욕구단계이론 (=욕구계층이론) (hierarchy of needs theory) ★★★	Abraham Maslow는 모든 사람에게는 다섯 가지의 욕구단계가 존재한다고 가정하면서, 욕구들은 계층을 이루고 있으며 충족되지 못한 욕구에 의해 모티베이션이 이루어지며 충족된 욕구는 더 이상 모티베이션 시키지 못한다는 것이다. 즉, 하위계층의 욕구가 충족되면 상위계층의 욕구가 모티베이션으로 작용하며(생리적→안전→소속감 및 애정→존경→자아실현 욕구), 충족된 하위계층의 욕구는 더 이상 모티베이션으로 작용하지 못한다고 본다.

McClelland의 성취동기이론 (achievement motivation model) ★★	성취동기에 대하여 처음으로 주의를 환기시킨 사람은 1930~40년대 헨리 머레이(Henry Murray)였다. 그 후 데이비드 맥클리랜드(D. C. McClelland)는 모든 사람이 공통적으로 선천적 욕구의 계층을 가지고 있다고 주장하는 Maslow의 욕구를 비판하면서, 욕구는 '학습되는 것'이므로 개인마다 욕구의 계층에 차이가 있다고 주장한 이론이다. 그는 조직 내 개인의 동기부여를 성취욕구·권력욕구·친교욕구로 파악하였다. 특히 그와 후속연구자들은 성취욕구를 가장 중요한 요소로 보고 이를 집중적으로 연구하였다.
McGregor의 X, Y론 ★★★	(1) Theory X 인간은 원래 일하기를 싫어하고 이기적이고 창의력이 부족하며, 저차원적 욕구(생리적, 안전욕구)에 의해서 동기부여 되는 존재이므로, 관리자는 종업원의 업무를 구조화하고 감독하는데 집중해야 한다고 주장한다. (2) Theory Y 인간은 자율적으로 업무를 수행하며, 책임을 질 줄 알고, 조직이 처한 문제를 해결하는데 필요한 창의력을 가지고 있으며, 고차원적 욕구(사회적 욕구나 존경욕구 및 자아실현 욕구)에 의해서 동기부여 되는 존재이므로, 관리자는 인간의 자율성에 입각하여 자아실현에 초점을 둔 관리에 집중해야 한다고 주장한다.
Miles & Snow의 전략 유형 ★★★	Miles와 Snow는 조직이 전략유형에 부합되는 조직구조나 관리방식을 갖추어야 성과를 낼 수 있다는 가정 하에 시장 환경에의 대응방식, 즉 고객의 욕구를 파악하고 충족시키는 방식에 따라서 다음과 같이 전략을 분류하였다. [Miles and Snow's Strategy Typology] Prospector Analyzer Defender Reactor
Milgram's Obedience Experiment (권력과 복종에 관한 실험) ★★	Yale 대학의 사회심리학자인 밀그램(Stanley Milgram)은 복종의 밑바탕에 무엇이 깔려 있는가를 알아보기 위해 특이한 실험을 했다. 실험 주제는 "인간은 잘 알지 못하는 권위자의 명령에 얼마만큼이나 복종할 것인가?" 하는 것이었다. Milgram은 이 실험을 통해서 다수의 피험자들이 정말로 고통스러울 것이라고 믿는 극한점까지 전기 전압을 올려 개인적 감정이나 원한이 없는, 초면의 타인에게 신체적 고통을 가하면서까지 권위자(실험자)에게 복종한다는 것을 확인할 수 있었다. 즉, 중요한 결론은 사회적 상황이 복종에 강력한 영향을 미칠 수 있다는 것이다. 직접 실험에 참가하지 않은 사람들은 이 실험에 대해서 얘기를 들으면 대부분 자신들은 그 정도까지 복종하지는 않을 것이라고 생각하지만, 대부분의 사람들이 이에 복종했다. 실제로 실험에 참여해보면 대부분의 피험자들은 실험자의 권위에 저항하기 힘들다는 것을 알 수 있다.
Miller의 조직 쇠퇴 유형 ★★★	변화 매우 안정적 / 매우 불안정적 넓음 — 표류자형 기업 / 제국주의자형 기업 활용영역 — 이완형 쇠퇴 / 모험형 쇠퇴 영업사원형 기업 / 건축가형 기업 장인형 기업 / 개척자형 기업 좁음 — 집중형 쇠퇴 / 발명형 쇠퇴 수선공형 기업 / 현실도피형 기업

Myers-Briggs Type Indicator(MBTI) ★★★	마이어스-브리그스(MBTI) 유형지표는 가장 널리 알려진 성격평가 도구이다. MBTI는 특정 상황에서 일반적으로 사람들이 어떻게 느끼고 행동하는가에 관해 질문하는 100가지 성격 테스트로 이루어져 있다. Myers와 Briggs는 검사 대상자의 응답 내용에 기초하여 외향적(E)-내향적(I), 감각적(S)-직관적(N), 사고적(T)-감정적(F), 판단적(J)-지각적(P) 등으로 성격 특성을 분류했다.
Ouchi의 Z이론 ★★★	오우치(Ouchi, 1981)는 미국과 일본에서 경영활동을 하고 있는 20개의 대기업 대표들과 인터뷰를 하여 세 가지 조직문화를 구분하여 각각의 특성을 설명하였다. 즉, 일본기업들의 전형적인 경영특성을 J형으로, 미국기업들의 전형적인 특성을 A형으로 규정하고, J형과 A형을 융합한 Z형을 이상적인 기업형으로 제시하였고, 이를 'Z'이론이라 발표하였다. 미국기업들이 일본기업들에 의한 시장의 잠식을 극복할 수 있는 방안으로 제시된 것으로, 미국기업들은 Z형 기업경영 체제를 갖춤으로써 일본기업들의 도전을 극복할 수 있다고 주장하였다.
Pascale과 Peters의 7S 모형 ★★★	조직문화는 조직구성원의 행동과 전체 조직체 행동을 지배하는 중요개념으로서 가치관과 신념, 규범과 관습 등 여러 가지의 요소로 형성되어 있다. 그리고 이들 요소들은 전체적인 연관관계 속에서 조직구성원의 행동과 전체 조직체 행동에 영향을 주고 있으므로, 각 요소가 개별적으로 구성원 행동과 조직체 행동에 얼마나 작용하고 있는지에 대한 계량적인 측정이 매우 어렵다. 이러한 점을 보완하여 조직문화의 중요 요소와 이들 간의 상호관계를 개념화하여 조직문화 연구와 조직개발에 많은 도움을 주도록 개발된 것이 7S 모형이다.
Perrow의 연구 : 비핵심 부서의 기술 분류 ★★	페로우는 기술을 "어떤 대상물을 변화시키기 위해 그 대상에 대해 행해지는 모든 활동"으로 정의하고, 기술을 두 가지 차원에 따라 분류하고 있다. 즉, 투입물에 있어서 예외의 빈도를 나타내는 〈과업다양성 차원〉과 과업수행 상 발생한 문제의 난이도와 관련된 〈문제의 분석가능성 차원〉으로 기술을 분류하였으며, 이에 따라 조직구조 및 조직목표가 달라진다고 하였다.
PM 리더십 모형 (PM leadership model) (1966년) ★	오하이오 주립대학 연구에서의 구조주도와 배려는 미국에서 일본으로 전해지면서 일본 학자들에 의해서 나름대로 각색되어 '성과지향(Performance orientation : P)'과 '유지(관계) 지향(Maintenance orientation : M)' 등의 용어로 불리우게 되고, 일본 오사카대학의 '미스미 교수'가 리더십 훈련 프로그램으로 개발하게 된다.

Porter와 Lawler의 수정 기대이론 (성과-만족 이론) ★★★	포터와 롤러는 브룸(Vroom)의 기대이론을 토대로 하여 변수를 추가하고 공정성이론을 연결시켜 자신들의 총괄적인 동기모형을 제시하였다(1968). 이들에 따르면 개인이 주어진 직무를 완수하기 위한 노력은 직무완수 이후에 '개인에게 주어질 보상에 대해 개인이 부여하는 가치수준'과 '노력에 대한 보상이 이루어질 확률에 대한 주관적 인식'에 의해 영향을 받게 된다고 한다. 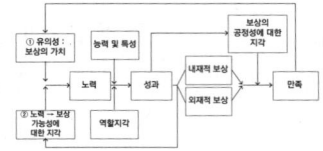
Quinn의 경쟁가치 모델 (competing value model : CVM) ★★★	퀸(Robert E. Quinn)에 의하면 조직은 몇 가지 서로 상호모순되는 가치들을 동시에 만족시킬 수 있어야 높은 성과를 얻을 수 있다고 하였다. 경쟁가치 모델은 조직의 성과를 포괄적으로 파악하는 것으로서 조직관리에 있어서 본질적으로 내재하는 모순과 긴장관계에 주목하고 이를 극복할 수 있는 이론적 틀을 말한다. 이것은 조직을 관리하는 데 있어서 통제와 자율, 장기와 단기, 변화와 안정 등 양분법적인 시각에서 탈피하여 서로 상충되어 보이는 요소들을 균형 있게 동시에 구축할 때 조직유효성이 높아진다고 주장한다. 이렇게 조직에서 추구하는 모순적인 가치들을 통합하는 과정에서 조직문화 유형이 나누어진다. [경쟁가치 모델에 따른 조직문화 유형] |	내부통합	외부지향 | |---|---|---| | 유연성 강조 | 관계지향 문화 (clan culture) | 혁신지향 문화 (adhocracy culture) | | 통제 강조 | 위계지향 문화 (hierarchy culture) | 시장지향 문화 (market culture) |
QC circle (Quality control circle) (품질관리 서클) ★	기업의 현장에서 품질관리 활동을 실천하는 최소단위의 조직이다. QC서클의 탄생은 1962년 동경대학의 이시가와 가오루 교수에 의해 비롯되었다. 그는 작업반장들의 품질고나리 활동에 관한 연구를 한 결과, QC 서클을 소개한 것이 계기가 되어 오늘날 많은 공장에 널리 보급되었다. QC서클은 현장의 작업반장을 리더로 하고, 이들 서클요원인 작업자들이 그룹을 만들어 일선현장의 품질관리를 직접 실천하는 최소단위가 되도록 조직한 것이 특징이다. 품질관리 기법 자체는 미국에서 연구·개발되었지만, QC서클 활동을 적극적으로 전개하고 있는 곳은 일본이다. 우리나라에서도 1979년 이것을 공장새마을분임조로 도입하였으며, 공업진흥청에 등록된 QC서클의 수는 매년 증가하는 추세를 보이고 있다.
RIASEC 모델 ★★	Holland가 개발한 RIASEC 모델은 6가지 성격유형을 통해 직업 흥미유형을 알아볼 수 있다. ① R(현실형), ② I(탐구형), ③ A(예술형), ④ S(사회형), ⑤ E(기업형), ⑥ C(관습형)으로 나뉜다.
Ringelmann's rope– pulling experiments ★★★	1920년대 말에 독일의 심리학자 링겔만(Max Ringelmann)은 이에 대한 실험연구에서 구성원들에게 압력기가 부착된 로프를 잡아당기는 일과 관련해 개인적인 성과와 집단의 성과를 비교했다. 그는 세 사람이 함께 로프를 잡아당기면 한 사람이 잡아당긴 것의 3배만큼 로프를 잡아당겨야 하며, 여덟 사람은 한 사람의 8배만큼 잡아당겨야 한다고 예상했다. 그런데, 혼자서 로프를 잡아당기는 사람은 평균 63kg의 힘을 발휘했으나, 3명으로 이루어진 집단에서는 한 사람당 잡아당기는 힘이 53kg으로 떨어졌다. 그리고 8명으로 이루어진 집단에서는 당기는 힘이 한 사람당 31kg에 불과했다. 즉, 각 개인으로서 잡아당긴 경우보다 집단으로서 잡아당긴 경우가 개별 구성원의 노력의 정도가 감소된다는 사실을 발견했다.

Schneider의 유인-퇴출 이론 (ASA framework) ★★★	B. Schneider(슈나이더)는 유인-퇴출 이론(ASA framework : Attraction - Selection - Attrition)을 통해 성격이 조직의 본질을 결정한다는 주장을 펴고 있다. 조직의 성격은 구성원 성격의 산물인데, 이와 비슷한 성격을 가진 사람은 그 조직에 끌리고, 선발되고, 오래 남아 있고(유인), 이와 다른 성격을 가진 사람은 선발되지도 않지만 혹시 들어와도 불만을 느끼고 나가기 때문에(퇴출), 결국에는 조직의 전형적 성격에 맞는 사람들만으로 구성된다는 것이다.
Schein의 모델 - 조직문화의 계층체계론 ★★★	샤인(E. H. Schein)에 따르면 조직문화란 개인의 마음속 깊은 데 존재하는 무의식적이고 무형적인 요소에서부터 우리가 보고 만질 수 있는 조직의 상징물에 이르기까지 다양한 요소들로 이루어진 총괄적 개념인 것이다. 샤인은 조직문화의 구성요소 및 항목들을 세 가지 범주로 나누고 그것을 의식수준(level)에 따라서 세 개의 계층(layers)으로 체계화해서 설명한다. 여기서 말하는 세 가지 범주란 ① 기본적 가정으로서 조직문화, ② 가치관으로서 조직문화, ③ 인공물 및 창작물로서 조직문화이며, 역으로 한 조직의 인공물이나 창작물들을 분석해보면 거기에서 그 조직구성원들이 공유하는 가치관을 유출해낼 수 있고 또 그로부터 인간에 대한 기본적인 가정(믿음)을 도출할 수도 있다. 인식 수준이란 가시적 수준·의식적 수준·잠재적 수준이다. 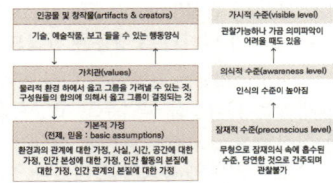
Senge의 학습조직이론 ★★	1990년대 들어서 변화하는 시대의 이상적인 조직의 모습으로 학습조직이라는 개념이 Senge에 의해 제기되었다. 그는 21세기의 경쟁력이 단지 제품의 양이나 질보다는 지식창출과 지식의 생산능력에 좌우되는 만큼, 기업의 성공을 위해서는 끊임없이 배우고, 새로운 것을 창출할 수 있는 학습조직이 되어야 한다고 주장하였다. 학습조직을 구축하는 핵심 요인으로는 시스템 사고(system thinking), 개인적 숙련(personal mastery), 사고 모형(mental model), 공유 비전(shared vision), 팀 학습(team learning)이 있다.
Simon의 의사결정체계 ★★★	사이먼의 의사결정체계는 경제학자 사이먼(Herbert Alexander Simon)이 주창한 이론으로, 사이먼이 말하는 의사결정이란 "판단과 결단을 내린다"라는 의미이다. 적절한 의사결정을 하기 위해서는 수많은 정보를 수집해서 다시 이것을 검토하고 분석하는 과정을 거쳐야 한다. 하지만 개인이 모으는 정보에는 한계가 있기 마련이다. 따라서 사이먼은 인간은 가능한 한 합리적인 의사결정을 지향하지만 그 합리성에는 한계가 있을 수밖에 없기 때문에 완벽하게 합리적인 의사결정은 근본적으로 불가능하다고 주장했다(제한된 합리성). 사이먼 역시 버나드의 협동체계론과 마찬가지로 조직의 목표와 구성원 각각의 목표를 일치시켜야 한다고 보았다.
Skinner의 실험 ★★	〈'강화의 법칙(reinforcement effect)', 결과물이 반응을 결정한다.〉 Skinner는 손다이크를 따라 행동은 결과의 함수라고 주장했으며, Thorndike의 이론은 Skinner에 의해 한층 체계화되었다. Skinner는 학습자의 행동은 자기가 보여주었던 어떤 자극에 대한 반응 후에 나타나는 결과물(consequence)에 의해 결정되며, 이 때 자극은 행동유발에 하나의 단서로서의 역할만 할 뿐이라고 하였다. 여기서 결과물이 이 반응을 결정하는 것을 강화(reinforcement)라고 하였다. 강화란 행동이 일어난 뒤 여러 조치를 통해 행동의 발생확률을 증가시키는 일련의 활동을 말한다.

Thomas와 Kilmann 및 Rahim의 갈등관리유형 ★★★	"토마스(Thomas)와 킬만(Kilmann) 및 라힘(Rahim)"은 갈등관리의 유형을 다음과 같이 구분하여 살펴보았다. 이들 중 최선의 방법이란 존재하지 않으며, 각 유형은 나름대로의 장점과 단점을 갖는다. 경쟁(competing) / 협동(collaborating) / 타협(compromising) / 회피(avoiding) / 수용(accomodating) 자기 주장(assertiveness) / 타인 협력(cooperativeness)
Thompson의 기술 연구 – 부서 간 작업흐름의 상호의존성 (interdependence) ★★★	제임스 톰슨(James Thompson)은 조직구조에 영향을 미치는 상호작용을 세 가지 유형으로 정의하였다. 상호의존성은 구조에 영향을 미치는 기술특성 중 하나로서, 그는 집합적 상호의존성, 순차적 상호의존성, 교호적 상호의존성으로 나누었다.
Thorndike 실험 ★★	'효과의 법칙(law of effect)', 호의적인 결과가 따르는 행동은 반복되고, 호의적이지 않은 결과가 나타나는 행동은 반복되지 않는다. Thorndike는 고양이를 대상으로 실험을 하였는데, 상자 속에 지렛대 장치를 한 후 상자 밖에는 음식물을 놓아두고 고양이를 이 상자 속에 집어넣었다. 고양이는 음식을 먹기 위해 상자에서 나오려고 발버둥 치다가 우연히 지렛대를 누르게 되었고, 상자의 문이 열리자 밖으로 빠져나와 음식물을 먹었다. 이러한 실험을 반복하자 고양이가 상자 속에 들어가 지렛대를 밟는 데까지 걸리는 시간이 점차 줄어들었다. 이러한 실험의 결과를 시행착오(trial-and-error)에 의한 효과의 법칙(law of effect)이라고 한다. 이는 어떤 반응이 일어난 후 나타나는 결과가 바람직한 것이면 학습자는 이러한 반응을 계속할 가능성이 증가하는 반면, 반응 후에 나타나는 결과가 바람직하지 않으면 이후 이러한 반응이 계속 일어날 가능성이 감소된다는 것이다.
TQM (Total quality control) (종합적 품질관리) ★	TQM은 생산효율보다는 고객만족에 더 초점을 두는 경영혁신방법으로, 품질관리가 성공하기 위해 기업의 전사원 모두가 품질관리의 실천자가 되어야 한다는 것이다. 시장품질, 설계품질, 제조품질, 그리고 구매품질 뿐만 아니라 품질과 관계있는 모든 경영부문에 이르기까지, 품질특성의 영향요인을 종합적으로 관리하는 것을 말한다. TQM적인 품질관리 활동의 특징은, 품질 이외의 요소까지도 관리함으로써 목표품질에 도달할 수 있다는 내용이다. 즉, 품질관리 활동은 단지 생산관리 내지 생산공정 문제에 국한해서 생각할 것이 아니라, 설계부문·구매부문·인사부문·영업부문 활동까지를 포괄하는 전사적 활동의 차원에서 이해하여야 한다는 의미이다.
Tuckman의 5단계 집단 발전모형 (five-stage group-development model) ★★★	점진적 발전 모델에서는 집단이 경험하는 다섯 가지의 독특한 단계, 즉 형성, 혼란, 규범, 성과, 해체단계를 거쳐 진행하는 것으로 특징지을 수 있다(B. W. Tuckman, "Developmental sequences in small groups", Psychological bulletin, June 1965, pp.384-399). 발달단계: Forming(집단의 행동변화) / Storming(상호탐색 방향설정 / 갈등 견제 조직화 집단구조형성) / Norming(규범에 동조 정보교환 결정) / Performing(성과창출 문제해결) / Adjourning(변화탐색)

T/F ★★	T/F는 태스크 포스(Task Force)의 약칭으로서 기동부대(특수임무가 부여된 특별 편제의 부대)라는 군사용어에서 유래되어 일반의 조직에도 널리 쓰이게 된 조직단위이며, 프로젝트 조직 또는 프로젝트 팀이라고도 한다. Task Force는 어떤 특정한 과업을 해결하기 위하여 소수의 인재를 여러 부문에서 발탁하여 조직하며, 일정한 성과가 달성되면 그 조직은 해산되는 임시적인 동태 조직이다. * 관련 용어 : 프로젝트 조직(project organization)
Vroom의 기대이론 (expectancy theory) ★★★	초기 기대이론은 레윈(K. Lewin)과 톨만(E. Tolman)에 의해 제시된 것으로 그들은 인간행위의 본능이론을 거부하고, 개인은 사고와 이성을 지닌 존재로서 현재와 미래의 행위에 대해 의식적인 선택을 한다고 가정하였다. 이후 예일 대학의 브룸(Victor Vroom) 교수가 작업 상황에 처음으로 도입하면서 제시한 것으로, 개인은 자신의 행동결정과정에서 여러 가지의 가능한 행동대안 또는 행동전략을 평가하여 자기 자신이 가장 중요시하는 결과를 가져오리라고 믿는 행동전략을 선택한다고 주장하였다. 즉, 여러 행동 대안이 있을 경우 어떤 개인의 행위는 각 행동 대안이 가지는 힘(동기부여)이 가장 큰 쪽으로 이루어진다는 것이다.
Vroom · Yetton · Jago 의 리더십 규범이론 (leadership normative theory) ★★	이 이론은 브룸과 예튼(Vroom & Yetton)이 1973년 의사결정자로서의 리더의 역할에 초점을 맞춰 개발한 이론으로서 1988년에 그 동안의 연구결과를 종합하여 브룸과 제이고(Vroom & Jago)가 수정·보완하였다. 여기서는 리더십을 '여러 가지 다른 조건에서 경영 의사 결정에 종업원이 참여하는 정도'라고 정의하고 있다. 브룸/예튼/제이고(Vroom/Yetton/Jago)는 의사결정 상황에 따라서 리더의 간섭과 참여정도가 달라져야 한다는데 상황변수 일곱 가지, 리더십 유형 다섯 가지가 경우에 따라 상호조화를 이루어야 한다고 주장했다. 일곱 가지 상황 중 어느 곳인지 먼저 파악하고 리더십의 다섯 가지 유형 중에서 알맞은 것을 선택하여 의사결정에 그만큼만 간섭하고, 부하들은 그만큼만 참여시키라는 뜻으로 리더-참여(leader·participation) 모형이라고 명명되었으며, 이 때 사용하는 도구가 의사결정나무(decision tree)이다.
Woodward의 연구 – 핵심조직의 제조(생산)기술 ★★★	가장 영향력 있는 최초의 제조기술에 대한 연구는 영국의 산업사회학자인 조앤 구드워드(Joan Woodward)에 의해 이루어졌다. 그녀는 남부 에식스(Essex) 지방에서 100여 개 제조기업을 대상으로 실시한 현장 연구에서 시작되었다. 그녀와 연구팀은 각 기업을 방문하여 관리자와 인터뷰하고 회사의 기록을 조사하고 생산과정을 관찰하였다.

제2부
경영조직 목차키워드

제1편 조직행동 개관

기출문제	[15회('06)] 조직효과성(organizational effectiveness)의 개념을 설명하고, 이를 측정하는 다양한 지표를 기술하시오. (25점)

Mind Map

제 1 장 조직(organization)의 이해

전략노트 pp.4-16

I. 조직(organization)의 의의

1. 조직(organization)의 의의

보는 관점에 따라 다양한 정의
① 쿤츠(H. Koontz)는 조직이란 '계획과 같이 조직계층에서 이루어지는 경영자의 기능'
② 브라운(A. Brown)에 따르면 조직은 '개인의 노력을 보다 효과적으로 협력할 수 있는 수단이면서 동시에 관리가 이루어지며 또한 목표를 향한 과정'
③ 구텐베르그(E. Gutenberg)는 조직이란 '계획에 의해 이루어진 질서 정연한 과정을 위한 수단이며, 설정된 목적을 구체화하기 위한 도구'
④ 알렌(L.A. Allen)은 조직이란 '구성원이 기업의 목표를 달성하기 위해 가장 효과적으로 협력할 수 있도록 직무에 대한 내용을 명확히 하고 이에 대한 위임을 통해 상호관계성을 이루는 과정'
⇒ 조직(organization)이란 ⅰ) <u>공동의 목표</u>를 가지고, ⅱ) 이를 달성하기 위하여 의도적으로 정립한 <u>체계화된 구조</u>에 따라 구성원들이 상호작용하며, ⅲ) <u>협력관계를 구축</u>하면서, ⅳ) <u>외부환경에 적응하는 인간의 사회집단</u>

2. 조직의 등장배경

(1) 노동의 분업(division of labor)

숙련도를 높이고 작업속도를 빠르게 하며, 새로운 작업방법이나 아이디어를 통해 기술혁신 촉진, 생산시설 최소한도로 유지, 인적자원의 적재적소 배치 가능

(2) 거래비용(Transaction cost)의 최소화 – 윌리암슨(O. Williamson)의 거래비용이론(Transaction Cost Theory : TCT)

1) 시장에서의 교환과 거래비용 : 보이지 않는 손

실제 시장에서는 외부 거래상대의 소수성, 그들의 독점, 거래자들의 사익을 추구하는 교활한 기회주의 성향, 정보의 왜곡과 부족, 불확실성, 인간의 제한된 합리성, 정보처리의 인지적 한계 등 → 시장 메커니즘이 제대로 작동할 수 없음. 시장실패(market failure). 교환시장에서 거래 상대방과 시비하고 감시하는데 들어가는 거래비용(transaction cost)이 발생

2) 거래비용과 조직의 탄생 : 보이는 손

거래비용을 줄이는 방법은 위계계층(hierarchy)을 활용하는 것. 시장거래로 이루어질 모든 거래를 조직 내부로 끌어들임으로써 불확실성을 줄이고 안정성을 확보할 수 있는 것. 시장에서의 거래비용을 낮추기 위해 조직이 만들어지고 조직은 거래비용을 최소화하는 방향으로 설계되고 유지되는 것

3. 조직의 기본 속성

(1) 공동목표(common goal)
(2) 분업(division of labor)
(3) 통합(coordination)
(4) 권한체계(hierarchy of authority)

조직을 만든 원래의 목적
해야 할 일을 서로 나누어 맡는 것
목표를 중심으로 상호 연결·조정
일을 나누고 지시하고 조정하고 연결하고 통제하는 권한과 지휘체계

II. 조직의 목표 : 조직효과성(organizational effectiveness)

1. 조직효과성(organizational effectiveness)의 의미

(1) 조직효과성(organizational effectiveness)의 개념

조직효과성은 조직이 추구하는 목표를 궁극적으로 달성한 정도. 여기서 조직의 목표란(organizational goal)란 조직이 달성하고자 하는 바람직한 상태. 효과성이라는 개념은 상당히 폭넓은 개념으로 조직 전체와 부서 수준의 다양한 변수들을 암묵적으로 포함. 효과성에 대한 평가는 여러 가지 목표(조직 전체의 공식적인 목표 또는 운영 목표)에 대한 달성정도를 통해 이루어질 수 있음

(2) 공식 목표(official objectives)와 운영 목표(operative objectives)

1) 공식 목표(official objectives)

조직이 공식적으로 달성해야 하고 대외적으로 제시하고 있는 조직목표. 조직이 무엇을 하는지, 조직이 존재하는 이유, 조직의 존재에 가치를 반영하는 목표. 일반적으로 정책매뉴얼 혹은 연간보고서에 제시, 조직의 최고관리자에 의해 공개연설로 강조. 공식목표는 추상적이고 모호, 조직을 위한 가치시스템을 기술하지만 가끔 측정할 수 없기도 함. 공식목표가 내포하는 추상성과 상징성 때문에 조직활동을 위한 안내와 성과기준으로 활용하는 데 한계

2) 운영 목표(operative objectives)

조직의 실질 목표(real goals)를 표현하는 것. 조직이 실제로 운영되는 정책을 통해 추구하는 목적을 구체적으로 명시하는 것. 조직이 실질적으로 추구하고자 하는 활동방향을 알려주며 각 부서로 분할되고 할당되면서 공식 목표에 대한 수행 수단이 되기도 함. 이러한 점에서 조직의 목표가 행동으로 전환되는 방법으로 조직의 운영 목표를 살펴보는 것이 중요한데, 이러한 과정을 조직의 수단-목표 체인(organization's means-ends chains)이라고 함. 이는 조직에서 자동적으로 일어나지 않고 환경, 기술, 조직 및 인적자원 요소의 영향을 받게 됨(Osborn, et al., 1980)

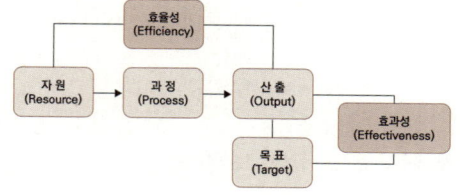

효율성(efficiency)	효과성(effectiveness)
자원 활용에의 경제성	궁극적인 목표달성 정도
투입에 대한 산출 비율로 측정	바람직한 산출에 대응한 실제 산출로 측정
일을 올바로 하는 것 (do things right)	올바른 일을 수행하는 것 (do the right things)
이윤 극대화(maximizes profits)	이윤 최적화(optimize profits)
같은 업무를 빠르게 수행하거나 덜 낭비적으로 수행하는 것	결과를 향상시킬 수 있는 보다 좋은 방법을 찾는 것
단기적 측정 (short term measurement)	장기적 목표 달성에 초점 (long term measurement)
한정된 기간 내의 생산성 향상에 초점 현재 요구에 한정	지속가능한 성장 (sustainable growth)에 초점 장기적 전략을 고려
문제를 해결하는 것(solves problems) 자료를 수집하는 것(collects data)	기회를 활용하는 것 (exploit opportunities) 자료를 해석하는 것(interprets data)

2. 조직효과성에 대한 전통적 측정 방법
(1) 개요

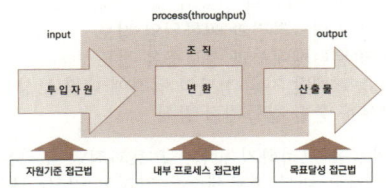

	조직은 환경으로부터 자원을 반입하고 이 자원들을 산출물로 변환시켜 다시 환경에 제공
	조직 다양→유효성 정의에 목표·결과+수단과 과정 등 복잡성과 다양성을 반영한 기준 고려해야 함(필요)

(2) 목표달성 접근법(goal-attainment approach) : Output 기준

1) 의의 : "바람직한 최종상태에 도달할 때, 그 행동은 효과적이다'라고 말할 수 있다(Barnard, 1938)."	산출물(output)에 초점을 맞춘 것, 목표에 대한 파악과 그 목표를 달성한 정도를 평가하여 유효성을 판단하는 것
2) 측정지표	투자수익률, 시장점유율, 매출증가율, 재고회전율, 불량률, 지각률 및 결근율 등
3) 전제조건	① 운영목표가 적당한 수를 넘지 말아야 하며, 측정 가능해야 함, ② 조직구성원 모두가 찬성하는 목표, ③ 조직의 힘이 미치는 목표수준
4) 한계점	① 조직은 복수의 목표를 가졌으며 심지어 어떤 목표들은 서로 상충, ② 주관성의 문제(운영목표를 어떻게 정하고 어떻게 측정할 것인지), ③ 과거의 업적과 미래의 행동이 불일치, ④ 산출물의 개념이 모호한 집단이 존재
5) 시사점	① 목표를 선택할 때 전체 관련자의 의견이 수렴되어야, ② 조직구성원의 행동과 직접 관련이 있는 목표가 선정되어야, ③ 단기목표를 선정할 때는 장기목표에 공헌할 수 있다는 전제 하에서 선정되어야, ④ 공식목표에 직접 연계된 운영목표로서 유형적이고 측정 가능한 것이어야, ⑤ 목표는 고정된 것이 아니라 상황 변화에 따라 변화될 수 있다고 보아야

(3) 자원기준 접근법(resource based approach) : Input 기준

1) 의의 : "자원을 획득할 수 있는 능력이 조직의 궁극적 생존에 직접적으로 관련된다(Katz & Rosenzweig, 1987)."	투입(input) 측면에 초점을 맞추어 조직을 평가하는 방법, 조직효과성을 희소하고 가치 있는 자원을 획득하고, 성공적으로 결합하고 관리할 수 있는 능력을 평가하여 유효성을 판단하는 것
2) 측정지표	① 〈협상 지위〉, ② 〈판별 능력〉, ③ 〈관리 능력〉, ④ 〈대응 능력〉
3) 전제조건	① 가치 있는 자원을 효과적으로 획득하고 관리할 수 있어야 한다는 것, ② 시장이 매우 안정적
4) 한계점	① 조직을 만든 목적(산출물)과는 관계가 멀 수 있음, ② 투입물을 활용하여 산출물로 배출하기까지는 매우 많은 시간이 걸리는 조직도 있음, ③ 투입할 때 자원의 가치판단은 장차 환경 변화에 따라 변화될 수 있음

(4) 내부 프로세스 접근법(internal process approach) : Process(throughput) 기준

1) 의의: "효과성은 최종적인 상태로 파악하지 않고 하나의 프로세스로 고려하는 것이 좋다(Steer, 1977)."	투입·변화·산출 중에서 변화 단계의 유효성에 초점을 맞추는 접근법. 분업화와 통합화 상태, 역할 배분과 권한의 위임 정도, 조직위계와 부서규모 등 주로 조직 내부 구조의 설계와 관련이 깊으며, 내부 프로세스 접근법은 그것이 어떻게 설계되어 있는지에 따라서 조직의 유효성이 결정

2) 측정지표

① 강한 기업문화와 좋은 분위기
② 충성심과 팀워크 수준
③ 사원과 경영진 사이의 신뢰와 의사소통 수준
④ 현장중심의 의사결정과 권한위임 정도
⑤ 원활한 커뮤니케이션과 정보공유 정도
⑥ 사원의 능력개발 지원 정도와 업적에 대한 보상 유무
⑦ 상호작용을 통한 갈등해결 방식

3) 전제조건

① 외부 환경을 고려하지 않음, ② 효과적인 조직은 원활하게 잘 돌아가는 내부 프로세스를 가지고 있고, 구성원들은 행복감과 만족을 느끼며, 각 부서의 활동은 다른 부서의 활동과 조화를 이룬다고 가정, ③ 보유하고 있는 자원을 어떻게 활용하는가

4) 한계점

① 조직의 효과성(조직의 최종목표) 그 자체보다는 조직효과성을 달성하는 데 필요한 수단(각 부문의 운영목표들)에만 초점을 맞추고 있음, ② 하부 단위 부서들이 얼마나 과업을 잘 진행시키고 연결하는지를 객관적·계량적으로 평가하는 것은 조직 내부의 일이기 때문에 주관적으로 이루어지는 경우가 많음, ③ 외부의 고객이나 이용자들에게는 직접적인 평가지표로 활용되기 어려움

3. 조직 효과성에 대한 현대적 측정 방법

(1) (전략적) 이해관계자 접근법(stakeholder approach)

1) 의의 : "조직효과성 평가를 위해 사회적 준거집단을 활용할 필요가 있다(Thompson, 1967)."

이해관계자(stakeholder)란 조직성과에 이해를 가지고 있는 조직 내부 혹은 외부의 모든 집단을 지칭. 다양한 이해관계자들이 조직으로부터 무엇을 원하는지를 생각하고 이에 부응하기 위해 조직 활동이 통합적으로 이루어질 때 효과성을 달성할 수 있음

2) 측정지표 : 주요 이해관계자와 요구사항

이해관계자들의 이해는 서로 갈등적이기도 하기 때문에 이들의 요구를 동시에 만족시키는 것은 매우 어려움

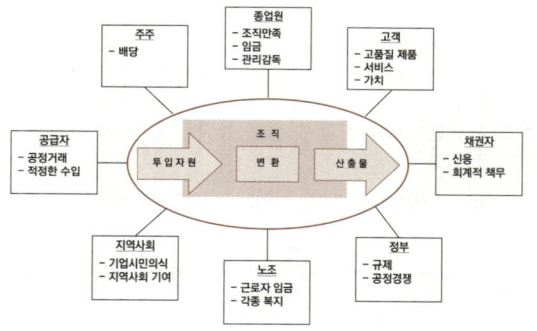

3) 유용성

① 다차원적 관점으로 측정할 수 있기에 널리 활용, ② 여러 환경 요인을 반영한다는 점에서 현실성이 높음, ③ 비용 대비 효익과 같은 지표들이 쉽게 정의되지 않거나 공식적으로 측정되지 않지만 중요한 사회적 책임을 포함하는 조직(예 : R&D 조직)에서는 이해관계자 접근법의 활용이 더 적합

4) 한계점

① 광범위한 환경에서 전략적인 환경 요소를 구분해내는 작업 자체가 어렵고, ② 전략적인 환경 요소를 구분해낸다고 해도 이들 요소 간의 상대적 중요성을 결정하는 기준이 모호(중요도에 대한 우선순위 판별이 어려움). ③ 지배적 연합 및 이해관계에 따라 전략적 환경 요소에 대한 지각과 판단 및 해석이 달라질 수 있다는 비판

(2) 균형성과표 접근법(Balanced Score Card approach : BSC approach)

1) 의의 : 전술 없는 전략으로는 승리할 수 없고, 전략 없는 전술은 패배 직전의 아우성에 불과하다(Kaplan & Norton, 1992)."

조직의 전략으로부터 도출되어 신중하게 선택된 평가지표들의 합. 1992년에 하버드대 교수인 Robert Kaplan과 컨설턴트인 David Norton에 의해 처음 개발. 기존 과거에 국한된 재무성과지표일변도의 성과평가시스템의 한계를 극복하기 위하여 전략과 연계한 새로운 전략적 성과평가시스템

2) 측정지표 : 네 가지 측면의 효과성 영역

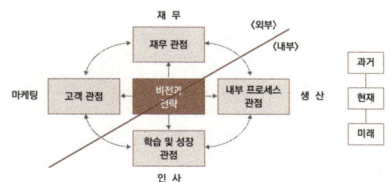

네 가지 효과성 영역을 통해 조직의 핵심성과 지표를 파악하게 함

① 재무 관점(financial perspective) : 과거

실행한 전략이 재무적으로 향상된 결과를 낳는지 알려주는 것
주요 지표 : 자기자본이익률, EVA(Economic Value Added), 수익성 등

② 고객 관점(customer perspective) : 외부

시장과 목표 고객 관점에서 기업의 경영성과를 평가하는 것
주요 지표 : 시장점유율, 고객 수, 고객확보(신규고객 수), 고객만족, 고객유지 등

③ 내부 프로세스 관점(internal perspective) : 내부

고객과 궁극적으로 주주에게 가치를 지속적으로 제공하기 위해서 기업이 어떤 프로세스에서 남보다 탁월해야 하는가
주요 지표 : 경영시스템(관리비, 제안건수), 제품개발, 생산, 품질, 적송, 사후서비스, 정보기술 등

④ 학습 및 성장 관점(learning and growth perspective) : 미래

직원의 숙련도나 정보시스템 등과 관련된 현재의 조직 인프라가 목표달성에 요구되는 수준과 차이가 있다는 것을 발견하고 이러한 차이를 줄여서 미래의 지속적인 성과달성을 도모하는 것
주요 지표 : 직원숙련도, 직원만족, 정보획득 가능성, 연구개발(R&D) 등

3) 유용성

① 경영자들이 전체 효과성을 잘 이해할 수 있도록 다양한 관점에서 조직을 평가하는 데 도움. ② 성과표의 각 요소들은 서로를 강화해주고 단기 활동이 장기 전략 목표와 잘 연계될 수 있도록 통합되어 설계. ③ 조직 전체 전략과 팀, 부서 및 개인 행동의 연계를 강화하여 조직의 의사소통 활성화에 기여

4) 한계점

① 조직의 이해관계자 간 갈등이 존재할 수 있고, 종국적으로는 측정 지표들을 계량화해야하기 때문에 질적 지표(리더십 스타일, 커뮤니케이션 능력 등)가 왜곡될 수 있음. ② BSC가 주장하는 지표들과 성과 간의 정교한 인과관계를 밝히기 어려움. ③ 현실세계에서는 핵심성과지표(KPI)가 조직의 통제·관리 수단으로 전락하고 있다는 점. 조직은 적어도 한달에 한번은 전략의 성과를 검토하고 성공적인 전략 수행에 필요한 중간 과정을 점검해야하는데, 과정이 복잡하기 때문에 운영이 용이하지 않음

(3) 경쟁가치 접근법(competing values approach)

1) 의의 : "유일하고 보편적으로 인정할 수 있는 조직효과성 모델은 존재할 수 없다(Campbell, 1977)."

Campbell(1977)이 제시한 39개의 조직효과성 측정 기준들 중에서 상호 공통적인 것들을 세 가지 차원으로 범주화함으로써 개발, 조직의 효과성을 평가하는 데에는 조직의 다양한 관점의 다양한 가치들이 함께 고려되어야 하며, 어느 하나만을 가지고 조직을 평가해서는 안 된다는 것(Quinn & Rohrbaugh, 1981). Competing value란 가치들은 상황변화에 따라 서로가 더 중요하다고 경쟁하면서 중요성의 가중치가 다르게 매겨지기 때문

2) 경쟁가치의 분류

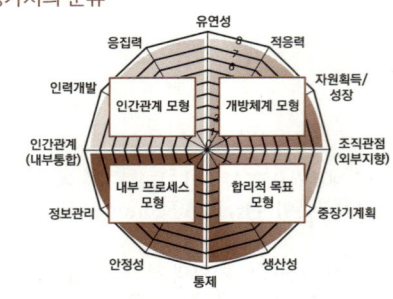

유효성 모형	유효성의 수단과 목적	
	수 단	목 적
인간관계 모형	응집력 신뢰와 사기	인적자원의 개발 인적자원의 성장
개방체계 모형	적응력 위기대응력	성장 자원획득
내부 프로세스 모형	정보관리 의사소통	팀워크 안정의 유지
합리적 목표모형	기획 목표설정	생산성 능률성, 이윤

① 유연성과 통제(flexibility-control) 차원 : 조직의 구조 혹은 제도

유연하고 개혁적이고 환경 적응적이며 권한을 위임하고 변화를 추구하는 조직 분위기가 유효한 조직이라는 기준 / 질서유지와 통제를 강조하며 명령과 지휘가 잘 되고 예외가 없는 조직이 더 유효하다는 기준

② 구성원과 조직(people-organization)의 차원 : 조직 운영의 초점을 어디에 두는지

구성원의 욕구 충족이나 그들의 만족 혹은 개인의 발전을 추구하는 것이 유효한 것이라는 가치관 / 개인보다 조직 자체의 이익과 조직 발전이 더 중시되는 것이 유효한 조직이라는 판단기준

③ 수단과 목적(means-ends) 차원 : 목표달성과 과정의 초점

목표달성만을 강조하여 일단 목표가 달성되면 유효한 조직이라는 판단기준 / 그 과정이 더 중요하다는 판단기준

3) 유효한 조직모형

① 개방 체계(open system) 모형 - 창업 단계, 구조의 정교화 단계

환경변화에 유연하게 대처할 수 있도록 준비태세가 되어 있으며 위기 시에 적절히 대응할 능력이 있는 조직모형
〈목표〉는 자원을 최대한 획득하여 성장과 자원획득을 최우선 목표로 정하고 운영
〈수단〉으로 적응력이나 위기대응력을 활용

② 인간 관계(human relations) 모형 - 집단공동체 단계

공식과 규정보다는 상호 인간적이며 비공식적인 신뢰관계를 중시하는 인간 존중의 관리를 모토
〈목표〉는 인적자원의 개발과 성장
〈수단〉으로 응집력 및 신뢰와 사기를 활용

③ 내부 프로세스(internal process) 모형 – 공식화 단계	조직 내부의 기능들의 분화와 통합이 잘 정렬되어 있고 구성원 간의 의사소통과 정보교환이 원활하며 응집력도 높아서 업무가 잘 진행되는 조직모형 〈목표〉는 팀워크 및 안정을 유지하는 것 〈수단〉으로 정보관리 및 의사소통을 활용
④ 합리적 목표(rational goal) 모형 – 공식화 단계	목표가 확실하게 공표되어 구성원 모두가 분명하게 목표를 이해하고 있는 조직으로서 정부 조직처럼 공식화도 잘되어 있는 조직 〈목표〉는 생산성 제고와 능률을 높여 이윤을 내는 것 〈수단〉으로 기획 및 목표설정을 통해 과업을 매우 정교하게 체계화
4) 조직에의 적용 : Quinn과 Cameron의 조직수명주기에 따른 가치 평가	가치적 차원에서 합리성을 추구하면서 조직의 성장주기에 따라 4가지의 경쟁적인 가치가 성장하기도 하고 쇠퇴하기도 한다고 봄. 〈창업 단계〉에서는 개방체계모형이, 〈집단공동체 단계〉에서는 인간관계 모형이, 〈공식화 단계〉에서는 내부 프로세스 모형과 합리적 목표모형이, 〈구조의 정교화 단계〉에서는 개방체계모형이 성장하며 이 기준에 따라 평가된다고 봄

제 2 장 조직행동론(organizational behavior : OB)의 이해

전략노트 pp.17-22

I. 조직행동론(Organizational behavior : OB)

1. 조직행동론(OB)의 의의 : 조직 내 인간의 행동(human behavior in organizations)을 연구하는 학문

조직구성원들의 행동이 조직 생존 및 성공에 중요한 영향을 미칠 수 있다는 관점 하에, 개인 행동·집단 행동·조직 행동을 체계적으로 이해하고, 예측하고, 더 나아가 조직 문제에 대한 해결대안을 제시하는 학문

2. 조직행동론의 중요성

조직행동에 대한 지식은 조직을 효과적으로 관리하는 데 도움. 비효율적인 조직을 효율적인 조직으로 변화시키는 데 도움

3. 조직행동론의 목적

① 인간 행위를 '기술'할 수 있고, ② 인간 행동을 '설명·예측'하며, ③ 인간 행동을 '변화·통제'

4. 조직행동론의 학문적 특징

① 〈성과지향적 실천학문〉, ② 〈인본주의적 규범적 학문〉, ③ 〈상황이론(contingency theory)을 중시〉, ④ 〈과학적 연구방법〉

5. 조직행동론의 주요 분석 수준(level of analysis)

(1) 개인 수준(individual level) : 미시적
(2) 집단 수준(group level) : 미시적
(3) 조직 수준(organizational level) : 거시적

구분	수준	연구 방법	연구 결과
미시적 (micro)	개인 수준	지각, 성격, 가치관, 태도, 감정, 스트레스, 동기부여, 학습	성과향상, 조직에 대한 애착, 직무몰입, 만족도 재고, 개인 성취감 재고, 개인 복리증진, 보람 있는 조직생활 구현 등
	집단 수준	집단역학, 의사소통, 권력과 갈등, 리더십	집단성과 증진, 시너지효과 실현, 집단 문제 해결, 구성원 비전제시
거시적 (macro)	조직 수준	조직구조, 조직문화, 조직개발	조직성과 증진, 조직과 조직원의 적합화, 조직관련 문제 해결

미시적이고 이론적인 관점에서 접근하는 조직 내 인간행동을 연구하는 조직론의 분과영역

6. 조직행동론의 영역

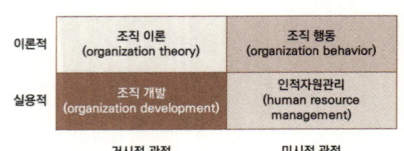

7. 조직행동론의 연구활동

① 〈현상을 **기술(describe)**한다는 것〉은 현상의 존재를 파악하고 진실된 모습을 표현하는 것
② 〈현상을 **설명(explain)·예측(predict)**한다는 것〉은 기술된 어떤 사건의 원인을 밝히는, 즉 인과관계를 밝히고, 기술된 사건을 보고 이것이 미래에 어떤 결과를 가져다 줄 것인지를 미리 밝히는 것
③ 〈현상을 **변화(change)·통제(control)**한다는 것〉은 예측된 미래가 바람직하지 못할 경우, 이를 바람직한 것으로 만들기 위해 현재의 현상을 변화시키는 것

II. 조직행동 연구에서 다루는 개념과 변수

1. 구성개념

조직행동 연구에서 다루게 되는 주제 중에는 관찰할 수 있는 것도 있지만, 눈으로 볼 수 없는 추상적인 것도 있음. 실제로 이를 연구하고 이론화하기 위해서는 유·무형의 내용을 구체화해야 함. 즉, 과학적 이론이나 설명을 위해 조작적으로 어떤 개념을 만들 필요가 있다는 것

2. 모델(model)

모델은 실제 현상의 축약이자 실상을 단순화시켜 묘사한 것

3. 변수(variable) (變數)

(1) 독립변수(independent variable) (=투입변수(input))

그것이 변화함으로써 종속 변수의 변화를 야기시키는 결정요인

(2) 종속변수(dependent variable) (=산출변수(outcome))

특정한 독립변수의 변화에 영향을 받고 변하게 되는 반응요인

4. 변수 간 관계의 분석

(1) 매개변수(mediator variable)

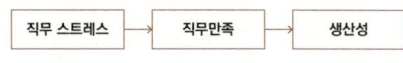

독립변수가 종속변수에 직접적으로 영향을 주지 않고 제3의 요인을 거쳐 종속변수에 영향을 주는 경우. 독립변수와 종속변수 사이에 존재하는 변수로, 원인과 결과 사이에서 결과를 이끌어 내는 이유를 설명해주는 개념

(2) 조절변수(moderator variable)

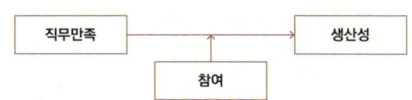

독립변수와 종속변수 간의 관계에 영향을 주는 변수, 두 변수 간 관계가 제3의 변수의 조건(정도와 상황)에 따라 달라지는 효과를 나타내는 변수

III. 조직행동의 연구 절차 및 방법

1. 조직행동의 연구 절차

기존 이론들로부터 논리적 추론을 통해 가설(hypothesis)을 도출, 이러한 가설을 검증하기 위해 개념에 대한 조작적 정의를 하고 측정도구를 개발. 자료를 수집하고 분석함으로써 가설을 검증하며, 이를 통해 발견된 사실을 일반화하여 이론을 구축

2. 연구방법

설문조사(survey research), 면접(interview), 사례연구(case study), 참여관찰(participant observation), 실험(experiment)방법 등

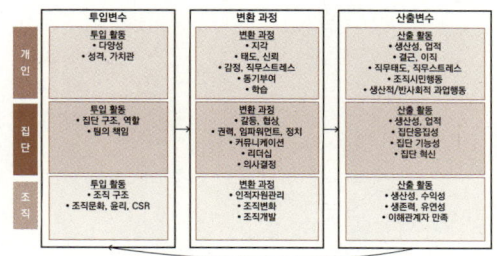

Ⅳ. 조직행동론의 기초과학

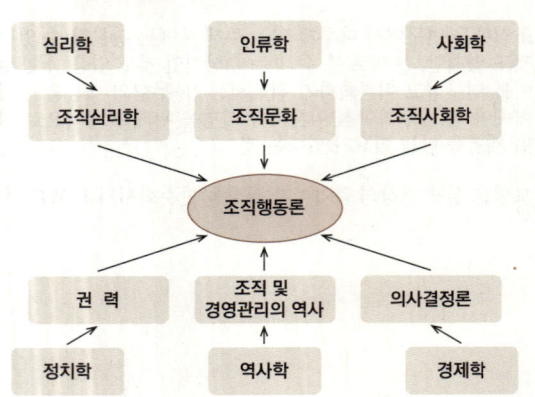

제 3 장 조직행동론의 현대적 이슈들과 연구의 흐름

I. 조직행동론의 현대적 이슈들

1. 글로벌화와 다양화에 대응

   각국의 문화와 민족성 차이, 조직구성원 다양화

2. 기술발전에 대응

   정보기술 시스템의 도입으로 관리의 변화가 나타나며 규모가 축소, 업무성격이 변화, 네트워크 조직이나 가상 조직형태 등 변화

3. 가치관 변화에 대응

   문화와 전통, 구성원의 개인적 욕구, 조직의 윤리적 책임이 중시

II. 조직행동론 연구의 흐름

[The Management Century(경영의 세기) by Stuar Crainer]

No	시 기	키 워 드
1	1911~1920년	모던 타임즈
2	1921~1930년	조직의 발견
3	1931~1940년	사람의 발견
4	1941~1950년	전쟁의 교훈
5	1951~1960년	꿈을 실현
6	1961~1970년	전략의 이해
7	1971~1980년	조직적 마비
8	1981~1990년	뛰어난 모험
9	1991~2000년	새로운 권력의 균형

1. 초기 조직행동론

   조직을 폐쇄적으로 보고 조직 안에서 구성원들의 능력이나 심리적인 만족의 개선에만 관심. 조직을 개방 시스템(open system)으로 보고, 외부 환경에 알맞은 조직을 찾는 것으로 관심의 초점이 바뀜. 1980년대 이후 조직 전체의 분위기가 개인과 그들의 인간관계에 미치는 영향을 강조하면서 조직문화와 조직풍토의 중요성이 새롭게 진행

2. 최근의 조직행동론

   시장경제를 중심으로 한 세계화의 물결, 인간 없는 전자상거래의 한계가 지적되고 전자커뮤니케이션이 가져온 인간관계의 부작용이 논의, 감성경영과 펀(fun) 경영이 강조되며 감정노동의 중요성에 관심을 가지는 이유는 다시 인간성으로 접근하고 있기 때문

3. 조직행동론 연구 주제의 시대·관점별 분류

   조직유효성을 위해 합리성(이성과 머리)을 강조하는 분위기와 인간성(감성과 가슴)을 강조하는 분위기가 지난 100여년 간 순환적으로 교차

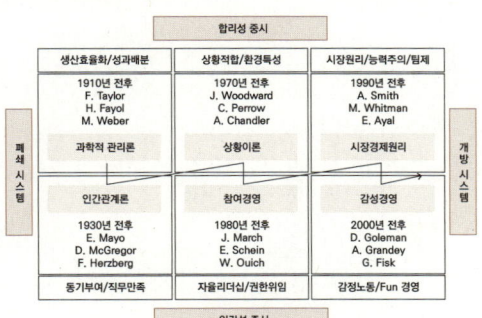

제2편 개인 수준

기출문제	**[32회('23)]** 특정 사물, 사람, 사건 등에 대해서 좋아하거나 싫어하는 것을 태도(attitude)라고 한다. 태도는 개인의 조직행동을 결정하는 중요한 요인이다. 다음 물음에 답하시오. (25점) 물음 1) 태도를 구성하는 3가지 요소를 제시하고, 3가지 요소들의 영향 관계에 관하여 설명하시오. (10점) 물음 2) 페스팅거(L. Festinger)의 인지부조화(cognitive dissonance)이론을 기반으로 태도와 행동 간 불일치를 해결하는 원리를 설명하고, 태도와 행동 간 불일치 해결에 영향을 미치는 요인을 제시하시오. (15점) **[32회('23)]** 조직구성원들의 조직적응은 업무에 대한 태도 형성과 성과에 영향을 미친다. 특히 신입사원 조직적응과 관련하여 조직사회화(organizational socialization)의 중요성이 강조되고 있다. 다음 물음에 답하시오. (25점) 물음 1) 조직사회화의 개념과 행위적 결과 및 정서적 결과를 설명하시오. (10점) 물음 2) 조직사회화의 3단계 모델을 설명하시오. (15점) **[30회('21)]** 사물이 아닌 사람을 지각하는 것을 대인지각(person perception)이라고 하는데, 이것은 사물을 지각할 때와 조금 다르다. 타인을 지각할 때, 우리는 그가 속해 있는 상황을 잘 모르기 때문에 그가 하는 행동을 보고 그를 지각할 수 있다. 그런데 우리는 타인의 행동을 보고 곧바로 판단하는 것이 아니라, 그가 한 행동의 원인을 추측한 다음에 생각을 하고 그를 판단한다. 켈리(H. Kelley)는 타인의 행동원인을 추측하는 것을 '귀인이론(attribution theory)'으로 설명하였다. 다음 물음에 답하시오. (25점) 물음 1) 다음 켈리(H. Kelley)의 내부귀인과 외부귀인의 개념적 정의를 쓰고 이에 따른 예를 각각 쓰시오. (10점) 물음 2) 켈리(H. Kelley)가 제시한 귀인결정의 요소 3가지를 쓰시오. (15점) **[29회('20)]** 작업가치관(work values)은 내생적 작업가치관(intrinsic work values)과 외생적 작업가치관(extrinsic work values)으로 분류할 수 있다. 다음 물음에 답하시오. (25점) 물음 1) 내생적 작업가치관과 외생적 작업가치관의 개념에 관하여 설명하시오. (8점) 물음 2) 내생적 작업가치관을 갖는 종업원과 외생적 작업가치관을 갖는 종업원 각각에 대하여 성공적인 동기유발 방법을 설명하시오. (10점) 물음 3) 내생적 작업가치관을 가지고 있고, 내생적으로 동기부여되어 일하고 있는 종업원에게 외재적 보상을 하였을 때 내재적 동기부여수준이 어떻게 달라질 수 있는지를 데시(Deci, E. L.)의 인지평가이론(cognitive evaluation theory)에 근거하여 설명하시오. (7점) **[28회('19)]** 조직시민행동의 개념 및 5가지 구성요소를 설명하고, 조직시민행동이 조직의 생산성 향상에 기여하는 이유를 기술하시오. (25점) **[27회('18)]** 행동변화의 전략 중 4가지 강화(reinforcement) 유형을 예시를 포함하여 설명하고, 조직관리에 대한 시사점을 제시하시오. (25점) **[26회('17)]** 다음 사례를 참고하여 물음에 답하시오. (50점) 우리나라의 한 제조업체 공장장으로 근무한 홍길동은 몇 개월 전 동일업체의 미국 공장장으로 부임하여 현지 미국인 근로자들을 관리하고 있다. 홍길동은 우리나라에서 한국인 근로자들을 관리했던 방식을 동일하게 현지 미국인 근로자들에게 적용하고 있지만, 두 나라 근로자들의 행동 간에 상대적인 차이가 존재함을 경험하고 있다. 예를 들어, 우리나라에서는 부하직원들에게 어떤 과업을 어떻게 수행해야 하는지 알려주면 그대로 받아들이는 경향이 많지만, 현지 미국인 근로자들은 자기 의견을 적극적으로 개진하는 경우가 많으므로, 홍길동은 자신이 우리나라에서 보여준 리더행동(유형)이 미국에서 더 이상 효과적이지 않음을 깨닫고 있다. 물음 1) 두 나라 근로자들의 행동차이의 원인일 수 있는, 국가문화의 하위차원들(홉스테드(Hofstede)의 연구)에 대해 한국과 미국을 비교하여 설명하고(단, 남녀역할 차이와 장기/단기지향성에 대한 국민문화 차원은 무시),

	물음 2) 로버트 하우스(Robert House)의 경로-목표이론(path-goal theory)에 기반하여, 홍길동이 우리나라에서 행한 리더행동 유형은 무엇이고, 미국에서 행해야(바뀌어야) 할 적합한 리더행동 유형은 무엇인지에 대해 국가문화의 하위차원과 관련하여 논하시오. (50점)
[25회('16)]	조직관리에서 학습의 중요성, 학습과정 그리고 학습의 주요 원리로서의 강화에 대하여 각각 설명하시오. (25점)
[24회('15)]	아담스의 공정성 이론의 내용 및 공정성의 3가지 유형을 설명하고, 불공정성 해소방안과 조직관리에 대한 시사점을 제시하시오. (25점)
[23회('14)]	동기부여 이론 중 2요인이론(two factor theory)와 기대이론(expectancy theory)의 주요 내용을 간략히 설명하고, 각 이론을 조직구성원 보상과 연계하여 설명하시오. (25점)
[19회('10)]	감정노동(emotional labor)의 개념과 의의(영향과 중요성)에 관하여 설명하시오. (25점)
[18회('09)]	동기부여 이론 중 기대이론과 공정성이론을 각각 설명하고, 두 이론의 공통점과 차이점을 논하시오. (50점)
[15회('06)]	조직 내 개인행동에 영향을 미치는 성격(personality) 유형들을 열거하고, 설명하시오. (25점)
[14회('05)]	태도와 인지부조화. (25점)
[12회('03)]	동기부여 이론으로서 목표설정이론의 의의와 시사점을 약술하시오. (25점)
[12회('03)]	상동적 태도(stereotyping)의 개념과 긍정적, 부정적 측면. (25점)
[11회('02)]	직무설계가 조직구성원의 모티베이션에 어떻게 영향을 미치는가를 직무특성이론을 중심으로 논하시오. (50점)
[10회('01)]	강화이론 중에서 자극-반응 연계를 증대시키는 방법과 감소시키는 방법을 설명하라. (25점)
[9회('00)]	지각(Perception)의 영향요인과 오류의 유형. (25점)
[8회('99)]	동기부여 이론을 서술하시오. (50점)
[8회('99)]	직무 스트레스(Job Stress)의 원인과 대책. (25점)
[5회('95)]	내재적 보상과 외재적 보상의 차이점을 약술. (25점)
[4회('93)]	동기이론 중 알더퍼(Alderfer)의 E.R.G 이론, 허즈버그(Herzberg)의 2요인 이론, 아담스의 공정성 이론의 특징과 동기부여에의 기여를 설명하라. (50점)
[3회('91)]	직무확대(Job enlargement)와 직무충실(Job enrichment)의 특성과 효과를 약술. (25점)

Mind Map

제1장 개 요

전략노트 pp.33-34

I. Intro

1. 개 요

인적자원이 물적자원과 가장 큰 차이점은 사람은 제각각 독특한 특징을 가지고 있다는 점. 사람들은 자신만의 신체적인 특징을 가지고 있을 뿐만 아니라 지식과 기술, 취미와 관심, 그리고 성격과 가치관 등 여러 면에서 차이. 사람들은 동일한 상황에 처해 있더라도 서로 다른 태도를 보이고 다른 행동을 취함으로써 개인마다 행동상의 차이를 나타냄

2. 개인 행동의 영향요인

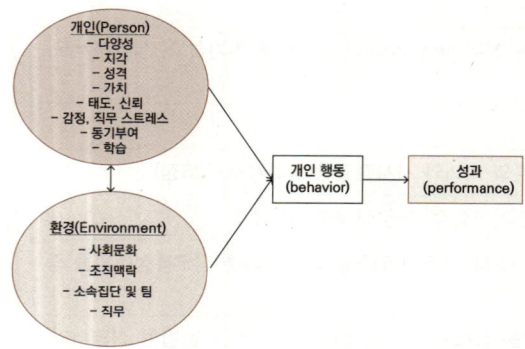

개인적 요인(personal factor), 환경적 요인(environmental factor)에 의해 형성. Lewin(1947)이 B=f(P, E)로 단순화하여 설명한 것처럼, 인간행동은 개인적 요소와 환경적 요소의 함수로 설명될 수 있음

3. 효과적인 조직 관리 : 개인차에 대한 이해 필요

개인 간 차이를 잘 이해하고 적절히 관리하면 오히려 집단이나 조직성과를 높일 수 있는 좋은 기회를 제공할 수 있음. 개인차에 대한 이해를 바탕으로 개인-직무 적합성(person-job fit) 및 개인-조직 적합성(person-organization fit)을 높인다면 개인 목표와 조직 목표를 동시에 효과적으로 달성할 수 있음

제 2 장 다양성(diversity) (=개인차)

전략노트 PP.34-47

I. Intro – 인력다양성 : 양날의 칼

1. 인력구성의 다양화 배경
인력이동 가속화로 복잡한 인력구성

2. 다양성 경영에 대한 패러다임의 변화(paradigm shift)
〈과거〉 소수집단(minority group) 존중 → 〈최근〉 다양성의 긍정성에 초점

3. 논의의 전개방향

II. 다양성과 다양성 경영의 의의

1. 다양성(diversity)의 의의
구성원들의 이질성(heterogeneity)을 의미. 최근에는 이 개념이 확장되어 '다양성과 포용성(Diversity & Inclusion, D&I) 또는 다양성, 형평성, 포용성(Diversity, Equity, Inclusion, DEI)'으로 칭하고 있음. 형평성이란 동등한 기회를 제공하는 것을, 포용성이란 모든 직원이 환영받고 존중받으며 가치를 인정받고 필요한 지원을 받아 최고의 업무수행능력을 발휘할 수 있도록 하는 것을 말함. 최근 조직 내 포용성의 중요성이 더욱 강조되고 있음(2024년 SHRM 컨퍼런스)

2. 다양성의 수준(level)

(1) 표면적 다양성(surfaced-level diversity) : 신분 특성 (characteristics of identity)

1) 의의와 중요성

인구통계학적(demographic) 변수, 표면적 다양성이란 성별, 인종, 민족, 나이, 외모 등 쉽게 파악할 수 있는 특성 차이. 고정관념(stereotype)을 유발하는 원인. 이미 선천적으로 혹은 오래 전부터 굳어진 것들이기 때문에 아무리 뛰어난 관리자라 해도 조직의 실정에 맞게 수정하기가 어려움

2) 성별(gender)

성별과 조직행동과의 관계에 대해 관심을 갖는 직접적인 이유는 바로 남성과 여성의 속성에 대한 고정관념에서 출발. 성별에 따르는 성과의 차이에 대한 관심도 중요하겠지만, 오늘날 기업 조직에서는 연봉결정, 승진기회 및 직무배치 등에서 나타나는 성차별 현상이 중요한 이슈

3) 인종(race)과 민족(ethnicity)

인종은 생물학적 혈통. 민족은 어떤 구성원들이 생성·발전하는 과정에서 생기는 문화적 상호작용의 결과로 나타나는 고유한 특징. 채용기준, 업적평가, 임금 및 직장에서의 차별행위와 관련되어 있기 때문에 중요

4) 나이(age)와 근속 연수(seniority)

일반적으로 〈나이〉가 들수록 〈결근과 이직률〉이 낮아지는 경향이 있음. 이는 오랜 재직을 통해 높은 급여와 장기 휴가, 장기 근속에 따른 매력적인 연금 혜택을 받을 수 있으며, 정신적·인격적 대우가 개선되기 때문. 〈조직 성과〉측면에서는 워드 작업과 같은 세밀한 작업에는 손놀림이 빠른 20대가 적합, 종합적 판단력은 40~50대가 뛰어난 것처럼 나이는 개인의 조직 행동에 영향을 미침. 〈직무만족도〉는 대체로 60세까지 긍정적인 관계를 보이나 60세가 넘으면 만족도가 낮아지는 경향이 있음. 〈근속 연수(seniority)〉와 관련하여, 우리나라와 같은 장유유서의 유교 문화권에서는 근속연수가 길수록 업무에 숙달될 뿐만 아니라 조직의 요구를 잘 파악하게 되어 직무만족도가 높아진다는 연구가 있음

5) 외모

소득, 대인관계, 직장만족
〈외모와 소득의 관계〉 신체적 매력이 채용이나 직장 내 대인관계에 영향을 미치고 나아가서 보수나 승진 등에 영향을 미침. 〈외모와 대인관계 간 관계〉 매력적인 사람은 다른 사람들이 자신에게서 기대하는 바람직한 성격과 특성들에 대한 동기가 강화되어 그 쪽으로 노력함으로써 실제로도 그런 성격과 특성을 가지게 됨. 〈외모와 직장만족 간 관계〉 대인관계는 그 자체만으로도 업무수행 평가에 영향을 미치게 되고 이에 따라 직무만족이 높아짐

6) 기타 : 종교, 성 지향성, 성 정체성, 장애상태 등

종교적 차이가 갈등의 원인이 될 수 있다는 연구가 있고, 성 지향성(Heterosexuality, Homosexuality, Bisexuality, Pansexuality, Asexuality)이 인정되고 존중받는 조직에서는 구성원들이 심리적 안전감을 느껴 더 높은 업무 몰입을 나타낸다는 결과가 있으며, 성 정체성(Cisgender, Transgender, Genderqueer, Gender Fluid)에 대해 포용적이고 유연한 태도를 지닌 조직은 구성원의 자존감에 긍정적인 영향을 미쳐 성소수자(LGBTQ+ : Lesbian, Gay, Bisexual, Transgender, Queer/Questioning, +는 Intersex, Asexual, Pansexual 등을 포함)의 만족도와 몰입도를 높일 수 있다는 연구가 있음 (Harvard Business Review). 마지막으로, 장애를 가진 직원들은 장애에 대한 조직 내 인식과 지원이 적절히 이루어질 경우 높은 성과를 발휘할 수 있다는 연구도 있음

(2) 내면적 다양성(deep-level diversity) : 능력(ability)

1) 의의와 중요성

사람들이 함께 어울리면서 서로 유사성을 파악하는 데 갈수록 중시되는 다양성. 인구통계학적 차이의 관심이 감소할 수 있음

2) 일반적 능력

어떤 일(정신적, 육체적)을 할 수 있는 최대한의 한계

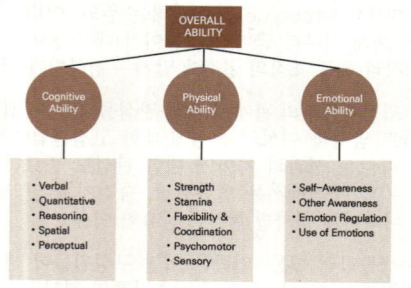

① 지적(intellectual) 능력

정신적으로 사고하고 추리해 낼 수 있는 능력. 어휘력, 지각력, 추리력, 공간지각력, 기억력 등의 총합

② 육체적(physical) 능력

체력·힘·민첩성 등을 활용하여 과업을 수행할 수 있는 신체적 능력

③ 감성적(emotional) 능력 (=정서적 능력)

다른 사람의 정서(feeling)와 감정(emotion)을 잘 알아채고 이해하고 조정할 수 있는 능력(D. Goleman)

3) 조직에서 필요한 능력 : 능력과 직무의 조화

Katz(카츠)는 관리자의 자질을 세 가지로 나누어 관리자의 위치에 따라 각 자질들의 비중이 다르게 요구된다고 주장

[관리층 구분에 따라 요구되는 능력](Katz, 1955)

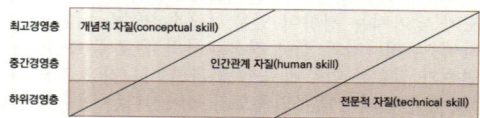

① 개념적 자질(conceptual skill) : 상황판단 능력

최고층 관리자라면 조직을 전체적으로 파악하면서 조직의 각 부분은 서로 어떤 관련이 있는지 알고, 한 부문에서의 변화가 조직 전체에 어떤 영향을 미칠 것인지를 예측할 수 있어야

② 인간관계 자질(human skill) : 대인관계 능력

관리자라면 사장이든지, 작업반장이든지, 팀장이든지 관계 없이 구성원들과 원만한 관계를 유지하면서 그들에게 동기를 부여해주고 서로 조정해주며 협조를 이끌어 내는 탁월한 인간관계능력이 필수적

③ 전문적 자질(technical skill) : 현장실무 능력

업무적 자질, 기술적 자질. 일선 관리자가 과업 담당자에게 지시하고 충고, 감독하기 위해서는 실무기술이나 자기가 맡고 있는 전문분야의 업무에 능통해야

4) 능력의 개발 : 역량(competency)
① 역량(competency)의 의의

고성과자(high performer)로부터 일관되게 관찰되는 심리적·행동적 특성. 조직에서 성과를 지속적으로 올릴 수 있는 행동특성 또는 재현성 있는 성과행동능력

② 역량의 구성요소

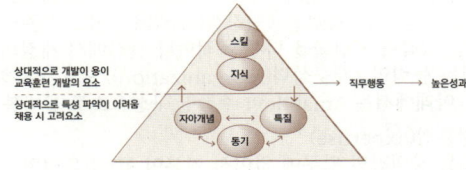

ⅰ) 스킬, ⅱ) 지식, ⅲ) 자아개념, ⅳ) 특질, ⅴ) 동기
스킬은 과업에 대한 숙련의 수준
지식은 특정분야에 대하여 가지고 있는 축적된 정보
자아개념은 개인이 가지는 자아이미지와 태도
특질은 개인 자신만이 갖고 있는 일관성있는 성격과 반응
동기는 목표를 향해 돌진하려는 의욕
Spencer & Spencer는 다섯 가지 차원으로 구분, Sparrow의 세가지 차원인 KSA(Knowlege, Skill, Attitude)및 기타 요소를 많이 활용하는 편으로, 최근 Leadership을 추가하는 경향이 있음

③ 역량의 특성
ⅰ) 행동성

역량은 행동으로 전환 가능하며, 행동의 결과 조직의 성과가 효율적으로 달성

ⅱ) 측정가능성

역량이 있는지 없는지에 대한 **명확한 평가 가능**

ⅲ) 개발가능성

훈련·코칭·직무도전·약간 높은 목표설정·피드백 등에 의해 개발과 학습 가능

④ 역량의 유형

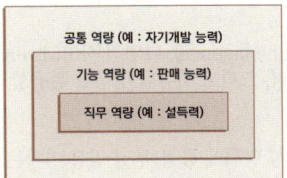

ⅰ) 공통 역량(common competency)

조직의 모든 구성원이 공통적으로 가져야 할 역량. 예) 자기개발 능력, 대인관계 능력, 변화 적응력, 오픈 마인드 등

ⅱ) 기능 역량(functional competency)

기업 조직에는 생산, 재무, 마케팅, 인사, 회계 등 여러 기능이 있는데, 각 기능별로 요구되는 역량이 다름. 예) 판매능력은 마케팅 기능의 수행에 필요한 능력, 기계수리 능력은 생산기능 능력

ⅲ) 직무 역량(job competency)

기업의 각 기능 부문이 완료되려면 여러 가지 구체적인 직무가 완성되어야 하는 데, 각 직무 수행에 필요한 구체적인 역량. 예) 대인관계능력, 설득력, 교섭력, 친절 등

5) 창의성(creativity)

① 창의성의 개념

지식이나 정보를 독특한 방식으로 조합하여 참신하고(novel) 유용한(useful, valuable) 아이디어를 산출해내는 능력(J. P. Guilford). J. P. Guilford는 창의성을 지능의 한 부분으로 보고, 특히 한 문제에 대하여 여러 가지 가능성을 제시할 수 있는 능력인 확산적 사고(divergent production)가 창의성과 관계가 있다고 주장

② 창의성의 구성요소(components) - Amabile

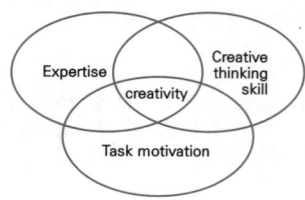

창의적 사고의 구성요인에 대하여 Guilford는 제한된 시간 내에 많은 아이디어를 빨리 생산해내는 능력인 〈유창성(fluency)〉, 고정된 사고양식에서 벗어나 사물이나 상황을 여러 관점에서 조망할 수 있는 〈융통성(flexibility)〉, 아이디어의 양보다 질적인 측면에서 일반적으로 찾아볼 수 없는 새롭고 독특한 생각이나 산물을 생산해내는 능력인 〈독창성(originality)〉, 사고의 깊이에 대한 개념으로 기존의 생각이나 산물을 분석하고 확장하여 보다 세밀하게 구체화시키는 능력인 〈정교성(elaboration)〉, 일상적 상황이나 사물을 자세히 관찰하며 작은 변화에도 호기심을 갖고 적극적으로 탐색하고 반응하는 특성인 〈민감성(sensitivity)〉, 기존의 일반적인 생각이나 산물을 다른 목적이나 관점에서 재정의 할 수 있는 능력인 〈재구성력(reorganization)〉으로 구분하였으나, 아래에서는 Amabile이 주장한 구성요소로 살펴봄

i) 전문성(expertise)
모든 창의적인 업무에 있어서 기본이 됨. 창의적인 잠재력은 개인이 자신의 분야에서 능력, 지식, 숙달과 전문성을 갖고 있을 때 발휘

ii) 창의적 사고 기술(creative thinking skill)
친숙한 것을 다른 시각으로 바라볼 수 있는 능력뿐만 아니라 개인의 유추능력, 창의성과 연관된 개인의 특성까지 포함. 마르셀 프루스트(Marcel Proust)는 진정한 발견은 새로운 것을 찾는 것이 아니라 새로운 눈으로 보는 것이라고 언급

iii) 과업 동기(task motivation)
창의적인 사람들은 종종 자신이 담당하는 직무를 좋아함. 과업 동기란 흥미 있고, 열중할 수 있고, 만족스럽고, 개인적으로 도전적인 어떤 것에서 계속 일하기를 바라는 욕구

③ 창의성과 조직행동

창의성은 지능(intelligence), 다면적 사고(divergent thinking), 연상과 유추능력, 그리고 비유나 상상을 활용할 줄 아는 능력과 관계가 깊음

④ 창의성에 영향을 미치는 조직요인들

Amabile. 창의성 발휘에 긍정·부정 영향 미치는 요인들을 제시

i) 창의성 독려요인들 : 원인 변수

a. 창의성 발휘 독려·지원
조직 내 다양한 차원에서 창의성 발휘를 위한 독려와 지원이 뒤따를 때 창의적인 사고와 행동이 촉진되는 바, 조직 차원, 집단 차원에서 조직적으로 일어나기도 하며 상사와 하급자 간 관계에서 개인적으로 일어나기도 함. 구체적으로 새로운 아이디어를 내고 위험을 감수할 수 있도록 하는 제도적 장치의 마련, 공정하고 지원적인 평가, 보너스 형태의 보상 등을 통해 실현됨

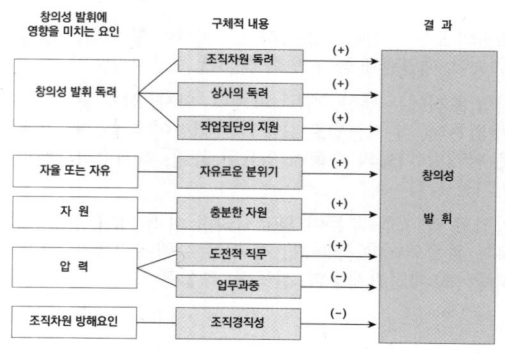

b. 자율 또는 자유
자율적이고 자유로운 분위기는 구성으로 하여금 새로운 아이디어를 거리낌 없이 공유하도록 하는 적극적 자세를 촉진시킬 수 있음. 구체적으로 상하급자 간 지원적이고 개방적인 관계 유지, 참여적이고 협력적인 조직운영, 더 나아가 팀원들끼리 서로 새로운 아이디어를 창안하여 실천하는 조직문화의 구축을 통해 실현됨

c. 충분한 자원
조직 내 충분한 자원의 확충은 구성원 간 갈등의 여지를 줄여주고 협력의 자세를 견지하도록 하므로 창의성을 증대시킬 수 있음

d. 도전적 직무
도전적인(challenging) 직무는 안정적 직무에서의 무사안일주의적인 태도를 벗어나, 새로운 해결책의 가능성을 모색하고자 하는 창의적 사고를 촉진시킬 수 있음

ii) 창의성 저해요인들
a. 업무 과중
구성원이 가진 직무 자원의 양을 넘어서는 직무 요구에 따른 업무 과중은 구성원의 스트레스를 증가시켜 창의적 사고 능력을 저해시키는 것으로 나타났음

b. 조직 경직성
복지부동의 문화와 같은 조직의 경직성은 변화에 대한 저항감이 높고 책임을 회피하며 혁신을 억제하는바, 창의성 발현을 저해시키는 것으로 나타났음

c. 기타 요인들
기타 창의성을 저해하는 요인들로는 정답을 찾으려는 태도, 항상 논리적이려고 하는 자세, 규칙이나 규율에서 벗어나지 않으려는 것, 지나치게 실용성만을 추구하거나, 애매모호한 상황을 회피하려는 것, 실패를 두려워하는 것, 일에 재미를 붙이지 못하거나, 자신의 전문성 밖의 문제에 대해서는 무관심하거나, 바보처럼 보이는 것을 싫어하고, 자신이 창의성이 없다고 믿는 것들이 여기에 해당

⑤ 창의적 사고의 4단계(Wallas) : 과정 변수

창의적 사고는 확산적 사고(준비, 부화, 발현 단계)와 수렴적 사고(검증 단계)로 나뉠 수 있음

① 〈준비 단계(preparation stage)〉로 자유스럽게 사고하고, 자료를 수집하며, 해결 대안을 탐색하는 등 여러 제안에 귀를 기울이는 마음을 가지면서, 문제를 정의하고 원인을 탐구하는 것

② 〈부화 단계(incubation stage)〉는 시간 간격을 두고 생각해보는 것, '소극적 무의식 활동'으로 개인이 원래의 문제에 대해서 의식적으로 생각을 회피하기도 하고, '적극적인 무의식 활동'으로 다른 문제 상황에 관여함으로써 자연스럽게 원래의 문제로부터 벗어나기도 함

③ 〈발현 단계(illumination stage)〉는 창의적인 활동을 하는 사람이 자신이 추구하고 있었던 문제에 대한 해결책을 찾아내는 단계

④ 〈검증 단계(verification stage)〉는 아이디어가 적절한 것인지 적용하고 실행하는 단계로 적절한 것으로 판정되면 그 아이디어는 계속적으로 검토·발견됨

⑥ 창의성 발현의 효과 : 결과 변수 | 구성원들의 지식과 경험 및 전문성이 결합되면서 종전에 존재하던 재화와 서비스의 부족한 부분을 더 나은 산출물로 차별화시켜 조직의 성과(부가가치)를 높이고, 구성원 스스로 자기효능감과 직무몰입을 경험하게 됨. 또한, 결과보다는 새로운 것을 시도하는 과정을 중시함으로써 통합적 관점이 형성되고 혁신적 조직 문화 구축에도 도움이 됨

3. 다양성 경영(diversity management)의 의의

구성원들의 잠재적인 장점이 최대화되고, 단점이 최소화되는 방향으로 조직시스템을 계획, 실행하는 관리(Cox)

4. 다양성관리와 미국의 AA정책(affirmative action) : 적극적 조치의 의미

여성, 장애인, 소수인종, 흑인 등 상이한 문화적 배경의 이질적 노동자들을 활용·보상·승진시키는 조직의 조치로서, 일찍이 미국에서 시행되었던 AA정책을 고려하여, 다양성 관리의 의미와 시사점을 살펴볼 수 있음

5. 다양성 경영을 추진하는 이유

(1) 경제적 이유 — 다양하고 우수한 인력들이 근무를 통해 시너지 효과를 거두어 매출액, 생산성, 고객만족도를 제고

(2) 윤리적 이유 — 기업의 사회적 책임에 부응하여 다양한 인력을 채용하고 조직 내 차별을 철폐하고 소수 집단 권익을 옹호

(3) 법적 이유 — 차별금지법, 고용평등법, 장애인고용법 등 고용과 근로와 관련된 법률 준수

Ⅲ. 인력다양화가 기업에 미치는 영향

1. 긍정적 영향

(1) 정보·의사결정 관점 (information·decision-making perspective) — 다양성이 높은 집단은 직무관련지식, 기술, 능력 및 다양한 견해와 관점을 가지기 때문에 문제를 처리하는 데 있어서 도움이 되는 여러 가지 풀(pool)을 제공

(2) 다양성의 긍정적 효과 : 창조적 마찰로 인한 창의성(혁신) 증진

1) 창의성 증대 — 기업이 당면하는 문제에 대한 해법 제시에 있어서 긍정적인 효과

2) 인재 pool 확대의 기회 — 기업이 선택 가능한 고급 인재 풀을 넓혀주고, 다른 기업들에 비해 우수한 인재를 효과적으로 확보

3) 좋은 기업이미지 형성 — 여성이 일하기 좋은 회사, 글로벌 인력을 관리하는 회사 등의 이미지가 외부시장에 형성, 우수인재의 확보에 도움

4) 네트워크 다양화 — 인적 네트워크가 다양해져 환경변화에 대처할 수 있는 정보를 통합하고, 조직문제의 해결을 위한 다양한 관점을 조정하고 활용할 수 있게 되어 최근 급격한 환경변화에 효율적으로 대응

2. 부정적인 영향

(1) 유사성 매력관점(similarity attraction perspective) — 조직구성원은 자신과 유사한 내집단(in-group)과, 유사하지 않은 외그룹(out-group)으로 구분하고 내집단 사람들에게 호감, 신뢰, 협력하므로, 다양성 증가는 유사성을 떨어뜨려 조직에 부정적인 영향을 미침

(2) 다양성의 부정적 효과 : 조직정체성 위기 및 갈등유발

1) 정체성 위기 및 갈등유발 — 조직 내 공통 특성이 부족할 경우 조직정체성 수립에 어려움을 겪게 되고, 조직 내 다양한 특성을 가진 구성원들 사이에 서로 다른 가치관과 관점으로 인해 갈등이 야기, 의사결정을 내리는 데 있어서 난항

2) 의사소통 저해, 커뮤니케이션 단절	구성원들의 문화적 차이와 언어적 장벽으로 인해 원활하지 못한 의사소통, 커뮤니케이션의 문제, 이로 인하여 조직활성화 저해
3) 법적 소송, 차별(discrimination) 시비	다양한 인력을 적절하게 관리하지 못하면 끊임없이 차별 시비, 법적 소송, 조직의 성과에 악영향을 미칠 위험
4) 인재유지의 실패	모자이크 문화의 적절한 관리가 되지 않으면, 핵심인재 및 우수인재 유지의 어려움, 기업은 비용을 손실
◆ 참고 : 차별행위(discrimination)의 개념과 유형(형태)	개인에 대한 판단을 해당 집단의 특성에 대한 고정관념(stereotype)을 갖고 하는 행위
ⅰ. 차별적인 정책 또는 관행	조직을 대표하는 결정기구의 행동이 기회적 평등을 부정하거나 성과에 대한 균형 있는 보상을 부정하는 것
ⅱ. 성추행	상대방이 원하지 않는 성적인 행동과 언어로 공격적이거나 적대적인 직장 분위기를 조성하는 것
ⅲ. 협박	특정 구성원집단의 구성원을 향하여 직접적인 위협이나 괴롭힘을 가하는 것
ⅳ. 조롱과 모욕(incivility)	농담의 정도가 지나쳐서 부정적인 스테레오 타입의 농담을 건네는 것
ⅴ. 따돌림(exclusion)	특정인을 직무 기회나 사회 행사, 토론, 비공식적 조언 등에 포함시키는 것
ⅵ. 무시(incivility)	상대방을 존중하지 않은 행동으로 공격적인 행동, 말을 자르는 것, 의견을 무시하는 것 등

Ⅳ. 미국의 적극적 조치(AA정책 : Affirmative action정책)의 의미와 시사점

1. 미국의 AA정책의 개념	미국에서 인종, 성별 등을 이유로 차별받기 쉬운 이들에게 혜택을 주는 〈차별 철폐 조치〉. 존 F. 케네디 대통령이 1961년 '고용평등위원회'를 설립하면서 실시한 행정명령. 미국 연방정부와 계약을 체결하는 사업자는 인종·피부색·종교·성·출신국가를 이유로 한 고용상 차별을 금지하고, 평등기회 부여 위한 적극적 조치를 취하지 않으면 불이익에 처한다는 정책. 미국 내 대학 입시, 취업, 승진 등 여러 분야에 광범위하게 적용
2. 내 용	미국은 다민족국가로 이루어져 다양한 하부문화가 존재하고 있어, 백인남성중심 주류문화를 탈피하기 위하여 AA정책이 도입된 것으로, 이는 고용 및 생산성에 있어 긍정적 효과. 다만, 역차별이나 능력에 대한 불명예의 한계
3. AA정책의 한국기업에의 시사점	① AA정책 준수가 기업의 생산성과 이윤에 부정적 영향을 미치지 않으며, ② AA정책을 비용(cost) 관점보다 투자(investment) 관점에서 활용할 필요, ③ 부정적인 역차별 문제는 향후 한국기업에서도 제기될 수 있으므로 실효성 있는 방안 강구 필요

Ⅴ. 다양성 시대의 기업의 대응방안

1. 순혈주의 시각의 탈피	다른 배경과 가치관 및 문화를 가진 사람에 대하여 오픈 마인드를 가지고 자연스럽게 받아들일 수 있어야

2. 전담관리자 및 전담조직의 설치	이(異)문화에 대하여 전문적으로 관리하는 전담관리자 및 전담조직의 설치가 필요. Motorola 社에서는 미국 본사에 **다양성 관리담당 중역**(Chief Diversity Officer : CDO), IBM 社에서는 다양한 배경을 가진 고참 관리자를 15~20명을 선발해 8개의 TF team을 구성하여 관리
3. 이(異)문화 노출기회 확대	구성원들에게 다른 문화를 **체험**할 수 있게 하고, 이에 대한 감수성을 높여줌. Johnson&Johnson 社에서는 구성원들이 다양성 대학(diversity university) 사이버대학에서 글로벌, 이문화 이슈에 대한 감수성훈련을 받음
4. 인력특성별 차별화된 인사관리(HRM) 구현	남성과 여성, 신세대와 구세대, 정규직과 비정규직, 내국인과 외국인 등과 같이 인력 특성별로 차별화된 인사관리를 구현함으로써 다양한 인력들의 특성을 검토한 대응이 필요
5. 가족 친화적 경영(Family Friendly Management)의 정착	여성인력의 사회진출, 저출산, 고령화, 비정규직 증가 등을 고려할 때, 가족친화적 경영으로 기업의 다양성 관리를 효율적으로 수행할 필요
6. 최고경영자(CEO)의 지원	최고경영자는 적극적인 의지를 가지고 다양성 관리의 중요성에 대하여 인식하고, 이를 뒷받침할 수 있는 각종 제도 및 지원책을 마련

제 3 장 지각(perception)

전공노트 pp.48-74

I. 지각(perception)의 개념과 중요성

1. 지각(perception)의 개념

개인이 속해 있는 환경으로부터 오는 자극을 선택(selection)하고 조직화(organization)하며, 해석(interpretation)하는 총체적인 심리적 과정

2. 지각의 중요성 : 지각된 세계로의 행동이 조직유효성(OE)에 절대적인 영향

개인은 사실 그 자체가 아니고 사실에 대한 지각, 즉 '지각된 세계에 기초'를 두고 행동을 하기 때문
① 특히 경영자가 종업원을 선발·배치하거나 능력·성과를 평가하는 등에 있어서 공정하고 정확한 지각은 인적자원의 효율성 및 조직유효성 결정에 중요한 역할, ② 지각은 조직활동에서 인간관계의 출발점이 되고 커뮤니케이션 면에서도 중요한 역할, ③ 부서 간, 이를테면 생산 부서와 영업 부서, 라인 부서와 스탭 부서 간 뿐만 아니라 노사 간에도 지각상의 차이에 따라 커다란 오해와 갈등을 초래

II. 지각의 진행과정(processing)

1. 개 요

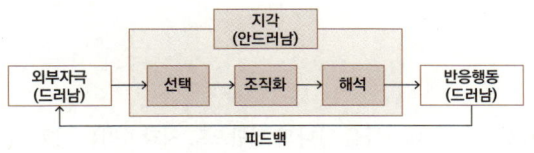

* 대상 지각시 선택·조직화·해석이라는 일정한 지각 습관적 패턴을 거침

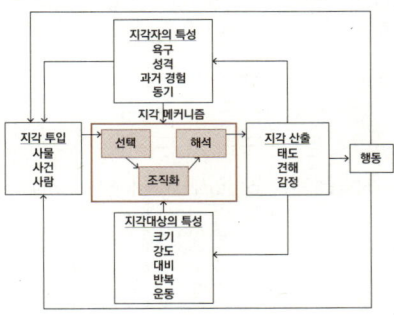

2. 지각의 패턴

(1) 외부 자극의 투입(reception)

지각의 투입은 우리의 감각기관을 통해 들어옴. 즉, 외부 자극 가운데 지각의 대상인 사물, 사건, 사람을 시각, 청각, 후각, 촉각, 미각 등 오감을 통하여 우리의 지각세계로 받아들임

(2) 지각 메커니즘(processing)

1) 선택(selection) : 관찰(observation) 및 선택적 주의(selective attention)

환경으로부터의 자극을 개인의 감각기관인 눈, 귀, 코, 혀, 피부를 통해 보고, 듣고, 느끼는 것. 자극들 중에서 두드러진 자극이나 자기에게 유리한 자극에만 선택적으로 주의를 기울이고 이해를 하는 경향. 이것을 선택적 주의(selective attention)라 함. 칵테일 파티 효과(cocktail party effect)

2) 조직화(organization) : 조합

① 도형-배경(fiture-ground) 원리

[Rubin의 컵]

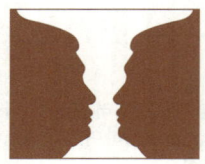

지각자는 사람, 사물, 사건 등의 지각대상을 분리된 자극 또는 조각난 정보로는 놓아두지 못하고 완전한 사물 또는 마음 속의 그림, 알 수 있는 형태로 엮어 조직화해서 의미 있는 것으로 만들려고 하는 성향

도형-배경(figure-ground) 원리. 일부는 중요하게 여겨서 도형으로 만들고 나머지 것들은 배경처리함

② 집단화(grouping) 원리

ⅰ) 연속성(perceptual grouping by continuity)의 원칙

구성요소들이 통합되는 과정. 몇가지 원리를 따르게 됨
대상을 연속되는 패턴의 일부로 지각하려는 경향

ⅱ) 완결의 원칙(perceptual grouping by closure)

대상의 일부가 사라졌거나 보이지 않더라도 그 대상을 완성하여 하나의 전체로서 지각하려는 경향

ⅲ) 근접성의 원칙(perceptual grouping by proximity)

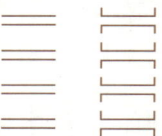

서로 가까이에 있는 대상들을 하나의 집단으로 지각하려는 경향

ⅳ) 유사성의 원칙(perceptual grouping by similarity)

서로 비슷한 대상들을 하나의 집단으로 지각하려는 경향

③ 스키마(Schema)

스키마는 우리가 세상을 이해하고 해석하는 데 사용하는 인지적 틀로, 경험을 통해 지속적으로 형성되고 수정됨. 이는 관련된 다양한 정보들이 하나의 덩어리로 조직화되어, 하나의 그림처럼 고정된 지식과 사고 구조를 형성하며, 새로운 상황이나 정보를 쉽게 인식하고 해석할 수 있도록 돕는 역할을 함. 스키마라는 개념은 피아제(Jean Piaget)의 '인지 발달 이론'에서 체계화되었으며, 피아제는 스키마가 아동의 지적 발달에 중요한 역할을 한다고 주장. 그는 스키마의 형성과정을 세 가지 주요 개념으로 설명, ① 동화(assimilation) : 새로운 정보를 기존 스키마에 맞춰 이해하는 과정, ② 조절(accommodation) : 새로운 정보가 기존 스키마로 설명되지 않을 때 스키마를 수정하거나 새로운 스키마를 형성하는 과정, ③ 평형화(equilibration) : 동화와 조절을 통해 인지적 균형을 유지하는 과정을 제시

3) 해석(interpretation) : 이성적 인식

개인의 욕구나 성격, 과거의 경험, 자아 개념, 선입견 등 자신의 준거체계에 의하여 어떤 의미를 부여하는 것. 그리고 개인은 자신을 보호·유지하고 나아가 자신을 발전시키는 방향으로 자극을 해석하는 경향

(3) 반응 행동의 산출(output) — 지각이 형성되면 태도나 견해, 감정 등으로 보여지게 됨

III. 지각에 영향을 미치는 요인(factor)

1. 개요

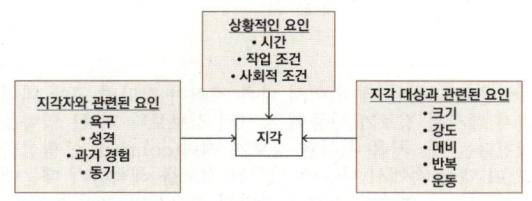

지각자(perceiver), 지각의 대상(target), 지각이 형성되는 상황(situation) 안에 존재

2. 지각자(perceiver)와 관련된 요인 (=내적 주의요인)

해석은 지각자의 개인적 특성에 크게 영향을 받음. 이는 내적 주의요인이라고도 하며, 지각에 영향을 주는 개인적 특성에는 개인의 욕구, 성격, 과거 경험, 동기 등이 있음

3. 지각 대상(perception target)과 관련된 요인 (=외부 환경요인(외적 주의요인))

우리는 보통 지각 대상만을 따로 구별해서 바라보지 않기 때문에 지각 대상과 주변의 관계가 지각에 영향을 줌

① 〈크기(size)〉 — 자극 요인이 크면 클수록 지각이 잘 된다는 자극의 원칙(principle of size)

② 〈강도(intensity)〉 — 외부 자극이 강하고 강렬할수록 주목의 대상이 된다는 주의 강도의 원칙(intensity principle of attention)

③ 〈대비(contrast)〉 — 외부 환경과의 대조는 주목과 관심의 대상이 됨

④ 〈반복(repetition)〉 — 반복적 자극은 한 번의 자극보다 민감성을 증대

⑤ 〈운동 내지 동작(motion)〉 — 객체가 정태적인 상태보다 동태적인 상태에서 더욱 주의를 집중시킨다는 것

4. 상황(situation)적인 요인

사물이나 사건을 보는 시간은 주의에 영향을 미치며, 위치와 빛 열 등 작업 조건, 사회적 조건도 영향을 줄 수 있음

IV. 대인지각(person perception) 관련 이론

1. 대인지각(person perception)의 의의 : 타인에 대한 지각과정

대인지각(person perception) 또는 사회적 지각(social perception)이란 한 개인이 다른 사람들을 어떻게 지각하고 그들에 대해 어떻게 이해하는가에 관한 것

2. 대인지각의 중요성 : Cognitive misers

대인지각은 조직에서 온종일 저절로 이루어지고 있음. 우리는 사회적 인지(social cognition)를 하는데, 사람은 대개 '인지적 인색자들(cognitive misers)'이기 때문에 상당히 제한된 몇 안 되는 정보만 가지고 함부로 다른 사람을 평가함

3. 인상형성이론(impression formation theory : IFT)

(1) 인상형성이론(impression formation theory)의 의의

인상은 어떤 사람에 대한 지각의 결과로 나타나는 느낌이며, 각인된 느낌은 이후 그를 판단할 때 다시 지각과정을 거치지 않고 그 인상으로 대하게 됨. 이렇게 제한된 정보를 가지고 타인을 평가하는 과정 및 발생할 수 있는 오류 등을 다루는 것을 인상형성이론이라고 함. 즉, 다른 사람에 대한 인상을 형성할 때 어떤 원리에 따르는가를 보여주는 것

(2) 관련 실험 : 형용사 목록 실험

'똑똑하고-근면하고-충동적이고-비판적이고-고집이 세고-질투가 강함'
'질투가 강하고-고집이 세고-비판적이고-충동적이고-근면하고-똑똑함'

Asch의 실험(1946), 실험 참여자들에게 가상의 인물에 대해 묘사 후 실험 참여자들이 느끼는 인상을 확인, 부정적인 형용사가 먼저 제시된 경우보다 긍정적인 형용사가 먼저 제시되었을 때 훨씬 더 호의적인 인상을 느끼는 것으로 나타남. 처음 제시된 정보가 나중에 제시된 정보보다 더 큰 영향력을 끼친다고 주장하게 된 것

(3) 인상형성 과정에 나타나는 원리(인상형성 요인)

① 초두 효과(primary effect) — 타인을 평가하는 데 있어서 다른 조건이 같다면 그에 대해 먼저 제시된 정보가 나중에 제시된 정보보다 더 큰 영향을 미친다는 것. 처음 제시된 정보가 맥락(context)을 형성하고 이 맥락 속에서 나중에 제시된 정보를 해석하기 때문에 대개 시간적 여유가 없거나 판단의 중요성이 그리 높지 않을 때 잘 나타남

② 현저성 효과(salience effect) — 하나의 두드러진 점이 한 사람의 인상을 형성하는 데 결정적인 역할을 하는 경우. 어쩌다 눈에 띄는 부정적인 정보. 일반적으로 사람들은 긍정적인 정보를 바탕으로 내린 판단보다는 부정적인 정보를 바탕으로 내린 판단에 보다 더 큰 확신을 가지고 있음

③ 일관성(consistency) 원리 — 사람들은 상호 어긋나는 정보가 있더라도 단편적인 정보들을 통합하여 타인에 관하여 일관성 있는 특징을 형성하려고 함. 이 때 평가자는 인지부조화 원리에 따라 비일관성을 최소화하기 위해서 정보를 왜곡하고 재구성

④ 중심특질(central traits)과 주변특질(surrounding traits) — 인상을 형성하는 데에 영향을 미치는 여러 가지 평가요소 중 중심적인 역할을 수행하는 특질과 주변적인 역할밖에 하지 못하는 특질이 있는데, 중심특질을 가지고 그 사람 전부를 평가해버리는 현상이 나타날 수 있음

⑤ 합산(adding up)원리와 평균(average)원리 — 다른 사람에 대한 인상을 형성할 때 그 사람에 대한 여러 정보를 매우 기계적으로 합산한다는 주장과 평균을 낸다는 주장의 두 가지가 있음. 합산원리는 여러 특질들의 단순한 합이 전체의 인상을 형성한다는 것이고(10만큼의 호감을 높이는 외모가 있고 10만큼의 호감을 높이는 친절성이 있을 때 이를 합산하여 20만큼의 호감이 생긴다는 것), 평균원리는 모든 정보가 동시에 들어오고 그 정보의 무게가 같으면 단순평균의 형태로 평가가 이루어진다는 논리(10만큼의 호감을 높이는 같은 무게의 정보가 들어오면 20이 되는 것이 아니라 평균적으로 10이 된다는 것)
다만, 정보가 제시되는 순서에 차이가 있는 경우 처음 들어온 정보가 나중에 들어온 것보다 더 큰 영향력을 미침(Primary effect)

(4) 인상형성이론의 시사점

사람들이 평가를 할 때 피평가자에 대한 한정된 지식만으로 그에 대한 광범위한 인상을 형성하려는 경향이 있으므로 이러한 오류의 극복을 위해 보다 폭넓은 자료를 토대로 지속적인 평가를 하도록 해야 함

4. 사회적 정체성 이론(social identification theory)

(1) 사회적 정체성 이론(social identification theory)의 의의

대개의 사람들은 다른 사람의 정체를 밝혀낼 때 주로 비슷한 행동패턴을 보임. 이런 행동패턴을 이용해서 타인의 정체를 밝히려는 것(Tajfel & Turner, 1986)

(2) 사회적 비교(social comparison)	사람들은 본능적으로 자신을 정의하기 위해 자신의 의견(opinion)과 능력(ability)을 타인과 비교하려는 동기를 갖고 있음(Festinger, 1954). 일반적으로 사람들은 객관적·물리적인 기준과 스스로를 비교하고 평가하는 것을 선호하지만, 객관적 기준이 부재한 상황이 발생하게 되면 불확실성(uncertainty)과 유사성에 대한 욕구(the need for similarity)가 커지면서 나와 유사한 측면을 많이 공유하고 있는 사람들과 자기 자신을 비교하게 된다는 것. 비교 대상이 나보다 더 우월하면 상향비교(upward comparison), 열등하면 하향비교(downward comparison)가 일어나게 됨
(3) 사회적 범주화(social categorization)	우리가 타인을 인식할 때 그 사람 자체만을 보기 전에, 일단 그 사람을 어떤 집단 속에 집어넣고(범주화) 난 후에, 그 집단의 속성으로써 그 사람을 판단한다는 것

5. 사회정보처리모형(social information processing)

(1) 사회정보처리모형(social information processing)의 의의	타인에 대한 정보를 평가자의 머리 속에서 지각하고 분류하고 저장, 기억하는 방법을 구성하는 인지적 과정
(2) 사회정보처리의 과정	
1) 1단계 : 선택적 주의(attention) 집중 및 이해	평가자의 외부에 수없이 많이 존재하는 정보에 대해서 평가자가 선택적으로 주의를 하고 받아들이는 단계. 인간의 인지적 능력의 한계로 모든 정보를 받아들이지는 못함
2) 2단계 : 부호화(encoding) 또는 단순화(simplificaton)	주의 집중하여 얻은 정보를 사람의 두뇌 속에 저장할 수 있는 형태로 만들기 위해 정보처리작용을 하는 단계. 복잡하고 구체적인 현실정보사례를 저장 가능하도록 일반범주에 비추어 해석, 요약, 처리하여 단순화
3) 3단계 : 범주화(categorize)	머릿속에 있는 장기기억은 서로 연관된 기억의 단위로 구성되므로 부호화·단순화된 정보를 카테고리화시켜 장기 기억(long-term) 속에 정보를 저장하고 유지하는 단계
4) 4단계 : 회상(retrieval) 및 결정(determination)	기존의 정보를 회상하고 구체적으로 어떤 평가행동을 취할 것인가를 결정하는 단계. 즉, 판단과 평가를 위해 필요한 정보를 활용하는 단계로 장기 기억된 정보를 꺼내어 해석하고 통합하여 결과로 도출
(3) 사회적 지각의 인지적 요소 : 스키마(Schema)	
1) 스키마(Schema)의 개념 : 다양한 특질(trait)을 대하는 내부적 틀	지각의 사회정보처리 모델에 의하면 스키마란 과거의 경험을 통해서 어떤 사람이나 사물, 사건에 대한 정보를 보다 경제적이고 편리하게 처리하도록 해 주는 개연의 머릿속에 저장되어 있는 조직화된 지식의 인지적인 구조
2) 스키마의 역할	지각자가 피지각자의 어떤 특성에 관심을 두고, 이를 어떤 유형으로 분류하고, 어떤 것을 오래 기억해 두고, 또한 간편하고 신속하게 회상되도록 할 것인가를 결정하는 역할

3) 스키마의 형성과정(Piaget)

스키마는 우리가 세상을 이해하고 해석하는 데 사용하는 인지적 틀, 경험을 통해 지속적으로 형성되고 수정됨. 이는 관련된 다양한 정보들이 하나의 덩어리로 조직화되어, 하나의 그림처럼 고정된 지식과 사고 구조를 형성하며, 새로운 상황이나 정보를 쉽게 인식하고 해석할 수 있도록 돕는 역할을 함. 스키마라는 개념은 피아제(Jean Piaget)의 '인지발달 이론'에서 체계화, 피아제는 스키마가 아동의 지적 발달에 중요한 역할을 한다고 주장. 그는 스키마의 형성과정을 세 가지 주요 개념으로 설명, ① 동화(assimilation) : 새로운 정보를 기존 스키마에 맞춰 이해하는 과정, ② 조절(accommodation) : 새로운 정보가 기존 스키마로 설명되지 않을 때 스키마를 수정하거나 새로운 스키마를 형성하는 과정, ③ 평형화(equilibration) : 동화와 조절을 통해 인지적 균형을 유지하는 과정을 제시

4) 스키마의 과정 – 주의(attention), 부호화(encoding), 조회(retrieval)

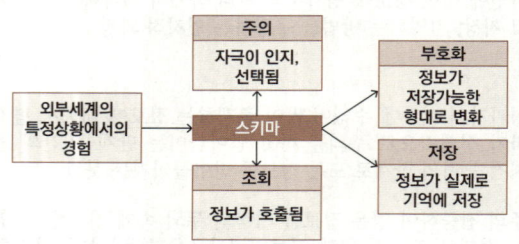

스키마는 기억에 투입되는 정보에 영향을 미치며, 새로운 정보가 기존의 스키마와 관련되거나 대조되는 경우 부호화되어 저장 가능한 형태로 보다 쉽게 받아들여지는 경향. 주의(attention)는 특정 정보에 집중하고 이를 선택적으로 인식하는 과정을 의미, 부호화(encoding)는 외부에서 들어온 정보를 이해하고 기억할 수 있는 형태로 변환하는 것. 저장(saving)은 이렇게 부호화된 정보를 기억 속에 보관하는 과정, 조회(retrieval)는 저장된 정보를 다시 꺼내어 사용하는 과정

5) 스키마의 유형

① 스크립트(script) — 잘 알려진 행동의 순서와 관련된 것, 주로 사건(event)과 관련된 스키마

② 프로토타입(prototype) — 사람이나 사물의 특징을 단순히 파악하는 지각의 틀

6) 스키마의 장·단점

① 스키마의 장점 — 과거 경험과 신념으로부터 요약된 교훈(summarized lessons)을 얻어 그것을 활용함으로써 우리가 특정 사물이나 사건, 그리고 사람을 기억하고, 해석하고, 판단을 내리고, 기대를 갖는 데 도움

② 스키마의 단점 — 생각, 정보, 감정은 정확한 것이라기보다는 개인이 주관적으로 요약한 것이기 때문에 실상은 과도하게 단순화(over-simplification)했다는 문제. 또한 논리적 오류(logical error)의 문제점으로 특정 요소가 발견되면 다른 요소가 반드시 수반되어 일어난다는 가정을 포함하고 있기에 논리적 오류가 발생할 수 있음

(4) 사회정보처리모형의 시사점

① 〈성과기준에 관한 지식체계〉가 정확하고 올바르게 형성되어 있어야 평가자가 공정한 성과평가를 할 수 있음, ② 대부분의 사람들은 다른 사람을 평가하는 데 있어서 세세한 과정을 거치지 않고 스키마에 의해 매우 신속하게 하는 경우가 많은데, 이러한 과정에서 오류를 범할 수 있다는 사실에 유의

6. 귀인이론(attribution theory)

(1) 귀인이론의 개념

귀인(attribution)이란 다른 사람이 행한 행동의 원인을 추론하는 것. 대부분의 원인이나 귀인은 직접적으로 관찰할 수 없기 때문에, 인간의 개인적 지각에 의존. 귀인이론(attribution theory)이란 타인의 행동을 관찰할 때 그 행동의 원인이 외재적인지 아니면 내재적인지를 추론하는 과정에 대한 이론

(2) 귀인이론의 중요성 : unusual, unhappy

조직행동에서 귀인이 중요한 것은 그 결과가 추후 행동에 영향을 미치기 때문. 부하의 낮은 업적의 원인이 그가 열심히 일하지 않았기 때문이라면 야단을 치거나 연봉을 동결시키는 등 어떤 통제를 가하겠지만, 시장 경기의 침체로 인한 것이었다면 그 부하의 잘못을 따지기보다 마케팅 전략 변경 등 기업차원에서의 어떤 조치를 취할 것임

(3) 귀인이론의 창시자 : Heider(1958)

인간의 행동에 대한 귀인을 크게 내적 요인에 의한 귀인과 외적 요인에 의한 귀인으로 나누었음

(4) 귀인의 유형

1) Heider의 유형 분류

Heider는 귀인을 크게 〈내적 귀인〉과 〈외적 귀인〉으로 나누었는 바, 〈내적귀인〉이란 사람의 능력이나 노력 등 개인 내부적 요소를 행위 원인으로 보는 것을 말하며, 〈외적 귀인이란〉 직무의 특성이나 상급자의 특성 등 외부적, 환경적 요소를 행위 원인으로 보는 것을 뜻함. 즉, 어느 한 사람의 행동이나 행동 결과에 대해 사람에 따라 통제능력, 경험 등 내적 요인들을 원인으로 여기는 경우도 있고, 상황이나 운 등 외적 요인을 원인으로 생각하는 경우도 있다는 것

2) Rosenbaum과 Weiner의 유형 분류

Heider의 기존 분류에 더하여 Rosenbaum과 Weiner는 행동 원인의 〈안정적·변동적 성격〉을 분류 기준으로서 추가적으로 제시하여 아래와 같이 네 가지의 귀인 유형으로 구분

	내적 귀인 (internal attribution)	외적 귀인 (external attribution)
안정적	능력	과업 난이도
변동적	노력	운

(5) Weiner가 주장한 세가지 차원

Weiner는 사람들이 자신의 성공과 실패의 원인을 알고자 하는 특성이 있다고 가정하면서 대부분의 사람들이 자신의 실패나 성공의 원인으로 여기는 '귀인 요소'를 능력, 노력, 과업 난이도, 운으로 설정하고, 이와 같은 귀인요소들의 특성을 원인의 소재, 안정성, 통제가능성이라는 3가지 차원의 '기준'으로 설명

1) 원인의 소재(locus of control)

어떤 일의 성공이나 실패에 대한 책임을 내적인 요인에 두어야 하는지 외적인 요인에 두어야 하는지에 대한 것. 어떠한 결과에 대한 책임을 자기 자신의 노력이나 능력으로 돌리면 이는 내적 요인으로 보고, 이 경우 성공하면 자부심과 동기 증진을 가져올 수 있지만 실패하면 수치감이 생김. 이에 반해, 어떠한 결과에 대한 책임을 과제의 난이도 혹은 운으로 돌리면 이는 외적 요인으로 보고, 이 경우 성공하면 외부의 힘에 감사함을 느끼지만, 실패할 경우에는 분노를 일으키게 됨

2) 안정성(stability)

어떠한 일의 원인이 시간의 경과나 특정한 과제에 따라 변화하는가의 여부에 따라 안정적인 것과 변동적인 것으로 분류할 수 있음. 노력으로 귀인하는 경우 자신의 의지에 따라 노력을 기울일 수 있기 때문에 변동적이라고 봄. 반면 능력은 비교적 고정적이라고 생각하기 때문에 안정적이라고 봄. 안정성은 미래에 대한 기대와 관련되어 있음. 자신의 성공 또는 실패를 자신의 능력이나 시험의 난이도와 같은 안정적 요인에 귀인하면 미래에 비슷한 과제에서도 같은 결과를 기대하게 되지만, 학생들이 변동적 요인에 귀인하면 그 결과는 예측할 수 없음

3) 통제가능성(controllability)

귀인 요소	원인의 소재	안정성	통제가능성
능 력	내적	안정적	통제불가능
노 력	내적	불안정적	통제가능
과업 난이도	외적	안정적	통제불가능
운	외적	불안정적	통제불가능

그 원인이 자신의 의지에 의해 통제되어질 수 있느냐의 여부에 따라 통제가능과 통제불가능으로 분류됨. 통제가능성 차원은 자신감과 미래에 대한 기대와 관련이 있음. 높은 점수를 통제가능한 요인으로 귀인하면 자부심을 느끼면서 다음에도 비슷한 결과를 기대할 수 있지만, 통제불가능한 요인으로 귀인하면 운으로 안도하며 앞으로도 그런 행운이 계속되기만 바라게 됨

(6) 내적-외적 귀인의 기준 : Kelley의 공변모형(covariation model) (=입방체 모형)

공변원리(covariation principle)에 따르면, 많은 상이한 조건들에 대하여 어떤 특정 효과와 어떤 특정 원인 사이의 연결을 찾는 경향이 있음

사람들이 내적 요소로 귀인하느냐 아니면 외적 요소로 귀인하느냐를 결정할 때 주로 다음의 세 가지 기준을 활용(Kelley, 1972). 종합적으로 사용하여 귀인 판단

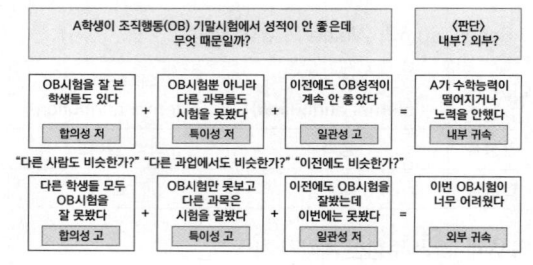

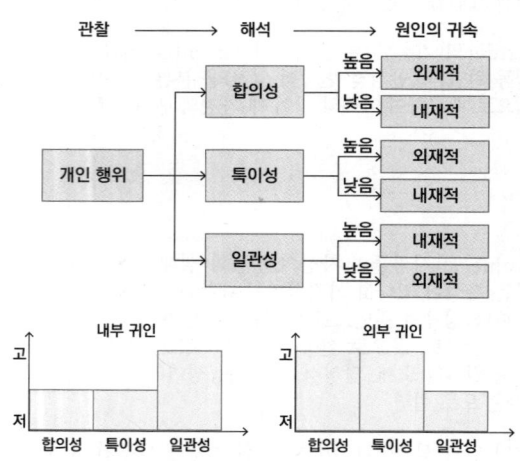

1) 합의성(consensus) : 다른 '사람들'도 동일한 반응을 보이는지

동일한 상황에 직면한 사람들이 동일한 방식으로 반응하는지를 의미하는 것. 다른 직원들도 모두 지각한다면 합의성이 높아 외재적으로 귀인

2) 특이성(distinctiveness) (=차별성) : 다른 '사건들'에도 동일한 반응을 보이는지

개인의 행위가 여러 사건(상황)에서 동일하게 나타나는 것인지 또는 동일한 상황에서 특이하게(차별적으로) 나타나는 것인지. 이번 프로젝트는 실패했으나 다른 프로젝트들은 성공했었다면 특이성이 높아 외재적으로 귀인

3) 일관성(consistency) : 다른 '때'에도 동일한지

사람들이 같은 방식으로 오랜 시간 동안 같은 반응을 보이는지를 의미하는 것. 이전에는 지각한 적이 한 번도 없는데 이번에만 지각했다면 일관성이 낮아 외재적으로 귀인

(7) 귀인과정에서의 나타나는 대표적인 편견
　　(귀인오류(attribution error))

1) 근본적 귀인오류(fundamental attribution error : FAE)

타인의 부정적 행동을 판단할 때 외재적 요인에 의한 영향을 과소평가하고 내재적 요인의 영향을 과대평가하는 경향. 판매관리자가 판매원들의 낮은 성과를 경쟁자 도입한 혁신적인 제품 라인보다 판매원들의 게으름 탓으로 돌리는 경향

2) 행위자-관찰자에 따른 귀인이론(actor-observer bias)

		행 위 자	
		본 인	타 인
행위의 결과	성 공	내부 귀인	외부 귀인
	실 패	외부 귀인	내부 귀인

자신이 한 일이 성공했을 때는 자신의 능력이나 노력과 같은 내적 요인에 귀인하려는 경향이 강하고, 자신의 일이 실패로 끝났을 때는 상황, 운, 다른 사람 때문 등과 같이 외적 요인에 귀인하려는 경향

3) 자존적 편견(self-serving bias)

사람들은 자신의 성공에 대해서는 내부 탓(능력, 노력 등)으로, 실패에 대해서는 외부 탓(불운, 남의 방해 등)으로 돌리는 경향. 인간에게는 자존욕구(自尊慾求)가 있기 때문에 원인이 애매할수록 자신에게 이로운 정보만 흡수해서 자기 탓으로 돌리고 불리한 정보는 무시하려고 하는 경향

4) 통제의 환상(illusion of control)

개인이 자기가 한 일에 대하여 성공가능성을 객관적인 성공가능성의 확률보다 높게 지각하는 것. 세상 일을 자기 노력으로 다할 수 있다고 믿어 어떤 일이 실패하였을 때 이것이 외적 원인 때문임에도 불구하고 내적 귀인을 하는 경우

V. 지각오류의 유형

1. 지각과정에서의 오류

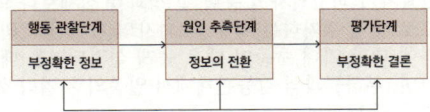

※ 지각 과정에서의 오류 연구는 학자에 따라 분류 방식이 다를 수 있으며, 특정 오류가 특정 단계에서 발생한다는 절대적인 규칙은 없음. 다양한 연구와 관점에 따라 다르게 해석될 수 있으므로, 이하의 설명은 일반적인 분류일 뿐이며 상황에 따라 오류들이 여러 단계에 겹쳐 나타날 수 있다는 점을 전제로 이해할 것

(1) 행동 관찰단계에서의 오류 : 부정확한 정보의 선택

1) 고정관념(stereotyping) (=상동적 태도)

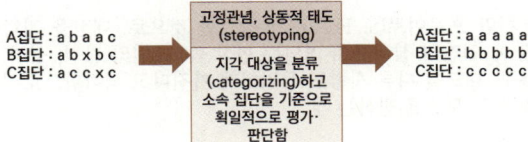

stereotyping이라는 용어는 원래 인쇄를 하기 전에 만드는 연판(鉛版) 내지 동판을 뜻하는 것으로 인쇄공들이 쓰던 말. 1922년 미국의 저널리스트인 리프만(W. Lippman)에 의해 사회적 지각에 처음으로 사용된 이후부터 이 용어는 편견을 나타내는 용어로서 자주 통용. 고정관념이란 그 사람이 개인의 특성(차이)은 무시한 채 특정한 사람 또는 집단에 대해 갖고 있는 고과자의 지각에 의해 나타나는 것. 고과자가 평소 특정 종교, 사회단체 등에 좋지 않은 감정을 갖고 있을 때 나타남

고정관념의 〈원인〉으로는 ① 인지적 단순화 : 복잡한 정보를 단순화하여 처리하려는 경향, 편향적 기억 : 고정관념에 부합하는 정보는 기억하고 반대되는 정보는 무시하는 경향, 사회적 정체성 : 내집단을 긍정적으로 평가하고 외집단은 부정적으로 평가하려는 경향, 사회적 학습 : 어린 시절부터 부모, 교사, 친구, 미디어 등을 통해 반복적으로 상동적 이미지를 접하면서 자연스럽게 내면화되는 경향 등이 있음.

고정관념의 〈긍정적 측면〉으로는 빠른 정보 처리, 집단 소속감 강화, 의사결정 속도 향상. 반면, 〈부정적 측면〉으로는 편견과 차별을 유발, 잘못된 상동적 태도를 강화하여 다양한 사람이나 환경을 받아들이는 데 장애물이 될 수 있으며, 특정 그룹에 속한다는 이유로 개인의 고유한 특성을 평가절하하는 경향

2) 선택적 지각(selective perception)

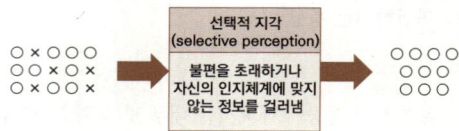

자신의 관심, 배경, 경험, 태도에 근간을 두고 상대방이나 대상을 선택적으로 해석함으로써 발생하는 오류. 사람은 주변의 모든 것을 다 관찰할 수 없으므로 선택적 지각을 하게 됨. 선택적인 지각은 다른 사람을 빨리 평가할 수 있도록 해주지만 잘못된 스키마를 형성하게 되는 위험이 있음. 모호한 상황에서 보기 원하는 것만 보면서 잘못된 결론을 도출해내는 것

3) 범위 제한의 오류 : 관대화 경향(leniency error)·중심화 경향(central tendency)·가혹화 경향(harsh tendency)

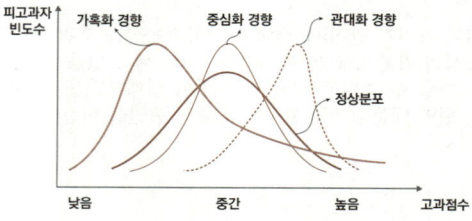

〈관〉 피고과자의 능력이나 성과를 실제보다 더 높게 평가하는 것. 부하를 나쁘게 평가하여 대립할 필요가 없고, 자기부하를 타 부문의 종업원에 비하여 승진에서 유리하게 하기 위함, 나쁜 평가가 곧 고과자 자신의 책임으로 간주될 수 있기 때문

〈중〉 피고과자에 대한 평가점수가 보통 또는 척도상의 중심점에 집중하는 경향. 고과자가 평가방법을 이해하지 못하였거나 평가능력이 부족한 경우, 평가방법에 대해 회의적이거나 피고과자를 잘 알지 못하는 경우, 낮게 평가할 경우의 피고과자와의 감정적인 대립을 우려하는 경우에 발생

〈가〉 고과자가 피고과자의 능력 및 성과를 실제보다 의도적으로 낮게 평가하는 경우. 고과자의 가치관에 의해 성과에 대한 기대 수준이 매우 높게 설정되었을 때 나타나며, 부하들과의 갈등관계에서 일종의 처벌적 성격을 가질 때 나타남

4) 지각방어(perceptual defense)

개인에게 불쾌한 자극 또는 위협적인 자극이나 상황이 주어질 경우에 이에 대한 인식을 회피하거나 왜곡함으로써 자신을 방어하려는 경향

5) 투사(projection)

투사란 프로이트(S. Freud)가 창안한 것으로, 대상을 지각할 때 인간의 심리가 투영되는 현상 즉, 개인의 감정, 성격, 욕구, 태도를 다른 사람도 동일하게 가진다고 생각함으로써 지각 상 오류를 범하는 것

6) 초두 효과(primacy effect)와 최근 효과(recency effect) : 기억의 순서 효과

① 초두 효과란 어떠한 정보가 연달아 제시될 때 가장 먼저 제시된 정보가 더 큰 영향력을 가지는 것
② 최근 효과란 가장 최근에 제시된 정보에 가중치를 부여하는 것

7) 행위자-관찰자 편견(actor-observer bias)

(2) 원인 추측단계에서의 오류 : 정보의 전환

1) 맥락 효과(context effect) : 대비 효과(contrast effect) 와 동화 효과(assimilation effect)	① 대비 효과(contrast effect)란 동일한 특성에 대해 최근에 대면한 사람과 그 비교를 통해 상대방의 특성을 평가함으로써 발생하게 되는 오류 ② 동화 효과(assimilation effect)란 구체적 상황과 맥락에서 바람직한 것으로 여겨지는 기준들과 같은 방향으로 판단이 왜곡되는 현상. 예를 들면, 성과가 기대보다 못하더라도 그다지 못하지 않은 것으로 생각하는 경향. 이는 심리적 불편함을 해결하기 위해 실제 낮은 성과에도 불구하고 처음에 자신이 갖고 있던 기대수준과 차이가 별로 없는 것으로 지각하는 것
2) 자존적 편견(self-serving bias)	사람들은 자신의 성공에 대해서는 내부 탓(능력, 노력 등)으로, 실패에 대해서는 외부 탓(불운, 남의 방해 등)으로 돌리는 경향
3) 통제의 환상(illusion of control)	개인이 자기가 한 일에 대하여 성공가능성을 객관적인 성공가능성의 확률보다 높게 지각하는 것
4) 유사성 오류(similar-to-me effect)	지각자와 피지각자 간의 가치관, 행동패턴 그리고 태도면에서 유사한 정도에 따라 평가 결과가 영향을 받는 경우
5) 프레이밍 효과(framing effect)	동일한 사건이나 상황인데도 불구하고 어떠한 틀로 표현하느냐에 따라 의사결정자의 태도나 행동이 달라지는 효과

(3) 평가 단계에서의 오류 : 부정확한 결론

1) 자기충족적 예언(self-fulfilling prophecy) (=피그말리온 효과(Pygmalion effect), 기대 효과(expectancy effect))	자성적 예언 또는 자기충족적 예언이란 평가자의 기대나 관심이 피평가자에게 전해져 그 기대와 일치하는 방향으로 행동이 변화하는 것을 말함. 이는 일종의 기대효과에 기반한 것인데, 기대란 인간이 바라고 있거나 추구하는 것을 얻을 수 있다는 확신을 주는 일련의 정신적 요인을 의미. 예를 들어, 면접 상황에서 면접자가 피면접자에 대해 부정적 기대를 가지고 있는 경우 무언의 메시지를 통해 그러한 기대가 피면접자에게 전달되어 피면접자가 더욱 긴장하게 됨으로써 피면접자의 면접 결과가 더욱 나빠지는 경우
2) 후광 효과(halo effect)와 뿔 효과(horn effect) ◆ 참고 : 인사평가 시 후광 효과를 방지하기 위한 제도 → CIM, BARS, MBO, 360° feedback	지각 대상의 어느 한 특성에 대한 평가가 그 대상의 전체 평가에 일관되게 영향을 미치는 것 부정적인 한 특성만 보고 그 개인을 모든 면에서 부정적으로 격하해서 평가하는 경향을 horn effect

2. 문화 차이에 의한 지각 오류

(1) 선택지각의 문제	문화 속에서 경험하고 학습한 대로 몇 가지 정보만 선택하여 이해. 이때 우리의 관심, 가치관, 문화가 여과기의 역할을 하는 것
(2) 고정관념과 범주화의 문제	스키마는 새로 만난 사람을 빨리 잘 이해할 수 있도록 돕기도 하지만, 다른 한편으로는 그것을 수정하거나 포기하려고 하지 않음. 오히려 나의 스키마를 수정하는 대신 고정관념에 억지로 맞추려고 하고 범주화하려고 하며 대부분은 이를 계속 유지하려는 속성이 있음

(3) 해석상의 차이

외부의 정보를 받아들이고 조직화(organizing)할 때뿐만 아니라 그것을 해석하고 이해할 때도 문화는 강하게 영향을 미침

VI. 지각과 조직행동

1. 선발 면접과 성과평가
(1) 선발 면접

대부분의 면접관의 결정은 면접시간이 4분 내지 5분이 지난 이후부터는 좀처럼 바뀌지 않음. 결국 면접 시 처음에 보이는 정보가 나중에 보이는 것보다 더 비중 있게 다루어짐

(2) 성과 평가

직원의 미래는 승진, 월급 인상, 고용 연장 등의 의사결정의 기초가 되는 평가와 매우 밀접. 많은 직무는 주관적으로 평가됨. 주관적인 평가는 많은 오류 - 선택적인 지각, 대비 효과, 후광효과 등 - 에 의해 영향을 받는다는데 문제

2. 의사소통과 의사결정
(1) 커뮤니케이션

메시지는 송신자에게서 출발하여 수신자에게로 전달되고, 수신자에게서 송신자에게로 피드백됨으로써 커뮤니케이션이 이루어짐. 여기서 메시지 수신은 모두가 지각활동

(2) 갈등해결

정보의 부족 혹은 자신의 기대, 관심, 기호에 따라 한 문제를 놓고 서로 다르게 파악. 이는 귀인오류에서 올 수 있음. 자존적 편견으로 정당화하기도 함

(3) 의사결정

의사결정은 여러 가지 대안 중에 한 개를 선택하는 것, 최선의 선택을 하기 위해 각 대안 마다 주어진 정보를 평가. 대안을 추리고 가중치를 분배하고 해석하는 것이 모두 지각행동이 잘 되어야 집단의 의사결정 내지 조직의 최종 의사결정이 바람직

3. 조직과 집단에 대한 지각
(1) 조직에 대한 이미지

사회적 지각은 여러 요소와 연결된 복잡한 과정이고, 이 과정은 여러 편견 혹은 오류와 연결됨. 모든 조직은 각자 고유의 문화를 가짐. 조직에 상존하고 있는 가치와 규범은 구성원으로 하여금 그 규범에 맞추어 행동하도록 강요

(2) 타 부서에 대한 이미지

개인이 조직에 반응할 때 자기가 속한 부서에서 판단한 대로 대응하기도 하는데, 부서의 규범과 조직 전체의 규범이 항상 일치한다고 볼 수는 없음

(3) 집단 간 차별

글로벌 시대에는 기존의 고정관념을 버리고, 백지 위에서 사람을 만나고 그들 개개인의 능력과 인간성을 제대로 파악하고 접근하는 것이 성공적인 조직행동의 지름길

VII. 조직 내 구체적인 응용

1. 성취동기와 교육 : 와이너(B. Weiner)의 귀속 모델

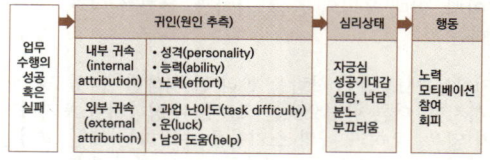

개인이 그의 지각과정에서 어떻게 귀인하느냐에 따라서 그의 자아개념과 성취동기가 많은 영향을 받을 수 있음 (Weiner, 1980). 구성원이 높은 성과를 자신의 내적 요인에 귀인할 수록 성취동기가 강화되고 직무만족도 더욱 향상되며 자부심이 높아지고 더욱 높은 수준의 목표를 추구하는 경향이 큼. 반면 구성원이 낮은 성과를 자신의 내적 요인에 귀인하는 경우 자신감을 잃게 되고 동기는 저하되며 목표수준도 더욱 낮게 설정하는 경향이 나타남. 따라서, 높은 성과는 내적 요인에, 낮은 성과는 외적 요인에 귀인하여 성취동기를 제고시킬 수 있음

2. 성과 기대 : 피그말리온 효과(Pygmalion effect) 모델

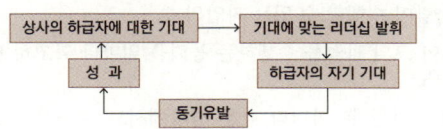

상사가 자신의 하급자에 대해 높은 기대를 가지고 보다 좋은 리더십을 발휘하면 하급자도 자신에 대해 더 큰 기대를 가지게 되며 이는 보다 높은 수준의 동기유발로 이어지게 됨. 동기 수준이 높아짐에 따라서 상사가 하급자에 대해 가진 기대가 높은 성과로 현실화된다는 것. 상급자가 가지고 있던 기대가 하급자의 행위를 통해 나타남으로써 상급자는 자성적 예언의 효과를 경험하게 되는데, 이는 학생, 군인, 회계사의 성과에 영향을 미치는 것으로 보고된 연구 결과가 있음

VIII. 지각오류의 감소방안

1. 던함(R. B. Dunham)의 세 가지 방법

(1) 자기이해(self-understanding) — 조직구성원 스스로가 상동적 태도, 현혹 효과 등에 의해서 야기되는 지각오류를 범할 수 있다는 것을 받아들이는 것

(2) 자기수용(self-acceptance) — 조직구성원 스스로 완전하고 바람직한 인간이 아니라는 것을 이해하고 받아들이는 것을 의미

(3) 의식적 정보과정(conscious information processing) — 무의식적인 지각 과정에서 많은 지각오류가 발생하게 되므로, 지각의 세부과정인 선택-조직화-해석 등 메커니즘을 의식적으로 주의깊게 지켜보면서 각종 지각오류가 발생하지 않도록

2. 랜돌프(Randolph)의 감소방안

(1) 지각과정에 대한 주의 인지 — 지각의 과정이 어떻게 작용하는지를 잘 살펴보면 지각적 오류가 어디서 일어나는지를 알 수 있게 되며, 그 오류의 영향을 극소화

(2) 자신의 지각과 타인의 지각 비교(객관성) — 자신의 지각과 타인의 지각을 비교하기 위해서, 또한 자신의 지각이 보다 정확한 것이 되도록 하기 위해서 타인과의 의사소통의 기회를 증대

(3) 타인들의 관점을 이해하기 위한 노력 — 타인에게 자신이 옳다는 것을 믿게 하려고 노력하기보다는 그들을 이해하도록 함. 자신의 관점에서 고집해선 안 됨. 고집은 선택적 지각, 투사, 주관적 표준과 같은 오류

(4) 새로운 정보에 따른 지각 변경의 자세 — 새로운 정보를 접하면 자기 자신의 지각을 기꺼이 변경시킴. 이를 위해서는 지각대상에 대한 충분한 정보수집노력이 필요, 상동적 태도와 현혹효과 및 방어적 지각과 같은 오류를 극소화

(5) 동태적 관점(dynamic view)에서의 시각 함양 — 지금의 지각이 옳다 하더라도 시간이 지나서 현상이 바뀜에 따라 그것이 옳지 않은 것이 될 수도 있다는 것을 인정

IX. 지각과 관련된 개념 : 자아개념(self-concept)

1. 자기존중감(self-esteem) (=자긍심) (=자존감) (=자부심)

자기존중감 또는 자부심은 스스로 지각하는 능력과 자기 이미지(self-perceived competence and self-image)와 관계. 자기존중감이 조직 내 인간의 행동과 그 행동의 결과에 영향을 미친다는 연구가 많음

2. 자기효능감(self-efficacy)

(1) 자기효능감(self-efficacy)의 개념 — 개인이 특정 상황에서 특정 과업을 얼마나 잘 수행할 수 있는지에 대한 믿음의 정도(Bandura). 즉, 일을 할 수 있다는 신념의 정도로 자신의 일에 대한 자신감, 자기존중감은 특정 상황에 구애받지 않는 일반적인 개념인데 비해 자기효능감은 특정 상황과 결부되는 경향(situation-specific)이 있다는 점에서 차이

(2) 자기효능감의 세 가지 차원

1) 과업 수준	한 사람이 수행할 수 있는 과업의 수
2) 확신의 강도	개인이 그의 과업을 수행하는 능력을 얼마나 확고히 믿는가의 정도
3) 일반화의 정도	특정한 상황 뿐 아니라 다른 상황에서도 성공적으로 일을 해낼 것이라고 믿는 정도

(3) 자기효능감의 원천(Bandura)

1) 과거의 성과(enactive mastery experience)	업무수행에 있어서 성공경험이 있는 직원은 실패 경험이 있는 사람에 비해서 높은 수준의 자기효능감을 갖는 경향
2) 대리경험 또는 타인에 대한 관찰(vicarious learning)	동료가 특정한 과업에서 성공을 거두는 것을 보게 되면 '나도 할 수 있겠다'는 자기효능감이 증가
3) 구두 설득(verbal persuasion)	조직구성원이 특정 과업을 잘 수행할 수 있는 능력이 있다는 것을 확신시키고 설득시키면 그 사람의 자기효능감을 불러일으킬 수 있음
4) 개인의 생리적인 상태(individual's internal physiological states)	사람이 중요한 과업을 앞두고 있으면 가슴이 두근거린다든지, 땀이 많이 난다든지, 얼굴이 빨개진다든지, 머리가 아파온다든지 하는 증세를 보이는 경우가 있음. 이것은 실패에 대한 두려움과 성공에 대한 중압감이 그 사람의 신체에 영향을 주는 것으로 이해됨. 이러한 신체적 증세가 오게 되면, 자기효능감은 급격히 떨어지게 되어 실제로 좋은 성과를 거두지 못하는 경우가 많음. 따라서 각성상태로 관리가 필요

(4) 관리상 시사점

	최근 학자들의 연구결과(Locke, Latham에 따른 목표설정 이론과 자기효능감 이론의 결합 연구)에 의하면, 자기효능감과 조직의 성과 간에는 상당히 긍정적인 관계가 있는 것으로 조사, 관리자와 리더의 역할 가운데 중요한 것은 하급자들로 하여금 자기효능감을 발휘할 수 있도록 하는 것이라는 인식이 확산

제 4 장 성격(personality)

I. Intro : 성격(personality)의 개요

1. 성격(personality)의 의의

Gordon Allport(고든 올포트), 한 개인의 독특한 환경 적응 방식으로서 개인 내부에 존재하는 동태적인(dynamic) 심신 시스템(psyco-physical system), 개인의 독특한 사고, 감정 및 행동패턴

라틴어 Persona(페르조나)에서 유래. 탈을 보면서 그 배우가 어떤 성격의 역할을 할 것인지 기대·예측하는데서 파생된 것. 셰익스피어는 '인간은 잠시 무대에 서는 배우와 같다'고 하였음

2. 성격의 중요성 : 행동의 예측

특정 상황에서 정해진 방향으로 행동이 나타남. 매우 안정적인 변수(요소)이기에 특정 상황에서 정해진 방향으로 행동이 나타나기 때문

3. 성격의 특징

① 〈독특한 개성〉

성격은 개인의 독특한 개성을 나타내는 총체적인 개념. 사고체계, 가치관과 유전적 특성 등 내적 요인을 포괄

② 〈안정성〉

개인의 성격은 어느 정도 안정성을 가짐. 성격이 변하지 않는 것은 아니지만, 한번 형성된 성격은 장기간 동안 지속되는 특징

③ 〈외부 환경과의 상호작용〉

성격은 선천적·유전적 요인을 바탕으로 외부 환경과의 상호작용 과정에서 형성

④ 〈핵심·주변 성격으로 구성〉

성격은 개인 행동의 본질적·심층적 요인인 핵심 성격(core personality)과 표면적 차원에서 나타나는 주변 성격(peripheral personality)으로 구성

4. 성격의 측정

(1) 관찰법

외부로 나타난 그 사람의 행동을 관찰

(2) 설문법 (=질문법)

① 자기보고 설문법(self-report survey)

각 개인이 일련의 요인을 평가하는 방법. But 허위응답 ↑, 신뢰성의 문제. 미국과 같은 개인주의적 국가의 사람들은 자기 확대 지향적인데 비해 / 대만, 중국, 한국과 같은 집단주의 국가의 사람들은 자기 축소 지향적으로 답하는 경향

② 관찰자 평가 설문법(observer-rating survey)

동료 직원이나 다른 사람이 평가함. 연구결과 자기보고설문법보다 직무 관련 성공을 더 잘 예측해 주는 것으로 나타났음

(3) 투사법

깊숙한 내면에 흐르는 성격의 본질을 그림이나 사진에 투사(投射)하여 파악하는 전문적 방법. 잉크 반죽(ink dot) 그림을 보여주고 설명하라고 하거나, 엉뚱한 낱말을 주고 글을 지어보라고 하면 억지로 생각해내는 과정에서 심리적 저변에 숨어 있던 성격특징이 표출되는데 이를 통계적, 전문적으로 해석하여 성격을 파악하는 방식

II. 성격 결정에 관한 이론

1. 유형-특성 이론 (type-traits theory)	2. 정신역동 이론 (psychodynamic theory)	3. 행위학습 이론 (behavior learning theoty)
⇒ 성격을 타고난 것으로 본다.	⇒ 성격은 무의식적인 것으로 본다.	⇒ 성격은 후천적으로 획득되는 것으로 본다.
W. H. Sheldon C. Jung R. B. Cattell	S. Freud K.Horney	B. F. Skinner A. Bandura

1. 유형-특성 이론(type-traits theory)

(1) 유형론 - Sheldon과 Jung

인간의 성격을 어떤 틀에 고정시키고자 하는(범주로 묶어 설명) 시도

① Sheldon

체격 특성에 따라 내배엽형, 중배엽형, 외배엽형

② Jung 「심리유형(psychological type)」

「심리의 유형(psychological type)」이라는 책에서 ① 〈외향형〉, ② 〈내향형〉

(2) 특질론 - Cattell의 성격특성이론

인간이 가지고 있는 공통적인 특질을 16가지로 구분

2. 정신역동 이론(psychodynamic theory)

(1) 정신역동 이론의 의의

Freud. 인간이 내면의 욕구를 현실에서 충족해나가는 과정에서 생기는 갈등 해결에 따라 그 사람의 행동양식, 즉 성격이 결정된다고 보는 것. 성격의 동태적 측면을 강조한 이론

(2) 성격 구성

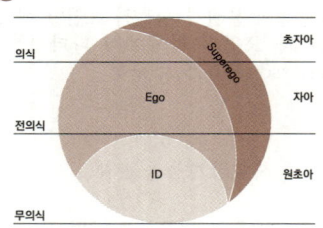

1) 원초아(id)

Freud는 인산의 생물학적 토대에 기초하며 성적 욕구, 심리성적 에너지(psycho-sexual energy)라 일컬어지는 리비도(libido)는 원초아에서 나온다고 설명. 쾌락원리(pleasure principle)에 따른 쾌락 극대화

2) 자아(ego)

의식, 현실원칙(reality principle)을 따르기 때문에 원초아적 충동이 있어도 현실적으로 욕구충족이 불가능하다고 판단되면 이를 억제

3) 초자아(super ego)

양심, 이상적(ideal), 도덕성 원칙(moral principle)

(3) 심리성적 발달단계와 성격형성

프로이트(Freud, 1905)는 성격 발달에서 유아기와 초기 아동기의 결정적 역할을 강조. 그는 성격이 다섯 살까지 거의 완전히 형성되며, 이후 각 발달 단계에서 원초아, 자아, 초자아 간의 갈등이 발생한다고 주장. 이 갈등이 잘 조정되면 성격은 건전하게 발달하지만, 그렇지 않을 경우 특정 단계에서 고차원적 심리 문제가 발생할 수 있다고 보았음

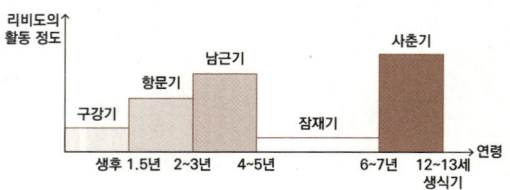

1) 구강기(oral stage)(생후 1~1.5세)	입술과 구강의 촉각을 통해서 만족감을 얻는 시기
2) 항문기(anal stage)(생후 18개월~3세)	배설물이 직장의 끝부분이나 항문을 통과할 때 흥분과 쾌감을 유달리 느끼며 만족하는 시기
3) 남근기(phallic stage) 또는 오이디푸스(Oedipus)시기 (생후 3~6세)	흥분과 긴장이 성기에 집중되는 시기 * 오이디푸스 : 어린 남자 아이가 어머니를 독차지하려고 하는, 혹은 아버지를 경쟁 상대로 보고 컴플렉스를 느끼며 증오하는 심리
4) 잠재기(=잠복기)(latency stage)(생후 6~12세)	오이디푸스적 감정에 대한 강한 방어책을 수립하면서, 성적인 공격 환상들이 잠재 상태에 들어감
5) 사춘기, 생식기(genital stage)(12세 이후)	이 단계에서는 성적 에너지가 성인과 비슷하게 활발해지며, 자기 중심적 성적 추구에서 타인을 대상으로 한 성적 추구로 변화하기 시작. 위와 같은 프로이트의 성격 발달 단계는 성적 본능을 기준으로 설명된 것
3. 행위학습 이론(behavior learning theory)	성격이 개인과 환경 간의 상호작용하는 과정에서 사회적 학습(social learning)을 통해 형성된다는 이론. 스키너(B. F. Skinner)의 강화(reinforcement)와 반두라(A. Bandura)의 모델링(modeling)

Ⅲ. 성격의 결정요인

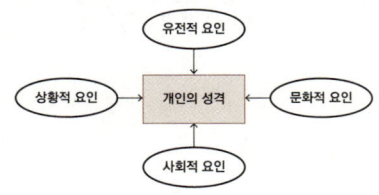

1. 유전적(heredity) 요인	임신 상태에서 결정되는 개인의 통제영역 밖의 요인
2. 문화적(cultural) 요인	공통의 가치체계나 행동-생활양식은 조상으로부터 전승, 사회적 유인인 문화 속에서 personality 형성
3. 사회적(social) 요인	가족과 사회집단. 특히 부모
4. 상황적(situational) 요인	
(1) 상황강도 이론(Situation-Strength Theory : SST)	성격이 행동으로 이어지는 것은 상황의 강도에 달려 있다는 점을 제시, 상황강도(situation strength)는 규범이나 지침 또는 기준 등의 수준이 적절한 행동을 하도록 만든다는 것
1) 명확성(clarity)	근로의무나 책임이 수행가능한 형태로 분명하게 제시된 수준, 명확성이 높은 직무는 무엇을 해야 하는지를 즉각 결정하도록 하므로 강한 상황이 조성, 누구나 이와 유사한 행동을 하도록 만듦
2) 일관성(consistency)	근로의무나 책임이 서로 상응하는 수준, 일관성이 높은 직무에서 추진하는 일들은 예측된대로 동일하게 나타나므로 강한 상황이 조성
3) 제약성(constraints)	자신의 통제권 밖에 있는 힘에 의해 개인의 자유로운 의사결정이나 행위가 제약을 받는 범위를 의미. 제약이 많은 직무는 개인의 처분 능력이 제약되므로 강한 상황이 조성
4) 귀결성(consequences)	의사결정이나 행위가 조직이나 조직 구성권, 고객, 공급자 등에게 중요한 영향을 미치는 수준, 중요한 영향을 미치는 직무는 실수가 나타나지 않도록 굳건한 환경을 요구하므로, 강한 상황이 조성

(2) 성격 특성 활성화이론(Trait Activation Theory : TAT)

TAT는 어떤 상황이나 사건 또는 개입활동이 특정 성격 특성을 "활성화"시킨다는 이론

개인이 가지는 성격 등 개별적 특성은 그에 적절한 상황적 자극이 주어질 때 훨씬 활성화되어 외부로 표출된다는 것. 예를 들면, 업적 기반 임금제도는 개인 성격의 외향성(extraversion)에 따라 활성화의 차이를 보이는데, 이는 개방성보다 외향성이 보상에 보다 민감하게 반응하기 때문. 한편, 개인의 창의성을 자유롭게 표현할 수 있는 직무에서는 개인 성격의 외향성보다 개방성(openness)이 창의적 행동을 보다 잘 예측해준다는 것

최근 연구에서는 지원적인 환경에서는 누구나 친사회적으로 행동하지만, 환경이 별로 좋지 않을 경우에는 비록 자신의 성격이 친사회적이라 하더라도 행동은 매우 달리 나타난다는 결과가 도출

IV. 조직행동에 영향을 주는 성격 특성

1. Myers-Briggs(마이어스-브리그스) Model

(1) Myers-Briggs Type Indicator(MBTI)의 의의

Jung의 심리유형론을 근거, Katharine Cook Briggs와 Isabel Briggs Myers, 일상생활에 유용하게 활용할 수 있도록 고안한 것. '특정 상황에서 일반적으로 사람들이 어떻게 느끼고 행동하는가'에 관한 100여 가지 항목으로 이루어진 자기보고식(self-reporting) 성격유형지표

(2) MBTI의 분류

1) 에너지 방향 : 외향형(Extraversion) 및 내향형(Introversion)

세상과 상호작용하는 에너지를 어느 방향으로 쏟는지에 관한 것, 외향형과 내향형 성격을 구분한 Jung의 심리유형론에서 착안. ① 다양한 활동과 경험을 중시하면 〈외향형〉, ② 자신의 관심과 힘을 내면에 집중하면 〈내향형〉으로 분류

2) 인식기능 : 감각형(Sensing) 및 직관형(iNtuitive)

선천적으로 집중하는 정보의 종류에 따라 구분한 것, ① 이미 존재하는 정보에 대해 집중하며 오감을 사용해 현실적, 구체적, 측정가능한 정보를 수집하면 〈감각형〉, ② 오감보다는 육감(sixth sense)이나 암시, 추론, 상상, 예감에 가치를 두어 정보를 수집하면 〈직관형〉으로 분류

3) 판단기능 : 사고형(Thinking) 및 감정형(Feeling)

문제해결의 방식에 따라 구분한 것, ① 객관적, 분석적, 논리적 결정을 선호한다면 〈사고형〉, ② 자신의 관심, 느낌, 감정과 공감에 기초해 결정한다면 〈감정형〉으로 분류

4) 이행양식 : 판단형(Judging) 및 인식형(=지각형)(Perceiving)

일상 영위와 업무 운영과 관련해 조직적인 방식으로 살기 원하는지 아니면 자발적 방식을 원하는지에 관한 것, ① 질서정연하게 잘 정돈된 조직적 삶을 살고 마감시한이 있는 업무를 선호하면 〈판단형〉, ② 새로운 상황과 자원에 따라 마감시한을 탄력적으로 조정하면 〈인식형〉으로 분류

(3) MBTI의 16유형

ISTJ 세상의 소금형	ISFJ 2인자 권력형	INFJ 예언자형	INTJ 과학자형
ISTP 백과사전형	ISFP 성인군자형	INFP 잔다르크형	INTP 아이디어 뱅크형
ESTP 수완좋은 활동가형	ESFP 사교형	ENFP 스파크형	ENTP 발명가형
ESTJ 사업가형	ESFJ 친선도모형	ENFJ 달변형	ENTJ 지도자형

MBTI는 4개의 대칭되는 기준마다 1개씩 택하면 다시 16개의 성격유형이 구성되는 것

(4) MBTI의 활용처

Apple 컴퓨터, AT&T, Citi group, GE, 3M, 미공군

(5) MBTI의 전제조건

① 어느 한 가지 유형이 다른 유형보다 절대적으로 더 좋다고 할 수는 없다는 것, ② 개인이 자신의 유형과 동료의 유형을 이해하고 이를 받아들일 경우 대인관계에서의 혼란과 좌절이 그만큼 줄어든다는 것

(6) MBTI의 공헌

① MBTI는 자기 인식을 높이고 경력 가이드를 제안하기 위한 귀중한 도구가 될 수 있고, ② 편리한 자기보고식 평가로서 실무에서 많이 쓰인다는 점, ③ 자신과 타인의 유형을 이해함으로써 갈등을 감소시킬 수 있다는 점

(7) MBTI의 비판

① 성격 측정에 타당성, ② MBTI의 결과가 직무성과와는 그다지 연관성이 없다고 나타남, ③ 듣기 좋고 모호하며 중복되는 설명(Forer effect), ④ 자기보고식 설문법을 활용하기 때문에 사회적 바람직성 편향(social desirability bias)으로 인한 신뢰성 저하 문제가 발생할 수 있음

2. Big Five(5대 성격)

(1) Big Five의 의의

Big five 모델은 다섯 가지 차원으로 성격을 측정하는 모델을 말함. 성실성, 친화성, 정서적 안정성, 외향성, 그리고 경험에 대한 개방성의 다섯 가지 특성이 있으며, Paul Costa Jr.와 Robert McCrae에 의해 집대성된 모델

연구 결과 Big five로 수없이 다양한 인간의 성격을 대부분 파악할 수 있고, 사람들의 행동을 매우 정확하게 예측해준다는 것이 밝혀졌음

(2) Big Five의 등장배경

과업수행과 관련된(work-related) 성격차원들이 개발되어 나오기 시작했는데, D. W. Fiske에 의해 시작된 연구로부터 조직상황에서 구성원들의 행동을 이해하는데 도움이 되는 다섯 가지 핵심적인 성격차원들이 도출되었는데, Costa & McCrae(1992)는 이를 '5대 성격 차원'이라 명명

(3) Big Five의 요인

1) 외향성(extraversion)

사람들이 많은 관계 안에서 느끼는 편안함의 정도를 다룸. 외향적 성향의 사람은 사교성과 친화력이 뛰어나 자신의 주장을 명확히 밝히는 성향이 있는데 반해 내향적인 사람은 수줍어하고 소심하며 조용

2) 친화성(agreeableness) (=포용성)

다른 사람들에게 양보하고 순응하는 성향. 친화성이 높은 사람은 협력적이고 따뜻하며 남을 잘 믿는 데 비해 친화성이 낮은 사람은 차갑고 까다로우며 적대적

3) 성실성(conscientiousness) (=신중성) : 직무성과를 가장 잘 예측

성실성 성격 차원은 신뢰성에 대한 것. 성실성이 높은 사람은 책임감이 있고 규칙적이며 믿음직스럽고 변함없이 임무수행에 철저해 우직한 데 비해 성실성이 낮은 사람은 쉽게 이성을 잃는 편이고 산만하며 믿음직스럽지 못함. 지금까지의 연구들을 종합해보면, 성실성은 5대 성격유형 중에서 직무성과에 가장 큰 영향을 미치고, 조직시민행동과도 밀접한 관계가 있는 것으로 나타남

4) 정서적 안정성(emotional stability, neuroticism) (=평정성)

정서적 안정성과 관련된 성격 차원은 스트레스에 견디는 개인의 능력과 관계됨(때로는 반대 개념인 신경성 스트레스로 측정됨). 감정이 안정된 사람은 온화하고 자신감이 있으며 심리상태가 안전한 데 비해 안정성이 낮은 사람은 신경질적이고 우울하며 불안전함. 정서적 안정성은 약 50~60%가 유전적 요인에 기인하는 것으로 나타났음. 외과의사, 조종사, 경찰, 안전관리자, 서비스업 종사자 등은 정서적 안정성과 관련이 깊은 직업들임

5) 경험에 대한 개방성(openness to experience)

경험에 대한 개방성 성격 차원은 새로운 것에 대한 관심과 흥미 정도를 나타냄. 개방성이 높은 사람들은 창의적이고 호기심이 많으며 예술적 감수성이 있음. 반면, 반대 성향의 사람들은 보수적이고 익숙한 환경에서 편안함을 느낌. 연구결과에 따르면 개방성과 성과의 관계는 조직이나 직무특성에 따라 다른 것으로 나타났음. 특히 개방적 성격의 조직원들은 변화를 잘 수용하며, 훈련의 효과가 높은 것으로 나타났음

(4) Big Five 특성 : 직장 행동 예측

성격 유형		개인행동과의 연관성(특징)		개인의 조직행동 결과
외향성 (extraversion)	→	• 능숙한 대인관계 기법 • 강한 사회적 권위 • 풍부한 감성적 표현	→	• 높은 성과 • 향상된 리더십 • 일과 삶에 대한 높은 만족도
친화성 (agreeableness)	→	• 뛰어난 친화력 • 높은 타협심과 순응성	→	• 높은 성과 • 낮은 수준의 일탈행동
성실성 (conscientiousness)	→	• 엄청난 노력과 끈기 • 높은 추진력과 절제력 • 우수한 조직과 기획기능	→	• 높은 성과 • 향상된 리더십 • 장기근속
정서적 안정성 (emotional stability)	→	• 부정적 사고 억제 및 낮은 부정적 감성 • 낮은 과민반응	→	• 일과 삶에 대한 높은 만족도 • 낮은 스트레스 수준
경험에 대한 개방성 (openness to experience)	→	• 향상된 학습 • 풍부한 창의성 • 뛰어난 유연성과 자율성	→	• 훈련성과 • 향상된 리더십 • 뛰어난 변화에 대한 적응력

(5) Big Five의 공헌과 한계	조직 구성원이 공통적으로 갖는 성격의 다섯 가지 특성을 제시, 개별적 성격 특성에 따라 조직 내 행동과 적합한 직무를 예측할 수 있다는 점, 타당성이 높은 것으로 학자들에게 인정받고 있다는 점, 특질의 변동성이 상대적으로 낮아 신뢰성이 높다는 점에서는 〈공헌〉을 가지나, 서구문화권에서 연구된 것이기에 범문화적으로 적용될 수 있는가에 대한 의문이 있다는 점, 인간의 성격은 타고 태어난다고 보는 특질론에 바탕을 두고 있어 성격은 학습된다는 학자들의 비판이 있다는 〈한계〉를 가짐
(6) 최근 연구 동향 : HEXACO 모형	캐나다의 심리학자인 마이클 애쉬튼(Michael C. Ashton)과 한국인 심리학자 이기범은 비영어권 사람들을 대상으로 한 어휘연구에서 성격요인이 5개가 아니라 6개로 수렴된다는 사실을 발견, 영어권 대학생들을 대상으로 한 실험을 통하여 기존의 5요인에 정직-겸손성이라는 하나의 요인을 더한 6요인 모델을 제시. HEXACO라는 명칭은 6개의 요인인 정직-겸손(Honesty-Humility), 정서성(Emotionality), 외향성(eXtraversion), 우호성(Agreeableness), 성실성(Conscientiousness), 개방성(Openness to Experience)의 앞 글자를 따서 만들어졌음
3. 접근-회피(approach-avoidance) 성향	
(1) 의 의	자극에 대한 반응 프레임워크, 접근적 동기유발은 긍정적 자극에 끌리는 성향, 그리고 회피적 동기유발은 부정적 자극을 피하려는 성향
(2) 조직행동에의 시사점	개인의 성과가 '지배적 동기유발'이 무엇인가 하는 데 달려 있음을 인지하고 관리
4. A/B형 성격	
(1) 의 의	Roseman & Freedman은 A형이 B형에 비해 관상심장질환에 걸릴 확률이 월등히 높다는 사실을 밝혀냈음
(2) 조직행동에의 시사점	A형이 B형보다 더 열심히 일하고, 더 어렵고 복잡하며 도전적인 과업을 선택하는 것. 그러나 인내심이나 면밀한 분석과 판단을 요구하는 과업이 주어졌을 때 서두르는 A형보다 과묵한 B형의 성과가 더 높다는 것이 연구결과. 최고경영자들 중 A형보다 B형의 숫자가 훨씬 더 많음. A형은 또한 대인관계에 있어 갈등을 야기하는 수가 많고, 동료들과도 종종 마찰을 일으킴. 그러나 이러한 부정적인 요소들만 잘 극복한다면, 일 처리 속도가 빨라 커다란 성과를 낼 수 있음
5. Argyris의 성숙-미성숙 이론	
(1) 의 의	일곱 가지의 요소를 중심으로 개인의 성격발달을 설명, 그 과정에서 나타나는 개인과 조직체와의 관계를 분석
(2) 등장배경 : 책임 권한 부여와 생산성과의 연관관계를 연구	Argyris는 제품조립을 하는 여공들을 통해 작업집단에게 책임과 권한을 부여하는 것과 생산성과의 연관관계를 연구, 조직이 성숙한 인간에게는 이에 맞는 비전을 제시해주어야 한다고 주장

(3) 내용

① 개인은 미성숙한 단계에서는 수동적이고 타인에 대한 의존도가 높으며 능력 범위도 제한되어 있고 관심 수준도 얕으며, 타인보다 낮은 지위에서 단기적 관점을 가지고 자아인식도 결여되어 있는 것이 일반적인 경향
② 그러나 성인으로 성장함에 따라서 개인은 점점 능동적이고 독립적이며 능력 범위도 넓어지고 관심 수준도 깊어지며 장기적인 관점을 갖게 되고, 다른 사람을 다스리는 위치를 차지하게 되며 자기 자신에 대한 자아인식도 높아짐으로써 성숙된 인간으로서의 성격을 갖추게 됨

미성숙성		성숙성
수동성(passive)	→	능동성(active)
의존성(dependence)	→	독립성(independence)
제한된 능력 (limited behavior)	→	다양한 능력 (diverse behavior)
얕은 관심 수준 (shallow interest)	→	깊은 관심 수준 (deep interest)
단기 시안 (short-term perspective)	→	장기 시안 (long-term perspective)
하위 지위 (subordinate position)	→	상위 지위 (superordinate position)
자아인식의 결여 (lack of self-awareness)	→	자아인식과 통제 (self-awareness & control)

(4) 개인과 조직체 사이의 갈등

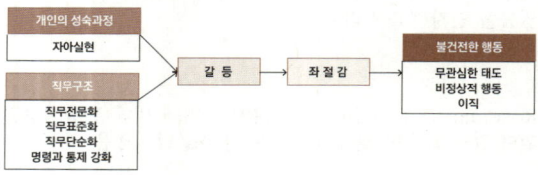

개인은 근본적으로 미성숙한 상태로부터 성숙한 상태로 성장하면서 자아실현의 과정을 경험, 조직은 자체의 목적을 추구하는 과정에서 직무를 전문화하고, 명령체계를 강화하며, 지휘의 통일성을 강조하는 등 통제하기에 용이한 직무구조를 강화. 그 결과 자아실현을 추구하는 개인과 미성숙된 인간을 전제로 설계된 직무구조는 갈등관계를 형성하게 되고, 개인은 갈등에서 오는 좌절감을 해소하는 방법으로 무관심한 직무태도, 이기적인 비공식집단 활용, 비정상적 행동, 자신의 개성을 포기하고 전적으로 조직에 의존하는 조직인간의 행태, 이직 등과 같은 여러 가지 불건전한 양상을 보이게 됨

(5) Argyris 이론의 공헌

조직은 조직목표를 효율적으로 달성하기 위해 분업화, 명령계통과 위계적 통제 등을 구조화해 나가는데, 이 과정에서 구성원들을 미성숙한 존재로 취급함으로써 성숙한 존재로 발전하는 것을 방해하고, 결국 구성원들의 좌절감을 유발하고 부적응 행동을 초래한다는 것

(6) 조직행동에의 시사점

인간존중경영으로서 직무충실화, CDP 제시를 통한 조직과 개인의 융화, 자율경영팀, 민주적 리더십 등 새로운 방식의 조직설계 및 관리를 필요

6. 통제 위치(locus of control)

(1) 개념

J. B. Rotter, 통제 위치란 자신에게 일어나는 일을 자신이 통제할 수 있다고 믿는가·환경에 의하여 통제된다고 믿는가를 의미하는 것

(2) 내재론자(Internal)와 외재론자(external)

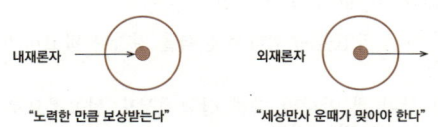

① 어떤 일의 원인을 자신에게 돌리려는 성향이 있는 사람들을 내재론자(internal)라고 함. 통제의 위치가 내부에 있는 사람들은 자신이 운명의 주인이라고 생각함
② 반면, 일의 원인을 환경에 돌리려는 성향이 있는 사람들을 외재론자(external)라고 함. 통제의 위치가 외부에 있는 사람들은 자신이 운명의 인질이라고 생각, 닥치는 일이 행운이나 운명에 의해 결정된다고 믿음

(3) 연구 결과

① 내재론자는 외재론자보다 동기부여가 잘 됨
② 내재론자는 외재론자보다 성과를 결정하는 것은 자신의 노력이라고 믿음
③ 성과에 따라 보상이 결정될 때 내재론자는 외재론자보다 업무와 관련된 문제해결이나 학습에 있어 높은 성과를 나타냄
④ 외재론자보다 내재론자의 경우에 직무만족과 성과 간의 관계가 더 분명하게 나타남
⑤ 내재론자는 외재론자보다 더 높은 수준의 급여를 받으며 급여의 증가 속도도 더 빠름
⑥ 내재론자는 외재론자에 비해 걱정을 더 많이 하는 경향
⑦ 내재론자들은 참여적 관리스타일을 선호

(4) 조직행동에의 시사점

① 조직은 말할 것도 없이 내재론자를 더 선호할 수 있다고 볼 수 있으나 항상 그런 것은 아님. 조직의 관리자는 내재론자와 외재론자에게 〈적합한 업무〉가 각각 다를 수 있다는 점을 염두에 두어야 함. 예를 들어 단순 노동, 규정대로만 하면 되는 직무가 중요하며, 완전통제 하에서 움직여져야 되는 조직에서는 외재론자가 더욱 효율적일 것. 직무로 구분한다면 경리업무에는 외재론자가, 세일즈 업무에는 내재론자가 더 적합
② 내재론자와 외재론자가 선호하는 〈관리스타일〉도 각각 다를 수 있는 바, 자기의 통제와 계획 하에 모든 일을 해 나가려는 내재론자에게 상사가 다가가서 일의 방법, 기간을 자세히 정해주고 감독을 철저히 한다면 역효과가 날 것이며 모든 것은 상사에게 달렸다고 생각하는 외재론자를 자율적으로 일하도록 내버려 두면 역시 업적이 오를 수 없음

7. 자아 개념(self-concept) : 자기존중감(self-esteem)과 자기효능감(self-efficacy)

(1) 자기존중감(self-esteem) (=자긍심) (=자존감) (=자부심)

1) 의 의

스스로 지각하는 능력과 자기 이미지(self-perceived competence and self-image), 자존감은 성공에 대한 기대와 직접적으로 관련

2) 조직행동에의 시사점

자존감이 높은 사람은 스스로 중요한 사람이라고 인식, 조직에서 성공하는데 필요한 능력을 가지고 있다고 믿으며, 또한 직무선택에 있어서 보다 많은 위험도 무릅쓰고, 자존감이 낮은 사람보다 도덕적이고 비인습적인 직무나 경력을 선호할 가능성이 높음. 자존감이 높은 사람이 직무만족도가 더 높음

(2) 자기효능감(self-efficacy)

1) 의 의

개인이 특정 상황에서 특정 과업을 얼마나 잘 수행할 수 있는지에 대한 믿음의 정도(Bandura)

2) 자기효능감의 세 가지 차원
  ① 과업 수준 — 한 사람이 수행할 수 있는 과업의 수
  ② 확신의 강도 — 개인이 그의 과업을 수행하는 능력을 얼마나 확고히 믿는가의 정도
  ③ 일반화의 정도 — 특정한 상황 뿐 아니라 다른 상황에서도 성공적으로 일을 해낼 것이라고 믿는 정도

3) 자기효능감의 원천(Bandura)
  ① 과거의 성과(enactive mastery experience) — 업무수행에 있어서 성공경험이 있는 직원은 실패 경험이 있는 사람에 비해서 높은 수준의 자기효능감을 갖는 경향. 작은 일에 성공하는 small success의 경험은 사람의 자기효능감을 자극하여 미래에 더 큰 일을 해낼 수 있음
  ② 대리경험 또는 타인에 대한 관찰(vicarious learning) — 동료가 특정한 과업에서 성공을 거두는 것을 보게 되면 '나도 할 수 있겠다'는 자기효능감이 증가
  ③ 구두 설득(verbal persuasion) — 조직구성원에게 그가 특정 과업을 잘 수행할 수 있는 능력이 있다는 것을 확신시키고 설득시키면 그 사람의 자기효능감을 불러일으킬 수 있음
  ④ 개인의 생리적인 상태(individual's internal physiological states) — 사람이 중요한 과업을 앞두고 있으면 가슴이 두근거린다든지, 땀이 많이 난다든지, 얼굴이 빨개진다든지, 머리가 아파온다든지 하는 증세를 보이는 경우. 이것은 실패에 대한 두려움과 성공에 대한 중압감이 그 사람의 신체에 영향을 주는 것으로 이해. 이러한 신체적 증세가 오게 되면, 자기효능감은 급격히 떨어지게 되어 실제로 좋은 성과를 거두지 못하는 경우

4) 조직행동에의 시사점 — 성공적으로 과업을 수행하였을 경우 더 높은 자신감을 갖게 되고, 다음의 과업 수행에도 더 높은 성과를 가져옴

8. 자기관찰(self-monitoring) (=자아통제, 자기감시)

(1) 의 의 — 자기관찰이란 외부 상황적 요인에 자신의 행동을 맞추려는 개인의 능력을 의미. 자신의 행동을 외적인 상황요인에 적응시키는 능력이 뛰어남. 남들 앞에 내미는 외관적 성격인 퍼블릭 페르소나(public persona)와 자신이 소유하고 있는 자아인 프라이빗 셀프(private self) 간의 현격한 상반성을 보여줄 수 있는 능력이 있음

(2) 조직행동에의 시사점 — 연구결과 자기관찰을 잘 하는 사람은 잘 못하는 사람에 비해 타인의 행동에 더 신경을 쓰고 자신을 맞추려는 경향이 있다는 사실. 이에 타인의 생각과 행동, 평판에 민감하고 조직정치에 능하여 더 나은 성과평가를 받고 리더가 될 가능성이 크지만, 조직과 직무 그 자체보다는 다른 외적 요소에 더 관심이 많아 조직과 직무에 대하여는 낮은 몰입도를 보임. 자기관찰을 잘 하는 경영자는 경력 상 이동이 잦고 승진을 잘 하는 경향(조직 내 또는 조직 간)이 있으며, 조직의 핵심적인 위치에 있을 가능성이 큼

직무성과 면에서 보면 자기관찰 정도가 높은 사람은 애매하고 어려운 상황에 대처하거나 많은 다양한 사람들과 접촉해야 하는 직업이나 직무(예컨대, 판매직이나 상담직 등)를 수행하는 데는 상대적으로 적합

9. 적극적 성격(proactive personality)

(1) 의의	기회를 포착하여 주도권을 갖고서 상당한 수준의 변화를 가져올 때까지 추진력 있게 행동하는 사람의 성격
(2) 조직행동에의 시사점	적극적 성격의 소유자는 자신의 상황을 기회로 삼아 주도권을 보이고 행동을 취하며 의미 있는 변화가 일어날 때까지 꾸준히 해 나감. 그들은 제약이나 방해에 굴하지 않고 주어진 환경 속에서 분명한 변화를 창조해냄. 높은 직무성과를 내며 승진도 남들보다 잘함

10. 모험감수 성향(risk-taking propensity)

(1) 의의	위험 감수 의지
(2) 조직행동에의 시사점	모험선호도가 높은 성격이라면 해외시장 개척이나 도전적 분야에서 능률을 올릴 것이고 계속해서 혁신(innovation)을 함으로써 항상 새로운 사업과 새로운 방식을 택할 것임

11. 핵심 자기평가(core self-evaluation : CSE)

(1) 의의	개인이 한 인간으로서 갖추고 있는 능력과 역량 및 가치의 종합적 평가
(2) 조직행동에의 시사점	긍정적으로 핵심 자기평가를 하는 사람은 자신을 좋아하고 정서적이며 유능하고 자신의 환경을 통제할 수 있다고 봄. 더욱 의욕적인 목표를 설정하고 목표에 몰입하며 지속적으로 목표를 추구하므로 성과가 더 높게 나타남
	핵심 자기평가가 높은 사람이 보다 좋은 고객서비스와 직장동료 관계, 적합한 직무수행을 보이며 시간이 지남에 따라 더 빠른 승진을 함. 반면에, 핵심 자기평가의 결과가 부정적인 사람은 자신을 싫어하고, 자기의 역량을 믿지 않으며 환경에 무기력한 모습을 보임

12. Dark Triad(다크 트라이애드) : 바람직하지 못한 3대 특성요인

Big Five 성격 특성 중 신경질적 성격(neuroticism)을 제외하면 대부분이 사회적으로 바람직한 요소로 점수가 높을수록 긍정적. 반면, 연구자들은 마키아벨리즘, 나르시시즘, 사이코패시라는 사회적으로 바람직하지 않은 세 가지 특성 요인도 도출했으며, 이러한 부정적 속성으로 인해 'Dark Triad'라 불리움. 이들 특성은 누구나 어느 정도 가지고 있으며 행동에 영향을 미치지만, 항상 동시에 표출되는 것은 아님

(1) 마키아벨리즘(Machiavellism) : 목적달성을 위해 수단이 정당화될 수 있다고 믿는 수준	자신의 목적달성을 위해서는 수단과 방법을 가리지 않고 비도덕적 방법도 불사하면서 다른 사람을 이용하거나 조작하려는 성향과 관련된 성격 특성. High Mach은 노사 협상, 현장 영업, 신시장 개척 등의 직무에서 큰 성과를 내게 됨. 마키아벨리즘 성격은 세 가지 핵심요인으로 구성되는데, ① 대인관계에 있어 속임수와 조작을 사용하는 성향, ② 인간 본성을 나약하고 믿을 수 없는 것으로 보는 냉소적 관점, ③ 전통적 도덕과 윤리를 무시하는 성향이 바로 그것

(2) 나르시시즘(narcissism) : 엄청난 자존심과 함께 지나친 존경을 요구하며 자신이 특권적 자격을 지닌 것으로 여기는 경향

그리스 신화에서 자기 외모를 너무 뽐내며 자부심을 가지다가 물에 비친 자신의 외모와 사랑에 빠지게 된 님프인 나르시서스(Narcissus)의 스토리에 기초하여 만들어진 성격유형으로 자기애(自己愛), 자아도취 또는 자기도취성향. 리더나 관리자 모두 나르시시스트 성향이 높게 나타나는데, 이는 자기 중심성(self-centeredness)이 어느 정도 있어야 성공한다는 논거에 입각한 것. 나르시시스트 성향이 높을수록 근로 의욕, 직무 열의 및 인생에 대한 만족도가 높음. 다만, 이를 장기간 방치하면 엄청난 자존심과 함께 지나친 존경을 요구하며 자신이 특권적 자격을 지니는 것으로 여기는 경향을 가져 다른 구성원과의 협력적 관계 구축이 어려움

(3) 싸이코패시(Psychopathy) : 남들에 대한 배려가 없고 해악을 끼치는 행위에 대한 죄의식이나 양심의 가책이 결여된 성향

타인에 대한 배려심이 없고, 남들에게 해악을 끼치면서도 죄책감 및 양심의 가책이 결여된 상태. 싸이코패시와 밀접한 관계가 있는 반사회적 성격이 조직 내 승진여부와 정의 관계에 있지만 기타 성공적 경력관리나 효과성과는 무관하다는 결과를 보여줌. 싸이코패시는 거친 기법(위협, 조작) 및 물리적 또는 언어적 폭력으로 직장 내 약자를 괴롭히는 방법을 사용하는 것과 관련

V. 성격과 조직, 직업 및 직무 배치와의 조화

1. 성격과 조직의 조화 : Schneider의 유인-퇴출 이론

(1) Schneider의 유인-퇴출 이론(ASA framework)

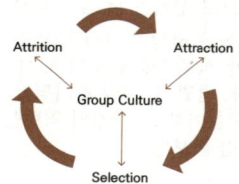

성격이 조직의 본질을 결정한다는 주장. 조직의 성격은 구성원 성격의 산물인데 이와 비슷한 성격을 가진 사람은 그 조직에 끌리고, 선발되고, 오래 남아 있고(유인), 이와 다른 성격을 가진 사람은 선발되지도 않지만 혹시 들어와도 불만을 느끼고 나가기 때문에(퇴출), 결국에는 조직의 전형적 성격에 맞는 사람들만으로 구성된다는 것

(2) 유인-퇴출 이론과 조직분위기 획일화

유인-퇴출 이론에 따른 조직분위기는 조직 정체성을 형성한다는 점에서 장점이 됨. 그러나 유인-퇴출의 연속작용으로 조직을 한쪽으로 몰고 가는 것이 반드시 바람직하다고만 볼 수는 없음. 특히, 변화가 심한 환경에 존재하는 조직은 고정적인 성격보다는 수시로 바뀔 수 있는 성격이 있어야 하는데, 조직정체성이 고착되는 경우 조직이 경직화되기 때문

2. 성격과 직업과의 관계 : Holland의 성격-직업 적합이론

(1) 개 요

직업에 있어서 나타나는 개인적인 성향뿐만 아니라 직업에 대한 만족도를 설명하며, 직업환경에 개인의 성격이 부합되는 정도를 설명

(2) RIASEC 모델

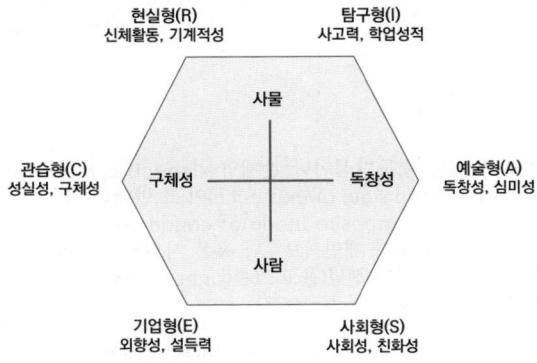

자신의 성격유형과 부합하는 직무환경에 있는 사람은 그렇지 않은 사람보다 더 만족하며, 자발적인 이직률이 상대적으로 낮게 나타난다는 사실

두 유형이 가까이 있을수록 더 잘 조화된다고 할 수 있음. 대각선으로 반대편에 있는 두 유형은 매우 다른 성격적인 반면에 서로 가까이 있는 유형들은 유사한 성격에 해당함. 직업 흥미유형을 알아보는 데에 도움을 줌

흥미유형	특 징	선호 직업활동	대표 직업
R(현실형)	실제적이며 단순함 여러 사람들과 함께 일하는 것 선호	기계나 도구, 사물을 조작하는 활동 사람이나 아이디어를 다루는 일보다는 사물을 다루는 일 선호	경찰관, 소방관, 목수, 운동선수 등
I(탐구형)	지적이고 분석적 호기심이 많고 개방적	과학적이고 학문적인 활동 문제해결을 위해 아이디어를 사용하고 정보를 분석하는 일 선호	물리학자, 의학자, 컴퓨터 프로그래머 등
A(예술형)	개방적이며 독창적 상상력이 풍부하고 직관적	재능을 가지고 창의적인 작업을 수행하는 활동 선호	예술가, 작가, 음악가, 화가, 디자이너 등
S(사회형)	명랑하고 사교적 친절하고 이해심이 있음	개인적인 교류를 통해서 타인을 도와주고 가르치고 상담해주고 봉사하는 활동 선호	교사, 상담가, 사회복지사, 성직자 등
E(기업형)	권력지향적이며 지배적 야심이 많고 외향적	타인을 설득하고 지시하며 관리하는 활동 선호	경영인, 관리자, 언론인, 판매인 등
C(관습형)	보수적이고 실용적 변화를 싫어하고 안정 추구	고정된 기준 내에서 일하고 관례를 정하고 유지하는 활동 선호	사무직 종사자, 사서, 비서 등

(3) 시사점

자신의 성격유형과 부합하는 직무환경에 있는 사람은 그렇지 않은 사람보다 더 만족하며, 자발적인 이직률이 상대적으로 낮게 나타남

3. 직무 배치

개인 성격에 대한 이해는 조직에서 직무 배치와 관련하여 적재적소원칙을 적용하고 개인 성격에 맞는 작업환경을 조성하는 데 많은 도움

연구 결과에 의하면 내향적 성격은 재무, 회계, 기술직이 적합하고, 외향적 성격은 판매, 영업, 일반관리직이 더 적합한 것으로 인식. A형 성격의 구성원에게는 과다한 업무를 주지 않음으로써 스트레스를 조절하도록 지원하고, 모험선호(risk-taking) 성향이 강한 구성원에게는 새롭고 실험적인 과업을 줌으로써 그의 특성을 잘 활용할 수 있음

제 5 장 가치관(value)

I. 가치관(value)의 의의, 개념적 특징 및 중요성

1. 가치관(value)의 의의

어떤 특정한 행동방식이나 존재양식(specific mode of conductor and state of existence)이 그 반대의 행동방식이나 존재양식(opposite mode of conductor and state of existence)보다 개인적으로나 혹은 사회적으로 더 바람직하다는 기본적인 신념(옳고 그름(right or wrong)의 판단 기준) (Milton Rokeach, 1973)

2. 가치관의 개념적 특징

① 어떤 행동 목적 및 이 목적을 달성하는 데 사용될 도구(instrument)를 결정하는 데 기준
② 형성되는 데 오랜 기간 필요, 일관성과 높은 지속성
③ 행동을 결정하는 데 기준

3. 가치관의 중요성 : '태도'와 '행동'으로 유형화

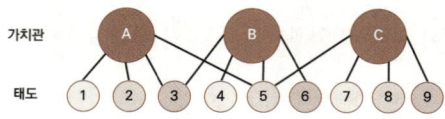

가치관은 태도, 성격, 동기유발 등의 이해를 위한 기초가 되고 또한 지각과 행동에도 영향을 주기 때문에 조직행동의 연구에 있어 매우 중요한 위치를 차지. 가치관은 일반적으로 '태도'와 '행동'에 영향을 미침. 조직 내에서 개인 간의 가치관 상충은 개인 간의 갈등을 유발하기도 하고 더욱이 가정과 조직에 대한 가치관의 충돌은 삶의 존재양식에까지 영향을 미침

II. 가치 체계(value system)와 가치관의 원천

1. 가치 체계(value system)

개인의 개별적인 가치관이 그 강도, 즉 상대적 중요성에 따라 우선순위화 되어 있는 것

2. 가치관의 원천

부모, 교사, 친구, 그리고 외부의 준거집단(존경하는 인물), 대중매체와 그가 접하는 주변사람, 문화, 종교 등

III. 가치관의 유형 – Rokeach, Allport

1. 로키치(Rokeach)의 가치관 분류

(1) 개 요

궁극적·수단적 가치관으로 분류. 각각 18개의 가치 항목으로 구성된 로키치 가치조사(Rokeach Value Survey : RVS)를 개발

(2) 유 형

1) 궁극적(최종적) 가치관(terminal value)

삶의 바람직한 결과적 혹은 궁극적인 상태와 관련된 가치 요소들. 이를테면 안락한 삶, 평화, 자유, 행복 등처럼 개인이 일생을 통해 성취하고자 하는 목적과 관련된 것들

2) 수단적 가치관(instrumental value)

최종적 가치관, 즉 삶의 목적을 달성하기 위해 개인이 선호하는 행동 방식이나 수단들로 야망, 도움을 줌, 독립 등

(3) 가치관의 측정 : RVS

가장 중요하다고 생각하는 순서대로(1~18)

(4) 궁극적 가치관과 수단적 가치관의 일관성

서로 일치되고 일관성이 있을수록 그의 가치체계는 보다 건전. 연구 결과 미국 사람들이 가장 중요시하는 궁극적 가치관은 행복, 수단적 가치관은 애정으로 나타났음

(5) 가치관이 인간의 삶에 대해서 갖는 기능(Rokeach)	① 개인의 행동을 가이드, ② 의사결정과 갈등해결의 기준으로 사용, ③ 개인의 동기를 유발
(6) 연구 결과	경영자(CEO), 철강노조의 조합원, 지역사회 활동가집단의 구성원들을 비교한 한 연구
1) 궁극적(최종적) 가치관(terminal value)	① 지역사회 활동가집단은 다른 두 집단과는 상당히 다른 가치선호를 나타냈음. 이 집단은 가장 중요시하는 궁극적 가치로 "평등"을 들고 있는데 반해, ② 경영자(CEO)와 ③ 노조원 집단은 "자기 존중"과 "가족의 안전"을 가장 중요시하는 궁극적 가치로 보고 "평등"은 각각 12위와 13위로 평가했음
2) 수단적 가치관(instrumental value)	① 지역사회 활동가집단은 수단적 가치로 "정직"과 "도움"을 각각 1, 2위로 평가한데 반해, ② 경영자(CEO) 집단은 정직을 1위, 책임을 2위로, ③ 노조원 집단은 책임을 1위, 정직을 2위로 평가하고, "도움"은 두 집단 모두 14위로 평가했음
(7) 조직행동에의 시사점 – 선발, 배치, 직무재설계	개인적인 가치관이 중요하게 포함되는 특정 이슈나 정책이 합의에 도달하기는 상당히 어려울 것(Robbins & Judge, 2009), 개인의 행동을 이해, 선발. 배치. 직무(재)설계시 개인의 가치관을 알면 더 유용하게 활용
◆ 참고 : 내재적(intrinsic) · 외재적(extrinsic) 가치관	
-내재적(intrinsic) 가치관(동기)	업무 그 자체에 대한 즐거움이나 성취감과 같이 업무 그 자체가 제공하는 본질적인 보상으로 인해 발생하는 것. 과제 자체가 재미있기 때문에 좀 더 도전하게 되고, 기술과 역량을 개발하고 숙달하기 위해 자발적으로 노력하게 됨. 이것을 기반으로 하여 개념적 이해가 높아지고, 지속성이 유지되며, 창의성까지 높아지며, 본질적인 심리적 만족감을 느끼게 됨
– 외재적(extrinsic) 가치관(동기)	외부에서 보상(음식, 돈, 상, 칭찬, 대중의 인정)을 받거나 처벌(징계, 비난)을 피하기 위해 업무를 수행하는 것. 외부에서 주어지는 환경적 유인이 중요하기 때문에 매력적인 결과를 산출하고 혐오적인 결과는 회피하기 위한 학습이 됨 다만 외재적 가치관(동기)라고 하여 무조건 나쁜 것은 아님. 초기에 관심이 없는 과업에 대해 조직의 계획적 학습(환경 조성)으로 관심과 참여를 유도할 수 있기 때문. 이렇게 일단 새로운 기술을 습득하게 되고 피드백을 통해 인정받게 되면 이후에는 심리적인 만족감을 추구하기 위해 내재적 가치관(동기)을 형성하는 것으로 자연스럽게 이동할 수 있음

2. 알포트(Allport)의 가치관 분류

(1) 개 요	독일의 철학자 Spranger의 가치관 분류를 기초로 하여 설문지를 통해 직업에 따라 어떤 가치관을 선호하는가를 조사한 후 가치관을 다음과 같이 여섯 가지 유형으로 분류(Allport et al., 1951)
(2) 유 형	
1) 이론적 가치관(theoretical values)	진리 및 기본적인 가치를 추구하고 사실지향적이며 비판적·합리적인 접근을 통해 진리를 밝혀내는 데 관심이 큼. ex) 연구자

2) 경제적 가치관(economic values)	유용성과 실용성을 강조하는 것으로 효율성을 극대화하는 데 관심이 큼. ex) 회계사
3) 심미적 가치관(aesthetic values)	예술적 경험들이 추구되어 형식, 조화, 균형, 아름다움에 높은 가치를 부여함. ex) 예술가
4) 사회적 가치관(social values)	따뜻한 인간관계와 인간애에 높은 가치를 부여하는 것으로 이타심이 높고, 집단 규범을 크게 의식함. ex) 교사
5) 정치적 가치관(political values)	개인의 권력과 영향력의 획득을 중요시함. ex) 기업가
6) 종교적 가치관(religious values)	우주에 대한 이해와 경험의 통합을 강조하는 것으로 초월적이고 신비적인 경험을 중요시함. ex) 성직자
(3) 알포트의 연구 결과	성직자는 종교적 가치를, 과학자는 이론적 가치를, 예술가는 심미적 가치를, 구매관리자는 경제적 가치를 보다 중시하는 경향
(4) 조직행동에의 시사점	직업, 인종, 종교 등 여러 집단별로 가치관과 행동경향의 차이를 가질 수 있음

IV. 조직체에서 나타나는 가치관의 갈등

1. 개인 내적의 가치관 갈등(intrapersonal value conflict)	개인이 자신의 다양한 가치관의 중요성 등에 혼돈이 일어나서 느끼게 되는 갈등
2. 개인 간의 가치관 갈등(interpersonal value conflict)	조직의 업무를 수행함에 있어 부딪히는 다양한 구성원들, 즉 상사, 동료, 부하, 고객과 가치관 차이
3. 개인-조직체 간의 가치관 갈등(individual-organization value conflict)	개인의 가치관 체계와 조직체의 공식 가치체계의 불일치

V. 가치관과 국가문화

1. 개 요	하버드 대학의 헌팅턴(Samuel Huntington) 교수가 '문명 충돌'이라는 책. 헌팅턴은 미래세계는 이데올로기 갈등시대가 끝나고 세계가 하나가 될 것으로 생각하기 쉽지만, 사실은 문명(civilization) 간 차이는 여전히 중요한 정치적, 경제적 이슈가 될 것이라고 말했음. 그는 각 문명권의 핵심적 가치 간 갈등을 해소하기 어렵기 때문에 결국 문명권 간(기독교 문명권, 회교 문명권, 아시아의 유교 문화권 간) 투쟁과 반목, 갈등이 세계의 운명을 결정하게 될 것
2. 홉스테드의 문화 차원(cultural dimensions) 연구	
(1) 개 요	네덜란드의 사회심리학자 홉스테드(Hofstede)는 1980년대 여러 나라들 간의 상이한 국가문화적 차이를 분석하는 접근법을 개발하고 세계 40여 개 국가에서 근무하는 다국적기업인 IBM의 종업원 116,000명을 대상으로 작업 관련 가치에 대하여 비교·조사(Hofstede, 1980). 그는 문화를 "어떤 한 집단의 구성원들을 다른 집단의 구성원들과 다르게 만드는 인간사고(人間思考)의 집단적 프로그래밍"으로 정의하면서, 관리자와 종업원은 다음과 같은 국가문화의 다섯 가지 가치 차원에서 차이가 있음을 밝힘(Hofstede & Bond, 1988)
(2) 5가지 문화 차원	
1) 권력의 거리(power distance)	사회 기구와 조직 내의 권력이 불균등하게 배분되어있는 것을 수용하는 정도

2) 개인주의-집단주의(individualism vs collectivism)

개인의 이익과 집단의 이익 중 어느 쪽을 더 중요시하느냐

3) 남성-여성성(masculinity vs femininity)

전형적인 남성적 특성이나 역할 혹은 여성적 특성이나 역할 중 어느 쪽을 더 가치 있게 여기는가

4) 불확실성의 회피(uncertainty avoidance)

구성원들이 미래의 불확실한 상황이나 위험에 대해서 불안을 느끼는 정도

5) 장기-단기 지향성(long term vs short term orientation)
(=유교적 역동성(Confucian dynamics))

나중에 추가된 차원. 장기 지향은 미래를 기대하고 끈기, 절약, 인간관계 서열의 존중에 가치를 둠. 단기 지향은 과거나 현재에 가치를 두고 체면 유지, 사회적 책무의 준수 등을 중요시

6) 자적(indulgence) - 자제(restraint)

최근에 추가된 차원. 자적이란 자유로운 충족을 허용하고 인생을 즐기는 재미를 의미. 자제란 사회적 규칙에 의해 만족을 억제하고 엄격한 사회규범에 의해 통제되는 것

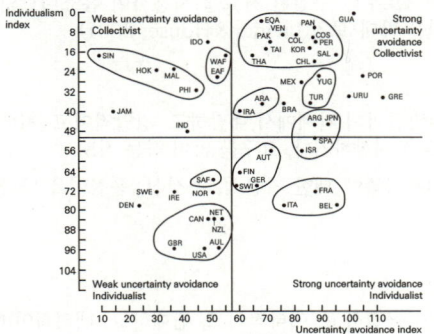
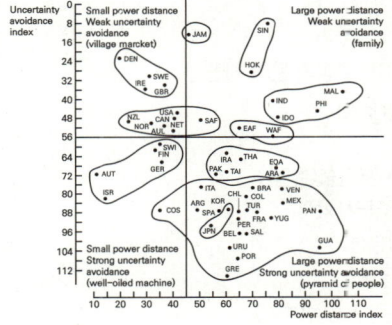

(3) 홉스테드의 조사결과가 조직행동에 주는 의미

1) 리더십 측면 - '권력격차'와 '개인주의 성향'이 큰 의미

〈권↑〉리더의 독단적 판단과 결정을 하급자들이 기대하며 요구, 〈개↓〉집단의 심리적 결집과 이해를 위해서 리더가 존재

2) 조직경영 측면 - '권력격차'와 '불확실성 회피성'이 큰 의미

〈권↑, 불↑〉조직에서 해결할 수 없는 문제가 발생했을 때 조직계층의 상급자에게 판단을 의뢰, 규칙을 제정하여 문제해결에 임하게 될 것, 〈권↓, 불↓〉커뮤니케이션이나 교육·훈련과정을 통하여 문제해결

3) 동기부여 측면 - '개인주의' 또는 '집단주의 성향'이 큰 의미

〈개↑〉자기존중(self-respect)이나 자아실현(self-actualization) 등과 같은 개인의 욕구충족을 중시, 〈집↑〉다른 구성원들과의 관계, 형평성 그리고 체면(face)

(4) 평가

1) 공헌

① 이론적으로 조직행동 연구의 초석, ② 실구적으로는 경영자에게는 문화 차원에 따른 경영 방식의 차이가 필요하다는 것을 밝힘

2) 한계

① 원래 연구는 30여년 전에 이루어진 것이며, IBM이라는 단 하나의 기업을 조사한 결과라는 점
② 홉스테드의 방법론을 면밀하게 탐독한 연구자가 거의 없어 새롭게 살펴보아야 할 결정사항과 판단내용을 그냥 넘어가고 있다는 점
③ 예상을 벗어난 연구결과가 밝혀지기도 했다는 점이 한계로 지적

	④ 홉스테드 스스로는 생태오류(ecological fallacy)의 문제점을 경고. 생태오류란 어느 특정한 집단에 대한 판단을 가지고 개인에 대한 결론을 말하거나 특정 국가의 문화 특성을 가지고 모든 개인에게 동일하게 적용시킬 때 발생하는 오류를 의미(예를 들면, 미국이 개인주의 문화를 가진다고 해서 모든 미국인이 개인주의적인 것으로 일반화하면 안됨). 단지 국가 간 문화 차원의 차이를 가지고 문화 비교를 하는 기준으로 국한되어야 한다는 것

3. 홉스테드 연구 이후 환경의 변화 : GLOBE(Global Leadership and Organizational Behavior Effectiveness) 문화 분석 틀 활용

(1) 개요	1993년 시작된 GLOBE(Global Leadership and Organizational Behavior Effectiveness)연구팀은 62개국의 825개 조직으로부터 수집된 자료를 사용하여 홉스테드의 5가지 차원을 확대·보완(Javidan&House, 2001)
(2) GLOBE 모형의 문화 차원들	
1) 적극성(추가)	다른 사람들과의 관계에서 대담하고, 강압적이고, 지배적이며, 대결을 지향하거나, 요구를 많이 하는 정도
2) 집단주의-그룹(추가) 3) 집단주의-사회적 4) 미래지향성 5) 성 평등성	조직이나 가족에 대한 자존심, 충성심, 응집력을 나타내는 정도
6) 인도주의 지향성(추가)	사람들이 공정하고, 이타적이고, 관대하고, 배려적이며, 다른 사람들에게 친절하도록 사회나 조직이 고취하며 유인하는 정도
7) 성과지향성(추가) 8) 권력격차 9) 불확실성 회피	사회가 집단구성원들의 성과 개선, 탁월성, 높은 성과기준 달성 및 혁신을 고취하며 유인하는 정도
(3) 연구 결과	미국이 1970년대에는 세계에서 개인주의가 가장 높게 나타났지만 최근에는 중간 정도의 순위를 기록하고 있는 것으로 나타났음. 우리나라도 그 동안 정치적 민주화의 급속한 진전, 정보통신기술의 발달, 국민의식 수준 및 소득 수준의 증대 등으로 인해 종래 집단주의의 약화와 남성적 성향의 약화 등의 변화
(4) 관리자에의 시사점 : GLOBE 차원의 활용 증가	GLOBE 차원은 홉스테드의 문화 차원 연구가 타당하다는 점을 확인하면서도 새로운 차원을 추가하고 각 나라의 문화적 변화를 새롭게 제시하였다는 긍정적 평가. 앞으로 인간 행동 및 조직실무 면에서 국가 간의 문화적 차이를 평가하고 이해하는 데 있어서는 GLOBE 차원의 활용이 증가될 것 세계화와 국제경영의 시대에서 기업의 경영자가 서로 다른 문화권의 사람들과 함께 일하고 이들을 관리할 수 있는 능력을 갖추어 조직의 유효성을 증대시키기 위해서는 이러한 평가차원의 자료를 활용하고 국가문화적 가치관의 차이와 행동을 충분히 고려하여 현지국에 적합한 국제인적자원관리를 실시하도록 해야 할 것

VI. 가치관의 변화에 따른 관리자에의 시사점

1. 서구의 경우

세 대	취업 시기	현재의 연령	지배적인 근로가치관
V세대 (Veterans)	1950년대~ 1960년대 초	65세 이상	근면, 보수적, 권위주의에 순응, 조직에 충성
B세대 (Boomers)	1965~1985	40대 중반~ 60대 중반	물질적 성공, 성취, 야망, 권위에 반감, 개인의 경력 중시
X세대 (Xers)	1985~2000	20대 후반~ 40대 초반	일과 삶의 균형, 직구만족, 여가시간, 팀 지향적인 작업, 규칙을 싫어함, 가족 및 대인관계 중시
N세대 (Nexters)	2000~현재	30세 미만	자신감, 일의 의미, 경제적 성공, 자기중심적이면서 팀 지향적, 자신과 관계 모두 중시

2. 우리나라의 경우

	전통적 가치관	새로운 가치관
	유교문화	서구의 합리적 문화
배경	- 개인보다는 조직우선(공동체 가치) - 장유유서 - 가부장적 사고 - 교육중시/남존여비	- 교육 및 소득 수준의 향상(고학력화) - 욕구구조의 변화 - 정보통신기술의 발달 - 여성 경제활동의 증가
내용	- 집단주의 - 조직의 안정과 개인의 경제적 안정 : 물질적 욕구의 충족 - 경제적 효율성 - 연공주의 - 획일성 - 공식적인 권한과 복종 - 노동의 비인간화(일상적·반복적 일) - 평생직장 - 남녀차별	- 개인주의 - 창조적인 자아실현 욕구 및 사회적 욕구의 충족 : 여가활동의 중시(일과 가정의 조화) - 공정성 - 능력·성과주의 - 개성 있는 다양성 - 개방성과 참여 - 노동의 인간화(의미 있는 일, 직무만족) - 평생직업(경력) - 남녀평등

3. 조직행동에서의 시사점

구성원들의 가치가 태도나 행동 및 지각을 설명. 구성원의 가치체계에 대한 지식이 있다면 그 사람이 무엇에 의해 움직이는지에 대한 통찰력을 가질 수 있을 것

◆ 참고 : MZ세대의 특징

1980년대 초 ~ 2000년대 초 출생한 '밀레니얼 세대와' 1990년대 중반부터 2000년대 초반 출생한 'Z세대'를 아우르는 말
① 워라밸 중시
② 조직보다 개인의 이익을 중요시
③ 개인의 개성을 존중받기 원함
④ 자유롭고 수평적인 문화를 원함
⑤ 공정한 기회 중시
⑥ 명확한 업무 디렉션과 피드백을 원함
⑦ 개인 성장을 위한 지원을 요구

제 6 장 태도(attitudes), 신뢰(trust)

I. 태도(attitude)의 개요

1. 태도(attitude)의 개념

- ◆ 참고 : 태도(attitude)와 '가치관(values)'과의 비교 – 구체적 vs 광범위하고 포괄적인 개념
- ◆ 참고 : 태도(attitude)와 '욕구(needs)'와의 비교 – 안정적이고 지속적 vs 일시적이며 변화가능

어떤 사람이나 사물, 사건에 대해서 긍정적이거나 부정적인 방식으로 반응하려는 개인의 선유경향(先有傾向, predisposition). 특정 대상에 대해서 호의적이라든지 비호의적(호-불호; 互-不互)이라든지 특정한 방식으로 반응하려는 자세(readiness to respond)

2. 태도의 중요성

[지각-태도-행동의 관계]

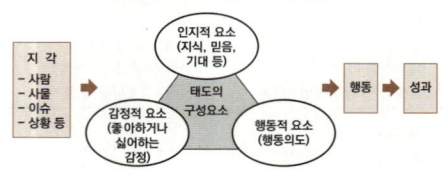

① 태도는 개인의 성격과 경험, 그리고 외부 환경과의 상호작용 과정을 통해서 태도가 후천적으로 학습되며, 이는 개인의 태도가 변화될 수 있다는 것을 의미, ② 태도는 지각(perception)과 행동(behavior)과 밀접한 관계, 개인은 외부 환경에 대한 지각을 통해 태도를 형성하게 되고, 태도는 행동으로 표현

3. 태도의 특징

(1) 가설적 구성체(hypothetical construct)

행위의 원인이 되는 태도가 사람의 마음 속에 존재하리라는 가정

(2) 단일 차원(simple-dimension) 변수적 개념

태도는 단일 차원 변수적 개념. 호의적(favorable)인 끝과 비호의적인(unfavorable)인 끝(양 극단)을 지닌 하나의 연속선(continuum)상에서 파악

(3) 행동(behavior)과 관련

태도는 행동과 관련. 즉, 태도는 행위를 위한 준비상태로 간주

II. 태도의 구성요소

1. 인지적 요소(cognitive component) : 태도의 의견이나 신념

사람이나 사물, 사건 등 어떤 대상에 대해서 개인이 갖고 있는 신념이나 지식, 견해·정보로 구성

2. 정서적 요소(affective component) : 태도의 감정적 느낌

어떤 대상에 대해서 개인이 가지는 감정, 즉 좋아하거나 싫어하거나 하는 느낌. 인지적 요소의 실체적인 태도

3. 행동적 요소(conative component) : 특정 행위 의도

감정적 반응으로 어떤 대상에 대해 특정한 방식으로 행동하려는 의도

4. 세 요소 간의 관계 : 상호 밀접한 관계

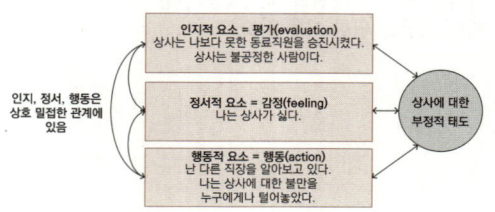

인지적 평가, 정서적 감정, 행동 의지 등의 태도요인들이 꼭 순서대로 나타나지는 않는다는 것
태도의 세 요인들은 상황에 따라 복합적으로 작용하면서 행동에 영향을 미침

Ⅲ. 태도의 기능(Katz, 1960)

1. 개 요
2. 네 가지 기능

Daniel Katz는 다음과 같은 네 가지 형태의 태도 기능을 제시

(1) 적응적 기능(adjustment function)

바람직한 목표에 이르거나, 바람직하지 못한 결과를 회피하는 수단으로서 기능. 특정한 태도를 갖는 것은 그렇게 하는 것이 사회적 적응에 도움이 되기 때문. 예를 들면, 개인적으로 출세에 도움이 될 것이라고 생각하는 상사에게 좋은 태도를 보이려 하는 것은 태도의 적응적 기능에 해당

(2) 자아방어적 기능(ego-defensive function)

개인적 무능과 주위에 있는 위험의 현실에 직면하는 것을 개인이 피하도록 도움을 주는 기능. 예를 들면, 이솝 우화에 나오는 여우의 신포도 이야기

(3) 가치표현적 기능(value-expressive function)

개인이 가지고 있는 중심가치(central values)와 자아개념에 긍정적인 표현을 하는 기능. 예를 들면, 전문직 여성이 룰루레몬 요가복을 입음으로써 자기관리를 하는 것을 표현하는 것

(4) 탐구적 기능(knowledge function)

태도는 자라면서 일정한 상황에 대한 지식이 되며, 새로운 상황에 대한 판단의 기준을 제공. 예를 들면, 고객에 대한 적절한 태도가 무엇인지에 대한 지식은 과거로부터 생겨나며, 그 경험 덕분에 새로운 고객을 만났을 때 관계형성의 시행착오를 겪지 않고 바람직한 태도를 보여줄 수 있게 됨

Ⅳ. 태도의 형성

1. 성격(personality)

태도는 대부분이 후천적으로 변화된 것이나 변화가능성이 있는 것

2. 사전적 작업경험(previous job experience)

직무의 특정 측면에 대한 태도에 영향을 미치는 것. 어떤 개인이 A회사에서 B회사로 옮겨온 경우, A회사에서 형성된 태도를 가지고 B회사의 보수, 승진절차, 작업조건, 감독방식 기타 사회정책 등을 비교하게 됨

3. 문화(culture)

개인은 자신이 살아온 가정 환경이나 속해있는 집단, 교육 등에 따라 다른 태도들을 보일 수 있음

4. 사회적 성격의 영향

칼 마르크스(K. Marx), 한 개인의 성격과 태도는 그가 처한 사회적·경제적 환경의 지배를 받는다고 주장. 한 사회의 지배적 사상과 태도는 그 사회의 지배집단의 사상에 영향을 받음. 즉, 사회제도, 경제질서, 정치상황은 개인의 태도형성에 한 몫을 함. 에밀 뒤르껭(E. Durkhein)은 특정 태도는 그를 둘러싸고 있는 환경적인 가치관을 구성하는 하나의 요소라고 봄

5. 동료집단(companion group)

동료집단은 개인들의 태도에 영향을 주어 공통된 규범(norm)을 이끌어 나가게 됨. 특히, 준거집단

V. 태도와 행동과의 관계

1. 전통적인 입장(인지론에 근거) : 태도(독립변수)가 행동(종속변수)을 결정

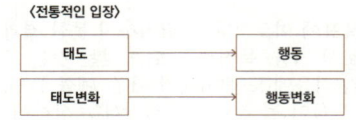

(1) 내 용 — 태도는 독립변수로, 행동은 종속변수 역할을 한다는 것

(2) 조직행동에의 활용 — 태도와 행동이 각기 보다 구체적이면 구체적일수록 양자 간의 연결 관계는 보다 강함. 태도를 통해 동기부여가 되고 행동으로 연결되기 때문. 그리고 쉽게 기억되는 태도가 기억이 어려운 태도보다 상대적으로 행동을 실현할 가능성이 높아 태도와 행동 간의 연결 정도가 더 높을 것. 마지막으로, 그 개인이 과거에도 현재와 유사한 태도를 직접 경험한 적이 있을 경우에 태도와 행동 간의 관계는 보다 강하게 연결되는 경향이 있음(Robbins, 2003 : 75 ; Schermerhorn et al., 2000 : 76)

2. 새로운 입장(강화론에 근거) : 행동(독립변수)이 태도(종속변수)를 결정

(1) 내 용 — 행위가 독립변수로, 태도는 종속변수 역할을 한다는 것

(2) 조직행동에의 활용 — 최근 기업조직에서는 새로운 입장이 지지되는 경향이 있는데, 영상자료 등을 이용하여 바람직한 행위를 제시하는 모델링(modeling), 바람직한 행위를 실제 실습해보는 역할연기법(role playing), 정확한 역할연기에 대해 훈련자에게 동료들이 강화를 제공하는 사회적 강화(reinforcement) 등을 활용 가능

VI. 태도의 변화

1. 태도변화의 가능성과 필요성

태도변화와 관련된 연구 결과들은 다양하고 때로는 상호 상반되는 결론도 많은데 이는 태도가 외부로 나타날 때는 많은 외생변수들이 작용하기 때문. 세 가지 구성요소는 각각 서로 독립된 존재가 아니므로, 세 요소 중 어느 하나의 변화는 나머지 두 요소의 영향 없이는 불가능한 것이며 또한 요소의 변화는 나머지 두 요소에게 영향을 미침

2. 태도변화 관련 이론

(1) 행동주의 이론(behavioral theory) — 일단 행동을 하면 결과가 나오고 그 결과가 자신에게 이로우면 태도도 그 쪽으로 바뀐다는 것. D. Carnegie는 「친구를 얻고 상대방을 다루는 방법」에서 일종의 강화이론을 적용하여 강제로 그 행동을 하도록 만들면 태도가 바뀌게 된다고 주장

(2) 균형이론(balance theory, Heider(1958)) (= P-O-X 이론)

개인(P), 타인(O) 및 관련 대상(X) 간의 삼각(Trial) 관계는 균형을 이루려는 경향이 있음. 균형관계란 좋아하는 태도가 일치하고 싫어하는 사람과는 불일치하는 관계를 말함. 사람들은 기본적으로 자신의 신념과 태도들이 균형상태에 있으면 조화를 이루게 되면서 편안하고 유쾌한 심리적 안정을 느끼게 되지만, 불균형이 발생하는 경우에는 이를 회복하기 위하여 기존의 태도를 변화시켜 심리적 안정을 되찾으려 함

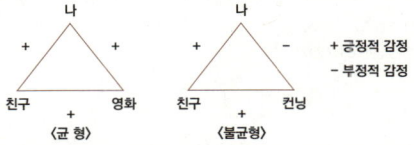

특히, 불균형 상태는 불쾌하고 불편하기 때문에 균형을 회복하려는 압력이 작용하는데, 사람들은 가능한 한 적은 노력을 들여서 균형을 회복하려고 한다는 '최소 노력의 원리'가 적용됨

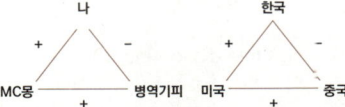

그러나 P-O 관계가 부정적일 때에는 균형 압력이 별로 없음. 즉 싫어하는 사람과 의견이 일치하거나 하지 않거나 상관하지 않기 때문임

(3) 장(場) 이론(field theory)

1) 개념

장(場)이란 개체와 그 주변을 모두 포함하여 일컫는 말. Kurt Lewin에 의하면 인간의 심리상태인 태도는 고정적이거나 안정되어 있는 것이 아니라, 겉으로는 그렇게 보일지라도 실제로는 서로 상충되는 힘의 작용으로 동적인 세계에서 균형상태를 유지하고 있을 뿐이라는 것. 이 균형상태에 변화를 주려면 어느 정도의 힘을 강하게 또는 약하게 만들면 됨

2) 장(場) 이론의 유래

제2차 세계대전 직후 미국 식육용 고기 부족, K.Lewin, 일방적으로 강의를 듣는 것이 아니라 스스로 토론에 참여하고 준거집단으로부터 새 의견을 제시받음으로써 쉽게 동조

3) 태도변화의 과정(K. Lewin)

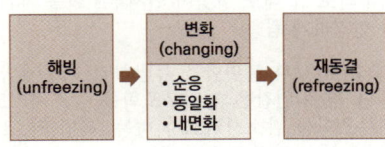

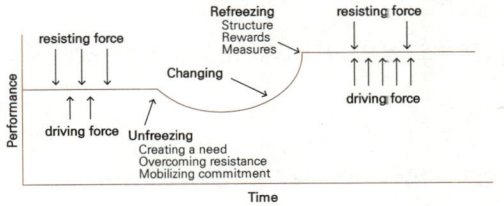

① 해빙(unfreezing)

한 개인의 관습, 습관, 전통, 즉 어떤 일을 하는 데 있어서 과거의 방식을 깨뜨림, 새로운 대체안 수용태세

② 변화(changing) (H. C. Kelman(켈만))

제도개선, 구조개편 및 기술도입 등 새로운 대체안을 적용하는 것. Kelman은 개인의 태도에 영향을 미치는 사회적인 영향력이라고 봄

ⅰ) 순응(compliance)

한 개인이 다른 사람 혹은 집단의 호의적·비호의적 반응을 얻거나 회피하기 위해서 그들의 영향력을 수용할 때 발생

ⅱ) 동일화(identification) | 한 개인이 다른 사람이나 집단과 관계를 맺고 있는 데 만족을 하고, 다른 사람이나 집단의 태도를 받아들여 자기 자신의 일부를 형성할 때

ⅲ) 내면화(internalization) | 유발된 태도나 행위가 내면적으로 보상되며, 한 사람의 가치체계에 부합될 때, 즉 타인의 주장이 자신의 보상체계에 부합되거나 합당한 것으로 받아들여질 때 일어나는 것. 내면화는 가장 어려운 방법이기는 하지만 일단 확립되기만 하면 가장 효과적인 방법이기도 함

③ 재동결(refreezing) | 새로 획득된 태도, 지식, 행위가 그 개인의 퍼스낼리티나 계속적인 중요한 정서적 관계로 통합되고 고착화되는 과정, H. Schein에 의하면 새로운 행위나 태도가 시간이 지남에 따라 소멸되지 않도록 '강화' 환경 마련 중요

(4) 인지부조화 이론(cognitive dissonance theory)

1) 인지부조화 이론의 개념 | 레온 페스팅거(Leon Festinger)가 정립한 이론(1957). 인간은 대상세계에 대하여 가지는 신념, 태도, 행동들 간에 가급적 일관성(consistency)을 유지하려고 한다는 것

2) 인지부조화(cognitive dissonance)

① 개념 | 인지부조화란 인지의 비일관성(inconsistency)을 가리키는 개념, 첫째, 신념과 태도 간 불일치, 둘째, 둘 이상의 태도 간 불일치, 셋째, 행동과 태도 간 불일치를 의미

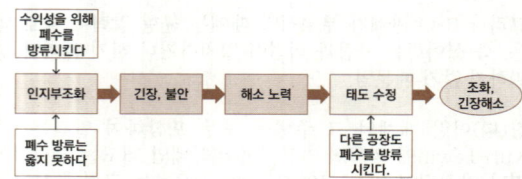

② 인지부조화의 결과 | 두 가지 양립할 수 없는(incompatible) 인지가 한 사람의 마음에 있어서 서로 불일치하는 인지부조화 상태에 있을 때 인간은 긴장(부조화)을 경험하게 됨. 이러한 부조화의 상태는 불편함(discomfort)과 불유쾌한 감정을 유발시키기 때문에 개인은 어떤 형태의 노력을 기울이든지 조화(consonance)의 상태로 돌아가 심리적 균형을 회복함으로써 인지의 부조화를 최소화시키고자 함. 어떤 태도를 일단 형성한 경우라도 그 태도 형성이 인지부조화를 야기하게 되면 태도를 변경하게 됨

3) 인지부조화를 감소시키고자 하는 욕망의 영향요인 | 인지부조화는 긴장과 불편함을 유발하기 때문에 인지부조화가 발생한 경우 인간은 인지부조화를 감소시키고자 함. 이때 인지부조화를 감소시키고자 하는 '욕망'의 크기는 세 가지 영향요인에 따라 달라질 수 있음

① 부조화를 야기한 요소의 중요성(importance) | 부조화를 일으키는 요소가 매우 중요한 것이라면 부조화를 줄여야 한다는 부담이 더 커지게 되고, 부조화를 일으키는 요소가 그다지 중요한 것이 아니라면 부조화를 줄여야 한다는 부담이 낮아지게 됨

② 개인이 그 요소에 대해 갖고 있는 영향력(influence)의 정도 | 영향력이란 통제력(힘이나 능력과 같은 권력 보유의 정도)을 의미. 따라서 부조화를 일으키는 요소에 대해서 자신이 통제력이 많다면 태도를 변화시키려는 생각을 할 가능성이 높고, 통제력이 적다면 태도를 변화시키려는 생각을 하지 않게 됨

③ 부조화에 수반된 보상(reward) | 부조화로 인하여 얻게 되는 보상이 크면 클수록(예 : 100억 생김) 부조화를 제거시키기 위한 인지적 노력과 행동을 더 많이 하게 됨

4) 인지부조화 감소를 위한 방법(대안)

① 첫째, 부조화 요소 중 어느 하나를 변화시켜 다른 요소와 불일치되지 않도록. 즉, 자신의 행동을 변경시키거나 태도를 바꾸는 방법
② 둘째, 부조화 요소의 중요성을 감소시키는 방법
③ 셋째, 부조화 요소보다 더 가치 있는 조화 요소들을 많이 추가
④ 장(場) 이탈

◆ 참고 : Festinger의 실험
1. 광신도 연구
2. 지루한 과제 수행 연구

3. 태도변화에 영향을 주는 요인

(1) 내부 요인 : 태도 자체가 가진 속성이 주는 영향 — 변해야 할 태도 자체가 어떤 상태인지에 따라서 그 변화가 촉진되기도, 방해되기도

1) 유사성 — 기존의 태도와 새로운 태도가 서로 유사한 것인지의 정도에 따라 태도변화의 속도와 정도가 달라짐

2) 일관성 — 태도의 세 가지 요소(인지적, 정서적, 행동적)가 서로 일치할수록 그 태도는 그만큼 안정적이고 고정적일 것이며 그만큼 변화시키기 힘듦

3) 조화성 — 한 사람이 가지고 있는 태도가 그가 가지고 있는 다른 태도들과 조화를 이룰 때 그 태도는 변하기 힘듦

4) 유용성 — 특정의 태도는 그 사람이 어려서부터 외부세계에 적응하고 욕구를 충족하기 위해 키워 온 결과이므로 어떤 태도가 그에게 계속 이용가치가 있다면 좀처럼 바꾸지 않으려고 할 것

(2) 외부 요인 : 외부 상황이 주는 영향 — 태도를 변화시키려면 기존의 태도와 다른 태도(메시지)로 설득을 해야 하는데, 이 과정에서 모든 요소들이 태도변화의 정도에 영향을 주게 됨

1) 원천 — 새로운 메시지가 나온 원천(설득자)은 사람, TV 광고, 책 등일 수 있는데, 전문성·신뢰성·호감성을 가질수록 더 쉽게 설득 가능

2) 메시지 전달방법 — 설득 메시지의 요점이나 결론을 어느 순서에 넣어서 말하는지, 전문 용어 또는 쉬운 언어로 말하는지 등에 따라 효과가 달라짐

3) 공포 분위기 — 공포와 위협을 주는 분위기는 태도변화에 영향을 주며, 지능이 낮거나 어린이일수록 공포분위기가 큰 영향을 미침

4) 집단에의 소속감 — 어떤 집단에 대한 소속감이나 연결 정도가 약할수록 변화는 쉽게 될 수 있음

5) 저항감 — 인간세계는 균형과 안정을 유지하려는 본성이 있는데, 변화란 이러한 균형을 깨는 것이기 때문에 일종의 위협으로 비쳐져 새로운 태도보다는 기존 태도로 회귀하려는 경향

VII. 태도변화의 저항과 방법

1. 태도변화의 저항 메커니즘

태도는 비교적 안정된 상태를 이루고 있지만 개인들은 태도의 일관성을 유지하지 못할만한 자극이 있을 때 어떠한 저항적인 특성요인으로 태도의 비일관성을 극복하고자 함
① 강한 반박을 시도
② 정보 원천에 대해 부정적으로 반응
③ 메시지 자체를 왜곡

2. 태도변화의 방법

(1) 개인적 차원의 태도변화 — ① 자기변화에 관한 서적 읽기 및 훈련, ② 자기암시(자기최면), ③ 자기분석 등을 통해 태도의 개선

(2) 대인적 차원의 태도변화

① 설득, ② 토론, ③ 의사결정 참여, ④ 공포의 유발과 감축, ⑤ 여론 지도자(변화담당자)의 활용, ⑥ 인지부조화 활용, ⑦ 모델링 학습을 통해 태도를 변화

VIII. 직무와 관련된 태도

1. 직무만족(job satisfaction)

(1) 직무만족의 개념

조직 구성원 개인의 직무에 대한 태도, 긍정적인 감정 상태

(2) 직무만족의 중요성

〈구성원 측면〉 직무에 만족하지 못하면 인생이 불행해지게 되고, 각종 스트레스와 개인의 가정생활에도 영향. 〈조직 측면〉 직무만족은 이직률과 결근율을 낮추고 근로의욕을 고취하여 조직성과에 영향을 미침

(3) 직무만족의 측정

직무만족을 측정하는 방법은 크게 두 가지로 구분. 한 가지는 직무만족을 여러 측면들의 집합으로 보고 각 측면에 대한 구성원의 긍정적 또는 부정적 평가의 합을 개인의 직무만족으로 보는 방법이며(안면기법, 직무기술 인덱스), 다른 한 가지로는 복합척도로 직무만족을 측정하여 각 직무상황에 대한 개인의 평가를 종합하는 방법(미네소타 만족 설문지)이 있음

1) 안면기법(faces techniques)

직무의 모든 측면을 고려하여 직무에 대한 당신의 느낌을 가장 잘 나타내고 있는 얼굴에 표시

2) 미네소타 만족 설문지(Minnesota Satisfaction Questionnaire : MSQ)

다양한 만족 단면과 관련된 이슈에 대해 응답자들이 얼마나 만족하고 있는가를 응답하도록 하는 방법

3) 직무기술 인덱스(Job Descriptive Index : JDI)

현재의 직무(work on present job), 현재 직무에 있어서 상급자의 감독(supervision on present job), 현재 직무와 관련하여 상대하는 사람들(people on your present job), 현재의 보수(present pay), 승진의 기회(opportunities for promotion) 등 다섯 가지 측면을 통해 직무만족을 측정

4) 조직반응 인덱스(Index of Organizational Reation : IOR)

기술적, 정서적 및 행동적 문항들을 종합해서 사용

(4) 직무만족의 결정요인

1950년대 Herzberg는 기업 종업원의 직무태도를 조사하던 중 종업원에게 '만족'을 가져다 주는 사건들과 '불만족'을 가져다 주는 사건들을 발견. 여기서 '불만족'의 주요 원인이 되는 사건들은 이상하게도 작업성과와 특별한 인과관계를 보이지 않았으나, '만족'의 주요 원인이 되는 사건들은 작업성과와 직접적인 인과관계가 있음을 발견

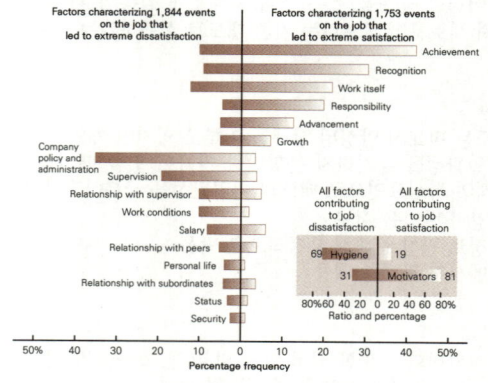

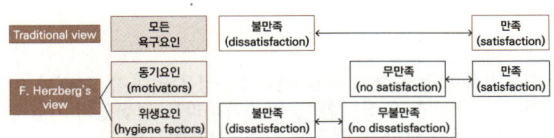

① 동기요인(motivators) : 만족요인

성취감·인정감·도전감·책임감, 성장과 발전, 일 그 자체 등 직무내용(job contents)과 관련되거나, 종업원의 내재적(intrinsic) 욕구를 충족시키는 요인들. 이 요인이 충족되지 않아도 불만은 없지만, 일단 충족하게 되면 단족에 적극적인 영향을 줄 수 있고 일에 대한 적극적인 태도를 유도

② 위생요인(hygiene factors) : 불만족요인

회사의 정책과 관리·감독, 작업조건, 개인 상호간의 관계, 임금·보수·지위·안전 등 환경과 관련(extrinsic)되거나, 직무상황(job context)과 관련된 요인들. 이 요인의 충족은 단지 불만족의 감소만을 가져올 뿐 만족에 작용하지 못함

◆ 참고 : 직무만족의 (일반적인) 영향요인

(1) 조직 전체 요인
 1) 보 수 — 기대에 충족하고 타인과 자신의 노력에 따른 공정한 보상에 만족도는 높아짐
 2) 승 진 — 인사이동에 대한 공정성에 만족도는 높아짐
 3) 회사정책 — 지위에 따른 차별이 주어지면 만족도는 낮아짐
 4) 조직구조 — 의사결정의 분권화가 높을수록 만족도는 높아짐

(2) 작업환경 요인
 1) 리더십 유형 — 리더의 배려적 리더십에 만족도는 높아짐
 2) 의사결정 참여 — 의사결정에 참여 기회가 많을수록 만족도는 높아짐
 3) 작업집단 규모 — 작업집단의 규모가 커지면 과업전문화가 진행되고 의사소통이 감소하여 만족도는 낮아짐
 4) 동료작업자 — 유사한 특성, 관심, 신념을 가진 동료에 대해 만족도는 높아짐
 5) 작업조건 — 청결하고 쾌적한 작업조건에 만족도는 높아짐

(3) 직무내용 요인
 1) 직무 범위 — 직무다양성, 정체성, 중요성, 자율성, 피드백이 높을수록 만족도는 높아짐
 2) 역할모호성과 역할갈등 — 역할이 모호하거나 역할로 인한 갈등으로 만족도는 낮아짐

(4) 개인적 요인
 1) 연령과 근무연수가 높을수록 만족도는 높다짐
 2) 성취나 지배욕구가 높을수록 만족도는 높다짐

(5) 직무만족과 성과

① 성과와 정(+)의 상관관계가 있음을 입증, ② Vroom은 직무만족과 성과 간의 관계에 대하여 반론을 제기. Porter와 Lawler는 직무만족이 성과를 가져다주는 것이 아니라, 직무성과가 만족을 가져다준다고 주장. ③ Newstrom에 의하면 직무만족과 성과 사이에는 많은 다른 요인들이 존재하며, 이것들이 연결되어 직무만족과 성과 간의 관계를 설명해준다고 주장. ④ 직무불만족과 업무 행동은 상관관계가 높게 나타남. 이러한 업무 행동으로는 물리적·심리적 철회가 있음. 물리적 철회란 조직에 대한 구성원의 적극적인 의도나 의향이 줄어드는 상태로, 결근이나 이직을 의미. 심리적 철회란 직무생활에 대한 열의와 헌신이 감소하는 상태를 의미

◆ 참고 : 직무만족과 조직성과

(1) 직무만족과 이직 및 결근율

직무만족이 높을수록 조직이탈 가능성은 낮아짐. 그러나 이것은 상황에 따라 상이함. 불만족하더라도 재취업의 가능성이 낮으면 이직하지 않으며, 만족하더라도 더 나은 직장이 있으면 떠나게 됨. 직장에 출근하지 않으려는 것은 잠정적으로 일을 그만두려는 결정임. 따라서 직무불만족은 이직률과 결근율에 부정적 영향을 줌

(2) 직무만족과 생산성

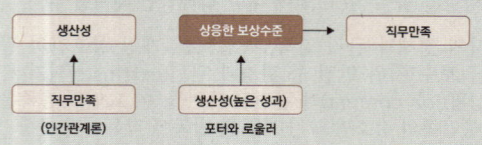

직무만족과 생산성의 관계는 상이한 결과를 보이고 있음. 인간관계론에서는 직무만족이 생산성을 높여준다고 하지만, 행동과학에서는 이들 관계에서 보상이 개입된다고 하였음. 포터(Porter)와 로울러(Lawler)는 직무성과에 대한 내재적 및 외재적 보상이 타인과 비교해서 공정하다고 생각하면 만족한다고 하였음

(3) 직무만족과 조직시민행동

직무만족은 조직시민행동을 향상시킴

(4) 직무만족과 조직몰입

직무만족이 조직몰입을 높여주고, 조직에 몰입하면 직무에 만족함. 따라서 이들 요인은 상호 근로의욕을 자극하여 직무성과를 높이게 함

(5) 직무만족과 모티베이션

직무만족은 직무에 대한 개인적 감정상태이지만 모티베이션은 그 직무로부터 발생하는 행동과 관련된 것임. 따라서 직무에 대해 만족하면 동기가 부여됨

(6) 직무만족과 사기

사기는 개인의 욕구충족의 정도와 전체적인 직무상황에서 지각하는 만족수준임. 따라서 욕구충족이나 직무만족과 관련이 있지만, 단결심이나 집단정신 등과 같은 집단에 대한 반응으로 이해하여야 함

◆ 참고 : 직무만족도 제고 방안

(1) 직무설계

직무확대, 직무순환, 직무충실화, 직무특성이론 등을 활용하여 직무에 대한 단조로움을 줄이고, 도전적이며 의미 있는 직무수행에 대한 인식이 되도록 설계

(2) 역할의 명확화

역할갈등이나 역할모호성을 예방하기 위한 명확하고 적절한 역할을 부여하고 역할과소 및 역할과중이 되지 않도록 조정

(3) 공정한 보상시스템

급여제도와 복리후생, 승진제도 등을 예측가능하고 공정하게 운영

(4) 개인-직무적합화

개인특성과 직무의 적합성을 고려한 선발과 배치가 이루어져야 함

(5) 측정과 피드백

정기적으로 직무만족도를 측정하여 불만족의 원인을 해결하고 결과는 피드백

(6) 직무불만족의 반응행동(EVLN)

Hirschman(1970), Farrell(1983)

1) 이탈(exit)

조직을 떠나려는 행동을 통해 표출되는 불만으로, 다른 부서로 옮기든지 회사를 떠나는 것

2) 발언, 주장(voice)

상황을 개선하려는 능동적이고 건설적인 시도를 통해 표출되는 불만으로, 상황을 개선하기 위해 책임자에게 제의하고 요구하거나 개선방안을 제시하거나, 상사에게 개선 의견을 개진하거나, 노동조합 활동에 참여하는 것으로 나타남

3) 충성(loyalty)

상황이 개선되기를 수동적으로 기다리는 상태로 표출되는 불만으로, 소극적이지만 건설적으로 상황이 개선될 때까지 기다리며 참는 방식. 외부의 비난에 대해 조직을 대변하기도 하고, 조직과 경영진이 올바른 행동을 할 것이라는 신뢰를 지닌 경우에 나타남

4) 방관, 태만(neglect)

상황이 악화되는 것을 허용하는 상태로 표출되는 불만으로, 소극적으로 상황이 나빠지도록 내버려두는 대응방식이며 조직에 비협조적이고 결근이나 태만으로 임하는 등으로 나타남

2. 조직몰입(organizational commitment)

(1) 조직몰입의 개념

개인이 자신을 자기가 속한 조직과 동일시(identification)하여 조직에 헌신하는 정도, ⅰ) 특정 조직의 구성원으로 남아 있으려는 강한 욕망, ⅱ) 조직을 위하여 기꺼이 높은 수준의 노력을 기울이려는 의사, ⅲ) 조직의 목표와 가치에 대한 명확한 신념과 이의 수용(Mowday, Porter&Steers, 1982)

(2) 조직몰입의 시대적 개념 변화

초기 개념으로는 '몰입하고 있는 조직원은 소속된 조직에 전혀 혹은 부분적으로 알지 못하는 투자를 하고 있기 때문에 몰입하게 되고, 조직에 남아있다'라는 Becker(1960)의 사이드 벳(Side-bet) 이론이 제시되면서 소개. Mowday 등(1979)에 의해 조직의 목표와 가치의 수용, 조직을 위해 최선을 다하려는 태도, 조직구성원으로서 남으려는 강한 욕구로써 기꺼이 노력하는 마음(Willingness), 자기 동일시(Identification), 강한 욕구 혹은 애착(Attachment)으로 세분화

(3) 조직몰입의 세 가지 구성요소(차원) (Meyer & Allen, 1991)

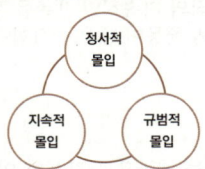

1) 정서적 몰입(affective commitment) : 욕망(desire)과 정서적 애착에 기반

종업원이 조직에 감정적으로 애착을 느끼고 동일시하고 몰입하는 차원. 예컨대, 삼성맨으로 자부심을 갖는 것이나 자기가 속한 그룹사의 제품만을 맹목적으로 선호하는 등의 행위. 다른 몰입보다 강력한 효과

2) 지속적 몰입(continuance commitment) : 필요(needs)에 기반	종업원이 조직을 떠나 다른 조직으로 옮길 때 발생하는 비용(예컨대, 승진이나 복리후생 면에서의 선임권 상실) 때문에 구성원으로서 계속 남아 있으려는 몰입의 차원
3) 규범적 몰입(normative commitment) : 책임(obligation)에 기반	도덕적, 심리적 부담이나 의무감 때문에 조직에 대하여 몰입하게 되는 경우
3. 직무 몰입(job involvement)	개인이 자신의 전체적인 자아 이미지(self-image) 중에서 자신의 직무가 차지하는 중요도 또는 개인이 자기가 맡고 있는 직무에 대해 얼마나 심리적으로 일체감(동일시)을 느끼는가의 정도
4. 종업원 몰입(employee engagement)	자신이 하는 일에 대한 개인의 몰입, 만족, 열정 등
5. 조직 관여(organizational engagement) (=조직 열의)	구성원이 육체적·정신적 노력을 조직에 쏟으면서 시간과 정력을 모두 조직의 성과향상을 위해 모두 바치려는 태도 혹은 행동
6. 직무 관여(job engagement) (=직무 열의)	작업자가 일에 대하여 긍정적이고 헌신하고 몰두하는 마음가짐

◆ 참고 : 플로어(Flow)
인간이 행동과정에서 경험하는 느낌으로서, 행동에 필요한 의식적(conscious)인 통제가 거의 없는 상태

7. 조직지원인식(perceived organizational support : POS)(=조직후원인식)	조직이 구성원들의 공헌을 가치 있게 여기고 그들의 복지에 대한 관심이 있다고 구성원들이 믿는 정도. 이를테면 육아 문제가 있을 경우 조직이 편의시설을 제공해줄 것으로 믿거나, 정직한 실수에 대해서는 관용을 베풀어줄 것으로 믿는 경우 조직지원인식 수준이 높은 경우라고 할 수 있음
8. 조직시민행동(Organizational Citizenship Behavior : OCB)	
(1) 개 념	조직의 공식적인 보상시스템에 의해서 직접적으로 또는 명백히 인식되는 것은 아니지만, 총체적으로 볼 때 조직의 효과적인 기능을 촉진시키는 개인의 재량적인 행동(Organ, 1988)
(2) 역할 외 행동(extra-role behavior)	조직을 위해 과외의 노력을 기울이려는 구성원의 태도. 조직에서 공식적으로 요구되는 의무사항도 아니고 적절한 보상도 없지만, 개인이 역할 외로 자발적으로 수행하는, 조직에 도움이 되는 긍정적인 모든 행동을 의미
(3) 중요성	Katz와 Kahn(1966)은 공식적 역할행동에 따른 제한적 행동만을 하는 조직 구성원들로 이루어진 조직은 쉽게 붕괴할 것이라고 주장. 조직의 지속적인 생존을 위해서는 조직시민행동과 같은 역할 외 행동이 매우 중요함을 알 수 있음
(4) 유 형	
1) 조직시민행동-개인(OCB-I)	
① 이타주의(altruism)	조직 내 타인을 돕는 행동으로 자신의 이해타산이 아닌 순수한 의도에 따른 행동. 동료가 어려운 문제에 처했을 때 해결을 위한 아이디어를 제공하는 등의 행동. 조직외부인 고객, 원재료 공급자 등에게도 일어남. 이를 친사회적 행동이라고도 함

② 예의성(courtesy) | 직무수행과 관련하여 타인들과의 사이에 문제나 갈등이 야기될 수 있는 가능성을 미리 막으려고 노력하는 행동. 예를 들면, 동료의 직무 관련 권한을 침해하지 않는다든지, 어떤 의사결정을 하기 전에 관련되는 다른 사람들과 상의를 하는 등의 행동

2) 조직시민행동-조직(OCB-O)
① 양심성(conscientiousness) | 회사규정의 빈틈을 이용하여 개인의 편의나 이익을 챙기지 않으면서도 규정에서 요구하는 수준 이상을 지키려고 하며, 또한 규정에 명시되어 있지 않은 경우에도 사회적 룰(rule)이나 자신의 양심에 맞는 행동을 하는 경우. 예 : 갑작스럽게 병이 났거나 교통사고를 당한 와중에도 정상적으로 출근을 하려고 노력한다든지, 근무시간 중에 개인적인 일을 하지 않는 등

② 스포츠맨십(sportmanship) | 회사에 대해 불평불만하지 않고, 개인적으로 감내할 수 있는 조직 내 문제점을 과장하지 않으며, 조직에서 어떤 결정이 내려졌을 때 자신에게 불리한 점이 있음에도 불구하고 이를 수용하는 태도를 보이는 것

③ 시민의식(civic virtue) | 조직생활에 관심을 가지고 적극적으로 참여하는 것. 예 : 조직에서 주관하는 행사(회식 등)에 참석하는 것. 조직에의 아이디어 제공, 회의에서의 적극적인 토론참여 등

(5) 조직시민행동의 동기
1) 조직관심 동기 | 자신이 속한 조직이 잘 되기를 바라고, 조직에 대한 자부심을 가지고 있을 때
2) 친사회적 동기 | 인간은 기본적으로 남을 돕고 또한 다른 사람과 좋은 관계를 맺기를 희망
3) 인상관리 동기 | 조직 내 동료 및 상사에게 좋은 면을 보여주어 후에 어떤 보상을 얻으려는 동기

9. 직무만족과 고객만족 | 자신의 직무에 만족하고 있는 직원은 고객만족과 충성도를 높여줌

IX. 신뢰(trust)의 개요

1. 신뢰(trust)의 개념 | "어떤 사람의 정직함, 언행 일치, 약속 이행, 거짓이나 위선이 아닐 것이라는 기대 그리고 어떤 일을 제대로 수행할 수 있으리라는 기대"(Mayer et al., 1995), 오늘날 관심을 끄는 자본이 바로 사회적 자본인데 이것이 신뢰(trust)라고 할 수 있음

2. 신뢰의 특징
(1) 기대(expectation)와 관련된 개념 | 개인이 타인 혹은 집단으로부터 구두나 문서로 작성하여 받은 약속이 지켜질 것이라는 기대

(2) 위험(risk)과 관련된 개념 | 기본적으로 위험을 감수하는 것으로서 어떤 상황에서 다른 사람으로부터 손해를 볼 가능성이 있지만 그의 말과 행동을 믿고 따르고자 하는 의도

3. 신뢰의 형성요인

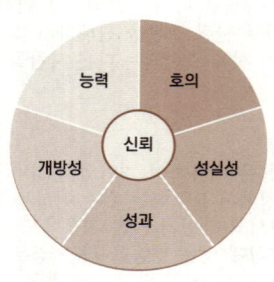

(1) 능력(ability)

어떤 사람이 특정한 분야에서 영향력을 갖도록 해주는 기술과 재능의 집합. 문제해결을 위해 필요한 지식이나 정보처리와 관련된 지식뿐만 아니라 이를 위해 필요한 자원의 동원능력도 포함. 경쟁력, 전문성, 판단력 등

(2) 호의(benevolence)

자기 중심적인 동기에서가 아니라 진심으로 타인에 대해 관심을 가지고 그에게 이로운 일을 하기 원한다고 믿어지는 정도. 타인에 대해 특별한 애착이나 친밀감을 가지고 있음을 의미

(3) 성실성(conscientiousness)

타인이 받아들일 수 있다고 보는 원칙들을 자신이 준수하는 정도. 건전한 도덕적 원칙을 가진 상태인 정직성, 가치관 내지 신념과 행동의 일치성 그리고 겸손을 포함

(4) 성과(performance)

어떤 일을 성공적으로 해낸 것. 성과는 타인과 신뢰를 구축하고 유지하는 데 영향

(5) 개방성(openness)

타인과 아이디어 및 정보를 공유하는 정도. 자기 것을 감추어 두고 다른 사람의 정보만 받으려고 할 때 더 이상 신뢰를 획득할 수 없음

(6) 신뢰 형성요인들의 결핍 : 전체적 신뢰 형성에 차질

이상에서 제시한 신뢰의 형성요인들 어느 하나가 결핍될 경우, 전체적인 신뢰 형성에 차질이 생김

Trust 모델(「Trust, Trustworthiness and Trust propensity : A Meta Analytic Test of Their Unique Relationship with Risk Taking and Job Performance(Colquitt)」)

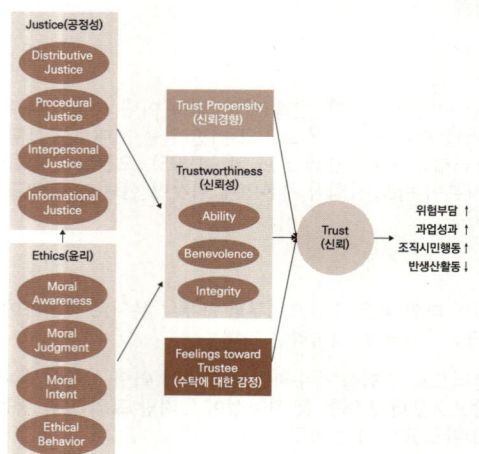

옳고 그름에 대한 가치관은 공정성에 영향을 미치며, 이 둘의 상호작용은 신뢰 주체의 신뢰 성향과 신뢰 객체의 신뢰성, 그리고 이들 간의 상호작용에도 영향을 주어 결국 신뢰가 형성됨

4. 신뢰의 유형

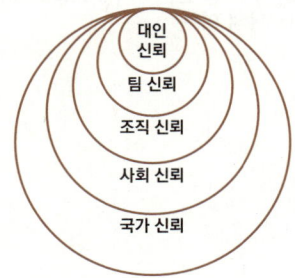

(1) 대인 신뢰	개인이 조직에서 타인을 신뢰하는 것, 수평적 측면인 동료 신뢰와 수직적 측면인 상사 신뢰
(2) 팀 신뢰	개인이 속해 있는 팀을 얼마나 믿느냐 하는 것. 조직 내의 다양한 신뢰유형들 중 동료에 대한 신뢰는 팀 안에서 협동 시스템을 구축하는 데 중요한 역할
(3) 조직 신뢰	개인이 자기가 속한 기업을 신뢰하는 것. 조직에 대한 신뢰는 회사와 구성원 간의 일체감 형성, 경영진에 대한 긍정적 태도를 형성하는 역할
(4) 사회 신뢰 및 국가 신뢰	자기가 속해 있는 사회 및 국가를 평가하여 긍정적인 태도와 확신을 가지는 것

5. 신뢰와 조직유효성

(1) 성 과	신뢰는 조직이 높은 성과를 낼 수 있도록 촉진. 신뢰관계가 잘 형성되어 있는 조직에서 일하는 사람들은 개방적인 커뮤니케이션을 통한 정보교환이 활발, 이것이 발생된 문제를 효과적으로 해결하는 데 본질적으로 공헌. 또한 불확실하고 복잡한 환경에서 일하는 조직구성원 간 활발한 상호작용과 협동을 효과적으로 도출해내기 위하여는 상호신뢰가 필요
(2) 감독비용 감소	조직구성원을 감독하는 데 소요되는 비용이 감소
(3) 상호간 거래비용의 절감	상호 간 교환관계에 있어서 신뢰는 일종의 사회적 법칙으로 작용하여 거래 비용과 노력의 감소를 가져다 줌. 이 경우 신뢰는 당면한 딜레마적 선택상황에서 어떻게 반응해야 하는가에 대해 신속한 결정을 내릴 때 행위자가 용이하게 사용할 수 있는 일상적 단순법칙이 됨
(4) 조직구성원 간 일체감	조직구성원 간 일체감을 갖게 해주어 조직에서 발생한 제반 문제 해결에 구성원이 자발적으로 참여. 보다 유연하고 인간중심적인 조직관리
(5) 조직변화 저항 감소	구성원들이 조직에 대해 신뢰를 가지고 있을 경우 변화에 대한 저항이 줄어듦
(6) 조직의 안정과 구성원의 행복	조직에서 신뢰관계가 형성되어 있지 않으면 구성원들은 불안에 떨며 정체성에 대한 자신감을 잃게 되고 결국 해당 조직은 불안정해지며 효율성이 떨어짐

X. 심리적 계약(psychological contract)

1. 심리적 계약(psychological contract)의 개념	Argyris(1960)가 처음 사용, Schein(1965)은 상호호혜적 의무에 대한 기대감으로 정의, Rousseau(1995)는 개인의 주관적 차원에서 상호의무에 대한 믿음

2. 교환관계

Blau는 교환관계를 '경제적 교환관계'와 '사회적 교환관계'로 나누어 설명, 구분 요인은 의무(obligations)에 대한 분명한 규정이 있느냐의 여부

3. 심리적 계약의 유형

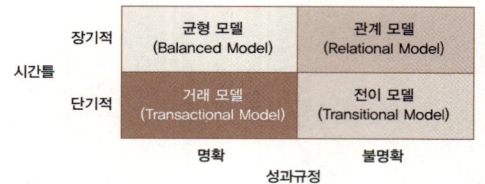

(1) 성과규정의 명확성과 시간개념에 의한 구분

1) 거래 모델(transactional model) — 단기적이고 성과규정이 분명한 경우, 계약적 고용형태와 깊은 관련, IMF 이후. 최근(미국)

2) 전이 모델(transitional model) — 단기적이며 성과규정이 없는 경우, 임시적 고용형태와 깊은 관련

3) 균형 모델(balanced model) — 장기적이지만 성과규정이 분명한 경우, 동반자적 고용형태와 깊은 관련

4) 관계 모델(relational model) — 장기적이고 성과규정이 불분명한 경우, 가족적 고용형태와 깊은 관련, IMF 이전(우리나라 전통)

(2) 계약의 적용범위에 의한 구분

1) 포괄적 범위 — 계약관계 자체가 특정 영역에 한정되지 않고 개인의 삶 전체와 연관되어 폭넓은 관계가 형성되는 것

2) 한정적 범위 — 부분적으로 특정영역(예로 경제적 영역)에만 적용이 되며 또한 매우 좁은 범위에서 계약관계가 이루어지는 것

제 7 장 감정(emotion), 직무 스트레스(job stress)

전략노트 pp.143-174

I. 정서(affect), 감정(=감성)(emotion), 기분(mood)의 개요

1. 조직행동론 발전단계와 정서(affect)의 의미

조 직 관	기계 시스템	유기체	이성적 인간	정서적 인간
1. 주요 시기	1930~1960년대	1960~1970년대	1980~1990년대	2000년대 이후
2. 본보기	기계장치	동식물	인간(이성)	인간(정서)
3. 기능	인과관계 규정된 반복행동	자생적 통제 선택가능 행동	정신, 사고, 자유 의지	감정, 긍정성
4. 목적	합리적 목적 달성	생존과 성장	개발, 변화	희망, 행복
5. 연구 방법	구성요소 분해	종합적 (유기적 전체)	사고와 질서에 의한 통합	긍정성의 발현
6. 조직형성	직무분석, 기계적 행동	환경 적응, 자기 통제	자기완성 조직, 학습 조직	감성경영, Fun 경영
7. 정서의 의미	비합리적인 것으로 배척	환경에 대한 강조로 무시	이성적 판단에 따라 발생	이성과 동등하게 중요

초기 합리적·기계적 조직관에서 볼 때, 정서는 비합리적 요소이므로 배제되어야할 대상
인지혁명 이후 정서는 개인의 판단 결과에 따라 나타나는 부산물로 생각, 오늘날 개인의 행복과 조직의 성과향상의 원천으로 인간의 긍정적 정서를 강조

◆ 최근 이슈 : 정서의 종류와 기능

1. 긍정 정서(positive affectivity) — 즐거운 느낌. 긍정 정서가 높은 사람은 열정, 활력, 행복감 등이 높은 반면, 무기력, 무감동, 지루함을 덜 느낌

2. 부정 정서(negative affectivity) — 즐겁지 못한 느낌. 예민하고, 스트레스를 많이 느끼며, 여유나 만족의 정도가 낮게 됨

3. 긍정 정서와 부정 정서의 관계 — 서로 독립적(Diener & Emmons), 예컨대, 취업면접을 하는 동안 긍정·부정 정서를 동시에 느낄 수 있음. 하루 중 부정 정서와 긍정 정서는 주기에 따라 나타난다고 함(Watson, 2000)

4. 긍정 정서와 부정 정서의 의미와 활용 — 지각에 영향을 미침. 다른 사람에게 어떤 일을 부탁하거나 나쁜 소식을 전하는 것은 긍정 정서가 높으면서 부정 정서가 낮은 오후시간대에 하는 경우가 훨씬 효과적

◆ 최근 이슈 : 긍정심리자본(positive psychological capital : PsyCap)

1. 개념 — 구성원의 복합적인 개인의 긍정적인 심리상태(Luthans & Youssef, 2007), 긍정적인 심리상태는 기질적(trait-like)이기보다는 관리가능한, 개발 및 개선이 가능한 상태적(state-like)인 특성

2. 하위 차원 — 네 가지 하위 차원이 개별적으로 작용하기보다는 통합된 심리적 차원으로 작용할 때 시너지가 발생되어 더욱 높은 긍정적 인지상태와 동기가 유발되며, 나아가 높은 성과를 낼 수 있는 것으로 알려져 있음

(1) 희망(hope)	목표가 달성되고, 계획들이 성공적으로 수행될 것이라는 믿음을 바탕으로 그것을 직접 추구하고자 하는 의지와 목표의 달성 경로에 대한 긍정적인 동기부여 상태를 의미. 즉, 목표를 추구하는 의지력(willpower)과 목표를 달성하기 위한 경로를 수립하는 진로력(waypower)에 근간을 두는 긍정적 심리상태인 것
(2) 자기효능감(self-efficacy)	개인이 특정 상황에서 특정 과업을 잘 수행할 수 있다는 믿음의 정도(Bandura). 자기효능감이 높은 사람은 도전을 받아들이고 스스로 동기부여 되어 목표를 완수
(3) 회복탄력성(resilience)	예기치 못한 난관이나 실패 상황에 잘 대응하고, 거기서 겪게 되는 심리적 충격으로부터 신속하게 원래의 상태로 돌아올 수 있는 심리적 자원. 구체적으로 정상 상태뿐 아니라 평형점(equilibrium point) 이상으로 나가려는 의지에 도전하면서 난관을 극복하고 다시 회복하는 능력
(4) 낙관주의(optimism)	긍정적인 사건은 내재적, 항구적, 지배적 요인들의 결과로 보고, 부정적인 사건들은 외부적, 일시적, 특수한 상황들로 귀인하는 것. 미래뿐 아니라 과거나 현재의 사건도 긍정적 관점으로 재구성하고 내면화하면서 정서적 안정감을 유지

2. 정서(affect), 감정(=감성) (emotion), 기분(mood) 의의

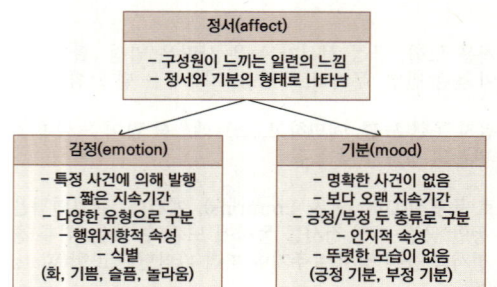

정서(affect, affectivity)는 사람들이 경험하는 광범위한 느낌을 포괄하는 용어. 감정(emotion)이란 어떤 사람이나 사물에 대해 갖는 강한 느낌(feeling). 감정의 어원을 살펴보면 "e(in→out) + motion(to move)"으로 사람을 안에서 밖으로 움직이게 한다는 뜻. 기분(mood)은 상황적인 자극이 부족하고 감정보다는 덜 강한 느낌

3. 감정의 중요성

감정적 사고가 의사결정에 미치는 영향이 크다는 견해가 대두, 감정의 전이, 리더십에서의 무의식적 감정의 영향, 감정노동, 소비자의 구매결정과 기업이미지에 미치는 영향 등 많은 연구가 이루어지면서 경영과 조직분야에 있어서 감정에 대한 관심이 높아지게 됨
Phineas Gage, 감정과 합리적 사고는 강하게 연결되어있다는 점이 발견, 감정은 사고활동의 프로세스에 가치있는 정보를 제공해준다는 사실

4. 감정의 하위 요소

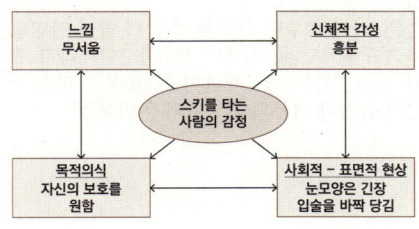

① 〈느낌〉: 감정은 우리가 어떤 대상이나 상황을 특정한 방식으로 마주하게 하는 주관적인 느낌
② 〈신체적 각성〉: 감정은 그 사람이 자신이 직면하는 상황에 적응하도록 신체를 준비시키거나 에너지를 동원하는 생물학적인 반응
③ 〈목적의식〉: 사람은 특정 감정을 극복하거나 지속하기 위한 행동을 하려는 목적의식 보유. 슬픔이라는 감정을 느낄 경우, 이를 되돌리거나 극복하려는 일련의 행동이 수반
④ 〈사회적-표면적 현상〉: 개인이 어떤 느낌을 받았을 때 그 느낌은 개인의 표정, 자세, 음성 등을 통해 상대방에게 복합적으로 전달되는 것

5. 감정의 다양성 : 감정의 6가지 유형(범주, 종류)

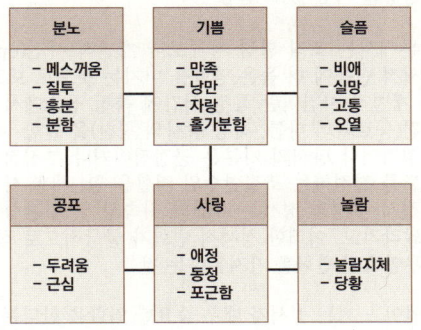

개인적·문화적 차이에도 불구하고 인간이 지닌 공통의 감정을 기본 감정이라 함. 감정은 여러 유형으로 구분, 많은 학자들이 분노, 공포, 기쁨, 사랑, 슬픔, 놀람의 여섯 가지의 보편적 감정이 존재한다는 점에 공감

6. 감정의 크기 : 강도(intensity)와 빈도(frequency)

① 감정의 강도는 사람의 성격이나 개인적 능력, 또는 성별이나 조직의 상황에 따라 다를 수 있음. 조직 및 직무마다 요구되는 감정의 강도가 다름. ② 감정의 강도는 비슷하더라도 그 빈도가 잦다면 감정도 크다고 할 수 있음

7. 감정의 기능

① 감정은 에너지를 불어넣어 주고 행동을 유발
② 감정은 개인의 일에 대한 적응상태를 해석
③ 감정은 사회적 기능을 수반

8. 감정의 지속성

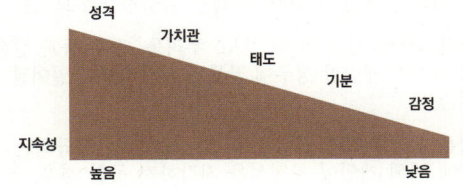

일반적으로 성격이 가장 오래 지속되며 그 다음으로는 가치관, 태도, 기분 그리고 감정 순으로 지속

II. 감정과 조직행동

1. 감정과 기분의 조직 내 파급효과(spillover effect)

한 사람의 감정이나 기분이 다른 사람에게 영향을 미치는 것을 감정의 파급효과(spillover effect), 사회적 학습(social learning) 및 감정이입(empathy)을 통해 감정이 공유되는 것

2. 감정 파급의 특징

① '부정적인 감정'이 긍정적인 감정보다 더 큰 파급효과를 가짐
② 기분은 '리더'로부터 전염될 경우 더 빨리 전염됨
③ 나와 친구를 1단계, 친구의 친구를 2단계라고 했을 때 영향의 파급효과는 '3단계까지만' 효력을 미침(단계를 거치면서 감정과 기분의 파급효과가 약해짐)

3. 정서적 사건 반응이론(affective event theory : AET) : 감정과 기분은 어떻게 직무성과에 영향을 미치는가?

(1) 정서적 사건 반응이론(affective event theory : AET)의 개념

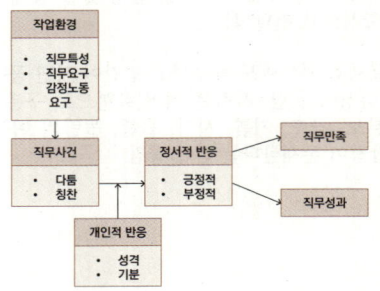

정서적 사건 반응이론은 조직 내 직무 정서에 영향을 미치는 요인과 직무에 대한 긍정적·부정적 결과가 직무만족 및 직무성과에 미치는 영향을 규명하는 이론
"종업원들은 직장에서 일어나는 사건에 대해 감정적으로 반응하게 되는데, 그러한 반응 활동이 곧 직무성과와 직무만족에 영향을 미친다"고 설명

본 이론에서는 조직 환경 자체보다 개별적 사건(episode)이 정서적 반응에 더 높은 영향을 미치는 것으로 보고 있음. 이 때 개별적 사건이란 특정 시간에 특정 장소에서 일어나는 사건(동료와의 다툼, 직장 상사의 칭찬)을 말함. 이 때 개인의 성격이나 당시의 기분은 긍정적이거나 부정적인 반응의 정도를 결정하는 조절변수의 역할을 함. 개별 사건에 의한 긍정적·부정적 정서는 사건의 지속성 및 일관성 여부에 따라 달라지고, 이러한 정서적 변화가 궁극적으로 직무성과와 직무만족의 변화를 가져온다는 것

(2) 시사점

① 개인이 느끼는 정서가 매우 중요한 역할을 한다는 것
② 경영자나 구성원은 조그만 사건 하나라도 관심을 기울여야 함
③ 직장에서 직무만족 및 직무성과를 높이기 위해서는 부정적인 정서를 유발하는 작업환경이나 동료 간 다툼과 같은 개별 사건의 발생을 적절히 조절해야 함
④ 이러한 사건과 감정의 관계는 개인의 성격이나 감성지능에 의해 조절될 수 있음

4. 감정이 조직행동에 미치는 영향(활용)

(1) 선발에 영향

기업에서 사회적 상호작용이 강하게 요구되는 직원을 채용할 때는 필히 감성지능 변수를 고려. 미 공군인력 선발에서 높은 성과를 보인 입대자들이 높은 감성지능을 보였음

(2) 의사결정에 영향

중요한 의사결정을 할 때 분노, 두려움, 질투 등과 같은 부정적 감정이 개입할 경우에 잘못된 의사결정이 일어날 가능성이 높음

(3) 동기부여에 영향

감정은 동기부여에 영향을 미침. 조직에서 제공하는 각종 보상에 대해 개인이 공정성을 지각하지 못할 경우, 조직에 대해 실망하고 부정적 감정. 이것은 직무만족을 감소시키며, 그 결과 모티베이션 수준은 감소. 조직과의 교환관계에서 개인은 반드시 이성적인 계산방식에 의존하는 것만은 아니어서 조직의 직무관련 환경에 대해 감정적인 평가를 하는 경우가 많음

(4) 일탈적 직장 행동(workplace deviant behaviors)

구성원이 규범을 고의로 어기고 조직이나 구성원들에게 피해를 주는 위협적인 행동을 하는 것을 일탈적 직장 행동이라고 하는데, 이는 대부분 부정적 감정에서 나옴

(5) 리더십의 효과에 영향	감정은 표현방식이며 비언어적 커뮤니케이션의 핵심이 됨. 리더가 도전적인 일에 대해 흥분하고 열정적인 기분을 느낄 때 부하도 비슷한 감정을 느끼게 됨. 즉 리더의 감정이 부하의 감정을 긍정적으로 전환시킬 수 있는 것
(6) 갈등과 관련	감정은 대인관계에서의 갈등과 밀접하게 관련. 누구나 갈등이 생기면 감정이 솟아오르는 것을 느낄 것. 부정적 감정은 정상적인 인간관계를 훼손시킬 수 있고 갈등 해결을 어렵게 만드는 경우가 많음
(7) 협상에 영향	협상은 감정적 프로세스라고 할 수 있음. 협상전문가라고 하면 흔히 poker face
(8) 고객서비스의 질에 영향 : 감정 전염(emotional contagion)	감정 전이(emotional contagion)는 타인의 표정, 말투, 자세 등을 무의식적으로 모방하여 자신의 감정과 일치시키며, 감정적으로 동화되는 현상. 이는 종업원과 고객 간의 감정이 일치되는 효과(matching effect)로 타인의 감정이 자신의 감정에 영향을 미치는 과정을 설명. 이러한 감정 전이는 개인의 부정적 감정 문제를 넘어 조직 내외로 확산 될 수 있음. 고객에게 보다 긍정적인 감정으로 응대할 경우 고객은 해당 제품과 기업에 대해 긍정적인 평가를 내릴 가능성이 높아짐

Ⅲ. 감성지능(emotional intelligence : EI)

1. 감성지능의 의의	감정적 단서나 정보를 파악하고 관리하는 능력. 즉, 다른 사람의 정서(feeling)와 감성(emotion)을 잘 알아채고 이해하고 조절할 수 있는 능력. 감성지능은 Peter Salovey와 Mayer가 처음 제시. 다니엘 골만(D. Goleman)은 「Emotional Intelligence」저서를 통해 감성지능을 4개의 영역으로 분류하였고, 감성지능(EQ)이 지적 지능(IQ)보다 경력을 형성함에 있어 훨씬 중요하다고 주장

2. 감성지능의 영역

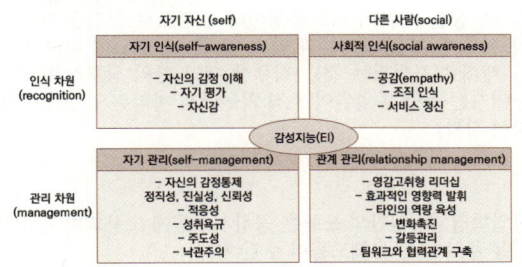

(1) 자기인식(self-awareness) 능력	자신의 감정 상태를 정확하게 인식하는 능력, 자신을 현실적으로 평가하는 능력
(2) 자기관리(self-management) 능력	자신의 감정을 관리하는 능력, 충동적인 감정을 제어하고 조정하는 능력, 상황에 대한 적절한 반응을 하는 능력
(3) 사회적 인식(social awareness) 능력	다른 사람의 입장에서 그들의 감정을 잘 이해하고 공감하는 능력
(4) 관계 관리(relationship management) 능력	다른 사람의 감정을 이해하고 상대의 감정에 따라 적절히 대응하며 원만한 상호작용 및 긍정적 관계를 유지하는 능력 (1)과 (2)는 자신의 개인적 역량(personal competence)을 개발하고 관리하는 것, 나머지 (3)과 (4)는 사회적 역량(social competence)을 개발하고 관리하는 것

◆ 감성지능의 5요소 : 자기 동기부여 능력	평상시나 어려운 환경 속에서도 긍정적 감정을 유지하는 능력
3. 감성지능과 조직 성과와의 관계 : 정(+)의 상관관계	① 감정노동을 수행하는 과정에서 감정부조화가 발생하는 경우 감성지능은 효과적으로 대처할 수 있도록 해줌으로써 만족스런 관계를 유지, ② 리더십 연구 결과를 보면, 지속적으로 높은 성과를 내는 성공적인 리더들의 공통점은 감성지능이 높음, ③ 감성지능이 높은 사람은 낮은 사람보다 혼자 하는 일에도 성과가 높음
4. 감성지능에 대한 공헌과 비판	
(1) 감성지능의 공헌	정서를 비합리적 요소로 배제했던 주류 견해에서 벗어나, 조직 성과에 직접적 영향을 미치는 주요 변수로서의 감정·정서를 연구, 사회적 관계의 연속인 조직생활에서 균형있는 감정관리 및 관계 관리의 영역을 제시
(2) 감성지능의 비판	① 일부 학자들은 감성지능의 개념이 너무 모호하고, 측정할 수 없으며, 감성지능은 성격 분류모형 중 Big 5 모형의 '정서적 안정성'과 비슷한 개념이라고 지적. ② 또한 아직 감성지능의 타당성을 입증하기는 어렵다는 비판도 제기. Landy는 감성지능에 대한 연구들이 학업/업무적 성과에 대한 어떠한 설명이나 예측을 할 수 없다고 주장. ③ 감성지능을 도덕적 자질로 잘못 인지할 우려도 있음. 이에 대해 Adam Grant는 감성지능을 기술보다는 바람직한 도덕적 자질로 잘못 지각할 위험성이 있다는 점을 지적
Ⅳ. 감정과 조직생활 : 감정노동(emotion labor : EL)	
1. 감정노동(emotional labor)의 개념	Hochschild(1983)의 "The managed Heart : Commercialization of Human Feeling"이라는 저서를 통해 보편적 개념으로 자리 잡았음(종업원이 직무상 고객으로부터 만족, 기쁨 등의 정서반응을 이끌어내고 음성이나 표정으로 교감을 형성하기 위하여, 자신의 기분과 맞지 않더라도 필요에 따라 감정을 제대로 표현하는 것), (직무상 대인 간의 상호작용이 이루어지는 동안 종업원이 조직 차원에서 바라는 감정을 표현하는 상황)
2. 노동의 3가지 변화	
(1) 산업혁명에 따른 육체노동	산업혁명 후, 인간의 노동은 공장시스템에 고용되어 단순한 일을 주로 하는 육체노동이 주된 형태
(2) 정보혁명에 따른 지식노동	IT(information technology)의 발달로 의사결정에 필요한 다양한 정보를 수집, 저장, 분석하는 것이 용이하게 되었음. 이제 이러한 정보를 신속하고 정확하게 반영하여 업무를 수행하는 것이 노동의 중요한 과제
(3) 정서혁명에 따른 감정노동	오늘날 서비스 직종의 비중이 증가. 서비스 조직의 구성원은 고객과 대인간 거래(transaction), 즉 상호작용을 통해 일함. 고객과의 상호 과정에서 주된 역할 중의 하나가 조직에서 요구되는 바람직한 정서를 표현하는 것. 고객과의 접점에 있는 근로자는 바람직한 정서를 표현하고, 그 대가로 임금을 받는 정서노동을 수행하게 됨

[정서노동의 비중이 낮은 직무와 높은 직무]

직무의 내용 면	정서비중 낮음	정서비중 높음
제품이나 서비스의 질이 고객에게 중요한지?	중요하지 않음	중요함
대체공급자의 선택 폭	좁음	넓음
대고객 접촉기간	짧음	길음
공급자와 고객 간의 거리	멀음	가까움
업무절차	단순함	복잡함
종업원이 제품을 직접 전달하는가?	직접 전달함	종업원 서비스 자체가 제품임
고객에 대한 정보	적음	많음
정보의 공개성 여부	비공개	공개
업무에 필요한 정서 표현의 폭	좁음	넓음

3. 감정노동에서의 감정의 유형

(1) 표현 규칙(Goffman, 1959)

구성원의 업무수행을 지원하기 위해 구성원에 대한 기대, 행동, 전시적 감정을 구체적으로 규정한 것. 영업사원이 "웃는 얼굴로 상냥하게"라는 긍정적 감정을 표현하도록 조직이 규정하는 것

(2) 감정의 유형

1) 전시적 감정(displayed emotion)

조직이 요구하는, 즉 자신의 실제 정서와는 상관 없이 외부로 드러내야 하는 바람직한 정서를 전시적 감정이라 함. 조직이 요구하는 얼굴 표정, 제스처, 목소리 등 언어적·비언어적 표현을 드러내는 것으로, 직무에 적합하게 체계적으로 분석되고 이성적으로 학습된 감정임. 전시적 감정은 표현규칙에 의하여 규정됨

2) 실제적 감정(felt emotion)

전시적 감정과는 상관없이 자신이 현재 느끼는 그대로의 감정을 실제적 감정이라 함. 실제적 감정은 본능적 감정임

4. 감정부조화(emotional dissonance) : 전시적-실제적 감정이 일치하지 않을 경우

자신이 느끼는 감정이 조직이 요구하는 규칙과 다르다면, 자신의 감정을 조절하여 표현규칙과 일치시켜야 함. 자신의 느낌이 조직이 요구하는 감정과 다를 때

5. 감정노동이 일어나는 직무의 특성

① 고객과 직접적인 상호작용이 존재
② 고객에게서 감사, 긴장 완화, 즐거움 등과 같은 감정적인 반응을 산출하도록 기대
③ 조직은 교육, 감독, 보상 또는 처벌을 통해 조직구성원의 감정표현에 대해 통제

6. 감정노동 강도의 영향요인(작업상황의 특성에 따라)

(1) 감정표현의 빈도(frequency)

고객과의 상호작용을 자주 하면 할수록 조직이 정한 표현 규칙에 보다 많이 순응해야 함

(2) 표현 규칙의 주의성(attentiveness)

요구되는 감정표현의 지속기간 및 강도에 따른 표현 규칙의 주의성 측면에서 개인은 자신의 원래 감정이 아닌 다른 감정을 오랫동안 표현할수록 그리고 그 감정이 강하게 표출될수록 자신의 감정을 관리하는 데 보다 많은 주의를 기울여야 함

(3) 감정의 다양성 | 표현되는 감정의 수가 많으면 많을수록 감정노동의 부담 및 이로 인한 피로도는 보다 커짐

(4) 감정부조화(emotional dissonance) | 조직이 원하는 감정과 개인이 느끼는 감정 간에 일치가 되지 않을 때 감정부조화 현상이 나타남. 부조화 정도가 클수록 감정노동의 강도가 높아짐

7. 감정표현의 세 가지 분류(감정노동의 4가지 유형)

(1) 가식적 행동(=표면행동) (surface acting) | 조직이 원하는 감정을 표현하기 위하여 자신의 실제 느낌을 억제하거나 숨기는 것 / 많은 스트레스

(2) 내면화 행동(=심화행동) (deep acting) | 가식적 행동에서 한 단계 더 나아간 것으로서 이러한 가식적 행동을 자신이 원하는 행동으로 인지하려는 것 / 중간

(3) 진실된 행동(genuine acting) | 조직이 원하는 감정에 대해 공감하고 이에 맞는 표현행동을 하는 경우 / 스트레스를 유발하지 않음

8. 감정노동의 결과와 개선책

(1) 감정노동의 긍정적 결과
① Zajonc(1985)은 안면 환류 가설(facial feedback hypothesis)을 토대로 기업에서 요구하는 표현규칙과 일치하는 안면 표정을 하려고 노력하다 보면 스스로의 정서를 조절하게 되고, 즐거운 감정을 만들려고 하는 과정에서 좋은 감정과 행동이 형성되기 때문에 감정노동의 결과가 충분히 긍정적인 결과를 보일 수 있다고 주장
② 또한 이러한 성취감이 자기효능감을 증진시키고, 파급효과를 통해 긍정적인 감정 전염이 나타날 수 있음

(2) 감정노동의 부정적 결과
① 감정노동은 구성원을 소외감에 빠지게 하고 그 결과 심리적 웰빙(well-being)을 감소
② 감정노동의 강도와 스트레스 간은 정적(+)인 상관관계
③ 감정노동의 강도가 높으면 높을수록 직무만족과 자기자긍심이 낮아짐
④ 감정노동의 강도가 높을수록 직무몰입, 조직몰입 그리고 조직시민행동의 정도가 낮아짐
⑤ 감정노동은 약물 남용, 알코올 중독, 결근율을 높이게 함
⑥ 감정노동은 작업자에게 건강을 해치고 심리적 장애를 유발

(3) 감정노동의 부정적 결과를 개선하기 위한 대책

1) 조직의 지원 – 심리상담 창구 마련 | 감정부조화를 심리적으로 극복할 수 있게 하는 조직의 지원이 있어야 함. 심리상담을 통해 이러한 어려움들을 구성원이 스스로 호소하고 해소하도록 유도

2) 내면화 프로그램(deep acting program) 제공 | 감정노동 상황 하에서 내면화 행동을 할 수 있는 훈련 프로그램을 제공

3) 수당, 휴가 부여 | 현실성 있는 수당 지급 등 보상제도를 개선하고 추가적인 휴가 등을 제공하여 심리적인 회복의 기회를 가지도록 지원

◆ 활용 사례 : Fun 경영(Fun management) | 사우나데이, 호프데이, 웃음바이러스, 에너지 박수 운동 등

◆ 활용 사례 : SouthWest사의 감성경영 | 일과 놀이를 하나로 통합하는 감성지능을 활용

V. 스트레스(Stress)의 기본 개념

1. 스트레스(Stress)의 개념과 어원

환경의 변화에 대한 반작용으로 발생하는 개인의 생리적 변화 및 심리적 변화
Stress는 중세 영어 'stresse(고난, 고통)'에서 파생되었고, 고대 프랑스어 'estresse(좁음)'에서 유래했으며, 라틴어의 'stringere(팽팽하게 당기다)'에서 유래

2. 스트레스의 중요성(F. Luthans) : 보이지 않는 살인마

① 심리적·생리적 효과에 손상을 주게 되어 조직의 효율성에 대한 그들의 공헌도와 건강에 영향, ② 이직과 결근의 주요 원인, ③ 한 종업원이 경험한 스트레스는 다른 종업원들이나 시민의 안전에 영향, ④ 역기능적 스트레스를 미리 통제함으로써 조직을 더욱 효율적으로 관리 ⑤ Burn out

VI. 스트레스에 대한 학문적 배경

1. Lazarus의 스트레스 이론

상황에 대한 인지적 평가가 스트레스를 만든다는 것. 스트레스와 이에 대한 대처 자원이 균형을 이루지 못하면 스트레스 발생

2. Selye의 일반적 적응 증후군(General Adaptation Syndrome : GAS)의 3단계 진행 모형(스트레스 진행 단계의 대표적 모형)

생물학적으로 스트레스라는 개념을 맨 처음 정리한 Selye(셀리)에 의하면 개체가 그 자신을 새로운 상태에 적응시키려는 일반화된 노력을 '일반적 적응 증후군(General Adaptation Sysndrome : GAS)'이라고 명명. 전신대처단계 모형이라고 부르기도 함

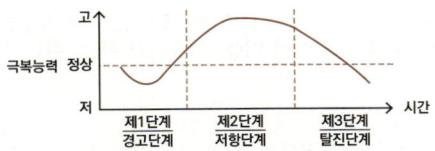

(1) 경고단계(alarm stage)

신체가 어떤 변화에 직면하게 되면, 뇌에서 각 기관으로 생화학적 메시지를 전달. 이 단계는 근육이 이완되고 체온이나 혈압이 떨어지는 '충격' 단계, 어느 정도 시간이 지나서 초기 충격이 진정되고 상황에 대처하는 '역충격' 단계

(2) 저항단계(resistance stage)

신체가 스트레스에 대처하게끔 변화되는데, 스트레스에 대한 저항의 정도가 최고도에 올라 많은 경우 신체가 스트레스를 극복하게 됨. 그러나 그 경계를 넘어서서 자극이 계속되면 심리적으로 공격적인 측면이 나타남

(3) 탈진(고갈)단계(exhaustion stage)

저항단계에서 스트레스가 장기간 지속된다면 탈진단계로 들어가게 되는데, 저항단계의 적응 기제가 고갈되어 직무에 대한 긍정적 강화요인이 결여되고 냉소적 태도가 생기거나 질병에 걸리게 됨

◆ 참고 : Burnout(탈진, 직무소진)

(1) 직무소진의 원인

① 개인적 원인(완벽주의적 성격, 높은 직무기대나 의욕, 실직, 가족이나 가까운 사람의 죽음)
② 경험의 부족과 한계의 인식(경험이나 직무수행을 위한 자원의 통제능력과 권한의 부족, 불공정성 지각)
③ 가치관 충돌(개인과 조직이 추구하는 가치관의 차이로 인한 갈등, 자신의 이상을 실현할 수 없을것이라는 인식)
④ 고객 요인(고객으로부터의 무시나 부정적 반응, 고객을 위한 자신의 직무가 아무런 가치가 없다는 인식)
⑤ 직무환경 요인(과도한 업무와 시간압박, 통제하기 어려운 고객들과의 접촉 빈도, 과중한 작업스케줄, 열악한 직무조건, 역할갈등과 스트레스, 역할모호성)

⑥ 커뮤니케이션과 사회적 지원의 결여(동료들과의 상호작용과 인정감 및 사회적 지원의 결여, 비판적이며 책임추궁적 조직문화)
⑦ 높은 사회적 기대(사회복지사와 같이 높은 사회적 기대에 대한 보상의 부족)

(2) 직무소진의 단계와 속성 – 매슬랙과 잭슨(Maslach & Jackson)

① 정서적 고갈(emotional exhaustion)

정서적 탈진 상태를 의미함. 출근 전 직무를 생각하는 것만으로도 기운이 빠지고 의욕이 떨어지며, 업무가 끝나면 완전히 기진맥진한 상태가 됨. 심리적으로 쇠약해지고, 극도의 피로감, 신경과민, 불쾌감을 느끼며 인간관계에 무관심해지고 신뢰감이 상실됨

② 비인격화(=탈인격화)(depersonalization)

타인에 대해 부정적이고 무관심한 반응을 보이는 상태. 타인을 부정적으로 바라보고 냉소적이며, 일정한 거리를 유지하려는 경향이 나타남. 이는 전문화와 비인간화를 조장하는 조직 분위기에서 기인할 수 있음

③ 개인성취감 감소(disaccomplishment)

기대한 성과를 달성하지 못한 자신에 대한 부정적 평가를 말함. 이로 인해 자기 효능감, 직무 만족도, 생산성이 감소할 수 있음

(3) 직무소진의 대처방안

충분한 휴식, 스트레스 해소기법 개발, 능력에 적합한 목표 설정, 건강 및 상담센터 이용, 여유시간 확보, 취미생활, 원활한 의사소통

3. 직무 요구–통제 모형(Job Demands–Control model : JD–C모형)

높은 수준의 직무 부담에 대해 이에 부응하는 직무통제 권한이 제공되지 않는다면 과도한 직무요구에 직면하게 되어 직무스트레스나 긴장, 불안감과 소진(Burn out) 등 부정적인 생리적 또는 심리적 결과를 초래

4. 직무 요구–자원 모형(Job Demands–Resources model : JD–R모형)

'직무 요구(job demand)'란 직무담당자로 하여금 직무수행이나 완수를 위해 지속적인 육체적, 정신적 노력을 기울이도록 요구함으로써 그 결과 해당 직무수행자에게 상당한 생리적, 심리적 희생을 감내하게 만드는 직무특성을,
'직무 자원(job resources)'은 상사와 동료들과의 의사소통, 지원, 팀 분위기 등과 같은 〈대인관계적 요소〉와 전반적인 임금수준, 경력 기회, 고용안정성 등 〈조직적 차원〉, 음주문화, 직장 문화 등 〈문화적 차원〉 등의 다양한 요인 등

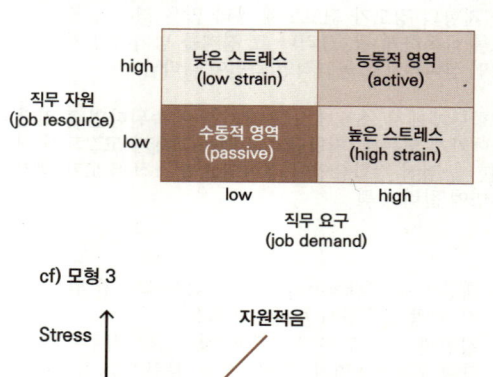

cf) 모형 3

5. 자원 보존 모형(Conservation Of Resources model : COR)

자원을 실제로 손실하였거나, 아니면 자원 손실의 위험을 느끼는 경우, 그리고 자신이 확보한 자원이 주어진 역할 요구에 대처하는데 있어서 적합하지 않다고 생각하는 등 자원이 제한되어 개인의 요구를 충족시키지 못할 때 사람들은 이에 대한 반응으로 스트레스를 느끼게 됨

6. 활성화 이론(activation theory)

근로자가 확보하고 있는 자원 수준과 적합한 수준의 직무요구도는 종사자의 신경활성도를 높이는 작용을 해 직무성과를 향상하는 요소로 봄(Gardner, 1986; Caplan, 1983)

7. 노력-보상 불균형(effort-reward imbalance) 모델

스트레스의 발생을 노력과 보상의 상호 교환성(reciprocity), 즉 주는 만큼 받는 것의 불균형으로부터 파생된다는 주장

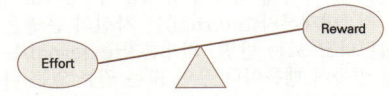

Ⅶ. 스트레스의 유형(=스트레스의 순기능과 역기능) – by Selye

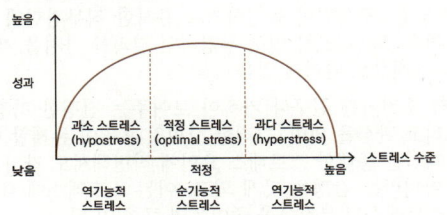

1. 유스트레스(eustress) : 건설적 스트레스

스트레스 반응이 건전하고 긍정적이며 건설적 결과로 나타나게 하는 현상.
ex) 성장, 융통성, 적응성 및 높은 성과 수준과 관련되는 개인 및 조직의 복지

2. 디스트레스(distress) : 파괴적 스트레스

좋지 않은 일로 발생하는 유해 스트레스.
ex) 직무 요구가 자원을 초과할 때, 개인이 요구하는 것을 환경이 마련해주지 못할 때, 과도하고 불쾌한 요구에 의해 괴로움을 느낄 때

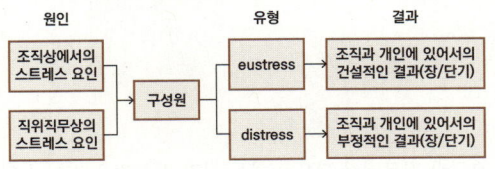

Ⅷ. 스트레스 모델

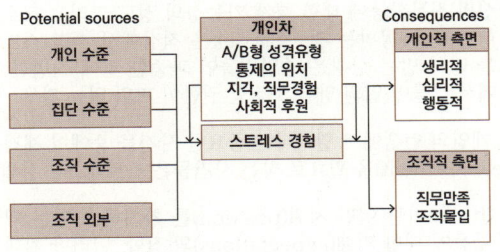

Robinson(1991)

1. 개 요

첫째, 똑같은 스트레스 원천에 노출되더라도 개인에 따라 스트레스를 느끼는 정도가 다르며, 둘째, 같은 수준의 스트레스를 느끼더라도 개인에 따라 나타나는 결과가 다르다는 것

2. 조절요인 – 개인차

스트레스 효과 직접적×, 조절변수(완충요인) 작용

(1) A/B 성격유형

B유형(type B)보다 A유형(type A)의 사람들이 보다 더 큰 스트레스를 받고 심장병에 걸릴 확률도 큼. 욕구충동 수준이 높고 적극적이며 원기 왕성하고 야망이 높기 때문

(2) 통제의 위치(locus of control)

통제의 위치란 자신에게 일어나는 일을 자신이 통제할 수 있다고 믿는가, 환경에 의하여 통제할 수 있다고 믿는가를 의미하는 것. 내재론자(internal)는 자신의 운명은 자신에 의해 결정된다고 보는 반면, 외재론자(external)는 자신에게 닥치는 일들이 행운이나 우연 또는 권능 있는 다른 존재들에 의해 결정된다고 믿음. 연구 결과에 따르면, 내재론자들은 외재론자들에 비해 자신의 직무 스트레스가 적은 것으로 지각할 뿐만 아니라 직무에 보다 만족하는 경향이 있음

(3) 지각(perception), 직무경험(job experience)

같은 상황이라도 받아들이는 지각에 따라 스트레스가 달라질 수 있음. 구성원이 동일하거나 유사한 직무경험이 전혀 없는 경우 스트레스로 인해 부정적인 결과를 가져올 가능성이 더 큰 것으로 알려져 있음

(4) 사회적 후원(social support)

사회적 후원이란 친구나 가족이 보여주는 진정한 걱정, 존경 그리고 관심을 의미. 그러한 사회적 후원이 존재할 때 종업원 개인은 중대한 스트레스 요인에 직면해서도 자기가 혼자가 아니라는 감정을 갖게 되고, 이는 스트레스에 대처하거나 스트레스의 부작용을 줄이는데 큰 힘이 됨

IX. 스트레스의 원인(stressor)

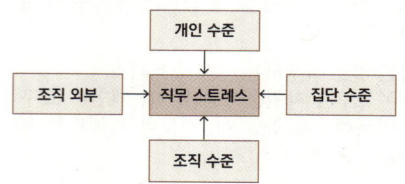

1. 개인 수준 요인(individual level factor)

(1) 직무 요구(job demand), 기회(opportunities)

직무 요구란 직무에서 필요로 하는 지적·신체적 능력이나 업무부하량. 기회도 이와 마찬가지로 직무 스트레스를 유발

(2) 직무 통제(job control)

직무 통제란 의사결정의 자율성 정도와 직무담당자가 갖는 자신의 직무활동에 대한 통제 가능성의 정도 그리고 직무를 수행할 때 제공받는 것. Karasek은 직장에서 가장 스트레스를 많이 받는 상황은 종업원들이 과중한 일에 직면한 상태에서 그들이 일의 양을 조절할 권한이 거의 없는 경우

(3) 생애 사건(Life-event)

한 개인의 인생에서 일어나는 중요한 사건들 중에서 재적응(readjustment)을 필요로 하는 사건들은 스트레스를 유발

(4) 역할 갈등(role conflict)

역할(role)이란 어떤 지위(position)를 차지하고 있는 개인의 행동에 대한 기대(expectations)의 집합. 이러한 기대는 개인의 역할집단(role set : 그 사람이 자신의 역할을 수행하는 과정에서 규칙적으로 상호작용을 하게 되는 사람들의 집합)에 의해서 그 사람에게 전달

1) 전달자의 내적 역할갈등(intra-sender)	동일한 역할집합에 속한 구성원(sender), 특히 상급자가 서로 양립할 수 없는, 상충되는 기대(conflicting expectations)를 가지고 역할수행자에게 역할을 맡길 때 발생하는 역할갈등. 예 : 사장이 A구매과장에게 시중 유통이 금지된 마약류를 은밀히 구입할 것을 지시하면서 발각되더라도 회사에 영향이 없도록 할 것을 당부할 때 느끼는 갈등
2) 전달자 간의 역할갈등(inter-sender)	두 명 이상의 다른 역할집단 구성원들(senders)이 역할수행자에게 서로 양립하기 어려운 목표의 일들을 각각 맡기는 경우 발생하는 역할갈등. 예 : 사장이 중간관리자인 B과장에게 종업원 기강 해이로 야단을 치라고 했으나, 종업원들은 B과장에게 자율성을 줄 것을 강력히 요구하는 경우, B과장이 느끼는 갈등
3) 수행자 역할갈등(person-role)	개인의 가치관과 욕구가 역할집단 구성원들의 기대와 충돌할 때 발생하는 갈등. 예 : 공해산업에 근무하는 C과장은 사장으로부터 생산비 절감을 위해 폐수 정화시설을 가동하지 않고 공장 폐수를 하천에 그대로 방류하라는 지시를 받았을 때, 그 지시가 자신의 가치관과 일치하지 않기 때문에 느끼는 갈등
4) 역할 간의 역할갈등(inter-role)	한 사람이 두 개 이상의 역할을 동시에 수행해야 할 경우, 각 역할의 기대를 동시에 충족시킬 수 없거나 양자가 양립이 불가능할 때 발생하는 갈등. 예 : D과장은 요즘 회사의 업무가 과중하여 매일 새벽에 출근하고 새벽에 귀가하는데, D과장의 부인이 집안을 돌보지 않는다고 불평을 하고 부모님들도 직장을 옮기든지 집을 나가든지 결단을 내리라고 야단을 칠 때 느끼는 갈등
(5) 역할 과중(role overload) (=역할과부하)	역할 과중이란 주어진 시간에 처리해 낼 수 있는 것보다 더 많은 일을 수행하도록 기대되는 것. 주어진 시간 안에 개인이 처리하기에 너무 많은 업무로 인한 양적 과부화(quantitative overload)와 개인이 처리하기에 너무 어려운 업무조건이 주는 질적 과부하(qualitative overload)로 구분
(6) 역할 모호성(role ambiguity) 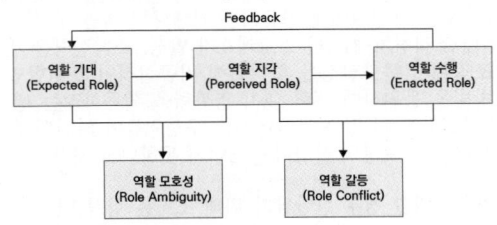	역할이 불분명하거나 주어진 정보가 불충분한 탓으로 개인이 자신의 역할을 어떻게 수행해야 할지를 잘 모르는 불확실성. 긴장감이나 자신이 무용지물이라는 느낌을 증가시키고, 직무만족이나 자신감을 감퇴시키며, 그 결과 어떤 형태로든 노동력의 손실이 초래

2. 집단 수준 요인(group level factor)

(1) 조직 내 개인 간 갈등(interpersonal conflict)	조직 내 대인 갈등수준이 높아지면 서로 간에 감정이 격화되고, 심할 경우 조직 내 사고나 폭력으로 발전. 조직 내 개인 간 갈등은 구성원들로 하여금 서로를 따돌리게 하고 협동활동을 감소시켜 조직 성과에 부정적인 영향
(2) 집단의 사회적 밀도(social density)	조직 내 상사, 동료, 부하, 고객과의 관계에서의 갈등, 낮은 신뢰도 등이 직무스트레스 요인. 에반스(G. W. Evans)는 사회적 밀도가 너무 높은 곳에서 개인의 정당한 크기의 작업공간을 갖지 못하는 것을 발견, 이러한 조건 하에서는 성과가 저해되고 직무만족이 감퇴함을 발견

(3) 집단 응집력(group cohesiveness)

집단응집력은 집단구성원이 소속한 집단에 대해 가지는 심리적 연대감 내지 집단의 매력의 정도. 집단 전체가 수행해야 할 직무를 구성원에게 공정하게 배분하지 않을 경우, 구성원 개개인에 대한 성과평가가 공정하지 못할 때 그리고 그 결과 집단 내 특정인이 승진 내지 임금상의 혜택을 받을 때

(4) 리더십(leadership)

집단 리더가 불량한 리더십을 행사할 때. 예 : 업무지시를 한 후 얼마 지나지 않아 지시내용을 바꾼다든지, 구성원에게 전제적인 리더십을 행사하며, 부하가 공을 세웠을 때 이를 가로채는 등

3. 조직 수준 요인(organizational level factor)

(1) 역할과소로 인한 불충분한 활용(under utilization)

역할과소란 별로 할 일이 없거나 또는 자신의 능력을 충분히 발휘해 볼 만한 도전감 있는 일을 거의 맡고 있지 않은 상황. 대학에서는 소속팀을 우승으로 이끌었던 운동선수가 프로팀에서는 벤치나 지키면서 시들해하는 경우가 이에 해당. 싫증과 권태로움을 느끼게 됨

(2) 감정노동(emotional labor)

감정노동은 직무를 수행할 때 자신의 감정을 숨기고 상대방에게 좋은 혹은 친절한 모습을 보여야 하는 것. 예 : 인사부서에 근무하는 종업원은 타 부서 사람들에게 인사서비스를 해야 하기 때문에 불쾌한 일이 생기더라도 친절하게 대해야 하는데, 이런 경우 감정적 탈진을 느끼게 됨

(3) 직무(job) - 물리적 환경, 직무 특성

온도나 소음수준과 같은 물리적 환경요인으로 극단적으로 불편하거나 위험이 높은 작업조건(working condition)도 스트레스를 유발. 과업 속도, 반복성, 교대 등과 같은 직무 특성이 직무관련 차원에 해당

(4) 조직구조(organizational structure)

조직구조, 조직풍토와 같은 조직과 관련된 특성이 구성원에게 스트레스를 제공할 수 있음. 탈중앙집중적 조직일수록 직무만족이 높고 직무스트레스가 적으며 직무수행 성과가 높다는 연구(Ivancevich, Donnelly). 구성원의 의사결정 증가가 직무에 대한 의미를 증가시키고 자율성, 책임성, 확실성, 통제성 및 소유권을 제공하기 때문

(5) 조직정치(organizational politics)

조직풍토는 구성원에게 공유되는 기대나 신념을 말하는데, 예컨대 조직정치에 의한 스트레스가 발생. 조직정치란 개인이 조직에서 목표달성을 하기위해 비공식적이고 비합법적인 방법을 동원하여 권력 내지 영향력을 획득하려는 행동. 조직정치가 많이 있는 조직에서는 구성원들이 타인의 승진이나 연봉 등 보상의 결정이 공정하지 못하다고 지각

(6) 조직변화(organizational change)

경쟁이 치열할 경우 살아남기 위해 조직은 항상 변화를 시도함. 예 : 새로운 기술을 도입함으로써 생산 라인이 변화되고 구조조정이 불가피하여 인원감축으로 연결, 몇 개의 부서가 통합되어 업무분담이 달라지는 경우 등

4. 조직 외부 요인(external organization factor)

(1) 직장-가정 갈등(work-family conflict)

직장-가정 갈등은 직장과 가정이라는 두 영역에서의 역할 압력이 상호 양립할 수 없을 때 발생하는 일종의 역할 간 갈등. 특정 역할수행에 시간을 할애하는 동안 동시에 다른 역할을 수행 할 수 없어서 발생하는 시간부족 때문. 개인이 직장에서 경험한 긴장과 피로가 가정에서의 역할수행에 방해가 되고, 반대로 가정에서의 과도한 역할기대가 직무수행에 긴장과 스트레스를 가져다줌

(2) 경제적 및 기술적 환경의 변화	경기가 후퇴하여 실업률이 증가하게 되면 기업종업원은 고용에 대한 불안감을 느낌. 기술환경의 변화로서 새로운 기술이 발명되어 현재 자신이 보유하고 있는 직무자격이 더 이상 현재의 직무수행에 적용될 수 없을 때 개인은 새로운 기술이 요구하는 자격을 취득해야 함
(3) 결과의 중요성과 불확실성	다른 조건이 동일한 경우 감독직이나 관리직을 맡고 있는 사람들이 감독책임을 맡고 있지 않은 사람들에 비해 위궤양에 걸릴 가능성이 더 높은 것

X. 스트레스에 대한 반응 결과

1. 개인적 측면(J. C. Quick & J. D. Quick(1984))

(1) 생리적 증세	반응이 잘못되거나 지나치게 오래 계속되면 위궤양, 뇌출혈, 고혈압, 심장병 등의 질병, 심박수와 호흡수의 증가, 두통, 호흡곤란 등의 신진대사 변화 등을 유발
(2) 심리적 증세	불안, 근심, 공격, 우울, 욕구좌절, 고독감, 불면, 심리적 무능력, 억압감, 소외 등
(3) 행동적 증세	흡연, 알콜 남용, 폭력, 무절제한 식사, 약물 중독, 사고에 취약한(accident proneness) 산재발생, 결근, 이직, 식욕감퇴, 불면증, 공격행동 및 태업 등

2. 조직적 측면

(1) 직무만족(job satisfaction)	직무 스트레스가 많을수록 직무만족도가 낮아진다는 전통적 견해와 직무 스트레스가 반드시 직무만족도에 부정적 영향만을 주는 것이 아니라 경우에 따라서는 긍정적인 영향도 미칠 수 있다는 견해가 있음, 어떻든 간에 직무 스트레스와 직무만족은 상호간에 영향을 주는 관계로서 그려짐
(2) 조직몰입(organizational commitment)	조직몰입은 조직구성원이 조직목표와 자신의 목표를 동일시하며 조직원으로서 존속하기를 원하는 태도로 정의. 직무 스트레스와 조직몰입에 대한 연구를 보면 대체로 직무스트레스는 조직몰입에 부정적인 영향, 조직 내에서 역할갈등이나 불확실성이 존재할 경우 개인은 조직 밖에서 그 대체물을 찾으려고 하기 때문에 조직몰입의 감소를 유발한다고 설명

XI. 스트레스 관리

1. 개인 차원의 대처전략

(1) 규칙적인 운동	가벼운 운동으로 혈액순환을 촉진하고, 신체에 산소를 공급하여 머리를 맑게 하고 육체적 건강을 유지하여 정신적으로도 안정시키는 방법. 조깅, 수영, 테니스, 골프 등 자신의 신체조건과 처지에 맞는 운동을 골라 비경쟁적인 육체적 활동을 하는 것이 바람직
(2) 긴장이완 훈련	직접적으로 스트레스 상황을 제거하거나 효과적으로 관리하는 것. 명상, 최면, 요가, 바이오 피드백 등
(3) 인지 재구성 방법	비현실적이고 비합리적인 개인의 생각이나 믿음을 바로잡아 줌으로써 스트레스를 줄이는 기법, 스트레스 상황에 대한 환자의 반응을 평가하고 문제해결 기술을 가르친 뒤 가상적 환경을 설정해 치료

(4) 자기조절
상황이 자신을 통제하도록 내버려두는 것이 아니라 자신이 상황을 통제하도록 함. 자신의 한계를 인지하고 실현가능한 목표를 설정해서 융통성 있는 계획으로 자신을 관리하는 것

(5) 약물사용과 음식조절
불안감과 우울증이 심해지면서 적응이 어려운 경우에 신경안정제나 항우울제의 사용으로 불안과 우울 상태를 완화시킬 수 있음

2. 조직 차원의 대처전략

(1) 직무설계(job redesign)
직무분석을 통해 역할과중, 역할과소, 불건전한 업무 조건 등을 찾아내서, 개인의 능력과 적성에 맞게 직무를 설계한다면 스트레스는 확실히 제거

(2) 역할분석(role analysis)통
첫째, 다른 사람이 과업에 대해 바라는 기대역할(expected role)을 분명하게 정의, 둘째, 규정역할(enacted role), 즉 역할에 대한 행동을 명확하게 규정해 주는 것

(3) 참여적 의사결정(Participative Decision Making : PDM)
구성원들을 기업 의사결정에 참여시키게 되면 보다 많은 정보를 공유하게 되고, 기업경영에 대한 증가된 통제감을 느낌

(4) 의사결정 수준(level of decision making) : 카라젝(Karasek)의 직무긴장 모델

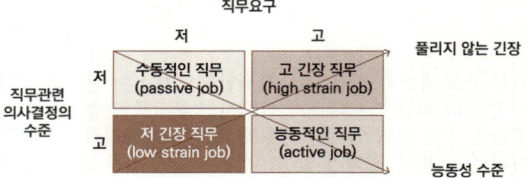

카라젝은 스트레스를 받는 데 있어서 스트레스를 주는 요인(stressor)과 함께 개인의 의사결정태도(decision attitude)가 중요한 변수가 된다고 주장. 종래의 환경에 대한 수동적인 스트레스 이론을 비판하고 한 개인이 스트레스를 느낄 때 이 두 요인들이 복합적인 영향(joint effect)을 미친다고 설명. 즉, 스트레스는 작업환경이라는 요인뿐만 아니라 작업상황에서 한 개별 작업자에게 직무요구(job demands)가 주어질 때 의사결정에 있어서 자유재량의 범위가 어떠한가 하는 요인, 즉, 의사결정 수준이 스트레스를 느끼고 느끼지 않는 데 결정적인 영향을 미친다는 것

(5) 집단 응집성(group cohesiveness) 구축
보다 생산적이고 후원적인 작업집단을 발전시킴으로써 스트레스를 감소

(6) 조직구조의 변화(organizational structure change)
분권화(decentralization)를 통해 구성원에게 자율성을 부여하고, 목표를 설정하도록 하여 적합한 계획을 수립하도록 함. 의사결정과정에 구성원을 참여, 구성원간의 직무에 대한 정보를 공유할 수 있도록 정보를 개방함으로써 커뮤니케이션 채널을 활성화

◆ 참고 : 단계별 스트레스 관리 방법

제1차적 예방	스트레스 요인 중심(스트레스의 개인적 지각 관리, 라이프스타일 관리, 개인적 작업환경 관리)
제2차적 예방	반응 중심(긴장을 푸는(휴식/휴양) 훈련), 육체적(물질적) 배출-운동, 정서적 배출-타인과의 대화)
제3차적 예방	증상 및 표현 중심(카운슬링과 정신요법, 정서적 배출(약물치료))

제 8 장 동기부여(motivation)

전하노트 pp.175-232

I. 동기부여(motivation)의 개요

1. 동기부여(motivation)의 개념

[동기부여의 3요소]

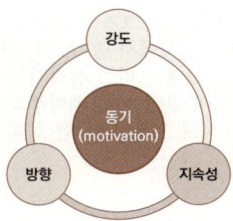

① 강도(intensity)

② 방향(direction)

③ 지속성(persistence)

어떤 목표를 성취하기 위하여 개인의 행동을 자극하고 지휘하며 유지하는 과정. 목표를 달성하기 위한 개인의 노력의 강도(intensity)·방향(direction)·지속성(persistence)을 설명하는 역동적인 힘의 집합으로 정의(Pinder)

개인이 얼마나 열심히 노력하는가

조직의 목표를 향하고 그와 방향을 일치하도록 하는 노력이야말로 구성원이 추구해야 하는 노력의 종류

개인이 노력을 얼마나 오래 유지할 수 있는가

2. 동기부여의 중요성

$$P = f(M \times A)$$

(P : Performance, M : Motivation, A : Ability)

Motivation은 라틴어 'movere'가 어원으로 이것은 '움직이다(move)'라는 뜻. 모티베이션은 움직임, 즉 '행동'으로 표출되는 것을 의미한다는 점에서 조직 내 개별 구성원이 구체적인 행동으로 자발적으로 실천하여 조직의 목표를 달성할 수 있게 하는 원동력

3. 동기부여의 이론

(1) 욕구 이론(need theory) : 결핍 상태를 충족시키기 위한 것

고대 그리스 철학자들의 hedonism. 유쾌함(pleasure) 추구·고통(pain) 회피 경향

(2) 인지적 동기이론(cognitive motivation theory) : 합리적 사고과정을 통해 행동하고자 하는 것

인간이 과거 경험으로부터 학습할 수 있고 미래를 예측할 수 있는 능력이 있다는 가정

(3) 내재적 동기이론(intrinsic motivation theory) : 외적 보상 없이도 몰입하는 것

일에 대해 자신도 모르게 재미를 느껴 빠져드는 현상

II. 동기부여의 접근법

1. 전통적 접근법 : 경제인(economic man) 가설

테일러를 비롯한 과학적 관리학파에 의하여 주장, 종업원의 소득증대와 회사의 생산성 향상을 동시에 추구. 경영자는 표준작업량을 사전에 설정해 놓고 성과급제를 실시하여 종업원들의 목표달성을 위한 동기를 유발하려 하였음. 여기서 종업원은 원래 게으르며, 금전적 보상에 의해서 동기유발이 가능하다고 가정

2. 인간관계론적 접근법 : 사회인(social man) 가설

경영자는 노동자의 사회적 욕구를 인정하고 종업원에게 보다 많은 결정권을 부여하고, 조직 내 비공식 집단에 대한 관심을 높이는 등 인간관계의 개선을 통한 개인의 동기유발에 관심

3. 인적자원적 접근법 : 복잡인(complex man) 가설

돈이나 사회적 욕구 이외에도 동기가 유발될 수 있는 많은 요인이 있음을 파악. 대부분의 사람들은 일을 잘 하려는 동기가 이미 유발되어 있고, 진정으로 조직에 기여하고자 하며 스스로 지휘·통제할 수 있는 역량을 가지고 있다고 가정. 경영자는 개개인의 관심과 능력에 따라 공헌할 수 있도록 조직 및 개인 목표달성을 위한 책임을 종업원에게 분담시켜야 함

Ⅲ. 욕구 이론(need theory) : 동기부여 내용 이론(content theory)

1. 욕구 이론(need theory)의 개요 : '무엇'이 동기부여에 영향을 미치는가

기본적으로 인간의 행동은 그가 지니고 있는 결핍상태를 채우기 위해 나온다는 전제에서 출발. 이 분야 초기 학자들은 인간행동의 원인을 고대 그리스 철학자들이 주장했던 쾌락주의(hedonism)에서 찾았는데, 쾌락주의란 인간은 유쾌함(pleasure)을 추구하고 고통(pain)을 회피하려는 경향이 있다는 것

2. Maslow의 욕구단계이론(=욕구계층이론) (hierarchy of needs theory)

(1) 개념

모든 사람에게는 선천적으로 다섯 가지의 욕구단계가 존재한다고 가정, 욕구들은 계층을 이루고 있으며 충족되지 못한 욕구에 의해 모티베이션이 이루어지며 충족된 욕구는 더 이상 모티베이션 시키지 못한다는 것

(2) 욕구단계의 종류

1) 초기 분류
   ① 생리적 욕구(physiological needs)
   ② 안전 욕구(safety needs)
   ③ 소속감 및 애정 욕구(belongingness & love needs) (=사회적 욕구)
   ④ 존경 욕구(esteem needs)
   ⑤ 자아실현 욕구(self-actualization needs)

[욕구단계와 욕구충족방법]

일반 요소	욕구단계	조직적인 구체적 요소
• 성장 • 성취 • 발전	자아실현 욕구	• 도전적인 직무 • 창조성 • 조직체 내에서 발전 • 작업의 성취
• 인정감 • 지위 • 자기 존경 • 자존	존경 욕구	• 직위, 직급 • 급여의 인상 • 동료와 감독자의 인정 • 일 그 자체 • 책임성
• 동료애 • 애정 • 우정	사회적 욕구	• 감독의 질 • 조화된 작업집단 • 직업적 우정
• 신체적 안정 • 심리적 안정 • 역량 • 안정성	안전 욕구	• 안전 작업 조건 • 복리후생 • 임금 인상 • 고용 안정
• 공기 • 음식 • 거처 • 성	생리적 욕구	• 냉난방시설 • 기본임금 • 식당 • 작업조건

2) 후기 분류
   ① 고차(higher-order) 욕구
   ② 저차(lower-order) 욕구

소속감 및 애정 욕구, 존경 욕구, 자아실현 욕구와 같이 내적으로 충족된 욕구

생리적 욕구와 안전 욕구와 같이 외적으로 충족된 욕구

(3) 가정

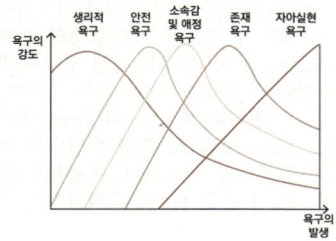

[욕구의 출현과 강도]

① 인간의 욕구체계는 매우 복잡하며, 발생 순서에 따라 위계(hierarchy)적으로 파악
② 일단 만족된 욕구는 더 이상 동기부여 되지 않음
③ 〈결핍-지배의 원리〉와 같이 욕구가 결핍되어 있으면, 그 욕구가 개인의 의식을 지배
④ 〈충족-출현의 원리〉와 같이 욕구의 출현과 소멸은 '결핍-지배-충족-새로운 욕구 출현'의 과정을 거쳐 자아실현욕구가 출현될 때까지 계속됨
⑤ 자아실현 욕구를 제외하고 개인의 행동에 동기를 부여하는 것은 '결핍'. 자아실현 욕구는 다른 욕구와는 달리 충족되면 될수록 욕구의 크기가 더 커짐
⑥ 상위 수준의 욕구는 하위 수준의 욕구에 비해 충족될 수 있는 방법이 많음

(4) 평가

1) 공헌

① 경영자들로 하여금 인간 욕구에 대한 체계적 인식을 최초로 갖게 하고, 실무 관리자들 사이에서 널리 인정. 직관적이고 논리적이며 이해하기 쉽기 때문
② 동기부여 효과를 지속적으로 얻기 위해서는 직급이 높아질수록 상위욕구를 충족시켜 줄 수 있는 조직분위기의 조성이 중요
③ 조직구성원의 욕구구조를 파악하여 해당 구성원별 차별화된 조직환경을 제공

2) 비판

① 하위 단계의 욕구가 완전히 충족되어야만 상위 욕구가 나타난다는 것은 이해하기가 어려움. 대부분의 경우에는 둘 이상의 욕구를 함께 느끼기도 함. 결핍-지배 가설은 저차원적 욕구에 대해서만 성립하는 것일 수도 있음
② 인간의 욕구는 동태적이기 때문에 사회에 따라 욕구 단계의 순서가 바뀔 수도 있음
③ 매슬로우의 욕구이론에는 돈이면 모든 것을 해결할 수 있다는 논리
④ 욕구의 유형을 5가지로 세분화시킨 것에 대한 문제를 제기
⑤ Maslow가 제시한 욕구계층이 일반적 내지 보편적이라고 주장하였으나, 미국이 아닌 다른 문화권에서는 이러한 계층이 다르게 형성

◆ 참고 : 성장욕구와 결핍욕구
- 성장욕구(growth needs) : 자아실현 욕구
- 결핍욕구(deficiency needs) : 나머지 네 욕구

(5) 조직경영에의 시사점

① 〈구성원의 욕구 파악 및 차별화된 조직환경 제공〉 측면에서 매슬로우에 의하면 관리자는 구성원이 현재 어떤 욕구 단계에 있는지를 이해하고, 그 단계를 따라 올라가며 그 단계나 혹은 그 위의 욕구를 충족시키는 데 초점을 맞출 필요
② 오늘날 대부분의 구성원들은 자신의 존재를 발전시킨다는 성장의 문제에 더 큰 관심을 보임. 따라서 조직경영에 있어 자존욕구나 자아실현욕구와 같은 성장욕구를 충족시킬 수 있는 방향으로 동기를 부여해나가야 할 것. 직무재설계(job redesign)를 할 필요
③ 상황변화에 따라 새로이 출현하는 욕구에 유의
④ 욕구단계이론은 미국의 개인주의 문화를 전제로 구축되고 검증된 이론. 한국과 같은 집단주의 문화권에서도 똑같은 논리가 성립될지는 불분명

(6) Maslow 이론의 적용사례 – 선택적 복리후생제도 (cafeteria benefit)

선택적 복리후생제도란 종업원들은 연령, 직급, 근속연수 등에 따라 개인적 욕구와 선호를 가지고 있다는 점에 착안한 제도, 종업원들에게 여러 가지 복리후생 선택안(option)을 제공하고 각자의 다양한 욕구에 따라 선호하는 복리후생을 자유롭게 선택할 수 있도록 복리후생의 유연성을 최대로 살리는 제도를 말함. 이 제도는 개별 구성원의 욕구가 현재 어떤 욕구 단계에 위치하고 있는지를 이해하고 이를 충족시켜야 한다고 주장하는 Maslow의 욕구단계이론에 이론적 근거를 두고 있음. Maslow 이론을 반영한 제도의 취지를 살리기 위하여 제도 설계 시 반드시 종업원과 노조의 의견을 반영하여 제도를 구축하는 것이 바람직함

3. Alderfer의 ERG이론

(1) 개 념

Maslow의 욕구단계설(욕구계층이론)이 직면했던 문제점들(실증조사에 의해 뒷받침되지 못한다는 것)을 극복하고 보다 실증조사에 부합되게 수정한 이론. Alderfer는 Maslow가 제시한 5단계 범주를 저차원적 욕구와 고차원적 욕구 간의 기본적 구별이 필요하다고 생각하고 세 범주로 구분하면서 다음의 3가지로 압축·구분하여 제시

(2) 유 형

1) 존재 욕구(E : existence needs)

배고픔, 갈증, 안식처 등과 같은 생리적·물질적 욕망으로서 봉급, 쾌적한 물리적 작업조건과 같은 물질적 욕구. 이 존재 욕구는 Maslow의 생리적 욕구와 물리적 측면의 안전 욕구에 해당

2) 관계 욕구(R : relatedness needs)

직장에서 타인과의 대인관계, 가족, 친구 등과의 관계와 관련되는 모든 욕구를 포괄. 관계 욕구는 Maslow의 안전, 사회적, 존경 욕구의 일부를 포함

3) 성장 욕구(G : growth needs)

개인의 창조적 성장, 잠재력의 극대화 등과 관련된 모든 욕구. 한 개인이 자기 능력을 극대화할 뿐만 아니라 능력개발을 필요로 하는 일에 종사함으로써 충족이 가능. 이 성장 욕구는 Maslow의 자아실현 욕구와 일부 존경 욕구에 해당

(3) 가정

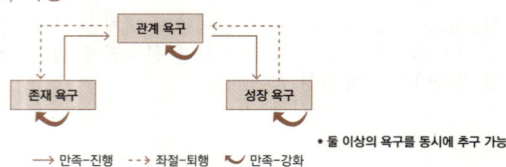

1) 욕구 만족(need satisfaction)

각 수준의 욕구가 덜 만족될수록, 그 욕구에 대한 기대는 더욱더 커질 것

2) 욕구 강도(desire strength)

하위 욕구가 만족될수록, 그보다 높은 상위 욕구에 대한 바람은 더욱더 크게 될 것

3) 욕구 좌절(need frustration)

상위 욕구가 덜 만족될수록, 더 낮은 하위 욕구에 대한 바람은 더욱더 커질 것

(4) ERG 이론의 작동원리

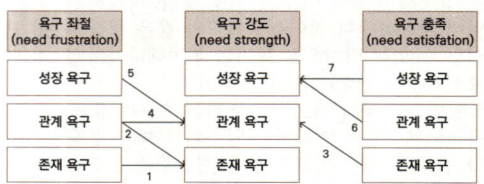

1) 존재 욕구 작동 : 존재 욕구 좌절, 관계 욕구 좌절		[원리 1]은 존재 욕구가 충족되지 않았을 때 존재 욕구의 강도가 커지는 경우. 예를 들어, 돈이 떨어졌을 때 돈을 더 필요로 하게 되는 것 [원리 2]로 욕구 퇴행(regression)현상으로 한 개인이 계속되는 시도에도 불구하고 상위 욕구인 관계 욕구를 충족시키지 못하고 좌절하게 되면 하위 욕구인 존재 욕구가 더 강하게 나타난다는 원리(예를 들면, 직장에서 일의 특성상 원만한 대인관계의 기회가 차단되었을 때 조직원들이 더 높은 보수나 혜택을 요구하게 되는 경우)
2) 관계 욕구 작동 : 존재 욕구 충족, 성장 욕구 좌절		[원리 3]은 매슬로우 이론에서와 비슷한 것으로 존재 욕구가 만족됐을 때 관계 욕구가 나타나는 것. 직장에서 급여나 혜택을 많이 받는 사람들이 서로 어울리기를 좋아하는 현상은 이 원리를 가지고 설명 또한 [원리 4]로 관계 욕구가 충족되지 않았을 때 관계 욕구의 강도가 커지는 현상
3) 성장 욕구 작동 : 관계 욕구 충족, 성장 욕구 충족		[원리 5]에서와 같이 개인의 성장 욕구가 충족되지 않으면 성장욕구 자체가 증가되거나 관계 욕구가 발동 관계 욕구([원리 6])나 성장 욕구([원리 7])가 충족됨으로써 성장을 위한 욕구가 증가

(5) ERG 이론과 Maslow 이론의 비교

	Maslow 욕구단계설	Alderfer ERG 이론
고차원적 욕구 ↓ 저차원적 욕구	자아실현 욕구	성장(G) 욕구
	존경 욕구	관계(R) 욕구
	소속감 및 애정 욕구	
	안전 욕구	존재(E) 욕구
	생리적 욕구	

1) 공통점	하위 욕구가 충족될수록 상위 욕구가 커진다는 점에서 매슬로우의 이론과 일치
2) 차이점	① 매슬로우의 욕구단계설은 만족-진행법(satisfaction-progression approach), 즉 하위 욕구가 만족될수록 상위 욕구로 진행해 간다는 데 반해, ERG 이론은 좌절-퇴행(frustration-regression) 요소도 포함 ② ERG 이론은 매슬로우 이론과 달리 한 가지 이상의 욕구가 동시에 작용할 수 있음(세 가지 욕구를 동시에 다 경험할 수 있음) ③ ERG 이론은 고차원적 욕구가 행위에 영향력을 미치기 전에 반드시 하위 욕구가 충족되어야 한다는 가정(상향(上向))을 배제

(6) ERG 이론의 평가

1) 공 헌	① 여러 조직행위론자들은 ERG 이론이 욕구 개념에 근거를 둔 동기부여 이론으로서는 가장 타당하고 연구조사가 가능한 이론이라고 평가 ② 욕구들 간의 관계를 설명함에 있어 특정 욕구가 충족되지 못했을 때 나타나는 하위 욕구로의 퇴행현상을 제시

2) 비 판

① ERG 이론은 최근 이론이기 때문에 이에 대한 실증조사 연구가 불충분
② 알더퍼의 이론이 매슬로우의 이론보다 타당성 있는 것도 아니며, 엉성한 실증적 일반론이므로 보다 이론화되어야 한다는 혹평
③ 개념의 모호성, 욕구들 간의 관계가 문화권에 따라 다르게 나타날 수 있음

(7) ERG 이론이 조직경영에 주는 시사점

① 조직구성원으로 하여금 행동을 이끌어내기 위해서 그들이 가지고 있는 욕구에 대한 이해와 이를 충족시킬 수 있는 조직환경을 제공해야 함
② ERG 이론이 조직경영에 주는 가장 큰 시사점은 〈좌절-퇴행의 가설〉에 기인. 관계욕구나 성장욕구가 좌절되었을 때 그 하위 단계의 욕구가 더 강해짐. 따라서 경영자가 조직원의 고차원 욕구를 충족시켜야 하는 것은 동기부여를 위해서만이 아니라 직·간접 비용을 절감한다는 차원에서도 중요

(8) ERG 이론의 적용사례

암웨이(Amway), 직원의 모든 욕구를 충족시킬 수 있는 시스템

4. Herzberg의 2요인 이론(dual factor theory)

(1) Herzberg의 2요인 이론의 개념

◆ 참고 : Herzberg의 생각
불쾌한 것을 회피하려는 욕구(위생요인) 정신적 성장을 통해서 잠재능력을 현실화 하고자 하는 욕구(동기요인)

1950년대 Herzberg는 기업 종업원의 직무태도를 조사하던 중 종업원에게 '만족'을 가져다 주는 사건들과 '불만족'을 가져다 주는 사건들을 발견. '불만족'의 주요 원인이 되는 사건들은 이상하게도 작업성과와 특별한 인과관계를 보이지 않았으나, '만족'의 주요 원인이 되는 사건들은 작업성과와 직접적인 인과관계가 있음을 발견
특히 〈전통적 견해〉는 만족과 불만족을 동일선상의 양극점으로 파악하였으나, 〈Herzberg〉는 만족과 불만족은 전혀 별개의 차원이고 각 차원에 작용하는 요인 역시 별개의 것이라고 주장한 것

(2) Herzberg의 직무만족 조사
1) 동기요인(motivators) : 만족요인
2) 위생요인(hygiene factors) : 불만족요인

위생요인(hygiene factors)	동기요인(motivators)
- 급여 - 감시와 감독 - 회사의 정책과 행정 - 감독자(상사)와의 인간관계 - 하급자와의 인간관계 - 동료와의 인간관계 - 작업조건 - 개인생활 요소들 - 직위 - 직장의 안정성	- 성취감 - 칭찬이나 인정을 받을 수 있는 기회 - 직무 자체가 주는 흥미 - 성장 가능성 - 책임감 - 직무의 도전성 - 발전성(승진)

(3) 위생요인과 동기요인의 관리전략
1) 위생요인의 관리
2) 동기요인의 관리

적절히 충족
직무내용을 개선·향상시키는 데 주의

(4) 허쯔버그의 2요인 이론의 평가
1) 공 헌

Maslow의 이론을 보완하여 작업 동기부여에 응용시키고 무시되던 직무내용 요소에 관심을 가졌다는 측면에서 큰 기여

2) 비 판

① 만족 요인과 불만족 요인의 구분이 타당하지 못함
② 만족·불만족 요인의 분류방식에도 문제가 있는데, 사람들은 자기통제 하에 있는 요소에 대해서는 자연히 즐거운 경험을 언급할 가능성이 높은 반면, 자기통제를 벗어나는 직무환경적 요소에 대해서는 기분 나쁜 경험을 말할 가능성이 높음
③ 2요인 이론은 개인차를 전혀 무시
④ '만족-생산성' 간에 긍정적인 관계가 존재한다는 가정
⑤ 연구대상이 엔지니어, 회계사와 같이 이미 위생 요인이 충족된 전문직

[매슬로우(Maslow), 알더퍼(Alderfer), 허쯔버그(Herzberg) 이론의 관련성]

	Maslow 욕구단계설	Alderfer ERG 이론	Herzberg 2요인이론	
고차원적 욕구 ↑ ↓ 저차원적 욕구	자아실현 욕구	성장(G) 욕구	동기 요인	내재적 동기부여 ↑ ↓ 외재적 동기부여
	존경 욕구	관계(R) 욕구		
	소속감 및 애정 욕구		위생 요인	
	안전 욕구	존재(E) 욕구		
	생리적 욕구			

(5) 허쯔버그 2요인 이론이 조직경영에 주는 의미

1) 위생요인 추구자의 문제

허쯔버그는 급여, 승진 등과 같은 위생요인들을 병적으로 추구하는 조직원들(hygiene seekers)은 조직경영에 있어서는 암적인 존재라고 했음. 조직이 위기에 처해도 이들은 더 많은 보상을 요구하므로, 위기타파를 위한 파트너의 역할을 기대할 수 없다고 보았음. 허쯔버그는 위생요인 추구현상을 극복하기 위해서 직무확대나 직무충실화 등을 통하여 직무 속에 동기요인을 구축할 것, 조직원들이 위생요인들보다는 동기요인을 추구할 수 있도록 교육과정을 재구성할 것을 제안(참고: People Express사는 1980년대 급성장하며 인센티브를 지급했으나, 비용 절감 압박이 커지면서 원가 절감을 위해 인센티브 지급을 중단했음. 그 결과, 구성원들이 이탈하고 조직 경쟁력이 약화되어 결국 사멸에 이르게 되었음)

2) 동기요인 구축 문제

조직원들이 성취감, 인정감, 자극, 책임감, 발전성 등을 체험할 수 있도록 직무를 재구성해야 한다고 주장

3) 조직구조 측면

허쯔버그는 노사나 인사담당부서를 위생요인 담당부문과 동기요인 담당부문으로 양분할 것을 제안

5. McGregor의 XY론

(1) McGregor의 XY론의 개념

1960년 더글래스 맥그리거(D. McGregor)는 그의 저서가 나오기 전까지 일반인들의 인간관이 성악설과 비슷하다고 보았음. 따라서 맥그리거는 과거의 인간관을 X론(Theory X)이라고 명명하고 새로운 인간관인 Y론(Theory Y)형을 제시. 특히 그는 X론의 관점은 옳지 않다고 하면서 X론의 리더십과 관리방식을 Y론으로 바꾸어야 한다고 주장

(2) X·Y론의 내용

① X론(Theory X)

② Y론(Theory Y)

	Theory X	Theory Y
특성	- 원래 사람은 일을 싫어하기 때문에 가능한 한 일을 조금만(회사에 붙어 있고 승진하고 비난받지 않을 정도만) 하려고 한다. - 인간이란 책임지기를 싫어하기에 가능한 한 회피하고 야망이 없기 때문에 그저 시키는 일만 하려고 한다.	- 노동이란 극히 자연스러운 것이며, 적절한 조건만 갖춰지면 적극적으로 책임 맡은 일을 완수하려고 한다. - 사람들은 자기에게 주어진 목표달성을 위해서 스스로 통제하고 관리한다. - 따라서 조직의 문제를 해결하고 업무를 달성하는 데 필요한 창의력, 상상력, 지도력 등은 인간 누구에게나 있다.
동기 부여 방식	- 통제와 지시로 관리 - 감독 철저 - 물질적 보상 - 조직은 수직적(Tall 구조)	- 자율에 맡김 - 권한 위임으로 자긍심 부여 - 정신적 보상 - 조직은 수평적(Flat 구조)

(3) McGregor의 XY이론에 대한 평가

1) 공 헌

① 경영자의 인간에 대한 기본 가정에 따라 기업의 사람관리 방식이 근본적으로 달라진다는 것을 제시, ② 기존의 폐쇄적 조직관에서 벗어나 조직의 목표와 조직구성원의 목표를 통합을 강조

2) 비 판

① 인간을 단순하게 이분법적으로 구분했다는 측면, ② 현실적인 타당성 면에서는 한계가 있음. 모든 상황에서 Y이론이 타당한가에 대한 의문이 제기. 요컨대, 인간에 대해 X 혹은 Y론 중 어느 한 가정을 적용한다는 것은 비현실적일 수 있다는 것

(4) McGregor의 XY이론이 조직경영에 주는 의미

McGregor는 인간에게 Y형 기질이 많이 있다고 보았음. 최근 경영환경의 변화가 극심하고 창의성이 중요시되는 상황에서 조직구성원을 동기화하려면 위계적 권력구조가 높아서는 안 되고, 권한을 위임해야 하며, 규칙과 통제를 줄이고 담당자 재량에 맡기는 것이 바람직

6. McClelland의 성취동기이론(achievement motivation model)

(1) 성취동기이론(achievement motivation model)의 개념

성취동기에 대하여 처음으로 주의를 환기시킨 사람은 Henry Murray. 데이비드 맥클리랜드(D. C. McClelland)는 모든 사람이 공통적으로 비슷한 욕구의 계층을 가지고 있다고 주장하는 Maslow의 욕구를 비판하면서, 욕구는 '학습되는 것'이므로 개인마다 욕구의 계층에 차이가 있다고 주장한 이론. 그는 조직 내 개인의 동기부여를 성취욕구·권력욕구·친교욕구로 파악. 특히 그와 후속연구자들은 성취욕구를 가장 중요한 요소로 보고 이를 집중적으로 연구

(2) 성취동기이론의 등장배경

성취동기이론은 기업가의 역할을 설명하는 이론에서 출발. 기업가는 보통 사람보다는 더 큰 성취욕구를 지녔으며, 이에 따라 기업가로서 성공할 수 있었다는 것

(3) 성취동기이론의 유형

1) 성취욕구(Need for Achievement : N-Ach)

우수한 결과를 얻기 위하여 높은 기준(standard of excellence)을 설정, 이를 달성하려는 욕구

2) 권력욕구(Need for Power : N-Pow) — 타인의 행동에 영향력을 행사하려는 욕구

3) 친교욕구(Need for Affiliatioin : N-Aff) — 귀속욕구라고도 하며 타인 간의 관계를 중시하는 욕구

(4) 성취욕구와 직무성과 및 관리자 적합성의 관계

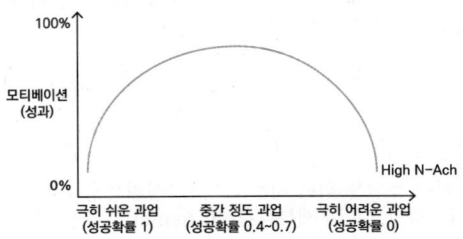

1) 직무 성과와의 관계
   직무에 높은 개별 책임, 중간 정도의 리스크, 피드백이 있을 때 높은 성취자들은 강하게 동기부여

2) 관리자 적합성과의 관계
   ① 높은 성취욕구가 반드시 사람을 훌륭한 관리자로 만드는 것은 아님. 높은 성취욕구를 갖는 사람들은 자신이 개인적으로 얼마나 잘하는가에 관심이 있을 뿐 다른 사람들이 더 잘하도록 영향력을 행사하는 데에는 관심이 없음
   ② 친교 욕구와 권력 욕구는 관리자의 성공과 밀접하게 관련되는 경향이 있음

(5) 성취동기가 높은 사람들의 특징

성취동기 측정 도구인 AMS(Achievement Motivation Scale)는 McClelland와 Herman이 개발한 것으로, 성취동기가 높은 사람은 과업 지향성(task-oriented), 모험성(adventuresome), 성취가능성에 대한 자신감(self-confidence), 정력적이고 혁신적인 활동(energetic and revolutional activity), 책임감(responsibility), 행동결과에 대한 지식의 중요성(knowledge of the result), 미래지향성(future-orientation)을 지님

(6) 성취동기 훈련 방법

1) 성취 동기 수준 파악 — 주제통각기법(TAT)을 사용하여 개인의 성취 심상(achievement imagery)을 측정. 이를 통해 자신의 경험을 이해하고 자신의 정체성을 탐색해나감

2) 목표 설정 — 작은 단위의 과업 성취를 통한 성공 경험(small sucess)을 통해 자신감을 축적하고, 도전 정신을 형성할 수 있도록 독려

3) 학 습 — 구성원들이 실패를 두려워하지 않도록 누구나 실패할 수 있고, 언제든 다시 시작할 수 있다는 점을 피드백으로 제공. 이 때 긍정적 자아개념(positive self-concept)을 형성하게 하여 일에 대한 보다 높은 기대 수준을 가지게 하면서 성취동기를 증가시킬 수 있음

(7) 다른 이론들과의 비교

[매슬로우(Maslow), 알더퍼(Alderfer), 허쯔버그(Herzberg), 맥그리거(McGregor), 맥클리랜드(McClelland) 디론의 관련성]

	Maslow 욕구단계설	Alderfer ERG 이론	Herzberg 2요인이론	McGregor XY론	McClelland 성취동기이론	
고차원적 욕구 ↕ 저차원적 욕구	자아실현 욕구	성장(G) 욕구	동기 요인	Y론	성취 욕구	내재적 동기부여 ↕ 외재적 동기부여
	존경 욕구				권력 욕구*	
	소속감 및 애정 욕구	관계(R) 욕구	위생 요인	X론	친교 욕구	
	안전 욕구					
	생리적 욕구	존재(E) 욕구				

*권력은 안전, 권위 또는 타인의 우정조차도 가져다줄 수 있기 때문에 매슬로우의 여러 범주 욕구와 유사

(8) 성취동기이론의 평가

1) 공헌

① 대부분의 내용 이론이 공통적으로 지적받고 있는 측정의 문제를 어느 정도 염두에 두고 출발하였다는 점에서 바탕이 튼튼하다는 평가
② 개인별로 지배적 욕구가 다를 수 있다는 맥클리랜드의 생각은 매슬로우의 고정된 욕구단계보다 더 타당성이 있는 것으로 평가
③ 그는 경제발전의 주요 변수를 지적하면서 동기부여이론의 영역을 거시경제분야까지 확대
④ 중소기업의 창설과 발전의 원동력이 무엇인지를 설명할 수 있다는 점
⑤ 관리자 충원을 위한 기준도 마련, 성취욕구를 개발할 수 있는 방안으로 주제통각검사(Thematic Apperception Test : TAT)를 제시

◆ 참고 : 주제통각검사 TAT – 그림을 보고 이야기를 꾸밈

2) 비판

① 성취동기가 학습되는 것이라는 맥클리랜드의 주장은 인간의 욕구체계는 어릴 때 결정되는 것이라 성인은 쉽게 변하지 않는다는 연구로부터 비판
② 획득된 욕구가 영구적으로 지속될 수 있는가라는 문제에도 이의가 제기됨. 또 훈련을 통해 습득된 것이 직무상에도 유지될 수 있느냐도 문제
③ 성취욕구를 개발할 수 있는 방안(Thematic Apperception Test : TAT)을 제시하였으나, 시간도 많이 걸리고 비용이 많이 들며 측정하기가 용이하지 않기 때문에 이를 활용하여 측정하고 투자하는 기업은 거의 없음
④ Vroom의 기대이론에서의 기대치의 의미와 대치됨

(9) 경영에 미치는 시사점

① 조직구성원 선발 시 욕구들을 신중하게 고려하여, 기업의 성과달성을 위해서는 처음부터 성취욕구수준이 높은 구성원을 선발하거나, 기존 구성원의 성취욕구 수준을 향상시켜야 한다는 것
② 개인의 성취욕구 수준을 측정하여 알아본 다음에, 이에 맞는 직무를 설계해주고, 약간 어려운 목표를 설정하면서, 알맞은 작업환경을 마련함과 동시에 작업결과를 피드백하면서 지도하다 보면 성취욕구 역시 상승시킬 수 있다는 것
③ 훌륭한 성취 모델을 찾아 그를 모범으로 따르도록 함
④ 자신의 이미지를 바꾸게 함(적절한 도전과 책임 추구)
⑤ 헛된 상상력을 통제. 즉, 현실적인 관점으로 사고하고 목표성취방식에 대해 적극적으로 생각

7. 욕구이론들(need theory)의 발전 역사

(1) 쾌락주의적 접근(hedonistic theory approach)

개인 행동을 쾌락과 만족을 극대화시키고 고통과 괴로움을 극소화시키려는 의식적인 의사결정과정

(2) 본능이론적 접근(Instinct theory approach)

본능중심적 연구방법은 개인행동은 선천적인 본능에 의하여 형성된다는 전제 하에 개인의 호기심, 애정, 공포, 질투, 동정심, 사교성 등 선천적 본능과 성향, 선유경향(prediposition)에 초점

(3) 동인이론적 접근(drive theory approach)

동인을 강조하는 행동연구는 개인의 행동이 학습과 과거경험에 따라 자기에게 만족스러운 결과를 추구하는 과정에서 형성되는 것

8. 욕구이론(need theory)의 한계점

(1) 검증방법상의 한계점

욕구이론의 검증에 있어 연구방법론상의 흠결이 있음. 욕구이론을 검증하는 주된 방법인 상관연구법은 인과관계가 아닌 상관관계에 주목하므로 욕구를 독립변수(원인변수)로 다룰 수 없으며, 시간의 흐름에 따른 변화나 제3의 변수에 따른 영향 등 세부적 내용의 연구가 어렵다는 점이 한계로 지적

(2) 욕구발생의 근본원인 불확실

심리적 욕구(예 : 존경 욕구)는 무엇 때문에 존재하는 것이고, 누구에게나 있는 것인지, 다른 욕구들과 순서가 있는 것인지에 대해서는 아무것도 확실하게 알 수 없음

(3) 보편성의 문제

개인에 따른 경험, 가치관, 환경, 문화차이 등에 따라 개인차 존재

(4) 제한된 실증 연구 결과

실증적 연구들이 양적으로 극히 제한

(5) 동기부여 과정의 복잡성과 역동성 설명의 한계

욕구이론과 같은 내용 이론보다는 여러 요인들의 상호작용 과정을 설명할 수 있는 과정이론들이 동기이론에서 핵심적 위치를 차지

IV. 인지적 동기이론(cognitive motivation theory) : 과정이론(process theory)

1. 인지적 동기이론(cognitive motivation theory)의 개요 : 합리적 사고과정을 통해 행동하고자 하는 것

모티베이션에 대한 인지적 접근은 인간이 과거 경험으로부터 학습할 수 있고 미래를 예측할 수 있는 능력이 있다는 가정에서 출발. 인간은 정보를 수집하고 분석하며, 수집된 정보를 바탕으로 행동. 인간행동은 환경에서 얻은 단서(cue)를 중심으로 형성된 의도(intention)와 목적지향성(goal orientation)을 지니고 있는 것. 인지적 동기이론은 인간이 그에게 닥칠 미래의 상황과 자신이 행동하였을 때 어떤 결과가 나타나는지 그리고 그 결과가 자신에게 무엇을 가져다주는지 등을 미리 예측하고 행동한다는 입장. 즉, 모티베이션을 인간의 인지적 작용의 결과물로 보는 것

2. Vroom의 기대이론(expectancy theory)

(1) 기대이론(expectancy theory)의 개념

초기 기대이론은 Lewin과 Tolman에 의해 제시. 예일 대학의 브룸(Victor Vroom) 교수가 작업 상황에 처음으로 도입하면서 제시, 개인은 자신의 행동결정과정에서 여러 가지의 가능한 행동대안 또는 행동전략을 평가하여 자기 자신이 가장 중요시하는 결과를 가져오리라고 믿는 행동전략을 선택한다고 주장. 즉, 여러 행동 대안이 있을 경우 어떤 개인의 행위는 각 행동 대안이 가지는 힘(동기부여)이 가장 큰 쪽으로 이루어진다는 것

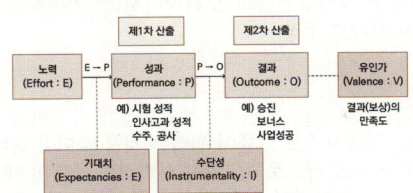

(2) 기대이론의 가정

① 내적인 욕구와 외부 환경적 요인 모두 행동에 영향을 미칠 것
② 행동은 개인의 합리적인 의사결정
③ 사람들은 서로 다른 욕구, 열망, 목적을 가짐
④ 사람들은 결과에 대한 자기의 내적 인지(cognition)를 중심으로 행동

(3) 기대이론의 핵심 변수

1) 기대치(E : Expectancies) : E → P, 노력 대 성과의 관계

노력했을 때 특정 성과를 산출해 낼 수 있으리라고 믿는 주관적 확률. 성과 달성이 불가능하거나 기회가 낮다고 생각하면 노력을 하지 않게 되고, 성과달성이 가능하거나 기회가 높다고 생각하면 많은 노력을 하여 성과를 달성하게 됨. 기대치는 행위자의 주관적 판단에 따라 결정되므로 같은 행위에 대해서도 개인마다 다르며, 과거 경험에 대한 상황 지각(perception of situation)에 따라 0(확신 결핍)에서 1(확신 완벽)까지의 값을 갖게 됨($0 \leq E \leq 1$)

2) 수단성(I : Instrumentality) : P → O, 성과가 보상을 유도할 것이라는 신념의 정도

어떤 특정 수준의 성과를 달성하면 바람직한 결과(보상)가 주어지리라고 믿는 정도. 이는 조직의 구성원에 대한 보상 약속이 지켜질 확률을 의미, 보상 공정성과 밀접한 관련이 있음. 성과 내지 1차 산출물의 달성은 임금, 안전, 인정 같은 것을 획득할 수 있는 수단이기 때문에 관심을 갖게 되며, 자신의 과거 보상 경험을 가지고 획득 여부 또는 확률을 추정하게 됨. 수단성은 0(희망 없음)에서 1(확실)까지의 수치를 갖게 됨($0 \leq I \leq 1$)

3) 유인가(V : Valence) : 보상의 중요성이나 가치의 정도

특정 보상에 대해 갖는 선호(preference) 또는 만족도(satisfaction)의 강도로, 구성원이 결과에 대하여 느끼는 중요성(보상의 종류는 다양하기에 $-n \leq V \leq +n$)

(4) 모티베이션 힘(motivation force)의 계산

$$F = E\{\sum_{i=1}^{n} V_i I_i\}$$

F : Force
E : Expectancy
V : Valence
I : Instrumentality

기대치, 수단성, 유인가를 감안해 볼 때 개인이 목표달성을 위해 투입하는 노력 혹은 압력의 양을 힘(force)이라고 할 수 있는데, 여기서 힘이 크면 클수록 모티베이션도 커짐

힘(force)의 계산 방법의 특징은 ① 기대치, 수단성, 유인가들이 서로 곱셈을 통하여 계산된다는 것, 이 중 어느 하나라도 값이 0일 경우 힘(F)은 0. ② 성과 후 받게 되는 보상은 그 형태별로 값이 달라짐(유인가). ③ 힘의 크기에는 성과달성 후 예견되는 보상의 모든 종류(긍정적 및 부정적)가 합산되어 반영

◆ 참고 : 모티베이션 크기의 계산

M(동기부여) = V(유인가) × I(수단성) × E(기대치)

(5) 기대이론의 특징

① 모티베이션 현상을 매우 합리적이고 인지적으로 설명, ② 동기화되는 과정에 초점, ③ 객관적 현실보다도 현실에 대한 주관적 지각요인들의 모티베이션의 크기에 결정적인 영향을 미친다고 주장

(6) 기대이론의 평가

1) 공 헌

① 이 이론은 보상을 강조. 즉, 종업원을 동기부여시키기 위해서는 무엇보다도 그들이 원하는 것을 주어야 한다는 것
② 종업원을 효율적으로 동기부여시키려면 조직이 제공하는 보상에 그 종업원이 어떤 가치를 부여하는지, 즉 보상이 종업원들에게 얼마나 매력적인지를 알아야만 하며(유인가), 나아가 종업원이 긍정적인 가치를 부여하는 것을 보상으로 지급해야 함(수단성)
③ 기대이론은 기대되는 행동을 구성원 스스로가 알고 있어야 한다는 점을 강조. 모티베이션 힘을 증가시키려면 기대치(노력이 성과로 이어지리라 믿는 정도)를 증대시켜야 하므로, 구성원은 특정 보상을 받기 위한 일정한 성과 달성을 위해서 자신이 어떤 행동을 택하여 노력해야 하는지, 또는 자신이 무엇을 기준으로 평가받게 될 것인지를 스스로 분명히 알아야만 효율적 동기부여가 가능하다는 것

2) 한 계
① 조사상 문제점

④ 기대에 초점
⑤ 동기부여의 결정과 직무수행을 위한 노력을 계량화시키는 데 널리 이용

ⅰ) 이론의 내용이 너무 복잡, 검증이 매우 어려움
ⅱ) 변수에 대한 조작적 정의가 애매하여 기대이론 주장자들 간에 통일성이 결여

② 이론상 문제점

ⅰ) 가장 만족이 큰 쪽으로 인간의 행동이 동기부여된다는 쾌락주의적 가정은 인간행위의 올바른 설명이 못됨
ⅱ) 인간이 복잡한 계산과정을 거쳐 행동하는지 의심
ⅲ) 이 이론에서는 기대(E) 값이 높으면 높을수록 모티베이션(F)이 높게 나타나는 것으로 간주하나, 성취동기가 높은 자는 기대(E) 값이 너무 높은 경우 오히려 일에 대한 성취의지가 떨어진다는 것이 실증된 바 있음

(7) 조직경영상 시사점 : 기대이론을 통한 동기부여 방법
1) 기대감 제고

[기대감에 긍정적 영향을 미치는 요인들]

1. 개인의 능력 향상
2. 자기존중(self-esteem)
3. 과거의 성공적인 직무수행 경험
4. 상·하급자로부터의 도움
5. 직무완결에 필요한 충분한 정보
6. 직무수행에 필요한 예산 지원, 재료와 장비의 확충

① 교육·훈련이나 재배치 등을 통하여 개인의 능력과 기술을 개발해주고 적절한 직무를 부여함으로써 직무에 대한 기대감을 높여줄 수 있을 것
② 요구되는 성과가 무엇인지를 구체적으로 알려주어야 함
→ 성과의 달성가능성(E)을 추정 가능

2) 수단성 제고

① 경영 또는 관리층과 조직원 간의 신뢰의 문제경영자나 관리자는 일정수준의 성과(또는 어떤 행동)에 대해서 조직원들에게 외적 보상을 약속하였다면 반드시 그 약속을 지키는 것이 기대이론 측면에서 동기를 높이는 방법
② 제공되는 보상의 형태 및 크기의 일관성

3) 결과에 대한 유의성 제고

개별 구성원이 원하는 보상을 제공할 때 유인가가 높아짐. 구체적으로는 사기 조사(morale survey), 선택적 복리후생(cafeteria benefits) 등의 다양한 보상 옵션 제공, 종업원 가치 제안(EVP), 개인의 성장과 개발 기회 제공, 긍정적인 조직 문화 조성 등을 고려할 수 있음

3. 포터(L. W. Porter)와 롤러(E. E. Lawler)의 수정 기대이론(성과-만족 이론)
(1) 의 의

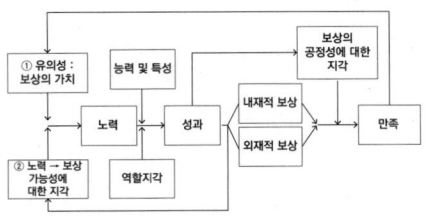

포터와 롤러는 브룸(Vroom)의 기대이론을 토대로 하여 여러 변수를 추가, Adams의 공정성 이론을 연결, 환류 과정(feedback)을 적용하여 종전 이론에 비해 발전된 형태의 총괄적인 동기모형을 제시(1968). 이들에 따르면 주어진 직무를 완수하기 위한 개인의 노력은 직무완수 이후에 '주어질 보상에 대해 개인이 부여하는 가치수준'과 '노력에 대한 보상이 이루어질 확률에 대한 주관적 인식'에 의해 영향을 받게 된다고 함

(2) 내 용

① 노력에의 두 가지 영향변수 : 유의성, 기대치

i) 수정 기대이론에 따르면 주어진 직무를 완수하기 위한 개인의 노력은 첫째, 직무완수 이후에 '주어질 보상에 대해 개인이 부여하는 가치수준'의 영향을 받음. 보상을 받는 수혜자는 긍정적이든 부정적이든 그 보상에 대해 일정한 가치를 부여해야만 함. 예컨대 자신이 승진을 원하지 않았는데도 승진이라는 보상이 따르게 되면 만족감은 반감될 것이며, 오히려 직무를 수행했던 사실 자체를 후회하게 될 것임.

ii) 둘째, 개인의 노력은 '노력에 대한 보상이 이루어질 확률에 대한 주관적 인식'에 의해 영향을 받음. 노력에 대한 보상의 중요성은 어느 한 사람이 노력과 보상 사이 밀접한 관계가 있는 것으로 지각할 때만 의미가 있음. 예컨대 어떤 사람이 열심히 일하는 것과 승진 사이에 밀접한 관계가 있는 것으로 지각할 경우 그 사람은 승진하기 위해 매우 열심히 일할 것임.

② 노력 → 성과 간에 영향(능력 및 특성, 역할지각)

이 모델은 기존의 기대이론의 논리, 즉 노력만으로 성과를 달성한다는 것은 무리가 있다는 사실과, 능력과 특성 및 역할지각 등이 노력과 성과의 관계에 어떠한 영향을 미치는지를 설명. 성공적 과업수행에 있어 개인의 노력이 중요하다고 하더라도, 과업수행에 필요한 능력과 기술은 과업달성에 영향을 미침. 또 언제, 어디서, 어떠한 방식으로 지식과 노력이 적용되어야 할 것인지에 대한 지각도 과업수행에 영향을 미침. 즉, 성과는 다양한 투입요소 및 상황적 요소들에 대한 고려가 있어야 설명·예측될 수 있음

③ 성과 → 만족 간 보상(내재적, 외재적 보상)에 의한 매개

성과와 만족 간에는 직접적 관계가 없으며 보상에 의해 서로 연결되는 관계로 설명. 성과에 대한 보상은 외재적 보상과 내재적 보상으로 구분될 수 있는데, 외재적 보상은 업무수행의 결과 타인이 성과달성자에게 주는 보상으로서 물질적인 보상이나 상사로부터의 칭찬 등이 있음. 이에 비해 내재적 보상은 목표달성에 따른 자기만족감이나 자기성장과 같이 개인의 내부에서 발생하는 보다 고차원적인 욕구에 대한 충족을 의미

④ 성과에 대한 보상 공정성 인식 → 만족

[기존 이론과 Porter&Lawler 이론의 차이점]

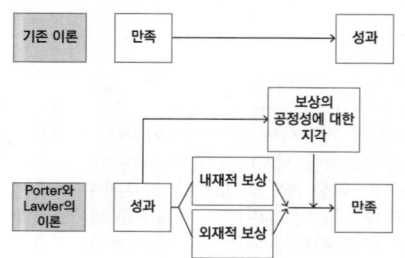

기존 이론이 만족에 의하여 성과가 결정되는 것으로 본 반면, 이 이론에서는 과거 성과에 대한 보상이 공정하면 만족을 느끼게 되어 동기가 유발된다고 봄. 즉 보상에 대한 만족감은 공정성에 대한 지각 정도에 따라 달라지며, 이러한 만족감 수준은 미래 상황에서의 노력정도에 영향을 미침

(3) 노력과 성과 간 관련성에 있어서 중요한 역할을 하는 요인

① 성과에 대한 보상의 중요성은 어느 한 사람이 보상과 성과가 밀접한 관계를 맺고 있는 것으로 지각할 때만 의미가 있음
② 보상을 받는 수혜자는 긍정적이든 부정적이든 그 보상에 대해 일정한 가치를 부여해야만 함
③ 보상에 대한 만족감은 공정성에 대한 지각 정도에 따라 달라지며, 이러한 만족감 수준은 미래상황에 대한 노력 정도에 영향을 미치게 됨

(4) 수정 기대이론의 평가

1) 공 헌

① 구성원들을 모티베이션 시키기 위해서는 성과와 보상의 결속관계를 증진시켜 보상의 공정성에 대한 지각을 높이고 종업원의 능력신장을 지원하며 역할을 명확하게 부여하여야 함을 밝힘. ② 체계적이고 정교한 이론이며 새로운 인과관계를 제시, ③ 보상을 세분화하였으며, ④ 동기부여를 위해서는 조절변수(공정성 지각)의 충족이 중요하다는 점을 시사

2) 한 계

① 가장 체계적이고 포괄적인 모티베이션 이론이나 내용이 너무 복잡하여 검증이 곤란하고, ② 변수의 개념정리가 애매하다는 단점. ③ 또한 인간의 일상 활동은 비인지적이고 편견에 많이 좌우되는바 합리적으로 복잡한 계산을 거쳐 판단하고 행동하는가에 대하여 의문이 발생

4. J. S. Adams의 공정성 이론(equity theory)

(1) 공정성 이론(equity)의 개념

$$\frac{Output(P)}{Input(P)} \begin{matrix}<\\=\\>\end{matrix} \frac{Output(O)}{Input(O)}$$

P = 자신
O = 타인

Homans(1961)의 저서 「Social Behavior」에 의한 사회교환이론(social exchange theory)에 의해 도입, Festinger(1957)의 인지부조화이론(cognitive dissonance theory) 등 기존 연구 결과들의 토대 위에서 Adams(1965)가 확립

Adams의 공정성 이론은 조직 내 개인과 조직 간의 교환관계(exchange relationship)에 있어서 공정성 문제와, 공정성이 훼손되었을 때 공정성을 확보하기 위해 동기화되는 개인의 행동유형을 제시

(2) 공정성 이론의 가정

① 교환관계(exchange relationship)에 초점
② 준거인물이나 집단(reference person or group)과 비교
③ 공정성 지각은 만족을 유발, 불공정성을 느끼게 된다면 공정성을 회복하는 쪽으로 노력

(3) 투입(Input)과 산출(Output) : 교환관계(exchange relation)의 내용
개인은 투입 대비 산출을 타인과 비교하려는 속성. 비율 불일치 시 불공정성 지각

	Input	Output
의미	개인이 조직에 투입하는 것	조직이 개인에게 주는 모든 것
예	개인이 조직의 목표달성을 위해 투입하는 직무수행관련 노력, 업적, 기술, 연령, 교육, 경험, 조직에 대한 커미트먼트, 신입사원에 대한 지도활동 등	임금, 복리후생, 승진, 직장 안전(job security), 흥미 있는 직무, 호의적인 감독, 지원적인 인간관계, 지위(status), 권력(power) 등

(4) 비교대상 : 준거인물 또는 집단(reference person or group)

준거인 또는 기준은 동료일 수도 있고, 친족, 이웃, 동료집단, 숙련집단, 산업의 추세, 직업 표준, 해외사례 등일 수도 있음. 또한 준거인물이나 기준은 과거에 다른 직장에 있었을 때나 다른 사회적 역할을 수행할 때의 자기 자신일 수도 있음. 베키오(Robert Vecchio)에 따르면 준거대상(비교대상)은 구체적으로 ① 조직 내외의 유사 직무를 수행하는 〈타인〉이나 ② 과거의 〈자기 자신〉, ③ 산업 평균, 타사 사례 등의 〈시스템〉이 될 수 있으며, 한 개인이 어떤 비교 대상을 선택하는가는 특정 대상이 갖는 매력이나 유의성, 정보의 유용성에 따라 결정됨(1984).

비교의 대상	내용
타인(other)	조직 내·외의 타인들, 유사하거나 다른 직장에 다니는(또는 유사한 직무를 수행하는) 타인들
자기 자신(self)	과거의 자기 자신 또는 자신의 이상적 비율
시스템(system)	산업 평균, 타사 사례 등

(5) 사회적 비교(social comparison)의 과정

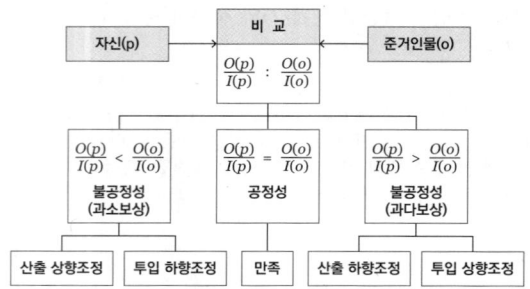

$$\frac{Output(P)}{Input(P)} \begin{matrix}<\\=\\>\end{matrix} \frac{Output(O)}{Input(O)}$$

P = 자신
O = 타인

1) $\dfrac{O_p}{I_p} = \dfrac{O_o}{I_o}$

공정한 대우라고 생각하고, 만족을 느낌

2) $\dfrac{O_p}{I_p} < \dfrac{O_o}{I_o}$

불공정한 대우라고 생각. 과소보상(underpayment)인 상황으로, 경력이나 노력이 비슷해도 상대적으로 보상을 적게 받는다고 느끼며, 불공정을 해결하기 위한 행동을 취함

3) $\dfrac{O_p}{I_p} > \dfrac{O_o}{I_o}$

불공정한 대우라고 생각. 과다보상(overpayment)인 상황으로, 타인의 노력이나 경력에 비해 보상을 많이 받는다고 느끼나, 불공정을 해결하기 위한 행동을 하지 않음

(6) 불공정성을 감소시키기 위해 활용하는 방안

1) 투입의 변경

과소보상을 느낄 경우 노력수준은 감소시킬 것이고, 과다보상일 경우 노력을 증가시킬 것

2) 산출의 변경

산출을 변경할 때에는 대개 산출 양을 증가시키려 하며, 산출을 감소시키는 경우는 거의 없음. 산출 증가의 예로서, 노조의 압력으로 인한 임금인상이나 작업조건의 개선 같은 경우가 있으며, 특히 이것이 다른 산업이나 조직과의 불공정성을 없애기 위한 것일 때 발생

3) 자기 자신의 투입이나 산출의 인지적 왜곡

실제로 투입이나 산출을 변경시키지 않고도 사람들은 인지적으로 이것을 왜곡시킴으로써 같은 산출을 얻을 수 있음. 예컨대, 불공정한 대우를 받았다고 느꼈을지라도 직무에 대한 자신의 투입을 의도적으로 증대시킬 수 있음. 즉, "내가 하고 있는 일이 더 중요하니까" 등으로 생각할 수 있다는 것임

4) 타인의 투입이나 산출의 인지적 왜곡	왜곡은 자기 자신만이 아닌 비교대상에 대해서도 나타날 수 있음. 예컨대, 비교대상이 실제보다 열심히 일하기 때문에 보상을 많이 받는 것은 당연하다고 여길 수 있음. 또는 그의 보상이 실제보다 적은 것으로 지각할 수도 있음
5) 준거인물의 변경	비교대상을 변경함으로써 불공정성을 줄일 수 있음. 예 : 자기의 전문지식수준을 석학(碩學)의 지식과 비교하던 것을 대상인물의 수준을 낮추어 자기 동료전문가의 지식과 비교함으로써 불공정성을 줄일 수 있음
6) 장(場) 이탈(직장 이동)	불공정성을 느끼게 하는 직장을 떠남으로써 불공정성을 없애는 것. 이는 상당히 극단적인 예로서 불공정성이 극히 크거나 이를 감당할 수 없을 때 나타남

(7) 공정성이론의 평가

1) 공 헌	① 공정성 이론은 Homan의 사회교환이론과 Festinger의 인지부조화이론 등을 이론적 기초로 삼고 있어 동기화가 일어나는 과정을 정교화한 것으로 구성타당성이 높음 ② 모티베이션이 일어나는 과정에 타인 혹은 집단의 영향을 강조하여 조직 실무에 보다 의미 있는 시사점을 제공 ③ 공정성 이론은 구성원의 개인차를 고려한 이론. 투입과 산출은 개인의 지각에 의해 인지되기 때문에 똑같은 요소에 대해 조직과 구성원이 서로 다르게 지각할 수 있는데, 예를 들면, 사장은 사무실에 카페트를 깔아주고 이것을 복리후생(산출)이라고 생각하는 반면, 종업원은 이것을 단지 사장의 취향으로만 생각할 수 있음. 따라서, 조직의 입장에서 볼 때 구성원이 지각하는 산출이 무엇인지에 대한 관심을 가질 필요가 있음. 그렇지 않을 경우 기업은 비용을 지출하고도 종업원을 동기화시키는 데 실패할 수 있음
2) 한 계	① 이 이론은 일반적으로 과소보상일 경우 당하지만, 과다보상일 경우에는 타당성이 입증되지 못하고 있음. 그것은 '과다보상'의 정확한 의미를 정의하거나 조직화하는 데 문제가 있기도 하지만, 본질적으로는 사람들이 과소보상보다는 과다보상을 더 잘 참거나, 과다보상의 불공정성을 인정하지 않으려는 지각 상 왜곡이 이루어지는 〈심리적 횡령현상〉 때문 ② 조직에 공헌한 것과 자신이 받은 보상의 양을 어떻게 객관적으로 측정하는지의 문제(공정성 여부의 판단은 매우 '주관적') ③ 공정성 지각에 있어서 비교대상이 핵심인데, 이것이 개인마다 다를 수 있음 ④ 개인이 불공정성을 지각하였을 때 이를 해소하기 위한 여러 대안들 중 어떤 대안을 선택할 것인가에 대한 예측기준으로서의 설명력이 미흡. 또한, 모든 사람이 공정성에 민감한 것은 아니라는 점도 지적

(8) 조직경영상 시사점

① 경영자는 조직에서 '사회적 비교과정'에 주의를 기울여야 함
② 경영자는 종업원을 동기부여시킬 때 '지각의 중요성'을 인식해야 함
③ 공정성이나 불공정성에 관한 결정은 개인적 차원뿐만 아니라 '조직 내외의 다른 작업자와의 비교'로 이루어져야 함
④ 과다보상은 그 규모가 기대보다 월등히 커야 인정하게 되는 것이 상례임
⑤ 공정성을 유지하는 전략은 결근, 이직 또는 부정적 행위 등을 줄일 수 있지만, '공정성 유지를 통하여 성과를 높일 수는 없음'
⑥ 조직이 '과소보상을 통하여 이룩할 수 있는 긍정적 결과는 거의 없음'
⑦ 회사의 '인사고과제도나 직무분석' 등이 잘 되어 있으면 공정성 수준은 나아질 것이며, 평가와 보상제도를 만들 때에도 모든 구성원들의 참여와 동의를 얻는다면 보상이 이루어진 후에 그들이 느끼는 공정성 정도는 훨씬 높을 것임

(9) 공정성이론과 기대이론의 비교

	공정성이론	기대이론
1) 공통점	① 두 이론 모두 동기부여의 과정을 설명하고 있으며 '어떠한 과정'을 통해 동기가 유발되는가에 대한 대표적인 이론. 과정이론은 동기부여의 과정을 중심으로 인간의 동기부여가 어떠한 과정을 거쳐 이루어지는가에 초점을 둔 이론으로서 동기부여과정에서 발생하는 변수들의 상호관련성을 검토하는 데 주안점을 둠. ② 두 이론 모두 '개인차를 고려'. 공정성 이론은 종업원들의 공정성에 대한 지각세계가 서로 다를 수 있다는 것을 전제하고 있으며, 기대이론 역시 종업원을 효율적으로 동기 부여시키려면 기대에 있어서 개인차를 고려해야 한다는 점을 강조(특히 유인가, valence)	
2) 차이점	① 공정성이론은 '사회적 비교이론'의 하나로서 이는 한 사람이 다른 사람들에 비해 공정한 대우를 받는 느낌을 중시하는 이론	① 기대이론은 '개인의 기대에 초점'을 맞추고 있음. 즉, 종업원의 동기부여수준은 사실 여부나 합리성 여부와 관계없이 성과, 보상, 목표만족도에 대한 기대에 의해 결정
	② 준거인물(집단)에 비교해서 보상을 주어야 한다고 주장	② 바라는 보상을 주어야 한다고 주장
	③ 공정성이론은 구체적이지 못하다는 단점. 특히 Adams의 이론은 정확한 가설이나 예측을 갖추고 있지 않으므로 앞으로의 공정성 이론에 대한 연구에서는 좀 더 이론을 정교화시켜야 함.	③ 기대이론은 대체로 이론의 예측정확성이 인정되고 있음. 개인차를 강조함으로써 개인의 목표와 욕망이 어떻게 행동으로 이어지는가에 대해 체계적으로 설명

(10) 공정성(equity) 의미의 확대

1) 분배 공정성(distributive justice) : 결과 공정성의 지각

2) 절차 공정성(procedural justice) : 결과를 결정하는 절차의 공정성 지각

3) 상호작용 공정성(interactional justice) : 존엄과 존경으로 대우받는 정도의 인식

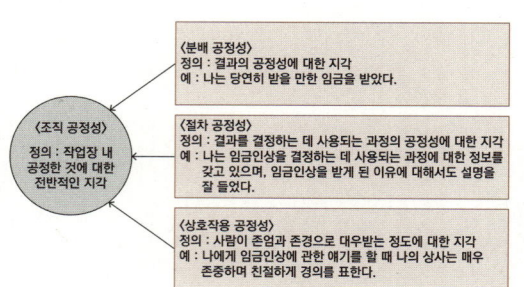

5. Locke의 목표설정이론(goal setting theory)

(1) 목표설정이론(goal setting theory)의 개념

E. Locke는 기존 이론들을 인지적 쾌락주의(인간 행동이 본능과 욕구에 따라 가장 쾌락적인 방향으로 동기화된다)라고 비판하면서 인간 행동은 목표(goal) 혹은 의도(intention)의 난이도와 구체성에 의해 개인의 성과가 결정된다고 주장(1968)

즉, 개인의 의식적 목표가 동기·행동에 영향

(2) 목표의 기능

① 목표는 조직구성원의 행동방향을 결정
② 목표는 조직구성원으로 하여금 목표달성에 필요한 행동에 주의를 기울이고 몰입
③ 목표는 조직 전체는 물론 집단이나 개인의 업적을 평가하는 기준
④ 목표는 달성하도록 부과된 자에게 목표달성에 필요한 자원을 활용할 수 있도록 합법적인 근거를 제공
⑤ 목표는 조직구조에 영향을 미침
⑥ 목표달성을 위해 효과적인 전략을 탐색

(3) 목표설정이론의 기본 모델

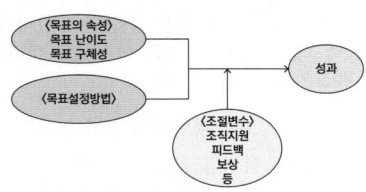

목표의 속성 및 설정방법에 따라 개인의 성과수준이 결정된다는 것임. 이러한 인과관계를 조절하는 조절변수로서 조직지원, 목표달성 과정에 피드백 부여, 보상제도 등이 제시

1) 목표의 속성 : 난이도와 구체성

① 난이도(difficulty)

성취가능한 범위 내에서 어렵고 도전적(challenging)일수록 성과가 높음. Muchinsky는 목표에 대한 난이도가 높으면 작업자는 더욱 긴장하게 되고 목표에 대한 몰입도(goal commitment)가 높아지기 때문에, 목표에 대한 난이도가 높으면 성과가 높아진다고 함

② 구체성(specificity)

요구되는 목표수준에 대한 명확한 정보를 제공하는 것, 여기에는 목표의 양적 측면, 질적 측면 그리고 요구되는 달성시기 측면의 구체성까지 포함

[구체적이며 어려운 목표가 생산성에 미치는 효과]

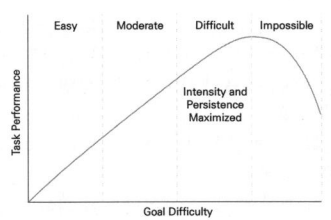

2) 목표설정 방법

① 지시적 목표설정 방법, ② 참여적 목표설정 방법, 목표 수용성↑ → 작업몰입, 성과↑, ③ 자기규제적 목표설정 방법

3) 조절변수(상황요인)

① 조직지원

설정된 목표가 성과를 내는 데 조직지원이 역할을 함. 즉, 조직이 작업자에게 설비, 예산 그리고 정보 등을 적절하게 지원할 때 높은 성과가 나오는 것. 뿐만 아니라 높은 성과를 낼 수 있는 조직환경을 만들어주고 성과를 방해하는 제반 규정변경 및 리더십도 개선해야

② 피드백

목표달성 과정에서 상사가 작업자에게 제공하는 작업수행에 대한 적절한 피드백은 성과를 높이는 데 많은 역할. 왜냐하면 피드백을 통해 작업자는 더 많은 정보를 제공받고 기존의 목표를 상향조정하며, 작업방법을 개선하고, 더 많은 노력을 기울이게 되기 때문

| ③ 보상 | 목표달성에 따른 조건적 보상(contingent reward)이 주어졌을 때가 그렇지 않은 경우보다 성과가 높음 |
| ④ 기타 | ⅰ) 직무 복잡성, ⅱ) 능력, ⅲ) 경쟁상황 등. 직무 복잡성이 증가함에 따라 목표의 성과에 대한 효과가 떨어진다는 주장. 목표가 어려워지면 어려워질수록 능력과 성과의 상관관계는 커짐. 경쟁은 지시된 목표의 수용도를 높여주고 스스로 목표를 세우도록 하여 성과를 높임 |

(4) 목표지향성(goal orientation)

도전적 과제 부여 시 사람은 크게 두 가지 성향

| 1) 숙련지향 성향(mastery goal orientation) | 과제 도전을 통해 새로운 기술 학습·역량 향상하려는 성향. ① 숙련-향상성향(도전적 과제를 통해서 자신의 역량을 향상시키려는 태도를 보임), ② 숙련-회피성향(개인이 배워야 할 것을 못 배울까봐 우려하는 것) |
| 2) 성과지향 성향(performance goal orientation) | 우월한 성과창출로 호의적 평가를 받으려는 성향
① 성과-향상성향(도전적인 과제를 통해서 자신의 역량이 다른 사람들보다 더 뛰어나다는 것을 보여주고 싶어하는 것), ② 성과-회피성향(개인이 다른 사람들보다 못하다는 인식을 피하든가 최종적으로 탈락하지 않으려는 수비적 성향을 보이는 것)
숙련향상 성향이 성과향상 성향보다 최종 성과, 상사와의 관계, 혁신적, 자기효능감↑이라고 함 |

(5) 목표설정이론의 평가

| 1) 공헌 | 목표설정이론은 이해하기 쉬우며 다른 동기이론보다 실무에 적용하기가 용이, 적용하였을 때의 결과를 밝히는 데 어려움이 없음 |
| 2) 한계점 | ① 일반적으로 작업장에서는 하나의 목표만 부과되는 것이 아니고, 여러 목표들이 동시에 부과되는데, 이 경우 개별 목표들 중 어떤 목표가 이 이론의 설명력이 높은지에 대한 검토가 미흡
② 여러 목표들 간에 상충되는 것이 있을 때 이 이론이 어떻게 작동하는지에 대한 연구가 미흡
③ 목표설정 시 개인 특성 및 작업상황에 대한 연구 역시 미흡 |

(6) 목표설정이론과 기대이론과의 차이점

| 1) 공통점 | 동기에 대한 인지적 접근 |
| 2) 차이점 | ① 기대이론에서는 기대(expectancy)의 값이 클수록 동기의 힘(motivational force)이 크게 되지만, 목표설정이론에서는 목표가 달성되기 어려운 것일수록(낮은 기대값) 작업자의 노력 성향이 커진다는 것
② 기대이론에서는 인간이 어떤 행동을 선택할 때 모든 선택가능한 활동과 그 결과들을 이성적으로 분석한 후 행동한다고 하지만, 목표설정이론에서는 이러한 가정을 하지 않음 |

(7) 목표설정이론의 조직 경영상 적용 : 목표관리법 (Management by Objectives : MBO)

◆ 참고 : 목표관리법(Management by Objectives : MBO)

Ⅰ. 목표관리법(Management by Objectives : MBO) 의 개념과 성공요건

1. MBO의 개념

6개월 또는 1년의 기간 내에 달성할 특정 목표를 평가자와 피평가자의 협의에 의해 설정하고, 그 기간이 종료된 후에 목표를 양적, 질적으로 달성하였는지를 평가하는 결과지향적 평가방법

2. 등장배경 : Peter Drucker와 E. Locke의 영향

Peter Drucker는 "If you can't measure it, you can't manage it and if you can't monitor it, you can't measure it"이라는 유명한 명언을 남김

1960년대 목표 관리와 목표 설정에 관한 논의가 학문적인 인기를 끌면서 E. Locke가 중심이 되어 목표설정이론을 정리, McGregor에 의해 연구 진행

3. MBO의 성공요건

① 성과를 측정할 수 있는 방법을 결정할 수 있어야, 피평가자의 높은 수준의 몰입과 능력이 필요, ② 상호간 충분히 협의, ③ 목표는 명시적, 객관적이며 측정 가능한 것

Ⅱ. MBO의 구성요소와 원칙

1. MBO의 구성요소

① 구체적, 객관적, 난이도 있는 목표설정, ② 하급자의 참여 유도, ③ 객관적 피드백의 지속적 제공

2. 목표설정의 'SMART 원칙' : 좋은 목표의 조건

S : Specific(목표가 구체적이어야 하고)
M : Measurable(측정이 가능해야 하고)
A : Achievable(달성가능하면서도 도전적이어야 하고)
R : Result-oriented(결과지향적이고)
T : Time-bound(시간제약적이어야 한다. 즉, 1년 이내에 처리할 수 있어야 한다)

Ⅲ. MBO의 장·단점

1. 장 점

① 관리자와 부하직원의 노력을 목표달성에 집중
② 목표설정(goal-setting)에 참여시킴으로써 종업원이 동기부여
③ 개인과 팀이 평가기간 동안 해야 할 일이 명확
④ 권한위임(empowerment)이 빈번하게 이루어짐
⑤ 자기효능감(self-efficacy, Bandura(1977))이 증대
⑥ 효과성(effectiveness)과 효율성(efficiency)을 동시에 추구. 효과성이란 "옳은 일을 하는 것(do the right things)", 효율성이란 "올바른 방식으로 일하는 것(doing things right)". 즉, 옳은 목표를 정하는 것은 효과성의 개념에 속하지만, 주어진 목표를 비용과 시간을 덜 들여 달성하는 것은 효율성

2. 단점

① 톱니효과(ratchet effect) 발생
② 평가와 관련하여 행정 업무(paperworks)가 증가
③ 경영환경이 급변하는 경우 목표설정이 어려워져 전략과의 연계성이 떨어짐
④ 전략적 목표보다는 당장 시급한 업무적 목표가 우선시되는 경향
⑤ 종업원들이 너무 쉬운 목표를 세우려고 하는 경향. 즉, 평가자와 피평가자 간에 '담합'이 이루어지는 경우가 종종 발생
⑥ 목표관리가 적합하지 않은 직무와 직군이 존재
⑦ 비정형적인 업무가 많아 업무계획을 세우기 어려운 조직에서는 적용하기 어려움
⑧ 질적 목표는 우선순위에서 밀림
⑨ 평가자 교육에 많은 시간과 비용을 투입

◆ 참고 : 인사평가의 구성요건 측면

(1) 〈타당성 측면〉 — 평가내용이 성과(업적)에만 국한되기 때문에 평가의 목적 중 임금(인센티브) 의사결정에의 타당성은 매우 높은 편

(2) 〈신뢰성 측면〉 — 평가과정에 부하가 참여하여 평가자인 상사의 주관적 편견을 최소화할 수 있기 때문에 매우 양호

(3) 〈수용성 측면〉 — 피평가자가 평가에 참여하고 평가결과를 상사와 협의하여 결정하기 때문에 이런 과정에 나타나는 상사-부하 간의 개방적 커뮤니케이션은 평가제도의 수용성에 큰 기여

(4) 〈실용성 측면〉 — 에서 보면 평가과정이 짧게는 1주일 길게는 2~3개월 소요되기도 하며, 사무직종과 같이 성과개념이 명확하지 않은 곳에서의 목표설정에 많은 어려움이 존재하여 비용이 많이 듦

참고 : 목표와 자기효능감의 결합(Locke, Latham)

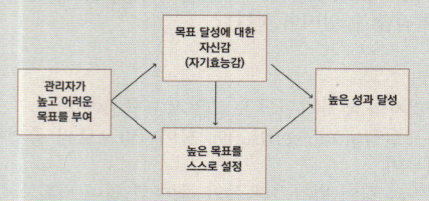

목표설정이론과 자기효능이론은 서로 보완하는 관계. 경영자는 높은 수준의 자기효능감을 지닌 직원에게 어려운 목표를 부여하고, 이를 시작으로 더 높은 개인적 목표를 향하여 직장 내외에서 더 높은 실적을 내는 정신적인 과정으로 연결

자기효능감은 스스로를 돕기도 하고 스스로를 방해하는 사고유형을 형성하기도 하는 만큼, 조직은 선발 시부터 구성원의 자기효능감을 조사해야 하며, 이들 변수를 관리대상으로 삼아 구성원 스스로 더 높은 목표를 수립하고 그 목표에 대한 몰입을 높이도록 하는 측면으로 관리활동을 펴나가야 할 것

6. 인지적 동기이론(cognitive motivation theory)의 한계점

이론의 복잡함과 어려움 때문에 경영 실무자들이 자기 회사의 인력관리에 쉽게 적용할 수 없어 실무에 별로 도움을 주지 못함

V. 내재적 동기이론(intrinsic motivation theory)

1. 내재적 동기이론의 개요 : 외적 보상 없이도 몰입하는 것

내재적 동기이론은 결핍과 합리적 사고과정 없이 일에 대해 자신도 모르게 재미를 느껴 빠져드는 현상을 다룸. 인간은 어떤 외적 보상(임금, 칭찬, 승진) 없이도 일에 대해 깊이 몰입할 수 있다는 것. 일이 흥미로울 때, 이것은 더 이상 일(work)로 느껴지기보다는 놀이(play)로 받아들여진다는 것

2. Hackman과 Oldham의 직무특성 이론(job characteristics theory)

(1) 직무특성 이론의 의의

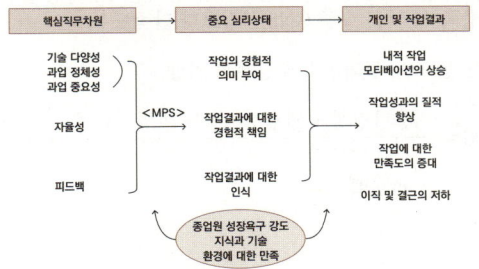

작업동기를 유발하는 근원이 작업자 개인에게 있다기보다 수행되는 직무의 내용에 있다는 것. 즉, 직무가 적절하게 설계되어 있다면 이 직무가 개인에게 열심히 일하고자 하는 마음을 생기게 만든다는 것

해크만과 올드햄(Hackman&Oldham)에 의해 제시된 이론으로 5가지 핵심직무차원(원인)이 중요한 심리상태(매개)를 유발하여 조직구성원들이 동기부여되고, 그 결과 내재적 보상으로 인한 업무수행 상승, 직무만족 상승, 이직이나 결근 저하 등의 결과가 나타난다고 설명하는 이론으로 종업원의 성장욕구 강도에 따라 달라짐

(2) 핵심직무차원(core job dimensions)의 내용 : 원인변수

① 기술다양성(skill variety) — 작업자가 많은 상이한 기술이나 재능을 활용할 수 있도록 직무가 다양하고 상이한 활동을 요구하는 정도

② 과업정체성(task identity) — 작업자가 맡고 있는 직무가 전체적인 완성(완결) 과정에서 어떤 작업이고 어느 부분에 해당하는지 확인할 수 있는 정도(전체 흐름에 어디에 해당하는지)

③ 과업중요성(task significance) — 직무가 다른 사람의 작업이나 생활에 실질적인 영향을 미칠 수 있는 정도

④ 자율성(autonomy) — 작업자들이 직무수행에 필요한 작업의 일정계획과 작업방법 및 작업절차를 결정, 선택하는 데 있어서 작업자 개인에게 부여되어 있는 자유, 독립성 및 재량권의 정도

⑤ 피드백(feedback) — 직무가 요구하고 있는 활동의 수행결과에 관하여 작업자가 그 효과성 여부에 대하여 직접적이고 명확한 정보를 얻을 수 있는 정도

(3) 중요 심리상태 : 매개변수

① 〈작업의 경험적 의미(meaningfulness) 부여〉란 직무를 수행함에 있어 그 일이 의미와 가치가 있다고 느끼는 정도

② 〈작업결과에 대한 경험적 책임(responsibility)〉이란 직무결과에 대해 개인적으로 느끼는 책임감

③ 〈작업결과에 대한 인식(knowledge)〉이란 종업원 자신이 행한 성과가 얼마나 유효한가에 대하여 알고 있는 정도

(4) 개인 및 작업결과 : 결과변수

핵심직무차원(원인)이 중요 심리상태(매개)를 거쳐 내적 모티베이션을 상승시키고, 작업성과의 질을 향상시키며, 작업에 대한 만족도가 증대하고, 이직 및 결근이 저하되는 효과

(5) 성장욕구 강도(growth need strength : GNS) : 조절변수

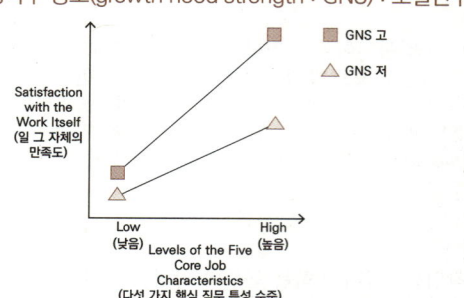

종업원의 자존과 자아실현에 대한 열망의 정도. 이외에도 수행 직무에 대한 지식과 기술도 영향을 미침. 충분한 지식과 기술을 가지고 있어 동기부여 잠재력 점수(MPS)가 높은 직무에 적합한 능력을 가진 사람은 성과에 대한 자신감이 있기 때문에 직무만족도가 높을 수 있으나, 지식과 기술이 부족한 사람은 직무에 대한 부담감이 크기 때문에 반대의 심리가 작용하게 됨. 마지막으로 직무수행 관련 환경에 대한 만족(context satisfaction) 정도도 영향을 미침. 동료와의 관계, 작업환경 등에 만족하는 정도에 따라 결과 수준이 달라지게 됨

높은 수준의 GNS가진 사람이 5가지 핵심직무특성 높은 수준 충족 시 낮은 수준 GNS 사람보다 만족도↑

(6) 동기유발 잠재력 점수(motivating potential score : MPS)

MPS 높으면, 결과변수에 긍정적 영향

$$MPS = \frac{기술다양성 + 과업정체성 + 과업중요성}{3} \times 자율성 \times 피드백$$

(7) 특징

① 성장욕구에 대한 관심

핵심직무차원과 중요 심리상태 및 작업결과 간의 인과관계에서 작업자의 성장욕구의 정도가 중요한 역할을 한다는 것

② 직무설계와 개인차의 고려

개인의 욕구는 시간에 따라 변화하는 동태적인 특성을 가지고 있다는 점

(8) 직무특성이론의 성과 및 한계

① 성 과

i) 구체적인 직무설계의 방향을 제시, 직무특성과 성과 간의 명확한 인과관계를 제시
ii) 직무중심만이 아닌 개인차를 고려하여 직무와 사람의 조화를 강조
iii) 직무에 대한 동기부여의 중요성을 강조

② 한 계

i) 중요 심리상태와 성과 간의 관계가 불명확
ii) 개인의 성격과 특성은 비일관성이 존재
iii) 개인의 중요 심리상태는 핵심직무특성이 아닌 다른 요인에 의해서도 동기부여가 가능

(9) 직무 재설계를 위한 가이드라인(guidelines for enriching a job) Hackman(1977) : 「Improving Life at work」

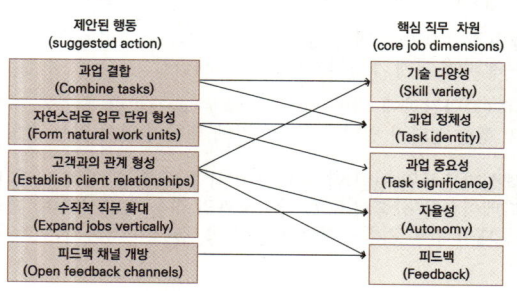

- 과업 결합 : 세분화된 과업을 통합하여 완결된 작업이 되도록 연결시키는 것. 이렇게 되면 다양한 지식과 재능을 활용하게 되고, 작업의 전체 흐름을 파악할 수 있게 됨
- 자연스러운 업무 단위 구성 : 처음부터 끝까지 연결이 되어 있는 과업 단위가 될 수 있도록 자연스럽게 과업 단위를 구성하게 되면 작업의 전체 흐름을 파악할 수 있을 뿐 아니라 다른 사람의 생활에 어떤 영향을 미치는지를 인지할 수 있게 됨
- 고객과의 관계 형성 : 작업자가 자신의 제품이나 서비스를 사용하고 있는 고객과 접촉할 수 있게 만들게 되면 더 많은 지식을 활용할 수 있게 되고(제품 공정에 대한 설명이 필요하기 때문). 자신의 생산물에 대한 책임(자율성)도 느끼게 되며 유용한 정보를 받을 수 있게 됨(피드백)

- 수직적 직무 확대 : 이전에는 경영자가 담당하던 책임 및 통제까지 작업자가 담당하게 하면 자율성에 기반한 책임감을 더 느끼게 됨
- 피드백 채널 개방 : 작업자의 직무수행 성과를 인지하게 하고 성과의 개선 여부를 알 수 있게 하는 것으로, 경영자가 직무수행 과정에서 알 수 있도록 함으로써 정확하고 구체적인 정보를 얻을 수 있게 됨

3. 내재적 보상이론(instrinsic reward theory)

(1) 내재적 보상이론의 개념

Thomas는 바로 이 내재적 보상(instrinsic reward)이 조직구성원에게 내재적 동기를 가져다준다고 주장

(2) 유 형

	기회 보상	성취 보상
과제활동으로부터	선택(choice)	역량(competence)
과제목표로부터	의미(meaningfulness)	성과(progress)

1) 의미(meaningfulness)

"이것은 내가 할 만한 일이다"라고 느끼는 것. 즉, 자신이 가치 있는 일을 하고 있다는 느낌을 가질 때 의미를 지각. 이러한 의미는 자신이 하는 일에 중요한 목표가 내재되어 있음을 느끼는 것

2) 선택(choice)

작업자가 자신이 하는 일에 대해, 자신의 판단을 근거로 수행할 수 있다고 느끼는 것. 즉, 재량권이 주어져 있는 경우

3) 역량(competence)

"나는 이 일을 잘 할 수 있다"고 느끼는 것으로서 현재 하는 일을 잘 해내고 있다는 느낌을 포함

4) 성과(progress)

"목표가 달성되고 있다"고 느끼는 것으로서 목표달성을 통한 성취감 포함

네 가지 내재적 보상은 구성원들을 보다 만족스럽게 하고, 조직에 대해서는 헌신과 혁신을 가져다주는 것으로 보고

4. 인지평가이론(cognitive evaluation theory)

(1) 인지평가이론(cognitive evaluation theory)의 개념

벰(Bem)의 자기귀인(self-attribution) 이론에 근거하여 데시(Deci)가 발표한 이론으로, 내재적으로 동기부여된 행동에 외재적 보상이 주어질 때 내재적 동기가 오히려 감소하는 과잉정당화(over-justification) 효과가 발생한다는 것(Deci&Ryan)

◆ 참고 : Deci의 실험 - soma cube

금전적 보상을 받은 학생들은 보상을 못 받은 학생들에 비해 자유시간 동안 퍼즐을 할 확률이 현저히 낮았음

(2) 인지평가이론의 메커니즘 : 귀인이론(attribution theory) 활용

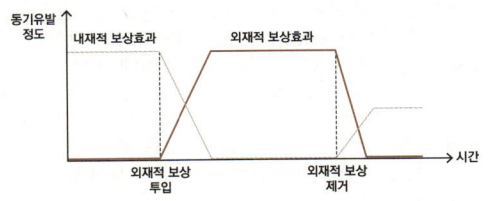

인간은 자신의 행동에 대한 원인을 규명하려는 심리적 속성이 있음. 귀인이론(attribution theory) 관점에서 내재적 동기가 유발되어 있는 상태에서는 원인으로 돌릴 만한 다른 요인(예 : 외적 보상)이 없기 때문에 열심히 일하는 행위의 원인을 일 자체의 특성(즉, 일이 재미 있어서) 때문이라고 귀인하게 됨. 그런데, 이처럼 내적 귀인의 상태에 〈외재적 보상〉을 제공하게 되면 열심히 일하는 것에 대한 귀인의 대상이 일 자체에서 보상(예 : 돈)으로 바뀌게 됨

(3) 인지평가이론의 사례

봉사활동

(4) 보상유형에 따른 동기유형의 결정

1) 내재적 동기(intrinsic motivation)

내재적 보상에 의해 이루어지는 동기로서 종업원과 직무 간의 직접적 관계에서 발생하는 것, Deci는 '유능감(competence)'과 '자기결정감(self-determination)'에 의해 결정된다고 하면서, 일반 작업상황에서 이 두 가지 특성이 많이 충족될수록 내재적 동기가 높아진다고 하였음

2) 외재적 동기(extrinsic motivation)

외부적 요인에 의해 이루어지는 동기로서 일의 외부요인인 직무환경으로부터 발생하는 것

(5) 피드백의 기능과 내재적 동기의 효과

1) 능력 정보(competence information) 기능

능력정보란 나의 능력을 평가하는 내용이라고 판단하는 것. 능력정보는 내재적 동기와 관련

2) 통제적 정보(controlling information) 기능

나를 통제할 목적으로 주어진 피드백이라고 판단하는 것. 이는 외적 통제와 관련이 되며, 통제적 정보가 능력정보에 의한 내재적 동기유발 효과를 약화시킬 수 있음

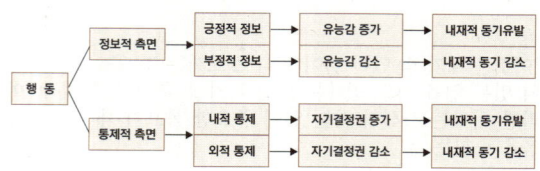

(6) 평가

1) 공 헌

① 기존 모티베이션 이론에 비해 매우 가치 있는 새로운 시각을 제시
② 실무에서의 공헌. 인지평가이론에서의 내재적 동기를 고려한 직무재설계는 성과를 높이는 데 결정적인 역할을 함
③ 외적 보상이 내적 동기를 저해할 수 있음을 밝혀(상관관계 규명), 동기부여의 질적 차원을 설명. 이를 바탕으로, 외적 보상보다는 유능감과 자기결정감을 통한 학습 동기 유발이 장기적으로 개인의 내적 동기를 강화하는 중요한 요인임을 강조

2) 한 계

① 작업구조상 내재적 동기 자체를 기대할 수 없는 경우에 대한 논의가 미흡
② 모든 작업자가 내재적 동기의 원인변수들인 유능감, 자기결정감에 대한 높은 욕구를 가지고 있느냐 하는 문제. 이러한 욕구가 낮은 작업자들에게 어떤 방법으로 내재적 동기를 높일 수 있을 것인가에 대한 논의가 미흡
③ 외재적 보상이 동기부여에 유의한 정(+)의 영향을 미친다는 입장도 있는 바, 이러한 의견을 가진 학자들로부터 비판을 받음

(7) 내재적 동기부여 적용사례

1) 절차적 공정성과 보상제도

분배적 공정성(distributive justice)은 종업원이 조직으로부터 받는 보상의 크기에 대한 공정성 인식의 정도를 의미, 절차적 공정성(procedural justice)은 그러한 보상의 크기를 결정하기 위해 사용하는 수단, 즉 과정에 대한 공정성 인식의 정도를 의미. 특히 절차적 공정성은 성과 측정에 대해 직원들이 가질 수 있는 불만요소를 미리 제거하고 검토과정을 통해 언제든지 의문을 제기할 수 있게 하며 신속한 피드백을 제공하는 것을 의미하므로, 종업원의 내재적 모티베이션의 증진과 직결

2) 의미 있는 사회적 보상

이것은 '개인명예'를 부여하는 것으로, 예컨대 아이디어 왕, 제안 왕, 명장, 명인, 업무개선의 주역 등의 이름으로 종업원들을 내재적으로 동기부여하고 신바람을 불러일으키는 것

3) 종업원 기여 인정 프로그램(Employee Recognition Program : ERP)

ERP란 일반적으로 공식적이고 금전적인 차원에 머무르는 보상을 비공식적이고 비금전적인 차원으로까지 확대하여, 종업원들의 노력과 성과달성을 인정해주고 보상해주는 제도. 예를 들면, 마주보면서 칭찬하거나, 경영자 명의로 된 감사의 편지를 전달하거나, 이 달의 종업원으로 선정하거나, 레스토랑 이용권 등 상품권을 수여하는 것 등 종업원이 기여한 바에 대한 유무형의 인정과 보상을 선물하는 것

4) 외부적 보상과 내재적 보상의 연계 프로그램

구성원들의 성과와 바람직한 행위에 대해 동료 또는 관리자의 인정과 같은 비금전적 보상과 금전적 보상을 연계하여 제공하는 프로그램

5) 선택적 근로시간제(flextime, flexible working hours)

일정기간 동안 총 근로시간을 정해놓고 근로자가 그 범위 내에서 매일의 시업 및 종업시간을 자유롭게 선택해서 일을 할 수 있도록 하는 제도. 즉, 근로자가 자신의 생활리듬이나 업무의 진행속도에 맞추어 출근이나 퇴근시간을 자유롭게 선택할 수 있도록 함으로써 개인생활과 업무와의 조화를 도모하면서 업무의 효율성을 높이고자 하는 근로시간제도

5. 자기결정이론(self-determination theory)
(1) 의 의

인지적 평가이론은 자기결정이론(self-determination theory)으로 발전. 자기결정이론은 인간행동의 통제원천이 내면인가 아니면 외부인가에 초점을 맞추면서, 사람들이 자기 행동에 대해서는 본인이 스스로 통제하여 결정한다고 믿는 경우 동기부여가 증가한다는 것(Deci&Ryan)

(2) 이론의 가정

이 이론은 인간의 동기는 개인이 완전히 내적 통제에 의해서 행동할 때 가장 높으며, 내적인 이유가 전혀 없는 상태에서 순전히 외적인 통제에 의해서 행동하게 되었을 때 제일 낮다는 명제에서 출발. 완전한 내적 통제와 완전한 외적 통제 사이에 다양한 통제유형이 존재한다고 주장

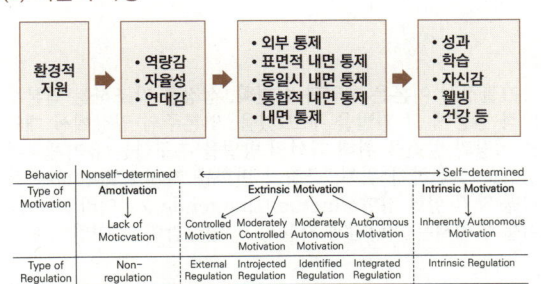

(3) 행동 통제 유형
1) 외부 통제(External regulation)

특정 일에 대하여 아무런 흥미도 없는데 보상이나 상사의 지시, 또는 법규 때문에 해야 하니까 하는 것을 외부통제에 의한 행동이라고 함. 즉, 외재적 동기에 의한, 비자율적 행동인 것

2) 표면적 내면 통제(Introjected regulation)

외적 통제가 존재하더라도, 체면이나 자존심 때문에 하는 것이라면 '표면적 내면통제'에 의한 행동

3) 동일시 내면 통제(Identification regulation)

개인이 의식적으로 요구되는 행동의 필요성을 인정하고 받아들인 상태

4) 통합적 내면 통제(Integrated regulation)

주어진 일의 필요성을 인정할 뿐 아니라 그 일의 가치를 자신의 다른 내면가치와 일체화시킨 상태

5) 내면통제(intrinsic regulation) — 외적인 자극이 전혀 없이 완전히 자신의 자율적 결정에 의해서 이뤄지는 경우. 내면통제로 갈수록 개인의 자율적 선택 정도가 커짐
많은 연구에서 내면통제가 ↑ : 성과·학습·자신감 더 좋은 결과 산출하는 것으로 나타남

(4) 개인행동 통제요인
1) 역량감(competence) — 어떤 일을 해낼 수 있는 역량이 있다는 느낌
2) 자율성(autonomy) — 일에 대한 자기 자신의 선택 영역
3) 연대감(relatedness) — 특정 일을 통해서 다른 사람들로부터 인정받을 수 있다는 인식

(5) 환경적 지원

요인	제공	방법
역량감 (competence)	구조	기대를 명확화 관련성을 명료화 피드백 제공 교육훈련
	직무설계	너무 어렵지 않은 과제 부여 너무 쉽지 않은 과제 부여
자율성 (autonomy)	권한위임	개인의 독특한 관점을 인식 가능한 선택권들을 제공 최소한의 압력 사용 시도 독려 개인의 목표와 가치를 연결 개인의 선택을 지지 개인이 대처 가능한 수준에서 선택할 수 있도록 지원
연대감 (relatedness)	참여	시간 흥미 에너지

· 역량감 : 제도적 지원
· 자율성 : 정책적 지원
· 연대감 : 참여확대 정책

(6) 최근 연구 : 자기 실현 경향성(actualizing tendency) — 자기결정성 이론은 책임과 실현화, 성장을 강조하는 인본주의적 전통에 그 기반을 두고 있음. 인본주의 입장에서 개인을 성장과 발전을 위해 최선의 방법을 추구하는 유기체로써 성장을 실현하기 위해, 긍정적 변화를 가져오도록 하는 동기를 자기 실현 경향성(actualizing tendency)이라고 주장, 이를 위해서는 역량감과 자율성 및 연대감이 그 기반이 됨

◆ 참고 : 모티베이션 제고 방안
1. 공헌에 대한 보상
  (1) 차별화 — 구성원들의 욕구는 상이함
  (2) 공정한 평가와 보상
  (3) 최소충분원리의 적용 — 경쟁과 성과에 따른 인센티브 제도가 절대적으로 조직성과를 높여주는 것은 아님. 바람직한 태도와 가치를 내면화하는 것이 목표라면 강력한 물질적 보상보다 내재적 보상이 유지되도록 해야 함

2. 인간존중 경영
   (1) 개인차 인정 - 리더십, 인간관계
   (2) 상위욕구 충족
   (3) 자율성 부여
3. 직무설계
   (1) 개인과 직무의 조화
   (2) 참여와 피드백
   (3) 목표의 설정

제 9 장 학습(learning)

전략노트 pp.232-263

I. 학습(learning)의 개요

1. 학습(learning)의 정의

반복적인 연습이나 경험을 통해 이루어진 영구적인 행동 변화(Blau & Boal, 1987). 서양에서 학습은 그 어원인 track(이랑) 또는 고랑(furrow)의 뜻처럼, 어떠한 길(track)을 따라가서 경험을 증대시킨다는 의미를 가짐

2. 학습의 특징

(1) 행동 변화(behavioral change)

행동변화는 행동형성의 요인인 퍼스낼리티와 지각 그리고 동기와 태도 등의 변화를 의미. 학습은 행동의 개선과 효율적 성과를 상정하지만, 긍정적인 변화와 성과만을 포함하지 않고, 나쁜 습관과 편견, 상동적 태도와 현혹효과 등 바람직하지 않은 행동을 습득하는 내용도 포함

(2) 영구적 변화(permanent change)

영구적 변화는 학습의 영구적인 성격을 의미. 행동의 변화로 임시적 적응행동이 아니라 영구적이고 바람직한 성과를 전제로 해야 함

(3) 연습과 경험(practice and experience)

연습과 경험은 자연적인 행동변화나 임시적 조작에 의한 행동변화가 아닌, 실제 연습과 실습 그리고 실제 경험에 의해 변화가 이루어져야

(4) 강화작용(reinforcement)

강화작용은 연습이나 경험이 영구적인 변화를 가져오려면 반복되는 강화작용이 따라야

3. 학습곡선(learning curve)

구성원들은 훈련과 경험을 통해 새로운 습관이 형성되는 동안 행동이 변화되며, 이러한 학습과정을 기술해주는 것이 학습곡선

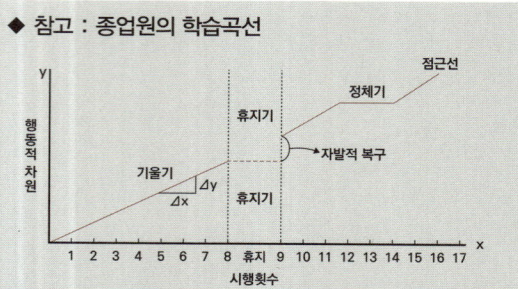

◆ 참고 : 종업원의 학습곡선

X축은 학습시행의 횟수이며, 구성원의 훈련을 의미하고, Y축은 구성원의 행동차원으로 다음과 같은 변수에 의해 결정됨

- 행동의 강도 — 과업행동에 투입되는 노력의 정도
- 행동의 확률 — 유사한 상황에서 행동의 반복 가능성
- 행동의 질 — 과업수행의 정확성
- 소거에 대한 저항 — 강화되지 않을 경우 반복행동의 가능성

특정 기간 동안에는 훈련 등의 시행이 없고, 휴지기가 있을 것. 따라서 학습곡선은 훈련의 함수로서 발생하는 작업행동의 변화를 설명. 학습곡선의 특징은 다음과 같음

① 곡선의 기울기(slope of the curve)

훈련을 통한 작업행동의 변화율이며, 학습이 발생하는 속도로서 조직은 이 기울기를 극대화하려 함

② 자발적 복구(spontaneous recovery)

학습과 관련하여 시행되는 것이 전혀 없는 휴지기가 있더라도 성과는 휴지기간 이전보다 높게 자발적으로 복구됨.

③ 정체기(plateau)

학습과정에 행동변화가 없는 경우 휴지기가 발생할 수 있음. 학습자가 피곤하거나 싫증이 나거나 새로운 학습에 대한 동기가 감소되는 경우이며 좌절감을 지각하기도 함

④ 점근선(asymptote)

학습경험의 결과로서 행동변화의 최대량임. 점근선과 학습 이전의 행동 차원과의 차이에 의한 학습을 통한 변화수준을 알 수 있음

II. 학습과정 관련 이론

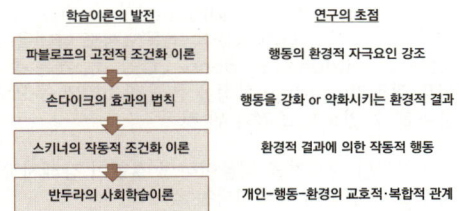

1. 행동주의적 학습이론(behavioral learning theory) : 행동주의학파(Behaviorists)

행동주의적 학습과정이론은 행동주의학파 심리학자들에 의해 주장된 것, 행동주의론자들에 따르면 학습은 행동에 따른 외적 결과를 통제함으로써 가능하다고 믿음. 행동주의적 학습에서 중요한 개념인 '조건화(conditioning)'란 학습이 일어나도록 조건(여건)을 마련해주는 것, 자극과 반응의 연쇄과정에서 하나의 행동패턴을 발전시키는 것. 여기에는 고전적 조건화의 이론을 전개한 러시아의 심리학자 파블로프(I. Pavlov)와 조작적 조건화의 이론을 전개한 스키너(B. F. Skinner) 등이 있으며, 이들은 모두 조건화(conditioning)의 개념을 통해 학습과정을 설명하려고 하였음

(1) 고전적 조건화(classical conditioning)

자극(Stimulus) : 유기체에게 영향을 끼칠 수 있는 것들
반응(Response) : 자극에 대한 유기체의 반응

1) 개 요

러시아의 심리학자 파블로프가 제시한 이론. 학습을 요하지 않는 선천적 자극인 '무조건 자극'을 후천적 경험을 통해 습득한 자극인 '조건 자극'과 관련시킴으로써 조건 자극으로부터 새로운 조건 반응을 얻어내는 과정을 설명. 자극과 반응 간 반복적인 결합(association)에 의해 행동이 학습될 수 있다는 것

2) 관련 실험 : 파블로프의 개 실험

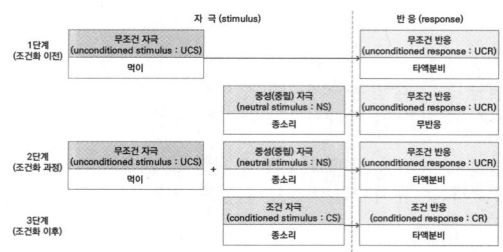

파블로프는 개를 연구대상으로 하여 소화작용에 따른 타액의 분비현상을 연구하던 중, 음식에 의한 직접적인 자극이 없어도 이에 관련된 신호에 의해서 타액과 위액이 분비되는 것을 발견하여 조건 반응 형성에 관한 원리를 정립하게 되었음

〈1단계 : 조건화 이전〉

처음 개에게 먹이(무조건 자극, unconditioned stimulus : UCS)를 주었을 때, 개는 타액(무조건 반응, unconditioned response : UCR)을 분비. 반면 단순히 종소리를 들려주었을 때 개는 타액을 분비하지 않았음(무조건 반응이지만 무반응).

〈2단계 : 조건화 과정〉

개에게 먹이(무조건 자극, UnConditioned Stimulus : UCS)를 줌과 함께 종소리(중성(중립) 자극, Neutral Stimulus : NS)를 들려주었음(아직까지 종소리 자체는 중성 자극이기 때문에 단독으로 타액을 유도하지는 않음. 이 과정을 반복함)

〈3단계 : 조건화 이후〉

개에게 종소리(조건 자극, conditioned stimulus : CS)만을 들려줌. 이 때 개는 단지 종소리만 듣고서도 타액을 분비(조건 반응, conditioned response : CR). 즉, 개는 종소리와 먹이의 짝짓기(pairing) 과정을 통해 종소리만 듣고도 타액을 분비할 수 있도록 조건화 된 것

3) 조건 자극과 무조건 자극의 짝짓기(pairing) 횟수와 조건 반응 강도 : 연습의 법칙

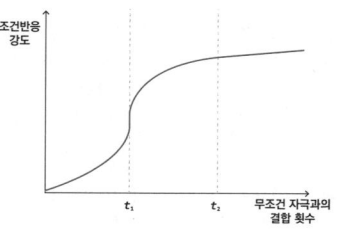

연습의 법칙이란 짝짓기를 되풀이하면 결합이 강해지고, 이를 하지 않으면 결합이 약해진다는 것

· t_1까지 최소한의 연습시간 필요
· t_2이후의 연습은 조건반응 강도 향상 어려움

4) 기업조직에서의 사례

① 신입사원에게 적용. 교육과정 동안 매일 아침 교육이 시작되기 전에 회사 로고가 새겨진 깃발을 보고 사가를 부르게 하여 회사에 대한 충성심을 고취시키게 되면, 이들은 교육 후 현장에 돌아와서도 회사 로고가 새겨진 뱃지(badge)만 봐도 숙연해지며, 회사에 대한 긍지와 자부심을 느끼게 됨
② 어떤 구성원이 특정 제품과 관련된 프로젝트 추진에 실패하여 큰 벌을 받게 되고, 이러한 경험이 몇 차례 반복되면, 이 구성원은 이후 특정 제품과 관련된 일은 무조건 회피하려 함
③ 징크스(jinx), 거듭되는 우연에 나름의 분석과 자기합리화가 더해져 형성되는 것

5) 평 가
① 긍정적 평가

학습이론에 초석, 학습과정을 이해하는 데 많은 도움, 광범위한 적용에 대한 이론적 타당성

② 부정적 평가

행동은 설명할 수 없음, 인간 행동을 단순·반사·수동적 접근으로 보면서 인간의 반사적인 행동을 설명하려는 측면이 강한데, 인간은 주도성을 지니고 적극적으로 행동할 수 있다는 점에서 비판

(2) 조작적(=작동적) 조건화(operant conditioning)

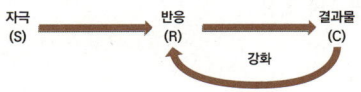

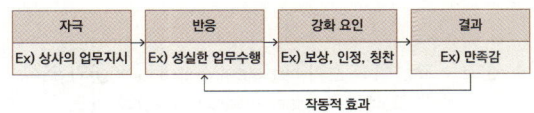

1) 개요

손다이크(E. L. Thorndike)와 스키너(B. F. Skinner)에 의해 제시, 인간을 행동의 주체자로 보면서, 학습은 단순히 자극에 대한 조건적 반응에 의하여 이루어지는 것이 아니라 인간의 행동이 강화(reinforcement)를 통해 보상(reward)을 받게 되면 그 이후에도 자발적으로 반복되면서 이루어진다고 주장한 것. '조작적(operant)'이란 유기체가 자극에 대해 단순히 반응하는 것이 아니라 환경을 조작하여 변화시킨다는 의미

2) 손다이크(Thorndike) 실험 : '효과의 법칙(law of effect)', 호의적인 결과가 따르는 행동은 반복되고, 호의적이지 않은 결과가 나타나는 행동은 반복되지 않는다

실험에서 고양이가 상자 속에 들어가 지렛대를 밟는 데까지 걸리는 시간이 점차 줄어들었는데, 이러한 실험의 결과를 시행착오(trial-and-error)에 의한 효과의 법칙(law of effect)이라고 함. 어떤 반응이 일어난 후 나타나는 결과가 바람직한 것이면 학습자는 이러한 반응을 계속할 가능성이 증가하는 반면, 반응 후에 나타나는 결과가 바람직하지 않으면 이후 이러한 반응이 계속 일어날 가능성이 감소된다는 것

3) 스키너(Skinner)의 실험 : '강화의 법칙(reinforcement effect)', 결과물이 반응을 결정한다

Skinner는 학습자의 행동은 자기가 보여주었던 어떤 자극에 대한 반응 후에 나타나는 결과물(consequence)에 의해 결정되며, 이때 자극은 행동유발에 하나의 단서로서의 역할만 할 뿐. 여기서 결과물이 이 반응을 결정하는 것을 강화(reinforcement)

◆ 참고 : 스키너의 쥐·비둘기 실험

[스키너의 행동분류]

반사적 행동	자극에 대해 반사적으로 취하는 행동 (타고난 반사적 행동의 예 : 양파 껍질을 벗기면 눈물을 흘린다. 뜨거운 물체에 손이 닿으면 얼른 손을 뗀다)
조작적 행동	원하는 결과를 위해 의식적으로 하는 행동 원하는 결과를 산출하기 위하여 환경과 교류하면서 학습하는 행동

4) 기업조직에서의 사례

강화작용에 의한 학습설계. 예를 들면, 팀장이 부하에게 오늘 야근을 하라고 지시하였고, 팀원은 야근을 하여 작업을 완성시켰음. 다음 날, 팀장이 수고했다고 칭찬하고 점심을 샀음. 여기서 자극(S)은 야근지시이고, 반응(R)은 야근하는 행동임. 칭찬과 점심을 사는 것은 야근에 대한 결과물(C), 즉, 강화물인 것. 이 팀원에게 향후 비슷한 일이 생기면 그는 계속 야근을 할 것임. 그러나 야근 후에도 팀장이 칭찬을 하지 않고 점심을 사지 않게 되면, 점차 팀원은 팀장의 지시에 대해 핑계를 대며 야근을 피하려 할 것. 즉, 팀원의 야근이라는 행동(반응)은 야근 지시(자극)에 의해 나타나는 것이 아니라 야근이 가져다 주는 결과물에 의해 결정된 것임을 알 수 있음

5) 평가

조작적 조건화는 고전적 조건화보다 인간 행동을 설명하는 데 더 설득력이 높음. 기업조직은 구성원의 행동변화를 위해 보상이라는 도구(instrument)를 일반적으로 많이 활용하고 있음

조작적 조건화는 어떤 방법을 통해 바람직한 특정 행동을 강화할 것인가, 즉 유기체를 어떻게 행동하도록 학습시킬 것인가에 연구의 초점

◆ 참고 : 고전적 조건화(classical conditioning)와 조작적 조건화(operant conditioning)의 비교

고전적 조건화 (classical conditioning)	조작적 조건화 (operant conditioning)
자극(S) → 반응(R)	자극(S) → 반응(R) → 결과물(C), 강화
1. 자극(S) → 반응(R) 2. 인간의 행동이 수동적 3. 행동이 반사적으로 일어남 4. 학습행동 = 유도된 (elicited) 행동 5. 인간의 행동 중 일부분만 설명이 가능함	1. 강화물이 주어진 반응(R)이 자극이 되어 결과물(C)로 나타남 2. 인간이 행동의 주체자 3. 행동이 자발적으로 일어남 4. 학습행동 = 스스로 일으킨 (emitted) 행동 5. 인간의 행동을 상당부분 설명함
파블로프(I. Pavlov) 연구	손다이크(Thorndike), 스키너(Skinner) 연구

1. 공통점

① 행동주의적 학습이론(behavioral learning theory), 행동주의학파(Behaviorists)에 의해 주장된 이론들, ② 두 이론 모두 학습이 발생하는 조건(conditino)에 초점을 맞춤, ③ 자극(S)-반응(R) 간 인과관계를 설명하는 이론

2. 차이점

(1) 학습행동의 원리

고전적 조건화에서는 자극의 변화(무조건 자극에서 조건 자극으로의 변화)에 의해 특정한 반응이 유도(elicit)되는 반면, 조작적 조건화에서는 반응의 결과에 따라 사람이나 유기체(organism)가 어떠한 행동을 스스로 일으킴(emit). 즉, 고전적 조건화에서의 행동의 강도나 횟수는 유도시키는 자극의 횟수에 의해 결정, 조작적 조건화에서의 행동의 강도나 횟수는 주로 결과에 의해서 결정

(2) 행동의 동인(動因)

고전적 조건화는 조건 자극과 무조건 자극을 연관시킴으로써 조건자극으로부터 새로운 조건반응을 얻어냄. 조작적 조건화는 어떤 인간의 행동이 강화를 통해 보상을 받게 되면 이 행동의 결과는 다음 행동에서 반복되어 일어나게 됨

(3) 인간관

고전적 조건화에서의 인간의 행동은 자극에 의해서 발생하는 반사적이고 수동적인 행동, 조작적 조건화에서 나타나는 인간의 행동은 자발적인 것으로 설명

(4) 인간 행동의 설명

고전적 조건화는 복잡한 인간의 행동은 설명할 수 없으나, 조작적 조건화는 인간의 행동을 상당 부분 설명

2. 인지적 학습이론(cognitive theory of learning) : 인지론학파(Cognitive theorists)

(1) 통찰학습

인지(cognition)란 정보를 습득하고 조직화하는 과정

통찰학습은 형태주의자들이 주창한 개념으로, 19세기 독일에서 퀼러(Köhler) 등이 주장한 이론
퀼러의 침팬지 실험-학습은 시행착오적으로 형성되는 것이 아니라 통찰(insight)을 통해 나타난다는 것을 주장

(2) 인지학습(cognitive learning)

톨만(Tolman)은 강화가 자극-반응 관계 속에서 자동적으로 일어나는 것이 아니라, 무슨 행동을 하면 어떤 결과가 일어날 것이라는 수단-목표의 기대에 의해 나타난다고 함

◆ 참고 : Tolman의 쥐 실험

(3) 정보처리학습이론

정보처리학습이론은 자극에서 반응까지의 일련의 과정을 정보와 유입의 조작, 처리과정으로 이해하고 해석하려는 접근

3. 사회학습이론(Social Learning Thoery : SLT) – 반두라(Bandura)

(1) 사회학습이론(Social Learning Thoery : SLT)의 의의

개인의 성격과 인지가 결합된 복잡한 과정으로 인식(Bandura, 1977). 사회적 학습이론에 의하면 학습은 개인 자신의 인지와 행동 그리고 환경과의 계속적이고 복합적인 상호작용을 통하여 이루어짐

(2) 반두라의 실험 – 보보 인형 실험(Bobo doll experiment)

① 반두라는 사회학습이론을 공격적 연기자가 등장하는 비디오를 본 아이들의 행동에 관한 실험을 통해 제시
② 세 집단의 아이들에게 각각 다른 내용의 비디오를 보여주는 실험. 제1집단은 공격적 연기자가 공격성을 보인 후 상을 받는 비디오를, 제2집단은 공격성을 보이고 벌을 받는 내용의 비디오를, 제3집단은 공격적 행동 후에 상도 벌도 주어지지 않는 내용의 비디오를 각각 보여줌. 그 결과, 상을 받는 것을 본 제1집단의 아이들이 가장 공격적으로 행동, 벌을 받는 것을 본 제2집단의 아이들이 가장 공격적이지 않았음

(3) 사회학습이론의 내용

[사회학습이론 모델]

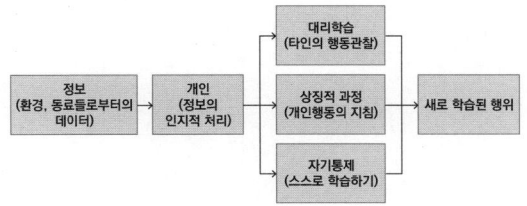

[사회학습이론의 내용]

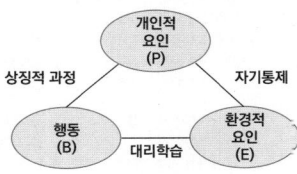

1) 대리학습(vicarious learning)

관찰대상을 정하고(modeling) 그 사람의 행동과 그 결과를 관찰함으로써 학습하게 되는 것. 예를 들면, 골프를 배울 때 프로골퍼를 따라하는 것이나 훌륭한 리더들의 사례를 읽어 리더십을 배양하려는 노력

2) 상징적 과정(symbolic process)

조직에서 상사나 다른 사람들의 언어(말)나 다른 상징체계를 통해 전달되는 가치나 신념, 목표 등을 개인이 인지하고 이것이 개인행동의 지침으로 활용함으로써 학습이 일어나는 것. 예를 들면, 올바른 행위에 대한 개념을 강의식 교육을 통해 학습하는 것

3) 자기통제(self-control) — 인간이 환경자극이나 인지적 지지를 조정 작동시키고 자신의 행위에 대한 결과를 제시함으로써 자기들의 행위를 통제하기 위해 어떠한 조치를 취하는 것. 예를 들면, 어릴 때 술을 많이 먹고 바람직하지 못한 행동을 하는 부모의 행동을 관찰하며 성장한 자녀가 오히려 술을 마시지 않기로 마음먹고 행동을 통제하여 결국 음주습관을 가지지 않는 경우 사회적 학습(반면교사를 통해)이 일어난 것

(4) 모방이나 관찰을 통해 학습이 이루어지는 과정

1) 주의집중 단계(attention process) — 모방하려는 타인의 행위에 주의를 기울이는 것으로 사회학습의 첫 단계. 관찰대상이 되는 타인의 성, 연령 등이 관찰자와 비슷하거나, 그들의 지위가 높고, 유능하며, 존경을 받는 경우 집중 정도가 증가

2) 유지 단계(retention process) — 관찰된 내용이 기억되는 과정. 정보의 내용을 유지하려면 타인의 행동이 언어적 또는 영상적 형태로 형성될 필요

3) 재생 단계(motor reproduction process) — 모방하려는 것을 실제 행동으로 옮겨보는 과정. 타인의 행동이 관찰자의 행동으로 전이되기 위해서는 연습이 필요. 개인은 연습과정을 통하여 자기 행동을 타인의 그것과 비교한 후, 적절한 수정행동을 함

4) 강화 단계(reinforcement process) — 행동의 동기를 높여 주는 과정. 해보았더니 효과가 좋다거나 적절한 보상을 얻으면 더 자주 그런 행동을 하게 됨

(5) 사회학습이론의 시사점

① 사람의 학습은 단순한 외부 자극에 의해서만 주어지는 것이 아니라 자발적이고 자주적으로 일어날 수 있음. 사회학습이론은 인간의 행동은 사회적인 상황 속에서 관찰과 모방을 통해 강화된다는 것. ② 인간은 자신의 행동에 대해 직접적인 강화를 받지 않더라도 사회적 상황 속에서 관찰과 모방을 통해 학습이 가능하다는 것 ③ 학습은 내적 과정이며 행동을 변화시킬 수도 있고, 그렇지 않을 수도 있다는 것

◆ 참고 : 스키너의 행동주의 이론과 반두라의 사회학습이론 비교

구 분	스키너	반두라
기본 입장	기계론적 환경결정론 (환경적 요인에 의한 인간의 행동이 결정된다는 것)	상호결정론 (인지, 행동, 환경이 서로 상호작용한 결과라는 것)
강조점	객관적 자극-반응 관계를 강조 직접적인 인화/벌을 통한 행동학습 강조	인지와 같은 주관적 요소의 관여를 강조 직접적인 강화/벌을 통한 행동학습뿐 아니라 관찰학습 및 자기강화를 통한 행동학습을 강조
인간의 자기 통제력	인간은 자신의 행동을 통제할 힘이 없음	인간은 자기효능감을 성취하는 방향으로 행동을 규제할 수 있음
인간에 대한 관점	인간의 내면세계에 대한 연구는 없음 (인간 본성이 합리적인지 비합리적인지에 대한 논의 없음)	인간은 자신의 인지능력을 활용하여 사려깊고 창조적인 사고를 함으로써 합리적 행동을 계획할 수 있는 합리적 존재로 봄
행동의 학습	외적 강화 없이는 어떠한 행동의 학습이나 수정도 이루어질 수 없다고 봄	새로운 행동의 학습은 외적강화 없이도 이루어질 수 있다고 봄

III. 학습에 의한 행동수정(behavior modification)

행동수정이란 스키너 조직적 조건화 원리응용, 개인의 구체적 행동을 강화 or 소멸 시킬 수 있도록 구성한 학습화 기법

1. 행동변화의 전략 : ABC 법칙

긍정적 결과 C+를 가져오는 행동(예를 들어 E1)은 강화되고, 부정적 결과 C-가 따르는 행동(B2, B3)은 소멸된다는 것

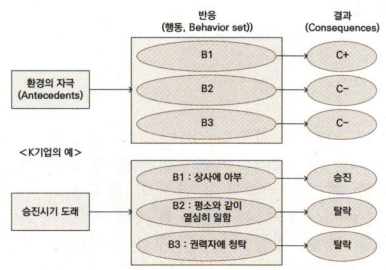

2. 강화(reinforcement)의 법칙

(1) 강화(reinforcement)의 의의

강화는 Skinner의 조작적 조건화에 이론적 기반을 두고 있음. 조건화(conditioning)란 학습이 일어나도록 조건(여건)을 마련해주는 것. 강화(reinforcement)란 조건화를 통하여 개인의 행동을 증가시키거나 소멸시키는 행동변화 방법. 즉, 행동변화를 위하여 학습대상자에게 일정한 자극을 주는 것
행동수정은 앞서 살펴본 A→B→C 과정 중에서 특히 B→C의 관계에 초점

(2) 강화의 유형

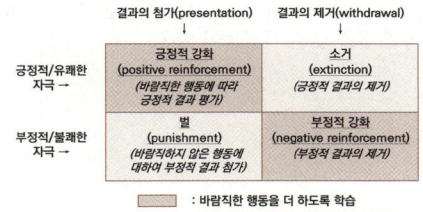

[행동수정전략의 예]

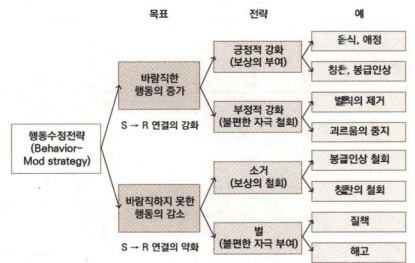

1) 긍정적 강화(positive reinforcement) (= 적극적 강화)

특정 행동과 연계하여 즐겁고 긍정적인 결과를 제공함으로써 그 행동을 반복하도록 유도하는 것. 긍정적 강화를 통해 구성원들의 형상화(shaping)를 유도하는 것 예) 칭찬을 해주는 것. 형상화란 구성원의 행동을 조직 혹은 리더가 원하는 방향으로 단계적 접근(successive approximation)이 이루어지도록 유도하는 것

2) 부정적 강화(negative reinforcement) (= 소극적 강화)

불유쾌하고 부정적인 결과를 제거해줌으로써 바라는 행동이 반복되도록 하는 것. 잔소리 제거

3) 벌(punishment)

특정 행동을 중지시키기 위하여 행동과 연계하여 불유쾌한 결과를 제공하는 것. 지각생에게 화장실 청소를 시키는 것

4) 소거(extinction)

긍정적 강화 요인을 제거(철회)함으로써 특정 행동의 중단을 유도하려는 전략(강화작용을 철회시켜서 조작적 행동이 유지되지 못하게 하는 현상). 지각하는 직원에게 연장근무수당을 받을 수 있는 기회를 제거하는 것

5) 합성전략

① 긍정적 강화(보상)와 처벌을 혼용하는 것
② 긍정적 강화와 소거를 혼용하는 것

(3) 연구 결과

① 행동을 변화시키기 위해서는 강화(적극적이든 소극적이든)의 방법이 필요함
② 보상이 조직에서 가장 효과적인 강화 방법
③ 강화 스케줄이 행동 변화 속도나 스피드에 매우 중요한 결정요인

3. 강화의 방법과 관리 : 강화 스케줄(reinforcement schedule)

(1) 연속강화 스케줄(continuous reinforcement schedule)

가장 단순한 강화 스케줄로, 바람직한 행동이 나타날 때마다 강화요인을 제공하는 기법. 새롭게 형성된 바람직한 행동을 강화할 때, 또는 행동의 발생이 불규칙하거나 그 빈도가 낮은 경우에 사용하는 것이 효과적. 연속강화 스케줄은 강화 요인이 매번 제공되는 한 꾸준한 성과향상을 기대할 수 있으나, 강화요인이 제거되고 나면 나타났던 반응이 급속히 소거되는 경향이 있음

그러나, ① 강화요인이 제거되고 나면 나타났던 반응이 급속히 소거되는 경향이 있고, ② 지나치게 자주 강화요인을 제공함으로써 구성원을 조기에 '포만 상태'에 이르게 하여 동기부여효과를 기대할 수 없게 되는 경우가 있으며, ③ 배분할 조직의 자원이 한정적인 경우에 효과적이지 못하다는 단점이 있음

(2) 단속강화 스케줄(partial reinforcement schedule)

단속강화 스케줄은 바람직한 행동이 나타날 때마다 강화하는 것이 아니라 그러한 행동이 누적함에 따라 어떤 기준을 가지고 강화요인을 제공하는 기법들을 통칭하는 것. 여기에는 고정간격법, 변동간격법 등 시간의 흐름을 기준으로 하는 방법들과 고정비율법, 변동비율법 등과 같이 행동의 발현빈도에 초점을 맞춘 기법들이 있음

	간격 : 시간 기준 (time-based)	비율 : 반응행동 기준 (behavior-based)
고정 스케줄 (fixed)	고정 간격법 (fixed interval) 1주 2주 3주 (예) 주급	고정 비율법 (fixed ratio) 50개 100개 150개 (예) 성과급
변동 스케줄 (variable)	변동 간격법 (variable interval) 2년 5년 10년 (예) 승진	변동 비율법 (variable ratio) 2번 8번 11번 (예) 판매에 성공한 전화 커미션

1) 고정 간격법(fixed interval schedule) : 동기부여 효과가 가장 적음

정해진 시간에 규칙적으로 제공되기 때문에 예측이 가능. 따라서 임금 지급 직후에는 동기가 낮아졌다가 다음의 임금 지급 시기가 되면 높아져서 긍정적인 행위를 지속시키는 데에는 적합하지 않음(성과 증진 측면에서 가장 열등)

2) 변동 간격법(variable interval schedule)

변동간격법은 강화 시간이 예측불가능하기 때문에 높은 반응률과 긍정적인 행위를 지속시키는데 적합. 소거에 대한 저항력도 강력한 편

3) 고정 비율법(fixed ratio schedule)

생산량에 기초하여 급여를 지급하는 성과급제도(piece-rate system)나, 실험 쥐가 세 번의 레버를 누르면 한 번의 보상이 주어지는 것이 예가 될 수 있음. 보상을 위해 제시된 횟수의 반응을 신속하게 하기 때문에 적극적이며 긍정적인 행위를 지속시키는데 적합

4) 변동 비율법(variable ratio schedule) : 동기부여 효과가 가장 큼

스케줄		내 용	예
(1) 연속강화 스케줄		바람직한 행동이 나올 때마다 강화요인(보상)을 제공한다.	칭찬
(2) 단속 강화 스케줄	1) 고정 간격법	일정한 시간적 간격을 두고 강화요인을 제공한다.	주급
	2) 변동 간격법	불규칙한 시간 간격에 따라 강화요인을 제공한다.	승진
	3) 고정 비율법	일정한 수의 바람직한 행동이 나타나올 때 강화요인을 제공한다.	성과급
	4) 변동 비율법	불규칙한 횟수의 바람직한 행동 후 강화요인을 제공한다. (예 : 지난 번에는 100개 생산 후 보상이 제공되었으나, 이번에는 50개, 다음에는 80개 등으로 바뀜)	성공 커미션

요구되는 수행 횟수를 예측하지 못하고 산출의 단위에 기초를 둠. 10개를 판매하고 보상을 받기 위해서는 평균 10집을 방문. 어떤 사람은 15집을 어떤 사람은 2집을 방문해서 10개를 판매함. 판매원은 어느 집에서 판매가 이루어질지 모르기 때문에 적극적으로 방문함. 소거에 대한 저항력이 가장 강함

5) 현실적용 방법

① 구성원에 대한 벌의 적용

구성원이 조직의 규칙을 위반하거나 조직성과에 심각한 영향을 미치는 실수를 하였을 경우 사용하는 것이 벌. 벌은 경고, 정직, 감봉 등 다양한 종류가 있음. 그러나 학습이론에서는 벌을 효과적인 학습 방법으로 추천하지는 않음(구성원에게 심리적인 불쾌감을 줄 가능성)

② 효율적인 학습 프로그램 설계

학습자의 관심 끌기, 학습동기부여, 폐기학습, 새로운 행동을 연습할 기회 부여, 학습성과에 따른 긍정적 보상 설계, 교육을 통한 경력개발 등에 적용

③ 구성원의 자기관리

학습 개념은 관리자나 경영자를 위한 것만은 아님. 구성원 스스로 자신의 행동을 수정해 나가는 데 적용

6) 시사점 : 효율적인 강화계획

① 연속 강화 계획은 요구되는 반응이 발생할 때마다 강화물을 제공하기 때문에 빠른 학습에 유용(학습 속도가 가장 빠름). 그러나 강화가 중단되면 행동이 감소할 가능성이 큼
② 단속(간헐) 강화 계획은 연속 강화 계획에 비해 학습 속도는 느리지만, 학습된 내용이 더 오래 유지됨
③ 비율 강화는 간격 강화보다 효율적. 즉, 성과와 강화 요인 간에 직접적인 연관성을 가지려면 비율 강화를 사용하고, 일정 기간 동안 일정한 행동이 이루어지기를 원할 때는 간격 강화를 사용하는 것이 좋음
④ 변동비율법이 가장 강력한 행동 수정 효과를 나타내므로, 지속적으로 행동을 유지하는 데 가장 효과적. 반면, 고정간격법은 효과가 가장 약한 편임(다만, 기업에서는 가정생활 유지에 고정 비용이 필요하므로 월급제와 같은 고정간격법을 일부 활용하고 있음)

◆ 참고 : 학습 속도, 소거(Extinction), 소거에 대한 저항(Resistance to Extinction)의 개념

1. 학습 속도(Learning Rate)	개인이 새로운 지식이나 기술을 습득하는 데 걸리는 시간이나 효율성을 나타내는 개념. 새로운 정보를 받아들이고, 이를 이해하고, 실제로 활용할 수 있는 수준까지 도달하는 데 필요한 속도를 의미
2. 소거(Extinction)	조건반응이나 학습된 행동이 더 이상 강화되지 않음으로써 점차 사라지는 과정을 의미(예를 들어, 개에게 먹이를 주며 특정 행동을 가르쳤을 때, 먹이를 주는 행동을 멈추면 그 행동이 점차 줄어드는 현상)
3. 소거에 대한 저항(Resistance to Extinction)	학습된 행동이 소거 과정에 대한 저항력을 가지는 정도를 의미. 즉, 더 이상 강화가 주어지지 않더라도 행동이 쉽게 사라지지 않고 오랫동안 지속되는 현상. 소거에 대한 저항은 강화의 빈도/강도/기간에 따라 달라질 수 있음

4. 조직행동수정(organizational behavior modification : OB-Mod)

(1) 행동수정(OB-Mod)의 의의

강화의 개념을 실제 작업장의 근로자들에게 적용하여 바람직한 행동을 익히도록 하는 것. 즉, 작동적 조건화를 체계적으로 사용하여 중요한 새로운 행동을 학습시키고 강화하는 것

(2) 행동수정의 과정

1단계 : 적합한 새로운 행동을 규정한다.
2단계 : 빈도를 관찰하고 측정한다.
3단계 : 원인을 분석한다.
4단계 : 강화전략을 사용한다.
5단계 : 빈도를 측정한다.

(3) 평가

1) 공헌

① 매우 가치가 있는 개발 기법
② 체계적인 인과관계(A(antecedent) → B(behavior) → C(consequence)), 목표달성, 객관적인 피드백, 긍정적 강화가 잘 혼합된다면 매우 강력한 경영 도구가 될 수 있음
③ 성과 관리 시스템(OKR, MBO, BSC)이나 조직 개발 프로그램 및 행동 수정 프로그램과 같은 공식적 프로그램 평가에서부터 시작하므로 실제 직무에서 OB Mod 기법을 신뢰하고 사용할 수 있음

2) 한계

① 작업장의 상황에 대한 인과관계 분석을 체계적으로 수행하지 않고, 조직행동을 변화시킨다는 것은 매우 어렵고 불가능
② 아무리 잘 설계된 보상시스템이라 하더라도, 행동-결과 간의 분명한 연관성이 없다면 보상시스템이 잘 운영되지 않음
③ OB-Mod가 개인의 위신을 저하시키며 선택의 자유를 막는 것이 되기도 하고 몰개성화를 가져오며, 타인의 특정한 행동을 유도하는 것이기 때문에 일종의 '조작'이라는 문제

(4) 성공적인 운영방안 | 경영진과 상호신뢰의 개방적 분위기 안에서 동기부여된 상태에서 이루어져야 함. 그렇게 되려면 수정된 행동의 결과가 더 좋은 보상을 받게 된다는 확신을 가지도록 포상제도 등 실질적인 후속조치가 필요

IV. 조직사회화(organizational socialization)

1. 조직사회화(organizational socialization)의 의의

한 개인이 어느 조직에 소속되면서 그 조직의 과업관련 규범, 가치, 사회적 분위기에 대한 지식, 생활양식과 조직문화 등을 습득해가는 과정

2. 조직사회화의 필요성

(1) 진입충격(entry shock)의 완화 | 신입사원은 새로이 기업에 입사하면서 기존의 생활방식이나 가치관과 차이가 있는 새로운 조직문화, 조직의 규범 등을 습득하는 가운데 진입충격, 조직사회화는 이러한 진입충격을 완화하는 완충제 역할

(2) 조직정체성 유도로 적극적 업무활동 촉진 | 조직사회화는 신입사원이 조직문화, 조직의 가치와 규범을 습득, 조직정체성을 갖도록 유도, 조직정체성이 높은 사람일수록 조직에 대하여 헌신적으로 몰입하고 업무활동을 적극적으로 추진하여 성과가 높아짐

(3) 심리적 계약(psychological contract)으로 조직유효성(OE) 향상 | Argyris(1960)가 심리적 계약이라는 용어를 처음 사용. Schin(1965)은 "상호호혜적 의무에 대한 기대감"으로 정의. Rousseau(1995)는 "개인의 주관적 차원에서 상호의무에 대한 믿음"으로 개념 구체화. 성과창출을 위한 공통의 목표로 조직과 개인의 수준이 일치하면 조직유효성(organizational effectiveness) 향상

(4) 충원비용 절감 | 신입사원이나 경력직원의 조기이직시 직접비용뿐 아니라 간접비용도 많이 소요. 즉, 모집, 선발, 교육훈련비용 및 기회비용 등 기업은 비용손실을 입게 되는데, 조직사회화로 인한 조기이직의 감소로 인력충원 비용을 절감

(5) 우수 인재의 유지 | 짐 콜린스(J. Collins)는 "인재를 버스에 태우는 것도 중요하지만 버스에서 내리지 않게 하는 것도 중요하다"고 이야기

3. 조직사회화의 발전단계(Feldman, 1976)

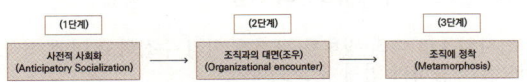

(1) 1단계 : 사전적 사회화(anticipatory socialization) | ① 〈개인적 활동〉 조직과 직무에 대한 기대, 자신의 기술·관심·가치에 적합한 직무를 발견, ② 〈조직의 활동〉 모집에 대한 조직의 기대와 정보를 지원자들에게 전달(ROP(Realistic Organization Preview), RJP(Realistic Job Preview)), 새로운 인력의 평가와 선발고용에 포커스

(2) 2단계 : 조직과의 대면(조우) (encounter) | ① 〈개인적 활동〉 새로운 과업의 학습, 조직의 규칙 및 관습의 습득, 새로운 대인관계의 형성, ② 〈조직의 활동〉 새로운 인력의 훈련, 새로운 인력에 대한 오리엔테이션, 새로운 상사와 동료들에 대한 사회적 적응의 촉진

(3) 3단계 : 조직에 정착(Metamorphosis), 변화 및 수용 (change & acquisition) | ① 〈개인적 활동〉 업무사항의 숙달, 안정적이고 신뢰적 업무관계의 형성, 직업생활과 가정생활, 과업과중들 사이의 갈등해결, ② 〈조직의 활동〉 종업원의 발전 정도를 평가하고, 종업원들에게 조직의 미래계획을 알려주고, 종업원의 강점과 약점을 고려하여 업무를 재구성

(4) 소결 : Kurt Lewin의 3단계 모델 활용 | 조직에서 성공적인 변화는 3단계를 거쳐야 한다고 주장, 현상의 해동(unfreezing) – 새로운 상태로의 변화(changing) – 새로운 변화를 영구적으로 만들기 위한 재동결(refreezing) 원리를 활용

4. 조직사회화의 결과 | ① 〈행동적 결과〉, ② 〈정서적 결과〉

5. 성공적인 조기정착화 방안

(1) 과대포장전략으로 인한 기대차이 : RJP(Realistic Job Preview) | 현실적 직무소개라고 불리는 이것은 신입 종업원에게 직장생활에 대한 현실적인 기대를 형성하게 함으로써 직무만족·조직몰입을 증가시키고 조직생활에 대한 적응력을 높이는 것을 의미, 이러한 현실적이고 객관적인 소개활동을 통해 이직률을 낮출 수 있음

(2) 조직문화, 리더십의 문제 : 의사소통, 리더십 개선 | 조직 임원진이 강력한 vision을 제시하되, 리더십 유형을 민주적으로 개선하고, 수직적 의사소통 외에도 수평적·대각적 의사소통을 다각도로 활용하여 갈등의 소지를 제거시켜 신입사원 조직사회화에 공헌

(3) 체계적 교육의 부재, 경력경로의 문제 : Orientation, Internship | 신입사원이 조직생활을 하면서 알아야 할 기본 규칙 등을 소개하는 대표적인 조직사회화 프로그램으로 그 유형에는 Orientation, Coaching, 직무교육, Mentoring 등
OT, 인턴 통해 진입충격 완화. 선발오류↓

(4) 임금, 승진의 문제 : 공정성을 고려한 제도 개선 | 임금과 승진에 있어서 가장 중요한 점은 공정성이므로, 이러한 부분의 외부적·내부적 공정성을 기하고, 경제적인 부분 이외에도 비경제적인 보상 측면까지도 고려하여 총보상(Total compensation)으로 조직에 정착시켜야 할 것

(5) 인간관계 갈등, 의사소통 문제 : Mentoring | 조직생활의 경험이 풍부하고 유능한 사람이 그렇지 못한 신입사원에게 조직의 공식적·비공식적 규범에 적응할 있도록 도와주는 제도, 지도활동(teaching), 심리적 상담 및 개인적 지원활동, 조직적 개입활동의 기능

(6) 이직 조기경보 시스템 구축 | 신입사원들의 이직 징후를 사전에 미리 수집하고 이에 적극적으로 대응하여 인재 유실을 막아야

V. 징계(discipline)

1. 징계(discipline)의 개념 | 조직구성원으로부터 기대되는 최저의 행동기준을 설정하고, 이를 어기는 구성원에 대하여 적절한 조치를 취하는 과정

[징계의 개념 변천]

전통적 징계	목적에 의한 징계
- 경영층의 일방적 방침 설정 - 처벌목적 강조 - 선례에 의한 처벌 - 규정에 의한 예외 없는 처벌 - 일률적인 처벌 강조 - 홍보를 통한 준법행동 강화	- 징계의 타당성과 합법성 강조 - 행동개선 강조 - 선례 참조 - 조직체 목적에 의한 신축적 징계 - 징계시스템의 주기적 평가 - 자기통제 강조 및 유도

2. 징계의 대상이 되는 행동

① 부당한 태업, sabotage 등과 관련된 행동. ② 서류나 정보자료의 위조 및 유출, ③ 근로계약 사항을 이행하지 않거나 성과가 극히 부진할 경우, ④ 무단결근, 지각, ⑤ 도난행동 등의 파렴치 행위, ⑥ 근무 중 음주·폭행·도박 등의 행위, ⑦ 사규의 위반 및 동료 간의 비협조, ⑧ 안전 및 관리규정의 위반행위, ⑨ 명예를 훼손하거나 재산상의 손실을 초래한 행위, ⑩ 기타 불명예 행위 및 민주시민으로서의 자질 부족 등

3. 징계의 원칙 – 뜨거운 난로의 규칙(hot stove rule)

D. McGregor(맥그리거)는 "뜨거운 난로"라는 은유를 활용하여 징계를 할 때 지켜야 하는 네 가지 규칙을 제시

(1) 사전 경고(warning)

빨간 불꽃이 이글거리는 뜨거운 난로는 난로에 손을 대면 화상을 입게 된다는 것을 사전에 경고. 이와 마찬가지로 조직은 구성원들에게 성과를 떨어뜨리는 행동을 하거나 비윤리적인 행동을 하면 징계를 받게 된다는 사실을 사전에 알려야 함

(2) 즉시성(immediacy)

뜨거운 난로를 만졌을 때 사람들은 즉각적으로 뭔가 잘못되었다는 것을 알게 되는 것처럼 조직에서 뭔가 잘못된 행동을 했을 때 즉각적인 조치를 취해야 함

(3) 일관성(consistency)

뜨거운 난로를 만질 때면 어김없이 화상을 입는 것처럼 위반행동을 했을 때 일관되게 벌이 집행되어야 함. 또한, 난로는 비인격적이기 때문에 누구에게나 차별 없이 작용하며, 손을 데더라도 누구도 난로를 원망하지 않음. 징계를 감정 없이 받아들이게 하려면, 모든 사람에게 일관성 있게 적용하고, 징계를 내리는 사람의 감정 개입이 없어야 함

(4) 공평성(impersonality)

누구든 뜨거운 난로를 만지면 반드시 화상을 입게 되는 것처럼 누구든 위반행동을 하면 예외 없이 징계가 엄격하게 집행되어야 함. 공평성을 잃게 되면 조직구성원들로 하여금 부정적 태도와 행동을 형성하게 만드는 요인이 되므로 징계는 동일한 기준으로 적용되어야 함

4. 징계의 효과

(1) 예방적 효과

징계방침과 규정을 명백히 하고 조직구성원의 적절한 직무배치와 업무관리를 통하여 징계대상의 행동이 발생하지 않도록 이를 사전에 예방하는 것

(2) 행동에 대한 개선효과

위반행위와 행동을 하는 구성원을 중심으로 관리자가 상담이나 지도 그리고 자기개발을 통하여 행동개선을 모색하는 것

(3) 예방·개선 효과

징계는 부당 또는 위반행위를 저지시키고 벌칙을 적용함으로써 실수와 과오의 행동을 방지하고자 하는 것. 징계를 통한 처벌보다는 예방적 효과와 행동 개선을 통하여 징계대상 행동을 사전에 막는 것이 바람직

5. 징계의 종류

(1) 경고

첫 번째 위반행위에 대해 당사자에게 구두 또는 문서로 경고. 징계 규정, 방침에 대해서 설명해 주고 차후에 이런 일이 다시 발생할 경우 무거운 징계가 따른다는 주의를 환기. 잘못된 점을 지적하고 스스로 반성하게 하여 실수나 과오를 하지 못하게 하는 방법

(2) 훈 계	과오사실에 대해 경위서 또는 사유서를 제출하게 하는 비교적 가벼운 징계
(3) 견 책	위반행위에 대해 본인의 잘못에 대한 각성을 문서로써 표시하여 제출
(4) 감 봉	1개월 또는 3개월 단위로 동일직급 내의 하위호봉으로 봉급을 감액조치
(5) 징계휴직	위반행위 정도가 심각한 경우 일정기간 동안 징계휴직조치, 다음 단계의 벌칙은 해고라고 알려줌
(6) 해 고	위반행위의 마지막 징계조치. 해고는 최후수단으로 사용되어야 하며, 관리자는 상위관리층과 인적자원관리부서 그리고 인사위원회 등과 충분한 협의를 거쳐 결정. 처벌효과가 없는 경우에는 종업원의 성과달성과 종업원 간의 역기능적 영향을 막기 위해

VI. 학습의 결과변수로서의 다양한 직무행동

1. 생산적 작업행동(productive work behavior)

(1) 역할 내 행동(in-role behavior)	조직의 목표달성에 기여하는 직접적인 과업수행과 관련되는 행동, 직무기술서(job description)에 열거 역할 외 행동은 조직이 구성원에게 공식적으로 요구하지 않은 행동
(2) 역할 외 행동(extra-role behavior)	조직에서 주어진 임무나 업무와 직간접적으로 관련된 행동을 '역할 내(in-role) 행동'이라고 하고, 조직에 도움은 되지만 임무와 관련 없는 행동을 '역할 외(extra-role) 행동'이라고 함. 즉, 조직에서 공식적으로 요구되는 의무사항도 아니고 적절한 보상도 없지만, 개인이 역할 외로 자발적으로 수행하는, 조직에 도움이 되는 긍정적인 모든 행동을 의미
1) 조직시민행동(organizational citizenship behavior)	조직의 공식적인 보상시스템에 의해서 직접적으로 또는 명백히 인식되는 것은 아니지만, 총체적으로 볼 때 조직의 효과적인 기능을 촉진시키는 개인의 재량적인 행동(Organ, 1988)
① 조직시민행동-개인(OCB-I) ⅰ) 이타주의(altruism) ⅱ) 예의성(courtesy) ② 조직시민행동-조직(OCB-O) ⅰ) 양심성(conscientiousness) ⅱ) 스포츠맨십(sportmanship) ⅲ) 시민의식(civic virtue) ③ 조직시민행동의 동기 ⅰ) 조직관심 동기 ⅱ) 친사회적 동기 ⅲ) 인상관리 동기	
2) 혁신행동(innovation behavior)	
① 의 의	혁신은 "무언가 새롭게(innovare)"라는 라틴어에서 유래. 혁신행동이란 기본적으로 조직의 목표달성을 용이하게 하기 위해 새로운 아이디어를 내고, 이를 실행하는 과정 모두를 포함

② 혁신행동의 3단계

　ⅰ) 제1단계 : 생성(generation) | 새로운 아이디어를 생성하는 단계. 예 : 직무수행상 발생하는 문제점, 조직 내 부서 간 업무기능과 관련해서 발생하는 문제점 그리고 조직의 규정으로 통제하기 곤란한 우발적 상황 등이 발생할 때, 조직이 기존의 방식으로 해결하는 데 한계가 있기 마련. 이런 상황에서 해결을 위한 아이디어를 도출하는 것

　ⅱ) 제2단계 : 촉진(promotion) | 도출된 새로운 아이디어가 조직에 반드시 필요하다는 인식을 구성원들이 공유할 수 있도록 촉진하는 단계. 동료 및 상사의 지원 그리고 조직의 정책적·재정적 지원을 받을 수 있음

　ⅲ) 제3단계 : 실현(realization) | 아이디어를 실현하는 것. 도출된 아이디어를 해당 조직에 적합한 혁신모델로 구축하여 실행가능성을 높이는 것

③ 혁신행동을 가져다주는 요인 | 개인적 특성, 직무 특성, 리더십 스타일 그리고 조직문화 등

3) 협동행동(cooperation behavior)

① 의 의 | 조직에서의 협동행동이란 두 사람 이상이 조직의 목적달성을 위해 서로 돕는 행동

② 조직에서 협동행동이 촉진되는 요인들 | ⅰ) 목표의 공통성, ⅱ) 구성원들의 가치관이나 성격, 지위의 유사성, 정보와 자원의 상호보완성이 높을 때, ⅲ) 조직구성원들 간 서로 신뢰하고 일체감을 느낄 때, ⅳ) 보상시스템

2. 반생산적 과업행동(counterproductive behavior)

(1) 의 의 | 조직에 부정적인 영향을 미치는 개인의 행동

(2) 유 형 | ① 〈소극적인 반생산적 과업행동〉으로서 이탈행동(withdrawal), ② 〈적극적인 행동〉에는 무례행동, 공격, 직장폭력, 사보타주(sabotage), 절도 등과 같은 보복행동

(3) 개인이 조직에 대해 보복행동을 하는 원인 | ① 조직이 심리적 계약을 위반했다고 지각했을 때 그리고 각종 인사제도가 공정하게 운영되지 않는다고 인지할 때, ② 상사가 부하를 비인격적으로 감독(abusive supervision)하는 등으로 인해 개인이 심각한 스트레스를 경험하는 상황에 빠져 있을 때

제3편 집단 수준

기출문제

[33회('24)] 집단은 여러 가지 이유로 변화를 겪게 되고, 집단 구성원들은 집단의 발달 단계에 따라 각기 다른 상황에 직면하게 된다. 따라서 집단이 어떻게 변화하고 발달 단계에 따라 어떠한 특성이 나타나는지를 이해하는 것은 중요하다고 할 수 있다. 다음 물음에 답하시오. (25점)

물음 1) 집단의 발달 단계를 설명하고 있는 모델 중 터크만(B.W. Tuckman)의 집단발달 5단계 모델과 거식(C.J.G. Gersick)의 단속평형모델(punctuated-equilibrium model)을 각각 설명하시오. (20점)

물음 2) 터크만(B.W. Tuckman)의 집단발달 5단계 모델과 거식(C.J.G. Gersick)의 단속평형모델(punctuated-equilibrium model)의 차이점을 비교·설명하시오. (5점)

[33회('24)] 권력(power)은 조직 내에 엄연히 존재한다. 하지만 권력행사자가 강력한 권력을 소유하고 있다고 하더라도 권력수용자가 받아들이지 않으면 영향력을 발휘할 수 없다. 또한 조직에서 권력의 독점이 아닌 공유를 통하여 조직유효성을 높이기 위한 개념으로 임파워먼트(empowerment)가 강조되고 있다. 다음 물음에 답하시오. (25점)

물음 1) 켈만(H.C. Kelman)의 권력수용 3가지 과정을 제시하고, 해당 과정별로 권력의 원천, 권력수용자의 영향력 수용 이유, 권력행사자의 적합한 상황요건과 행동 대안을 설명하시오. (15점)

물음 2) 스프라이쩌 등(G.M. Spreitzer et al.)에 따른 심리적 임파워먼트(psychological empowerment)의 개념을 구성하는 4가지 하위차원의 개념 및 발생하는 상황을 설명하고, 직무성과 및 직무만족과 관계있는 하위차원을 각각 기술하시오. (10점)

[31회('22)] 다음의 내용을 참고하여 물음에 답하시오. (50점)

> 갈등은 어느 조직에나 존재하는데, 갈등에 대한 전통적 관점에서는 기본적으로 갈등은 조직에 역기능을 가져다주기 때문에 제거해야 된다는 입장이다. 반면에 현대적 관점에서는 갈등이 순기능을 가져다 줄 수 있기 때문에 조직은 갈등에 대해 보다 적극적인 관심을 가져야 한다는 것이다. 조직경영과 관련하여 중요한 갈등은 개인 간 갈등과 집단 간 갈등으로 대표되는 조직 내 갈등이다. 조직원들끼리 또는 팀들 간에 업무를 수행하고 목표를 달성하는 과정에서 발생하는 갈등은 자칫 성과를 떨어뜨리는 결과를 가져올 수 있기 때문이다.

물음 1) 갈등의 개념적 정의를 제시하고, 개인 간 갈등의 원인을 개인차원, 업무차원, 조직차원으로 구분할 때 각 차원별로 그 원인 3가지를 설명하시오. (10점)

물음 2) 개인 간 갈등관리의 유형을 라힘(M. A. Rahim)의 구분 기준에 의하여 제시하고 각 유형의 개념과 장단점을 설명하시오. (25점)

물음 3) 집단 간 역기능적 갈등 해결방안과 조직성과를 높이기 위한 순기능적 갈등 조성방안을 각각 5가지 설명하시오. (15점)

[31회('22)] 의사결정자가 최선의 의사결정을 내리는 데 필요한 모든 정보를 획득하고 처리하는 것이 불가능하다는 것을 고려해볼 때, 최선의 대안을 선택하는 과정에서 범하는 오류는 의사결정의 질을 저해할 수 있다. 의사결정자가 흔히 범하는 아래의 오류들 각각에 대하여 개념적 정의와 조직상황에서 발생할 수 있는 예시 1가지씩 쓰시오. (25점)

물음 1) 가용성 편향(availability bias)

물음 2) 고착 편향(anchoring bias)

물음 3) 확증 편향(confirmation bias)

물음 4) 사후확신 편향(hindsight bias)

물음 5) 몰입의 심화(escalation of commitment)

[30회('21)] 조직마다 의사결정 방식이 다르며, 동일한 조직 안에서도 사안이 무엇인지에 따라 결정방식이 다양하다. 조직의 의사결정은 합리적이고 이상적으로만 이루어지는 것이 아니라 여러 가지 현실적 원리에 의해 전혀 뜻밖의 방식으로 결정되기도 한다. 그 이유는 조직의 의사결정에 영향을 미치는 요소는 매우 많기 때문이며 또한 내부의 영향요인 이외에 외부 영향요인도 존재하기 때문이다. 1971년 올슨(J. Olsen) 등은 합리적 의사결정 모형이나 사이몬(H. Simon)의 바늘이론을 비판하면서 실제 조직의 의사결정은 그보다도 훨씬 비합리적으로 이루어진다고 주장하면서 소위 '쓰레기통 의사결정 모형(Garbage Can Model)'을 발표하였다. (25점)

물음 1) 쓰레기통 모형(Garbage Can Model)의 개념적 정의를 쓰시오. (6점)

물음 2) 쓰레기통 모형(Garbage Can Model)의 의사결정이 언제 자주 일어나는지 주요 상황 3가지를 쓰시오. (6점)

물음 3) 쓰레기통 모형(Garbage Can Model)의 의사결정 요소들 중에서 핵심적인 구성요소 4가지를 쓰시오. (7점)

물음 4) 쓰레기통 모형(Garbage Can Model)이 주는 시사점 4가지만 쓰시오. (6점)

[29회('20)] 다음 사례를 참고하여 물음에 답하시오. (50점)

한국전자의 박새로이 사장은 약 30년간 기존의 반도체 칩(chip) 생산라인을 통해 노동집약적 사업을 추구하여 왔다. 그러나 최근 경영환경의 변화로 기존의 사업에 한계상황을 맞이 하면서 신성장산업인 인공지능(AI) 사업을 시작하였다. 하지만 기대와는 달리 한국전자는 2개 사업부인 반도체 칩 사업부와 인공지능 사업부의 조직운영을 하면서, 전략방향, 조직구조의 설계 및 사업부간 갈등 등 단일 사업부일 때보다 오히려 더 많은 어려움이 나타났다.
특히 3가지 문제인 전략, 조직구조 설계 및 사업부간 갈등의 문제로 조직의 균형과 안정성에도 문제가 발생하였다. 박새로이 사장은 고민 끝에, 빅픽처 컨설팅의 조이서 컨설턴트를 찾아가서 회사의 사정을 설명하고 자문을 구하였다.
조이서 컨설턴트는 이 문제를 해결하는 과정에서 전략 해결책으로 탐험(exploration)과 활용(exploitation)을 조직구조설계의 해결책으로, 양면형 조직(ambidextrous organization)을 사업부간 갈등의 해결책으로 통합형 협상(integrative negotiation)을 제시하였다.

물음 1) '탐험과 활용'의 개념을 설명하고, 만약, 당신이 조이서 컨설턴트라면 탐험과 활용을 통해 2개 사업부 각각에 적합한 전략을 설명하시오. (15점)

물음 2) '양면형 조직'의 개념을 설명하고, 만약, 당신이 조이서 컨설턴트라면 양면형 조직구조의 개념을 통해 2개 사업부에 적합한 조직구조를 설명하시오. (15점)

물음 3) '통합형 협상'의 개념을 설명하고, 만약, 당신이 조이서 컨설턴트라면 통합형 협상의 태도, 행동, 정보 각각의 관점을 통해 사업부간 갈등의 문제 해결방안을 설명하시오. (20점)

[28회('19)] 거래적 리더십(transactional leadership)과 변혁적 리더십(transformational leadership)의 개념과 주요 구성요인을 설명하고 각 리더십별로 권력원천(source of the power)과의 상호관련성을 기술하시오. (25점)

[27회('18)] 집단의사결정의 의미를 설명하고, 집단의사결정 방법 중 명목집단법(nominal group technique), 브레인스토밍(brainstorming) 및 델파이기법(delphi technique)을 각각 기술하시오. (25점)

[26회('17)] 다음 사례를 참고하여 물음에 답하시오. (50점)

우리나라의 한 제조업체 공장장으로 근무한 홍길동은 몇 개월 전 동일업체의 미국 공장장으로 부임하여 현지 미국인 근로자들을 관리하고 있다. 홍길동은 우리나라에서 한국인 근로자들을 관리했던 방식을 동일하게 현지 미국인 근로자들에게 적용하고 있지만, 두 나라 근로자들의 행동 간에 상대적인 차이가 존재함을 경험하고 있다. 예를 들어, 우리나라에서는 부하직원들에게 어떤 과업을 어떻게 수행해야 하는지 알려주면 그대로 받아들이는 경향이 많지만, 현지 미국인 근로자들은 자기 의견을 적극적으로 개진하는 경우가 많으므로, 홍길동은 자신이 우리나라에서 보여준 리더행동(유형)이 미국에서 더 이상 효과적이지 않음을 깨닫고 있다.

물음 1) 두 나라 근로자들의 행동차이의 원인일 수 있는, 국가문화의 하위차원들(홉스테드(Hofstede)의 연구)에 대해 한국과 미국을 비교하여 설명하고(단, 남녀역할 차이와 장기/단기지향성에 대한 국민문화 차원은 무시).

물음 2) 로버트 하우스(Robert House)의 경로-목표이론(path-goal theory)에 기반하여, 홍길동이 우리나라에서 행한 리더행동 유형은 무엇이고, 미국에서 행해야(바꾸어야) 할 적합한 리더행동 유형은 무엇인지에 대해 국가문화의 하위차원과 관련하여 논하시오. (50점)

[25회('16)] 집단응집성의 의미를 서술하고, 집단응집성과 집단성과와의 관계를 집단목표와 조직목표의 일치여부와 관련하여 설명하시오. (25점)

[24회('15)] 기능별 조직의 공식적 조직도상에 나타나는 커뮤니케이션 유형을 커뮤니케이션의 방향에 따라 구분하여 설명하고, 이들 각 유형이 사용되는 상황의 예시와 각 유형의 문제점을 제시하시오. (25점)

[23회('14)] 조직 내 커뮤니케이션 과정에서 나타날 수 있는 장애요인을 설명하고, 구성원 및 관리자 입장에서의 커뮤니케이션 활성화 방안을 각각 설명하시오. (25점)

[22회('13)] 조직 갈등의 해결방안으로써 협상이 갖는 의미와 중요성을 기술하고, 분배적(distributive) 협상전략과 통합적(integrative) 협상전략을 비교 설명하시오. (25점)

[21회('12)] 현대 기업경영에서는 전통적 리더십과는 달리 카리스마 리더십(Charismatic leadership)과 서번트 리더십(servant leadership)이 새로운 관점에서 부각되고 있다. 두 리더십 유형의 의의, 주요 특징을 각각 설명하고 현대 기업에 대한 적용 측면에서 장·단점을 비교하시오. (50점)

[20회('11)] 집단의 구조적 속성으로서 역할과 역할갈등의 개념을 기술하고 집단에서의 역할갈등의 원인에 대하여 설명하시오. (25점)

[19회('10)] 조직의 갈등관리에 있어 협상의 의미와 중요성, 협상전략 그리고 협상과정에 관해 설명하라. (25점)

[17회('08)] 조직정치의 개념과 영향요인 및 순기능과 역기능을 약술하라. (25점)

[16회('07)] 집단의사결정의 장·단점. (25점)

[16회('07)] 리더십 이론을 크게 특성이론, 행동이론, 상황이론으로 구분할 때, 이 세 가지 범주의 리더십 이론에 대해 한계점 중심으로 서술하시오(단, 각 범주에 해당하는 구체적인 세부 리더십 이론들을 설명할 필요는 없음). (50점)

[14회('05)] 조직과 개인의 권력(power)의 원천을 쓰고 권력의 획득 및 행사방법에 대하여 논하라. (50점)

[14회('05)] 의사결정의 제한적 합리성 모형. (25점)

[13회('04)] 리더십 행위이론 중 관리격자이론을 약술. (25점)

[13회('04)] 의사소통에 대한 장애요인과 활성화방안을 약술. (25점)

[11회('02)] 조직 내 갈등의 원인을 기술하고 그 순기능과 역기능을 설명. (25점)

[9회('00)] Leadership의 상황적 적합이론(Contingency Theory) 중 Fiedler 이론과 Hersey & Blanchard 이론을 비교 설명. (25점)

[8회('99)] 팀제 조직과 전통적 기능조직의 차이를 약술하라. (25점)

[7회('98)] 변혁적 리더십(Transformational leadership)과 교환적 리더십(Transactional leadership)을 비교 설명. (25점)

[6회('97)] 조직 내 집단사고(group think)의 증상과 극복방안을 제시하시오. (25점)

[6회('97)] 갈등해결의 기본방식을 열거하고 설명. (25점)

Mind Map

제1장 개요

전략노트 PP.277-284

I. Intro

1. 개요

2. 집단 행동의 중요성 : 집단 행동 ≥ Σ 개인 행동들

집단이란 기본적으로 개인이 모여서 만들어지는 것인데, 조직행동을 집단수준에서 살펴보는 이유는, 개인이 하는 행동이 그가 속해 있는 집단의 상황에 따라 달라질 수 있기 때문

집단은 개인들의 단순한 합 이상의 어떤 것. 수소(H_2)와 산소(O)가 결합되면 원래의 성질이 없어지고 물이 됨. 이와 마찬가지로 집단에 소속된 개인은 그 집단을 자기 외부에 있는 존재로 인식하고, 개인은 자신이 그 집단의 구성원임에도 불구하고 집단은 개인의 행동에 영향을 미치게 됨. 이렇게 개인과 그가 속한 집단 간에 서로 영향을 주고받음으로써 집단은 수동적이기보다 능동적이 되며 정적이기보다 동적이 됨

3. 효과적인 조직 관리 : 집단 역학(group dynamics)에 대한 이해 필요

(1) 집단 역학(group dynamics)의 개념

Lewin이 이 용어를 사용. 일반적으로 일정한 사회적 상황에서 집단구성원들 사이에 존재하는 상호작용과 힘의 형성 및 관계를 의미. 힘·세력·동태성을 나타내는 희랍어의 '두나미스(dunamis)'에서 파생된 것으로 이것은 집단 내에서 활동하는 힘들을 말함

(3) 관련 연구자

Mayo, Lewin

(2) 집단 역학의 연구영역과 목적

사회적 과정, 구성원들의 활달한 움직임, 집단의 구조와 기능을 폭넓게 연구하는 것. 집단의 기능 및 행동에 영향을 미치는 여러 조건들을 집단의 역학관계 속에서 파악하고 집단행동에 어떤 변혁을 시도하고자 함. 조직활성화 목적

(4) 집단 역학의 기법

활용영역	기법
집단의사결정	브레인스토밍, 브레인라이팅, 시네틱스, 명목집단법, 델파이법
조직개발	감수성훈련, 그리드훈련, 서베이피드백, 과정자문법, 제3자 조정법, 팀 구축법, 의사교류분석, 시스템4기법, 목표관리, 행동모형화, QWL 프로그램
기타	소시오메트리, 상호작용-과정분석, QC, 집단요법, 조하리의 창

1) 소시오메트리(sociometry)

Moreno에 의해 발전된 것. 집단의 상호관계를 측정
socius(동료·집단·사회를 뜻함)와 metrum(측정을 뜻함)을 결합한 말

① 소시오그램(sociogram)

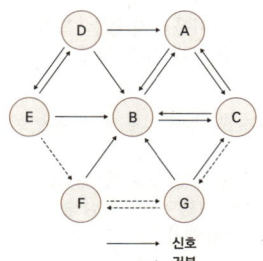

신분서열 : B(자생적 리더)
정규신분 : A · C
주변신분 : D · E
고립신분 : F · G

──→ 신호
----→ 거부

관찰·검사·면접 등 여러 방법에 의해 구성원들이 서로 좋아하고 싫어하는 관계를 파악한 뒤 구성원들 사이의 선호·무관심·거부관계를 그림으로 나타낸 것

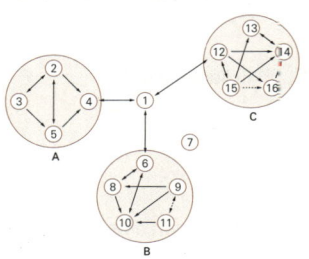

② 소시오메트릭스(sociomatrix)

선호 거부 구성원	A	B	C	D	E	F	G
A	×	①	①				
B	①	×	①				
C	①	①	×				-1
D	①			×	①		
E		①		①	×	-1	
F		①				×	-1
G		①			-1		×
선호 총계	3	6	3	1	1	-2	-2
선호 신분지수	0.50	1.00	0.50	0.17	0.17	0.33	-0.33

· 신분서열(선호 신분지수)
  정규신분 A(0.50)
         B(1.00)
         C(0.50)
  주변신분 D(0.17)
         E(0.17)
  고립신분 F(0.33)
         G(-0.33)
· 응집성지수 :
  $\dfrac{4}{{}_7C_2} = \dfrac{4}{21} = 0.190$
· 선호 : 1
· 거부 : -1
· 상호선호 : ①

산술적 계산으로 나타낸 표. 선호관계를 1, 무관심을 0 그리고 거부관계를 -1로 표시하고, 각자의 선호신분지수(choice status index)를 파악한 다음 가장 높은 지수를 얻은 사람을 집단의 지도자로 간주

2) 상호작용-과정분석(interaction-process analysis)

베일스(R. Bales)가 제시한 것으로 집단구성원들 사이의 상호작용과정의 패턴을 분석하여 집단의 효율성을 높이고자 한 것. 관찰자가 구성원 사이의 상호작용을 관찰하여 토론을 시작한 구성원이 누구이며, 토론이 집단전체로 번지게 한 구성원이 누구인지를 확인하고 그들 사이의 토론 횟수를 기록

3) QC(Quality circle)

기업의 현장에서 품질관리 활동을 실천하는 최소단위의 조직. 현장의 작업반장을 리더로 하고, 이들 서클요원인 작업자들이 그룹을 만들어 일선현장의 품질관리를 직접 실천하는 최소단위가 되도록 조직한 것

4) 조하리의 창(Johari's window)

① 개념

	자신이 알고 있는 부분 (known to self)	자신이 모르고 있는 부분 (unknown to self)
타인에게 알려진 부분 (known to others)	Open area(A) : 공개 영역	Blind area(B) : 맹인 영역
타인에게 알려지지 않은 부분 (unknown to others)	Hidden area (C) : 비밀 영역	Unknown area(D) : 미지 영역

나와 타인과의 관계 속에서 자신이 어떤 성향을 지니고 있고, 또 어떠한 면을 개선하면 좋을지를 보여주는 '대인관계 이해도'에 관한 모델. 조하리의 창은 이것을 개발한 조셉 루프트(Joseph Luft)와 해리 잉검(Harry Ingham)의 이름을 딴 것. 이 이론에 따르면 우리는 스스로에 대해 알고 있는 부분도 있지만 무의식과 같이 모르는 부분도 있고, 자신의 모습 중 다른 사람이 아는 부분과 모르는 부분이 존재한다고 함

② 유형

ⅰ) A - 공개 영역(Open area)

공개적이고 갈등이 적은 부분. 이 영역이 클수록 상호작용이 활발하고 인간관계가 원만함

예) 자신의 성격이 외향적이라는 사실을 본인과 동료들이 알고 있음

ii) B - 맹인 영역(Blind area) | 타인이 나에게 말해줄 수 있지만 혹시 나의 감정이 상할까 봐 조심하는 부분임
예) 특이한 습관, 이상한 성격, 어울리지 않는 복장·스타일, 무감각한 옷차림이나 말투, 말할 때 자주 팔짱을 낀다는 사실을 본인은 인지하지 못함

iii) C - 비밀 영역(Hidden area) | 이 영역은 남이 알지 못하도록 속마음을 숨겨 놓았기 때문에 남이 접근할 수 없음
예) 나만의 비밀, 남몰래 지은 죄 등으로 인해 공격받을 위험, 약점 잡힐 우려, 이용당할 위험이 있어 감춤, 특정 상황에서 느끼는 불안감을 다른 사람에게 숨기는 것

iv) D - 미지 영역(Unknown area) | 나 자신뿐만 아니라 남도 모르는 부분임. 이 부분이 많을수록 서로 오해 가능성이 커짐

③ 개발방법 | 아직 스스로도 발견하지 못한 창의적 잠재력, 스트레스 상황에서 발휘할 수 있는 리더십

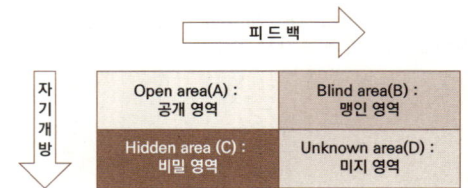

i) 이상적인 창문 | A창문의 크기는 집단 내의 신뢰수준이 증가함에 따라 커짐. A창문이 크다는 것은 그 개인의 대부분의 행동이 공명정대하다는 것을 의미하며, 또한 타 집단 구성원들에게 자기의 행동이 숨김없이 개방되었다는 것을 의미

ii) B창문을 줄이는 방법 | 집단구성원들로 하여금 나에게 feedback을 줄 수 있도록 격려해 줄 수 있는 수용적인 태도개발이 필요

iii) C창문을 줄이는 방법 | 내가 집단에게 feedback을 주는 것. 즉, 타인의 문제에 대한 나의 감정, 지각, 의견의 입장에서 나를 개방하거나 피드백을 주어야 함

iv) 평 가 | 계속적인 피드백과 자기개방으로 B, C창문의 크기를 줄이고 A창문의 크기를 확대하여 대인관계를 향상시킴으로써 집단응집력을 높이고 집단을 활성화시킬 수 있음

④ 조직행위에서의 조하리의 창 활용 방안
i) 대인관계능력의 함양 | 자신과 타인 모두에 대해 개방적 자세를 갖춤으로써 대인관계능력을 함양하고 이를 통해 성장 발전할 수 있는 방향을 제시

ii) 개인 간 갈등의 원인설명 | 구성원 개인 간 갈등의 원인이 서로 알려지지 않은 부분에 대한 인식의 차이라는 것을 설명. 공개영역의 확장을 통한 대인관계능력의 향상으로 갈등관계를 감소시키고 상호 이해를 촉진시킬 수 있음. 계속적인 자기노출과 피드백이 있어야 함

iii) 조직개발기법으로의 활용 | 조직개발을 위해서는 상호간 신뢰형성을 기반으로 문제를 개방적으로 논의, 지식과 정보를 공유, 집단이 서로 협력하여 인적자원의 잠재력을 최대한 발휘할 수 있도록 하여야 함. 개인의 정보개방과 타인의 정보에 대한 습득으로 커뮤니케이션 능력의 증대, 학습능력의 촉진 및 효과적인 리더십의 활용을 통한 지속적인 조직개발이 이루어져야 함

제 2 장 집단(group)과 팀(team)

전략노트 PP.284-336

Ⅰ. 집단(group)의 개요

1. 집단(group)의 의의

공동의 목표달성을 위해 서로 상호작용을 하면서 서로가 같은 집단의 멤버임을 인식하고 있는 2명 이상의 사람들로 구성된 단위

2. 집단의 특성

(1) 공동의 목표(common goal) — 구성원들끼리 서로 합의한 공동의 목표

(2) 상호작용(interaction) — 바로 대면(face-to-face) 관계에서 일어나며 서로 영향을 주고 받음

(3) 소속감(membership) — 우리(in-group feeling)라는 인식을 통해 개개인은 자기가 속한 집단에의 일체감(common identity)을 느낌. 소속감이 자신이 속한 집단과 타 집단을 구분

(4) 안정적(stable)인 관계의 형성·유지 — 구성원들 간에 안정적인 관계가 형성·유지되어야 함. 하나의 단위로서 기능하는 구성원들 간에 안정적인 관계가 유지되어야 공동의 목표달성을 위한 노력 및 집단에 대한 일체감 형성이 용이해짐

3. 집단의 기능

(1) 집단의 순기능
1) 조직에 대한 순기능

① 사회적 촉진(social facilitation) 효과가 있음. 이는 관중효과라고도 불리우는데, 다른 사람과 함께 일할 때 개개인의 작업 효율이 개선되는 현상을 말함. 심리학자 노먼 트리플렛(Norman Triplette)은 자전거 경주에서 타인이 있을 때 혼자보다 마일당 약 35초 더 빠르게 달린다는 사실을 발견하여, 타인의 존재가 개인의 수행을 향상시킨다고 주장. 플로이드 올포트(Floyd Allport)는 이 현상을 사회적 촉진이라 명명했고, 로버트 자이언스(Robert Zajonc)는 이를 단순히 지켜보는 타인의 존재까지 확장하여 연구
② 개인의 능력의 한계로 인해 할 수 없는 일을 집단은 수행할 수 있음. 구성원들이 보유하고 있는 능력이나 기술이 다양하기 때문
③ 집단은 개인보다 새로운 아이디어나 문제해결을 위한 방안을 더 많이 낼 수 있음
④ 개인들이 하는 일에 대해 집단은 조정역할을 할 수가 있어서 업무배분이 보다 효율적
⑤ 복잡한 의사결정 사안에 대해 합리적인 의사결정이 가능하며, 의사결정에 대한 수용성을 높일 수 있음
⑥ 조직에서 구성원을 통제하려고 할 때, 개인별로 하는 것보다 집단별로 하는 것이 더 효과적

	⑦ 조직이 변화하려고 할 때, 집단을 대상으로 하는 것이 보다 효과적 ⑧ 새로 들어온 조직구성원들에게 조직의 가치나 문화를 인식시키고 사회화시키는 데 집단이 보다 효과적
2) 개인에 대한 순기능	① 개인은 집단에 소속됨으로써 자신의 안전 욕구, 사회적 욕구, 존경 욕구 등을 충족시킬 수 있음 ② 집단은 개인에게 조직 및 작업환경에 대한 학습을 가능하게 함 ③ 집단에 속하는 개인은 자신에 대한 이해를 보다 명확하게 할 수 있음 ④ 집단은 개인에게 새로운 기술을 획득하는 데 도움을 줌 ⑤ 개인은 자신이 당면한 문제를 해결하는 데 있어서 집단으로부터 사회적 지원뿐만 아니라 구체적인 해결방식을 배울 수 있음 ⑥ 집단이 명성을 가지고 있을 때 집단구성원은 이러한 집단의 일원으로서의 자격을 획득한다는 사실 자체가 커다란 의미를 주게 됨

(2) 집단의 역기능
1) 사회적 태만(social loafing)

① 사회적 태만(social loafing)의 개념	혼자서 일할 때보다 집단 속에서 함께 일할 때 노력을 적게 하는 현상. 개인의 공헌도 및 집단의 생산성이 더 떨어지는 것
② 실험 내용 – 링겔만의 로프 실험(Ringelmann's rope-pulling experiments)	프랑스의 농공학 교수인 Maximilien Rignelmann은 1913년에 박수치기, 줄다리기 등 집단 구성원의 개인별 노력의 합이 총 집단 생산성이 되는 가산 과제(additive task)를 수행하는 일련의 연구를 진행. 각 개인으로서 잡아당긴 경우보다 집단으로서 잡아당긴 경우에 개별 구성원의 노력의 정도가 감소된다는 사실을 발견
③ 링겔만 효과(Ringelmann effect) 발생의 이유 [집단 규모(size)와 생산성과의 관계] 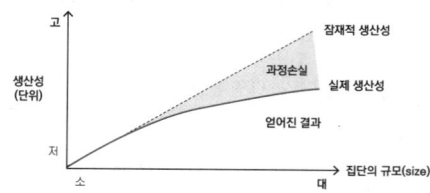	실험에 따라 집단의 크기(size)가 증가함에 따라 비효율성이 증가되는 경향을 〈링겔만 효과(Ringelmann effect)〉라고 명명. 책임 분산(diffusion of responsibility) 때문에 집단구성원들이 자신의 몫을 다하지 않아도 다른 사람이 잘 할 수 있을 것이라고 생각하게 되어, 소위 말하는 무임승차(free rider)현상이 나타나게 되는 것
④ 사회적 태만의 원인	링겔만은 이러한 현상이 발생하는 이유를 구성원이 가지고 있는 자원을 합하는 과정에서 결함이 생기는 것으로 보고, 그 이유를 조정 손실(coordination loss)과 동기 손실(motivation loss)로 제시(조정손실이란 구성원의 자원을 합하고 활용하는 과정에서 발생하는 문제로 인한 손실, 동기손실이란 구성원이 각자 가지고 있는 자원을 최대한 활용하지 않거나 최선을 다하지 않아 발생하는 손실)

i) 책임의 분산(diffusion of responsibility)	자신이 하지 않아도 남이 할 수 있으면 사회적 태만 발생. 개인이 집단의 과제를 수행하면서 각각의 역할 및 책임의 정도를 알 수 없을 때. 개인의 수행 수준을 평가할 수 없어 개개인의 수행이 집단에 묻힌다고 생각되면 기여 수준을 낮추게 됨
ii) 집단의 크기(size)	집단의 규모가 커질수록 구성원 개개인의 공헌도에 대한 평가 및 감독이 어려워지기 때문
iii) 개인의 공헌도 측정의 곤란	개별적 노력을 확인하기 어려울수록 더 많이 나타나며, 성과에 대한 보상이 개인에게 정확히 돌아가지 않을 경우 심해짐. 집단 속에서 과제 수행에 참여한 개개인의 기여도를 평가할 수 없는 상황이거나 정교한 성과평가 시스템이 갖추어지지 못한 경우 구성원은 충분한 동기를 갖기 어려워짐
iv) 노력의 무용성 지각	사람들은 자신의 노력이 집단의 수행 결과에 그리 큰 영향을 미치지 않는다고 느끼면 노력을 덜 하게 됨(Kerr & Bruun, 1983). 결과적으로 집단의 과제는 완료될 것이라고 예상하지만, 개인 자신의 노력이 필요하거나 중요하지 않다고 생각하면서 과업 완성에 따른 혜택을 등등하게 획득할 수 있다고 생각하는 경우. 이러한 현상을 무임승차 효과라고 하며, 이러한 개인은 무임승차자(free ricer)
v) 봉 효과(sucker effect)	집단의 다른 구성원들이 충분한 능력을 가지고 있음에도 불구하고 최선의 노력을 기울이지 않고 있다는 생각이 들 때에도 사회적 태만이 발생. 보상은 자신의 노력에 상응하는 것일 때 사기가 높아지는데, 집단으로 일하면 자기가 노력을 더한 만큼 보상을 더 받는다는 보장이 없기 때문. 혼자 열심히 일하여 손해를 보는 것을 예방하기 위해 다른 사람들과 유사한 수준으로만 노력하는 경향을 '봉 효과' 혹은 '남들만큼 하기 효과'(Kerr, 1983)
vi) 과제의 가치 및 특성	사회적 태만은 집단 과제가 중요하지 않다고 지각되었을 경우에 나타나기 쉽고(Karau & Williams, 1997), 집단이 수행하는 과제가 누구나 쉽게 달성할 수 있을 만큼 단순한 경우에도 일어남(Harkins & Petty, 1982). 자기가 안 해도 누군가가 대신할 확률이 높다고 생각하기 때문. 사회적 태만과 반대로 집단이 수행하는 과제가 중요한 것일 경우, 집단 구성원의 수행이 저조할 것으로 기대될 때 반대로 더 많이 노력하는 경우. 수행이 저조하다고 예상되는 구성원이 채우지 못했다고 생각하는 노력만큼 다른 구성원이 더 노력을 기울이는 것. 이는 사회적 보상 효과(social compensation effect) 때문
vii) 집단의 특성(응집성 및 익명성)	집단과의 동일시 및 응집성도 사회적 태만에 영향을 주는 요인으로 확인. 즉, 친구들로 구성된 집단도다 낯선 사람들로 구성된 집단에서 사회적 태만이 더 많이 일어남(Karau & Williams, 1997). 낯선 사람들과 함께 있을 경우 익명성이 증가되기 때문
viii) 생산성의 착각(illusion of group productivity)	집단 과제를 수행할 때, 집단 구성원들은 대개 자신이 속한 집단이 다른 집단보다 더 생산성이 높다고 생각(Polzer, Kramer, & Neale, 1997). 집단 과제를 수행하는 개인은 자신이 태만하지 않고 충분히 노력하고 있다고 믿음. 예를 들어 파울루스 등(Paulus, Dzindo et, Poletes & Camacho, 1993)의 연구에 따르면 구성원들은 실제 객관적으로 확인된 자신의 기여도(25% 정도)보다 더 높은 수준(약 36%)으로 자신이 기여했다고 주장한 것을 발견

ⅸ) 문화(culture)에 따른 차이	집단주의 문화권인 동양인들보다 개인주의 문화권인 미국인들에게서 사회적 태만 경향이 더 높았음(Karau & Williams, 1993). 즉 개인주의 문화에서는 개인의 이익을 더 우선시하기 때문에, 집단의 공동 목표를 추구하는 집단주의 문화보다 사회적 태만이 더 나타나기 쉬움. 연구 결과 사회적 태만 현상은 미국 아동에게서만 나타났으며, 대만 아동의 경우 오히려 짝으로 일할 때 개인별 수행이 좋아졌음(Gabrenya, Wang, & Latane, 1985).
ⅹ) 자율성(autonomy)의 확대	피라미드 조직 같은 위계(hierarchy) 조직이 아니라, 어느 정도의 권한과 책임의 자율성이 보장되는 집단의 느슨한 감독
⑤ 사회적 태만의 부작용 ⅰ) 집단의 성과저하(performance decline)	구성원이 100% 역량을 발휘하지 않으므로 집단성과 달성에 차질
ⅱ) 구성원의 사기저하(demotivation)	공헌에 맞는 보상을 받지 못하므로 구성원이 불공정성을 지각하여 사기가 저하
ⅲ) 사회적 태만의 전염(contagion)	사회적 태만은 그 성격상 집단 내 전염이 빠르고 그로 인해 조직분위기가 악화, 복지부동의 부정적 문화가 고착
⑥ 사회적 태만의 극복방안 ⅰ) 업무분장의 명확화	개인이 집단 속에 숨을 수 있을 때 사회적 태만이 생기기 때문에 집단 속에서 개인을 드러내는 조치가 필요. 사회적 태만은 자신의 일을 남에게 미루는 것에서 시작되므로, 업무분장을 명확하게 하여 책임범위를 지정
ⅱ) 집단의 크기(size) 적정화	집단이 거대해지면 관리감독상 제한이 생기므로 집단의 크기를 관리자의 통제범위에 맞게 적정화 할 필요. 미국의 온라인 쇼핑기업 아마존 최고경영자 Jeff bezos는 '피자 2판의 규칙(two-pizza team rule)'으로 소규모 인원의 중요성을 강조. 라지 사이즈 피자 2판으로 함께 식사를 해결할 수 있는 6~10명 정도의 인원이 최적의 팀 크기 → 소통활발, 개개인 책임감↑
ⅲ) 집단성과 배분의 합리화	집단성과를 공정히 평가·배분하여 구성원의 공정성 인지에 맞게 보상하면 사회적 태만의 발생을 막을 수 있음. 집단의 과제가 구성원 개인과 어떻게 연결되고 연관되어 있는지 그 의미와 가치를 객관적으로 밝혀야 함. 승진과 보상체계에서도 개인별 성과에 따라 개인별로 다른 인센티브를 줄 수 있는 제도를 만드는 것도 고려
ⅳ) 목표(goal)의 명확화	모호한 목표는 모호한 결과를 가져옴. 막연히 "많은 아이디어를 내라"라고 하거나 "최선을 다하자"라고 말하는 것보다는 "신제품 개발을 위한 아이디어 후보군 10개"라거나, "고객 불만율 10% 감소" 등과 같은 구체적인 목표를 설정하는 것이 사회적 태만을 줄이는 방법

v) 집합적 노력 모형(collective effort model)		카라우와 윌리엄스(Karau & Williams, 1993)는 성공적 과제수행에 대한 '기대'가 높을수록, 그리고 과제수행의 결과의 '가치'가 클수록 강하게 동기화 된다는 고전적인 기대-가치 이론(expectancy-value theory, Edwards. 1954)을 집단 상황에 적용한 모형인 〈집합적 노력 모형〉을 제시. 카라우와 윌리엄스는 집단 과제 수행에 있어 자신의 기여가 중요하다는 '기대'가 높고, 집단이 추구하는 목표가 개인에게 '가치'있는 것일 때 사회적 태만이 감소했음을 확인. 따라서 조직 구성원이 자신의 기여가 중요하다고 인식할 수 있는 적정한 난이도의 의미 있는 과업을 부여하고, 집단의 비전과 목표를 공유하며, 목표 달성에 따른 가치 있는 보상을 예정하여 두면 사회적 태만을 억제할 수 있음
vi) 집단 응집력(group cohesiveness) 향상		구성원들은 낯선 사람들과 함께 있을 때보다 친밀한 관계의 사람들과 있을 때 더 많은 책임감을 느끼게 됨. 또한 자신이 속해 있는 집단과 강하게 동일시하거나 응집력이 높은 경우, 집단에 대한 가치를 높게 평가하며 이는 집단의 성공과 성과가 개인에게도 중요한 가치로 작용하게 됨
vii) 기 타		① 공동목표를 설정, ② 집단 '간' 경쟁을 증대, ③ 동료평가를 실행, ④ 고도로 동기부여되고 집단 내에서 일하기를 선호하는 구성원을 선발, ⑤ 과업에 몰두할 수 있는 환경을 조성하는 것
2) 사회적 전염(social contagion)		집단에서 한두 사람만 사회적 태만을 부려도 태만행동이 다른 사람에게 전염됨
3) 사회적 억제(social disturbance)		사회적 억제는 다른 사람의 존재나 사회적 환경이 개인의 행동이나 수행에 부정적인 영향을 미치는 현상을 의미. 즉, 특정 행동이나 과제를 수행할 때 다른 사람의 시선이나 평가를 의식하여 평소보다 긴장하게 되고, 그 결과 수행 능력이 저하됨. 특히 복잡한 과제를 수행하거나 평가받는 상황을 우려할 때, 또는 자신보다 더 능숙하거나 경험이 많은 사람이 주변에 있어 사회적 비교 의식이 생길 때 불안감이 증가하여 과업 수행에 방해가 될 수 있음
4) 집단구성원 간의 갈등(conflict), 정치적 행동 증가		집단구성원이 공동의 목표를 달성하기 위해 결성되었다 하더라도 구성원 개개인은 이를 위해 어느 정도의 노력을 투입할 것인가, 어떤 과제를 수행할 것인가, 집단 인간관계에서 어떠한 위치를 확보하고 싶은지 그리고 집단 공동의 목표 외에 추가하여 자신의 개인적 목표도 추구하기 때문에 이를 달성하기 위해서는 정치적 행동도 하게 됨
5) 잘못된 의사결정		의사결정에 있어서 집단은 개인에 비해 의사결정에의 과도한 시간 소모, 책임의 분산 현상, 집단의 양극화로 인한 문제 그리고 집단 사고(group think)로 인한 잘못된 의사결정의 가능성이 존재

4. 집단의 유형

(1) 공식 집단(formal group)과 비공식 집단(informal group)

1) 공식 집단(formal group)

① 개 념	관리자, 작업자 등으로 구성된 집단으로서, 조직의 목표에 의해 구성원의 행동이 정해지고 이에 상응하는 직무가 부여되며, 이를 수행하는 데 있어서 규정과 절차가 문서화 혹은 비문서화되어 구비되어 있는 집단

② 유 형 : 집단의 존속 기간에 따른 분류

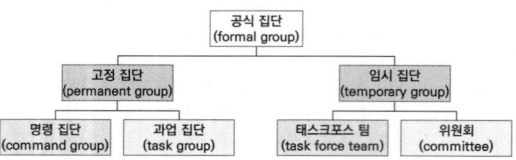

i) 고정 집단(permanent group)　　　　　　　　　영구적이고 항시적인 것

　　a. 명령 집단(command group)　　　　　　　타인, 즉 부하에게 업무를 지시하고, 수행된 업무를 평가하는 일을 하는 집단

　　b. 과업 집단(task group)　　　　　　　　　특정한 과업이나 프로젝트를 수행하기 위해서 조직 내에서 새로 구성되는 집단, 프로젝트팀 또는 과업팀

ii) 임시 집단(temporary group)　　　　　　　　일시적이고 변동적인 것
　　a. 태스크 포스 팀(Task force team)　　　　기업에서 어떤 특정한 프로젝트를 수행하기 위해 여러 부서에서 차출된 구성원으로 이루어진 팀

　　b. 위원회(commitee)　　　　　　　　　　필요할 때마다 모여서 의견을 교환하고 혹은 의사결정을 하는 팀인 위원회

③ 공식 집단의 행동에 미치는 영향요인　　　　　집단의 크기(size)가 너무 크면 집단 같지가 않아 응집력과 참여가 약해지고 그 안에서 다시 소집단이 생김. 집단의 크기가 커지면 커질수록 리더는 멤버들과 더욱 멀어져 통제가 어려워지고 멤버들의 참여도가 떨어짐. 적극적인 일부 멤버들의 지배력만 커지고 공식적인 관계가 강해짐. 규칙과 법규가 지배하게 되고, 어떤 문제에 대한 만장일치나 동조성을 얻기 힘들고 멤버들의 만족도도 역시 떨어짐

④ 공식 집단 형성 시 유의사항　　　　　　　　i) 각 멤버들의 개인역량도 중요하지만, 그들이 집단 안에서 타인과 함께 기꺼이 일할 의지가 어느 정도인지 파악
　　　　　　　　　　　　　　　　　　　　　　ii) 집단 멤버들의 가치관, 이해관계 등이 서로 상충되지 않는지 알아야 함
　　　　　　　　　　　　　　　　　　　　　　iii) 신분상·성격상으로 멤버들 간에 차이가 너무 많으면 바람직하지 않음

2) 비공식 집단(informal group)
　① 개 념　　　　　　　　　　　　　　　　　조직 내에서 공식목표나 과업에 관계없이 자연적으로 형성된 집단. 1920년대 호손공장 실험에서 작업장 내 자연적으로 발생되며 작업자들에게 큰 영향을 미치는 비공식집단의 존재가 밝혀진바 있음. 비공식집단은 조직 전체의 만족보다는 구성원 개개인의 이해(interest)나 만족(satisfaction)을 위하여 구성됨

　② 유 형
　i) 이해 집단(interest group) (=이익 집단)　　조직구성원들이 자신들의 개인적인 목표나 이익을 충족하기 위하여 형성하게 되는 집단으로 조직의 목표보다는 자신 또는 자신들이 속한 이해 집단의 목표를 우선하여 행동

　ii) 우호 집단(friendship group)　　　　　　조직의 구성원들 사이에서 공통된 특성, 예를 들어, 연령, 취미, 정치적 성향들이 비슷한 사람들끼리 모여 구성하는 동호회와 같은 집단으로 조직 내의 목표보다는 개인적인 관심사에 따라 행동하게 되는 집단

③ 비공식 집단 형성의 상황조건
ⅰ) 근접성(proximity) — 물리적으로 가까이 있는 것이 집단형성이나 친화력의 좋은 여건

ⅱ) 친숙성(familiarity) — 자주 대하면 대할수록 마음이 안정되고 긴장이 풀리는 것은 본능적 차원으로 여길 수 있음

ⅲ) 유사성(similarity) — 물리적 거리의 가까움뿐 아니라 목표, 문제, 관심거리들도 비슷해야 함

④ 비공식 집단의 장·단점
ⅰ) 비공식 집단의 장점

a. 일반적으로 응집력(cohesiveness)이 높아 일하는 데 서로 협동하여 일을 성공적으로 완수
b. 관리자가 가지고 있지 못한 지식이나 업무 노하우를 팀원들이 자신들이 속한 비공식집단의 도움을 받아 해결할 수 있어 관리자의 부족한 부분을 채워줄 수 있음
c. 집단구성원은 집단 내에서 안정감과 만족도를 높일 수 있음
d. 커뮤니케이션이 활성화

ⅱ) 비공식 집단의 단점

a. 불필요한 루머(rumor)를 확산시켜 조직에 부정적 결과를 야기
b. 조직이 조금만 잘못하더라도 이에 대해 보다 민감하게 서로 반응하여 이것이 필요이상으로 확대·발전
c. 조직이 변화해야 할 때 집단구성원들은 서로 단결하여 저항하는 힘이 큼
d. 비공식 집단은 대체로 응집력이 높으므로 조직에 대해 저항할 경우, 매우 강력해짐

장 점	단 점
· 협력을 조장함 · 관리자 능력 부족의 공백을 메움 · 작업집단의 만족도와 안정성 제공 · 의사소통을 증진시킴	· 바람직하지 못한 루머가 양산됨 · 부정적인 태도를 조장함 · 변화에 저항함 · 동조에 대한 압력을 조장함

3) 공식 집단(formal group)과 비공식 집단(informal group)의 비교
① 행동 지침
② 업무 진행
③ 인간관계의 초점
④ 리더의 결정
⑤ 집단구성원의 행동기준
⑥ 통제의 근원
⑦ 집단구성원에 대한 통제방식
⑧ 규모(size)

비교기준	공식 집단 (formal group)	비공식 집단 (informal group)
일반적 성격	공식적(formal)	비공식적(informal)
집단의 목적	조직의 공식목표 달성	이해(interest), 개별적 만족 충족
① 행동 지침	규칙과 정책	규범
② 업무 진행	권한과 책임	사회적 지위나 권력
③ 인간관계의 초점	지위	사람
④ 리더의 결정	조직의 규정	그룹의 합의
⑤ 집단구성원의 행동기준	규칙과 절차	구성원 간 합의된 규범
⑥ 통제의 근원	패널티와 보상	금지
⑦ 구성원 통제방식	보상과 처벌 명시적, 직접적	제재 비가시적, 간접적
⑧ 규모(size)	비공식 집단보다 큰 편	공식 집단보다 작은 편

(2) 1차 집단(primary group)과 2차 집단(secondary group) : 집단구성원 간 인간관계의 밀착성 기준

1차 집단은 구성원 간 높은 상호의존성과 동일시, 2차 집단은 보다 복잡한 사회에서 비교적 크고 공식적으로 조직되는 사회집단(작업집단, 클럽 등)

(3) 계획된 집단(planned group)과 자연발생적 집단(emergent group)	계획된 집단은 어떤 목적을 달성하기 위해 의도적으로 만들어진 집단으로서 위원회, 음악연주 집단, 퇴역 군인 집단 등. 자연발생적 집단은 개인들이 같은 지역에 있거나 반복적으로 동일한 사람들과 상호작용함으로써 점차적으로 형성된 집단으로서 가족, 직장친구 모임 그리고 탑승을 위해 기다리는 승객집단
(4) 성원집단(membership group)과 준거 집단(reference group)	성원 집단은 현재 개인이 속해 있는 집단, 준거 집단은 개인이 미래에 소속되고 싶은 집단
(5) 개방 집단(open group)과 폐쇄 집단(closed group)	개방 집단은 성원으로서 집단 가입에 제약을 두지 않음, 폐쇄 집단은 해당 집단에 가입하려면 특정한 자격을 요구

5. 집단 형성의 이유

(1) 효율성(efficiency) 추구	구성원들은 집단 덕분에 더 효율적으로 일을 할 수 있음
(2) 사회적 교환이론(social exchange theory : SET)	집단에는 상호작용과 대인관계가 상존하는데 그 원리는 얻는 것(보상 : rewards)과 주는 것(비용 : costs) 차원에서 설명. 조지 호만스(G. C. Homans)에 의하면 사람은 타인과의 인간관계를 가짐으로써 생기는 득과 실을 비교하여 득이 많을수록 그 사람에게 끌린다고 함
(3) 사회적 비교이론(social comparison theory : SCT)	레온 페스팅거(L. Festinger)가 1954년 논문에서 우리는 나 자신을 알기 위해 다른 사람과 항상 비교하면서 살아간다고 함. 즉, 자신에 대한 평가본능이 사회적 비교이론의 근원이 되는 셈. 비교하려면 타인이 필요하기 때문에 집단이 형성
(4) 사회적 정체성이론(social identity theory : SIT)	사람들은 집단에 들어가야 비로소 자신의 정체를 찾고 타인이 존재하는 집단 속에서라야 본인이 어떠한지를 깨달음. 그 속에서 자신의 존재감을 재확인 할 수도 있음(Tajfel & Turner, 1986)
(5) 개인의 욕구충족	안정욕구, 소속욕구, 자존욕구를 충족시킬 수 있다고 믿기 때문에 특정 집단에 소속되고 싶어함(예 : 노동조합 가입으로 안정욕구 충족)
(6) 집단이 갖는 매력(attractiveness)	특정 집단의 구성원들이 좋아서, 그 집단이 하는 활동이 좋아서, 지리적으로 가까워서 참가하고 싶어 함(예 : 동아리, 해병대 지원)
(7) 집단의 목적	집단이 갖는 목적이 숭고하고 마음에 들어서 소속되고 싶어 함(예 : 시민단체, 자선단체 참여)
(8) 자격 획득	자격을 획득함으로써 자부심을 느끼고 지위나 권력을 가질 수 있다고 믿기 때문에 집단에 소속되고 싶어함(예 : 의과대학 진학)
(9) 경제적 이유	특정 집단에 속함으로써 필요한 경제적 보상을 받을 수 있다고 믿기 때문에 소속되고 싶어함(예 : 취업 노력)

II. 집단의 발전 단계(=발달 과정)

1. 개 요

	집단에 대한 연구의 목적은 바로 집단이 개인과 달리 어떤 행동을 하는가인데, 그 행동은 집단의 발전단계, 즉 성숙도에 따라 달라지는 것

2. 점진적 발전 모델 : 터크만(Tuckman)의 5단계 집단 발전 모형(five – stage group – development model)

(1) 개요 : 안정적 환경

집단이 경험하는 다섯 가지의 독특한 단계, 즉 형성, 혼란, 규범, 성과, 해체단계를 거쳐 진행하는 것으로 특징지을 수 있음(B. W. Tuckman, "Developmental sequences in small groups", Psychological bulletin, June 1965, pp.384~399).

(2) 각 단계별 특징

[집단 발달단계에 따른 행동변화]

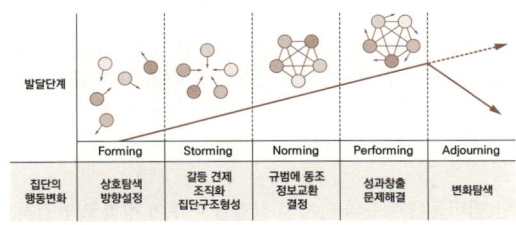

[집단의 발전단계별 특징]

형성 단계 (forming)	혼란 단계 (storming)	규범정립 단계 (norming)	성과달성 단계 (performing)	해체 단계 (adjourning)
- 서로를 알아감 - 규칙을 이해함 - 리더를 테스트함	- 갈등이 생김 - 구성원은 자신의 능력 및 영향력을 알아봄 - 혼돈과 창조의 시기	- 규범이 자리잡음 - 응집력과 협동의 시기 - 집단 및 목표에 대한 몰입	- 집단이 자율적이며 능숙함 - 높은 생산성	- 집단이 해산됨

1) 1단계 : 형성 단계(forming) – 불확실성, 상호탐색, 방향설정

형성 단계에서는 멤버들이 모이기는 했지만, 집단의 구조·목표·역할·행동방식 등 모든 것이 미정이고 불확실한 상태

2) 2단계 : 혼란 단계(storming) (=격동기) – 갈등, 견제, 조직화, 집단구조 형성

같은 집단에 소속된 것은 인정하면서도 역할분담, 권력구조, 신분차이에 대한 분명한 타협이 되어있지 않아 서로 부딪치면서 해결해나가는 단계

3) 3단계 : 규범정립 단계(norming) (=정착기) – 규범에 동조, 정보교환, 결정

집단의 목표, 구조, 멤버의 소속감, 역할, 응집력 등이 분명해진 상태

4) 4단계 : 성과달성 단계(performing) – 성과 창출, 문제 해결

집단의 통일성 그리고 비전이 서로 공유되어 집단목표를 달성하는 데 모든 조건을 갖추게 됨. 구성원들은 직무수행에 몰입하게 되며, 원활한 커뮤니케이션을 통해 실질적으로 높은 성과를 냄

5) 5단계 : 해체 단계(adjourning) – 해체 준비, 변화탐색

집단의 수명이 다한 것, 집단구성원들이 목표달성과 관계없이 목표나 규범에 대해 부정하여 집단을 이탈하거나 집단이 더 이상 효과적으로 작동하지 못할 경우 집단은 해체

(3) 비판점

① 2단계에서 적정한 갈등을 통해 성과 도모 가능

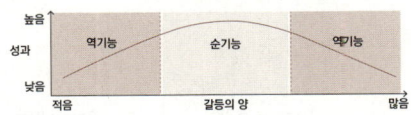

② 반드시 다음 단계로 이어지지 않을 수도 있음
③ 선형적이라기보다는 순환적인 것
④ 인간의 행동의 불명확성. 단계 사이에 겹치는 부분이 있을 수 있음

3. 단절적 균형 모델(punctuated-equilibrium model) : 게르식(Gersick)의 단절 균형 모델

(1) 개요 : 가변적·역동적 환경

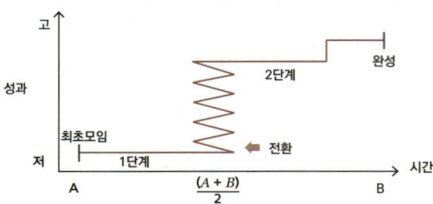

진화론. 이 모델에 의하면 집단의 발전단계가 점진적 발전 모델에서 보여준 단계처럼 순서에 맞게 차례로 나타나는 것은 아니라는 것. 집단에 어떤 특별한 자극(예 : 위기 등)이 가해지면, 그 집단은 현재의 균형으로부터 단절되어 새로운 시작을 맞이함. 다음 그림에서는 단절적 균형 모델에서의 변화 형태를 보여줌

(2) 마감시한이 있는 임시집단을 위한 대안모형

〈마감시한이 있는 임시집단〉은 터크만(Tuckman)의 5단계 모형을 따르지 않고, 자신의 독특한 활동(또는 비활동) 순서를 갖고 있는 것으로 나타났음. deadline effect

(3) 각 단계별 멤버들의 행동양식의 특징

1) 1단계 : 전반기

집단 멤버들은 목표와 각자의 사명을 나누어 정하고 안정적으로 일을 시작. 이 즈음에는 어떤 멤버가 새로운 의견을 제시해도 무시하고, 처음 모였을 때 만든 모든 계획과 규정을 신봉하면서 맡은 대로 묵묵히 일을 함 이때까지는 균형과 안정기

2) 격동기 : 전환기

집단의 존속기간이 어느 정도 되면 목표달성까지 기간이 얼마 남지 않았다는 것을 인식. 환경의 변화로 집단은 문제에 부딪치고 지금까지의 자기들 행동에 문제가 있으며 변화가 필요함을 깨달음. 이것이 그들로 하여금 지금까지의 안정 (균형)을 깨뜨리도록 자극. 이제 변화의 경각심이 불러일으켜 멤버들은 새로운 룰(rule)을 만들게 됨. 과거의 균형과 안정을 버리고(단절) 새로운 관점에서 모든 것을 혁신하면서 새로운 규범과 질서를 정착

3) 2단계 : 후반기

멤버들은 새로운 목표와 계획을 새로 만들어진 규범에 따라 안정적으로 실행에 옮겨나가면서 다시 안정과 균형을 회복함. 마감시한 직전 Deadline effect로 급격한 성과를 달성하는 경향이 있음

4) 비판점

① 할당 시간의 1/2이 지난 후 전환된다는 주장 비판, ② 안정적·장기적 환경분석의 경우, 상당한 한계 존재, ③ 이미 발생한 변화를 관찰하고 분석하는 사후 분석에서는 전체 과정이 명확하기 때문에 적절하지만, 단절(punctuation)은 비선형적으로 발생하기 때문에 기존에 관찰된 패턴이나 데이터를 가지고 발생 시점을 예측하기가 어려움

구 분	Tuckman의 집단발달 5단계 모델	Gersick의 단속평형모델
시간 틀	긴 지속기간	짧은 지속기간
환 경	단순하고 안정적	불안정적이고 가변적
초 점	집단 전반	특정 과업
성과달성 단계	4단계	중간 지점
헌신의 지점	전반기	격동기(전환기)

4. 집단 발전 모델의 실무상 시사점

① 모든 집단이 위에서 기술한 발전단계를 거치는 것은 아님
② 어떤 집단은 영원히 성과달성 단계에 진입하지 못하고 그 전 단계에 머물 수 있음
③ 집단에 대한 진단을 수시로 하여, 현재의 집단의 발전단계를 파악하고 문제점이 발견되면 바람직한 조치 필요
④ 집단의 발전단계에 일반적으로 소요되는 기간을 고려하여 기간이 경과하였음에도 현 단계에 머물고 있을 때 조직차원에서 조치 필요
⑤ 특히 성과달성 단계에서는 항상 문제가 발생할 수 있기 때문에 특별한 관찰이 요구됨

5. 발달된 집단의 특성

(1) 멤버의 행동

멤버 간의 상호작용은 상승, 각자의 신분과 기능에 따라 격차가 생김, 내부자(insider)와 외부자(outsider)의 구별이 생김, 규범(norm)이 생김, 무엇인가 하려는 움직임이 나타남

(2) 리더의 행동

과업의 완수(목표의 효율적 달성)
집단을 유지, 존속시키는 역할
집단 멤버들의 개인적 욕구, 멤버들의 사적인 목표를 달성시켜 주는 역할

Ⅲ. 집단 성과(group performance)의 결정요인

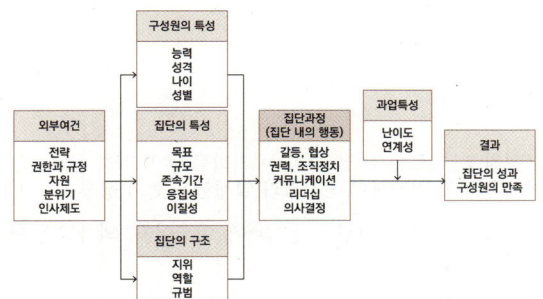

Ⅳ. 집단 성과에 영향을 미치는 요인 1 : 외부여건

1. 조직의 전략

최고경영진의 의도나 환경압력에 의해 회사가 수립한 각종 전략들, 예를 들면 원가절감, 품질향상, 시장확대, 경영혁신, 구조조정 등의 전략들이 조직 내 각 집단들의 행동에 직접적인 영향을 미침

2. 권한구조와 규정

집단이 조직에서 부여받은 권한의 크기나 그 집단의 리더가 조직에서 어떤 위치에 있는지 등은 집단행동에 영향을 줌

3. 자 원

좋은 사무용기구와 그룹웨어가 있는 대기업의 멤버들과 그렇지 못한 소기업에 속한 과업집단의 멤버들은 성과창출을 위한 공식행동은 물론이며, 모든 비공식행동과 인간관계까지 다름

4. 분위기

모든 조직은 나름대로의 분위기가 있는데 조직에 들어온 멤버들은 조만간 그 분위기를 익히게 되고 각 집단에 배치되어 행동할 때 상위조직의 이러한 특성이 나타남

5. 인사제도

조직의 사원선발, 인사고과, 보상 시스템이 어떠한지에 따라 멤버들에게 도전정신을 갖게도 하고 경쟁 또는 협조하게도 만듦. cf) 연봉제·연공제

V. 집단 성과에 영향을 미치는 요인 2 : 집단 내부의 사회적 구조

1. 구성원의 특성
(1) 멤버들의 능력과 성격 — 구성원들이 능력이 많은 사람들이라면 경쟁이 심할 수 있지만 성과는 오르기 마련. 반대로 무능력자만 모인 집단은 상호 정치적인 행동만 늘고 혁신적인 업적은 찾기 어려움

(2) 구성원들의 신분분포 — 노인집단의 활동과 신세대집단의 활동은 엄청나게 다름. 한편 남녀집단의 행동도 많이 다름. 구성원의 신분분포에 따라 집단의 행동은 달라질 수 있음

2. 집단 자체의 특성
(1) 집단의 목표 — 개인도 마찬가지이지만 집단도 그 목표가 무엇인지에 따라서 행동이 달라짐. 동시에 멤버들 개개인의 목표와 집단의 목표가 어느 정도 일치하는지의 문제가 중요한 변수

(2) 집단의 규모(size)
1) 집단의 규모(size)의 의의 — 크기, 즉 size. 어느 정도의 규모가 집단의 성과를 높이는 데 효과적인가에 대해서는 대게 3~13명으로 주장. 집단의 규모를 분류할 때, 20명 미만을 소집단, 그 이상일 때를 대집단으로 간주

2) 집단 규모(size)의 영향 : 구성원들의 행동에 영향
  ① 집단의 규모가 작을 경우
  ⅰ) 장점
   a. 강한 유대감 — 구성원 간 서로를 잘 알 수 있는 기회를 많이 가져 상호작용이 빈번하고 밀접하여 친밀감과 일체감을 쉽게 형성
   b. 의사소통 용이 — 정보 전달과 의견 교환이 신속하게 이루어져, 의사결정 과정이 빠르고 효율적
   c. 개인 기여도 파악 용이 — 관리자가 각 구성원의 기여도를 쉽게 파악할 수 있어, 공정한 평가와 피드백이 가능
   d. 목표 인식 강화 — 소규모 환경에서 구성원들이 집단 목표에 대한 인식을 더 확고히 하여 직무 만족과 몰입도가 증가

  ⅱ) 단점
   a. 자원 제한 — 인적 자원이 적어 아이디어와 기술의 다양성이 부족할 수 있으며, 특정 과업에 필요한 기술이나 경험이 부족
   b. 역할 중복과 과부하 — 구성원이 적다 보니 역할이 중복되거나, 구성원들이 여러 역할을 동시에 수행해야 해 업무 과부하가 발생
   c. 의견 갈등 심화 — 소수의 구성원 간 의견 충돌이 발생하면, 갈등이 깊어질 수 있으며 해결이 어려워 집단 응집력이 약화
   d. 창의성 제한 — 집단이 작을 경우 구성원 간의 사고 방식이 비슷해져, 새로운 아이디어나 창의성이 부족

② 집단의 규모가 클 경우
　ⅰ) 장점
　　a. 높은 성과
　　b. 생산성 향상
　　c. 사회적 촉진(social facilitation) : 혼자서 과업을 수행할 때보다 여럿이할 때 사기가 향상되고 경쟁도 하게 되어 성과가 더 좋아짐

[집단 규모별 장점]

소규모 집단	대규모 집단
- 집단 내부의 상호작용이 자주 일어남 - 구성원들 사이에 정보교환이 쉬움 - 집단에 대한 공헌을 조직원들이 쉽게 인지할 수 있음 - 집단의 목표와 관련하여 조직원들이 동기부여 되고 헌신할 수 있음 - 구성원들이 만족함	- 기술, 능력, 지식, 경험적으로 집단의 자원이 많기 때문에, 목표를 달성하기 위하여 사용이 가능함 - 과업이 분업되어 있으므로 구성원들은 특정 업무에만 전념할 수 있으며, 특정 업무를 수행하는 데 있어 더욱 전문성을 갖출 수 있음

　ⅱ) 단점
　　a. 갈등 발생
　　b. 조정(coordination)상의 문제점
　　c. 사회적 태만(social loafing)
　　　가. 링겔만 효과(Ringelmann effect)의 실험 내용 – 링겔만의 로프 실험
　　　나. 링겔만 효과(Ringelmann effect) 발생의 이유
　　d. 사회적 억제(social disturbance)

[집단 규모의 영향]

변 수	집단 규모	
	작 다	크 다
참여도	+	-
응집력	+	-
만족도	+	-
건설적 비판	-	+
의사소통	+	-
의사결정속도	+	-
멤버의 이탈, 결근	-	+
집단 성과	규모가 커질수록 다양한 인적자원 때문에 성과가 높아진다는 연구결과와, 구성원 간의 견제나 집단과정의 손실(process loss) 때문에 성과가 낮아진다는 상반된 결과가 있음(Steers(1984))	

3) 과업특성에 따른 규모(size)의 효과
　① 부가적(additional) 과업과 집단의 규모(size)

과업을 수행하는 사람들의 숫자가 늘어날수록 집단의 산출물도 그만큼 늘어나게 되며, 집단성과도 더불어 높아지게 됨. 줄다리기 시합에서 보다 많은 사람들이 과업에 참여할수록 줄을 당기는게 쉬워짐

　② 우수자(disjunctive) 결정과업과 집단의 규모(size)

집단의 성과는 집단을 대표하는 최우수 구성원에 의해서 결정, 성과 향상. 천재 한 명이 전체를 견인

　③ 열위자(conjunctive) 결정과업과 집단의 규모(size)

집단의 성과는 최저성과를 기록한 개인의 성과에 의해서 결정, 성과 저하. 군대에서 10km 행군을 하는데 분대의 성과는 가장 늦게 완주한 사람의 기록으로 표시

[규모와 과업 특성]

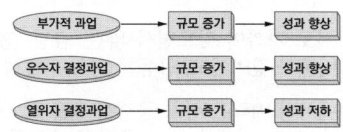

(3) 집단의 존속기간

연혁이 오래될수록 구성원들의 역할분담이 명확하고 체계가 잘 잡혀 있으며 전통과 분위기가 정착되어서 혼란이 적음

(4) 집단응집력(group cohesiveness)

1) 집단응집력(group cohesiveness)의 개념

멤버들이 집단에 이끌리는 매력의 정도, 공동체 의식. 집단구성원들이 서로 서로가 뭉치는 정도, 구성원의 집단에서의 소속감의 정도 그리고 구성원들이 집단에 남아 있으려는 의지의 정도

2) 집단응집력의 구성요소

① 매력

〈개인 수준〉의 경우 매력은 집단구성원들 간의 상호 긍정적인 태도, 〈집단 수준〉에서의 매력은 구성원이 갖는 집단 전체에 대한 긍정적인 태도

② 집단구성원이 느끼는 일체감

일체감은 집단구성원들을 통합하고, 결속시키고 공동체 의식을 가지게 함. 일체감이 높을 경우, 집단구성원들은 서로 가까이 모여 있음을 느낌

③ 팀 워크(team work)

팀 워크는 집단의 목표를 달성하기 위해서 구성원들이 기꺼이 함께 일하고자 하는 것. 목표달성을 위해 구성원들이 자연스럽게 몰두하는 경향, 그 결과 높은 집단 효능감(collective efficacy)이 형성됨. 집단 효능감이란 집단구성원들이 목표달성을 하기 위해 필요한 능력을 가지고 있다고 믿는 신념

3) 집단응집력의 유형

① 정서적 응집성(socio-emotional cohesiveness)

집단에 참여함으로써 더 많은 만족과 즐거움을 얻는 경우

② 도구적 응집성(instrumental cohesiveness)

자신의 구체적 목표달성을 위해, 즉 집단이 자기 이익획득의 도구가 되기 때문에 생기는 소속의식

4) 집단응집력의 증감요소

응집력을 증가시키는 요소	응집력을 감소시키는 요소
• 집단목표에 대한 수용 • 상호교류의 빈도증가 • 개인적인 매력 • 집단 간 경쟁 • 호의적인 평가 • 집단 성과나 규범 등에 대한 만족 • 집단의 안정성	• 목표에 대한 배척 • 집단크기 거대 • 불만족스러운 경험 • 집단 내 경쟁 • 독재적인 지배

① 응집력을 증가시키는 요인

ⅰ) 집단 목표에 대한 수용, 목표달성을 통한 성공 경험 공유

구성원들이 목표에 대해 의견을 일치시키고, 함께 어려운 일을 성공적으로 완수했을 때 집단 응집력이 높아짐. 목표달성을 통한 성공 경험은 집단의 유대감을 강화

ⅱ) 상호교류의 빈도 증가

구성원들이 서로 가까이 있으면서 의견, 감정, 정보를 자주 교환할수록 이해가 깊어지고, 공동체 의식이 형성될 수 있음

ⅲ) 개인적인 매력

〈개인 수준〉에서의 매력은 상호 긍정적 태도를, 〈집단 수준〉에서의 매력은 집단 전체에 대한 긍정적 태도를 의미 개인 간의 긍정적인 태도가 형성될 때, 집단에 대한 호감과 자부심도 증가

ⅳ) 집단 간 경쟁

내부 경쟁보다는 외부 집단과의 경쟁이 이루어질 때, 외부 집단에 대한 배척과 내부 일체감이 형성되어 응집력이 강화됨

ⅴ) 동료로부터의 정신적 지원	동료로부터 정신적 지원을 받으면 구성원 간 정서적 유대감이 강화, 심리적 안정감이 높아짐, 서로에 대한 신뢰와 긍정적인 태도가 형성됨. 이러한 관계는 협력적인 분위기를 조성하여 구성원들이 더 큰 소속감을 느끼게 하고, 집단에 대한 책임감과 헌신도를 증가시킴
ⅵ) 구성원들 간의 동질성 정도	집단 내 동질성이 높을수록 응집력이 증가함. 연령, 성별, 교육 수준, 기능 수준, 태도, 가치관 등이 유사할 경우, 상호작용이 빈번해지고 협동적인 관계가 촉진됨
② 응집력을 감소시키는 요인	
ⅰ) 목표에 대한 배척	구성원들이 집단 목표에 동의하지 않으면 일관된 신뢰 관계를 유지하기 어려워져 응집력이 저하됨
ⅱ) 집단 크기(size) 거대	집단의 규모가 지나치게 크면 구성원 간 상호작용 기회가 줄어들고, 공유되는 정보의 양도 제한됨. 이는 협동 의식과 만족감을 감소시키는 요인이 됨
ⅲ) 불만족스러운 경험	집단 내에서 부정적인 경험을 할 경우 구성원들은 심리적으로 회피하게 되어 집단에 대한 애착이 형성되지 않으며, 응집력이 낮아짐
ⅲ) 집단 내 경쟁	집단 내부의 경쟁은 갈등을 유발하여 결속력을 약화시키고, 갈등이 심화되면서 개인 간 관계가 악화되어 공동체 정신이 손상될 수 있음
ⅳ) 독재적인 지배	집단 내에서 민주적인 의사결정보다 독재적인 방식이 주도되면 구성원들이 무시당하거나 열패감을 느끼게 되어 응집력이 감소함

5) 집단응집력과 집단행동과 결과

① 집단응집력과 성과 간의 관계	집단응집력은 전체적으로 볼 때 집단의 성과를 높인다는 전제에서 출발하지만, 이에 대한 반론도 존재
② Schacter의 연구	Schacter는 여대생을 대상으로 집단응집력과 성과 간의 관계를 실험하였음. 여대생 12명을 실험에 참가시켰는데, 이들을 집단응집력이 높은 집단과 낮은 집단으로 각각 6명씩 나누고 다시 각 집단을 3명으로 구성되게 하여 모두 4개의 집단으로 나누었음. 과업은 마분지로 상자를 만드는 일인데, 작업 공정은 종이를 자르고, 풀로 붙이고, 페인팅 하는 것이었음
	4개의 집단이 과업을 수행하게 하고 16분이 지난 후 연구자는 응집력이 높은 2개의 집단 중 한 곳의 리더로 하여금 작업을 더 빨리 진행해야 한다고 말하게 했으며(긍정적 리더십), 다른 집단에게는 작업을 천천히 하자고 말하게 하였다(부정적 리더십). 똑같은 방식을 집단응집력이 낮은 집단 2곳에도 적용하였음
③ 연구결과	〈집단응집력이 높은 집단〉에 긍정적인 조치(리더십)를 취했을 경우 집단 성과는 급격히 증가하였으나, 부정적인 조치를 취했을 경우 성과는 그 반대로 급격히 감소
	〈집단응집력이 낮은 집단〉에 긍정적인 조치를 취했을 경우 성과를 약간 증가했으며, 부정적인 조치를 취했을 경우 성과는 약간 감소할 뿐

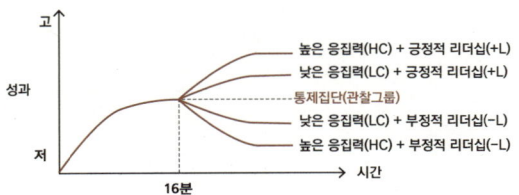

④ 연구결과의 시사점

집단응집력이 반드시 성과를 높이는 것은 아니라는 것. 집단응집력은 상황에 따라 성과를 높일 수도 감소시킬 수도 있는 것. 여기서 말하는 상황은 리더십, 임금체계 등도 포함

⑤ 집단응집력 수준별 결과

적당한 수준의 높은 집단응집력	과도한 수준의 높은 집단응집력
• 만족감 • 자신감 & 자존감 • 행복감(스트레스 완충제) • 참여도 & 몰입도 • 집단의 생산성을 높임	• 동조압력 • 충돌회피 • 다양한 사고의 부족 • 규범위반에 대한 강한 제재 • 집단사고의 위험

ⅰ) 집단응집력의 수준이 적당히 높을 경우의 순기능

집단에 대한 만족감과 사기가 높음, 높은 자신감과 자기존중감, 행복감이 높고 불안과 긴장이 적음, 집단활동에의 참여도 및 몰입도가 높게 나타남, 집단생산성을 높임

ⅱ) 집단응집력이 과도하게 높을 경우의 역기능

구성원 개개인의 저항은 더욱 약해짐, 집단이 변화를 시도하려고 하지 않음, 구성원들의 다양한 사고(thought)를 기대하기가 어려워 문제 해결에 있어서 창의적인 대안을 탐색하는 데 한계, 집단 규범(group norm)을 위반하는 구성원에게 지나친 제재를 가하게 되어 집단의 유연성이 낮아짐, 집단 사고(group think)의 발생 가능성이 높아 잘못된 의사결정의 가능성이 높아짐

6) 관리자에의 시사점 – 성과규범, 조직 목표와의 일치성 등을 고려

① 집단응집성, 성과규범, 생산성 사이의 관계

	집단응집성 고	집단응집성 저
성과규범 고	높은 생산성	중간 생산성
성과규범 저	낮은 생산성	중간에서 낮은 생산성

성과규범(performance norm)이란 구성원들이 노력을 얼마나 해야 하는지, 생산량과 불량률은 어느 정도여야 하는지 등에 관한 '표준화된 행동준칙'을 의미. 얼마나 명확·구체적인지에 따라 성과가 달라질 수 있음

성과규범이 높다면 응집성이 강한 집단은 더 생산적, 성과규범이 낮고 응집성이 강하다면 생산성 낮음

② 집단응집성, 집단과 조직의 목표일치성, 조직성과 사이의 관계

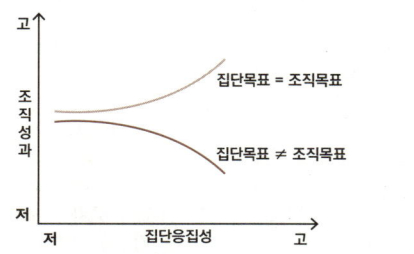

구성원들이 집단 목표와 조직 목표를 동일시하는 정도가 클 경우에는 응집성은 조직성과에 긍정적인 영향을 미침. 반면 집단의 목표와 조직 목표달성의 일치성이 떨어진다면 강한 응집력은 오히려 부정적으로 작용하여 멤버들이 일치단결하여 리더에게 저항하며 집단파업을 일으킬 수도 있음

7) 집단응집력의 결정요인

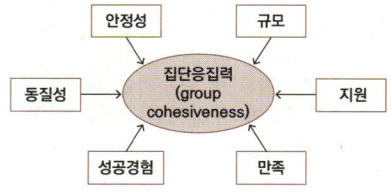

① 집단구성원들 간의 동질성 정도	동질성의 내용으로는 연령, 성별, 교육 수준, 기능 수준, 태도, 가치관 등. 특히 비슷한 태도와 가치관은 구성원들을 묶어 주는 강력한 원천
② 집단의 안정성	집단의 안정성은 집단구성원들이 서로 같이 일한 기간이 길수록 더 많이 형성됨
③ 집단의 규모(size)	집단의 규모가 클 때보다 작을 때 집단응집력이 높게 나타남
④ 동료로부터의 정신적인 지원	집단구성원이 동료로부터 코칭(coaching), 정신적인 지원을 받을 때 집단에 대한 일체감이 높게 형성되고 이것이 응집력을 높여줌
⑤ 집단에서의 성과나 규범 등에 대해 만족	집단구성원들이 집단에서의 성과, 규범에의 동조 등에 대해 만족할 때 집단응집력은 높아짐
⑥ 목표달성을 통한 성공 경험을 공유	집단구성원들이 협력하여 어떤 어려운 일을 성공적으로 완수하였을 때, 즉 목표달성을 통한 성공 경험을 공유했을 때 집단응집력은 높아짐
8) 집단응집력을 높이기 위한 방안	① 집단의 목표와 조직의 목표가 연계되게 하며 집단구성원을 목표설정에 참여 ② 다른 집단과의 경쟁을 자극 ③ 구성원 개개인이 해야 할 과업을 보다 명확히 하여 역할갈등이 발생하지 않도록 ④ 공간적인 배치를 보다 가깝게 하여 서로 친근한 분위기가 조성될 수 있도록 ⑤ 집단구성원들을 자주 칭찬 ⑥ 개별 구성원보다는 집단에 보상 ⑦ 집단구성원 개개인에 대해 품위있게 대하고 존경의 표시 ⑧ 공동으로 참여하는 이벤트(event) ⑨ 집단의 위상을 높이면서 집단의 구성원이 되는 것이 어렵다는 인식을 증대

(5) 구성원 간의 이질성(heterogeneity)

1) 개 요

2) 긍정적 · 부정적 측면

① 긍정적 측면 : 창조적 마찰로 인한 창의성(혁신) 증진	정보·의사결정 관점(information·decision-making perspective) 측면에서 다양성이 높은 집단의 경우 직무관련지식, 기술, 능력 및 다양한 견해와 관점을 가지기 때문에 문제를 처리하는데 있어서 도움이 되는 여러 가지 풀(pool)을 제공할 수 있음
② 부정적 측면 : 유사성 매력관점(similarity attraction perspective)	유사성 매력관점(similarity attraction perspective) 측면에서 조직구성원은 자신과 유사한 내집단(in-group)과, 유사하지 않은 외집단(out-group)을 구분하고 내집단 사람들에게 호감, 신뢰를 느끼고 협력, 다양성증가는 유사성을 떨어뜨려 조직에 부정적인 영향을 미침

3) 조직행동에의 영향 | 커뮤니케이션·성적인 또는 인종적 표현 각별한 주의

3. 집단의 구조

(1) 지위(status)

1) 지위(status)의 의의 — 집단에서 한 개인이 차지하는 위치, 즉 신분적·사회적 서열

2) 지위의 중요성 — 지위는 중요한 동기유발 요인이자 개인들이 그들의 지위에 대해 생각하는 것과 다른 사람들이 지각하고 있는 것 사이의 차이를 지각할 때 중요한 행동적 결과

3) 지위의 부여 — 공식적(formal) 부여 / 비공식적(informal) 형성

4) 지위의 종류

① 형성된 지위(ascrived status)와 달성된 지위(achieved status) — 가문, 혈통, 인종, 성별, 연령 등 개인이 통제할 수 없는 요소들에 의해 형성(ascrived status)될 수 있거나, 개인이 능력을 발휘하여 집단에서 탁월한 성과를 달성한 경우에도 획득(achieved status)

② 공식적 지위(formal status)와 비공식적 지위(informal status) — 조직에서 공식적으로 주어지는 조직체 지위(사장, 팀장, 팀원, 상사와 부하, 연공, 권한 등)가 있고, 조직과 무관하게 개인의 특성에 따라 붙여지는 사회적 지위(성, 나이, 인종, 학력, 출신학교, 재능, 기술, 지식, 부모의 직업, 사회적 평판)

5) 지위가 집단에 미치는 영향 : 집단 내 사회적 관계에서 질서를 유지

① 지위는 집단 내 구성원들 간의 상호작용에 영향을 미침
② 지위가 높은 사람은 낮은 사람에 비해 집단규범을 위배했을 때보다 관대하게 처리
③ 지위가 높은 사람은 대개 동료들 간의 커뮤니케이션을 주도
④ 집단 내 지위 불일치(status incongruence) 현상이 나타날 경우 집단은 갈등에 빠질 수 있음

6) 지위 결정 요인 : 지위-특성 이론(status-characteristics theory)

① 지위-특성 이론(status-characteristics theory)의 의의 — 지위-특성의 차이가 집단 내 지위 계층을 만든다고 말하는 이론. 지위는 집단구성원이 보유하고 있는 권력, 집단목표에 공헌할 구성원 개인의 능력 그리고 구성원의 개인적 특성으로부터 나온다는 것

② 내용

 ⅰ) 한 사람이 다른 사람에 대해 행사하는 '권력' — 권력을 많이 보유하고 있으면 보다 높은 지위를 점할 수 있음. 왜냐하면 보다 많은 자원을 동원할 수 있기 때문

 ⅱ) 집단목표에 기여하기 위한 개인의 '능력' — 집단의 목표달성에 결정적인 영향을 미칠 수 있는 능력을 가지고 있는 사람은 지위가 높은 경향이 있음. 왜냐하면 집단의 목표달성의 결과가 가져다주는 이점을 구성원이 누릴 수 있기 때문

 ⅲ) 개인적인 '매력' — 개인의 특성에 의해 지위가 결정될 수 있음. 좋은 외모, 친절한 성격, 재력 그리고 좋은 가문 출신, 연령이 높아 그들을 위한 유용한 경험을 많이 보유하고 있을 때 구성원들은 그에게 호감을 갖게 되고 이것이 높은 지위로 연결됨

7) 지위 불일치(status incongruence) — 한 사람의 지위는 여러 요소가 복합되어 결정되는데, 그 사람이 어떤 관점에서 보면 지위가 높지만, 다른 관점에서는 낮을 때 발생하는 것

8) 지위 거리(status distance) — 구성원 간 계급의 거리, 오늘날 수평조직화로 중요해짐

9) 조직행동에의 시사점 | 지위 불공정(status inequity) 상태가 되어 갈등이 야기됨. 한 집단 안에서 구성원 사이의 지위 격차가 너무 크면 집단의 성과, 생산성, 이직률, 종업원 건강에 모두 악영향 ⇒ 집단관리자는 멤버들의 공식적 지위를 개인적 특성(나이, 능력 등)에 가능한 한 일치시켜야 하고, 그들에 대한 대우(책상 크기, 월급 등)도 공식적인 지위와 일관성 있게 부여해야 함. 그리고 구성원 각자의 지위를 고려하여 전체적 균형을 이루도록 해야 함

(2) 역할(role)

1) 역할(role)의 개념 | 하나의 사회단위 내에서 주어진 직위를 차지하고 있는 사람에게 귀속되어 있는 일련의 기대되는 행동 패턴. 집단은 목표를 달성하기 위해 과업을 수행해야 하는데, 이를 한 사람이 수행할 수가 없기 때문에, 여러 구성원들에게 지위(position)를 부여하고, 그에 상응하는 행동을 요구하게 됨

◆ 참고 : 셰익스피어
"전 세계는 무대이고, 세상의 모든 남자와 여자는 단지 배우일 뿐이다." 모든 집단구성원은 각자 하나의 역할(role)을 맡고 있는 배우임. 집단구성원에게 기대되는 일관성 있는 행동들의 집합

◆ 참고 : 짐바도의 죄수 실험
1. 개 요 | 개인이 얼마나 빨리 새로운 역할을 배우게 되는지 증명해주는 실험
2. 실험 내용 | 20여명의 학생들을 간수 역할과 죄수 역할로 임의로 할당. 각각 각 역할에 적응하는 데는 시간이 거의 걸리지 않았음

2) 역할(role) 관련 개념
① 역할 지각(role perception) | 주어진 상황에서 어떻게 행동할 것인가에 대한 개인의 견해
② 역할 기대(role expectation) | 다른 사람들이 어떤 사람이 주어진 상황에서 행동해야만 한다고 생각하는 방식
③ 심리적 계약(psychological contract) | Argyris(1960)가 심리적 계약이라는 용어를 처음 사용, Schein(1965)에 의해 "상호 호혜적 의무에 대한 기대감"으로 정의, Rousseau(1995)에 의해 "개인의 주관적 차원에서 상호의무에 대한 믿음"으로 그 개념이 구체화. 여러 학자들의 논의를 종합했을 때 심리적 계약이란 장기간에 걸쳐 조직과 구성원 간 상호 기대와 의무가 제대로 이행된다고 느낄 때 나타나는 조직과 구성원 간 상호의무에 대한 기대와 믿음이라고 할 수 있음. 심리적 계약은 실체적 서류상의 합의에 근거한 것이 아니라 개인이 지각한 약속이나 지각한 합의(perceived promise & perceived agreement)에 근거
④ 역할 갈등(role conflict) | 개인이 다른 역할 기대에 직면하게 되는 상황
⑤ 역할모호성(role ambiguity) | 자신이 해야 하는 업무와 다른 사람의 업무와의 경계가 모호하여 권한 및 책임파악이 불분명한 경우

3) 역할의 종류
① 과업 역할(task role) | 집단구성원의 행동에는 목표달성에 직접 관련되는 것. 과업역할은 구성원이 행동의 초점을 집단의 목표에 두며, 이를 지지하고, 어떤 문제가 발생하였을 때 대안을 주도적으로 탐색하고 가장 효과적인 대안을 제시하는 역할

② 관계 역할(relationship role)

[역할 종류에 따른 사례]

과업 역할(task role)	관계 역할(relationship role)
- 문제해결을 위한 아이디어 제공 - 문제해결을 위한 정보수집 및 분석 - 문제해결책 제시 - 개별 아이디어에 대한 평가 - 작업상 필요한 방법 및 절차 결정	- 칭찬 등을 통해 타인을 격려 - 집단 내 갈등 조정 - 커뮤니케이션의 원활화 노력 - 집단 내 긍정적 분위기 조성 - 타인의 아이디어에 대한 긍정적 반응

집단구성원의 행동으로 목표달성에 간접적으로 관련되는 것. 구성원들의 감정에 대해 관심을 가지고, 집단 내 갈등을 줄이며, 구성원의 만족과 신뢰를 높이고 집단 내 협동적인 분위기를 만드는 역할

4) 역할 갈등(role conflict)
  ① 역할 갈등의 개념

개인이 다른 역할 기대에 직면하게 되는 상황으로, 한 가지 역할 요건에 대한 순응이 다른 역할 요건과의 순응을 힘들게 할 때 나타나게 되는 것

  ② 갈등이 발생하는 원인
  ⅰ) 가정-직장 간 갈등

맞벌이 부부의 경우, 여성의 육아를 위한 시간과 근무시간 간의 충돌이 발생. 조직 내 팀장의 경우 본부장의 부하로서 해야 하는 행동과 팀원의 상사로서 행동 간에 충돌이 종종 발생

  ⅱ) 역할모호성(role ambiguity)으로 인한 갈등

자신이 해야 하는 업무와 다른 사람의 업무와의 경계가 모호하여 권한 및 책임파악이 불분명한 경우. 새로 만들어진 업무의 경우 종종 역할모호성이 나타남

  ⅲ) 역할 인식 오류로 인한 갈등

역할을 부여하는 사람(sender)이 생각하는 역할과 역할을 받은 사람(receiver)이 지각하는 것이 일치(role consensus)하지 않을 경우 발생. 학급에서 반장이 생각하는 역할은 반원을 통제하고 지휘하는 것으로 이해한 반면, 반장을 시켜준 반원들은 반장이 궂은 일을 도맡아 해야 한다고 인식

  ⅳ) 역할과 가치관의 위배로 인한 갈등

역할을 받은 사람이 자신의 역할이 무엇인지를 정확하게 알지만 이것이 자신의 가치관이나 정체성을 유지(role congruence)하는 데 문제를 일으킬 경우 갈등이 발생. 기업조직의 경우 팀장이 본부장으로부터 경쟁사의 정보를 불법으로라도 빼내오라는 지시를 받을 경우 이것이 산업윤리에 어긋나기 때문

  ③ 역할 갈등과 역할 모호성의 결과

집단구성원의 직무에 대한 불만족은 증가하고, 스트레스가 쌓이며, 조직몰입이 감소되고, 집단에서 이탈하려는 경향

  ④ 역할 갈등의 관리방법
  ⅰ) 역할 갈등을 최소화하는 방안

a. 역할모호성을 줄이기 위해 직무기술서(job description)에 바탕을 두고 역할을 부여
b. 역할인식으로 인한 갈등은 집단 내 상하 커뮤니케이션을 보다 활성화
c. 역할 과부하(role overload)로 인한 갈등을 줄이기 위해서는 역할을 재조정하거나 조직의 지원이 필요

  ⅱ) 역할 외 행동(extra-role behavior)으로서 조직시민행동(OCB) 관리

조직시민행동은 조직에 규정상으로 정해진 직무행동이 아니며 또한 그 행동에 대해 공식적으로 보상이 보장되지 않으나, 조직의 효율성과 성과를 높이는 조직구성원의 자발적 행동. OCB는 '역할 외(extra-role) 행동'으로 조직이 구성원에게 공식적으로 요구하지 않은 행동

(3) 집단 규범(group norm)

1) 집단 규범(group norm)의 개념	집단구성원이 공유하고 있는 수용가능한 표준화된 행동. 집단구성원들 간에 공유되고 인정된 비공식적 행위기준
◆ 참고 : 집단 규범(group norm)의 발견으로서 '호손 연구'	배전기 전선 작업실(bank wiring room) 연구
2) 집단 규범의 중요성	집단의 목표를 달성하는 데 필요한 행동을 구성원들에게 제시. 집단이 요구하는 행동을 구성원이 하고 있는지를 판단할 수 있는 근거
3) 집단 규범의 기능	

기 능	규범(norm)
① 집단/조직 생존	최고계층이 보기에 우리 부서가 좋아 보이게 하라.
② 기대행동에 대하여 명확히 함	게으름 피지 않고, 일을 열심히 하는 사람에게 성공이 온다.
③ 곤란한 상황의 회피	개인적인 성공보다는 팀플레이어가 되어라.
④ 독특한 정체성과 핵심 가치의 명확화	최우선 순위는 고객만족이다.

4) 집단 규범 형성의 방식	① 상사나 동료들이 '명시적(explicit)'으로 정함 ② 집단의 과거 활동에서 발생한 '중요한 사건(critical event)'으로부터 규범이 형성 ③ 집단이 어떤 상황에서 취해진 '초기 행동(primary behavior)'이 규범으로 규정 ④ 과거 상황으로부터 '전이된 행동(carryover behaviors)'이 규범으로 형성
5) 집단 규범의 종류	
① 중심 규범(center norm)	집단의 목표달성을 위해 필수적으로 지켜야 하는 표준행동, 성과 규범(performance norm)
② 주변 규범(surrounding norm)	집단의 목표달성과 직접 관련은 없으나 지켜야 하는 행동
③ 지시적 규범(prescriptive norm)	특정 상황에서 집단구성원들이 적절하다고 생각하는 행동
④ 금지적 규범(proscriptive norm)	가능하다면 회피해야 할 행동
⑤ 표출 규범(appearance norm)	집단구성원이 보여주어야 하는 외적인 측면
6) 규범 준수에 따르는 순기능과 역기능	
① 순기능	의사결정을 빠르게 해주고, 구성원들의 행동을 통일
② 역기능	i) 엄격한 규범은 집단의 다양성과 사고의 유연성을 제한하게 되어 창의적 집단운영을 저해, ii) 변화의 국면을 맞이한 집단의 경우 역기능적 규범 때문에 변화 속도가 더뎌지거나 엄청난 비용을 치르게 되어 집단의 유효성이 떨어짐
7) 규범에 대한 동조(conformity) (=순응)	
① 규범에 대한 동조(conformity)의 개념	형성된 규범에 대해 구성원 모두가 아무런 저항 없이 따르는 현상
② 관련 실험 : 집단 규범에 대한 Asch의 실험(1951)	집단에서 바람직하다고 인정되는 규범을 따르려는 경향이 얼마나 강한가

③ 규범에 대한 동조에 영향을 미치는 요인	ⅰ) 집단구성원의 '개인 특성'에 따라 동조의 정도는 다르게 나타남 ⅱ) '집단 규모(size)'가 작을수록 동조의 정도가 높아짐 ⅲ) '준거집단(reference group)'이 존재하여 개인이 소속되어 있거나 소속되고 싶어 하며 그 규범에 쉽게 동조하고자 하는 중요한 집단에 속해 있을 경우 동조 압력이 더 크게 가해짐 ⅳ) 집단구성원의 집단에 대한 '일체감'이 높을 경우, 집단이 과거 목표달성에 '성공한 경험'이 많을 경우 더 크게 나타남 ⅴ) '집단구성원들 간 관계'가 보다 친밀할수록 동조의 정도가 높게 나타남 ⅵ) '집단 내 커뮤니케이션'이 보다 개방적일 때 동조의 정도가 높게 나타남 ⅶ) '규범의 강도(strength)'가 강할수록, '규범의 결정화(crystalized)의 정도(규범이 명확하고 고정된 형태로 구성원들에게 인식되어 있는지의 정도)'가 높을수록 받아들여지기 쉬움
8) 규범의 위반(deviance) 시 발생 상황	① 반사회적 일탈행동(counterproductive work behavior)이 발생, ② 위반자에게 경고, ③ 배척, ④ 규범의 변경
9) 집단 규범의 성공적 운영을 위한 제언	한번 형성된 집단 규범이 영원한 것이 될 수 없으며, 상황이 변하면 규범도 바뀌어져야 함. 규범에 대한 동조와 위반이 번갈아 가면서 존재해야 함

Ⅵ. 집단의 성과향상을 위한 전략 : 팀의 활용

1. 팀(team)의 개념	팀이란 소수의 사람이 상호 보완적인 업무기술을 가지고 공동의 목표를 달성하기 위해 공동의 작업방식으로 스스로가 상호책임을 가지고 협동적으로 직무를 수행하는 집단. 팀조직의 확산 동기로는 신속성, 유연성, 도전성, 창의성을 요구하는 현대적 경영 요구 때문
2. 팀제의 중요성 : 팀 활성화(team vitalization)	팀 활성화란 팀 구성원들 사이 혹은 집단 간 관계를 보다 긍정적이고 상호보완적으로 만듦으로써 집단 수준에서 이루어지는 모든 집단행위가 자율기반의 구축에 이바지하도록 하는 제반활동. 오늘날 환경변화 심해짐, 빠르고 유연한 대처·개인 능력 교류·활용 팀 작업 중요해짐. 미국 항공기회사 보잉 777모델을 개발하면서 CEO부터 말단근로자까지 전 조직에 팀제를 도입하였는데, 이는 이전 모델인 보잉 747에 비해 1/2에 불과하는 인력이 소요되는 효과를 가져왔음
3. 팀조직 도입이 적절한 상황	① 변화가 극심해진 환경, ② 일상적 기술보다는 비일상적 기술을 사용, ③ 고객중심적 목표를 가지고 있으면서 자율적이고 수평적인 운영이 필요할 때, ④ 정보공유가 중요하여 권한위임과 네트워크가 필요한 경우

4. 집단과 팀의 차이점

비 교 점	집 단(group)	팀(team)
(1) 목표	일방적 공동목표 존재	참여적 구성원들이 팀 공동목표에 골입
(2) 목 적	정보의 소통과 공유	팀 성과의 향상
(3) 성 과	각 개인의 기여 중시	〈개인의 기여+공동의 기여〉 중시
(4) 결과에 대한 책임	개인 책임	팀원 공동의 책임, 공동 책무감
(5) 평가와 보상	개별 평가와 보상	집단평가+개별평가, 집단보상+개별보상
(6) 개인 능력의 이용	각자 독립적 사용	상호보완적 활용
(7) 소요 기술	개인별 기술 소유	상호보완적 기술로 시너지 창출
(8) 시너지 효과	없거나 오히려 장애	시너지 효과 있음
(9) 통제	통제를 위한 관리감독자 존재	관리감독자 없음 팀원 자율적으로 통제
(10) 리더의 역할	통제	지원자 또는 촉진자의 역할

5. 전통적 부서와 현대적 팀의 차이

요 소	전통적 부 · 과	현대적 팀
(1) 조직구조	계층적 / 개인	수평적 / 팀
(2) 직무체계	단일업무	전체업무·다수업무
(3) 목 표	상부에서 주어짐	스스로 찾아내는 데 시간 투여
(4) 리 더	강하고 명백한 지도자	리더십 역할 공유
(5) 지시/전달	상명하복·지시·품의	상호 고충전달·토론
(6) 정보흐름	폐쇄·독점	개방·공유
(7) 보 상	개인주의, 연공주의	팀·능력위주
(8) 책 임	개인책임	공동책임
(9) 평 가	상부조직에 대한 기여도로 평가	팀이 의도한 목표달성도로 평가
(10) 업무통제	관리자가 계획·통제·개선	팀 전체가 계획·통제·개선

6. 팀조직의 장점과 단점
(1) 장 점

① 신속한 의사결정, ② 부서를 융통성 있게 신설, 확장, 추가, 해체할 수 있기 때문에 인력을 효율적으로 활용, ③ 조직 내 정보교환이 원활, ④ 계층이 수평적으로 되어 있어서 멤버들의 창의적인 아이디어가 발굴, 의사결정에 참여시킴으로써 동기부여

(2) 단점

① 조직의 인력규모를 축소하고 조직의 구조를 수평조직화(Flat化)하는 과정에서 중간계층을 회사에서 퇴출시켜야 하기 때문에 중간관리자와 기능전문가에게 위협, ② 기존의 명령-통제 개념의 전환이 필요, ③ 자원이 중복사용, ④ 수평관계나 팀을 관리하는 능력 필요, ⑤ 잘못된 과정 정의로 비효율이 발생, ⑥ 잘못 운영하면 멤버 간 상호경쟁만을 강조

7. 팀의 유형

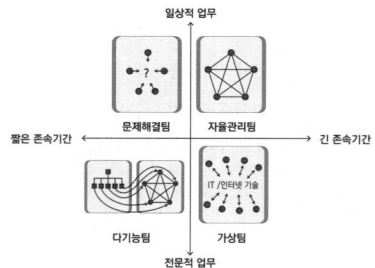

(1) 문제해결팀(problem solving team)

회사에서 특수 프로젝트나 직면한 문제를 해결하기 위해 관련되는 사람들 몇 명이 주기적으로 혹은 일정기간 동안 모여서 정보와 의견을 서로 나누면서 해결책을 찾아내기 위한 팀. 품질분임조(QC), 품질개선팀, 경영효율화팀, 시장홍보팀

(2) 자율관리팀(self managed team)

상부로부터 전권을 위임받아 스스로 계획을 세우고 실천하고 통제와 감독까지 맡아 하는 팀

(3) 가상팀(virtual team)

팀구성원들이 시간, 공간 또는 조직의 경계를 초월하여, 주로 전자통신을 통하여 커뮤니케이션 하면서 과업을 수행하는 다기능팀

(4) 다기능팀(multi-functional team) 또는 교차기능팀(cross-functional team)

특수한 일이든지 반복적인 일이든지 직무수행을 위해 각 방면에 소속되어 있던 서로 다른 기능을 가진 사람들이 모여서 팀 작업을 하는 것

8. 효과적인 팀 만들기 : 팀 효과성 모형

Robbins
팀 효과성(team effectiveness)이란 팀 전체의 생산성 내지 구체적 성과, 구성원 만족도 등을 총괄하는 개념

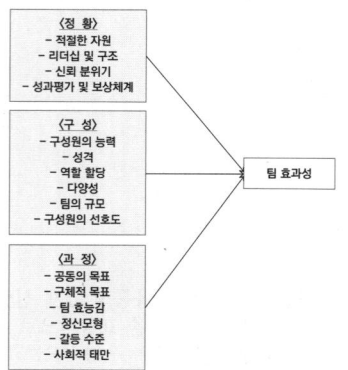

(1) 정황(context) 변수
1) 적절한 자원(resources)

모든 작업팀은 팀을 유지하기 위해 집단 외부의 자원에 의존. 자원의 부족은 직무를 효과적으로 수행하고 목표를 달성하기 위한 팀의 능력을 감소시킴

2) 리더십(leadership) 및 구조(structure)	누가 무슨 일을 할 것인가에 대해 동의하지 못하고, 모든 구성원이 작업량을 나누어 갖도록 할 수 없다면 팀은 제대로 돌아갈 수 없음. 작업의 세부 사항 및 개인의 기술을 통합하는 방법에 관한 합의에 도달하는 데에는 관리자 혹은 팀 구성원 자신의 리더십과 구조가 필요
3) 신뢰(trust) 분위기	팀 구성원 사이의 상호신뢰는 협력을 촉진시키고 서로의 행동을 감시할 필요성을 줄이며 다른 팀원이 자신을 이용하지 않을 것이라는 믿음을 중심으로 팀원들을 결속시킴
4) 성과평가(performance evaluation) 및 보상체계(compensation system)	각 종업원의 개별 기여도를 평가하고 이에 대해 보상할 뿐만 아니라, 경영자는 팀 성과를 반영하기 위하여 전통적인 개인 중심의 평가 및 보상 체계를 수정하고 예외적인 공헌에 대해 개개 구성원을 인정해주는 동시에 긍정적인 결과에 대해 전 집단을 보상해주는 혼합시스템에 초점. 집단 중심의 평가, 이익배분제, 성과배분제, 소집단 인센티브, 기타의 시스템 수정이 팀의 노력과 몰입을 강화
(2) 구성(composition) 변수	
1) 구성원의 능력(ability)	팀 성과의 일부는 개별 구성원의 지식(knowledge), 기술(skill), 능력(ability)에 의존. 과업이 상당한 사고를 수반할 때 대부분 지적인 구성원으로 이루어진 고능력팀은 일을 더 잘하고, 변화하는 상황에 더욱 더 적합하다는 연구결과
2) 성격(personality)	Big 5 Personality model에서 확인된 차원은 팀의 유효성과 관련이 있음. 평균 수준 이상의 성실성과 경험에 대한 개방성
3) 역할 할당(role allocation)	각 팀마다 요구사항이 다르기 때문에 다양한 모든 역할(창조자, 촉진자, 평가자, 조직자, 생산자, 조정자, 유지자, 조언자, 연결자)이 충족되도록 구성원을 선발. 보다 경험이 많고 기술이 있는 구성원을 가진 팀은 더 많은 성과를 보임
4) 다양성(heterogeneity)	서로 다른 경험을 가지고 있는 사람들 사이에는 커뮤니케이션이 보다 어렵고 갈등이 일어날 가능성이 높기 때문에 이직이 많을 것이라는 예측도 있고, 다양한 구성원을 보유한 팀은 다른 관점으로부터의 혜택을 얻을 수 있다는 예측도 있음
5) 팀의 규모(size)	팀의 규모는 과업의 특성에 따라 달라짐. 일반적으로는 2~16명 정도가 효과적 운영을 위한 한계인 것으로 알려져 있음. 얼굴을 마주보며 교류할 수 있는 최대 규모는 12명 정도
6) 구성원의 선호도(employee's taste)	홀로 일하는 것을 더욱 선호하는 사람이 팀 단위로 일할 것을 요구받게 되면 팀의 사기나 개개 구성원의 만족에 직접적인 위협이 될 것. 고성과팀은 집단의 일원으로 일하는 것을 더욱 좋아하는 사람으로 구성되어야 함
(3) 과정(process) 변수	[집단 과정의 효과] 잠재적 집단 효과성 + 과정 이익 − 과정 손실 = 실질적인 집단 효과성 집단 과정은 실질적인 집단효과성에 영향을 미침. 팀은 긍정적 시너지를 생산하며 팀의 과정이익은 과정 손실을 초과함

1) 공동의 목표(common goal) | 효과적인 팀은 팀의 미션을 분석하고, 그 미션을 달성하기 위한 목표를 개발하며, 목표를 달성하기 위한 전략을 수립함으로써 시작. 지속적으로 더 나은 성과를 내는 팀은 뭘 해야 할지 그리고 어떻게 해야 할지에 대한 분명한 의식을 확립

2) 구체적 목표(specific goal) | 구체적인 목표는 명확한 커뮤니케이션을 촉진. 팀으로 하여금 결과를 얻는 데 초점을 맞추도록 도와줌. 개인 목표와 일관성 있게, 팀의 목표 또한 도전할만한 것이어야 함. 계량 목표는 양을 증가시키고, 속도 목표는 속도를 가속화시키며, 정확도 목표는 정확도를 향상시키는 경향(Weldon and Weingart, 1993).

3) 팀 효능감(team efficacy) | 효과적인 팀은 자기 팀에 대한 자신감을 가지고 있으며 성공할 수 있다고 믿음. 성공적인 팀은 미래의 성공에 대한 믿음을 불러일으키고 이는 팀원들에게 동기를 주어 더욱 열심히 일하게 함

4) 정신모형(mental model) | 효과적인 팀은 정확한 정신모형, 즉 팀의 환경 내에서 팀원들이 공유하는 핵심요소의 조직화된 정신적 표현을 공유

5) 갈등 수준(conflict level) | 관계갈등(대인 반목, 긴장상태, 타인에 대한 증오에 기초를 둔 갈등)은 거의 항상 역기능. 그러나 과업갈등(팀이 비일상적 활동을 수행할 때 과업 내용에 관한 팀원 간의 의견 불일치)은 토론을 유발하고 문제 및 선택 사항에 대한 비판적 평가를 촉진하며, 보다 좋은 팀 결정을 이끌 수 있음

6) 사회적 태만(social loafing) | 효과적인 팀은 팀원 모두가 그 팀의 목적, 목표, 접근방법에 대해 개인 및 공동의 책임을 갖게 함으로써 이러한 경향을 막을 수 있음

Ⅶ. 집단행동에 따른 결과변수 : 집단의 유효성

유효성(효과성)이란 목표달성정도라고 표현할 수 있음(Cameron & Whetten, 1983). 유효성은 주체의 관심대상에 따라 다양한 의미를 지니고 있음. 일반적으로 유효성은 구성원 측면과 조직 혹은 집단 전체 측면으로 나누어 분석할 수 있는데, 구성원 측면에서는 만족성을, 조직 전체 측면에서는 직접적인 성과를 강조하는 효율성과 환경에 대한 적응을 강조하는 혁신성으로 설정(최종태, 1999)

유효성 측면		중심 변수	세부적인 지표
구성원 측면		만족	조직몰입, 직무만족, 사기
		갈등	조직 내 갈등
조직 혹은 집단 측면	효율성	질적 성과	작업의 질, 고객의 평가
		양적 성과	작업의 양, 비용절약도
	혁신성	기술 개발	이상 방지, 이탈의 원인 제거, 연구개발, 문제해결 능력, 제안 건수

제 3 장 갈등(conflict), 협상(negotiation)

I. Intro

II. 갈등(conflict)의 개념, 특징 및 유형

1. 갈등(conflict)의 개념

조직에는 크고 작은 갈등들이 항상 발생. 갈등의 발생원인은 매우 다양. 조직에서 갈등을 피하기는 매우 어려움

'칡'을 의미하는 한자어 '갈(葛)'과 '등나무'를 의미하는 '등(藤)'. 칡은 오른쪽으로 감지만 등나무는 왼쪽으로 감는데, 이들이 서로 얽히면 풀기 어려움. 리터러(J. Litterer) "갈등이란 어떤 개인이나 집단이 다른 사람이나 집단과의 상호작용이나 활동으로 상대적 손실을 지각한 결과 대립·다툼·적대감이 발생하는 행동의 한 형태"

2. 조직에서 발생하는 갈등의 특징

과정, 지각, 적대적 감정 존재

3. 갈등에 대한 관점의 변화

(1) 전통적 관점(traditional perspective) : 갈등 해악설 (~1940년대 중반)

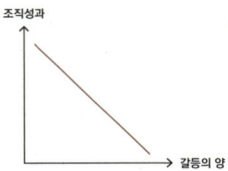

(2) 행동과학적 관점(behavioral sciences perspective) : 갈등 불가피설(1940년대 중반~1970년대 중반)

(3) 상호작용적 관점(interactionist perspective) : 갈등 촉진설(1970년대 중반~)

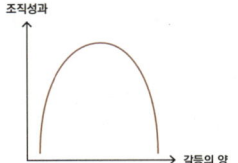

전통적 관점 : 갈등 해악설	현대적 관점 : 갈등 촉진설
• 갈등은 제거되어야 한다. 이것은 집단 활동을 방해하고, 실제로 높은 업적달성을 방해한다.	• 갈등은 실제로 조직의 업적달성을 증대시킬 수 있다. 이것은 최선의 결과를 얻도록 관리되어야 한다. 어떻게 관리되는가에 따라 그것은 조직업적에 공헌할 수도 있고 그렇지 못할 수도 있다.
• 최선의 조직에는 갈등이 없다.	• 최선의 조직에는 어느 정도 알맞은 수준의 갈등이 있어서 이것을 높은 업적달성을 위해 사람들을 자극하고 동기를 부여한다.
• 갈등은 피할 수 있다.	• 갈등은 조직 생명의 통합적인 한 부분이다.
• 갈등은 신뢰의 부족, 직무역할의 불명확성 또는 커뮤니케이션 오류 등 관리 활동의 잘못에서 연유된다.	• 갈등은 서로 다른 조직구조, 보상, 목표 및 가치관에서 연유된다. 이는 또한 사람내부에 있는 자연적인 공격성에서 연유될 수도 있다.
• 갈등은 높은 스트레스, 사람들 간의 적대행위 및 사보타지 등을 유발하므로 본질적으로 나쁜 것이다.	• 갈등은 사람들로 하여금 문제를 해결하도록 촉진하므로 좋은 것이다.

정리: 모든 조직은 갈등을 피할 수 없으나, 갈등 발생했을 때 최대한 순기능적으로 관리 노력하는 것이 바람직

4. 갈등의 유형

(1) 갈등 대상에 따른 분류

1) 과업 관련 갈등

직무를 수행하는 중 일과 관련된 갈등, 즉 업무량 과다, 업무목표 수준의 비현실성, 직무 간 불명확 등

2) 인간관계 관련 갈등

동료들과 작업을 할 때 서로 성격이 안 맞아서 나타나는 갈등, 상사의 리더십이 너무 고압적이라 나타나는 갈등, 동료 중 한 명이 너무 잘난 체 하고 상대방을 무시할 때 나타나는 갈등

3) 조직의 제도 관련 갈등

새로 도입한 연봉제에 대한 조직구성원의 수용성 문제로 나타나는 갈등, 조직개편으로 자신이 불이익을 겪을 때 나타나는 갈등 등

(2) 갈등 주체에 따른 분류(stoner, 1978)

1) 개인 내부 갈등(intra-individual conflict) : 심리학의 초점	배는 고픈데 먹을 음식이 없을 때 나타나는 갈등(욕구좌절), 주어진 직무들이 서로 장단점이 다를 경우 어느 하나를 선택할 수밖에 없을 때 나타나는 갈등
2) 개인 간 갈등(inter-personal conflict) : 경영조직의 초점	상사의 비인간적 리더십 행사에 따른 갈등, 동료 간 의견 충돌로 일어나는 갈등
3) 집단 간 갈등(inter-group conflict) : 경영조직의 초점	부서 간의 갈등을 말하는데 대표적인 것이 생산부서와 영업부서 간의 갈등, 라인(line : 현장부서)과 스탭(staff : 지원부서) 간 갈등 그리고 부서에서 인력 충원과 관련하여 인사부서와 타 부서와의 갈등
4) 조직 간 갈등(inter-organizational conflict) : 사회학의 초점	회사와 노동조합 간의 단체교섭으로 인한 갈등, 경쟁회사와의 갈등 그리고 조직과 협력회사(하청회사) 간의 갈등

(3) 갈등의 표출 유무에 따른 분류

1) 드러난 갈등(overt conflict)	갈등 당사자가 갈등 상황을 그대로 표출하는 것
2) 드러나지 않은 갈등(covert conflict)	갈등 당사자가 어떤 일에 대해 상대방에게 갈등을 느끼고 있지만 내색하지 않는 경우

(4) 목표달성 도움 유무에 따른 분류

1) 기능적 갈등(C-type conflict : Cognitive conflict 인지적 갈등)	조직의 목표달성에 도움이 되고 조직성과를 높이는 데 큰 기여를 하는 건설적인 갈등 형태. 특정 사안과 관련된 관점의 차이 또는 의견차를 의미
2) 역기능적 갈등(A-type conflict : Affective conflict 감정적 갈등)	조직의 성과를 저해하는 불필요한 갈등의 형태. 이는 마찰, 긴장, 적대감 등의 부정적 갈등을 포함

(5) 심리적 갈등에 따른 분류

1) 접근-접근 갈등(approach-approach conflict)	둘 이상의 대상이나 목표가 개인에게 매력적 혹은 긍정적인 결과를 가져다 줄 때 느끼는 갈등. 목표들이 상호 배타적(mutually exclusive)일 때 발생
2) 접근-회피 갈등(approach-avoidance conflict)	하나의 대상이나 목표가 긍정적, 부정적 속성을 동시에 가지고 있어서 한편으로는 매력적이기도 하고 한편으로는 회피하고 싶을 때 느끼는 갈등
3) 회피-회피 갈등(avoidance-avoidance conflict)	부정적 속성들만을 가지고 있는 대상 중에서 어느 한 쪽을 선택해야만 하는 상황에서 겪게 되는 갈등. 목표가 상호 배타적인 경우
4) 다원적 접근-회피 갈등(multiple approach-avoidance conflict)	긍정적, 부정적 속성을 동시에 지닌 여러 대상이나 목표들 중에서 무엇인가 선택해야 할 상황에서 느끼는 갈등

III. 갈등의 원인과 과정 및 결과

1. 갈등의 원인

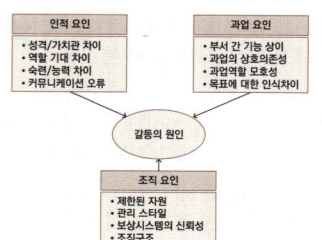

(1) 인적 요인(human factor)	
1) 성격 및 가치관의 차이	자기가 몸담고 있는 조직에 대해서 구성원들이 가지고 있는 상이한 가치관 역시 갈등을 일으킴. 어떤 사람은 조직을 돈을 버는 수단으로 생각하는 반면에 어떤 사람은 자신의 꿈이 실현될 수 있는 곳으로 생각
2) 역할 기대의 차이	라인부서는 스탭부서를 자신이 필요로 하는 정보와 서비스를 제공하는 부서, 즉 자기를 보조하는 부서로 생각하지만 스탭부서는 자신들만의 전문성을 가지고 이를 통해 라인부서를 지휘하는 것으로 생각
3) 숙련과 능력의 차이	공동으로 어떤 일을 수행할 경우 능력이 높은 자는 능력이 낮은 자에 대해 불만을 가지게 됨. 왜냐하면 그로 인해 일의 진행에 차질을 빚기 때문
4) 적절하지 못한 커뮤니케이션	메시지 구성이 잘못되었거나 적절하지 못한 매체를 사용한 경우 메시지 해석상에 어려움이 따르고 이것이 갈등을 유발. 커뮤니케이션에서 피드백도 그 방법이 적절치 못할 경우. 일상적 조직생활에서 상대방에게 상처를 주는 언행
(2) 과업 요인(task factor)	
1) 부서 간 기능 차이	부서의 기능이 상이하면 조직의 목표달성을 위한 업무의 우선순위가 다를 수 있음
2) 과업의 상호의존성(interdependence)	상호의존성은 목표를 달성하는 데 있어서 집단 간에 서로 협조하거나 정보의 제공, 동조 또는 협력하는 관계. 여러 사람이 어떤 프로젝트를 공동으로 해야 하는 경우 갈등의 발생가능성이 높음
3) 과업의 역할 및 권한 모호성(ambiguity)	① 과업이 수행되는데 누가 무슨 일을 해야 하는지 명확하게 설정되거나 제시되어 있지 않은 경우, 특정한 일은 서로 미루게 되는데 나중에 이 일에 문제가 생기게 되면 서로 책임을 미루게 됨 ② 부서 간의 권한 문제가 생기는 경우 역시 갈등이 발생(영역 싸움)
4) 목표에 대한 인식의 차이	개별 부서가 추구하는 목표가 상이할 경우 갈등이 발생. 예 : 영업팀장은 해당 기간에 매출을 얼마나 올렸느냐를 기준으로 보너스가 결정되기 때문에 고객의 만족을 극대화시키기 위해 구입한 제품이 소량일지라도 그때그때 신속하게 배송되기 원하는 반면에 배송팀장의 보너스 결정기준은 배송비를 얼마나 감소시켰느냐에 달려 있음
(3) 조직 요인(organizational factor)	
1) 제한된 자원(resource scarcity)	자원은 크게 보면 인적, 물적, 재무적 그리고 기술적 자원. 조직은 이러한 자원을 필요한 만큼 항상 확보하고 있지 못함. 해당 부서에서는 필요한 자원을 제때에 공급받아야 부서의 목표를 차질 없이 달성할 수 있는데 그렇지 못할 경우 갈등에 빠짐
2) 관리 스타일	조직에서 구성원을 통제하는 제 방법을 관리 스타일이라고 하는데 대표적인 것이 리더십. 상사가 과업 관련 정보를 독점하고 부하에게 업무를 시키면 부하는 부족한 정보 하에서 일을 성공적으로 수행하기가 어려움

3) 보상시스템의 신뢰성

임금과 승진제도. 기업이 새로운 연봉 제도를 도입했을 때 평가의 공정성이 확보되지 않으면 부하는 열심히 일하기보다 상사(평가자)의 비위를 맞추는데 더 신경을 쓸 것. 승진 원칙이 확립되어 있지 않으면 구성원은 자신이 승진에 실패했을 때 이를 승복하지 않음 갈등에 빠지게 됨

4) 조직구조상의 문제

조직구조는 일의 복잡성, 업무처리의 표준화 그리고 권한의 집중 정도로 구성. 조직구조가 잘못 설계되었을 때 갈등이 발생

2. 갈등 과정(conflict process)

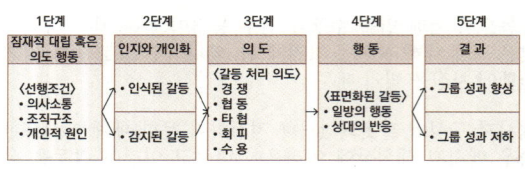

갈등 과정은 조직에 영향을 미칠 때까지 일련의 단계를 거치는데, 다음과 같이 다섯 단계로 설명할 수 있음. Pondy(1967)의 갈등국면의 분류는 갈등 연구의 효시라고 할 수 있음. Pondy는 갈등이 전개되는 과정을 i) 잠재된 갈등(latent conflict), ii) 인지된 갈등(perceived conflict), iii) 감지된 갈등(felt conflict), iv) 표면화된 갈등 (manifest conflict), v) 갈등 여파(conflict aftermath)로 나눔. Pondy의 갈등 연구를 기반으로 발전된 형태의 갈등 과정은 다음과 같은 5단계로 제시

(1) 1단계 : 잠재적 대립(latent opposition) 혹은 의도 행동 (선행 조건)

갈등이 표면화되려면 ① 의사소통, ② 조직구조, ③ 개인적 원인 상황 필요

(2) 2단계 : 인지(perception)와 개인화(personalization)

갈등에서 '인지'는 필수조건, 인지된 갈등에서 감지된 갈등의 수준에 이를 때 감정 적용

(3) 3단계 : 의도(intention) – Thomas, Kilmann 및 Rahim

① 의도는 어떤 방향으로 행동하고자 하는 의사결정
② Thomas, Kilmann, Rahim은 '의도'에 따른 갈등관리 유형 구분
③ One best way ×

[갈등 처리 의도]
(=갈등 관리 방식, 갈등 관리 기법, 갈등 처리 모형)

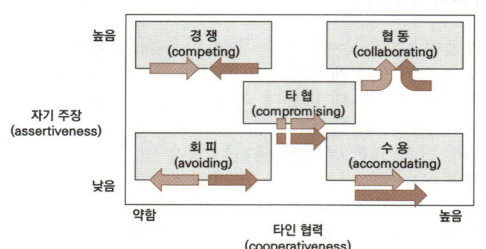

1) 경쟁(competing) : 어떤 사람이 상대방의 입장은 전혀 고려하지 않고 자기 자신의 이익을 만족시키려고 하는 경우. Win-Lose(일방승리)

◆ 경쟁이 적합한 상황
• 신속하고 결단력 있는 행동이 필수적일 때(예 : 긴급 상황)
• 비일상적인 조치가 필요한 중요한 이슈가 있을 때(예 : 비용 삭감 등 비일상적인 규칙이나 규율을 강행해야 할 때)
• 회사의 안정에 치명적인 이슈에 대해 당신의 조치가 옳다는 것을 분명히 알고 있을 때
• 비경쟁적인 행동을 이용하려고 하는 사람에 대항할 때

〈장점〉 신속한 의사결정을 도모할 수 있고, 모든 것을 얻을 수 있으며, 흥미진진하고 교묘한 수법을 사용해도 무방하고, 권력감을 향유할 수 있다는 것

〈단점〉 종종 상대방의 분노와 원망을 초래하고, 모든 것을 잃을 수 있으며, 다른 사람과 멀어질 수 있고, 함께 일하는 사람들이 위축될 수 있으며, 미래에 더 큰 갈등의 잠재성이 존재한다는 것

2) 협동(collaborating) : 갈등 당사자가 상대방의 관심사를 만족시키기 원하는 상황에서, 서로의 관심과 이해관계를 정확히 파악하여 문제해결을 위한 통합적 대안을 도출해 내는 것. Win-Win

◆ 협력이 적합한 상황
- 서로의 바람들이 너무 중요하여 타협으로는 만족할 수 없을 때, 통합적인 해결안을 찾기 위해
- 목표 자체가 배우고자 하는 것일 때
- 다른 관점을 가진 사람들이 통찰한 내용을 통합하기 위해
- 당사자들의 바람을 일치시킴으로써 몰입을 유도하기 위해
- 관계가 훼손되었던 느낌을 정리하고 일하도록 하기 위해서

〈장점〉 단편적 측면에서 문제를 다루기보다는 총체적으로 문제들을 다루기 때문에 장기적으로 더 좋은 기회가 주어질 수 있고, 모두가 승자가 될 수 있으며, 문제해결에 창의성이 발휘될 수 있고, 관계가 유지된다는 점. 상황에 대한 새로운 시각을 펼칠 수 있으며, 몰입과 해결의 질이 향상

〈단점〉으로는 단기적 측면에서는 시간이 매우 오래 걸리고, 자율성이 줄어든다는 점

3) 타협(compromising) : 갈등 당사자들이 서로 뭔가를 조금씩 양보하려고 하는 것으로, 자신과 타인의 공통된 관심 분야를 서로 주고받는 것. 서로의 입장을 양보하고 외부나 제3자의 개입, 협상 또는 표결의 방법을 동원

◆ 타협이 적합한 상황
- 목표가 중요하나 노력할 만큼 가치가 있지 않거나, 강력한 주장으로 인해 발생할 수 있는 분열과 혼란만큼 가치 있는 것은 아닐 때
- 힘이 대등한 상대가 우리와 동일 목표에 몰입되어 있을 때
- 복잡한 이슈들을 일시적으로 타결해야 할 때
- 시간적 압박으로 인해 임시방편으로라도 해결안을 도출해야 할 때
- 협동과 경쟁방법 모두가 성공적이지 못할 때

〈장점〉 모두에게 조금씩 혜택이 갈 수 있고, 평화유지가 가능하며, 창의적 문제해결가능성이 어느 정도 존재, 쌍방이 다른 목표를 갖고 있거나 비슷한 힘을 갖고 있을 때 민주적 방법으로 절충이 가능하다는 것

〈단점〉 잦은 타협은 오히려 우유부단하다는 평가를 낳기도 하고, 어느 쪽도 완전하게 만족하지 않기 때문에 나중에 다시 갈등이 발현될 소지가 존재하며, 독자적으로 결정했다는 의식이 줄어들 수 있고, 때로는 문제해결의 창조적인 방안을 도출하는 데 방해가 될 수 있다는 점

4) 회피(avoiding) : 직면한 문제 및 갈등으로부터 철회하거나 억누르려고 하는 것

◆ 회피가 적합한 상황
- 이슈가 사소하거나, 보다 중요한 다른 이슈가 압박하고 있을 때
- 당신의 바람을 만족시킬 기회가 전혀 없다고 지각될 때
- 잠재적인 혼란의 비중이 해결을 통해 얻는 이익보다 클 때
- 사람들을 가라앉히고, 바른 시각을 되찾도록 하고자 할 때
- 즉각적인 의사결정보다 정보를 수집하는 것이 낫다고 판단될 때
- 다른 사람들이 갈등을 보다 효과적으로 해결할 수 있을 때
- 다른 이슈와 접하고 있거나, 다른 이슈를 유발할 징조로 보일 때

〈장점〉 에너지와 시간을 적게 쓸 수 있고, 보다 중요한 싸움을 위한 힘의 비축이 가능해지며, 문제가 사소한 것이거나 피하는 것이 오히려 이익이 될 경우에 적합한 대안이 될 수 있고, 어려운 문제를 접했을 때도 활용할 수는 있음

〈단점〉 다른 사람의 욕구를 제대로 이해하지 못하고, 창조적인 문제해결방안이 전혀 제시되지 않으며, 작업환경 및 여건에 대한 이해도 불완전하고, 매우 중요한 문제마저 회피해 버릴 가능성

5) 수용(Accomodating) : 한 당사자가 상대방의 관심사를 자신의 관심사보다 우선시하려고 하는 것으로, 타인의 관심부분(이해, 이익)을 충족시켜 주기 위해서 자신의 관심부분을 양보(또는 포기)하는 것. 온화형

◆ 수용이 적합한 상황
- 당신이 틀렸다는 것을 알았을 때
- 이슈가 당신보다는 상대방에게 중요할 때
- 나중에 발생할 이슈를 대비해 사회적 신뢰를 구축
- 힘이 부족하여 손해를 보고 있을 때, 손해를 최소화
- 조화와 안정이 특별히 중요할 때
- 실수를 통해 배우도록 함으로써 부하직원을 개발하기 위해

〈장점〉 소란과 싸움이 거의 없고, 동요되지도 않으며, 상대가 자신을 지지자로 인식하게 할 수 있고, 다른 일을 할 때 경계가 줄어듦. 또한 배려를 해준 후 무엇인가를 보답받을 수 있을 때에는 매우 적절, 협동 가능

〈단점〉으로 자기 주장과 자부심이 감소하고 권력 상실감을 느낄 수 있으며, 추종자들의 신뢰가 감소. 또한 창의적 문제해결 기회를 상실할 수 있고 복잡하거나 악화된 문제에 있어서는 부적합, 중요한 문제를 소홀히 다룰 가능성이 있기 때문에 일시적인 대안이라 할 수 있음

(4) 4단계 : 행동(behavior)

[갈등 정도에 따른 행동변화]

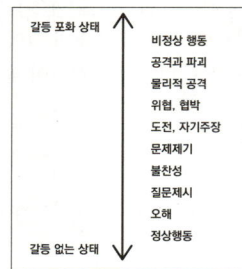

의도 실행하기 위해 갈등행동 표출(표면화)

(5) 결과 : 기능적 결과(fucntional result)와 역기능적 결과 (dysfunctional result)

3. 갈등의 결과

(1) 갈등의 순기능과 역기능

1) 갈등의 순기능
2) 갈등의 역기능

순 기 능	역 기 능
① 문제해결 활동 증가 ② 창의적 아이디어 증가 ③ 도전적 분위기 증가 ④ 변화에 대한 인식 증가 ⑤ 목표달성을 위한 실천 행동 증가	① 혼란과 분열로 인한 조직 에너지 분산 ② 심리적 안정감 위협 ③ 집단응집력 훼손 ④ 적대감과 공격적 행동 증가 ⑤ 목표의식 결여

◆ 참고 : 역기능적 결과로서 〈집단 내 변화〉와 〈집단 간 변화〉

집단 내 변화	집단 간 변화
- 응집력 저하 - 독재자 출현 - 과업중심적 활동력 증가 - 집단규범 강조로 인한 충성심 증가	- 집단의식의 지나친 강조로 협동 저해 - 타 집단에 대한 부정적 편견 - 커뮤니케이션 단절 - 상대 집단 감시

① 집단 내의 변화

i) 집단 간에 발생하는 경쟁이나 갈등 그리고 위협은 계급을 구분하여 집단에 대한 충성심을 떨어뜨리고 응집력 저하를 낳음
ii) 전제적(autocratic)이고 독재적인 리더를 출현시키는 경우가 많음(외부로부터의 위협 방어)
iii) 갈등을 겪고 있는 집단은 보다 적극적으로 행동하고자 하기 때문에 과업 중심적인 행동력 증가, 책임할당 분명, 개인의 노력은 감독되고 통제됨, 조직구조 경직화
iv) 집단규범 강조. 집단목표는 개인의 목표보다 우위에 서며 타 집단과 관계를 맺는 것은 규범을 위반하는 것으로 받아들여짐. 통일성(unity)이 강조되면서, 조직은 구성원의 일탈적인 행동을 허용하지 않고 조직 내부 구성원 간 단결을 요구

② 집단 간의 변화 - 상대방 집단의 공격에 대한 방어 메커니즘(defense mechanism)이 작동

i) 갈등의 상황에서 집단의 구성원들은 지나친 집단의식으로 인하여 왜곡된 인식을 갖게 됨
ii) 갈등이 고조되고 집단의식이 강조될수록 타 집단에 대한 부정적인 편견은 커짐
iii) 집단 간의 갈등이 심해질수록 집단 간 커뮤니케이션의 기회는 점점 줄어들게 됨
iv) 상대 집단의 활동을 엄격하게 감시

4. 갈등과 성과 : 갈등의 양에 따른 역 U자의 곡선관계

[갈등의 양과 성과 간의 관계]

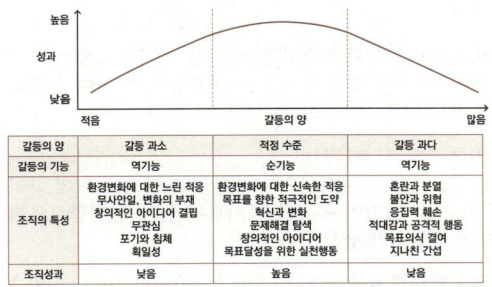

집단갈등은 원인과 관리방법에 따라 조직성과에 긍정적 또는 부정적 영향을 미침. 갈등의 정도가 너무 낮은 경우에 높은 수준의 조직성과를 기대하기는 어렵고, 오히려 조직의 생존 자체가 위협받기도 함. 또한 갈등의 정도가 너무 높은 경우에는 조직 내 혼란이 야기될 수 있기 때문에 이 역시 조직에 부정적인 결과를 가져옴

(1) 갈등의 양 과다 : 역기능, 집단 성과 낮음

갈등의 양이 너무 많을 경우 조직이나 집단은 혼란에 빠지고 구성원들은 서로 분열하며, 적대감을 보이고 경우에 따라서는 서로를 위협하며 심지어는 공격적 행동을 하기도 함. 응집력 감소

(2) 갈등의 양 과소 : 역기능, 집단 성과 낮음

조직이나 집단에서의 갈등 양이 너무 낮은 경우, 즉 구성원들은 딱히 관심을 끄는 이슈 없이 한가롭게 지내다 보면 새로운 일이 발생하였을 때 이에 대한 대처 능력이 떨어짐. 새로운 문제없이 지내다 보면 사고가 다양하지 못하고 획일적이 되며 무사안일에 빠짐

(3) 갈등의 양 적정 수준 : 순기능, 집단 성과 높음

갈등의 양이 적정 수준일 경우, 집단은 문제가 발생했을 때 이를 해결하기 위한 활동이 보다 왕성해지고 창의적인 아이디어도 많이 나오며, 집단 분위기는 도전적이 되어 활기. 문제해결을 위해 변화에 보다 적극적이 되고 공동의 목표를 달성하기 위해 보다 많은 노력을 보여줌

IV. 갈등의 관리

1. 개 요

[갈등의 양에 따른 갈등 관리 전략 성과 간의 관계]

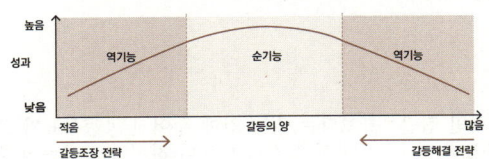

조직에서 갈등을 관리하는 이유는 바로 성과를 높이기 위해서임. 갈등관리의 기본방향은 갈등의 순기능을 극대화하고 역기능을 최소화하는 것. 그림에서 나타난 바와 같이 갈등관리의 목표는 갈등이 순기능을 할 수 있도록 유지하는 것

2. 갈등조장 전략 : 기능적인 갈등(C-type 갈등) 유도 전략(의도적인 자극)

Catfish effect

(1) 조직구조의 변화

집단 간의 기능적 갈등을 유발하는 계기가 되기도 함. 예 : 기업의 여러 부서들 중에서 몇몇 부서를 통합한다고 할 때 이를 계기로 부서 간의 갈등을 해소할 수도 있지만 통합된 부서 내의 구성원들은 서로 경쟁적인 자세를 보이게 됨

(2) 인사제도의 변화

조직이 구성원에 대한 보상 기준으로 연공서열을 적용해 왔던 경우에 이를 성과를 기준으로 하는 연봉제로 바꿈으로써 구성원들 간의 경쟁을 유도. 영업직 사원에게는 과거에 기본급과 성과급을 병행해 왔던 데에서 기본급 비율을 현저히 낮춤. 이러한 인사제도의 변화는 교육훈련 및 승진제도에도 적용할 수 있음

(3) 의사결정 방법의 변화 : 악마의 옹호자(devil's advocacy) 기법	조직에서 개인의 의사결정 사안을 공동으로 하게 할 경우 갈등이 발생. 조직 안에 항상 비판 역할을 맡는 사람을 두면 구성원들이 비판받지 않기 위해 정당하고 모범적인 행동을 하게 유도
(4) 반대 제안법(dialectic method) (=변증법)	그리스 플라톤학파가 진리를 발견해 나가는 방법으로 제안한 것, 조직에서 항상 반대되는 제안을 하게 하여 본래의 제안이 가진 단점 등을 보안하는 것
(5) 목표의 상향 조정	대개 조직은 목표관리법(management by objectives)을 도입하고 있는데 구성원의 보상은 목표달성 정도에 따라 결정. 이 경우 조직이 목표를 과거보다 높게 설정함으로써 구성원을 긴장하게 만드는 것
(6) 관리 스타일의 변화	조직의 관리방법은 크게 엄격한 통제(tight control)와 느슨한 통제(loose control)로 구분할 수 있는데 과거 해왔던 느슨한 통제 스타일에서 엄격한 통제 스타일로 바꾸는 것
(7) 혁신 요구의 강화	조직은 구성원들에게 지속적인 혁신을 요구. 예 : 제품혁신, 시장점유율 증가, 고객에 대한 추가 정보획득 등을 요구함으로써 구성원이 매너리즘에 빠지는 것을 방지
(8) 외부 인력의 영입	조직 밖의 인력을 조직 내로 영입함으로써 비능률적인 조직의 분위기를 자극하는 방법. 조직 내의 구성원과는 다른 배경 속에서 생활을 했거나 다른 가치관, 다른 태도를 가진 외부 인력을 고용하거나 불러들임으로써 기존의 조직구성원들에게 자극을 주는 것
(9) 의도적인 자극을 통하여 조직 내 경쟁 유발	성과에 따라 보상을 해준다면 개인 간에는 보다 많은 보상을 받기 위한 경쟁이 발생하게 됨. 이러한 경쟁의 출현은 기능적인 갈등을 만들어내어 조직 전반에 걸쳐 성과의 수준을 한층 높여줄 수 있음
(10) 전략적 커뮤니케이션(strategic communication)	경영자들은 의사소통의 내용이나 의사소통경로를 적절하게 활용함으로써 갈등을 촉진. 내용이 모호하거나 위협적일 때 갈등을 촉진

3. 갈등 축소 전략 : 역기능적 갈등(A-type 갈등) 축소 전략
(1) 집단갈등 축소 방안

1) 공동목표(초월적 목표) 설정(superordinate goals setting)	단독적인 집단목표보다는 집단 간에 주어진 공동목표가 보다 중요한 경우, 집단 간에 갈등이 있다 하더라도 공동의 초월적 목표를 위해 서로 의논하고 교류하게 됨으로써 갈등이 해소
2) 자원의 확충	많은 경우 갈등은 자원의 부족 때문에 발생. 지위, 공간, 보상, 인력 등. 조직 내에서 한 집단에 대한 자원분배는 다른 집단의 손실이 대가로 이루어지기 때문에 갈등이 빚어짐
3) 조직구조 개편(altering the structural variables)	조직구조란 조직을 구성하고 있는 관련 집단들 간의 공식적 관계를 의미. 집단 간 갈등을 관리할 조정자(coordinator)를 둔다거나 집단구성원들 간의 자리 이동을 통하여 지나친 집단의 응집력을 방지하는 등의 방법
4) 공동관심사의 강조	갈등을 겪고 있는 집단 간의 차이점은 무시하고 공동관심사를 강조함으로써 공동의 목표를 함께 달성할 수 있는 계기를 만듦. 구동존이(求同存異) : '차이는 남겨두고 공통점을 추구'하다 보면 갈등해결의 길이 보인다는 것

5) 공동의 적 만들기(identifyng a common enemy)	집단 간의 갈등이 존재할지라도 그 집단들이 속해 있는 조직이 아닌 타 조직으로부터의 간섭이나 압력 등의 위협에 대해 공통된 경계심 또는 적개심을 가지게 되는 경우. 즉, 공동의 적을 만들어 주면 갈등이 해결될 가능성이 높아짐
6) 제도의 명확화	갈등 이슈 중 개인 간 혹은 집단 간에 권한 및 책임의 경계가 불명확하여 영역 다툼과 같은 갈등이 발생하는 경우
7) 조직 내 인적 교류의 확대	집단 내 업무의 상호의존성으로 인해 나타나는 개인 간 갈등이나 조직 내 부서 간의 마찰이 발생하는 경우 인적 교류를 통해 갈등을 줄일 수 있음
8) 직접 대면(confrontation)	갈등을 겪고 있는 집단을 직접적으로 대면시킴으로써 서로의 입장을 밝히고 갈등의 원인을 규명하여 갈등을 해소하고자 하는 것. 서로 관련된 정보를 교환하고 의견차이의 폭을 줄일 수 있음
9) 갈등의 회피	때로는 단기적인 갈등해소의 전략으로서 갈등을 회피하는 방법도 효과적. 상황에 따라서는 일시적이나마 갈등을 회피하는 것이 서로 간의 적대감을 식히고 갈등의 심화를 피하는 방안이 되기도 함
10) 권력을 이용한 갈등해결	상급자가 권한을 사용하여 집단갈등을 해결하는 방법은 가장 오래되고 흔히 쓰이는 방법. 보통 하위 집단들은 갈등해소를 목적으로 하는 위로부터의 힘의 사용에 복종
11) 행동변화 유도	집단구성원들의 행위나 태도에 변화를 줌으로써 갈등을 해소하고자 하는 방법. 다른 갈등관리 방법들보다 전개되는 속도는 매우 느리지만 장기적인 안목에서 볼 때에는 가장 확실한 갈등관리 방안
12) 협상(negotiation)	우선 어떤 문제를 어떤 절차로 협상할 것인지를 쌍방 간에 명백히. 각 측의 대표들은 정해진 절차 안에서 타협을 시도. 쌍방이 비슷한 수준의 힘을 갖고 있는 경우 바람직
(2) 갈등 당사자 간 갈등해결	Thomas, Kilmann, Rahim
4. 갈등의 수직적 조정(vertical coordination) 방안	수직적 조정, 조직계층의 상하관계를 통해서 이루어지는 부문 간 혹은 개인 간 조정
(1) 조정기구(coordination bodies)의 설치	① 상임위원회(standing committee)는 반영구적인 집단으로 상호 의존적인 각 집단을 대표하는 사람들이나 혹은 이들 집단과는 직접적인 관련이 없는 제3자들로 구성. 이 상임위원회는 각 집단들의 상위부문으로서 기능하여 이들 집단 간에 발생하는 갈등을 비롯한 다양한 문제들을 해결 ② 조정실은 갈등집단 간의 차이를 경감시켜 주고 그들의 활동을 통합시켜 주는 역할을 하는 상위의 관리집단
(2) 통합관리자(integrating manager)의 도입	상호 의존적인 집단의 상위직위에 있는 관리자로서 이들 집단에 대해 공식적 권한을 가지고 명령을 내릴 수 있는 사람
(3) 계획(planning)에 의한 조정	사전에 치밀한 절차를 수립해 놓아 실제 작업과정에서 발생할 수 있는 갈등을 미연에 방지하고자 하는 것. 계획에 의한 조정은 특히 연속적 상호의존성의 관계에 있는 두 집단 간의 의존성을 해소하는 데 효과적인 기법

(4) 여유자원(slack resources)의 조성	여유자원이란 어느 한 집단이 자원의 통제를 통해 다른 집단의 행동에 영향을 미칠 수 있는 능력을 줄이는 일종의 완충장치(buffer)
(5) 무관심(non attention)과 물리적 분리(physical separation)	① 무관심은 경영자가 갈등상황을 전적으로 회피하거나 무시하는 방법 ② 물리적 분리는 갈등당사자들을 서로 떼어놓는 방법
5. 갈등의 수평적 조정(horizontal coordination) 방안	동일계층의 조직구성원 및 부서들 간 조정
(1) 협상(negotiation) 전략의 활용	협상이란 결정대안들에 대해 서로 다른 선호 체계를 가진 상호 의존적인 당사자들 간의 의사결정과정. 협상은 다른 소송이나 중재 등과 같은 갈등해결방법보다는 그 비용이 상대적으로 적게 든다는 점과 양 협상당사자들 모두에게 이익이 되는 방향에서 타결이 가능하다는 점에 그 장점
(2) 작업흐름(work flow)의 재편성	일의 흐름에 따라 작업순서를 바꾸거나 몇 가지 상호의존적인 단위작업을 하나의 부서로 통합하는 것
(3) 상호인사의 교류	갈등을 빚는 양 부서 사람들의 상호교류를 통해서도 갈등을 해결할 수 있음. 갈등을 빚고 있는 집단 간에 구성원을 교류시킴으로써 서로의 업무와 그 수행방식에 대한 이해를 높일 수 있음. 이후 교류된 구성원들이 원래 집단으로 돌아가면 이 양 집단 간에는 갈등을 해결하기 위한 기반이 조성
(4) 연결직위(liaison position)의 부여	연결직위란 상호의존적인 두 집단의 가운데서 이 두 집단의 커뮤니케이션을 증진시키는 연결역할(liaison role)을 수행하기 위해서 조직구성원 중 한 사람에게 부여한 직위. 연결직위에 있는 조직구성원은 두 집단 간의 커뮤니케이션이 직접적이고 자유롭게 이루어지도록 감독
(5) 집단 리더에 의한 상호작용의 촉진	양 집단의 리더들을 모이게 해서 상대방의 입장을 듣게 할 필요
(6) 정보기술의 활용	컴퓨터 네트워크를 구성하여 상호 의존적인 집단들이 실시간(real time)으로 정보를 주고받음으로써 집단 간에 오해가 심화되지 않도록

V. 협상(negotiation)

1. 협상(negotiation)의 개념	서로 상이한 이해와 관심을 갖고 있는 둘 또는 그 이상의 당사자들이 합의에 이르기 위해 노력해가는 과정. 협상(negotiation)과 교섭(bargaining)은 서로 바꾸어 사용하기도 함
2. 협상의 중요성	① 우리가 사는 세상은 거대한 협상의 장(場) ② 오늘날 경제가 개방화되고 기업들의 세계화, 국제화가 진전됨에 따라 협상에 따른 결과의 중요성도 그만큼 커졌음에도 불구하고 국내에서의 협상기술에 대한 연구나 논의는 매우 일천한 수준 ③ 세상에는 뛰어난 능력을 가진 사람들이 성공하지만, 뛰어난 협상력을 가진 사람들이 성공하는 경우도 많음
3. 협상의 전제상황	① 서로 맞대고 있는 두 주체가 있음 ② 이해관계가 상충됨 ③ 두 주체가 싸움보다는 타협이 유리하다고 생각 ④ 타협의 결과로 인하여 두 주체의 입장이 달라짐 ⑤ 현 상태에서 두 주체가 상호 의존관계에 있기 때문에 관계를 무작정 끊을 수 없음

4. 협상의 장·단점

(1) 장 점

① 협상의 결과로 원하는 것을 얻든가 갈등이 해결되기도 하고 서로를 알 수 있는 기회를 갖게 되기도 함, ② 인간관계의 긴장(tension)을 해소하는 방법

(2) 단 점

① 협상당사자들이 서로 신뢰하지 못한다거나, 가치관이 다를 경우 협상은 교착상태에 빠질 수 있음, ② 협상당사자들 간에 권력이 매우 높은 수준으로 불균형상태에 있는 경우 협상이 아니라 일방적인 강요에 의해서 해결되는 문제, ③ 시간과 비용의 측면에서 문제 발생

5. 협상의 과정

1단계	→	2단계	→	3단계	→	4단계	→	5단계
사전 준비		절차 합의		조건 제시 및 설명		해결 교섭		합의와 실행

(1) 사전 준비

제1단계에서는 협상의 목적과 목표를 명확히 하고 전략을 수립. 상대방의 입장과 생각을 추론하여 대안을 마련하는 것도 중요. 협상준비는 'BATNA'를 결정함으로써 완성됨. BATNA란 'Best Alternative to a Negotiated Agreement'를 의미하는 것으로서, 협상이 합의에 이르지 못하고 결렬되는 경우에 협상 당사자가 선택할 수 있는 최선의 대안, 즉 받아들일 수 있는 협상결과 중 최저의 대안을 의미(협상 최소수용조건 또는 차선책). 협상당사자들은 자기 측의 BATNA 이상의 성과를 얻으려고 노력함

(2) 절차 합의

협상의 관련 당사자들이 절차와 규칙을 합의하는 단계. 누가 협상에 참여하여 언제까지 어떻게 합의에 이를 것인가를 결정

(3) 조건 제시 및 설명

서로 원하는 조건을 제시하고 그 배경과 이유, 그리고 타당성을 구체적으로 설명. 서로 자신의 요구가 타당하다는 것을 자료나 근거를 곁들여 주장

(4) 해결 교섭

주고받는 바게닝(Bargaining)이 일어나는 단계. 양보하기도 하고 상대방의 양보를 요구하기도 하면서 합의를 위해 노력해 나감. 순발력, 재치, 지혜, 언변, 호소력, 힘의 행사 등 모든 역량이 총동원됨

(5) 합의와 실행

제4단계에서 합의한 사항을 문서화하고 그의 실행을 위한 구체적 사항들을 결정하는 단계. 실무자들의 참여와 노력이 필요

6. 협상의 전술

(1) 언어적 협상전술

약속, 위협, 권고, 경고, 보상, 처벌, 규범적 호소, 공약, 자기 폭로, 질문, 명령 등

(2) 비언어적 전술

비언어적 전술에 해당하는 행위로는 침묵, 대화의 중복, 안면의 직시, 신체적 접촉 등

7. 협상 전략의 유형

(1) 배분적(distributive) 협상전략 : Zero-sum 협상

1) 의 의 — 고정된 파이(fixed pie)를 나누어 가지는 Zero-sum(혹은 Win-Lose) 협상전략

2) 상황 요건 — 협상이슈가 하나이고 어느 한 집단의 이익이 다른 한 집단의 손해로 이어지는 협상상황인 경우에 선택하는 것이 효과적, 재화가 한정된 상황에서 한쪽이 이익을 얻으면 다른 한쪽이 손해를 보기 때문에 협상당사자들의 서로의 관심방향은 반대이며, 주로 단기적인 인간관계에서 행해짐

3) 협상에 들어가기 전 준비사항

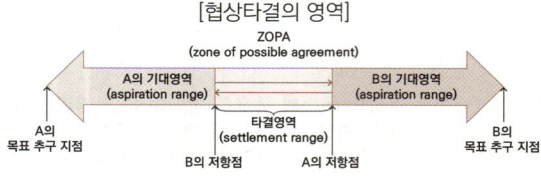

[협상타결의 영역]

* ZOPA : 협상에서 대상자 간의 협상 가능 영역

① 목표 수준(target level) — 협상을 마무리 짓고자 하는 수준을 정하는 것

② 저항 수준(resistance level) — 협상에서 상대에게 지불할 수 있는 최고치로서 상대에게 미리 알려서는 안 되는 최후의 보루점

③ 요구 수준(asking level) — 상대가 요구하는 수준, 이것을 토대로 상대의 목표수준과 저항수준을 추측할 수 있음

④ 개시 수준(starting level) — 상대에게 제시하는 최초의 수준, 자신의 목표와 비교해 너무 차이나면 협상과정에서 양보할 수 있는 여지도 많고 시간도 벌 수 있지만 처음부터 거절당하여 협상에 실패할 수도 있음

4) 배분적 협상의 핵심요소

① 정보관리 — 협상대상에 대한 객관적인 정보(가치, 인지도, 장단점 등)를 충분히 파악하여 협상에 임해야 함. 동시에 상대방의 목표수준과 최후의 보루는 어디이며 상대가 사용할 수 있는 권력의 크기에 관한 정보도 파악하면 협상을 유리하게 진행시킬 수 있음. 자신의 정보는 노출시키지 않으면서 상대의 정보를 얼마나 알고 있는지가 관건

② 시 간 — 협상 마감시간이 얼마나 남았는지도 매우 중요. 시간이 임박할수록 협상에서 불리해질 것이며, 이를 상대방에게 알리면 그가 이를 이용할 것이기 때문에 상황은 더 불리해짐. 시간을 넉넉히 가지고 있도록 준비할 뿐만 아니라 시간정보가 상대에게 노출되지 않도록 노력

③ 지위와 권한 — 협상당사자인 상대방이 차지하고 있는 지위와 권한을 미리 알아 놓는다면 협상에 우위를 점할 수 있음

④ 협상결과에 대한 최고 대체안(BATNA) 결정

ⅰ) BATNA의 의의	Best Alternative to a Negotiated Agreement. 협상으로 얻은 결과를 대신할 수 있는 대안 중 최고의 것, 즉 받아들일 수 있는 협상결과 중 최저의 것(협상 최소수용조건 또는 차선책)
ⅱ) BATNA의 중요성	BATNA는 협상이 어느 지점에서 타결되는지를 결정하는 기준이 됨. BATNA는 협상당사자가 협상 결과로 받아들이려고 하는 최소한의 가치를 결정하기 때문에, BATNA보다 높은 제안은 당사자를 협상에 남아 있게 할 수 있고, BATNA보다 낮은 제안은 협상을 성공시키기 힘들게 만듦. 따라서 협상당사자가 BATNA를 준비하지 못했을 때 ① 거래에 대한 판단기준이 없게 되어 상대방 제안의 유불리 판단이 어렵고, ② 그로 인해 유리한 제안을 거절하거나 불리한 제안에 합의할 가능성이 있고, ③ 협상을 언제 그만두어야 되는지 알지 못해 시간과 비용의 지출이 증대됨
ⅲ) BATNA의 활용	협상을 시작하기 전에 우선 어떤 문제를 어떤 절차로 협상할 것인지를 쌍방 간에 명확히 하는 것이 필요. 협상 시에 대체안이 생긴다면 훨씬 유리한 협상이 가능, 협상이 결렬됐을 때 다른 대체안이 있으므로 유리한 위치에서 상대방에게 압력을 넣을 수 있기 때문

(2) 통합적(integrative) 협상 : Plus-sum 협상

1) 의 의	파이의 크기가 늘어날 수 있는 Plus-sum(혹은 Positive-sum 혹은 Win-Win) 협상전략
2) 상황 요건	협상당사자들이 갖는 우선순위가 다를 경우에 선택하면 효과적일 수 있음, 재화의 양 유한하지 않고, 장기적 관계
3) 통합적 협상의 중요성	통합적 협상일 때에는 양쪽이 이득을 얻을 수 있기 때문. 상대의 관심사를 정확하게 파악하고 그의 욕구를 들어주도록 노력하며 약간의 양보라면 기꺼이 해주는 것이 다음 번의 협상에서 유리한 고지를 차지할 수 있는 것
4) 통합적 협상의 성공요인	
① 목표의 공통성	서로 경쟁하는 것보다 협력하는 것이 모두에게 이익이라는 믿음과 지식이 있어야
② 문제해결능력	능력이 있으면 더 자신 있게 협상에 임함
③ 상대방 인정	상대방의 입장과 태도를 인정하고 대우하면서 협상에 임함
④ 정확한 의사소통	대화가 없이는 협상이 불가능하므로 서로의 말에 대한 오해가 없어야 함
⑤ 신 뢰	상대에 대한 신뢰가 없으면 방어적이 되고 신뢰가 있으면 최초부터 친화적이고 협력적이 되어 상대의 친화와 협력을 유도해 낼 수 있음

[배분적 협상과 통합적 협상의 특징 비교]

특 징	배분적 협상	통합적 협상
1. 목표(동기부여)	가능한 한 많은 파이를 차지함 (개별이익)	양측 모두 만족할 정도만 차지함 (공동이익)
2. 추구하는 결과	승자·패자	승자·승자
3. 협상 초점	최후의 타결지점이 어디인가에 관심 (position)	이것이 상대방에게 왜 그렇게 중요한지에 관심(interest)
4. 관심사	서로 반대됨	서로 일치함
5. 정보공유	낮 음 (정보를 제공하면 상대가 유리함)	높 음 (정보를 공유하면 서로에게 이익되는 방법을 찾을 수 있음)
6. 관계의 지속가능성	단 기	장 기
7. 이해관계	상반됨	일치함
8. 이 슈	하나 혹은 소수	다수

8. 협상 효과성에서의 개인차

(1) 당사자의 특성과 성격

Big 5에서 외향적이고 사교적인 사람은 대립 사안에 대해 많은 정보를 알고 협상 테이블에 앉을 것. 여러 정보원으로부터 많은 정보를 수집했기 때문. 내성적이고 이해타산에 밝은 성격의 사람은 협상하기는 항상 부담이 됨

(2) 기분과 감정

내가 기분이 나쁠 때에는 나도 어려운데 남까지 배려하기 힘듦. 협상은 흥정이고 양보인데 당연히 나의 기분과 감정에 따라 상대에 대한 배려심의 크기가 달라질 것이며 상대방 역시 마찬가지. 그렇지만 배분적 협상일 때에는 권력이 강한 위치에 있는 사람이 분노를 보인다면 상대가 굴복할 것

(3) 협상과 성별 간 차이

남녀 간에 협상행동에 차이가 있는지는 매우 중요한 문제. 내가 남자(여자)라면 협상 상대가 남자(여자)일 때와 여자(남자)일 때의 나의 행동이 달라져야 하기 때문

(4) 협상과 문화 차이

협상 스타일은 나라와 민족에 따라 매우 다름. 미국인은 더 경쟁적이고 이기려고 애쓰며 빨리 결론을 지으려 하는 경향이 있고 더 많은 제안으로 흥정하려 함. 일본인은 위험을 피하려고 의심하며 경쟁보다는 서로의 이익과 손실이 동등한 쪽으로 흥정하는 경향

9. 성공적인 협상을 위한 유의사항

(1) 긍정적 제안으로 시작, 상호 양보

조금씩 양보하면서 상대방의 양보를 유도하는 방법으로 상호 양보를 통해 성공적인 협상을 도모

(2) 인간과 문제를 분리하여 접근

협상과정이 과격해지면 상대에 대한 공격적 성향이 나타나는 경향이 있으므로 협상과정에서 문제와 인간을 분리하여 대처. 상대방의 개인적 특성이 아닌 협상 이슈에 초점을 두고 협상

(3) 최초의 제안에 집착하지 말 것

보통 최초의 요구사항은 실제적 요구보다 극단적이고 이상적이므로 최초의 요구사항을 출발점으로 보고 협상하는 것이 필요

(4) WIN-WIN 해결의 강조

통합적 협상전략과 같이 WIN-WIN 해결을 강조하고 상대방의 입장이 되어 양자가 득이 될 수 있는 해결책을 찾도록 함

(5) 개방적이고 신뢰적인 분위기의 강조

상대의 주장을 충분히 청취하고 관심을 표현하고 상대의 주장에 초점. 자극적 용어를 자제함으로써 개방적이고 신뢰를 바탕으로 하는 분위기를 조성하도록 함

10. 조직행동에의 시사점

① 단기적이고 대립적인 사안에는 분배적 협상전략을, ② 장기적으로 당사자의 만족감 충족 및 관계지속을 위해서는 통합적 협상전략을 통한 관리가 긍정적 효과를 발생시킬 수 있을 것

◆ 참고 : 제3자 협상

1. 중재자(mediator) — 중립적 제3자로서 추론과 설득, 대안의 제시 등을 통해 협상의 해결을 촉진하는 사람

2. 조정자(arbitrator) — 협상의 합의를 결정할 수 있는 권위를 지닌 제3자

3. 알선자(conciliator) — 신뢰받는 제3자로서 협상 당사자 간에 비공식적 의사소통의 연결 역할을 하는 사람

제 4 장 권력(power), 임파워먼트(empowerment), 조직 정치(organizational politics)

I. Intro : 조직을 보는 관점

1. 일원적(unitary) 조직관 — 조직을 구성원들의 공동목표달성을 위한 협동 시스템으로 보는 견해

2. 다원적(pluralistic) 조직관 — 조직을 구성원들의 이해관계가 서로 충돌하는 투기장으로 보는 견해

II. 권력(power)

1. 권력(power)의 개념 — 사회적 관계에서 상대방의 의지와 관계없이 나의 의지(will)를 상대방에게 관철시킬 수 있는 잠재적/실제적 힘(force) 또는 능력(ability)

2. 권력의 유사 개념 : 영향력(influence), 권한(authority), 리더십(leadership)

  (1) 영향력(influence) — 한 사람(또한 집단)이 다른 사람(또는 집단)의 태도, 가치관, 지각, 행동 등에 변화를 가져오도록 만들 수 있는 힘의 총량

  (2) 권한(authority) — 조직에서 개인이나 집단에 공식적으로 부여한 권력. 합법성(legitimacy)이 보장된 것

  (3) 리더십(leadership) — 조직의 목표달성을 위해 조직구성원에게 영향력을 발휘하여 태도 및 행동을 변화시키는 것인데, 이를 위해 권력을 수단으로 사용

3. 권력의 중요성 — 다양한 사람들의 집합체이기 때문에 완전히 합리적인 성격을 띠기는 어려움. 즉, 조직 내의 구성원이나 각 부문들은 여러 가지 방법을 동원하여 권력을 형성하려 하고 이를 토대로 자신들에게 유리한 방향으로 타인이라든가 다른 집단들에 영향력을 행사하려 함. 그 과정에서 권력의 분포에 의해 크고 작은 의사결정과 커뮤니케이션이 영향을 받음. 각 부서들이 목표를 달성하는 데 필요한 자원을 확보하는 데도 영향을 주며, 한 개인의 경력개발에도 지대한 영향을 미침. 나아가 이런 것들이 합쳐져 조직의 성패여부에까지 영향

4. 권력의 특징 : 사회적 관계(social relationship)가 존재함으로써 발생

  (1) 양립적(compatible) : 다른 일방에게도 주어짐
  (2) 상대적(relative) : 상대방이 누구냐에 따라 달라짐
  (3) 가변적(variable) : 상황에 따라 바뀜
  (4) 권력의 크기 – 인원의 수(domain), 영역(scope), 강도(strength)

III. 권력의 원천(source)

1. 개인 수준(individual level)

권력의 원천과 기반에 대한 논지는 다양하게 제시되고 있으나, 전통적으로 '프렌치와 레이븐(French & Raven)'이 「The Bases of Social Power」저서에서 제시한 5가지 권력의 기반에 따른 권력의 유형 구분을 많이 사용

(1) 보상적 권력(reward power) : Based on Compensation

보상적 권력은 개인이 상대방의 보상을 통제할 수 있는 힘. 여기서 보상은 물질적인 것뿐만 아니라 상징적인 것 모두 포함. 예) 음식, 자유, 연봉 인상, 승진, 인정, 도전적인 업무, 선호하는 근무시간 등

(2) 강제적 권력(coercive power) : Based on Punishment

권력 행사자가 보상의 반대인 처벌할 수 있는 힘을 가지고 있는 경우. 예) 좌천, 연봉 삭감, 인사평가에서 낮은 점수를 주는 것

(3) 합법적 권력(legitimate power) : Based on formal right

조직이 개인에게 부여한 공식적인 권한(authority), 개인의 직위에서 나옴. 예) 상사가 부하에게 업무지시를 하는 것

(4) 준거적 권력(referent power) : Based on Attractiveness

개인이 바람직한 특질을 가졌을 때 나오는 것으로 권력을 수용하는 사람과 일체감이 조성될 때 발생, role model. 예) 권력 행사자가 개인적으로 매력을 갖거나 상대방으로부터 존경을 받는 경우

(5) 전문적 권력(expert power) : Based on High levels of Skill and Knowledge

권력 행사자가 전문지식, 특수기술 그리고 업무 수행상 노하우(know-how)를 가지고 있을 때 형성. 예) 환자의 증상을 해석하는 의사, 외지인에게 길을 가르쳐주는 지방 주민, PC사용자에게 조언을 해주는 컴퓨터 기사 등

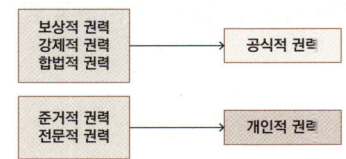

(6) 기타 : 정보적 권력(information power), 관계 권력(connection power)

① 정보적 권력은 권력행사자가 권력 수용자에게 필요한 가치 있는 정보에 접근할 수 있을 때
② 관계 권력은 권력 행사자의 사회적 네트워크(social network)에 의거하여 권력 수용자가 접근하고 싶은 사람과 연결시켜줄 수 있을 때

◆ 참고 : 권력과 복종에 관한 실험 Milgram's Obedience Experiment

1. 개요

실험 주제는 "인간은 잘 알지 못하는 권위자의 명령에 얼마만큼이나 복종할 것인가?"

2. 실험의 핵심

각 교사는 실험자의 간단한 명령만으로 학생에게 어느 정도에 이르기까지 전기 쇼크 처벌을 시행할 것인가

3. 실험 결과

피험자(교사)들 중 63%는 충격을 멈추지 않고 450volt 수준까지 올렸음. 두 번째 실험에서도 피험자의 65%는 실험자가 지시하는 대로 별 문제없이 450volt 수준까지 전압을 높여 학생에게 전기쇼크를 가했음

4. 결론

사회적 상황이 복종에 강력한 영향을 미칠 수 있다는 것. 직접 실험에 참가하지 않은 사람들은 이 실험에 대해서 얘기를 들으면 대부분 자신들은 그 정도까지 복종하지는 않을 것이라고 생각하지만, 대부분의 사람들이 이에 복종했음. 실제로 실험에 참여해보면 대부분의 피험자들은 실험자의 권위에 저항하기 힘들다는 것을 알 수 있음

2. 집단 수준(group level)

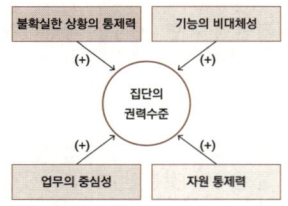

(1) 불확실한 상황의 통제능력 — 어떤 부서가 환경의 불확실한 상황을 감소시켜 줄 수 있을 때. ex) 마케팅 부서, 법률 부서

(2) 기능의 비대체성(irreplaceability) — 조직에서 해당 부서의 기능이 불가피하고 다른 부서가 이를 대체할 수 없을 때. ex) 공장에서의 정비부서

(3) 업무의 중심성(centrality) — 부서가 조직의 목표달성에 얼마나 중요한 일을 하고 있느냐 혹은 업무의 수행과정에 얼마나 중심적인 위치를 점하고 있느냐. ex) 창업 초기 영업부서

(4) 자원의 조달 및 통제력 — 해당 부서는 다른 부서가 필요로 하는 자원에 대해 조달 및 통제능력을 많이 가지고 있을수록 상대방 부서에 대한 권력은 커짐. ex) 인사부서에서 필요 인력 공급

(5) 조직행동에의 시사점 — 집단수준에서의 권력의 원천들이 실제 조직에서 어떻게 작동하느냐는 해당 조직이 처한 환경, 즉 전략에 따라 원천들의 영향력 크기가 달라짐

IV. 권력 전술(power tactics) (=권력 행사의 전략)

1. 개 요

연구에 의하면 사람들은 자신이 원하는 바를 얻기 위해 권력을 행사할 때는 생각 없이 사용하는 것이 아니라 그 효과를 크게 하기 위한 전략적 혹은 정치적인 노력을 하는데, 이러한 행동에는 일반적인 패턴이 있다고 함

2. 아홉 가지 권력 행사의 전략들(influence tactics, Yukl(2006))

(1) 합법성(legitimacy) — 권위적 지위에 의존하거나 자신의 요구가 조직의 규정과 규칙에 의한 것이라고 강조하는 것

(2) 합리적 설득(rational persuasion) — 논리적인 주장이나 자기의 요구가 합당하다는 사실적 증거를 제시하는 것

(3) 영감의 호소(inspirational appeals) — 상대방의 가치, 욕구, 희망, 열망 등에 호소함으로써 감정적 헌신을 얻어내는 것

(4) 상담(consultation) — 상대방을 계획이나 변화에 대한 의사결정에 참여시킴으로써 동기부여를 하거나 지원을 얻어 내는 것

(5) 교환(exchange) — 요구에 순응하는 대가로 혜택 혹은 호의를 줌으로써 보상을 하는 것

(6) 사적 호소(personal appeals) — 우정이나 충성심을 바탕으로 순응을 요구하는 것

(7) 영합(ingratiation) — 요구를 하기 전에 아첨, 칭찬, 우호적 행동을 하는 것

(8) 압력(pressure) — 경고, 반복되는 요구, 협박을 이용하는 것

(9) 연합(coalition) — 상대방이 동의하도록 설득하기 위해 다른 사람의 도움과 지원을 끌어들이는 것

[조직 내 권력획득 방법의 측면]

긍정적 권력획득 방법 (전략적 권력획득)	부정적 권력획득 방법 (정치적 술수)
① 전문성을 높인다. ② 대안을 많이 준비한다. ③ 자신감을 갖도록 노력한다. ④ 자주 상담을 한다. ⑤ 타협기술을 발휘한다. ⑥ 독특한 기술, 전략을 실천한다. ⑦ 신망을 얻는다. ⑧ 정보를 많이 얻는다. ⑨ 불필요한 논쟁을 피한다.	① 상대방을 비난·공격한다. ② 호의적 인상을 지나치게 꾸민다. ③ 파벌을 만든다. ④ 속뜻을 숨긴다. ⑤ 정보를 통제한다. ⑥ 특정인과의 관계를 제한한다. ⑦ 부하들을 상호 경쟁시킨다. ⑧ 권력자에게 아부한다. ⑨ 권력자와의 관계를 가까이 한다.

3. 상황에 알맞은 전략들

사람에 따라서, 또는 같은 사람일지라도 상황(또는 상대방)에 따라서, 또는 달성하려는 목적이 무엇인지에 따라서 각 전략들의 사용 정도가 다름. 그런데 어떤 방식을 활용하는지에 따라 조직의 성과가 다름. 따라서 위의 여러 가지 전략을 함께 사용하는 것이 효율적

Ⅴ. 권력 행사에 대한 반응과 결과

1. 권력 행사에 대한 반응

[권력행사 전략에 따른 상대방의 반응]

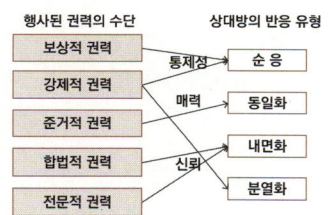

(1) 순응(compliance) : 보상은 확대하고 처벌은 줄이고자 지시에 따름

상급자의 보상이나 처벌에 대한 구성원들의 반응. 구성원들은 보상의 확대와 함께 처벌을 최소화하고자 함

(2) 동일화(identification) : 권력자를 존경하거나 좋아하기 때문에 받아들임

구성원이 상급자를 존경하여 상급자의 요구에 따르는 경우. 구성원은 상급자의 요구를 수행함으로써 그와의 관계를 보다 발전시키고자 함, 준거적 권력과 관계

(3) 내면화(internalization) : 권력자의 주장과 생각에 감동하여 자발적으로 따름

상급자의 요구와 하급자의 가치가 일치하는 경우, 도덕성(moral)

(4) 분열화 : 강제적 권력 사용으로 하급자들이 연합함

상급자가 권력의 사용 시 신중히 고려해야 할 것은 하급자들의 연합임. 특히 상급자가 강제적 권력을 사용하고자 할 경우, 하급자들 간의 연합을 주의해야 함

(5) 경영관리상 시사점

일반적으로 상급자는 피권력자들이 권력행사의 뜻과 취지를 받아들여 깊이 이해하고 실천하게 되는 내면화를 가장 선호할 것. 복종이나 동일화의 반응도 상급자가 효율적인 경영관리를 하는 데 있어 도움을 줄 수는 있지만 자율성과 능동성이 결여되었다는 측면에서 내면화에는 못 미침. 특정한 권력 원천에 취약하다면 다른 메커니즘을 사용하여 영향력을 행사하는 것도 고려할 수 있음

2. 권력 유형별 행사의 결과

(1) 보상적 권력(reward power) : 학습이론의 긍정적강화에 해당
(2) 강제적 권력(coercive power)
(3) 합법적 권력(legitimate power)
(4) 준거적 권력(referent power) : 감정 바탕
(5) 전문적 권력(expert power) : 신뢰 바탕

결과 유형	직무만족	몰입	성과
보상적 권력	중간	약간 높음	약간 높음
강제적 권력	낮음	낮음	-
합법적 권력	약간 낮음	중간	-
준거적 권력	높음	높음	높음
전문적 권력	높음	높음	높음

3. 효과적인 권력행사 방법

(1) 준거적·전문적 권력의 중요성

내면화 반응을 이끌어 내는 합법·준거·전문적 권력이 바람직

(2) 사회중심적 권력의 중요성

맥클리랜드(D. C. McClelland)는 권력행사의 남용이란 개인중심적인 권력(personalized power)을 사용하는 데서 기인한다고 보고, 권력이 제대로 행사되고 수용되려면 사회중심적 권력(socialized power)을 사용해야 한다고 주장

(3) 임파워먼트의 중요성

[권한위임과 임파워먼트의 상관관계]

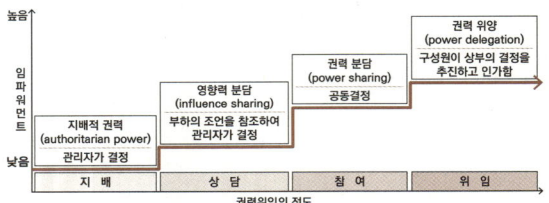

도전의식 고양, 비전 심어 줌 → 조직시민행동 증가

Ⅵ. 실질적 권력행사로서의 임파워먼트(empowerment)

1. 임파워먼트(empowerment)의 개념

임파워먼트(empowerment, 권능감)란 조직원들에게 자신이 조직을 위해서 많은 중요한 일을 할 수 있는 권력, 힘, 능력 등을 갖고 있다는 확신을 심어주는 과정

◆ 참고 : 임파워먼트와 관련 있는 리더십 이론
임파워먼트는 현대적 리더십 이론으로 간주되는 'super leadership' 또는 'self leadership'과 관련

조직 내 권력의 분배문제를 뛰어넘어 권력의 증대(또는 창조) 문제에 초점을 둠. A와 B가 긍정적 상호작용을 통해서 양자 모두의 권력을 키워 나아갈 수 있다는 것(plus sum game)

2. 임파워먼트의 유사 개념 : 권한 위양(delegation)

권한 위양(delegation)은 의사결정과 책임의 공유가 아니라 경영자의 권한을 하부에 위양(委讓)하는 것이기 때문에 경영자의 권한은 그만큼 줄어들고, 위양을 받은 종업원의 권한만 증가되는 방식

권한 위양은 고정된 파이(fixed pie)를 상·하급자 간에 나누려는 zero sum game인 반면에, 임파워먼트는 마치 촛불끼리 불을 당겨주듯 상·하급자 간 권력의 분점과 공유가 시행되므로 plus sum game으로서 모두에게 득이 되는 대안이라고 할 수 있음

3. 임파워먼트의 중요성 : 임파워먼트는 구성원들이 힘을 느끼게 함

무력감(powerlessness)이란 조직원들이 느끼게 되는 권력의 결핍현상, 무력감에 사로잡힌 조직원들의 탈진한 모습에서와는 달리 「임파워된(empowered)」 조직구성원들의 모습에서는 힘차고 당당한 면모를 느끼게 함

4. 임파워먼트의 특징

Empowerment(임파워먼트) = Autonomy(자율성) × Direction(방향) × Support(후원)

(Greenleaf, 1970)

5. 임파워먼트의 접근방법

(1) 미시적 접근방법(micro approach) : 개인 임파워먼트

동기적/심리적 차원의 임파워먼트를 의미, 조직구성원들이 개인적 차원에서 자신들의 직무에 대해 느끼는 믿음인 자기 효능감(self-efficacy)과 밀접하게 관련

(2) 거시적 접근방법(macro approach) : 집단·조직 임파워먼트

거시적 접근방법은 관계적 접근방법을 의미, 조직구성원에게 권한과 책임을 부여하는 관리기법. 거시적 관점의 임파워먼트는 조직성과 등을 증진시키기 위한 목적으로 조직구성원의 역량을 발휘할 수 있는 효과적인 권한과 책임의 이동을 통해 조직 내 권한의 균형을 이루는 것에 초점

6. 심리적 임파워먼트의 4가지 구성요인

◆ 임파워먼트 연구

임파워먼트는 연구는 〈관계적 측면〉과 〈동기부여 측면〉의 두 가지 관점으로 이루어져 있음. 관계적 측면에서는 상사와 부하 간 진행되는 상호작용이라는 과정으로 보고, 이를 구조적(관리적) 임파워먼트라고 함. 반면에, 동기부여 측면에서는 부하가 직무를 잘 수행할 수 있게 해주는 과정으로 보고, 이를 심리적 임파워먼트로 개념화하고 있음

심리적 임파워먼트란 개인이 자신의 삶이나 업무의 중요한 측면에 파워를 가진 듯이 느끼고 행동하게 되는 전반적인 과정, 조직 내 무력감을 조성하는 상황들을 확인하고 이러한 상황들을 제거하여 구성원들의 자기효능감을 향상시키는 과정을 뜻함(Conger & Kanungo, 1938; Thomas & Velthouse, 1990; Spreitzer, 1996). 전통적인 임파워먼트에 대한 연구는 파워의 전체 크기가 정해져 있다고 가정하고 파워의 유형과 분배에 초점을 둔 관계 구조적 측면의 임파워먼트였음(Vogt & Murrell, 1990). 그러나 파워에 대한 개념이 바뀌면서 조직 내의 파워가 종업원 간의 상호작용을 통해 증대될 수 있다는 새로운 동기부여적 관점의 임파워먼트가 대두. 이는 파워가 지닌 개인의 내면적 동기 측면을 강조하기 때문에 심리적 관점의 임파워먼트라고 할 수 있음

(1) 의미성(meaning) — 일 자체에 대해서 느끼는 가치. 임파워먼트의 "엔진"에 해당함

(2) 역량감(competence) — 자신의 일을 효과적으로 수행하는데 소요되는 능력에 대한 개인적 믿음

(3) 자기결정력(self-determination) — 일의 방법과 시기를 스스로 결정

(4) 영향력(impact) — 최종성과에 얼마나 결정적인 기여를 할 수 있다고 믿는가. 스프라이쩌(Spreitzer)와 동료들의 연구결과에 따르면, 역량감이 있던가 영향력이 크다고 느끼는 사람들은 자신의 일에 있어서 보다 큰 성과를 내는 것으로 나타났음

7. 임파워먼트의 성공적 실천전략

(1) 정보의 공개 — 필요한 정보를 개인이나 팀이 손쉽게 얻을 수 있어야 임파워먼트를 느낄 수 있게 됨. 자신의 일이 얼마나 중요하며 무엇이 요구되는지를 스스로 느낄 수 있도록 하는 경영방식을 택하여 큰 성과를 냄

(2) 적극적 참여 유도 — 조직원들이 적극적으로 다양한 변화활동에 참여하도록 유도. 새로운 아이디어를 공유하고 서로를 지원하고 격려해주는 문화의 구축이 필요. 참여는 권력의 공유과정. 임파워먼트는 "권력은 나눌수록 커진다."는 적극적인 논리에 기초. 예) 타운홀 미팅, 리버스 멘토링

(3) 혁신활동 지원 — 새로운 개념을 시도해보도록 권한이 위임되어야 함. 관료적 병폐들을 극복할 수 있는 실질적인 권한과 힘을 조직원들에게 실어주어야 함

(4) 권한과 동시에 책임감 부여

권한을 부여함과 아울러 책임감을 느끼도록 해야 함. 자신의 선택과 행동에 조직을 위한 공리적 태도와 주인의식을 가지도록 해야 한다는 것

Ⅶ. 조직 정치(organizational politics)

1. 조직 정치(organizational politics)의 개념

◆ 참고 : 페퍼(Jeffrey Pfeffer)의 정의
"조직정치란 조직 내에 불확실성이 존재하고 선택에 있어서 의견일치가 되지 않을 때 권력을 획득하고, 발전시키고, 행사함으로써 자원을 통제하는 활동"으로 정의

권력을 획득하는 과정을 정치(politics)라고 하는데, 조직정치란 개인 혹은 집단이 원하는 결과를 얻는 데 필요하다고 판단되는 권력을 획득하거나 이를 증가시키기 위해 하는 행동. 조직에서 공식적으로 부여된 행동을 제외하고 자신의 이득에 영향을 미치는 행동

2. 조직 정치 관리의 필요성

조직정치는 일반적으로 나쁜 것, 피해야 하는 행동으로 인식되고 있으며, 학자들의 연구의 초점도 조직정치가 가져오는 부정적인 측면에 맞춰져 있음. 하지만 개인의 이익뿐 아니라 팀의 이익, 또는 조직의 이익을 가져오기 위한 조직정치도 있을 수 있음. 조직정치는 적용범위에 따라 방법을 달리할 뿐이지 결코 사라지는 법이 없음. 따라서 이를 억제하려 하기보다는 효율적으로 관리해 가는 것이 중요

3. 조직 정치의 특징

① 직무수행을 위해 반드시 필요하지 않은 행동, ② 당사자의 이익을 위해 권력을 행사하는 행동, ③ 자신의 이해관계에 얽힌 의사결정에 영향을 미치는 행동

4. 조직 정치의 원인(유발요인)과 결과

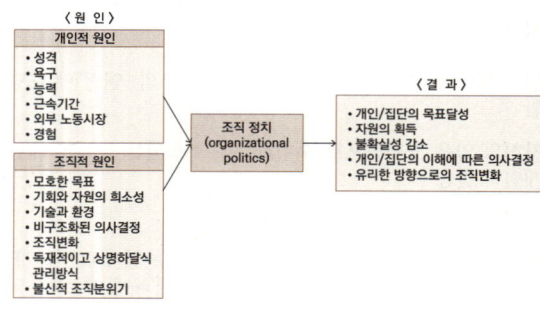

◆ 고득점 답안포인트 : 제한된 합리성과 대리인 비용

(1) 제한된 합리성(bounded rationality)
서로가 자신에게 유리한 쪽의 것을 선택하려고 힘겨루기(권력 게임)를 하게 됨
(2) 대리인 비용(agency cost)
조직에서는 대리인들의 권력 게임의 결과로 의사결정이 됨. 대리인들의 이기적인 행위나 드러나지 않는 담합으로 발생된 비합리성과 부조리 등이 대리인 비용임

(1) 조직 정치의 원인(유발요인)

1) 개인적 원인
① 성격

마키아벨리즘적 성격이 강하거나 통제위치(locus of control)가 내부에 있는 사람은 상황을 적극적으로 조작해서 자신에게 유리하게 만들 수 있다고 생각하기에 정치행동을 더 할 수 있음. 셀프모니터링 성격 요인이 높은 사람은 자기가 환경을 통제할 수 있다고 믿기 때문에 자기 이익을 위해 모든 일에 적극적 자세를 취하면서 조직행동을 시도

② 욕구

유난히 권력욕구가 강한 사람들은 당연히 정치행동을 더 할 것. 소속욕구가 클 때 지나친 호의를 베풀면서 상대방의 관심을 얻으려고 위선행위가 증가되기도 함. 정치행동이 자아존중욕구나 자아실현욕구의 크기에 비례

③ 능력	실질적으로 조직에 공헌할 능력이 없는 사람들은 무용지물로 취급받아 쫓겨날 위험이 있기 때문에 자신의 대수롭지 않은 업적을 과대포장 하느라고 정치적 행위가 많아짐
④ 근속기간	조직에 투자를 많이 한 사람일수록 부당한 정치행동을 하다가 잘못되면 잃는 것이 많기 때문에 망설이지만, 신참자들은 투자기간이 짧기 때문에 부당한 정치행동을 많이 할 수 있음
⑤ 외부 노동시장	외부에 취업기회가 많은 사람은 부당한 정치행동도 서슴치 않고 더 할 수도 있음
⑥ 경험	과거의 정치행동으로 이득을 본 경험이 있으면 조직정치를 지속할 것

2) 조직적 원인

① 모호한 목표	조직이나 집단이 제시하는 목표가 모호하여 발생 신 시장에서 우리 기업의 시장점유율 확대와 같은 경우. 구체적으로 어떻게 어느 정도 수준의 시장점유율이 명시되지 않아 관련되는 구성원들은 각자가 자신에게 유리한 아이디어를 관철시키기 위하여 정치적 행동을 하게 됨
② 기회와 자원의 희소성	개인의 연봉 결정, 부서의 예산 확보 등과 같은 이슈에는 항상 자원의 한계가 존재. 어느 부서에 예산을 많이 할당하면 다른 부서에서 그만큼 적게 할당할 수밖에 없음
③ 기술과 환경	불확실성이 존재하는 신기술을 도입해야 하는 경우 그리고 조직을 둘러싼 환경이 급격하게 변할 경우 정치적 행동은 증가. 낯설고 불확실한 상황에서는 개인이나 집단이나 이에 보다 효율적으로 대처하기 위해 정치적 행동을 하는 것
④ 비구조화된 의사결정(non-programmed decision)	비구조화된 의사결정 상황에서는 명확한 답이 없기 때문에 해당되는 구성원은 자신에게 보다 유리한 의사결정을 하기 위해 정치적 행동을 하게 됨
⑤ 조직변화(조직개편 시나 조직탄생 초기)	대규모 조직변화가 예상될 때 구성원들은 이러한 변화가 자신들에게 불리한 방향으로 발전하지 않도록 정치적 행동을 하게 됨. 크로지에 교수 등(Crozier & Friedberg, 1977)은 구성원의 정치적 행동을 게임이론과 신뢰의 문제로 해석. 게임 이론은 상호 의존적인 상황에서 경제적 주체들이 각자의 이익을 극대화하기 위해 상대방의 행동을 예측하고 최적의 전략을 선택한다고 가정하는 이론. 구성원 간의 신뢰 수준에 따라 정치적 행동이 긍정적일 수도, 부정적일 수도 있는데, 신뢰가 낮을수록 정치적 갈등과 전략적 계산이 더 많이 필요해져 갈등이 심화될 수 있음
⑥ 독재적이고 상명하달식 관리방식	조직관리가 독재적이고 상명하달식인 전통적 관료조직에서는 구성원들이 자신들의 의견참여를 위해 여러 가지 정치행동을 하지만, 자율적인 팀조직이나 열린경영 시대로 갈수록 정치행동은 그만큼 줄어들 것
⑦ 불신적 조직분위기	신뢰하는 풍토가 정착된 조직에서는 서로 거짓행동이나 과장을 하면서까지 이익을 탐하지도 않음. 정치 행동으로 이익을 얻을 가능성이 높은 분위기라면 모든 수단을 동원해서라도 정치행동을 펼칠 것

(2) 조직 정치의 결과

1) 부정적인 측면	직무만족과 조직몰입의 저하, 스트레스, 직무소진(burnout), 이직의도, 결근율의 증가, 성과, 생산성, 조직시민행동 등의 저하, 조직경쟁력 약화
2) 긍정적인 측면	연구에 따르면, 조직정치는 부정적인 측면에서 직무 만족과 조직 몰입 저하, 스트레스 증가, 직무 소진(burnout), 이직 의도 및 결근율 증가, 성과와 생산성 감소, 조직 시민 행동 저하 등을 초래하는 것으로 나타났음. 또한, 조직정치가 심화되거나 문화로 자리 잡으면 구성원들은 일과 생산성보다 파벌 형성과 줄서기에 집중하게 되어 조직 경쟁력이 약화됨. 정치적으로 불이익을 느끼는 구성원들은 보복 행동을 취할 수 있어, 개인적으로도 부정적 결과를 초래할 수 있음

5. 조직 정치와 관련된 반응 : 인상관리(impression management)와 자기방어(self-protection)

(1) 인상관리(impression management : IM)

1) 인상관리(impression management)의 개념	인상관리란 다른 사람들이 자신에 대해서 형성하게 되는 지각을 관리하고 통제한다는 것
2) 인상관리의 중요성	인상관리는 조직생활에서 성공하는 데 있어 중요한 수단
3) 인상관리의 선행변수	① 자기관찰성향(self-monitoring), 자기관찰성향이란 자신에 대한 이미지가 어떻게 형성이 되어있는지 상당히 신경쓰는 정도. 상황을 빨리 이해하고 그 상황에 맞게 자기의 외모와 행동을 변화시킴. ② 자기고양동기(self-enhancement motive), 자기고양동기란 자기에 관한 호의적·우호적 정보를 선호하는 정도
4) 인상관리의 전략	
① 축소-예방 전략 : 부정적 인상회피 전략	ⅰ) 적절한 구실을 댄다. ⅱ) 사과한다. ⅲ) 관계가 없음을 강조한다.
② 촉진-강화 전략 : 긍정적 인상제고 전략	ⅰ) 자신이 기여한 바가 알려지게 한다. ⅱ) 부풀려 이야기한다. ⅲ) 큰 장애가 있었음을 인식시킨다. ⅳ) 중요한 사람들과 연결되어 있음을 알린다.
③ 유의사항	지나치게 의도적으로 인상을 조작하려고 하기보다는 자아개념과 자아이미지를 확고히 하여 필요한 행동이 자연스럽게 우러나도록 하는 것이 중요
5) 인상관리 기법	
① 순응(conformity)	상대방의 승인을 얻기 위해 그 사람의 의견에 동의하는 것. 비위 맞추기의 한 형태
② 호의(favors)	상대방의 인정을 얻기 위해 그 사람에게 좋은 일을 해주는 것. 비위 맞추기의 한 형태
③ 변명(excuses)	곤란한 사건의 부정적 영향을 줄이기 위해 설명을 부가하는 것. 방어적 인상관리 기법

④ 사과(apologies)	바람직하지 않은 사건의 책임을 인정함과 동시에 자기의 행동에 대한 용서를 구하는 것. 방어적 인상관리 기법에 해당
⑤ 자기 홍보(self-promotion)	자신의 장점을 강조하고 단점은 보여주지 않는 것. 자기의 업적을 과시하는 것, 자기중심적 인상관리 기법
⑥ 향상(enhancement)	자신이 해낸 일이 대부분의 사람들이 생각하는 것보다 더욱 가치가 있는 것이라고 주장하는 것. 자기중심적 인상관리 기법
⑦ 아첨(flattery)	남에게 잘보이고 호의를 얻기 위해서 그 사람의 장점을 칭찬하는 것
⑧ 예증(exemplification)	요구되는 것보다 더 많은 노력을 하여 자신이 얼마만큼 헌신적으로 열심히 일하는가를 보여주는 것. 단정적 인상관리 기법. 늦게까지 일을 하면서 회사컴퓨터로 이메일을 보내는 것

(2) 자기방어(self-protection)

1) 자기방어(self-protection)의 개념	활동, 비난, 변화 등을 회피하고 자신을 보호하기 위한 속성으로, 정보나 자원을 지킴으로써 변화 와중에 자기의 이익을 보호하는 행동
2) 방어적 행동	
① 활동 회피	ⅰ) 〈지나친 순응(overconforming)〉 ⅱ) 〈책임전가(buck passing)〉 ⅲ) 〈무능하게 보이기(playing dumb)〉 ⅳ) 〈업무 늘리기(streching)〉 ⅴ) 〈지연하기(stalling)〉
② 비난 회피	ⅰ) 〈충격 완화(buffering)〉 ⅱ) 〈안전하게 가기(playing safe)〉 ⅲ) 〈정당화하기(justifying)〉 ⅳ) 〈죄의 전가(scapegoating)〉 ⅴ) 〈속이기(misrepresenting)〉
③ 변화 회피	ⅰ) 〈방지(prevention)〉 ⅱ) 〈자기방어(self-protection)〉

6. 조직 정치를 활용한 권력 획득 전략

(1) 권력층과의 유대(alliances/coalitions) 형성	조직에서 권력을 많이 가진 자와 유대관계를 맺는 것은 권력획득을 위한 가장 기본적인 전략. 조직 내 가장 중요한 부서의 장이나 경영층과의 관계를 형성하는 것
(2) 분할 후 지배	자신에게 반대하는 개인들이나 집단이 연합을 형성하지 못하게 하기 위해 그들 간의 관계를 분리시키는 전략
(3) 정보 접근에 대한 통제	정보를 획득하는 것뿐만 아니라 이미 획득한 정보를 적절히 통제하는 것도 권력획득을 위한 전략. 자신에게 불리한 정보는 통제하고 자신이 가지고 있는 정보 중 상대방에게 꼭 필요한 정보를 일부 제공
(4) 자신의 강점 홍보	자신이 어떤 프로젝트를 수행할 때 현재까지 진행된 것 중 자랑할 만한 것을 공개함으로써 상대방의 관심을 끔

(5) 의무감 형성	권력을 획득하려는 사람은 상대방이 자기에게 빚을 지도록 만듦
(6) 장기적인 노력	권력을 획득하기 위해 서두르지 않고 장기적으로 상대에게 접근하는 것
(7) 점진적 영역확보	권력을 한꺼번에 획득하려는 것이 아니라 점진적으로 한 단계씩 확보해 나가는 전략

7. 조직 정치 관리를 위한 방안
(1) System(제도) 측면

1) 제도의 불확실성 감소	고과, 보상, 승진 규정 등 원칙과 과정의 객관성과 명확성을 유지하고, 명확한 업무 분담, 평가와 승진의 연계, 종업원에 대한 신속하고 정확한 약속의 이행 등이 이루어지면 불확실성이 감소
2) 상위 목표(super goal)의 도입	부서 간이나 내부적 갈등은 상위목표를 제시함으로써 어느 정도 상쇄할 수 있고 오히려 협동체제로 돌아서
3) 경쟁 감소	경쟁을 유발시키는 요인은 되도록 줄이면서 상호 협동할 수 있는 분위기를 만듦. 능력급은 경쟁유발을 가중시킬 수 있으므로, 연공요소를 고려하여 활용
4) 파벌 해체	파벌들의 멤버들을 파악하여 교환배치를 하는 것. 조직 내 역기능적인 역할을 하는 결탁세력을 제거 또는 분열시킴
5) 윤리 기준 강화	윤리적 기준을 강화하고 윤리경영을 구현하는 것. 윤리경영은 투명성에 기초하므로 불확실성이 제거되어 정치적 행위가 발현될 수 있는 조건을 없애줌

(2) Spirit(문화) 측면

1) 임파워먼트	리더가 부하들에게 권한을 위임하고 자율권을 주면 권한이 명확해지고 그에 따른 책임이 수반되기 때문
2) 정치적 태도 배격	인사평가나 승진 시에 정치행동이 많은 자를 부정적으로 평가함으로써 정치행동을 감소
3) 조직 정의(organizational justice) 구현	조직 정의는 분배 정의(distributive justice), 절차 정의(procedural justice), 그리고 상호작용 정의(interactional justice) 등 세 가지 유형으로 구분. 이 세 가지 정의가 지켜지지 않으면, 정치적 행위가 활발해질 가능성이 높아짐. 연구결과에 따르면, 특히 절차 정의와 상호작용 정의가 정치적 행동과 관계가 깊은 것으로 나타남

> 참고 : 조직 정의(organizational justice)
> 정의로운 조직: ① 능력이나 실력에 합당한 직위를 부여받을 때, ② 조직이 자신을 배려해 준다는 생각이 들 때, ③ 의사결정과정에서 책임자가 중립을 지킬 때

(3) 기 타	리더가 집단의 팀 정신을 강조하고 상호 신뢰의 문화를 확산시키는 것이 필요. 열린 경영과 투명한 의사결정제도를 정착

제 5 장 커뮤니케이션(의사소통, communication)

전략노트 pp. 392-414

I. 개요

1. 커뮤니케이션(communication)의 개념

라틴어의 'communis'에서 유래한 것으로 'common (공동의)'이란 뜻. "두 사람 혹은 그 이상의 사람들 간에 의견(opinion), 감정(sentiment), 정보(information)를 교환하고 의미를 공유하는 것으로, 일반적인 상징을 통한 정보나 의사를 전달하는 것"

2. 커뮤니케이션의 중요성 : 조직 유효성을 높이기 위한 필수 요건

① 구성원의 역할관계와 상호관계를 유지시켜 주는 집단행동의 중요한 요소, 무형 자원(intangible resource)
② 기업조직 관리자들의 일상생활을 보면 하루의 근무시간 중 75~90%를 커뮤니케이션에 할애
③ 「Fortune」지가 선정한 100대 기업 인사팀장을 대상으로 〈성공적인 관리자〉에게 요구되는 능력을 조사하였는데, 상위 10개의 능력으로 대인관계, 경청, 설득과 동기부여, 프리젠테이션, 소집단 커뮤니케이션, 상담, 갈등관리, 코칭, 인터뷰, 읽기와 쓰기로 나타남. 여기서 제시된 10가지 모두가 커뮤니케이션과 관련

II. 커뮤니케이션의 기능

1. 지식 및 정보제공 기능 : 의사결정(decision making)에 도움

구성원이 어떻게 하면 높은 성과를 달성할 수 있는지에 대한 지식을 제공. 조직 내 개인 및 집단이 의미 구축(sensemaking)과 의사결정을 하는 데 필요한 정보를 제공하는 기능. 의사결정을 위한 각종 대안들(alternatives)에 대한 정보, 이들을 평가하는 데 필요한 정보 등이 전달

2. 동기부여 기능 : 리딩(leading)에 도움

동일한 능력을 가진 두 사람의 경우, 그들이 가지고 있는 모티베이션에 따라 성과는 매우 다르게 나타남. 모티베이션의 조건들에 대한 정보는 바로 커뮤니케이션에 의해 획득

3. 통제(controlling) 및 조정(coordinating) 기능 : 규범 준수(compliance gaining)에 도움

커뮤니케이션은 조직구성원들의 행동을 통제하는 기능을 함. 조직에는 계층에 따른 권한 및 공식적인 행동지침이 존재, 커뮤니케이션은 구성원들의 행동을 특정한 방향으로 움직이도록 통제. 뿐만 아니라 조직구성원 개개인들의 권한과 책임, 역할, 규범, 요구되는 성과수준 등이 명확하게 전달, 조직구성원들의 행동에 있어 허용가능한 폭을 제시해주고 사회적 태만(social loafing)을 줄이는 역할

4. 감정표출 및 대인관계 형성 기능 : 공감(sympathy)에 도움

개인은 타인과 교류하며 자신의 사회적 욕구를 충족. 감정표출 기능을 통해 조직구성원들이 서로를 보다 더 잘 이해할 수 있게 하고, 감정 소통을 통해 팀 구성원들의 응집력(cohesiveness)을 높일 수 있음

III. 커뮤니케이션 과정 및 네트워크

1. 커뮤니케이션 과정 : 개인(구성원들) 간 메시지가 오고가는 과정

라스웰(Harold D. Lasswell)은 1948년 SMCRE(sender, message, channel, receiver, effect) 단순화된 커뮤니케이션 원리 모델을 만들었음. ① 누가 보내는가?(sender), ② 무엇을 보내는가?(message), ③ 어떤 수단을 사용하는가?(channel), ④ 누구에게 보내는가?(receiver), ⑤ 어떤 영향을 미치는가?(effect)에 답하기 위한 과정

(1) 개요

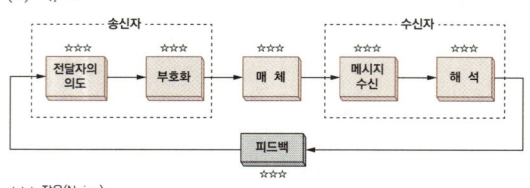

★★★ 잡음(Noise)

(2) 송신자(communicator)의 의도	아이디어 제공, 정보 전달을 시도하는 사람. 송신자의 전달 의도가 커뮤니케이션 시발점
(3) 부호화(encoding)	Shannon. 부호화 과정에서는 전달자의 의도를 반영해 줄 수 있는 적절한 매개수단이 필요한데 대개가 언어를 사용하고 있으나 비언어적인 상징도 많이 사용(예 : 표정, 신호, 제스쳐, 그림, 숫자, 이모티콘 등)
(4) 메시지(message) 및 매체(channel)	메시지란 전달자가 수신자에게 전하려는 내용이며, 부호화의 결과. 매체란 부호화된 의사가 수신자에게 전달될 때 사용되는 경로. 전달내용에 맞는 매체 선정해야 정확하고 효과적인 커뮤니케이션
(5) 메시지 수신(receive) 및 해석(decoding)	해석(decoding)이란 어느 정도는 기술적인 문제로, 수신자의 해석능력과 관련. 수신자는 자신의 과거 경험이나, 준거의 틀(frame of reference)에 근거하여 부호화된 메시지를 해석. 효과적 커뮤니케이션 위해 송신자는 수신자 지향적이어야 함
(6) 피드백(feedback)	쌍방향 커뮤니케이션 필요
(7) 잡음(noise)	위버(W. Weaver). '원활한 커뮤니케이션을 방해하는 요소'로 이를 제거하지 않으면 원활한 커뮤니케이션이 이루어지지 못하게 됨. 물리적·심리적 잡음

2. 커뮤니케이션 네트워크(communication network) : 집단(여러 구성원 간)의 정보·의견·감정의 흐름 (관계망)

(1) 커뮤니케이션 네트워크	조직 내 구성원 간의 커뮤니케이션 경로의 구조를 뜻하는 말. 집단이나 조직에서 정보가 오가는 길은 이미 정해져 있기 마련인데 이 길들의 집합을 의미하는 것

(2) 커뮤니케이션 네트워크의 유형

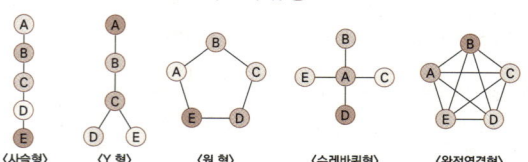

〈사슬형〉 〈Y형〉 〈원형〉 〈수레바퀴형〉 〈완전연결형〉

1) 사슬형(Chain type)	공식적인 계통과 수직적인 경로를 통해서 의사(정보)전달이 이루어지는 형태, 라인(Line)
2) Y형(Y type)	비교적 집단을 대표할 수 있는 인물이 있는 경우에 나타남. 특히 라인과 스탭의 혼합집단, 조정역인 C를 통해야만 전체 커뮤니케이션이 이루어지게 됨
3) 원형(Circle type)	위원회 조직이나 태스크 포스 조직에서와 같이 권력의 집중도 없고, 지위의 상·하도 없이 특정 문제해결을 위해서 구성된 조직에서 발생. 민주적이지만 집단사고, 차선 결정 위험

4) 수레바퀴형(Wheel or Star type)

집단 내의 특정한 리더가 있을 때 발생. 특정의 리더에 의해서 모든 정보의 전달이 이루어지기 때문에 정보가 특정 리더에게 집중되는 현상

5) 완전연결형(All Channel type)

비공식적인 커뮤니케이션 방법, 구성원 전체가 서로의 의견이나 정보를 자유의지에 따라 교환하는 형태. 창의적·참신 아이디어 산출 가능

(3) 커뮤니케이션 네트워크 유형별 효과
1) 커뮤니케이션 속도 측면
2) 커뮤니케이션의 정확도 측면
3) 구성원 만족도
4) 의사결정의 속도 측면
5) 의사결정의 수용도
6) 권한의 집중도

효과 \ 유형	사슬형 수직	사슬형 수평	Y형	원형	수레바퀴형	완전연결형
커뮤니케이션 속도	빠름	느림	보통	느림	빠름	빠름
커뮤니케이션 정확도	낮음	낮음	보통	보통/낮음	높음	높음
구성원 만족도	낮음	낮음	보통	보통	낮음	높음
의사결정 속도	빠름	느림	보통	느림	보통	빠름
의사결정 수용도	낮음	낮음	보통	높음	중간	높음
권한 집중도	높음	낮음	낮음	낮음	높음	낮음

※ 수평형 사슬형 커뮤니케이션 네트워크는 구성원들이 일렬로 배치되어 순서대로 정보를 전달하는 구조. 각 구성원이 양쪽의 인접한 사람과만 정보를 주고받을 수 있어 수직적 계층이나 중간 관리자의 개입 없이 평등하게 소통하는 특징. 이는 정보가 체계적으로 전달되지만, 중앙집권형 네트워크보다 전달 속도가 느리고 정보가 왜곡될 가능성이 있음. 주로 협동적인 과제나 의견 교환이 중요한 상황에서 활용됨

(4) 조직행동에의 시사점

하나의 커뮤니케이션 방법이 항상 옳을 수는 없음. 신속성, 정확성, 구성원의 사기, 의사결정의 신속성 등을 고려하여, 상황에 따라 이에 적절한 커뮤니케이션 유형을 선택하여 사용하는 것이 바람직

IV. 커뮤니케이션 유형 : 조직에서 발생·운용되는 정보·의견·감정의 흐름

1. 조직 차원의 커뮤니케이션

2. 공식적 커뮤니케이션(formal communication)

(1) 공식적 커뮤니케이션(formal communication)의 개념

조직에서 어떤 정보가 제공될 때 주어진 절차, 권한 및 의무관계를 바탕으로 이루어지는 것

(2) 유형 : 정보가 흐르는 방향에 따라

정보가 흐르는 방향에 따라 수직적(하향적, 상향적), 수평적 그리고 대각적 커뮤니케이션으로 구분. 그리고 조직과 조직 외부 사이의 정보 흐름인 대외적 커뮤니케이션도 있음

[공식적 커뮤니케이션의 방향]

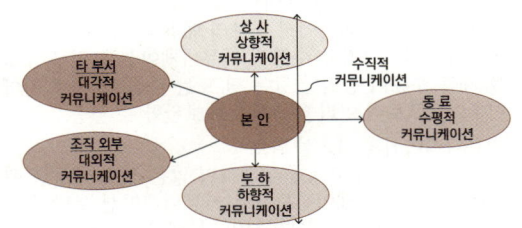

1) 하향적 커뮤니케이션(downward communication) : 수직적 커뮤니케이션

① 개념

하향적 커뮤니케이션은 조직의 위계(hierarchy) 또는 명령계통에 따라 상위계층으로부터 하위계층으로 정보가 전달되는 것. Top-down방식 내지 지시적 커뮤니케이션

② 장점	ⅰ) 조직구성원이 해야 할 일이 무엇인지를 알려주어 구성원들의 에너지를 그 방향으로 집중하도록 해주며 구성원 개인이 수행해야 하는 일의 목적이나 다른 직무와의 관계를 알려줌 ⅱ) 조직의 정책 및 방침을 전달하여 조직이 추구하는 가치가 무엇인지를 알게 해줌 ⅲ) 구성원에 대한 평가결과를 알려주어 보상에 대한 공정성 지각과 향후 구성원에게 기대되는 것이 무엇인지를 알게 해 줌
③ 단점 ⅰ) 정보의 누수 현상(information filtering)	조직의 상위계층에서 전달된 정보가 하위계층으로 내려가면서 그 내용이 일부 없어지거나 왜곡되는 경우
ⅱ) 구성원 수용성(acceptance)	지시 내용이 모호하거나 부하의 현재 상황(업무 부담, 시간 압박, 정보 과다 등)을 반영하지 못할 경우 부하의 심리적 저항이 발생
◆ 참고 : MBO(의사결정 시 하급자 참여)	

2) 상향적 커뮤니케이션(upward communication) : 수직적 커뮤니케이션

① 개념	상향적 커뮤니케이션은 조직의 하위계층으로부터 상위계층에 정보가 전달되는 것. Bottom-up 방식 커뮤니케이션
② 장점	하급자의 일선경험을 통해 조직 목표달성에 도움이 되는 많은 정보(혁신적이고 실무적인 아이디어 등)를 창출, 하향적 커뮤니케이션을 통해 제공된 정보(지시사항 등)의 문제점을 발견. 조직이 내리는 의사결정에 구성원을 참여시킴으로써 의사결정에 대한 수용성을 높일 수 있음
③ 단점	제시된 의견이 상사에 의해 수용되지 않을 경우, 부하가 무력감에 빠져 향후 상향적 커뮤니케이션에 소극적. 정보의 종류 및 양이 제한될 위험(부하는 본인에게 불리한 정보를 숨기려는 경향). 조직의 규모가 비대해지면 상향식 커뮤니케이션은 제대로 활용되지 못하는 경우가 많음. 상급자들이 때때로 하급자들의 의견이나 아이디어를 무시하여 효과를 보지 못하게 되는 경우

3) 수평적 커뮤니케이션(horizontal communication)

① 개념	수평적 커뮤니케이션이란 계층 수준이 동일한 같은 팀 혹은 다른 팀의 동료 간에 발생하는 정보의 흐름. 수평적 커뮤니케이션의 주된 〈목적〉은 업무의 조정(coordination)
② 수평적 커뮤니케이션의 장점	ⅰ) 정보의 누수 현상 감소 　수직적 커뮤니케이션은 여러 단계의 공식적 경로를 거치게 되는데, 이 과정에서 정보의 왜곡 내지 누수 현상이 발생하게 됨. 그러나 수평적 커뮤니케이션은 업무 조정을 계층 수준이 동일한 같은 팀 또는 다른 팀 동료 간에 이루어짐으로써 이러한 문제점을 보완할 수 있음. ⅱ) 커뮤니케이션의 신속성 확보 　조직의 공식적 보고체계에 의하지 않은 상호 대등한 관계에서의 커뮤니케이션으로서 커뮤니케이션 부담이 적으므로, 신속한 커뮤니케이션이 가능하고 문제해결의 타이밍(timing)을 맞출 수 있음 ⅲ) 팀 간 또는 부서 간 잠재적 갈등 방지 　팀 간 혹은 부서 간 발생할 수 있는 잠재적 갈등을 원활하고도 직접적인 정보 교환을 통해 사전에 방지할 수 있음
③ 수평적 커뮤니케이션의 단점(장애요인)	부서·팀 고유 영역 침해로 인식가능, 경쟁관계

4) 대각적 커뮤니케이션(diagonal communication)	계층이 다른 타 부서 구성원과의 정보 교류. 예) 라인과 스탭 간의 커뮤니케이션, 영업팀의 A사원과 생산팀장과의 커뮤니케이션, 연말결산에서 자재팀이 결산을 할 때 자재팀 팀원들과 마케팅팀의 팀원들의 정보교환, 라인(Line) 의사결정 시에 참모(Staff)의 협조를 구하는 것
5) 대외적 커뮤니케이션(external communication)	조직의 외부 주체자 간의 정보교류

3. 비공식적 커뮤니케이션(informal communication) : 그레이프 바인(grape vine)

(1) 비공식적 커뮤니케이션(informal communication)의 개념	조직 내 어떤 위계나 권한 관계로부터 벗어난 자연발생적인 것. 대개 인간적 유대, 학연, 입사 동기 등과 같이 극히 사적인 관계에서 나타나는 커뮤니케이션. 비공식적 커뮤니케이션을 그레이프 바인(grape vine)이라고 부르기도 함. 미국의 남북전쟁 때 통신상의 장애가 많이 일어났는데, 그 이유가 전선이 나무들 사이에서 포도 넝쿨 모양으로 어지럽게 얽혀져 있었다는 데에서 유래된 것
(2) 중요성	업무와 관련된 정보를 자연스럽게 전파하는 기능을 갖고 있기 때문. 조직 평화의 필요성에 대하여 경고를 해주고, 조직문화 창조에 매개역할, 집단응집력을 높이는 역할을 할 뿐만 아니라 구성원들 간 아이디어 전달의 경로가 됨. 조직의 하부구조에서는 정보를 비공식적 커뮤니케이션을 통해서 얻는 경우가 많음
(3) 형성 원인	① 공식적 커뮤니케이션으로 전달되는 정보가 부족하거나 정보에 대한 신뢰가 낮을 때 ② 조직 내 구성원의 신분과 관련되는 새로운 제도의 도입 등 조직변화가 예상될 때 구성원들은 불안감을 갖게 되고 이를 해소하기 위한 방안 ③ 잡담, 자기만이 알고 있는 정보를 타인에게 전달함으로써 보다 긴밀한 인간관계를 형성하는 경우 ④ 조직 내 권력획득을 위한 활동으로서 정치적 행동이 존재할 수밖에 없음
(4) 순기능과 역기능	
1) 순기능	
① 공식적 커뮤니케이션을 통해 얻기 어려운 정보획득	관리자는 자신의 부하들이 조직 및 자신에 대해 어떤 태도를 가지고 있는지를 비공식적 커뮤니케이션을 통해 알게 됨. 왜냐하면 부하들은 상사에게 부정적인 얘기를 하게 되면 추후 평가에서 불이익을 받을 수도 있다고 믿기 때문에 공식적 커뮤니케이션 상에서는 듣기 좋은 말간 골라서 하는 경향이 있기 때문
② 정신적 긴장감 해소를 통한 스트레스 감소	조직구성원에게 정신적인 긴장감을 풀어주며 이를 통해 스트레스를 감소. 즉, 부하들은 동료와의 사적인 자리에서 조직 혹은 상사에 대한 불만을 토로함으로써 스트레스를 줄일 수 있는 것
③ 새로운 정책이나 정보를 빠른 시간 내에 전달	정보 전달 속도가 매우 빠르기 때문에 조직이 새로운 정책이나 기타 정보를 빠른 시간 내에 조직구성원들에게 전달하고자 할 때 매우 효과적

④ 조직변화에 대한 저항 약화

생산 공장에서 자동화 기계를 도입하여 인력 감축을 통해 인건비를 줄이고 생산성을 높이려고 할 때, 도입계획을 공식적으로 한 번에 발표하게 되면 구성원들의 감정이 격앙되어 격렬한 저항이 예상. 경영층은 비공식 커뮤니케이션 채널을 통해 조금씩 정보를 흐르게 하여 구성원들의 반응을 탐지할 수 있으며 또한 구성원들이 자주 이러한 정보를 접하게 됨으로써 심리적으로 준비할 수 있게 해줌

2) 역기능
  ① 조직의 비효율성 증가

불필요하고도 사실이 아닌 정보가 유통되는 것으로 인해 조직의 비효율성을 증가시킴. 대표적인 예가 루머

  ② 비공식적 채널로 전달되는 정보를 맹신

대개 조직구성원들은 공식적 채널을 통해 전달되는 정보보다 비공식 채널을 통해 전달되는 것을 더 신뢰하는 경향, 건전한 조직문화 형성 방해(역기능 결과)

(5) 비공식 커뮤니케이션 네트워크의 유형

[그레이프 바인의 네트워크 유형]

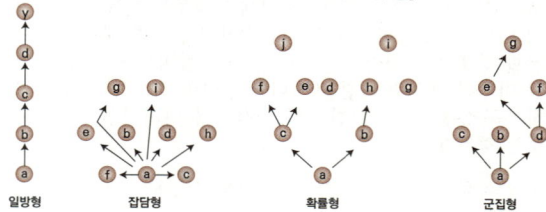

일방형   잡담형   확률형   군집형

1) 일방형(single stand network)

구성원들 사이에 단선적인 통로를 통해 정보가 전달되는 것. 정보 전달의 정확성은 떨어지지만 처음 정보를 전달받은 사람부터 마지막 사람에게까지 모두에게 정보가 전달됨

2) 잡담형(gossip network)

한 사람에 의해 여러 사람에게 정보가 전달. 정보의 내용은 직무와의 관련성이 떨어짐

3) 확률형(probability network)

커뮤니케이션의 대상자가 사전에 선택되는 것이 아니라 그때 그때 변하는 경우. 정보의 내용에 관심은 가지만 그것이 크게 중요한 것이 아닐 때

4) 군집형(cluster chain network)

정보를 전달해야 할 사람에게만 선택적으로 커뮤니케이션이 이루어지는 경우. 정보를 전달받은 사람이 임의적으로 또 다른 사람들에게 정보를 전달하는 경우. 조직에서 가장 빈번하게 발생

(6) 비공식적 커뮤니케이션의 분석기법
1) 소시오메트리(sociometry)

동료·집단·사회를 뜻하는 라틴어 '소시우스(socius)'와 측정을 뜻하는 '메트룸(metrum)'을 결합한 말로서 집단의 상호관계를 측정하는 이론과 기술. 모레노(J. L. Moreno)가 집단 행동을 진단·평가하고 개선하는데 크게 기여

  ① 소시오그램(sociogram)

관찰·검사·면접 등 여러 방법에 의해 구성원들이 서로 좋아하고 싫어하는 관계를 파악한 뒤 구성원들 사이의 선호·무관심·거부관계를 그림으로 나타낸 것

  ② 소시오메트릭스(sociometrix)

산술적 계산으로 나타낸 표. 선호관계를 1, 무관심을 0 그리고 거부관계를 -1로 표시하고, 각자의 선호신분지수(choice status index)를 파악한 다음 가장 높은 지수를 얻은 사람을 집단의 지도자로 간주

2) 사회연결망이론(social network theory)	node와 link를 통해 연결관계가 형성된다는 것을 기반으로, 사람들 간의 관계가 겉으로 드러나는 것보다 더 밀접하다는 것을 보여주는 이론. 예를 들어, 개인과 개인 간의 인간관계를 설명하려는 경우 각 개인은 노드가 되고, 그들 간의 관계를 설명해주는 선이 링크가 된다고 볼 수 있음. 이러한 경우 사회집단과 조직체 내에서 사람들이 서로 관계를 맺고 있는 형태가 연결망이 되는 것
(7) 관리자에의 시사점 : 필수불가결한 요소를 효과적으로 관리	조직·관리자는 구성원의 '신뢰'확보 중요
4. 한국 조직에서의 커뮤니케이션 문제	① "사장은 지시하고 하급자들은 보고한다"라는 말이 있을 정도로 이는 조직에서 가장 많이 발생하는 탑다운(Top-Down)의 일방적(One-way) 커뮤니케이션 현상을 상징하는 말. 효과적 커뮤니케이션은 Top-Down과 Bottom-Up이 모두 다 잘 이루어지는 양방향(Two-way) 커뮤니케이션 ② 한국인의 문화는 체면(face-saving)을 중시. 그러다 보니 윗사람의 말이 틀렸더라도 면전에서 반박하기 힘든 것이 현실 ③ 아랫사람들은 윗사람에게 잘 보여야 승진하게 되기 때문에 나쁜 정보는 윗사람에게 숨기려 하고 좋은 정보는 더더욱 좋은 것으로 포장

V. 커뮤니케이션 방법

1. 개 요	송신자 및 수신자가 자신의 메시지를 어떠한 방법으로 전달하느냐가 중요. 이러한 방법의 선택은 바로 매체(channel)의 선택
2. 언어적 커뮤니케이션(verbal communication)	
(1) 구두 커뮤니케이션(oral communication)	
1) 장 점	전달 속도가 빠르며 즉각적인 피드백이 가능. 전달자의 메시지 내용에 그치지 않고 말의 강약, 속도 그리고 목소리의 크기 등이 동시에 이루어지므로 수신자의 입장에서 메시지를 보다 더 잘 이해할 수 있음. 보다 정확하게 메시지를 이해
2) 단 점	그러나 수신자가 집중해서 듣지 않을 경우 메시지 전달에 문제가 생길 수 있고, 직접적인 구두 전달이 아닌 전자매체를 통해 구두 메시지를 남길 때 상대방이 이를 확인하였는지 즉시 알기 어려워 신속한 피드백이 용이하지 않고, 당사자 간 준거체계의 수준 이 다른 경우 이해를 돕기 위한 시간과 노력을 요하는 경우가 있을 수 있음
(2) 서면 커뮤니케이션(written communication)	
1) 장 점	오해의 소지가 적으며 특히 복잡하고 긴 커뮤니케이션에 유용. 더 신중
2) 단 점	전달 속도가 느림. 수신자로부터 즉각적인 피드백을 받는 데 한계. 메시지를 수신자가 어느 정도 이해하였는지 확인하는 데 시간이 상대적으로 많이 소요

[구두 및 서면 커뮤니케이션의 특징]

구두 커뮤니케이션	서면 커뮤니케이션
감정과 느낌을 전달함	사실을 전달함
메시지가 영구적일 필요가 없음	메시지가 영구적인 파일이 됨
긴급한 시간이 요구됨	약간의 긴급한 시간이 요구됨
피드백이 요구됨	즉각적인 피드백이 요구되지 않음
아이디어가 간단하거나 설명과 함께 간단해질 수 있음	아이디어가 복잡할 때

(3) 바람직한 매체 선택 : 매체의 정보충실도(information richness)와 상황의 복잡성(complexity)

1) 정보충실도(information richness)의 의의

특정 데이터가 내포하고 있는 정보의 양과 다양성

2) 상황의 복잡성(complexity)

예측가능하며 분명한 목표나 절차를 포함하는 내용인 경우에는 의사전달 상황의 복잡성이 낮다고 볼 수 있으나 조직변화에서와 같이 예측할 수 없는 경우에는 복잡성이 높다고 볼 수 있음

정보충실도와 상황복잡성을 두 축으로 하는 좌표를 가지고 상황에 따른 바람직한 매체의 속성을 살펴 볼 수 있음

3) 상황에 따른 바람직한 매체의 속성 선택

[상황에 따른 매체들의 커뮤니케이션 효과]

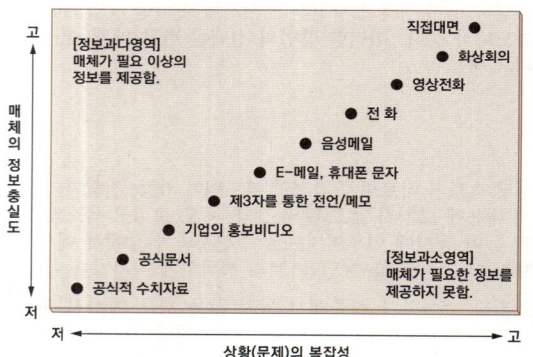

커뮤니케이션에 있어서 어떤 매체가 효과적인가는 요구되는 정보의 양과 커뮤니케이션을 통해 해결해야 할 문제의 복잡성에 따라 다름. ① 문제의 복잡성 정도가 높고 이에 따라 공유해야 할 정보가 많을 경우 커뮤니케이션의 당사자는 직접 대화(face-to-face)를 해야 효과적, ② 문제의 복잡성이 극히 낮고 요구되는 정보 또한 많지 않을 경우 수치 내지 도표가 있는 공식문서만으로도 커뮤니케이션이 충분

◆ 참고 : 전자 커뮤니케이션의 종류
1. 이메일
2. 메신저와 문자메시지
3. 네트워킹 소프트웨어(SNS)
4. 블로그
5. 화상회의

◆ 참고 : 모바일 시대의 조직 내 커뮤니케이션

〈긍정적인 측면〉은 정보공유가 원활해져 의사결정에 소요되는 시간이 많이 줄어들었다는 점. 또한 구성원들과 지리적으로 떨어져 있으면서도 관계를 유지하기 쉬워졌으며, 상하 간의 소통빈도가 많아져 위계적 질서가 어느 정도 완화. 빅데이터를 활용하여 고객정보를 보다 과학적으로 분석하여 전략수립에 활용할 수 있게 됨

〈부정적인 측면〉은 보안성이 문제. 흔히 매체 선택 시 사용의 광대역성(broadwidth)이나 상호작용성(interactivity)과 더불어 보안성(surveillance)을 중시. 광대역성이란 얼마나 다양한 유형의 정보를 폭 넓게 전달할 수 있는가를 뜻하며, 상호작용성이란 즉각적인 소통과 피드백이 가능한 정도를 의미, 보안성은 정보의 비밀유지가 용이한 정도. 모바일 시대에는 보안성이 특히 중요시. 국지적 정보가 국가적 또는

세계적으로 순식간에 확산될 수 있으므로 조직원들의 행동에 큰 변화가 생기고 있음. 상사의 비합리적인 명령, 무리한 요구, 잘못된 의사결정에 대한 평가가 쉽게 확산될 수 있으므로 인상관리(impression management)에 특별히 신경을 써야 함

네트워크 이론의 거장이자 조직이론가 마크 그라노베터(Mark Granovetter) 미국 스탠퍼드대 교수는 1973년 발표한 "약한 연결의 힘(The strength of weak ties : SWT)"에서 가족, 친한 친구 등 가까운 사람보다는 친하지는 않지만 알고 지내는 사람들에게서 실질적인 도움을 받는 경우가 더 많다는 것을 밝혔음. 다른 환경에서 생활하는 사람은 내 테두리 사람과는 다른 정보를 접하기 때문에 새로운 정보, 기회, 판단을 줄 가능성이 크기 때문. 그라노베터 교수는 실제 이직한 사람들이 어떤 경로로 새로운 직장을 알게 되었는지 실증 연구를 한 결과 27.8%가 약한 연결(weak tie)을 통해, 16.7%가 강한 연결(strong tie)을 통해, 55.6%가 중간 세기의 연결을 통해 직장을 구했음

3. 비언어적 커뮤니케이션(non-verbal communication)

(1) 비언어적 커뮤니케이션의 의의	제스처, 얼굴 표정, 눈 접촉, 복장 및 목소리의 강약 등 매우 다양
(2) 비언어적 커뮤니케이션의 특징	상대방이 이해할 때만 의미가 있다는 것. 비언어적 커뮤니케이션의 사용 방식은 성별, 연령, 사회적 지위 그리고 교육 수준에 따라 다름
(3) 비언어적 커뮤니케이션의 기능	① 언어적 커뮤니케이션의 보완 기능, ② 언어적 커뮤니케이션의 대체 기능, ③ 규제의 기능(상대방의 말이나 행동을 규제하는 것으로, 공감할 수 없는 말을 상대방이 한다거나 대화를 끝내고 싶을 때 상대방을 보지 않거나 시계를 자주 보는 경우), ④ 감정표출 기능 등
(4) 비언어적 커뮤니케이션의 종류	얼굴 표정, 시선 맞추기, paralanguage로서 대화 중에 목소리의 높낮이. 떨림, 침묵 등, 드레스 코드, 커뮤니케이션 거리, 좌석배치, 제스쳐(body language)

◆ 참고 : 머레이비언의 법칙(Mehrabian's Law)

커뮤니케이션 연구자인 앨버트 머레이비언(Albert Mehrabian)이 제안한 이론으로, 비언어적 요소가 의사소통에서 차지하는 비중을 설명. 머레이비언의 연구에 따르면, 감정적 메시지를 전달할 때 사람들이 상대방의 의도를 해석하는 데 비언어적 신호가 중요한 역할을 한다고 함

머레이비언의 법칙은 특히 호감이나 감정이 담긴 의사소통에서 메시지의 의미를 전달하는 비율을 다음과 같이 세 가지 요소로 구분
① 단어(Verbal Content) - 7% : 의사소통에 사용된 실제 단어나 언어적 내용이 차지하는 비중이 7%에 불과
② 목소리 톤(Tone of Voice) - 38% : 말의 톤, 음색, 억양 등 목소리와 관련된 비언어적 요소가 전체 메시지 해석에 38%를 차지
③ 몸짓(Nonverbal Cues) - 55% : 얼굴 표정, 몸짓, 자세 등 비언어적 신호가 전체 메시지의 55%를 전달

VI. 커뮤니케이션의 장애요인

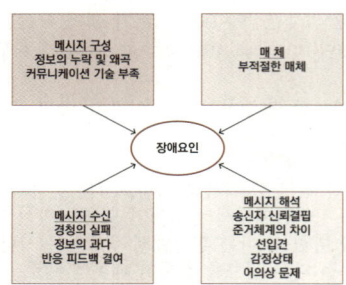

1. 메시지 구성상의 문제
(1) 정보의 누락 및 왜곡

송신자가 수신자에게 필요한 정보를 충분히 주어야 함에도 불구하고 자기에게 불리한 정보를 누락시키는 경우

(2) 커뮤니케이션 기술 부족

송신자가 메시지를 구성할 때 문장구성(문법 등)이 잘못되었거나 부적절한 단어를 사용하고 발음도 부정확할 경우 문제가 제기

2. 부적절한 매체의 사용

송신자가 메시지를 전달하는 데 적절하지 못한 매체를 사용하게 되면 수신자의 메시지 수신 자체를 어렵게 만들 뿐만 아니라 다음 단계인 메시지 해석에까지 문제를 야기

3. 수신자의 메시지 수신상의 문제
(1) 경청의 실패

메시지가 구두로 전달될 때 수신자는 이를 경청하지 않는 경우가 종종 발생함. 이는 송신자의 메시지를 선택적으로 청취(selective listening)함으로써 일어남

(2) 정보의 과다

송신자로부터 너무 많은 정보가 일시에 전달될 경우 수신자는 이를 모두 수신하는 데 한계를 가짐

(3) 반응 피드백 결여

송신자가 정보를 전달할 때 수신자가 다른 곳을 쳐다본다거나 수신이 되었음을 확인하는 뜻으로 고개를 끄덕여야 하는데 아무런 반응을 보이지 않을 경우, 송신자는 제공했던 정보가 제대로 수신되었는지 확신을 할 수 없게 되고 추가로 전달할 정보가 있을 경우에 전달을 적극적으로 하지 않게 됨

4. 메시지 해석상의 문제
(1) 송신자에 대한 신뢰 결핍

송신자가 과거 여러 차례 진실된 정보를 제공하지 않은 사례가 있을 때, 혹은 송신자가 과거에 약속을 지키지 않는 등 전반적으로 신뢰를 줄 수 없는 사람인 경우 수신자는 송신자의 메시지에 대해 신뢰하지 않음

(2) 준거체계의 차이

세대 간 준거체계는 많이 다를 수 있음. 특히 상사와 부하 간의 커뮤니케이션 상에 이러한 문제가 발생하는데 준거체계의 차이란 생활방식, 사고방식과 같은 바람직하다고 믿는 내용이 세대 간 서로 다른 경우

(3) 선입견(preconceived ideas)

선입견은 전달된 정보의 특정 내용에 대해 편견을 가지고 있는 경우에 발생. 평소에 영업팀장이 판매 부진의 원인을 제품의 품질에 있다고 믿고 있는데, 생산팀에서 제품의 품질을 옹호하는 정보를 제공할 때 이를 거부하는 경우

(4) 감정상태

메시지가 전달될 때 수신자의 감정상태가 메시지를 해석하는 데 영향을 미침. 동일한 메시지라도 기분이 좋을 때와 화가 난 상태일 때 그 해석이 다르게 나올 수 있음. 감정이 고조된 상태에서는 수신자가 메시지를 이성적이고 객관적으로 해석하는 데 실패

VII. 커뮤니케이션의 개선방안

1. 대인 간 커뮤니케이션의 개선방안

(1) 적극적 경청(active listening)

자신의 입장을 말하기 전에 상대방의 말을 우선 주의 깊게 들을 줄 알아야 한다는 것. 적극적 경청은 단순히 상대의 말을 듣는 것(hearing)과 다름. 메시지를 적극적으로 해독하고 해석하고 확인하며 듣는 것을 적극적 경청

(2) HURIER 모델(J. Brownell, 2004)

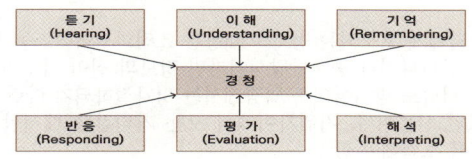

① 듣기(Hearing)는 상대방의 말에 주의를 기울이는 것, ② 이해(Understanding)는 전달되는 메시지를 이해하려 하는 것, ③ 기억(Remembering)은 앞서 보낸 메시지를 기억하는 것. ④ 해석(Interpreting)은 발신자의 메시지를 종합적으로 가감없이 판단하는 것, ⑤ 평가(Evaluating)는 메시지에 대하여 성급한 판단을 하기 전에 숙고하는 것, ⑥ 반응(Responding)은 상대방의 메시지에 주의를 기울이고 있음을 알리는 것

2. 하향식 커뮤니케이션의 개선방안

(1) 하향식 커뮤니케이션의 문제 : 정보 누수현상, 구성원의 수용성

조직 상위계층에서 전달된 정보가 하위계층으로 내려가면서 정보 누수
일방통행적 의사전달 방식으로 부하의 심리적 저항 발생

(2) 하향식 커뮤니케이션의 유효성 : 직무의 명확성

하급자들이 직무수행의 방식을 정확히 이해하도록 지원. 직무의 내용을 정확히 파악하고 있으면 상급자의 지시나 명령이 쉽고, 정확하게 전달될 수 있고 하급자의 수용도가 높아짐

(3) 개선방안

① 하급자에게 직무에 대해서 충분히 알려주어 직무가 요구하는 바를 명확히 해주어야
② 직무의 배경을 설명해 줌으로써 왜 그런 일을 해야 하는지를 이해
③ 업적과 관련된 피드백을 계속적으로 제공해줌으로써 목표추구의 효과를 높여야
④ 커뮤니케이션 경로를 다양화
⑤ 중요한 내용은 반복 전달
⑥ 공식적인 경로를 이용하고, 수신자에게 직접 전달되도록
⑦ 무엇보다도 전달일변도의 커뮤니케이션 방식을 탈피하는 것

3. 상향식 커뮤니케이션의 개선방안

(1) 상향식 커뮤니케이션의 문제 : 정보의 과적현상

하급자로부터의 전달내용이 너무 난잡하고 체계화되어 있지 않아, 단편적인 자료에 지나지 않은 경우가 많다는 것

(2) 상향식 커뮤니케이션의 유효성 : 현장감 있는 정보

하위계층의 현장감 있는 정보에 대한 효율적·효과적 커뮤니케이션 적극 활용

(3) 개선방안

1) 감별법(screening)

일반적인 자료로부터 특별히 필요한 정보를 도출해 내고, 정보 내용의 중요성과 타당성을 구분하여 전달하는 것

① 예외에 의한 관리	일상적인 행동이나 의사결정은 일정한 규범을 정하여 이에 준하도록 유도하고, 예외적이거나 특별히 중요한 사항은 간추려서 전달
② 공급 충족의 법칙	하급자에게서 상급자에게로 공급되는 정보의 양과 질을 조정한다는 것. 즉 전달되는 정보의 내용을 잘 간추려서(요약, 정리) 핵심만을 전한다든지, 전달에 소요되는 시간을 최소화한다든지 하여 공급되는 정보의 효율성을 높이는 것
③ 대기행렬 법칙	정보의 양이 많을 때 순서를 정하여 보고의 차례를 만드는 것, 정보의 '중요도'에 따라 순서적으로 전한다는 뜻에서 「대기행렬」. 전달내용은 그때 그때마다의 중요도가 변하게 되므로 상황에 맞게 순서를 재배열하여야 한다는 점
2) 조직 내 분위기를 조정하는 방법	하급자가 상급자에게 보고하는 자체에 대한 두려움을 없애는 노력이 필요. 조직의 분위기를 보다 부드럽게 유지해야 함
3) 정보의 조직화	상급자에게 보고되는 정보의 내용은 조직화되어야. 즉 내용이 산만하다거나 중구난방식이라면 정보의 질이 아무리 높다 하더라도 받아들이는 입장에서는 평가절하되기 마련. 사회적인 신분이나, 지위차이에서 오는 거리감을 배제할 수 있도록 노력해야 함
(4) 조직행동에의 적용	상황에 따라 적용의 범위를 달리해야 함

4. 수평적 커뮤니케이션의 개선방안

(1) 수평적 커뮤니케이션의 중요성	동일계층에 있는 동료들 간의 수평적 커뮤니케이션의 유효성 제고가 병행되어야 함
(2) 수평적 커뮤니케이션의 개선방법	① 작업집단 내 상급자에 대한 신뢰가 있어야 함(상급자의 신뢰가 구성원들 간 열린 소통을 촉진하기 때문. 구성원들은 자유롭게 의견을 표현하고 정보공유를 할 때 부담을 덜 느끼게 되고, 신뢰에 기반한 긍정적인 문화는 구성원들이 투명하게 소통할 수 있는 환경을 조성하게 됨) ② 단위조직 간 형평의 원리가 적용되어야 ③ 단위조직 간 정보의 원활한 교환이 이루어져야 ④ 조직구조의 변화가 신축성을 지녀야. 과정(process)중심의 조직재구성(예 : 리엔지니어링)은 수평적 커뮤니케이션을 혁신적으로 개선해 보려는 노력의 일환

5. 조하리의 창(Johari's window) 활용

제2편 제1장 Ⅰ. 3. (4) 4) 참고

제 6 장 리더십(leadership)

전략노트 pp.414-475

I. 리더십의 개념, 조건 및 중요성

1. 리더십의 개념

리더십이란 조직구성원들로 하여금 각자 비전을 가지고 자신의 능력을 모두 쏟아 그 비전을 실현하게끔 하는 것(W. Bennis). 리더십이란 집단의 구성원들로 하여금 특정목표를 지향하게 하고, 그 목표달성을 위해 실제 행동을 하도록 영향력을 행사하는 것(R. M. Stogdill)

$$B = f(P, E)$$

리더십의 행위(B)는 리더 자신의 특성(P), 부하의 특성(E_1), 상황요인(E_2)들의 상호작용 결과로 나타낼 수 있음(Lewin)

2. 리더십의 중요성

① 조직의 비전
② 인간적 신뢰
③ 충성과 지지

3. 리더의 조건

4. 리더(leader)와 관리자(manager)의 역할 비교

리 더	관 리 자
기회를 모색한다.	위험을 통제한다.
일이 발생하기 전에 준비한다.	일이 발생하면 대처한다.
조직의 규칙을 변화시킨다.	조직의 규칙을 집행한다.
성취를 유도한다.	업무를 분장한다.
비전을 창출한다.	일에 대해서 계획, 조직화, 지휘, 통제한다.
장기적 시각에서 일을 처리한다.	단기적 시각에서 일을 처리한다.

II. 리더십 특성이론(leadership trait theory) (1930~40년대)

1. 리더십 특성이론의 의의 : 리더는 타고나는 것(nature), 리더와 비리더의 구별

리더십을 성공적으로 이끄는 주된 요인이 바로 리더가 갖추고 있는 개인적인 '특성 및 자질'에 있다는 주장
'위인 이론', '자연적 리더십 이론'

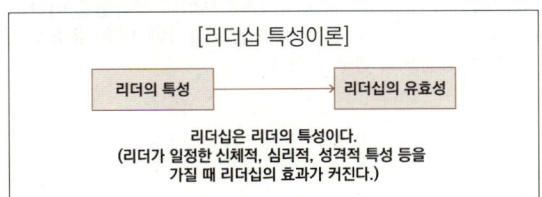

[리더십 특성이론]
리더의 특성 → 리더십의 유효성
리더십은 리더의 특성이다.
(리더가 일정한 신체적, 심리적, 성격적 특성 등을 가질 때 리더십의 효과가 커진다.)

2. 성공적인 리더가 갖추고 있는 특성들

구 분	내 용
(1) 신체적 특성	연령, 체중, 신장, 외모
(2) 사회적 배경	교육정도, 기동성, 사회적 지위, 가정배경
(3) 지 능	능력, 판단력, 결단력, 설득력
(4) 성 격	독립심, 지배력, 자신감, 적극성
(5) 과업수행특성	성취욕구, 책임욕구, 과업지향성, 내구심
(6) 사회적 특성	감독능력, 통합력, 협동성, 대인관계

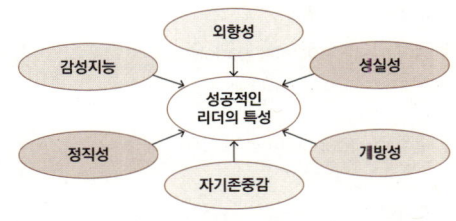

◆ 참고 : 최근 연구의 흐름
1. 빅파이브(Big Five)
2. 감성 지능(emotional intelligence)

3. 리더십 특성이론에 대한 평가

(1) 공 헌
① 특성(trait)은 쉽게 변하지 않고 유전에 의해 장기간에 걸쳐 만들어지는 것이므로 독특한 개성을 내포하여 리더십을 예측할 수 있음
② 특성이론은 효과적인 리더와 비효과적인 리더를 구분하는 것보다는, 리더와 리더십의 출현을 더 잘 예측할 수 있음
③ 리더십의 효과 및 승진을 예측하는 여러 가지 특성(능력요소)을 밝혀내는 성과를 거두었음

(2) 한 계
① 리더 특성과 리더십 유효성 간의 상관관계가 약하고 일관성이 없음
② 어떤 경우에는 리더의 특성과 유효성의 관계가 상황변수들의 존재여부에 따라 달라진다는 사실이 연구되었음
③ 초기 리더 특성 연구들은 연구 방법에 한계가 있었음. 리더 특성에 따른 유효성 검증을 위해서는, 바람직한 리더 특성을 가진 사람들과 그렇지 않은 사람들을 두 집단으로 나누어 일정 기간 동안 동일한 리더 역할을 수행하게 하고, 리더십 유효성을 비교하는 종단 연구가 필요. 그러나 초기 연구들은 리더의 특성을 하급자의 특성과 비교해 원하는 결론을 도출하려 했고, 결과적으로 리더의 선천적 특성과 리더가 된 후 발달한 특성을 구분하지 못하는 이론적 한계를 가짐

III. 리더십 행동이론(behavioral theory of leadership) (1940~60년대)

1. 리더십 행동이론(behavioral theory of leadership)의 의의와 등장배경 : 리더는 육성되는 것(nurture)

리더십에 대한 행동이론은 리더가 부하에게 보여주는 행동을 대상으로 성공적인 리더십을 밝혀내고자 하는 것
리더십을 리더가 하급자들에게 보여주는 행동 스타일(이때부터 '리더십 스타일'이란 말이 많이 쓰이기 시작했음)이라고 규정하고 리더십 스타일을 찾아내어 각각에 대한 유효성을 검증하는 방법으로 연구가 진행

```
리더의 행위 또는 관계  →  리더십의 유효성
```
리더십은 리더의 행위요 추종자와의 관계다.
(리더가 하위자들에게 특정한 행위를 보이거나
관계를 발전시킬 때 리더십의 효과가 증진된다.)

2. 주요 연구

(1) 아이오와 대학(University of IOWA) 연구(1938년)

1) 의 의
리더가 자신의 권한을 어떻게 사용하는가에 근거하여 리더 유형을 3가지로 분류

2) 리더십의 세 가지 유형

① 독재적 리더(autocratic leader)
의사결정을 일방적으로 행하며, 명령을 내리고, 보상이나 처벌을 행사할 수 있는 권한을 이용하여 부하를 지휘하는 스타일의 리더

② 민주적 리더(democratic leader)
의사결정에 부하들을 참여시키고, 목표를 투명하게 밝히며, 부하의 의견을 반영하면서 지휘하는 스타일의 리더

③ 자유방임적 리더(laissez-faire leader)
부하에게 권력이나 영향력을 거의 사용하지 않고, 부하 스스로 의사결정을 하도록 방치하는 스타일의 리더

3) 연구 결과	구성원 만족도는 민주적 리더십에서 가장 높았고, 직무수행성과는 독재형 리더십에서 가장 높았으며, 자유방임형 리더십에서는 구성원의 만족도와 직무성과가 모두 낮은 것으로 나타났음. 종합적으로는 민주적 리더십 유형의 효과성을 지지하는 결과가 많았음. 이러한 결과는 부하중심의 민주적 리더십이 대체적으로 이상적임을 시사
(2) 미시간 대학교(University of Michigan) 연구 (1940년대 후반~1950년대 초반)	
1) 의 의	어떤 리더십 유형이 집단성과를 증진시키는지를 알아내기 위해 다양한 리더에 대한 인터뷰와 설문조사를 실시하여 2개의 대표적 리더 행동 유형을 도출
◆ 참고 : R. Likert의 이론 – 시스템 Ⅳ(참여적·민주적)	
2) 리더의 유형	
① 직무중심적 리더(job-centered leader)	생산과업을 중시하여 생산방법과 절차 등 세부적인 사항에 관심을 가지며, 공식권한과 권력에 비교적 많이 의존하면서 부하들을 치밀하게 감독하는 행동 스타일의 리더
② 종업원중심적 리더(employee-centered leader)	부하의 관계를 중시하여 권한을 많이 위임하여 지원적 업무환경을 조성하고, 부하의 발전과 성장·성취 등에 관심으로 부하를 관리하는 행동 스타일의 리더
3) 연구 결과	두 가지 리더십의 유형 중 효과적인 리더십 유형을 찾고자 하였으나, 실증연구 결과 어느 유형이 항상 효과적이라고 결론내리지 못하였음
4) 평가 : 다른 연구와의 차이점	직무 중심형과 종업원 중심형을 '동일차원의 양극단'으로 보고 있다는 점. 즉, 어떤 리더가 직무중심 스타일을 갖고 있으면 그가 동시에 조직원중심의 스타일을 보여 줄 수는 없다는 관점
(3) 오하이오 주립대학(Ohio State University : OSU)의 연구 (1945년)	
1) 의 의	스토그딜(Ralph Stogdill)과 플라이쉬만(Edwin A. Fleishman)이 이끌었던 오하이오 주립대학의 리더십 연구 프로그램. 이 연구팀은 리더십스타일을 구조주도와 배려라고 하는 두 개의 독립된 차원으로 보았음. 즉, 미시간 대학 연구에서와 달리, 리더는 구조주도와 배려행위를 동시에 보일 수 있다는 관점을 취하였음
2) 측정 설문지	리더 행동 기술 설문지라고 하여 LBDQ(Leader Behavior Description Questionnaire)를 활용. 40문항으로 사용
3) 리더십의 2요인	
① 구조주도(initiating structure)	집단구성원들 간의 직위와 역할을 규정하든가 조직화하고 공식적 의사소통 채널을 설정하며 집단의 과업을 달성하는 방법을 제시하는 등과 관련된 리더의 행위
② 배려(consideration)	리더가 추종자들에게 보여 주는 쌍방의사소통, 의견수렴, 상호신뢰, 존중, 따뜻함 등의 범주에 속하는 리더의 행위
4) 리더십의 유형	Ⅰ유형은 고 구조주도형-저 배려, Ⅱ유형은 고 구조주도-고 배려형, Ⅲ유형은 저 구조주도-고 배려형, Ⅳ유형은 저 구조주도-저 배려형

	저 구조주도	고 구조주도
고 배려 (인간지향)	Ⅲ 유형 저 구조주도 고 배려	Ⅱ 유형 : 가장 바람직 고 구조주도 고 배려
저 배려	Ⅳ 유형 저 구조주도 저 배려	Ⅰ 유형 고 구조주도 저 배려

구조주도 (과업지향)

5) 연구 결과	어떤 경우에는 구조주도 성향이 주로 높은 리더가 효과적이고, 다른 경우에는 배려가 주로 높은 리더가 효과적일 수 있는 것으로 나타났음. 대체로 가장 바람직한 리더십 스타일은 고 구조주도 - 고 배려형 리더인 것으로 밝혀짐
6) 이론의 공헌	① 많은 연구에서 구조주도와 배려의 유효성이 상황에 따라 달라진다는 사실을 발견하였다는 점 ② 특성이론이 리더를 확보함에 있어 선발에 의존할 수밖에 없었던데 반해 행위중심이론에서는 리더십을 교육·훈련을 통하여 개발할 수 있게 됨으로써 수많은 리더십 훈련 프로그램들이 등장하게 되었다는 점

(4) 관리격자 모델(managerial grid model) (1964년)

1) 의 의	관리격자 모델은 리더십에서 가장 효과적인 것이 무엇인가를 찾으려는 데서 시도. 블레이크(Blake)와 머튼(Mouton)은 리더십 유형을 리더가 가지고 있는 관심사가 무엇인가에 따라 구분. 각 차원을 9등분
2) 리더의 관심 ① 생산에 대한 관심(concern for production)	리더의 관심사를 집단구성원들의 성과를 극대화하는 소위 생산(production)에 초점을 맞추는 경우, 정책결정의 질, 절차와 과정, 연구의 창의성, 업무의 효율성에 관한 것
② 사람에 대한 관심(concern for people)	집단구성원들 간의 긍정적 감정을 중요시하여 팀워크(teamwork)와 만족을 강조하는 것, 조직몰입 제고, 자존심 유지, 신뢰에 근거한 책임 부여, 양호한 작업조건 배려, 긍정적인 대인관계 유지 등
3) 리더십 스타일 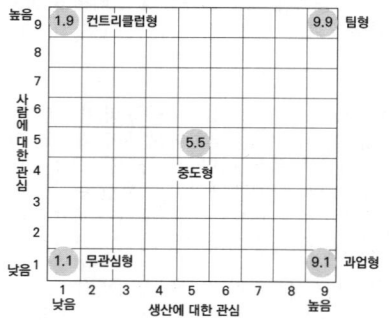	
① 1.1 : 무관심형(impoverished style)	생산에 대한 관심과 사람에 대한 관심이 모두 낮으며 이러한 유형의 리더는 요구되는 업무를 수행하는 데 노력을 최소화
② 1.9 : 컨트리클럽형(country club style)	인간에 대한 관심은 매우 높은 반면, 생산에 대한 관심은 매우 낮은 경우. 만족스러운 인간관계를 유지하기 위해 구성원들의 욕구에 깊은 관심을 보임으로써 긍정적이고 우호적인 집단 분위기와 이에 맞는 업무 진행 속도를 유지시킴. 그러나 생산에 대한 적극적인 관심이 부족하여 효과적이라 보기가 어려움
③ 9.1 : 과업형(task style)	생산에 대한 관심은 매우 높으나, 사람에 대한 관심이 매우 낮은 경우. 업무를 수행하는 데 인간적인 요소로 인한 방해가 최소화되도록 여건을 조성하는 것이 효과적 리더십이라고 믿음. 또한 이러한 스타일은 단기적으로 성과를 높일 수 있겠지만 높은 성과를 장기적으로 유지하는 데에는 한계가 있음

④ 5.5 : 중도형(middle of the road)

생산에 대한 관심과 사람에 대한 관심이 중간수준인 리더십 스타일. 최고의 성과보다는 적절한 수준에서 성과를 유지하려고 할 뿐만 아니라 구성원의 만족도 동시에 추구. 이렇게 함으로써 적절한 업무 속도와 우호적인 집단 분위기를 동시에 추구

⑤ 9.9 : 팀형(team leader)

인간과 과업 모두에 높은 관심을 가지는 경우. 이러한 스타일의 리더는 높은 수준의 성과를 내기 위해 부하들의 성과에 대한 몰입의 정도가 높아야 됨을 인식하고 구성원의 만족과 인간관계 그리고 집단의 긍정적인 분위기를 조성하는 한편 구성원들에게 성과를 강조. 팀형의 리더가 다른 유형의 리더보다 가장 성과가 높으며 이를 효과적인 리더십이라고 명명

4) 평가
① 공헌

i) 현실의 리더가 어느 좌표에 해당하는지 부하나 동료, 본인을 평가해 봄으로써 이상형에 이르기까지 부족한 부분을 보충하고자 노력하는 리더 훈련 프로그램으로 활용(실제로 기업조직에서는 그리드 세미나(grid seminar)라는 이름으로 교육훈련 프로그램으로 활용)
ii) 가장 효과적인 리더십은 이 두 가지를 모두 강조해야 한다는 점이라는 것을 주장
iii) 리더의 행동을 보다 의미 있게 분류하고자 했다는 측면에서 그 가치가 인정

② 비판

i) 이 프로그램의 유효성에 대한 실증분석결과 유효하다는 결론에 도달하지 못하였으며, 심지어 하나의 '허상(myth)'이라는 비난까지 받고 있는 실정
ii) 팀형 리더십이 모든 상황에서 가장 효과적인 리더십인가에 대한 검증작업이 다수 실시되었으나 결과가 일관되게 보고되지 않고 있음

(5) PM 리더십 모형(PM leadership model) (1966년)
1) 의의

오하이오 주립대학 연구에서의 구조주도와 배려는 미국에서 일본으로 전해지면서 일본학자들에 의해서 나름대로 각색되어 '성과지향(Performance orientation : P) 과 '유지(관계)지향(Maintenance orientation : M)' 등의 용어로, 일본 오사카대학의 '미스미 교수'가 리더십 훈련 프로그램으로 개발

미스미는 pm(저 성과 - 저 관계지향), pM(저 성과 - 고 관계지향), Pm(고 성과 - 저 관계지향), PM(고 성과 - 고 관계지향)의 4개 리더십 유형으로 분류

2) 리더십 모형

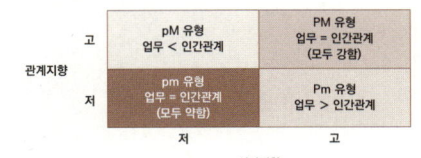

※ 대문자 P와 M은 각 행위에 치중한다는 뜻임

3) 연구 결과

PM형 리더가 집단사기와 성과 측면에서 가장 우수하다는 결론이 도출. 성과지향(P)은 효과적 리더십에 필수적이지만 같은 강도의 관계지향 성향(M)이 동반되지 않으면 리더의 성과지향적 행위를 집단구성원들이 압력 또는 통제로 해석하게 되어 유효성을 거둘 수 없음
성과에 대한 강조와 함께 관계노력이 주어지면(즉, PM형) 추종자들은 리더의 성과지향적 행동을 지시나 압력으로 해석하기보다는 계획수립을 도와주고 뭔가 전수해주기 위한 행동으로 평가한다는 것

4) 시사점

기존의 이론들이 일본으로 건너가 새로운 용어를 얻었을 뿐만 아니라 일본인들을 대상으로 나름대로의 실증적 검증이 이루어졌다는 점. 미스미 학자는 PM형 리더가 집단사기(morale)와 성과 측면에서 가장 우수하다는 결론

3. 특성이론과 행동이론의 차이점

〈리더십 특성이론〉이 리더를 확보함에 있어 선발에 의존, 〈리더십 행동이론〉에서는 리더십은 개발할 수 있다고 봄으로써 이론에 기반한 다양한 리더 훈련 프로그램이 등장. 리더 행동들과 집단구성원의 성과와의 관계는 대체로 의미 있다는 것이 검증되었으나 그 관계가 아주 명확하지는 않았음. 그 이유로 리더의 행동이 부하에게 전달되는 과정에서 상황요소가 이 관계에 영향을 미칠 수 있다는 것이 확인되기 시작하였으며 이러한 상황요소를 밝히려는 연구가 이어졌는데, 이는 리더십 이론의 상황적 접근법으로 정립됨

Ⅳ. 리더십 상황이론(contingency theory of leadership) (1970년대 이후)

1. 리더십 상황이론(contingency theory of leadership)의 의의

(1) 의의와 등장배경

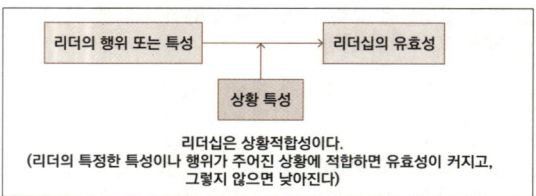

리더십 특성이론과 행동이론은 본질적으로 모든 상황에서 보편타당한 최상의 리더십을 찾으려는 노력이었음. 그러나 이론에서 제시한 내용이 논리적으로는 타당성이 인정되지만, 조직 실무에 적용했을 때 나타난 결과는 일관성을 확보하기 어려웠음. 이렇게 되자 최상의 리더십이 존재하는가에 대해 학자들은 의문을 가지게 되었고, 효과적인 리더십은 리더가 부하에게 영향력을 행사하는 과정에 존재할 수 있는 여러 상황에 의해 결정될 수 있다는 인식을 하게 되었음(McGregor는 리더십은 리더-부하와의 관계를 의미하며, 그 관계는 보편타당하지 않으며 때로는 상황에 적합한 관계를 추구해야 리더십의 유효성이 나타난다고 보았음). 이후 연구들은 '리더십 효과성(effectiveness)을 설명해 줄 수 있는 상황(situation)'을 발견하는 데 초점을 두고 진행

(2) 리더 행동의 상황변수

상황변수	구체적 예
1) 리더의 행동특성	리더행동에 작용하는 리더의 성격, 욕구, 동기, 과거의 강화작용 등
2) 부하의 행동특성	부하의 행동패턴에 영향을 주는 성격, 욕구, 동기, 과거경험, 강화작용 등
3) 과업과 집단특성	과업의 내용과 명료성, 집단의 규범, 구성원 간의 신분서열, 응집성 등 리더행동과 효과에 영향을 주는 과업의 성격과 집단요소들
4) 조직구조특성	리더의 권력기반, 규율과 절차, 준거조직구조, 기술, 의사결정상의 시간적 압박 등 리더행동과 효과에 영향을 주는 조직체 요소

2. 주요 연구

(1) 피들러(Fiedler)의 리더십 상황 모델

1) 의 의

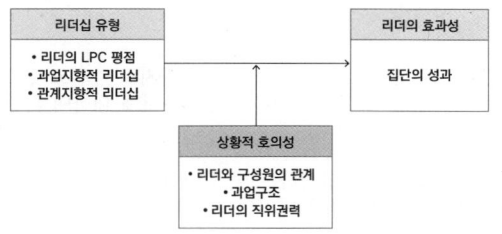

최초의 상황이론
집단의 성과(리더십 효과성)는 리더십 스타일과 리더십 상황의 호의성(好意性, favorableness) 간의 적합화(match) 정도에 달려 있다고 주장

2) 리더십 유형 : LPC 설문으로 측정

① 관계지향적(relationship-oriented) 리더십, ② 과업지향적(task-oriented) 리더십

◆ 참 고
※ LPC 점수가 64점 이상 : 관계지향적 리더십
※ LPC 점수가 57점 이하 : 과업지향적 리더십

LPC(Least Preferred Co-Worker) 점수란 리더가 과거에 함께 일하기가 가장 싫었던 사람에 대해 그 사람이 가지고 있는 특성을 설문 항목에 답하는 방식으로 측정한 것. 설문은 18개 항목들로 이루어지며 이들 항목에 대한 응답을 합한 수치가 높을수록 관계지향적 리더십에 해당, 낮을수록 과업지향적 리더십에 해당. LPC 측정방법은 과업-관계지향성의 '단일연속선(unidimensional continuum)'의 개념을 전제

3) 상황변수 : 상황적 호의성(favorableness)

① 리더-구성원 관계(leader-member relations)

리더를 신뢰하고 좋아하며 리더의 말(guidance)을 기꺼이 따르려는 정도

② 과업구조(task structure) : 집단구성원들이 각자가 해야 할 일을 명확히 알고 있는 정도

i) 과업의 요구조건들(requirements)이 얼마나 명백히 정해져 있는가 하는 것(목표명료성), ii) 어떤 과업을 수행하는데 사용될 수 있는 과업수행 방법의 수(목표-경로의 다양성), iii) 과업을 수행하고 나서 그 결과를 알 수 있는 정도(검증가능성) iv) 과업에 대한 최적의 해답이나 결과가 존재하는 정도(구체성)

③ 직위 권력(position power)

자신의 지시를 수용할 수 있게 하는 힘, 합법, 보상, 강제 권력

4) 리더십 유형과 상황 간 적합도

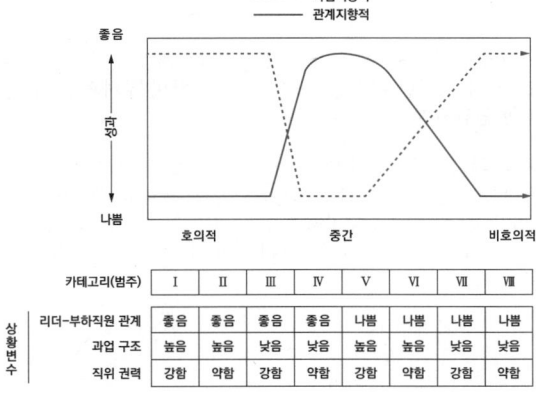

① 상황적 호의성이 중간 정도일 때에는(Ⅳ, Ⅴ, Ⅵ 상황들) 보다 관용적이고 관계지향적인 리더십 스타일이 최적, 하급자들이 리더를 보통 정도 호의적으로 대해 주고 리더가 어느 정도의 권력을 갖고 있으며 하위자들이 수행하는 과업이 약간 애매한 상황에서는 관계중심적 리더십이 최선의 결과를 낳는다는 것
② 반대로, 상황이 아주 호의적이든가(상황 Ⅰ, Ⅱ, Ⅲ) 또는 비호의적일 때(상황 Ⅶ, Ⅷ)에는 과업중심적 리더십 스타일이 최선의 성과를 가져다준다고 함

5) 이론의 평가 　① 공 헌	ⅰ) "상황"에 따라 성공적이 리더십은 다르다라는 새로운 관점을 제시한 획기적인 접근 ⅱ) 리더십의 유효성에 리더, 부하 말고도 상황변수가 존재한다는 것
② 한 계 　ⅰ) LPC 설문의 측정도구로서의 문제	시간이 흐르면서 LPC의 정의가 여러 가지로 바뀌고 있으며 피들러 자신도 LPC가 무엇을 측정하는지에 대하여 확신을 갖고 있지 못함
ⅱ) 리더 행동경향의 단일연속선(unidimensional continuum)의 한계	피들러는 리더십을 인식하는 데 있어서 관계지향적인 리더와 과업지향적인 리더를 단일연속선의 개념으로 파악
ⅲ) 자기보고(self-report) 방식의 측정문제	객관적으로 정확성을 검증할 수 없다는 문제
ⅳ) 상황변수의 선택과 적용의 문제	Fiedler가 제시한 상황이 어떤 이유로 리더십과 집단성과를 조절하는지에 대한 논리적인 해석이 미흡
ⅴ) 리더와 부하 간 관계의 변동성	리더와 집단구성원이 상호작용을 하는 과정에서 그들의 관계는 달라질 수 있음. 즉, 처음에는 리더-부하의 관계가 나쁘다가도 차차 상호관계가 개선되어 좋아질 수 있음. 이러한 경우 피들러 이론에 따르면 상황적 호의성이 변화될 때마다 최적 리더십이 달라져 리더가 교체되어야 하는 것인데 그때마다 리더를 교체하는 것이 현실적으로 어렵다는 점이 이론의 한계로 지적될 수 있음
(2) 허시와 블랜차드(Hersey & Blanchard)의 상황적 리더십 이론(situational leadership theory : SLT)	
1) 의 의	오하이오 주립대(OSU)의 연구에서 제시된 리더의 배려와 구조주도 행위가 리더십 유효성과 일관된 결과를 보여주지 못한 점에 착안하여 허시와 블랜차드(Hersey & Blanchard)는 "상황적 리더십 이론"(Situational Leadership Theory)을 발표. 특히 상황적 리더십 이론은 효과적인 리더십을 발견하는 데 있어서 부하의 성숙도(maturity : readiness)를 상황변수로 도입
2) 리더십 스타일 　① 과업행동 : OSU연구의 구조주도 행위	리더가 집단구성원들의 역할의 범위와 한계를 명확히 해주는 행동
② 관계행동 : OSU연구의 배려행위	리더가 부하와의 커뮤니케이션을 보다 개방적으로 유지하고, 부하에 대한 사회정서적인 지원을 하며 부하와 보다 긴밀한 인간관계를 유지하는 행동
3) 상황변수 : 구성원들의 성숙도(maturity : readiness)	구성원들의 성숙도에 따라 리더십 스타일의 유효성이 달라진다는 주장. 성숙도란 ① 성취욕구, ② 책임을 지려는 의지(willingness)와 능력(ability), ③ 과업과 관련된 교육과 경험 등. 즉, 성숙도란 하급자들의 일에 대한 능력과 의지

4) 상황에 따른 리더십의 효과성

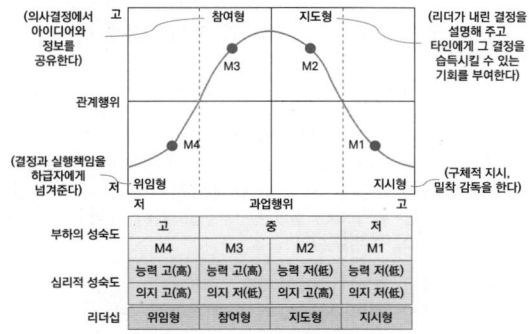

① 부하의 능력과 의지가 모두 낮은 경우(M1) : 지시형(telling) 리더

부하의 직무수행 역량이 갖추어져 있지 않기 때문에 리더가 부하에게 직무수행 방법 및 절차 등을 구체적으로 지시하고 감독하는 방법이 가장 적합

② 부하의 능력은 낮으나 의지가 높은 경우(M2) : 지도형(selling) 리더

부하는 조직에 대한 이해 및 자신의 조직에서의 정체감을 발견하고 몰입이 높아지는 단계이지만 직무가 요구하는 역량은 아직 충분히 갖추지 못한 경우 지도형(coaching) 리더 행동이 효과적

③ 부하의 능력은 높으나 의지가 낮은 경우(M3) : 참여형(participating) 리더

부하는 해당 직무가 요구하는 역량을 충분히 갖추게 되지만 수행하고 있는 직무에 대해 점차 매너리즘(manerism)에 빠지는 현상으로 참여형(participation) 리더 행동이 효과적

④ 부하의 능력과 의지가 모두 높은 경우(M4) : 위임형(delegating) 리더

부하는 성취동기에 의해 스스로 동기유발되며, 리더가 구체적인 지시를 하지 않더라도 스스로 목표를 달성할 수 있기 때문에 권한을 대폭 부하에게 위임하여야 하므로 위임형(delegating) 리더 행동이 효과적

5) 평가
① 시사점

ⅰ) 리더가 효과적인 리더십을 행사하기 위해서는 리더십 당사자인 부하의 특성에 초점을 맞추어 리더의 행동에 변화가 있어야 한다는 관점은 본질적으로 조직실무에 매우 타당한 시사점을 제공
ⅱ) 부하의 성숙도는 결국 조직 내지 리더가 이를 개발시켜야 한다는 점을 시사
ⅲ) 직관적인 호소력, 부하들의 중요성을 인식하고 리더는 부하들의 능력과 동기부여의 한계를 보상해줄 수 있다는 논리에 기초

② 한 계

ⅰ) 실증연구에 따르면 허시와 블랜차드의 이론은 반드시 성과로 이어지지 않을 수 있다는 점에서 이론적 타당성이 취약한 것으로 나타났음.
ⅱ) 개념적 차원에서 많은 비판. 성숙도 개념이 이매하고 보다 중요한 상황변수들이 제외된 채 단지 성숙도 하나의 상황변수에만 의존함으로써 지나치게 현상을 단순화시켰으며 리더행위와 유효성 간의 관계를 규정하는 가설에 대한 논리적인 배경설명이 제대로 되어 있지 않다는 것
ⅲ) 상황변수를 부하의 성숙도라는 하나의 변수로만 단순화시켰다는 비판

(3) 하우스(R. J. House)의 경로-목표 이론(path-goal theory)

1) 의 의	리더십 행동이 부하의 직무만족과 동기유발에 어떠한 영향을 미치는가를 설명하기 위하여 개발된 이론. 하우스(Robert House) 교수가 세 편의 논문을 통하여 제시. 리더의 행위가 추종자들의 동기를 유발할 수 있으려면, 추종자들의 목표성취에 방해가 되는 요소들을 제거해 줘야 하고 그들이 필요로 하는 지원과 도움을 줄 수 있어야 하며, 목표성취와 그에 따른 유의한 보상을 연결시켜줘야 한다고 주장. 즉, 목표와 보상에 이르는 경로를 다루고 있다고 하여 '경로-목표이론'이라고 작명(作名)
◆ 참고 : 피들러(Fiedler)의 리더십 상황모델과 차이점	피들러 : 리더십=특성, 단일차원 하우스 : 리더십=행위, 독립차원, 동시 여러 스타일 가능
2) 이론의 기반 : 기대이론(expectancy theory)	경로(path)를 자신이 추구하는 목표달성과정으로 보아, 기대치와 수단성, 그리고 유의성을 종합적으로 구성하면서, 효과적인 리더는 부하를 동기유발시켜 목표달성에 대한 노력을 증가시키고 성과를 향상시킬 수 있다고 봄
3) 리더십 스타일	
① 지시적 리더십(directive leadership)	규정을 마련하여 준수토록 하고 부과된 작업일정을 수립하든가 직무를 명확히 해주는 등의 행위
② 후원적 리더십(supportive leadership)	추종자들의 욕구와 복지에 관심을 보이고 언제든지 친구처럼 대해주며, 동지적 관계를 중시하는 행위
③ 참여적 리더십(participate leadership)	의사결정을 할 때 구성원들과 상의하고 그들의 아이디어를 진지하게 고려해 주는 행위
④ 성취지향적 리더십(achievement oriented leadership)	도전적 목표를 수립하고 최우수를 지향하며, 자신의 능력에 자신감을 갖도록 함으로써 추종자들이 최고의 성과를 달성할 수 있도록 하는 행위

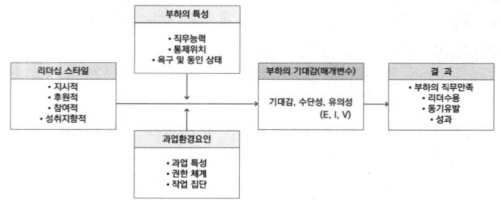

4) 상황변수	
① 부하의 특성 ⅰ) 직무능력(ability)	부하가 자신의 능력에 대하여 지각하는 정도
ⅱ) 통제위치(locus of control)	부하가 자신의 신변에 일어나고 있는 일들을 자신이 통제할 수 있다고 믿는 정도
ⅲ) 욕구 및 동인(needs and motives) 상태	부하의 내면에 있는 지배적인 욕구는 리더의 행동에 영향 미침
② 과업환경요인 ⅰ) 과업(task) 특성	부하의 과업이 구조적인 성격을 지니고 있을수록(일상적일수록) 지원적 또는 참여적 리더행동에 만족, 과업성격이 비구조적일수록(복잡할수록) 지시적 리더행동을 받아들일 것
ⅱ) 권한 체계(authority system)	방침·규율·절차·시간적 압박·불확실성 등 과업환경에 영향을 주는 요소들을 포함. 방침·규율·절차 등이 명백하고 이에 따라 과업이 수행되는 경우에는 지시적 리더가 요구되지 않지만, 비정형적 상황이나 시간적 압박이 클 때에는 참여적 리더보다도 지시적 리더행동이 요구
ⅲ) 작업 집단(work group)	작업 집단의 성숙도에 따라서 요구되는 리더십 행동이 다름

5) 적합한 리더십 유형의 선택 | 상황적 요인에 따라 요구되는 리더의 행동이 다르므로, 리더는 부하의 특성과 과업 환경요인을 고려하여 적절한 리더십 행동유형을 선택함으로써 부하의 성취동기를 자극하고 성과와 만족감을 높일 수 있어야 함

6) 이론의 평가
   ① 공 헌

i) 하우스의 이론은 한결 합리적이고 무리가 없어 보이며 리더의 다양한 스타일 선택을 전제로 했다는 점에서 진일보한 이론
ii) 리더의 성공은 부하들의 특성에도 달렸지만, 리더 스스로가 주어진 환경에 얼마나 잘 대처하느냐에 달렸다는 상황이론을 재입증
iii) 과거의 연구들보다 진일보한 측면을 보여주었으며 좀더 정교하게 다듬고 구체화시킬 필요가 있는 것으로 보여짐. 특히 '성취지향적 리더십' 개념은 최근에 각광받고 있는 변혁적 리더십이론과 접목시킬 수 있는 여지가 많음

   ② 한 계

i) 경로-목표이론은 기대이론에 근거를 두고 있기 때문에 논리상 기대이론이 갖는 한계(복잡성, 비현실성)를 벗어날 수 없음
ii) 이론 자체에 대한 개념적 혼란을 아직까지 극복하지 못하고 있음. 변수들에 대한 정의가 분명치 않고 그들 간의 인과관계 설정도 명확하지 않음
iii) 서로 다른 상황적 조절변수의 상호작용 가능성을 배제하고 있으며, 각 상황변수의 다른 측면이 리더 행동의 결과변수에 다르게 작용할 수 있다는 점을 명확하게 밝히지 못하고 있음
iv) 지금까지 모델 전체를 테스트한 결과가 없었음
v) 어떠한 상황적 특성(부하 특성과 과업환경요인) 하에서 어떤 리더십 스타일이 보다 효과적인가를 피들러만큼 구체적으로 밝히지는 못했음
vi) 리더의 동기유발 기능에 초점. 리더가 부하의 과업수행에 영향을 미치는 훈련, 조정, 조직화, 인적 자원, 설비의 효과적인 활용 등을 소홀

(4) 브룸(Vroom)·예튼(Yetton)·제이고(Jago)의 리더십 규범이론(leadership normative theory)

1) 등장배경 | 많은 기업들이 의사결정과정에 부하들을 참여시키는 것을 경영의 중심 철학으로 생각. 그러나 이와 같은 폭넓은 지지에도 불구하고 부하들을 어느 시기의 의사결정과정에 참여시키는 것이 적합한가, 또는 어떤 형태로 참여시켜야 하는가 등에 대한 문제들이 많이 연구되어 있지 않은 편. 이러한 문제에 대하여 직접적으로 답을 주고자 시도한 것이 바로 리더십 규범이론

2) 의 의 | Vroom & Yetton이 1973년 의사결정자로서의 리더의 역할에 초점을 맞춰 개발한 이론. 1988년에 그 동안의 연구결과를 종합하여 Vroom & Jago가 수정·보완. 여기서는 리더십을 '여러 가지 다른 조건에서 경영의사 결정에 종업원이 참여하는 정도'라고 정의. 일곱 가지 상황 중 어느 곳인지 먼저 파악하고 리더십의 다섯 가지 유형 중에서 알맞은 것을 선택하여 의사결정에 그만큼만 간섭하고, 부하들은 그만큼만 참여시키라는 뜻으로 리더-참여(leader-participation) 모형이라고 명명되었으며, 이때 사용하는 도구가 의사결정나무(decision tree)

리더는 이 다섯 가지 의사결정방법 중 하나를 선택하여 주어진 사안에 대하여 결정을 내리게 되는데 어떤 상황에서 어떤 의사결정방법을 선택해야 더 효과적인가를 처방하는 것이 브룸·예튼·제이고 이론의 규범적 부분

3) 리더의 의사결정 스타일

① A I (순수독단형)   Autocratic을 의미, 리더가 현재 가지고 있는 정보를 이용하여 리더가 스스로 문제를 해결하고 의사결정을 내리는 스타일

② A II (참고적 독단형)   리더가 하급자들로부터 단순 정보를 얻되, 더 이상의 하급자 참여 없이 리더 스스로 결정을 내리는 스타일. 리더가 하급자들로부터 문제 해결에 필요한 단편적 정보를 얻기는 하되, 문제를 정의하고 대안을 발견하고 평가하는 과정에 하급자들을 참여시키지는 않는다는 점. 따라서 하급자들은 문제에 대해 걱정하든가 리더와 함께 대안발견을 위해 고민할 필요가 없음

③ C I (개별참여형)   Consultative를 의미. 리더는 관련된 하급자들과 각각 개별적으로 문제를 공유하며 그들로부터 해결책에 대한 아이디어나 제안을 얻되, 하급자들을 한꺼번에 모아놓고 그룹으로 접촉하지는 않으며, 최종 의사결정은 리더가 내림

④ C II (집단참여형)   리더가 직면한 문제를 하급자들과 '그룹미팅'을 통하여 공유. 이 그룹미팅에서 하급자들의 아이디어나 제안들을 받지만 최종 결정은 리더가 내림

⑤ G II (위임형)   Group을 의미. 하급자 그룹에게 결정권한을 위임하는 경우. 리더는 직면한 문제를 하급자들과 그룹으로 공유하며 그들 스스로 대안들을 생각해내고, 평가하게 하여 모종의 해결책에 대해 의견일치를 보도록 함. 리더는 하급자 그룹에게 자기가 갖고 있는 정보나 아이디어를 제공할 수 있지만, 하급자들이 자신의 '방안'을 따르도록 '압력'을 가하지는 않으며 리더는 전체 그룹의 지지를 받는 결정을 받아들이고 실행에 옮김

명 칭	A I (순수독단형)	A II (참고적 독단형)	C I (개별참여형)	C II (집단참여형)	G II (위임형)
개 념	리더가 현재 가진 정보를 활용하여 스스로 문제를 해결함	리더가 구성원들로부터 정보를 얻되, 의사결정은 본인 스스로 내림	리더가 구성원 각각과 문제를 공유하고 아이디어나 제안을 얻되, 결정은 본인 스스로 내림	리더와 구성원이 그룹미팅을 통해 문제와 해결방안을 공유하지만, 의사결정은 리더가 스스로 내림	리더는 의사결정시 진행자 및 참여독려자의 기능만 수행하고, 실제 의사결정은 구성원 그룹에 위임함
의사결정 참여자	리더 혼자	리더와 구성원의 개별 짝(dyad)	리더와 구성원의 개별 짝(dyad)	리더와 구성원의 집단(group)	리더와 구성원의 집단(group)
의사결정 참여방식	혼자 결정	리더가 질문하면 구성원들이 응답함	구성원들이 리더와 1:1로 자료를 분석하고 대안을 추천	구성원 집단이 자료를 공유하고 분석함	구성원 집단이 자료를 공유하고 분석하여 의견일치를 이룸
의사 결정권자	리더	리더	리더	리더	구성원 집단

◆ 참고 : 유사점과 차이점

1. A(독단)와 C(참여)의 유사점과 차이점   A와 C는 리더가 최종 결정을 내린다는 점에서 유사함. 그러나 핵심적 차이점은 리더가 하급자와 문제를 공유하는가의 여부에 달려 있음

2. C(참여)와 G(위임)의 유사점과 차이점   C와 G의 유사점은 둘 다 하급자들을 의사결정에 집단으로 참여시킨다는 점. 그러나 C의 경우 리더가 하급자들에게 의견은 묻되 결정은 리더가 내리지만 G의 경우는 결정권까지도 하급자들에게 넘겨주는 것

3. CⅠ과 GⅡ의 유사점과 차이점

CI과 GII는 하급자들을 참여시킨다는 점에서 유사, GII는 집단토의는 하되 결정권은 리더가 갖는 반면, GII는 결정권을 하급자들이 가짐

4) 상황속성들(situational Attributes) : 의사결정의 질(quality)과 수용도(acceptance)

상황속성을 질문형식으로 표현하고 현안에 더하여 '예/아니오'를 가지고 응답케 함으로써 리더가 처한 구체적인 의사결정 상황을 분석

① 의사결정의 질(quality of Decisions)과 관련된 속성들

ⅰ) 속성 A[의사결정 질의 중요성]
ⅱ) 속성 B[문제와 관련된 리더의 정보수준]
ⅲ) 속성 C[문제의 구조화 여부]

② 의사결정의 수용도(acceptance of Decisions)와 관련된 속성들

ⅰ) 속성 D[하급자 수용의 중요성]
ⅱ) 속성 E[리더의 독단적 결정의 수용가능성]
ⅲ) 속성 F[하급자들의 조직목표 공유 여부]
ⅳ) 속성 G[하급자들 간에 갈등 존재 여부]

5) 리더십의 효과성 : 의사결정 나무(Decision Tree)와 처방

[의사결정 나무(Decision Tree)]

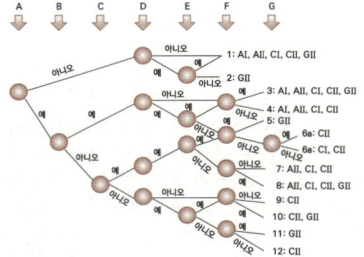

이들을 종합적으로 보았을 때 상정할 수 있는 모든 경우의 수는 $2^7=128$. 이들 128가지 경우 각각에 대하여 어느 것이 보다 효과적인지를 처방해야 하는 것은 무리가 있으므로 불필요하고 중복되는 경우들을 줄여 13가지로 줄였음. 최적 의사결정방법 처방이 도출되고 이 처방 내용이 의사결정나무의 맨 오른쪽 가지 끝에 제시

하나 이상의 처방이 내려진 경우, 주어진 처방 내의 어떤 과정을 선택함도 의사결정의 유효성 측면에서는 차이가 없음. 어느 것을 선택하는가는 리더의 철학(시간 절약 또는 육성 중 어느 것을 중시하는가)이나 가치관에 따라 달라짐

6) 이론의 평가

① 공 헌

ⅰ) 리더가 내리는 의사결정 상황에 초점을 맞추어 조직에서 존재할 수 있는 의사결정 상황들을 체계적으로 제시하였다는 측면에서 그 가치가 인정
ⅱ) 브룸은 여러 나라의 500명의 경영자들을 대상으로 한 연구에서 자신의 연구모델의 타당성을 입증
ⅲ) 결과변수도 의사결정의 질(quality)이나 결정수용도(acceptance) 등을 포함시켜 타 이론들과는 차이
ⅳ) 효과적인 리더십 행사를 위한 훈련의 중요성을 제안하여 리더의 질 높은 의사결정을 위한 훈련방향을 제시

② 한 계

ⅰ) 이 이론은 너무 복잡하여 조직에 적용하는 데 어려움
ⅱ) 리더가 의사결정을 내릴 때 리더에만 초점을 맞춘 나머지 부하와의 상호작용에 대해서는 전혀 고려하지 않는다는 점
ⅲ) 리더-참여 모형은 너무 당연한 주장임에도 불구하고, 대개의 리더는 부하의 상황은 전혀 고려하지 않고 자기만의 스타일을 고수하는 경향
ⅳ) 뿐만 아니라, 의사결정에 존재하는 다른 상황들도 고려해야 된다는 점

◆ 참고 : 리더십 상황이론의 한계점

① 리더의 보편적 역량 설정 불가능, ② 동태적 관점에서 리더의 지속적인 역할 수행 설명 불가능

V. 관계중심의 리더십 이론 : 리더-구성원 교환 이론(Leader-Member Exchange theory : LMX theory)

1. LMX 이론의 형성배경 : ALS와 VDL

(1) 평균적 리더십 스타일(Average Leadership Style : ALS)

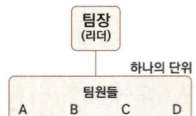

리더십을 부하들이 지각한 리더십의 합을 부하들의 수로 나눈 값으로 인식. 즉, 리더십을 부하들 개개인이 인식한 평균의 개념으로 이해(하나의 리더가 조직을 이끌어 간다는 것이 상황이론적 관점에서는 불가능하다는 논리가 적용되는 것)

(2) 수직짝 관계이론(Vertical Dyadic Linkage theory : VDL)

1) 의 의

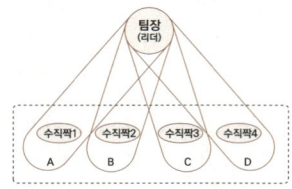

수직짝 관계이론(Vertical Dyadic Linkage theory : VDL)은 리더는 구성원들 각각과 각기 다른 관계를 발전시킨다고 전제하고 그 관계의 특성을 결정하는 원인과 결과 등을 규명

2) 내집단(in-group)과 외집단(out-group)

Dansreau 등은 리더는 부하들을 〈내집단(in-group)〉과 〈외집단(out-group)〉으로 구분하여 서로 다른 리더십을 발휘한다고 주장. 내집단 관계일 때에는 상호간에 동업자와 같은 신뢰, 존경과 호의, 공동운명의식 등을 나누어 갖게 되고 계약 외적인 행동교환이 발생함으로써 리더와 구성원 간 서로 보다 큰 영향을 주고받게 됨. 반면 외집단 관계에 해당하는 구성원에 대해서는 리더가 감독자(supervisor)의 행동을 보이게 되며, 일방적이고 하향적인 합리적 권한(legitimate power)의 행사, 공식적 역할범위 내의 관계유지 등의 행동을 보임. 공식적 역할범위 내의 관계유지 등의 행동을 보임. 상호운명적 결속력이 희박

(3) LMX(Leader-Member-Exchange) 이론으로의 발전

'리더-구성원 관계의 질(quality)'이라는 관점에서 파악하면 보다 깊이 있게 발전. 교환의 질이 높은 경우, 리더와 부하와의 관계는 상호 존경하며 신뢰가 형성되어 있는 것을 말하며, 교환관계의 질이 낮다는 것은 이러한 존중과 신뢰의 수준이 낮음을 의미

2. LMX 이론(Leader-Member Exchange theory)의 개념

리더-구성원 교환이론(Leader-Member Exchange theory : LMX theory)은 리더가 자신의 부하와 어떤 관계를 맺고 있느냐에 따라 리더의 부하에 대한 영향력 행사가 달라진다는 이론

3. 이론의 기반

① 차별(differentiation)의 개념에 기반, 쌍(dyad) 관계. 리더는 현실적으로 모든 하급자를 똑같이 취급하지 않는다고 가정
② 자기 충족적 예언(피그말리온 효과). 리더들은 최고의 성과를 낼 것이라고 기대하는 사람들에게 자신의 자원을 투자. 내집단 구성원이 가장 유능하다는 신념을 가지고 있는 리더들은 그에 걸맞은 리더십을 행사하면서 자기도 모르게 자기 충족적 예언을 실현시키는 것

4. 이론의 내용
(1) 리더-구성원 간 교환의 질 측정 및 발전 요인

[리더-구성원 교환이론]

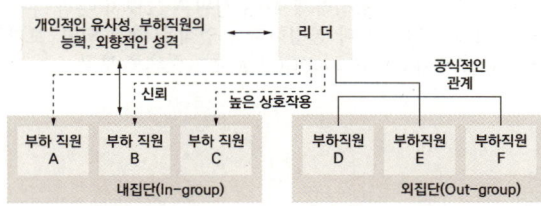

리더와 구성원 간 상호작용을 통해 은연중에 구성원들은 '내부'와 '외부'로 유형화. (ⅰ) 이 과정에서 리더와 구성원이 출신지역, 성별, 태도, 성격 특징이 유사하거나, 서로에게 호감을 느끼거나, 리더가 구성원에 대해 높은 수준의 능력을 보유하고 있는 것으로 인식할 때 그를 내집단으로 선택하게 되고, 교환의 질(quality of exchange)이 높아짐. (ⅱ) 리더-구성원 관계의 질을 측정할 때는 서로에 대한 기여(contribution), 존중(professional respect), 충성심(loyalty), 애정(affect) 등 네 가지 차원을 사용. 연구에서는 ① 상대방의 능력에 대한 상호 존중, ② 서로 간의 신뢰가 더욱 깊어질 것이라는 기대, ③ 장차 서로의 경력발전에 도움이 되리라는 믿음을 사용

(2) 집단별 특징 : 집단의 특성

리더는 내집단(in-group) 구성원들과 외집단(out-group) 구성원으로 분류하게 되는데, 내집단은 리더의 신뢰를 얻고 주의를 끌며, 우선적인 특권을 누리는 반면, 외집단은 리더와 적은 시간을 보내고 리더가 통제하는 우선적 보상을 거의 받지 못하며, 공식적인 권한 상호작용에 기초를 둔 리더-추종자 관계를 갖게 됨

(3) 집단별 직무성과와의 연관성 : 구성원의 특성

내집단(in-group)에 속하는 구성원은 리더와의 관계에 큰 부담을 느끼지 않고, 직무에 대한 책임감이 더 강하여 직무성과가 높고, 이직의도가 낮게 나타나는 반면, 외집단(out-group)에 속한 구성원은 리더와의 관계를 매우 어렵고 불편한 것으로 생각하고 직무성과가 낮게 나타나는 경향

5. LMX 이론의 발전 단계 : 그레인과 얼빙(Graen & Uhi-Bien, 1955)

(1) 이방인 단계(stranger phases) : 경제적 교환단계

리더와 해당 구성원 간의 교류가 정해진 규정이나 공식적인 필요의 한계를 넘지 않음. 계약관계나 규칙으로 정해진 일만을 수행하면 되고 직계상의 리더에 대해서 조직에서의 일반 상급자의 대우만 해주면 됨. 집단보다는 자신을 먼저 생각하고 자신의 이익을 앞세움

(2) 면식 단계(acquaintance phases) : 사회적 교환단계

리더나 하급자가 보다 밀접한 사회적 관계형성을 하자는 제안을 하면서 시작. 리더와 구성원간에 더 많은 자원과 직무나 개인적 정보가 공유되어 양자가 보다 친숙한 관계를 형성. 리더와 구성원 간에 서로가 서로를 실험하고 검증하는 단계. 이제 '나'만이 아니라 팀이나 집단의 문제에 대해서도 주의를 기울이게 됨

(3) 파트너십 단계(partnership phases) : 인간적 교환단계

리더와 구성원은 상호 남다른 신뢰와 존경, 그리고 의무감을 갖게 됨. 서로 광범위한 측면에서 영향을 주고받는 관계. 조직과 자신 모두에게 긍정적인 결과를 산출해 낼 수 있는 매우 효과적인 관계를 갖게 됨. 자기 자신보다는 집단의 이해를 더 중요시하는 경지에 이르렀음

6. 리더와 구성원 간 관계에 따른 결과
(1) 긍정적 결과 : 리더-구성원 간 관계의 질이 높은 경우

[리더-멤버 교환의 질의 결정원인과 결과]

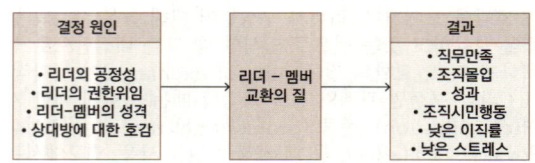

구성원의 직무성과, 만족도, 조직몰입, 조직시민행동을 높이고 이직의도를 낮추는 것으로 나타났음. 뿐만 아니라, 리더와 좋은 관계를 형성하게 된 구성원은 그렇지 못한 구성원에 비해 리더가 보다 공정하다는 인식을 하게 되며, 보다 확실한 정체성(social identity)을 갖는 것으로 보고

(2) 부정적 결과 : 리더-구성원 간 관계의 질이 낮은 경우

일부 구성원들만을 편애하는 것은 리더가 일관성이 없고 불공정하다는 비판을 받을 수 있으며, 이것이 결국 구성원들의 성과를 떨어뜨림. 리더가 구성원들을 지나치게 차별적으로 대한다는 분위기가 자리잡으면 리더와 관계가 좋은 구성원도 리더에 대한 호의적 태도를 철회. 집단구성원들이 리더와 관계가 좋은 구성원들을 따돌리거나 거리를 두려는 분위기가 만연할 때(LMX separation)도 리더와 가깝다는 사실을 숨기려 하든가 리더에 대한 호의적 태도를 철회하려는 현상이 발생

7. LMX 이론의 평가
(1) 시사점

① 상호작용 과정

리더십을 리더와 부하 간의 상호작용과정으로 보고 있음. 리더는 부하가 목표를 달성하는 과정에서 부하에 대한 행동이 하나의 유형에 고정되어 있지 않고 변화하는 것임을 시사. 즉, 리더십은 하나의 유형으로 고정되는 것이 아니라 계속 변화한다는 것

② 실증적 이론

경험적 사실을 토대로 연구되었기 때문에 조직생활을 해본 사람들이라면 누구나 공감할 수 있는 내용이며 현실적인 조직의 고민. 또한 추후 이론검증에 대한 연구에서 일반적으로 이 이론을 지지

③ 독창적인 이론

리더십의 효과성이 리더와 구성원의 교환관계에 의지하고 있다는 독창적인 이론. 조직과 경영 모두 감정을 가진 '인간'에 의하여 이루어진다는 것을 놓치지 않고 있다는 점을 의미

④ 조직구성원들의 행동지침 제시

리더십에서의 의사소통 측면을 강조함으로써 구체적으로 조직구성원들이 행동하여야 할 바를 지시

⑤ 실무적으로 전 산업분야에서 적용가능

실무적으로 전 산업분야에서 적용. 국내에서도 경영학 외에도 군사학, 정치학, 서비스 산업 등에서 LMX 이론을 사용하여 리더십의 효과성을 증명

(2) 비 판

① 부하들의 성격적 상황요인

부하들 역시 내부통제형 성격이거나 자율의지가 강할 때에만 비로소 리더-멤버 교환형의 리더십이 조직성과와 연결되는 것. 소극적이고 외부통제형이며 특별한 노력을 할 마음도 없고 따라서 특별한 대우를 바라지도 않는 부하를 내집단(in-group)으로 삼아서 특별관계를 맺으려는 리더는 실패하기 쉬움

② 차별관리로 인한 역효과

제프리 페퍼(J. Pfeffer)는 특수한 인재들이나 부하들과 특별한 관계를 유지하면서 특별대우를 하면 득보다 실이 많다고 주장. 자칫하면 나머지 대다수 부하들의 소외감을 불러일으키고 사기를 침체시킴. 이러한 차별대우가 계속되면 팀워크가 위협받고 생산성이 감소될 뿐만 아니라 파괴적인 조직문화가 형성될 위험이 큼

◆ 참고 : LMX 차별화(LMX differentiation)

(1) 개 요

최근 LMX를 '집단차원'에서 바라보기 시작. 낮은 차별화(모든 구성원들을 똑같은 관계로 발전), 높은 차별화(일부와는 친한 관계, 나머지는 공식적 관계)의 집단 성과와의 관계를 연구

(2) 긍정적 측면

리더는 제한된 자원과 시간 때문에 어차피 부하들을 차별적으로 대할 수밖에 없고, 또 그렇게 하는 것이 자원을 집중할 수 있어 팀 성과를 내는데 더 바람직하다는 것

(3) 부정적 측면

집단구성원들이 리더와 관계가 좋은 구성원들을 따돌리거나 거리를 두려는 분위기가 만연할 때(이것을 LMX 격리(separation)라고 한다)도 리더와 가깝다는 사실을 숨기려 하든가 리더에 대한 호의적 태도를 철회하려는 현상이 발생

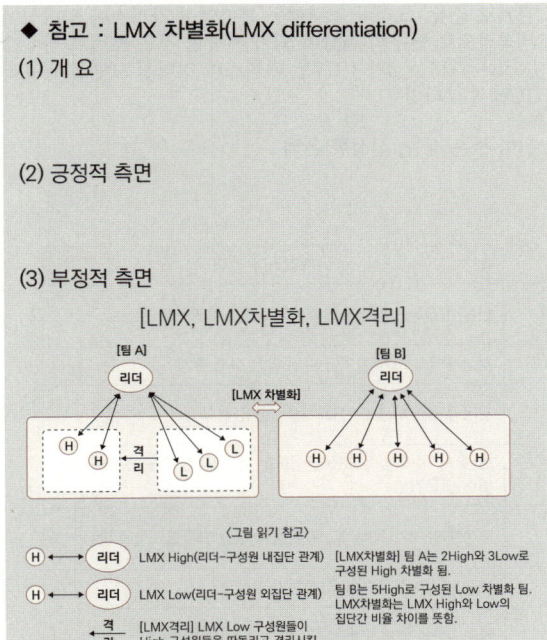

[LMX, LMX차별화, LMX격리]

VI. 최근 주목받는 현대적 리더십 이론

1. 개 요

1980년대 중반에 들어서면서 환경변화에 따라 경영학계의 화두도 변화하였음. 이러한 일반적 추세는 리더십 분야에도 그대로 이어져 변화와 관련된 여러 이론들이 등장하게 되었음

[환경의 변화에 따른 새로운 리더십 출현]

과거의 환경	새로운 환경	새로운 리더십
환경의 불확실성이 낮아 질서와 안정중시 경영가능	환경의 불확실성 증가로 변화 중시 경영 필요	카리스마 리더십 변혁적 리더십 네오카리스마적 리더십
지배계층 위주 사회로 다양한 이해집단 형성 미흡	다양한 이해집단 형성과 요구가 사회 내에서 확대	서번트 리더십 진정성 리더십 윤리적 리더십
수직적 구조와 조직문화로 집권화가 이루어짐	사회의 복잡성 증가로 분권화의 필요성 대두	임파워먼트 리더십 코칭 리더십 수퍼 리더십 셀프리더십 팔로워십
정보의 부족으로 지적 능력이 중시	정보시스템의 확대와 함께 감성적 능력 중시	감성 리더십

2. 카리스마 리더십 이론(Charismatic leadership theory)

(1) 의의

카리스마 리더십이란 부하 직원이 리더의 특정 행동을 리더의 영웅적인 혹은 특별한 능력으로 간주한다는 것을 강조하는 이론. 카리스마라는 어휘는 1920년대 사회학자인 막스 베버(Max Weber)에 의해서 제시. 그가 합법적 권위의 세 가지 형태를 전통적 권위, 법적 권위, 그리고 카리스마적 권위로 분류, 그러나 조직행동 분야에서 카리스마 리더십이 본격적으로 연구의 대상이 되기 시작한 것은 로버트 하우스(Robert House)가 1977년 카리스마 리더십 모델을 발표하고 난 후부터임

◆ 참고 : 카리스마의 어원(endowed gift) — 신이 주는 재능, 신성한 은혜

(2) 카리스마 리더와 비카리스마 리더의 행위 구분

행위요소	카리스마 리더	비카리스마 리더
현상에 대한 태도	현상태에 근본적으로 불만족하며 변화시키려고 노력함	근본적으로 현 상태에 만족하고 그것을 유지하려 함
미래의 목표	현상태를 크게 뛰어넘는 이상적 비전을 제시	현상태에서 크게 차이가 나지 않는 목표 중시
존경	관점과 비전을 공유케 됨으로써 하급자들이 존경하고 동일시 또는 모방하려 함	관점을 공유하므로 하급자들이 존경케 됨
전문성	기존의 질서를 뒤엎을 수 있는 혁신적 수단을 사용하는 데 있어 전문가로 인정받음	현 질서 하에서 목표를 달성하는 데 필요한 수단을 사용함에 있어 전문가임
환경에 대한 민감성	현상태를 변혁시키는 데 크게 필요한 환경에 대한 민감성 갖춤	현상태 유지가 목적이므로 환경적 민감성의 필요성이 낮음
명확성	미래의 비전과 리더십 동기에 있어 매우 명확함	목표도 리더십 동기도 명확하지 않음
힘의 원천	전문성, 존경, 특출한 영웅에 대한 하급자들의 칭송에 기초한 개인적 힘에 의지함	직위권한과 개인적 힘(보상, 전문성, 친분)에 기초함
리더-추종자의 관계	- 엘리트, 사업가, 행동모델 - 사람들을 변화시켜 급진적 변화를 수용토록 함	- 평범, 합의 추구 또는 지시적 - 자신의 관점을 공유하도록 하급자들을 몰아붙이거나 지시함

(3) 카리스마적 리더십의 핵심 구성요소

카리스마적인 리더는 만들어질 수 있다는 주장이 있음(개발 가능)

1) 환경민감성(sensitivity of environment) : 카리스마 리더는 현상태에 대해서 불만을 제기하고 조직이 획기적으로 성장/발전하는 데 필요한 변화의 필요성을 역설함

2) 욕구민감성(sensitivity of member's needs) : 구성원들이 갖고 있는 욕구를 면밀히 파악하여 정확히 이해하는 것

3) 전략적 비전정형화(strategic vision articulation) : 구성원들에게 비전을 제시하고 감동적으로 전파하는 일련의 행위

4) 개인위험감수(personal risk) : 리더는 비전 달성의 자신감을 보이고 미래 성과에 대한 믿음을 주며, 자기희생적 모범을 보여줌으로써 구성원들의 신뢰와 몰입을 이끌어내야 한다는 것

5) 비정형 행동(unconventional behavior) : 규범과 전통에 얽매이지 않은 자유로운 행동을 할 수 있다는 것을 보여주는 것. 행동차원의 카리스마 리더는 현상에 대해서 강한 불만을 토로하고 대안으로서 구성원들에게 미래 비전을 제시하며 자신감과 희생으로 몰입을 이끌어내어 남다른 성과를 내는 리더

(4) 카리스마적 리더의 성과달성 단계

1) 비전 설정 단계	2) 동력화 (energizing) 단계	3) 실천 단계
- 강력하고 설득력 있는 비전을 제시 - 높은 기대를 설정 - 지속성 있는 행동을 설정	- 개인적인 흥미를 보여줌 - 개인적인 자신감을 표현 - 성공사례를 찾아 활용함	- 개인적인 지원을 표현함 - 공감 - 부하들 앞에서 확신을 표현함

1) 1단계 : 비전 설정 단계

미래의 변화트렌드에 따른 비전을 명확하게 제시, 자신 및 자신이 이끄는 집단에 대해 높은 기대수준을 가지게 하며 이러한 기대에 부응하기 위한 일관성 있는 모델을 설정

2) 2단계 : 동력화(energizing) 단계

적극적인 관심 표명, 개인적 확신 그리고 성공에 대한 자신감을 통해 집단을 동력화

3) 3단계 : 실천 단계

집단에 대한 자신의 지원과 공감 그리고 믿음을 보여줌으로써 집단이 성과를 달성할 수 있도록 함

(5) 카리스마의 자아개념(self-concept) 이론
1) 의 의

하우스(House)와 콩거와 카눙고(Conger & Kanungo)에 이어 샤미어(Shamir) 등은 카리스마의 자아개념(self-concept) 이론을 제시. 이 이론은 카리스마 리더가 어떻게 추종자들을 변화시켜 기대 이상의 성과를 내고 충성하게 되는지를, 추종자들의 심리적 변화에 초점을 두어 설명

카리스마 리더와 관련하여 추종자들의 자아개념은 네 가지 형태로 변화되어 나아감

2) 자아개념의 네 가지 형태 변화

[추종자 자아개념 변화단계]

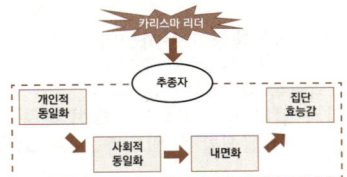

① 개인적 동일화

개인적 동일화란 추종자가 리더의 행동을 모방하고 그(그녀)의 태도를 본받아 리더처럼 되려는 것. 개인적 동일화는 추종자 개인과 리더의 관계로 국한된 현상

② 사회적 동일화

리더와 집단 전체가 같은 태도, 같은 가치관, 같은 행동을 보여주게 되는 현상. 개인은 조직을 위해서 기꺼이 자신을 희생할 준비가 되어 있으며 개인의 목표보다 조직의 목표로 앞세우게 됨. 카리스마 리더는, 이 과정에서, 조직이라는 상징체를 내세워 구성원들의 일체감을 강화시켜 나아감

③ 내면화

리더의 가치와 이념을 추종자들이 자신의 것으로 받아들이는 것. 리더와 추종자가 유사한 상황에서 유사한 판단을 내리게 되며 추종자 개인의 판단기준은 거의 소거된 상태

④ 집단효능감(collective efficacy)

집단이 특정 과업을 성공적으로 수행할 수 있는 집단능력에 대한 믿음. 카리스마 리더는 집단 전체의 효능감을 높여줌. '뭉치면 살고 흩어지면 죽는다'는 인식을 심어줌

(6) 카리스마 리더십의 효과

① 높은 신뢰, 감정적 몰입, 만족, 성과 향상, 자신감
② 카리스마 리더십이 위와 같이 항상 일관성 있는 결과를 보여주는 것만은 아니라는 주장도 있음(정치, 종교, 전쟁 시 그리고 기업의 창립 초창기와 같이 구성원의 생존을 위협하는 위기에 처해 있을 때 그 효과가 발휘)

(7) 카리스마 리더십에 대한 평가

1) 공 헌 — 카리스마 리더십은 리더십 이론의 발전과정에서 볼 때 특성이론, 행동이론 그리고 상황이론에서 제시하였던 여러 요소들을 모두 포함, 카리스마적인 리더를 조직에서 개발할 수 있는 가능성까지 제시

2) 한 계 — 리더가 카리스마를 가지고 있을 때 이를 조직의 성과달성이라는 긍정적 방향으로 사용될 수 있겠지만, 리더의 잘못된 판단으로 일을 추진할 때 부하들의 비판적인 사고 및 의견이 잠식, 카리스마적 리더는 언제나 조직의 이익을 최우선으로 삼지 않는다는 연구 결과도 있음

3. 변혁적 리더십 이론(transformational leadership theory)

(1) 변혁적 리더십 이론의 의의 — 1978년 번스(Burns)에 의해서 처음 제시되었으며 그 후 1985년 베스(Bass)가 조직상황에 맞춰 구체화함으로써 널리 알려지게 됨. 변혁적 리더십은 매슬로우의 욕구단계설(생리적 욕구, 안전욕구, 소속욕구, 자존욕구, 자아실현욕구)에서 출발. 변혁적 리더는 저차원 욕구에 얽매어 살아가는 사람들이 고차원 욕구를 추구하도록 마음속 가치체계를 변혁(transform)시키는 리더

(2) 등장배경 : 거래적 리더십의 한계점 — 변혁적 리더십 이론은 기존의 리더십 이론이 리더와 부하 간에 발생하는 거래적 관계에 초점을 맞추어 발전하였다고 보고, 이러한 관점은 한계를 가질 수밖에 없으며 이에 대한 대안으로 제시. 변혁적 리더십은 한마디로 변화와 안정의 양 축에서 변화에 초점을 맞춘 것

(3) 변혁적 리더십(transformational leadership)과 거래적 리더십(transactional leadership)과의 비교

1) 개념 상 차이
① 〈변〉 리더의 행동특성이 부하들의 자각에 의한 변화를 촉진하고 그 결과 부하들의 모티베이션 수준을 높여 성과가 향상되도록 하는 리더십
② 〈거〉 역할과 업무 요구사항을 명확히 해줌으로써 부하 직원들이 목표를 달성할 수 있도록 지도하고 동기부여해 주는 리더십

2) 구성요인들의 차이 — 영감적 동기부여(inspirational motivation), 이상적 역할 모델(idealized influence), 지적 자극(intellectual stimulation), 개별적 배려(individualized consideration)

[변혁적 리더십과 거래적 리더십 요인들]

리더십 유형	요인 이름		의 미
변혁적 리더십	카리스마	영감적 동기부여	비전 제시, 긍정과 열정의 높은 기대 전파
		이상적 역할 모델	집단이익 강조, 엄격한 윤리규범, 모범행동
	지적 자극		현상에 대해서 새로운 관점을 갖도록 자극
	개별적 배려		구성원 욕구 파악, 임파워먼트, 역량 개발
거래적 리더십	조건적 보상		임무의 만족스런 수행에 보상 제공
	예외관리	능동적 예외관리	과업 명시, 과정 관찰, 수시 개입
		수동적 예외관리	과업 명시, 문제발생 시 개입

◆ 참고 : 변혁적 리더십과 카리스마 리더십의 비교
1. 공통점 : 비전과 관련된 리더의 행동강조
2. 차이점
  ① 〈카〉 : 조직의 위기상황에 적합한 리더십. 카리스마 리더는 부하들이 자신의 생각이나 시각을 뛰어넘는 것을 바라지 않음
     〈변〉 : 자신의 생각·시각을 뛰어넘는 창의성 발휘하도록 부하 고무
  ② 〈카〉 : 리더의 특성에 의해서도 형성
     〈변〉 : 주로 행위 초점
  ③ 〈카〉 : 개인적인 매력·열정·설득력 등을 수단으로 자신을 이상화하여 강한 감정적 유대를 형성
     〈변〉 : 도덕적 미덕을 이용하여 구성원들에게 신뢰를 얻고 구성원들을 동기부여시킴

3) 목표의 차이	① 변혁적 리더십은 현상변화를 위한 노력의 일환으로 장기적 조망에서 장기목표를 위해 노력을 유도하는 동기부여에 관심(장기적 효과성), ② 거래적 리더십은 현상유지를 위한 노력으로 단기적 조망에서 기본적·가시적 보상에 의한 동기부여에 관심(리더와 구성원들의 교환관계 관점에서 단기적 효율성)
4) 리더십의 효과	Bass는 변혁적 리거십과 거래적 리더십을 측정하는 설문지인 MLQ(Multifactor Leadership Questionnaire)를 개발. 베스는 변혁적 리더십과 거래적 리더십은 양립할 수 있으나, 변혁적 리더십이 성과에 미치는 영향이 거래적 리더십보다 큼

구 분	변혁적 리더(transformational leader)	거래적 리더(transactional leader)
현 상	현상변화를 위한 노력	현상유지를 위한 노력
목표지향성	보통 현상보다 매우 높은 이상적 목표지향	현상과 너무 괴리되지 않은 목표지향
시 간	장기적 조망, 장기목표를 위해 노력을 유도하는 동기부여	단기적 조망, 기본적·가시적 보상에 의한 동기부여
동기부여 전략	고차적 욕구, 내재적 욕구충족 위주의 개인 목표설정 권장에 의한 동기부여	저차적 욕구충족 중심의 외재적 보상위주의 동기부여
행동표준	변혁적·창의적으로 새로운 시도에 도전하도록 부하를 격려	부하들에게 규칙과 관행에 따른 관리표준 설정
문제 해결	부하들이 스스로 해결책(know-why)을 찾도록 격려함	문제해결(know-how) 위주의 해답을 찾을 수 있는 곳을 알려줌

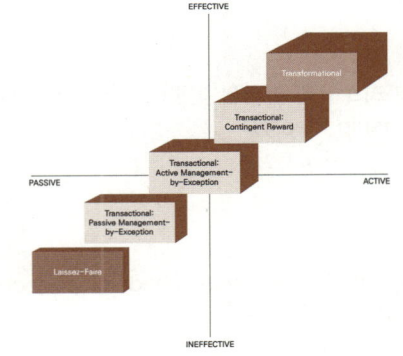

(4) 변혁적 리더십의 효과가 발생하는 과정

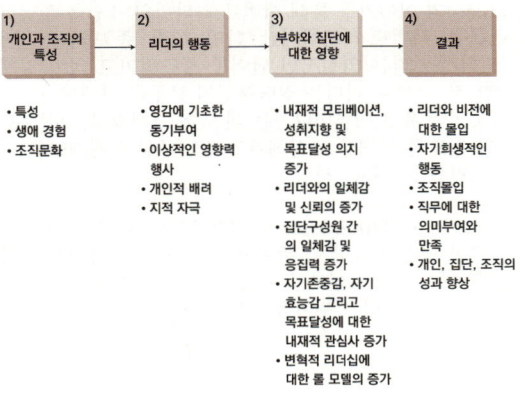

(5) 변혁적 리더십의 평가

1) 공헌

① 구성원들의 소속감, 응집력, 몰입, 효능감(potency), 직무만족, 조직시민행동, 추가노력, 성과, 리더에 대한 신뢰 등을 높이는 것으로 나타났음, ② 거래적 리더십보다 성과에 미치는 영향이 크며, 거래적 리더십을 뛰어넘어 독자적인 설명력, ③ 변혁적 리더십과 거래적 리더십은 양립할 수 있음, ④ 변혁적 리더십은 개인, 짝, 집단 등 다양한 수준에서 성립하는 것으로 나타났음

2) 비판

① 변혁적 리더십을 측정하는 설문 도구인 MLQ(Multifactor Leadership Questionnaire)는 이론이 제시하는 요소들을 완벽히 측정하지 못하는 경우가 많음. 변혁적 리더십 이론에서는 영감적 동기부여, 이상적 역할 모델, 지적 자극, 개별적 배려의 네 가지 요소를 제시하지만, MLQ에서는 요소 간 구분이 명확하지 않고 리더십 행동의 구체성이 부족하여 평가가 일관되지 않는다는 비판을 받아 타당성에 의문이 제기됨, ② 유클(Yukl)은 리더의 변혁적 행동과 거래적 행동이 개념적으로 모호한 상태로 남아있고, 자문, 위임, 민감한 정보의 공유와 같은 중요한 리더십 행동들이 반영되지 않았다고 비판, ③ 변혁적 리더십은 이를 뒷받침하는 상황 변수를 제시하지 않으며, 구성원들을 장기간 정서적 몰입으로 이끌 경우 소진(burnout)과 스트레스를 유발할 수 있다는 점을 간과하고 있음. 또한, 변혁적 리더의 "영웅적 행동"에 지나치게 치중하면, 구성원들이 집단을 함께 이끌어가는 공유된 리더십(shared leadership)의 여지가 줄어든다는 비판이 있음. 나아가 조직 내 다른 리더가 상이한 비전을 제시할 경우 역할 갈등과 역할 모호성이 발생하며, 비전 경쟁으로 협력적 분위기를 저해할 우려도 있음

4. 네오카리스마적 리더십 이론(neocharismatic leadership theory)

어떤 개인의 특수한 능력, 다시 말하면 추종자에게 극대의 몰입을 끌어낼 만한 능력을 가진 리더를 의미. 〈특징〉 ① 비전을 가지고 있으며, ② 그 비전을 실현하기 위해 위험을 감수하려는 용기가 있으며, ③ 환경적인 제약이나 부하들의 니즈(needs)에 민감하고, ④ 남이 생각하지 않는 기발하고 새로운 행동을 실행에 옮기는 것

5. 서번트 리더십 이론(servant leadership theory) (=섬기는 리더십 이론)

(1) 서번트 리더십(servant leadership)의 의의

◆ 참고 : 서번트 리더십의 어원
레오는 순례자들 사이를 돌아다니면서 필요한 것들이 무엇인지 살피고, 순례자들이 정신적으로나 육체적으로 지치지 않도록 배려했음. 레오가 사라지자 그저 심부름꾼으로만 알았던 레오가 그 교단의 책임자인 동시에 정신적 지도자이며 훌륭한 리더라는 것을 알게 되었음(서번트 리더의 전형)

서번트 리더십을 처음 언급한 그린리프(R. K. Greenleaf)는 헤세(H. Hesse)가 쓴 「동방순례」라는 책에 나오는 서번트인 레오(Leo)의 이야기를 통해 서번트 리더십의 개념을 설명한 데서 출발. 서번트 러더십이란 '하인' 내지 '종'이라는 단어와 '리더십'이라는 역설적인 단어를 창조적이고 의미 있게 결합한 것. 서번트 리더는 집단구성원 모두를 일체화시키면서 공동의 목표를 이루어나가는 데 있어 정신적·육체적으로 지치지 않도록 환경을 조성해주고 집단구성원 개개인의 성장과 계발을 도와주는 사람

(2) 개념의 전개

그린리프(R. K. Greenleaf). 권력에 정당성을 부여하는 것이 중요한 명제가 되면서, 뛰어난 능력을 가진 사람이 그것을 발휘하는 데 정당성을 부여할 수 있는 방법이 무엇인지에서 논의의 출발이 이루어졌음

(3) 서번트 리더의 목표와 특성 : 방향 제시자, 파트너, 지원자 1) 경청, 2) 동정, 3) 치유, 4) 인지, 5) 설득, 6) 개념화, 7) 예견, 8) 스튜워드십(stewardship), 9) 구성원의 성장에 몰입, 10) 공동체 형성

(4) 서번트 리더가 다른 유형의 리더와 다른 점
1) 전통적(전제적) 리더십과 서번트 리더십의 비교

	전통적(전제적) 리더십	서번트 리더십
개념	권위적이며 과업지향적인 리더십	추종자의 성장을 도우며 팀워크와 공동체를 형성하는 리더십
목표	효율적 관리	변화에 대한 대응
관심영역	일의 결과, 추진 과정 및 방법	일의 추진 시 장애요인, 추진 시 필요한 자원 및 코칭
방법	명령과 통제	합의
조직구조	중앙집권적/위계조직	분권적/수평조직
부하를 보는 관점	목적달성을 위한 수단	집단구성원 자체가 목표(임파워링(empowering))
리더와 부하의 관계	가부장적 관계	파트너 관계
권한과 책임의 위치	리더	리더와 구성원
관계의 질	복종 자신의 이미지 부각	존중, 관심 함께라는 공동체 이미지 강조
추진방식	상사 중심의 기준	다양한 추진방법을 인정
적합한 상황	안정적인 외부환경 반복적·일상적인 업무	지속적 변화가 필요한 상황 장기적인 성장 필요
생산성	양적 척도(시간, 경비, 생산량), 결과 중심의 사고	양적·질적 척도, 결과와 과정 중심의 사고
갈등 해결	판단자의 입장에서 정리 갈등과 분쟁에 대한 조정	스스로 해결하는 과정을 도움, 커뮤니케이션 능력 육성
시간 관념	시간이 없음	스스로 시간을 만듦
경쟁에 대한 시각	내부 경쟁을 조장 경쟁 매커니즘을 고안 및 활용	모두 잘 할 수 있다는 신념 리더의 서빙을 통한 커뮤니티 형성
평가	최종 결과 중심의 평가 재무적 성과 중심의 평가	노력의 정도에 대한 평가 개개인의 성장의 평가

2) 변혁적 리더십과 서번트 리더십의 비교

〈변혁적 리더〉는 조직과 조직목표달성을 위한 구성원의 몰입에 초점, 〈서번트 리더〉는 자신의 집단구성원을 우선. 즉, 서번트 리더는 조직의 목표달성이라는 결과보다도 구성원에 대한 서비스에 초점을 두는 것. 서번트 리더에게 요구되는 역할은 조직의 목표달성 이상의 것에 대한 책임이 요구되며 더 나아가 리더의 도덕성 및 자기희생으로까지의 당위성이 요구

3) 자기희생적 리더십

서번트 리더의 자기희생이 나타나는 영역으로서 부하들에 대한 업무분장, 보상분배 그리고 권한행사

(5) 서번트 리더십의 효과

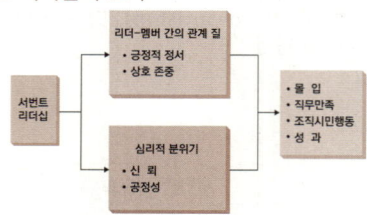

집단 내 긍정적인 정서를 형성하고 리더-멤버 간 상호존중하도록 만들어 리더-멤버 간 관계의 질을 높임. 집단 내 상호신뢰 및 공정성을 증가시켜 구성원들의 심리적 분위기가 호의적. 집단구성원의 몰입, 직무만족, 조직시민행동 및 성과를 높임

(6) 서번트로서 기업의 역할

① 기업은 새로운 구성원에게 자신의 개성을 발휘할 수 있는 기회를 주고, 역동적인 특질을 강조. ② 잠재력을 드러내지는 못했으나, 무엇인가를 하고 싶어 하는 의욕을 가진 직원들을 동기부여해야 함. ③ 누구든지 의미 있는 일을 할 권리가 있다는 사실을 인정

6. 진정성 리더십(authentic leadership) (=진성 리더십)

(1) 진정성 리더십(authentic leadership)의 의의와 등장배경 : 기업의 윤리적 스캔들

리더의 진정성을 강조하는 리더십, 명확한 자기 인식에 기초하여 확고한 가치와 원칙을 세우고 투명한 관계를 형성하여 조직 구성원들에게 긍정적인 영향을 미치는 리더십을 말함. 진정성(authenticity)이라는 개념은 원래 "너 자신을 알라"라는 그리스 철학에서 연유. 여기서 말하는 진정성은 순수하고, 투명하고, 믿을 수 있고, 가치 있고, 가식이 없으며 무엇보다도 진실한 것을 말함

진정성 리더십은 변혁적 리더십 및 서번트 리더십보다 한층 더 깊은 개인의 내면적인 측면을 다루고 있음. 진정성을 가진 리더는 일상생활에서 자신이 가지고 있는 핵심 가치, 정체성 그리고 감정 등에서 벗어나지 않고 이를 근거로 타인과 상호 작용함

〈엔론 사태〉로 대표되는 기업의 도덕적 해이, 비윤리적 부패 리더십에 대한 반성으로 새로운 리더십의 요청이 높아졌음

(2) 진정성 리더십의 핵심요소

1) 자아인식(self-awareness) — 리더가 자신의 특성을 있는 그대로 인식하는 것

2) 자아관련 정보의 편견 없는 수용(unbiased processing) — 좋든 나쁘든 자신에 관련된 정보를 진솔하게 받아들이는 것

3) 자기 내면의 신념이나 가치와 일치하게 행동하는 것, 즉 진정성 행동 — 상황이 어쩔 수 없다고 자신의 부정한 행동을 합리화하는 것은 진정성 행동이 아님

4) 진정성에 기초한 대인관계 형성(relational authenticity) — 자기 자신을 적극적으로 표출하고 상호 친근감과 신뢰감을 구축하여 상대방이 리더의 좋고 나쁜 참모습을 볼 수 있게 하는 것

(3) 진정성 리더십의 형성과정

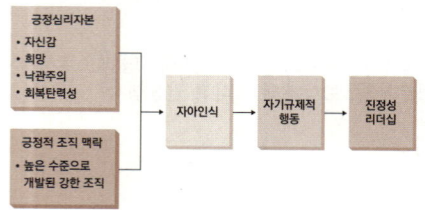

(4) 효과

조직구성원들의 조직시민행동, 리더에 대한 만족 및 조직몰입을 증가시키고 이직 의도를 감소시키는 것

(5) 진정성 리더십의 한계 : 진정성 패러독스	자신의 진정성만 좇다가 독단적 리더십이 될 가능성, 리더의 진정성을 누가 인정하느냐, 구성원이 신뢰보다 의심을 가질 수 있는 점, 역할·직무·상황의 변동에 따라 다양한 정체성을 갖게 됨, 리더 내면의 가치와 조직의 가치가 근원적으로 일치하지 않을 때 진정성 리더십 발현이 어려움
(6) 관리자에의 시사점	1인 리더십(I-리더십)은 한계가 드러나고 있으므로, We-리더십, 공유된 리더십(shared leadership) 관점으로 전환 필요

7. 윤리적 리더십(Ethical leadership)

(1) 윤리적 리더십(Ethical leadership)의 의의	개인의 행동뿐만 아니라 개인 간 관계에서 규범적으로 적절한 행동을 하고, 커뮤니케이션, 지원, 의사결정을 통해 부하들에게 그러한 행동을 장려하는 능력(Brown, 2005)
(2) 윤리적 리더십의 중요 요소	
1) 윤리적 성실성(integrity)	윤리적 품성과 인격
2) 윤리적 가치의 중요성에 대한 자각과 이를 행동과 일치시키는 능력	조직, 사회 전체의 이익에 기여하는 방식으로 일을 해야 한다는 자각을 가지고 이를 실현
3) 윤리적 동기부여 능력	공동의 목표를 성취하는 과정에서 윤리적으로 실천
(3) 윤리적 리더십의 특성	
1) 타인 존중(respect others)	리더는 구성원들의 다양한 관점과 의견을 수용하고 존중, 다른 의견도 고려할 수 있는 포용력이 필요
2) 정의(justice)	리더는 항상 공정, 모든 조직원들을 동등하게 대우
3) 정직(honesty)	지킬 수 없는 약속을 하지 않고 상황을 왜곡하여 전달하지 않으며 책임을 회피하지 않아야 함. 조직의 생존을 위해 구성원의 권리와 인격을 희생할 수밖에 없다는 논리를 펴지 않음
4) 인간적(humane)	리더의 인간적 면모와 친절성은 조직원들에게 긍정적 감흥과 영향으로 조직의 친밀도를 높일 수 있음
5) 팀 빌딩(teambuilding)	조직은 공동체 의식을 통한 공동 목표 달성이 중요하므로, 리더의 행동과 노력은 전체 조직의 공동 목표에도 영향을 주게 됨
6) 가치 인식(value awareness)	리더와 조직원 간의 정기적 대화와 소통은 서로의 가치를 공유하는 최적의 방법이 될 수 있음. 따라서 조직 내의 정기적 의사소통 방법이 존재해야 함
7) 가치 주도의 의사결정(value driven decision-making)	리더의 가치관과 신념 등이 반영. 따라서 모든 의사결정이 전체 조직의 가치에 부합하는지의 판단 기준이 중요
8) 사례를 통한 리더십(leadership by example)	리더의 기준과 행동을 통해서만이 아닌 다른 모범사례를 통해서도 조직원에게 영향
9) 윤리적 위반에 대한 무관용 원칙(no tolerance for ethical violations)	원칙의 파괴는 또 다른 위반과 변형된 결과를 만들 수 있음. 따라서 윤리적 리더는 편의성이나 예외를 인정하지 않는 원칙의 준수가 필요

(4) 윤리적 리더십의 효과	① 윤리적 리더십은 부하의 자아 개념(self-concept), 믿음, 동기부여, 태도, 행동에 영향을 미침. 윤리적 리더의 행동은 부하들이 자신의 업무를 의미 있게 여기도록 하여, 동기와 노력을 촉진하고 생산적 행동을 늘리게 함. ② 윤리적 리더십이 부하들에게 미치는 효과는 리더와의 자기 동일시(self-identification)를 통한 동기부여와 사회적 학습 과정을 통해 나타남(Den Hartog & Belschak, 2012). 윤리적 리더십은 부하들이 자기 동일시를 함양하여 업무 몰입과 신뢰를 높이며, 부하들의 윤리적 행동을 사회적 학습을 통해 촉진. ③ Den Hartog와 Brown et al.(2005)은 윤리적 리더십이 부하들이 윤리적 리더를 롤 모델(role model)로 삼고, 리더의 윤리적 성실성(integrity), 신뢰, 가치를 내면화하도록 한다고 설명함. Belschak(2012) 역시 윤리적 리더가 부하들에게 규범적 행동을 직접적으로 보여주며, 부하들은 이러한 리더를 존경하고 리더의 가치와 행동을 모방하려는 노력을 기울인다고 함. 부하들의 윤리적 가치와 아이디어의 내재화는 윤리적 리더의 효과로서 롤 모델링, 정보 교환, 보상의 제공 등을 통해 이루어짐
8. 임파워먼트 리더십(empowerment leadership)	리더가 부하에게 권한과 책임을 위임해주고, 주어진 권한과 책임을 제대로 완수해낼 수 있도록 지원하고 배려하는 등 부하의 능력을 키워주는 리더십
9. 코칭 리더십(coaching leadership)	조직에서 개인보다 팀을 강조하고 팀의 필요성이 점차 높아지면서 구성원 개개인의 능력향상보다 팀원들의 상호교류와 네트워크 그리고 구성원의 능력개발을 이끌어내는 리더십 행동이 강조. 리더는 스포츠팀의 코치처럼 행동해야 한다는 것
10. 수퍼 리더십(super leadership)과 자율적 리더십(self-leadership) (=자기 리더십)	
(1) 수퍼 리더십(super leadership) : 하급자의 자아관리 역량에 초점	추종자들이 자기 자신을 리드할 수 있는 역량과 기술을 갖도록 하는 것을 리더의 역할로 규정하는 것. 수퍼 리더십(super leadership)은 리더가 구성원들을 스스로 판단하고 행동에 옮기며 그 결과도 책임질 수 있는 셀프 리더(self leader)로 만드는 과정(Manz & Sims)
(2) 수퍼 리더십의 역할 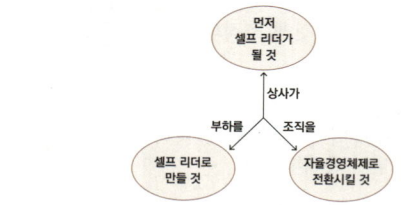	첫째, 조직에서 리더가 먼저 셀프리더가 되어 행동으로 모범을 보임으로써 부하의 대리학습(vicarious learning)을 촉진할 수 있는 모델 역할 둘째, 부하의 장래 비전과 목표의 설정을 지원하는 코치로서의 역할을 하여 구성원 개개인이 스스로를 이끌어 갈 수 있는 셀프리더(self-leader)가 되도록 셋째, 조직을 자율적으로 운영되는 체제로 전환시키는 변화담당자(change agent)로서의 역할
(3) 수퍼 리더십 모델 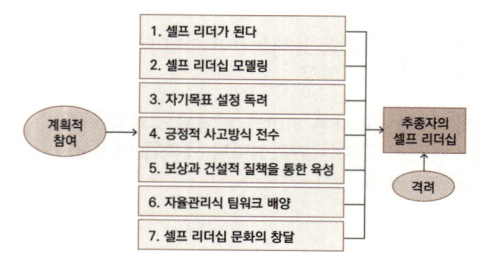	만쯔와 심스(Manz & Sims)는 Y이론에 입각해 수퍼 리더십 이론을 개발하면서 다음과 같은 모델을 가지고 이론의 전체적 윤곽을 요약. 수퍼 리더십 이론에서 조직 리더의 역할은 조직구성원 개개인으로 하여금 셀프 리더십을 갖출 수 있도록 가르치고 이끄는 것

(4) 수퍼 리더십의 효과	하급자의 조직몰입, 동기유발, 역량의 증대, 성과가 높아지고 혁신을 이룸. 셀프 리더가 다시 수퍼 리더가 될 수 있는 잠재력도 그만큼 커지게 됨
(5) 수퍼 리더십의 한계	① 고성장 욕구(high growth need)를 갖고 있지 않은 사람에게도 셀프 리더가 되고자 하는 동기를 불어 넣을 수 있는가 하는 문제 ② 셀프 리더들로 구성된 집단의 조정(coordination)문제에 대한 연구가 이루어져야 할 것
(6) 셀프 리더십(self-leadership)의 의의	셀프 리더십이란 자기가 스스로를 리드하여 자기 자신에게 지속적으로 영향을 미치는 과정(Manz & Sims, 1980; Kreitner & Kinicki, 1995)
(7) 중요성	① 노자 ② 변화의 리더십은 자기변화를 기본으로 해서 팀의 변화를 이끌 수 있고 회사 차원의 변화를 이끌 수 있음 ③ 자신을 진실로 리드할 수 있는 것은 바로 자기 자신뿐이기 때문 ④ 자율적 리더십은 우리 스스로 자신을 리드하여 참된 자신의 리더가 되는 것을 실현시키는 것
(8) 자율적 리더십을 촉진하기 위한 방법(Thought Self Leadership : TSL)	심리·인지적인 방법을 통해 자신의 사고방식(thought patterns)을 변화시키는 기법
① 신념과 가치관(beliefs and assumption) 관찰기법	기존 자신의 가치를 면밀히 뜯어보고 변화시킬 부분을 파악하고 개선해 나가는 방법
② 언어 반복(self talk)에 의한 자기암시기법	'나는 이 일을 성공적으로 수행 할 수 있다'와 같이 자신이 지향하는 모습을 단적으로 드러내는 문장들을 반복적으로 되풀이하는 것 이 때 ① 업무수행과 결과에 대해 팀원 상호 간 격려하는 자기강화(self-reinforcement), ② 자기관찰· 자기평가(self observation/evaluation), ③ 자신 및 팀의 성과 목표에 대한 기대수준을 더욱 높게 올리도록 하는 자기기대(self-expectation), ④ 자기목표의 설정(self-goal setting), ⑤ 사전연습(encourage rehearsal), ⑥ 자기비판(self-criticism)을 하는 행동 등이 포함됨
③ 상상(mental-imagery)에 의한 자기암시기법	자신이 해야할 일, 행동 등에 대해 미리 마음 속으로 연습해 보고 긍정적인 결과들을 상상하는 것

◆ 참고 : 글로벌 리더십의 유형(House)

글로벌 리더십 연구에서 House가 제시한 글로벌 리더십 유형은 다양한 문화적 배경에서 리더가 효과적으로 조직을 이끌 수 있는 특성을 설명함. 여기에는 다음과 같은 다섯 가지 주요 유형이 포함됨.
(1) 카리스마/가치중심적 리더십
(2) 팀지향적 리더십
(3) 참가적 리더십
(4) 인간지향적 리더십
(5) 자율적 리더십

11. 팔로워십(followership)

(1) 팔로워십(followership)의 등장배경과 의의

팔로워십이란 리더십 발휘의 대상인 추종자들이 공통적으로 지니고 있는 성향이나 행동양식 및 사고체계로, 리더를 도와주는 역량이나 능력이라고 할 수 있음. 켈리(Robert E. Kelley)는 '조직의 성공에 리더가 기여하는 바는 10%~20%에 불과하고 나머지 80%~90%는 팔로워가 결정한다'라는 가정 하에 팔로워십에 대한 인식을 바꿔야 한다고 주장. 즉, 팔로워를 리더의 하수인 정도로 생각할 것이 아니라 독립적이고 능동적 주체로 인식해야 한다는 것

(2) 팔로워십의 특징

1) 팔로워에 대한 인식 전환 — 단순한 리더의 하수인이 아니라 독립적이고 능동적인 주체로

2) 다수 부하의 중요성 강조 — 리더의 수보다 부하의 수가 월등히 많으므로, 부하의 조건 여하에 따라 조직의 성패가 좌우

(3) 팔로워십의 유형

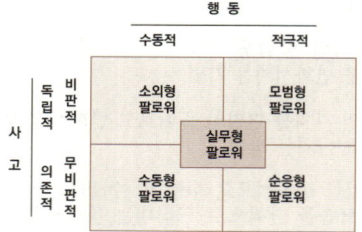

1) 소외형 팔로워 — 비판은 있으나 행동은 안 하는 유형으로 자칫 불평불만이나 텃새, 부하임을 거부하는 행동을 보일 수 있음

2) 수동형 팔로워 — 리더에게 의존하지만 실제 적극적 행동은 하지 않는 유형

3) 순응형 팔로워 — 리더에게 의존하면서 실제 행동은 적극적인 유형으로 유능한 부하일 수 있으나, 단순한 yes man이나 리더에게 아첨하는 유형일 수 있음

4) 모범형 팔로워 — 리더에게 독립적이면서 또한 적극적인 유형으로 리더에게 적극 의사를 개진하고 스스로 잘 알아서 하는 유형

5) 실무형 팔로워 — 모두의 특성을 골고루 갖춘 유형으로 상황에 따라 다른 양상을 보임

(4) 훌륭한 팔로워의 조건 – 켈리(Kelley)

① 리더가 일일이 통제하지 않아도 자기관리를 잘 하면서 스스로 계획하고 실천해 나아갈 줄 아는 부하
② 자신의 이익이나 자신의 일만을 위해 행동하는 것이 아니라 동료나 타 부서 사람들과 협조를 잘하는 부하
③ 조직에 필요한 기술과 실력을 갈고 닦아서 조직에 노력을 경주하는 부하
④ 도전적이고 정직하며 믿을만 하고 실수를 두려워하지 않으며 남에게 의존적이지 않은 부하

(5) 시사점

지금까지 간과해 온 팔로워들의 중요성을 일깨웠다는 측면에서 매우 의미 있는 발상, 향후 구체적인 이론 정립이 요청

12. 감성 리더십(emotional leadership)
(1) 감성 리더십(emotional leadership)의 의의

구성원들이 즐거운 기분으로 업무를 수행할 수 있도록 업무환경을 조성해주고 배려해주는 리더십. Peter Salovey와 John Mayer가 처음제시, 다니엘 골만(D. Goleman)이 4개의 영역으로 분류

리더십 전문가인 네프(T. J. Neff)와 시트린(P. M. Citrin)은 Lesson from the Top이라는 그들의 저서를 통해 50명의 성공한 리더가 갖춘 15가지 공통자질을 제시. 지적 능력 혹은 기술적 능력은 훌륭한 리더가 되기 위한 **필요조건**이기는 하지만 충분조건은 아니라는 것

(2) 감성 리더십의 관리영역

[감성지능의 구성요소]

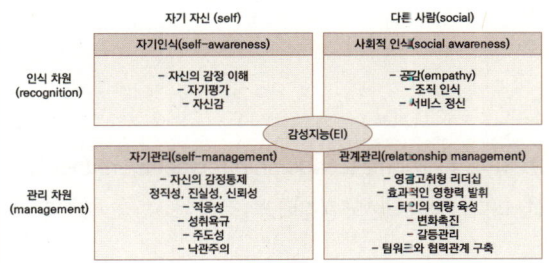

Goleman

① 자기인식(self-awareness) 능력 — 자신의 감정상태를 정확하게 인식하는 능력, 자신을 현실적으로 평가하는 능력

② 자기관리(self-management) 능력 — 자신의 감정을 관리하는 능력, 충동적인 감정을 제어하고 조정하는 능력, 상황에 대한 적절한 반응을 하는 능력

③ 사회적 인식(social awareness) 능력 — 다른 사람의 입장에서 그들의 감정을 잘 이해하고 공감하는 능력

④ 관계관리(relationship management) 능력 — 다른 사람의 감정을 이해하고 상대의 감정에 따라 적절히 대응하며 원만한 상호작용 및 긍정적 관계를 유지하는 능력을 말한다

①과 ②는 자신의 개인적 역량(personal competence)을 개발하고 관리하는 것, 나머지 ③과 ④는 사회적 역량(social competence)을 개발하고 관리하는 것

VII. 리더십 구축에 대한 도전과제 : 귀인이론, 대체이론과 중화이론

1. 리더십 귀인이론(leadership attribution theory)
(1) 리더십 귀인이론(leadership attribution theory)의 의의

콜더(calder, 1977). 리더십이 특성이기는 하지만 중요한 것은 추종자들에 의해서 리더십이 어떻게 지각되는가 하는 점이라고 주장하면서 리더십 귀인이론을 제시. 즉, 리더십이란 사람들이 다른 사람들에 대해 갖는 귀인이며, 실제로 존재하는 개념이 아니라 타인의 어떤 특성에 대해서 갖게 되는 귀인에 불과하다는 것

(2) 리더십 귀인이론의 원리

인간은 어떤 일이나 현상에 대하여 그 원인을 찾아가려는 정신적 성향. 리더가 보여주는 행동이나 그 행동의 결과에 대해서 추종자들은 끊임없이 원인을 찾게 됨. 리더의 행동과 그 결과에 대한 다른 해석이 가능하지 않을 때 "리더십 때문"이었다고 귀인하게 된다는 것

(3) 귀인 결과를 좌우하는 두 가지 요소

1) 귀인의 네 가지 규칙	리더가 어떤 행동이나 특성을 보였을 때 그 행동이 ① 특이한가(distinctiveness), ② 다른 리더들도 그런 행동을 보이는가(consensus), ③ 시간과 장소에 관계없이 일관성 있게 발생하는가(consistency), ④ 리더십 이외의 다른 특성 때문일 가능성을 배제할 수 있는가
2) 추종자들이 갖는 잠재적 리더십 이론(Implicit leadership theory)	리더에 대한 스트레오 타입으로 형성되는 개개인의 잠재적 이론이 획일적으로 적용. 종종 리더가 갖는 특성을 과대포장하여 초인화, 영웅화시키게 되면 리더십의 중요성을 실제 이상으로 과장하는 결과를 낳는다는 것
(4) 리더십 귀인이론 연구 시 고려사항	리더십 측정은 대부분 추종자들로부터 하게 되는데, 그들이 설문지에 응답을 함에 있어 사실보다는 자신들이 갖고 있는 잠재적 리더십 이론에 근거하여 응답을 하게 됨으로써 정확한 측정이 힘들어진다는 것. 따라서 한 사람의 리더십을 정확히 판단하기 위해서는 측정방법을 다양화하든가 특수한 통계적 방법을 사용하여 오류를 제거한 후 분석에 임해야 함

2. 리더십 대체이론(Leadership replacement theory)

(1) 리더십 대체이론의 등장배경	전통적인 리더십 연구는 소집단 중심의 미시적(micro) 연구였으나 근래에는 조직의 상황적 요소를 연구함에 따라 리더 행동과 조직요소 간의 연관성이 매우 높다고 인식
(2) 리더십 대체이론 의의	1978년 커와 저미어(Kerr & Jermier)에 의해서 제시. 이들은 하급자, 과업, 또는 조직의 어떤 특성들은 구조주도나 배려와 같은 리더십의 기능을 대체할 수 있고 리더십의 효과가 반감되거나 중화(무력화)될 수 있다고 주장
(3) 리더십 대체(代替)요인(substitutes) 1) 대체요인의 의의	리더의 행동을 불필요하게 하거나 중복되게 만드는 상황특징들. 좋은 리더십이란 기존의 조직구조나 보상체계를 보완해 줄 수 있는 리더십이라는 논리

2) 유형

	대체요인들	관계지향적, 지원적 리더십 또는 배려행위가 대체되는 경우	과업지향적, 수단적 리더십 또는 구조주도 행위가 대체되는 경우
하급자 요인들	1. 능력, 경험, 훈련, 지식		○
	2. 독립 요구	○	○
	3. "전문가" 지향 성향	○	○
	4. 조직의 보상에 무관심	○	○
과업 요인들	5. 명확하고 반복적임		○
	6. 방법에 따른 차이 없음		○
	7. 완성도에 대한 피드백 제공		○
	8. 내재적으로 만족을 줌	○	
조직 요인들	9. 공식화(계획, 목표, 책임소재의 명확화)		○
	10. 경직성(규칙, 절차가 엄격히 지켜짐)		○
	11. 매우 구체적이고 적극적인 자문 및 스탭 기능의 존재		○
	12. 매우 유대가 깊고 응집력이 강한 작업집단	○	○
	13. 조직의 보상이 리더의 통제 밖에 존재	○	○
	14. 상·하급자 간의 공간적 거리	○	○

(4) 리더십 중화(中和)요인(neutralizer)	중화요인이란 리더 행동의 효과성을 방해하고 감소시키거나 제한하는 상황 특징을 의미, 리더십 효과 자체를 무력화 시키는 것. 커와 저미어(Kerr & Jermier)는 현실적으로 리더의 행위를 완전히 압도할 만큼 강력한 중화요인들을 갖는 조직은 거의 없다고 주장
(5) 리더십 촉진요인(leadership enhancers)	특정의 리더행위가 가져올 수 있는 효과를 상승시켜 주는 리더십 외적요인들
(6) 리더십 보완요인(leadership supplement)	하급자들의 성과에 영향을 미치기는 하지만 리더행위의 효과를 직접적으로 마비시키든가 상승시키지는 않는 요인들. DSS(Decision Support System)의 활용. 동료들과의 훌륭한 관계
(7) 시사점	
1) 공 헌	① 전통적인 소집단 중심의 미시적 리더십 연구로부터 거시적인 연구로 확장 ② 지금까지 리더가 항상 구성원의 성과에 강한 영향을 끼치는 것으로 연구해왔으나, 리더십 외의 수많은 상황요인도 구성원의 만족도와 몰입도에 밀접한 관련이 있음을 제시
2) 한 계	① 리더십 대체이론은 최근에 발표된 것이기 때문에 현재까지 광범위한 연구가 없으며 극소수의 연구결과마저도 부분적으로만 입증되고 있는 실정 ② 최근의 연구에 따르면, 카리스마 리더십이나 변혁적 리더십에 대해서는 대체요인들이 상황변수로서 별로 영향을 미치지 못함 ③ 대체요인과 중화요인 간 차이를 구별하기 어렵고, 명확하지 않으며, 이론이 너무 복잡하다는 것이 문제점으로 지적

제 7 장 의사결정(decision making)

전략노트 pp.476-514

I. 의사결정(decision making)의 개념, 특징 및 중요성

1. 의사결정(decision making)의 의의
바람직한 목표를 달성하기 위하여 하나 혹은 그 이상의 대체안 중에서 선택하는 과정(process of choosing among alternative courses of action). 즉, 문제를 인식하고 진단하여 해결에 필요한 대안들을 찾아 평가한 후 최적의 대안을 선택하는 일련의 과정

2. 의사결정의 특징
'의식적 행동', '대안들 중에서 하나', '문제(problem)를 지각'

3. 의사결정의 중요성 : 현재 상태(as-is)와 바람직한 상태(to-be)간 차이(gap)가 존재하기 때문
① 조직의 운영은 의사결정의 연속(New Coke, Nissan)
② '의사결정의 그레샴(Gresham)의 법칙'
③ 의사결정은 자율적 조직기반을 구축하는 데 핵심적인 활동

II. 의사결정의 다양한 상황들

1. 정형화된(programmed) 정도

[계층별 정형적·비정형적 의사결정의 분포]

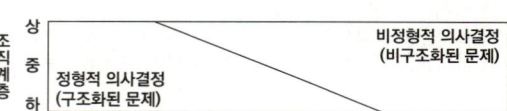

① 정형화된(programmed) 의사결정이란 매일 반복되는 상황에도 대안도 항상 준비되어 있고 항상 비슷한 방식으로 대안을 선택하는 방식
② 비정형화된(nonprogrammed) 의사결정은 예외적이고 갑작스럽게 발생하기 때문에, 조직에 선례도 없고 가이드라인도 없고 많은 경험과 창의성이 필요. 대개 조직의 하층부에서 하는 단순 직무는 정형화된 것이 많고, 상층으로 올라갈수록 비정형화된 것

[의사결정의 두 가지 유형(정형-비정형)]

특 성	정형화된 의사결정 (programmed decisions)	비정형화된 의사결정 (nonprogrammed decisions)
발생빈도	반복적, 일상적	새로운 것, 특이한 것
과업유형	단순, 일상적, 구조화된 문제	복잡, 창의적, 비구조화된 문제
결정대상	분명함, 구체적임, 단순	희미함, 애매함, 복잡함
주어진 정보	충분, 분석 쉬움	부족함, 분석 어려움
결정의 중요성	덜 중요함	중요함
결정자 신분	하급 실무층, 개인	경영진, 고위층 집단
최종 결정기한	단기적임	비교적 장기적임
결정방식	규정대로, 원칙대로 결정	판단력, 창의력 활용
과거 경험	과거의 예가 많음	과거의 예가 없음

◆ 참고 : 그레샴의 법칙(Gresham's law)

계획과 의사결정에서의 그레샴의 법칙이란 일련의 의사결정사항이 있을 경우 경영자는 통상적으로 정형적 의사결정을 먼저 하고 비정형적 의사결정을 뒤로 미루는 습관이 생기는 현상을 지칭(Steers & Black, 1994).

2. 불확실성(uncertainty) 수준

불확실성 정도가 어떠한지에 따라 의사결정은 매우 달라지는데, 이것은 여러 대안들에 대한 정보가 어느 정도 수집되어 있는지의 문제와 같으며, 결정을 실행에 옮겼을 때 바라던 대로 결과가 나올지에 관한 확률(probability) 또는 위험(risk)을 고려하여 결정한다는 것. 이러한 확률에 대한 인식은 어디까지나 주관적이기 때문에 결정주체가 누구냐에 따라 다른 대안이 선택될 수 있음

3. 자율성(autonomy) 수준

개인 의사결정보다는 조직 의사결정의 상황에서 결정권이 타인, 즉 윗사람에게 있는지 혹은 당사자인 실무자에게 주어졌는지. 허버트 사이몬(H. Simon)과 같은 학자는 관리자가 가장 합리적인 대안을 결정하여 실무자에게 주고, 실무자는 그대로 실행만해야 가장 효과적이라고 하면서, 관리가 바로 의사결정이라고 하였음. 이것이 하향조(topdown) 의사결정

4. 문제의 적용수준

[문제의 적용수준에 따른 의사결정 유형]

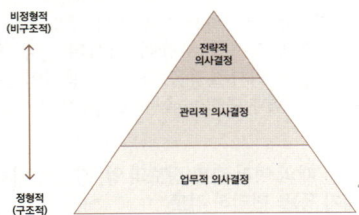

Ansoff(1965) ① 전략적 의사결정(strategic decision making)이란 주로 최고경영층에서 수행하는 기업 전체에 영향을 미칠 수 있는 장기적인 의사결정으로, 목표달성을 위해 최대한 능력을 발휘할 수 있도록 자원을 배분하는 것, ② 관리적 의사결정(administrative decision making)이란 주로 중간관리층에서 수행하는 중·단기 계획과 관련되는 의사결정, 과업능력을 최대한 발휘하기 위해 기업의 자원을 조직화하는 과정에서 조직기구의 관리에 관한 결정과 자원의 조달 및 개발에 관한 결정을 하는 것, ③ 업무적 의사결정(operational decision making)은 하위계층에서 단기적인 전략수행과 성과달성에 필요한 관리행동에 관하여 의사결정을 내리는 것으로서 현행 업무의 수익성을 극대화하는 것이 목적

III. 의사결정의 전형적 오류(A. Tversky & D. Kahneman)

1. 과신 오류(overconfidence bias)
(1) 의의 및 사례

의사결정자가 자신이 미래에 일어날 의사결정 결과들에 대해 예측을 충분히 할 수 있다고 자신의 능력을 과신할 때 일어나는 오류. ex) 자동차 운전실력, 외모, 의사, 복권

(2) 오류 극복방안

의사결정을 할 때, 시간을 충분히 가지고 자신의 판단을 보다 현실에 근접하게 하도록 노력

2. 유용성 오류(availability heuristic) (= 가용성 휴리스틱)
(1) 의의 및 사례

의사결정자가 과거 자기가 수집한 정보, 즉 기억되기 쉬운 정보만을 가지고 의사결정을 하는 경향. salient↑, 강렬한 감정 야기. ex) 자동차 사고와 비행기 사고, 자살율과 살인율

(2) 오류 극복방안

의사결정자는 판단 시 오류가 없는지 스스로 돌아볼 필요, 증거기반경영(evidence-based management : EBM)을 활용

3. 대표성 오류(representativeness heuristic)

(1) 의의 및 사례	개인적 경험에 근거한 어떤 집단의 이미지나 고정관념이 집단 전체를 대표하는 전형적 특징이라고 보고 어떤 사물이 특정 집단에 속할 가능성을 판단할 때 나타나는 오류. 과거의 어떤 사건이 현재의 비슷한 다른 상황에서 같은 효과를 낼 것이라고 생각하는데서 나타나는 오류. 과거의 사건이 대표성을 가지게 되어 의사결정자가 이를 기준으로 다른 의사결정을 하는 것
(2) 오류 극복방안	의사결정을 할 때 기본적으로 필요한 정보를 다양한 원천에서 수집

4. 고착과 조정 오류(anchoring and adjustment heuristic)

(1) 의의 및 사례	의사결정을 위해 정보를 수집할 때 처음 수집된 정보가 의사결정의 기준이 되는 것. ex) 내년도 예산 책정시
(2) 오류 극복방안	제로 베이스 사고(zero based thinking)

5. 인지 오류(framing bias)

(1) 의의 및 사례	정보를 인지적으로 처리하는 과정에서 발생하는 오류. 동일한 문제에 대해 부정적인 문장이 제시된 경우 위험회피적(risk-aversing)인 의사결정을 하고, 긍정적인 문장으로 제시될 경우에는 위험추구적(risk-taking)인 의사결정을 한다는 것
(2) 오류 극복방안	정보가 제공될 때의 여러 측면(정보의 양, 전달의 매체(channel), 정보제공 시기 등)을 면밀히 검토

6. 몰입상승 오류(escalation of commitment bias) (=결정의 지속성 오류)

(1) 의의	경영자가 어떤 의사결정이 잘못되었음을 인지한 후에도 시간, 노력, 자원을 계속 투입하여 결국에 가서는 조직에 큰 해를 입히는 경우
(2) 사례	GM, Concorde, 오페라 하우스
(3) 몰입상승의 오류가 발생하는 원인(로스와 스토우(J. Ross & B. Staw))	
1) 심리적 이유	스스로의 자기 정당화 욕구 때문
2) 사회적 이유	결정이 번복하면 그 결정이 잘못되었다는 것을 입증하게 되고 매몰비용(sunk cost)에 집착하게 되며 주변의 비난이 있을 것이기 때문
3) 조직의 타성 내지 관성(inertia)	조직은 변화를 싫어하고 이전대로 지속하려는 관성
4) 과업의 특성	실행이 완료된 다음에야 손익이 드러나기 때문
5) 외부의 힘	정부조직이나 공공조직은 국민의 압력
(4) 오류 극복방안	① 의사결정을 할 때 한 번에 커다란 결과가 나올 수 있는 것을 피하고 목표를 여러 작은 것들로 쪼개어 설정, ② 실행 도중에 수시로 진행결과에 대해서 계속적인 피드백, ③ 어떤 프로젝트가 운영될 때 의사결정 권한을 관리자들이 돌아가며 가짐. ④ 또한 의사결정을 할 때, 차후에 발생하는 비용을 장기적으로 계산, ⑤ 실패에 대한 처벌이나 비난풍토를 없앰. ⑥ 당초 결정자와 도중에 번복이나 수정에 대한 결정을 할 수 있는 두 번째 결정자를 서로 다르게 함. 즉, 취소 결정여부는 애초부터 다른 사람에게 맡김

7. 확증 편향(confirmation bias)
(1) 의의
확증 편향이란 원래 가지고 있는 생각이나 신념을 확인(confirm)하려는 경향성, 자기 생각과 일치하는 정보만 받아들이는 심리. 사람들은 자신이 원하는 결과를 간절히 바랄 때, 어떤 사건을 접하게 되면서 감정이 앞설 때, 뿌리깊은 신념을 지키고자 할 때, 원하는 정보만 선택적으로 모으거나 어떤 것을 주장할 때 나타나게 됨

(2) 사례 : 프로젝트 평가
팀이 추진 중인 프로젝트가 성공할 것이라는 믿음이 강한 경우, 진행 중 발생하는 문제점이나 위험 요소를 무시하고, 성공적인 부분만 강조하게 될 수 있음. 이러한 확증편향은 기업의 성장을 저해하는 주요 요인으로 작용할 수 있음

8. 사후확신 편향(hindsight bias)
(1) 의의
이미 일어난 사건의 결과에 대해 원래 모두 알고 있었다는 듯이 말하거나 생각하는 것. 사후 확신 편향에 빠지면 사람들은 자신이 훌륭한 분석가·예언가라고 믿게 됨

(2) 사례 : 그럴 줄 알았다(knew it all along effect)
기업이 A 프로젝트에 성공한 것을 두고 "아이템도 좋고 영업도 잘했고 조직운영도 훌륭한 것을 보면 성공할 줄 알았다."라는 태도를 보임

Ⅳ. 집단 의사결정(group decision making)

1. 집단 의사결정(group decision making)의 의의
여러 사람들 간에 의견 및 아이디어, 지식 등을 교환하는 집단적 상호작용(group interaction)을 거쳐 의사결정이 이루어지는 것

2. 집단 의사결정의 특징
① 시간은 길지만 정확도가 높음
② 어려운 문제해결 시 집단 내 구성원이 가지고 있는 모든 자원을 활용할 수 있음
③ 고능력을 가진 개인의 의사결정이 보통의 능력집단의 집단적 의사결정보다 더 나은 결과를 가져옴
④ 한편으로는 집단 내 구성원의 능력이 상당히 우수한 경우에 이들은 서로 자원을 공유하려 하지 않는 경향이 나타나기도 함

3. 집단 의사결정의 영향요인
규범의 성격(과업지향적인지, 관계 지향적인지), 과업의 특성 및 의사결정 사안의 긴급성 내지 복잡성

4. 집단의사결정의 장·단점(Kreitner, 1986)
(1) 장 점
① 구성원으로부터 다양한 정보를 얻을 수 있음. 각자의 특기와 능력에 따라 전문화하여 정보를 수집·분석·판단
② 다양한 시각과 관점에서 문제를 검토하고 비판할 수 있기 때문에 다각도로 문제에 접근
③ 상호자극으로 새로운 아이디어가 개발되기도 하고 시너지 효과
④ 구성원 합의에 의한 것이므로 수용도와 응집력이 높아짐
⑤ 의사결정에 참여한 구성원들의 교육효과가 높게 나타남
⑥ 실천자가 결정에 참여하면 나중에 실천할 때에도 동기부여 됨

(2) 단 점

① 집단 내 정치적 힘이 작용
② 의견대립에서 오는 인간관계의 갈등, 토론시간의 낭비 등 비용이 많이 듦. 한두 사람의 실권자가 전체 의견을 주도해버릴 경우 개개인의 의견이 묵살되거나 편파적으로 변화
③ 서로의 의견에 비판 없이 동의하는 경향
④ 조직 입장에서 최적안이 따로 있음에도 불구하고 결정자들의 개인적 이익 대결로 인하여 보다 저질의 타협안을 선택할 수 있음
⑤ 집단사고(groupthink)의 함정
⑥ 집단의사결정 참가자들이 토론을 하는 중에 구성원들 간에 극단적인 쏠림이 나타나는 〈집단 양극화(group polarization)〉 현상
⑦ 투자비용이 아까워 돌이킬 경우 남들의 비난을 의식하여 비효율적인 일을 계속하려는 경향인 〈몰입상승(escalating of commitment) 오류〉

5. 집단 의사결정과 개인 의사결정의 선택기준

(1) 영향요소

〈개인 의사결정〉에 영향을 미치는 요소들이 개인적 성품과 인지적 능력, 〈집단 의사결정〉에서는 이러한 개인적 요소들보다는 집단역학적 요소

(2) 선택기준

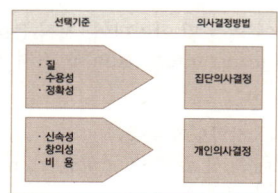

의사결정의 질, 수용성, 정확성 등이 중요한 경우에는 〈집단 의사결정〉이 유리, 신속성, 창의성, 비용 등이 중요한 경우에는 〈개인 의사결정〉

(3) 집단 의사결정이 적절한 경우

① 〈의사결정의 질〉 조직이 복잡한 문제를 해결해야 하고 다양한 접근법이 필요한 경우
② 〈결정사항의 수용성〉 중요한 사안은 집단 의사결정이 유리
③ 〈의사결정사항의 정확성〉 집단 의사결정이 개인 의사결정보다 유리

(4) 개인 의사결정이 적절한 경우

① 〈의사결정의 신속성〉 개인의사결정이 더 나음
② 〈창의성〉이 중요한 사안은 뛰어난 개인 의사결정이 집단 의사결정에 비해 유리
③ 〈비용〉 개인 의사결정이 보다 저렴

6. 집단 의사결정의 함정 1 : 집단사고(groupthink)

(1) 의 의

◆ 심화학습 : 집단사고의 대표적인 예
(1) 1961년 케네디 정부의 쿠바 피그만(bay of pigs) 침공 실패
(2) 1986년 우주왕복선 챌린저호 폭발사고

1982년 미국의 심리학자 어빙 재니스(Irving Janis)가 그의 저서인 「집단사고에 의한 희생들(Victims of Groupthink)」에서 피그만 침공이 실패한 이유를 분석하는 과정에서 만들어낸 개념. 즉, 집단사고란 집단구성원들 간의 동조 압력과 전문가들의 과대한 자신감 등으로 인해 비합리적인 의사결정을 내리게 되는 현상

(2) 집단사고의 발생원인

① 집단의 응집력이 높은 경우, ② 집단이 외부로부터 고립되어 있든가 충분한 토의가 이루어질 수 없는 등의 구조적 결함을 갖고 있는 경우, ③ 외부로부터의 위험이 임박하여 구성원들 간에 스트레스가 고조되어 있는 경우, ④ 지시적 리더십에 너무 초점이 맞추어져 있는 경우, ⑤ 리더의 대안과 다른 대안에 대한 낮은 기대 등

(3) 집단사고의 증상

1) 환상·착각
   ① 불사신이라는 환상(illusion of invulnerability) — 집단구성원들은 매우 낙천적, 과도한 위험부담을 추구하는 경우. 이들은 자기들이 비판받아서는 안 된다는 환상
   ② 도덕적 환상(belief in inherent morality) — 자기들이 내린 결정은 도덕적이라는 환상
   ③ 만장일치라는 착각(illusion of unanimity) — 이들은 의사결정에 있어 만장일치가 이루어져 있다는 환상. 반대자는 발언을 하지 않고 중립인 사람은 찬성하는 것으로 해석

2) 반대세력의 배척
   ① 상대집단에 대한 부정적인 고정관념(stereotyping outgroups) — 다른 의견을 가진 집단에 대해 적(enemy) 또는 바보로 보는 상동적 태도를 가지고 있음
   ② 자기 검열(self-censorship) — 이들의 의사결정 과정에 각각이 개인적으로 집단의 의견에 반대되는 생각을 하고 있어도 이를 표시하지 않음
   ③ 반대자에 대한 압력(pressuring dissenters) — 집단 의사결정에 대해 의문을 가지는 구성원에게 집단이 의사결정에 동조하도록 압력을 가함

3) 무시·은폐
   ① 집단 합리성 환상(collective rationalization) — 자기들이 내린 의사결정은 합리적이라고 생각하고 이를 반박할 수 있는 정보들에 대해서는 무시
   ② 심리적 감시(mind guarding) — 집단의 의사결정에 불리한 정보가 나타날 경우, 이를 숨김으로써 집단 속에서 자신의 안전을 추구. 이렇게 됨으로써 집단에 부정적인 정보는 흐르지 못하게 되는 것

(4) 집단사고의 결과

[집단사고의 모델]

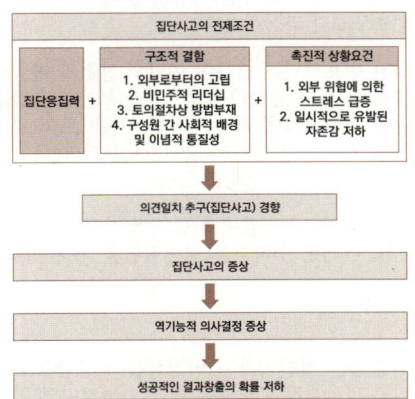

대안을 불완전하게 탐색한다든가, 유리한 정보만을 선택하여 편협한 결정. 결국 최적의 대안이 선택될 수 없게 되고 성공적 성과창출의 가능성이 저하되는 결과. 의사결정에 있어 문제해결이 처음 제시된 범위에서 벗어나지 못하게 제한되며, 새로운 정보나 변화에 민감하게 반응하지 못함. 또한 전문가의 조언이나 자문을 무시하며 문제 인식에 소극적이고 따라서 상황적응능력이 떨어지게 됨 / 극단적 위기상황에서 집단전염(group contagion)이나 집단적 공포가 증폭될 수 있다고 주장. 집단사고 경향이 많은 집단에서의 의사결정은 그렇지 않은 집단에서의 의사결정보다도 동조(집단쏠림)현상이 더 심함

(5) 집단사고 현상의 극복방안

1) 집단이 해야 할 일

① 집단은 토론 중 집단사고의 징후가 나타나는지를 살펴보고, 우려되는 징후가 나타날 경우 이를 막을 수 있는 노력, ② 대안에 대해 반대의견을 반드시 내야 하는 사람을 돌아가며 정함, ③ 해당 집단에 소속해 있지 않은 외부 전문가를 참석하게 하여 의견 청취, ④ 토론에서 상이한 의견들이 인정될 수 있는 자유로운 분위기 조성, ⑤ 카리스마 리더가 있어 집단사고의 원인이 될 수 있는 경우에는 리더 없는 집단 토론 방식을 채택

2) 집단구성원이 해야 할 일	① 집단사고의 징후가 될 수 있는 행동을 자신이 하는지를 점검, ② 자신이 토론의 방향에 반대되는 의견을 가지고 있음에도 이를 개진하지 않는지를 점검, ③ 자신이 토론에 부정적인 정보(나쁜 정보)를 가지고 있으면서 이를 감추고 있는지를 점검, ④ 다른 집단구성원들에게 특정 의견에 대해 동의하도록 압력을 가하지 않음
3) 집단 리더가 해야 할 일	① 집단구성원들을 가끔 두 개의 집단으로 나누어 토론, ② 두 개의 집단들로 하여금 똑같은 주제를 가지고 토론, ③ 집단구성원이 어떤 안에 대해 비판적인 발언을 할 때 이를 격려, ④ 가끔 공개토론을 멈추고, 대안에 대한 각자의 의견을 익명으로 제출

7. 집단 의사결정의 함정 2 : 집단양극화(group bipolarization)

(1) 의 의

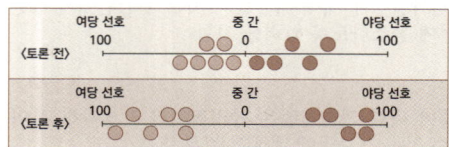
[토론 후의 집단양극화 현상]

집단에 들어온 개인들의 성향·생각은 집단에 들어오기 전에 갖고 있던 방향으로 더욱 이동하는 경향이 있는데, 이를 집단이동(group shift)이라고 함. 예를 들어, 비교적 명료한 입장을 가진 개별 구성원들이 집단에 들어온 직후에는 개개의 생각 간 구분이 잘 드러나지 않지만, 소속된 집단에서 토론을 거치면서 의견이 완전히 나뉘는 경우를 흔히 봄. 야당 편인지 여당 편인지를 처음 결정할 때, 대개의 사람들은 각자의 당에 대해 약간의 선호만 갖고 있으나 토론이 진행되면서 점점 더 자기 당으로 기울어지는 경향이 강해짐. 양 집단이 서로 상호작용을 거치며 집단이동이 나타나 구성원 개개인의 평균적인 의견보다 더 극단적인 입장과 태도를 취하게 되는 현상을 집단양극화라고 함(J. Stoner).

(2) 집단이동(group shift)의 이유

1) 주도권	여당을 약간 선호했던 사람들은 기왕이면 여당 편에서 주도권을 잡도록 하기 위해 가장 여당인 것처럼 보이려고 당초의 자기선호도보다 과장하여 발언
2) 새로운 정보 : 설득 주장 이론	여당을 약간 선호하던 사람들이 여당의 장점과 야당의 단점을 듣고 여당을 더욱 좋아하게 됨. 그러나 야당의 장점과 여당의 단점은 선택지각에 의해 무시됨. 또한, 토의 진행 과정에서 정보를 지각하게 되면서 타인으로부터 습득한 정보를 진실이라고 받아들이는 경향도 있음
3) 소속감	인간의 본능인 집단소속감이 발동되어 더욱 자기집단에 소속하려 하며 이러한 소속감은 적대집단을 더욱 멀리함으로써 높아짐

(3) 집단양극화 발생원인

1) 책임의 분산(diffusion of responsibility)	집단 의사결정은 집단이라는 익명성을 제공함으로써 책임이 분산되고 의사결정의 실패에 대하여 전적인 책임을 회피할 수 있기 때문에 구성원들은 모험적인 결정을 선택
2) 사회비교 관점(social comparison perspective)	개인은 집단에 소속되고 나서 다른 사람들보다 나은 견해를 지니고 있다는 것을 보이기 위해, 일반적으로 인정된 가치에 적극적으로 동조
3) 정보교환(information exchange)	토론을 하는 과정에서 집단구성원들이 서로 친숙해지고 미처 몰랐던 사항에 대해 알게 됨. 이러한 정보는 오히려 구성원들이 본래 지니고 있었던 태도를 더욱 강화
4) 위험추구자(risk-taker) 선호 경향	대부분 선진사회는 위험을 가치 있게 여기고, 위험을 기꺼이 떠맡으려는 개인을 존중하는 경향

(4) 집단 양극화의 극복방법
1) 반대를 위한 반대(devil's advocate) | 한 사람이 악역을 담당하여 지배적인 견해에 대하여 시종일관 고의적으로 반대하는 것. 이를 통해 문제에 대한 정확한 인식이 가능하고 내재하는 문제점을 검토

2) 복수지지(multiple advocacy) | 여러 의견에 대한 복수의 지지를 인정하여 의견의 다양화를 가능케 하는 의사결정 기법

3) 변증법적 토의(dialectical inquiry) | 정-반-합 과정을 거쳐서 문제의 해결대안을 찾아가는 기법

8. 집단 의사결정의 함정 3 : 애쉬 효과(Asch effect)
(1) 의 의 | 1950년대 애쉬(Asch) 교수의 실험에서 유래, 사람들이 심리적으로 다른 사람의 의견을 따라가는 성향을 나타낸 말. 집단 의사결정에서는 다수가 공유하는 틀린 생각 때문에 개인의 옳은 판단이 영향을 받게 되는 현상

(2) 관련 실험 : 집단규범(norm)에 대한 Asch의 실험(1951) | 명확한 답이 존재함에도 불구하고 1/3 이상의 사람이 B가 아니라 C라고 답하더라는 것. 이것은 집단에서 바람직하다고 인정되는 규범을 따르려는 경향이 얼마나 강한가를 나타냄. 즉, 〈집단에서의 순응 경향〉을 의미

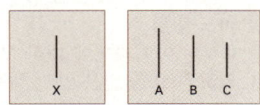

Ⅴ. 효과적인 집단 의사결정 기법

1. 상호작용집단(interacting group) 기법 | 상호간에 대면하여 상호작용하는 전형적인 집단, 단순 대면 문제 해결

2. 브레인스토밍(brainstorming)
(1) 의 의 | 오스본(A. F. Osborn)에 의하여 창안된 기법, 여러 명이 한 가지의 문제를 놓고 아이디어를 무작위로 개진하여 그 중에서 최선책을 찾아내는 방법

(2) 진행과정

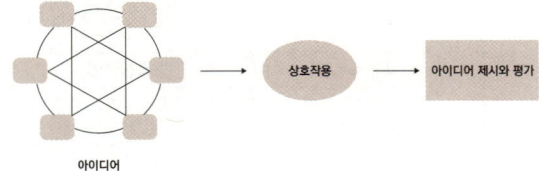

① 원탁의 탁자에 앉아 서로 돌아가면서 아이디어를 냄. 구성원 중 한 명은 제안된 아이디어를 다른 사람들이 모두 볼 수 있도록 차트에 기록
② 집단구성원들은 타인이 아이디어를 부담 없이 발언할 수 있는 분위기를 만듦. 다른 사람의 아이디어가 설사 문제 해결과 전혀 관계가 없을지라도 절대 비판하지 않음
③ 집단구성원들은 다른 사람들이 아이디어를 가능한 한 많이 낼 수 있도록 심리적인 지원을 제공. 회의에서는 아이디어의 질적인 측면보다 양적인 측면을 강조. 즉, '아이디어의 수'를 증대시키는 것이 중요
④ 이미 개진된 아이디어를 수정하거나 개선하는 아이디어도 허용
⑤ 다른 사람이 아이디어를 낼 때 중간에 끼어들지 않음

(3) 장 점 | ① 소수의 구성원이 회의를 지배할 수 없음, ② 다른 구성원들의 아이디어를 통해 학습효과

(4) 단 점 | ① 중구난방식의 아이디어 제시, ② 현실성 결여, ③ 다른 사람들의 아이디어를 경청하면서 자기의 발언 기회 때까지 기다려야 하고, 심지어 기다리다가 원래 떠올랐던 자신의 아이디어를 잊어버리는 경우

3. 명목집단법(Nominal Group Technique : NGT)

(1) 의의

서로 다른 집단에 종사하고 있는 사람들을 명목상 집단으로 간주하고 아이디어를 문서로 받음으로써 익명성을 보장하고 반대논쟁을 최소화하는 방법. 명목(名目)이란 독립적으로 행동하는 이름만으로 집단을 구성하는 것. 이 방법의 특징은 참석자들로 하여금 서로 대화에 의한 의사소통을 못하도록 하는 것임

(2) 진행과정

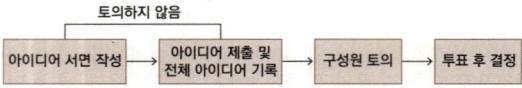

① 소집단 구성원들이 테이블에 둘러앉되 서로 말을 하지는 않음
② 각 구성원들은 문제에 대해 생각하는 바를 백지에 적음
③ 한 사람씩 돌아가면서 자신의 아이디어를 발표하고 서기나 사회자는 구성원 모두가 한 눈에 볼 수 있도록 제시되는 아이디어를 칠판이나 큰 차트(chart)에 적음. 각 아이디어에 대한 토의는 하지 않음
④ 이 결과로 아이디어 목록이 얻어짐. 그리고 난 다음, 각각의 아이디어에 대하여 구두로 보조설명이나 지지 이유에 대한 설명을 하도록 함
⑤ 각 참석자들은 제시된 아이디어에 대한 우선순위를 묻는 비밀투표 실시. 최고의 표를 얻은 안이 채택

(3) 장점

① 제출된 아이디어에 대한 평가기능을 가지고 있어 아이디어의 질(quality)이 우수, ② 의사결정에 참여한 모든 구성원들은 각자 타인의 영향을 받지 않고 자신의 의사를 개진할 수 있기 때문에 의사결정을 방해하는 타인의 영향력을 줄일 수 있음, ③ 투표라는 객관적인 방법을 동원하기 때문에 구성원들의 수용성이 높음

(4) 단점

리더(촉진자(facilitator))가 훈련을 받고 자질을 갖추고 있어야 하며, 한 번에 한 문제만 처리

(5) 상황조건

새로운 사실의 발견과 아이디어를 얻고자 할 때, 회의에 참가하는 구성원들이 문제에 대한 사전 지식과 관련 자료를 충분히 가지고 있을 때, 정보의 종합이 필요할 때, 최종결정을 내릴 때

(6) 브레인스토밍과 명목집단법의 비교

구분	브레인스토밍	명목집단법
목적	양질의 아이디어를 최대한 많이 도출	객관적인 평가를 통해 최적의 대안을 선택
특징	자유로운 분위기, 비판 금지, 양적인 아이디어 생성	침묵 속 개별 작성, 객관적인 평가, 소수 의견 존중
장점	짧은 시간에 많은 아이디어 도출, 창의성 촉진	모든 참여자에게 동등한 기회 부여, 객관적인 평가
단점	아이디어의 질 저하, 지배적인 의견에 동조 가능	시간 소요, 자유로운 상호작용 제한

※ 공통점 : 유용한 의사결정 기법, 아이디어 창출을 촉진, 비판 금지, 참가자의 참여를 장려

4. 델파이(Delphi) 법

(1) 의의

전문적인 의견을 설문을 통해서 전하고 다른 사람들의 의견을 보고나서 다시 수정한 의견을 제시하는 일련의 절차를 거쳐 최종결정을 내리는 방법. 전문가들은 서로 대면접촉(face-to-face)을 하지 않도록 함

(2) 진행과정 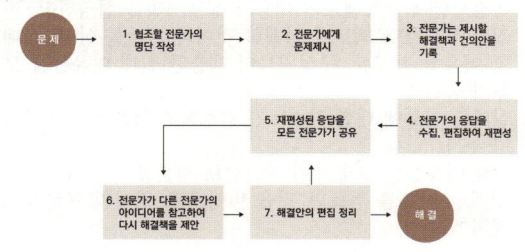	① 협조할 전문가의 명단을 작성하고, 전문가에게 문제를 제시. 그리고 집단구성원들에게 진행자가 문제에 대한 정보를 사전에 충분히 제공(그림 1, 2) ② 전문가는 자료를 보고 문제해결에 대한 해결책과 건의안을 진행자에게 제출(그림 3) ③ 진행자는 전문가들이 보낸 응답을 수집, 편집하고 리스트를 만들어 익명으로 전문가들에게 다시 보냄. 전문가들은 다른 전문가들이 제출한 아이디어들과 그 논리에 대해 인지(그림 4, 5) ④ 전문가가 다른 전문가들이 제출한 대안들을 참고하여 자신의 대안을 수정하여 진행자에게 보냄(그림 6) ⑤ 일정한 의견으로 수렴될 때까지 이러한 단계를 대개 3~5회 반복(그림 7)
(3) 장 점	① 의사결정과정에 참여하는 집단구성원에 대해 익명성이 철저히 보장되기 때문에 회의에서 소수의 지배나 집단사고 현상은 완전히 제거, ② 문제 해결에 대한 대안의 수준과 시행가능성 등을 보다 정확하게 파악할 수 있어 실질적으로 우수한 대안을 찾는 데 효과적, ③ 다른 사람들이 제시한 대안들로부터 많은 것을 배울 수 있음
(4) 단 점	이 기법을 진행하는 데는 시간이 많이 소요
(5) 상황조건	지극히 불확실한 미래의 현상을 예측하는 도구로 많이 사용

5. 반론자 지명기법(=악마의 옹호자법(devil's advocate method))

(1) 의 의	집단을 둘로 나누어 한 집단이 제시한 의견에 대해서 반론자로 지명된 집단의 반론을 듣고 토론을 벌여 본래의 안을 수정하고 보완하는 일련의 과정을 거친 후 최종 대안을 도출하는 방법, 천주교 성인(sainthood) 추대심사
(2) 진행과정	반론자들이 의무적으로 본래안의 단점과 약점을 지적해야 함 ① 의사결정에 참여한 집단을 둘로 나누든가 집단구성원 중 몇 명을 택하여 지명반론자에 임명 ② 한 집단이 먼저 문제해결에 대한 수렴된 의견을 제시 ③ 수렴된 의견을 지명반론집단 또는 지명반론자에게 설명 ④ 반론자는 이에 대한 반론을 제시 ⑤ 제시된 의견을 바탕으로 최선의 해결책을 찾을 수 있도록 계속 토론 ⑥ 이와 같은 절차는 최종안이 나올 때까지 계속

6. 프리모텀(premortem) 기법

(1) 의 의	어떤 프로젝트가 실패했다고 미리 가정하고 실패의 원인을 집단이 찾는 활동. 의사들은 어떤 환자가 치료 후 사망했을 때, 사망 원인을 사후적(postmortem)으로 찾아냄으로써 향후 환자들의 치료에 활용하고 있는데, 이러한 기법을 기업에 적용한 것

(2) 진행과정		① 향후 실행될 프로젝트에 대해 자세한 실천 계획을 수립 ② 특정집단에 프로젝트의 내용과 실행계획을 설명하고, 이 집단은 이 프로젝트가 실패할 것이라는 것을 상상. 실패할 이유를 작성함. 구성원들이 제출한 실패 이유들을 모두가 공유 ③ 실패한 이유에 대한 리스트가 검토되고 새로운 아이디어가 추가 ④ 실패 이유들은 주제 내지 사안별로 재분류 ⑤ 실패한 이유를 검토한 것을 바탕으로 원래의 프로젝트 계획에 수정
7. 변증법적 토의(dialectical inquiry)		구성원들을 두 편으로 나누어 찬반을 토론하게 하면 각 대안에 대하여 장단점이 모두 드러나는데, 이런 내용을 모두 이해한 다음 의견을 개진하면서 토의하는 방법. 소크라테스의 대화법이나 헤겔의 변증법적 사고방식에 기초
8. 캔미팅		일상 업무와 차단된 장소에서 외부 간섭을 받지 않고 자유롭게 회의를 할 수 있도록 하되 일단 회의에 참석한 사람들의 직급은 동급이라고 가정하고 의사결정을 하는 방법
9. 전자회의(electric meeting)		
	(1) 의 의	컴퓨터-지원 집단 또는 전자회의(electronic meeting). 50명 정도의 사람들이 컴퓨터 단말기 외에는 아무것도 없는 U자형 테이블에 둘러앉아 참여자들에게 문제를 제시하고 참여자들이 컴퓨터 화면에 자신의 답변을 입력. 투표 집계뿐만 아니라 개인의 의견들이 프로젝션 스크린에 표시
	(2) 장 점	이 기법은 사람들이 정직해지더라도 불이익이 없기에 솔직한 의견표현을 하도록 함. 잡담이 없어지고, 토론이 주제를 벗어나는 일이 없으며, 많은 참여자들이 다른 사람의 의견을 무시하지 않고도 동시에 말할 수 있기 때문에 신속
	(3) 단 점	실제로 집단의 효과성을 감소시키고, 과업을 완성하는 데 더 많은 시간이 걸리며, 대면집단에 비해 구성원들의 만족도를 감소
10. 시넥틱스(Synectics)		
	(1) 의 의	시넥틱스는 W. J. Gordon이 개발한 방법으로, 서로 관련 없어 보이는 요소들을 유추를 통해 결합하여 문제를 해결하는 창의적 사고 기법. 이 방법에서는 리더만이 주제를 인식, 참여자들에게는 구체적인 주제를 제시하지 않고 장시간의 자유로운 토론을 통해 문제에 접근
	(2) 창의적 아이디어 도출 방법	
	① 직접 유추	두 가지 사물, 현상, 개념을 직접 비교하여 유추하는 방법
	② 의인 유추	자신이 특정 사물이나 그 일부분이 되었다고 상상하고 감정을 이입하여 유추하는 방법
	③ 상징 유추	모순되거나 반대되는 단어를 결합해 하나의 의미 있는 문장으로 완성하는 방법
	④ 환상 유추	창의적 상상력을 발휘하여 유추하는 방법
11. 관리자에의 시사점		〈사안의 특성〉 및 〈의사결정상황〉 등에 따라 개인 의사결정과 집단 의사결정 중 적합한 의사결정 방법을 선택해야 함. 또한 다양한 집단 의사결정 기법 중에 〈효과성을 높일 수 있는 적절한 기법〉을 선택적으로 활용해야 할 것

VI. 의사결정 모형 : 개인과 조직의 다양한 의사결정 방식들

1. 개인 의사결정(individual decision making)

(1) 개 요

문제인식과 해결대안을 탐색하고 선택하는 과정을 개인(주로 경영자)이 전담하는 것

(2) 합리적 의사결정 모형(rational decision making model) : 규범적 모델(normative model)

1) 의 의

의사결정자가 '완전한 합리성(perfect rationality)'에 기초하여 완전한 정보 속에서 '최적(optimal)' 대안의 의사결정을 한다고 간주하는 모형. 최소의 비용으로 최대의 효과를 얻으려는 경제성 모델에 근거한 모델

2) 가 정

① 모든 의사결정자들은 합리적 경제인(economic man)(최소비용, 최대만족), ② 합리적인 의사결정은 완전한 정보와 완벽한 대안 하에서 이루어짐, ③ 의사결정자는 일관성 있는 선호체계를 지니고 있음. 대체안의 선택은 항상 일관성을 유지, ④ 합리적 의사결정모형에서는 대체안의 분석·평가에 관한 확률이나 기대되는 결과에 대한 가중치의 설정 등과 같은 복잡한 계량화와 실제 계산이 가능

3) 상황조건

① 의사결정의 극대화를 위해 가능한 모든 대체안에 관한 완전한 지식과 정보를 입수할 것, ② 이들 대체안을 실행했을 때 얻을 수 있는 미래의 결과에 대해 확실한 정보를 얻을 것, ③ 일원적인 최적화 기준에 의해서 제일 유리한 대체안을 평가하고 선택할 것, ④ 의사결정이 매우 중요한 경우 등

4) 활용 영역

소비자들이 물건을 고르는 행위를 설명할 때나 기업의 구매담당자가 원자재 공급업체를 선정하는 과정을 기술할 때, 경제적 합리성 이론가들은 소비자나 구매자가 모든 정보를 가지고 모든 대안들을 전지전능한 능력을 분석한 후 최선의 대안을 선택할 때 등에 활용

5) 합리적 의사결정 모델의 장·단점

장 점	단 점
- 의사결정자들에게 대안을 찾기 전에 기준을 설정하도록 함 - 모든 대안에 대해 탐색 후 수익을 극대화하는 최적선택을 하도록 함	- 정보 과다로 인한 분석이 힘듦 - 가능한 모든 대안을 알아야 함 - 지각 편견이 없다는 전제 - 최적 선택을 하려는 의사가 있다는 전제 - 마땅히 해야 할 선택에 대해 이해했다는 전제

6) 한 계

인간의 행동은 완벽할 수 없으며 그렇게 합리적일 수도 없음. 모든 정보를 고려한다는 것은 현실적으로 불가능, 그처럼 많은 정보를 다 처리할 수 있는 인지적 능력도 갖고 있지 못함. 즉, 인간의 정신적 능력의 한계와 정보의 취득 시 흔히 맞닥뜨리는 비용의 제약 문제, 대체안을 실행하는 과정에서 발생하는 갈등 등을 배제하고 있다는 한계

이와 같은 한계를 고려한 현실적인 관점에서 의사결정 행동을 이해하려고 했던 학자가 Herbert Simon(1978년 노벨경제학상 수상)이었고, 그는 제한된 합리성 모델을 주장하게 됨

(3) 제한된 합리성 모형(bounded rationality model) : 기술적 모델(descriptive model)

1) 의 의

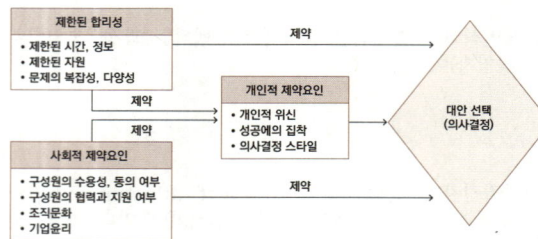

문제해결에 있어 객관적으로 완전한 최선책을 발견하는 것은 불가능하므로 주어진 정보와 능력의 제한 속에서 소정의 기준을 세워 이를 통과하는 만족스러운 대안을 선택하게 됨 (March & Simon, 1958). 만족모형(satisficing model)

2) 제한된 합리성의 의미 – 사이먼(H. Simon)의 관리인 모델(administrative man model)

'바늘이론'이라고도 불리움. 건초더미 속에 수백 개의 바늘이 있을 때 그 중에서 가능한 한 가장 좋은 바늘을 찾아 사용하려고 하지만(합리성), 가장 좋은 것을 찾기에는 시간이 너무 걸림(제한된 합리성). 그렇다고 아무거나 무조건 집어서(비합리성) 사용하지는 않을 것임. 최고의 것이 아니더라도 심히 녹이 났거나 부러지지만 않았으면 그냥 사용함. 그러므로 문제해결 대안을 선택할 때 최선책을 발견하려고 하지 않고, 적절한 기준을 설정해 놓고 이를 통과하는 대안 중에 먼저 발견되는 것을 선택함

3) 중요시하는 점 : 심리적, 인지적, 동기적 그리고 시간적 제한을 중시

① 객관적으로 최적의 대안을 선택하는 것이 아니라 개인적으로 만족스러운(satisficing) 수준의 대안을 선택, ② 대안이나 해결책 모색에 있어 매우 제한적, ③ 결과에 영향을 미치는 요소들을 통제할 수 없는 상황에서 충분한 정보도 없이 결정을 내리게 됨

4) 제한된 합리성이 일어나는 이유

① 여러 가지 제약(시간, 돈, 능력 등)으로 인하여 필요한 모든 정보를 참조하고 분석하지는 못하며 역시 같은 이유로 가능한 대안들을 전부 검토해 볼 수는 없음
② 대안과 정보를 분석·검토·평가할 때 그 기준이 주관적이었기에 그것이 다른 사람에게도 합리적일 것이라는 가정에는 문제가 있음
③ 모든 대안을 완전히 객관적으로 분석·평가하여 선택했다 하더라도 수집된 정보는 과거에 근거한 것이고 대안이 실천되는 것은 다가올 미래이기 때문에 그 사이에 있을 변화는 예언가가 아닌 이상 아무도 예측할 수 없음
④ 특히 조직의사결정의 경우 조직에 합리적인 것과 결정담당자에게 합리적인 것 사이에 괴리가 있을 수 있기 때문에 조직 입장에서의 합리성은 제한

5) 상황조건

① 최소한의 판단기준이 명확할 때, ② 많은 시간을 투자할 필요가 없거나 중대한 사안이 아닐 때, ③ 의사결정 결과에 대한 극대화의 필요가 없을 때

6) 제한된 합리성 모델의 장·단점

장 점	단 점
- 인지 시간과 노력을 아낌	- 얻어진 해결책은 최적의 선택이 아닐 수 있음

7) 제한된 합리성의 시사점

① 엄밀한 의미의 합리적 의사결정은 이상에 불과
② 조직운영 시 의사결정자들은 합리적 경제인의 특성을 가지지 않음

8) 제한된 합리성의 한계

[합리적 의사결정 모형과 제한된 합리성 모형의 비교]

가 정	합리적 의사결정 모형	제한된 합리성 모형
의사결정의 합리성	완전한 합리성	제한된 합리성
정보의 가용성	완 전	제 한
대체안의 선택	최적 선택	만족 선택
모형의 유형	규범적	기술적

③ 합리성에도 수준이 있다면 조직이나 집단이 개인보다 더 합리적인 결정을 내린다는 보장이 없음. 대안은 여러 개인데 사람마다 합리성 기준이 다르기 때문
④ 정보가 완전할 수 없다는 것이 용인된다면, 이를 악용하여 결정자들이 정확한 정보를 왜곡·조작하여 자신에게 유리한 결정이 나도록 유도할 가능성

실제 발생한 문제가 매우 복잡함에도 불구하고 이를 단순화시켜 접근하기 때문에 기업의 사활이 걸린 중대한 사안에 대한 의사결정 모델로서는 한계가 있을 수밖에 없음

(4) 직관적 의사결정 모델(intuitive decision making model)

1) 의 의

의식적인 논리적 과정을 거치지 않고 의사결정을 하는 것. 직관(intuition)이란 이성이나 논리적 추론을 통하지 않고 사물을 인식하는 것. 이를 오감(five senses)에 추가하여 육감(six senses)

2) 상황조건

① 목표가 불분명하고 의사결정자가 조직에서 시간적 압박을 많이 받을 때, ② 불확실성이 높을 때 또는 의사결정과 관련되는 조건들이 빨리 변화할 때, ③ 현실적으로 자료와 정보가 너무 많거나 턱없이 부족하여 분석이 어렵고 비용이 많이 들 때, ④ 의사결정이 가져다주는 결과가 가시적이고도 엄청날 경우, ⑤ 유사한 문제에 대한 경험이 있을 때

3) 직관의 형성과정

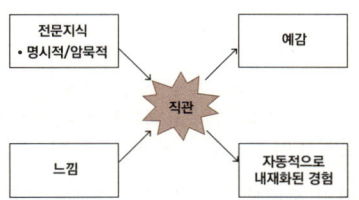

전문지식은 어떤 대상, 사람, 상황 그리고 의사결정 사안에 대해 명시적 그리고 암묵적 지식을 종합한 것. 느낌은 어떤 대상, 사람 등에 대해 자동적으로 부여되는 느낌. 직관은 기억 속에 잠재적으로 존재하는 정보를 종합하여 나타나는 〈예감〉과 현재 의사결정의 대상에 대해 과거 유사한 상황에서 획득된 정보를 활용하여 치밀한 분석 없이 의사결정을 하도록 유도하는 사전에 〈자동적으로 내재화된 경험〉으로 나타나게 됨

4) 직관적 모델의 장·단점

장 점	단 점
- 사안에 대한 인지 시간과 노력을 아낌	- 의사결정자가 이전에 관련된 교육, 경험, 혹은 지식이 없으면 잘못된 결정을 초래할 수 있음

① 〈장점〉은 의사결정이 신속하게 이루어지므로 복잡하고 변화가 빠른 조직 생활에 매우 유용하다는 점, 의사결정자의 경험에 의해 축적된 다양한 명시·묵시적 지식·정보와 노하우 등의 요소 간 복합적 상호작용에 따른 의사결정이므로 어느 정도 타당성·신뢰성 있는 의사결정이 가능하기도 함
② 〈단점〉은 합리적 의사결정 모델과 비교해 볼 때 오류가 발생할 가능성이 높다는 것. 왜냐하면 유용성 오류(availability), 대표성 오류(representativeness) 그리고 과신 오류(overconfidence) 등이 발생할 가능성이 높기 때문. 뿐만 아니라 의사결정자는 자기가 내린 의사결정에 대해 타인에게 그 논리를 설명할 수 없기 때문에 타인은 이러한 의사결정을 인정하기보다 무시하는 경향을 보일 수 있음

5) 성공적인 활용방안

직관적인 의사결정에 대한 찬반의견이 팽팽하지만 조직에서는 모든 의사결정을 직관적으로만 할 수는 없음. 앞서 소개한 합리성 모델과 제한된 합리성 모델을 병행

◆ 참고 : 개인 의사결정에 영향을 주는 요인들

(1) 스키마(schema)

과거의 경험에 의해서 형성된 개인의 인지도구. 어떤 사람, 사물 또는 사건에 대해서 각 개인이 과거 경험을 통해 머릿속에 형성해 놓은 의미체계이므로 특별하지 않은 일상적 현상에 직면한 경우 그에 대한 심도 있는 분석의 과정을 생략한 채 자동적, 습관적으로 스키마가 제공하는 대안을 선택

(2) 창의성

창의성이란 비범한 대안을 찾아낼 수 있는 능력, 과거의 방식이나 상식적인 대안과 비교하여 보다 많은 혜택을 주는 대안을 찾아내든가 그것을 보다 효율적으로 현실화시킬 수 있는 능력

(3) 정보처리능력

보다 정확한 상황진단과 문제 정의를 위해서는 정보의 중요성을 정확히 평가하여 신속하게 처리할 수 있는 능력이 요구됨

(4) 휴리스틱스(Heuristics)

카너먼(Kahneman)과 트버스키(Tversky)에 의해 제시된 것, 의사결정을 하는 데 있어 '어떻게 판단오류가 발생하는가'에 대해 설명. 그들은 의사결정자가 결정이나 판단을 함에 있어 단순사고와 주먹구구식(rule of thumb) 편법에 의한다고 가정

(5) 개인의 속성

〈가치관〉은 개인이 판단이나 선택을 함에 있어 사용하는 옳고 그름에 대한 판단기준으로, 의사결정의 전 과정에 영향을 미칠 수 있음. 〈성격〉도 개인 의사결정에 영향을 미치는데, 권위주의적 성격의 소유자는 대안선택에 있어 보다 제한적일 수 있으며, 위험감수성향에 따라 대안선택이 크게 달라질 수 있음

(6) 로우(A. J. Rowe)의 의사결정자의 스타일 : 정보의존(way of thinking)과 불확실성 감수성(tolerance of ambiguity)를 두 축으로

① 단순형(directive style)

합리성을 추구하지만 불확실성 감수능력은 없기에 적은 양의 정보라도 있는 것을 가지고 철저히 분석하여 빨리 결정. 단기적 관점에서 빠른 결정을 내리는 스타일

② 분석형(analytic style)

미결의 불확실 상태를 잘 참으면서 정보를 계속 추가하며 가능한 한 더 많은 대안을 검토하여 최적의 것을 택함. 신중하고 조심스러운 결정행동

③ 개념형(conceptual style)

장기적 관점에서 많은 대안을 검토하되 기존의 틀에서 벗어난 창조적이고 비상한 결정을 많이 하는 스타일

④ 행동형(behavioral style)

미결상황을 참을 수 없으므로 남이 주는 정보나 생각을 그대로 받아들이고, 남들과 대화나 회의를 하면서 그들이 주장하는 대로 빨리 결정하기 쉬운 스타일

2. 조직 의사결정(organizational decision making)

(1) 개요

결정에 따른 효과가 조직 전체에 영향을 미칠 수 있는 것이 조직 차원의 의사결정의 특징

(2) 경영과학적 접근법(management science approach)

1) 의 의

집단적 의사결정 모형을 조직관리에 일부 도입한 가장 합리적인 방식. 기업경영에 사용되고 있는 수리적 모형은 이런 식으로 개발된 의사결정 모형

2) 등장배경

경영과학적 접근법은 2차 세계대전 중 전투상황의 문제를 해결하기 위한 과학적·수학적 기법 적용을 위해 등장, 수없이 많고, 정보가 정확하게 주어진다 하더라도 빠른 시간 안에 수동으로 분석하여 발포결정을 내리는 것이 불가능하기 때문에 전체과정이 인간적 요소가 개입되지 않고 자동적으로 계산

3) 상황요건

경영과학은 변수가 많은 문제를 정확하고 신속하게 해결할 수 있기 때문에 이러한 시스템은 문제가 분석가능하고, 측정가능하며, 논리적인 방법으로 구조화될 수 있을 때 그리고 해결 시한이 극히 짧게 주어질 때 적합

4) 한계점

경영과학적 의사결정 방식은 모든 변수들의 계량적 측정과 분석이 가능해야. 하지만 기업에서는 계량적 자료가 아닌 인간적 요인에 의해 감지될 수 있는 요소가 존재. 만약 계량화하기 어려운 문제를 경영과학적으로 접근했다가는 이상한 결론에 도달할 수도 있음

(3) 카네기 모형(carnegie Model)

1) 의 의

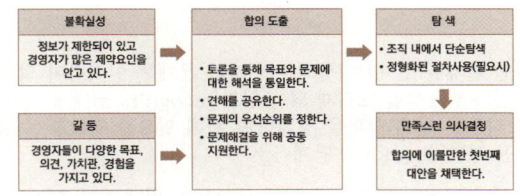

사이어트(R. Cyert), 마치(J. March), 사이먼(H. Simon)의 연구에 기반. 예전에는 모든 정보가 최고 경영자에게 집중되어 의사결정이 이루어진다고 가정했으나, 카네기학파는 조직수준의 의사결정은 많은 관리자가 연관되어 있고 최종 선택은 관리자들의 연합(coalition)에 기초한다고 주장

2) 특징 : 관리자의 연합(coalition)

카네기모형의 핵심은 조직 의사결정의 주요한 부분이 관리자의 연합(coalition)을 통해 합의를 이룬다는 것. 연합은 조직의 목표와 문제의 우선순위에 대해 합의하는 관리자들의 협력체, 일반관리자와 스탭뿐만 아니라 노조 대표자나 은행, 고객 같은 외부집단도 포함될 수 있음. 이것은 특히 상위수준의 관리자들에게 설득력이 강함

3) 관리자들의 연합이 필요한 이유

① 조직의 불명확한 목표와 각 부서의 운영목표가 일치하지 않기 때문, ② 관리자는 인지적 한계와 다른 제약요인 때문에 합리적이지 못할 수도 있음

4) 시사점

① 조직은 최적해(optimal solution)보다는 '만족스러운 해결(satisfying solution)'을 찾음. 즉, 연합 구성원 모두를 만족시키는 해결책을 수용할 것

② 관리자는 즉각적인 문제에 관심을 갖고 단기적 해결을 지향. 이것을 Cyert와 March는 '문제 탐색(problemistic search)'이라고 말했는데, 이것은 현재 환경에서 관리자가 신속한 문제 해결 대안을 모색하는 것을 말함

③ 토의와 협상은 의사결정과정 중 문제인식 단계에서 특히 중요. 왜냐하면 연합한 사람들이 문제를 인식하지 않으면 대응조치도 일어나지 않기 때문

(4) 점증적 의사결정 모형(incremental decision process model)

1) 의 의

민쯔버그(Henry Mintzberg)는 카네기 모형의 정치적·사회적 요인을 덜 강조하고 문제 발견에서 해결까지 연속적인 행동으로 이루어져 있다고 주장. 즉, '많은 조직의 의사결정은 한번에 큰 결정을 하기보다 작은 선택의 연속으로 이루어진다는 것'. 조직은 의사결정 중에 장애물을 만날 수도 있는데, 이를 의사결정 방해(decision interrupts)라고 함. 방해물은 이전의 의사결정 과정으로 돌아가서 새로운 것을 시도해야 하는 것을 의미

2) 의사결정 과정

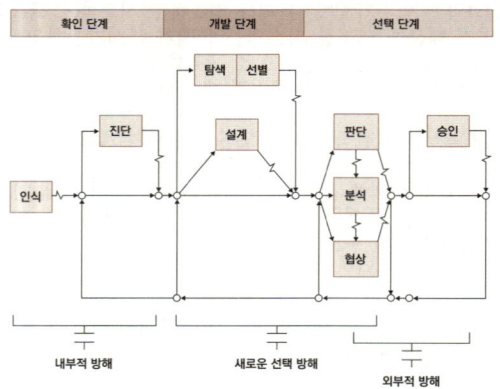

① 확인 단계 : 인지와 진단

확인 단계는 한 명 이상의 관리자가 문제를 인식하여 의사결정의 필요성을 느끼게 되는 인지(recognition)에서 시작. 그 다음은 문제 상황을 정의하기 위해 필요한 정보를 수집하는 진단(diagnosis) 단계

② 개발 단계 : 탐색과 설계

정의된 문제를 해결하기 위해 해결책이 형태를 갖추는 것. 첫째, 탐색(search)은 과거 해결책 중에서 대안을 찾는 것. 둘째, 조직에서 경험하지 못한 문제일 경우 해결책을 새로 설계(design)

③ 선택 단계 : 판단, 분석, 협상

여러 가지 대안의 비교나 해결책 평가를 통한 선택 단계. 평가와 선택은 세 가지 방법으로 진행. 판단(judgement)은 최종 선택이 한 명의 의사결정자에게 달려 있을 때 사용되며 경험에 따라 행해짐. 분석(analysis)은 과학적 관리법처럼 체계적인 기초 하에 대안을 평가하는 것. 민쯔버그는 대부분의 의사결정이 체계적인 분석과 평가로 이루어지지 않는다고 지적. 협상(bargaining)을 하게 됨

의사결정이 조직에 의해 공식적으로 수행되면 의례적 과정인 승인·공식화(authorization)가 일어남

3) 의사결정 과정에서의 동태적 요인들 : 문제해결까지의 수많은 반복순환을 요구

조직적 의사결정은 문제의 인식에서 공식화까지의 순차적 과정을 따르지 않음. 왜냐하면 각 과정에서 발생하는 문제들 때문에 이전 단계로 돌아갈 수 있기 때문. 피드백 과정은 문제의 적시성, 정치적 상황, 관리자 간의 불일치, 해결책에 대한 인지능력 부족, 관리자의 이동, 돌출적 대안의 출현 등에 의해 일어남

(5) 점증적 모형과 카네기 모형의 통합

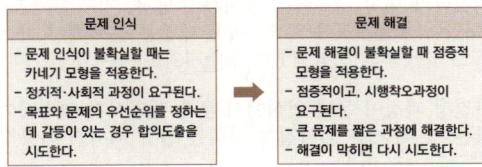

카네기 모형은 문제 인지와 관련하여 문제가 모호하고 문제의 심각성에 대해 관리자가 동의하지 않는 경우 토의·협상·연합이 필요하다고 지적

점증적 의사결정 모형은 문제 해결 과정을 강조하며 관리자가 문제에 동의한 후 효과적인 대안을 알아내기 위한 점진적 과정을 말함 즉, 문제해결이 불명확할 때 시행착오에 따른 해결이 가능하다는 것

(6) 쓰레기통 모형(garbage can model)

1) 의 의

[쓰레기통 모형에 있어서 독립적 사건의 흐름]

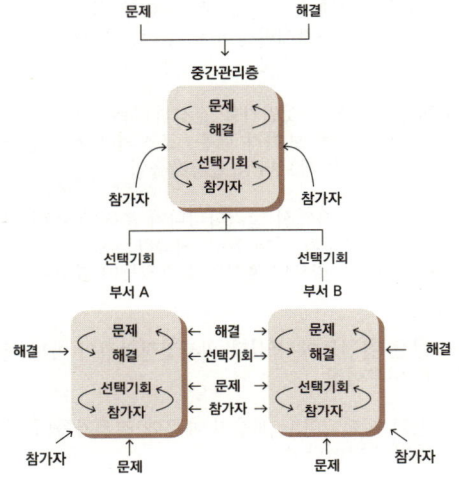

쓰레기통 모형은 극도의 불확실성에 처한 조직의 의사결정과정을 설명하기 위한 것으로 코헨(M. cohen), 마치(J. March), 올슨(J. Olsen)에 의해 주장(1971). 그들은 합리적 의사결정 모형이나 사이몬의 바늘이론을 비판하면서 조직의 의사결정은 그보다도 훨씬 비합리적으로 이루어진다고 하였는데, 합리성을 극도로 제약하는 세 가지 전제 조건 하에서 의사결정의 네 가지 요소가 우연히 결합되어 의사결정이 이루어진다고 함

2) 유효성

이 모형은 성장·변화가 요구되는 학습조직처럼 극단적으로 불확실한 상황에 놓인 조직에서의 의사결정 패턴을 설명하기 위해 제시, 점증적 과정 모형과 카네기 모형이 하나의 의사결정 과정에 초점을 맞추고 있는 반면 쓰레기통 모형은 조직 내의 복수의 의사결정 흐름을 다루고 있음

3) 쓰레기통 모형이 발생되는 상황 : 조직화된 무정부상태 (organized anarchy)

조직의 불확실성 상황이 높을 때 이를 조직화된 무정부상태라고 함. 조직화된 무정부상태는 공식적인 위계구조나 관료적 의사결정 규칙에 의존하지 않으며 극단적으로 유기적인 조직을 의미

4) 세 가지 전제조건(조직화된 무정부상태가 발생하는 원인)
① 선호의 불확실성(problematic preferences)

조직 내에서 개인은 자신들이 어떤 목적을 가지고 결정에 참여하는가를 아는 것 같지만, 실제로는 개인이 자기가 어떤 목적을 가지고 정책결정에 참여하는지를 모르고 있는 경우가 많음. 또한, 대안 선호도가 모두 달라서 우선순위가 정해지지 않은 대안이 널려있음

② 불명확한 기술(unclear technology)

결정에 참여하는 정책결정자가 목표를 정확히 안다고 해도 이를 실행할 구체적 수단을 잘 모르고 있는 경우가 많음. 시행착오를 통해 파악됨

③ 일시적 참여자(part-time participants) | 동일한 개인이 시간이 변함에 따라 어떤 경우에는 결정에 참여했다가 어떤 경우에는 참여하지 않음. 자기 스스로 무슨 대안이 좋은지도 모르고, 어떤 대안을 선택해야 하는지도 모르면서 회의에 참석했다가 빠지기도 하는 것임

5) 네 가지 구성요소 : 네 가지 요소들이 독자적으로 움직임 | 의사결정 과정이 문제 인식에서 문제 해결까지 연속적이지 않다는 것. 문제는 의사결정 기회를 만날 때까지 독자적으로 흘러감(stream)

① 문제(problems) : 없는 문제도 만들면 문제가 된다. | 조직에는 실제 닥친 문제도 많고, 대안을 찾아서 해결해야 할 것 같은 문제도 무수함. 이슈화되기를 기다리고 있는 문제들이 조직에는 항상 쌓여 있음

② 잠재적 해결책(potential solutions) : 문제가 없는데도 사전에 해결책은 무수히 많다. | 특정 문제의 해결에 초점을 둔 꼭 필요한 대안은 아니지만 조직에는 무수한 해결대안들이 있음. 즉, 문제가 없는데도 사전에 대안은 무한히 많음

③ 결정자들(participants) : 결정자들의 재직기간은 매우 짧다. | 결정주체들은 항상 무엇인가를 결정하려는 태세로 있음. 그래야만 일한 것처럼 보이기 때문. 조직의 의사결정자들은 모두 인스턴트 혹은 파트타임 결정자들임

④ 선택의 기회(choice opportunities) : 문제는 의사결정 기회를 만날 때까지 독자적으로 흘러간다. | 위의 요소들이 통 속에서 굴러다니다가 조직에 어떤 결정이 있어야 된다고 모두가 기대 혹은 예측하는 순간이 되면, 문제, 대안, 결정자가 있으니 불꽃이 점화되듯이 결정이 일어남

6) 시사점
① 자의적 의사결정 가능성 | 조직의 많은 결정들이 정식적 의사결정과정이 아닌 운, 우연 등으로 이루어짐

② 정치적 동기 결부 가능성 | 어느 대안이 선택되어도 괜찮기 때문에 결정자들이 정치적 동기를 가지고 참여할 수 있음

③ 문제 해결책 선택의 어려움 | 문제마다 해결책을 찾는 데 시간이 걸리기 때문에 문제가 많으면 해결책이 선택되기는 쉽지 않음

④ 문제 해결의 우선순위 | 급한 문제는 아니지만 중요한 문제가 무조건 먼저 해결될 가능성이 큼. 중요성이 적으면 의사결정자들의 눈에 띄기 어렵기 때문

7) 평 가
① 공 헌 | i) 기존 이론들이 조직화된 무정부상태를 단지 병리학적 현상으로 인식했으나, 이 모형은 이를 긍정적 측면에서 체계적으로 분석 시도
ii) 현실의 결정 문제를 좀 더 적실성 있게 분석할 수 있음
iii) 이와 같은 문제해결 방식을 통해 조직은 '학습'하며 그 결과로 조직은 유지·개선하고 생존하는 것

② 비 판 | i) 조직적 혼란상태는 조직의 일부에서 일시적으로 나타나는 특수한 경우이므로 일반화시키기엔 설명의 한계
ii) 정책결정사항을 우연으로만 설명하려는 경향이 강하여 결정자의 의지를 잘 설명하지 못한다는 비판

8) 실제 조직에의 적용 | 이 모형은 상하관계가 분명하지 않은 대학조직과 같은 곳에서 흔히 볼 수 있으며, 의회·사법부·행정부가 모두 관련되는 결정 또는 행정부 내의 여러 부처와 관련되는 정책결정 등에 쉽게 적용

3. 상황에 적합한 의사결정 모형의 선택

(1) 개요

[적합한 의사결정 모형의 선택을 위한 분석](Daft)

	문제 인식에 대한 합의성 강함		문제 인식에 대한 합의성 약함	
해결방안에 대한 합의성 강함	**1 상한**		**2 상한**	
	개인	합리적·계산적 접근	개인	교섭, 세력집단 형성
	조직	경영과학 모형	조직	카네기 모형
해결방안에 대한 합의성 약함	**3 상한**		**4 상한**	
	개인	판단·시행착오	개인	판단, 교섭 직관, 영감, 모방
	조직	점진적 모형	조직	쓰레기통 모형

문제 인식에 대한 합의성 여부와 해결 방안에 대한 합의성 여부라는 두 차원을 이용

이는 현실 세계에서 나타나는 의사결정의 형태로, 기술적 모형에 해당

(2) 1 상한

의사결정자들 사이에 문제에 대한 합의가 이루어지고 해결책에 대한 의견도 일치하기 때문에 모든 상홯은 확실함. 그러므로 경영과학적 방법이나 합리적인 의사결정 절차. 정보를 가능한 한 많이 수집하여 계량화하고 최적해에 대한 방정식을 만들어 대입해보면 확실한 결론 도출

(3) 2 상한

해결대안들은 많이 드러나 있지만 문제를 이해하는 데 있어 의견일치를 보지 못했으므로 합의에 이르기까지는 교섭과 타협이 필요. 이러한 경우 CEO나 관리자가 다른 여러 관리자들과 접촉하면서 합의를 이끌어내야 함. 조직의 문제에 대해 의견 차이가 크면 과학적 모형보다는 카네기 모형에 의존하게 될 것

(4) 3 상한

문제에 대한 인식은 관련자들의 의견이 일치하지만 해결방안을 알지 못하는 경우가 자주 있음. 또는 문제에 대해서는 의견일치를 보았지만 해결책에 대해서는 서로 의견이 다를 수 있음. 이런 상황에 직면한 관리자라면 대안들을 정확하게 계량화하여 객관적인 결론을 얻기 어렵기 때문에 자신의 경험과 직관에 의존함. 작은 문제들을 해결해가다 보면 상황이 점차 확실해지고 좋은 해결책이 나타나기도 하기 때문에 점진적 의사결정 모형이 좋음

(5) 4 상한

문제의 확인과 해결방안이 모두 불확실하다면 쓰레기통 모형을 사용할 수 있고, 혹은 관리자가 직관과 경험을 이용하여 결정할 수도 있음. 때로는 영감과 모방 같은 부수적인 방법도 사용. 모두가 불확실한 상황에서는 쓰레기통 모형에 의한 결정이 이루어짐. 초기에는 관리자들도 점진적 모형을 사용함. 하지만 불확실 상황이 계속되면 문제 확인부터 시작해서 해결안 선택으로 끝나는 논리적인 의사결정 단계를 그대로 지킬 수 없으며, 잠재적인 대안들이 쏟아져 나오면서 순서에 의해서 무작정 선택되는 경우도 많음

제4편 조직 수준

기출문제	[33회('24)] 경영환경의 변화는 의사결정에 있어서 불확실성을 증대시킨다. 조직은 이에 대한 효과적 대응방안의 하나로써 구조적 설계 대안을 마련해야 한다. 다음 물음에 답하시오. (50점) 물음 1) 조직 구조를 설계할 때 고려하는 3가지 핵심 요소를 설명하시오. (10점) 물음 2) 조직 환경의 불확실성을 정의하고, 불확실성을 분류하기 위한 던컨(R. Duncan)의 2가지 구성요소를 설명하시오. 그리고 이에 따른 4가지 수준의 조직 환경의 불확실성과 각 불확실성 수준에서 활동하는 조직의 구조적 특성을 함께 설명하시오. (25점) 물음 3) 환경 불확실성에 대처하기 위한 조직의 대응방안 중 완충 역할(buffering role 또는 buffer)과 경계 역할(boundary spanning role)을 설명하시오. (15점) [32회('23)] 다음 사례를 참고하여 물음에 답하시오. (50점) 한국엔터의 홍길동 사장은 아이돌 굿즈와 관련한 한국 전통 제품군들을 생산하는 대규모 사업부와 아이돌 굿즈 기획을 컨설팅하는 소규모 사업부를 운영하였다. BTS, 블랙핑크와 더불어 뉴진스 등이 공전의 히트로 한류 붐이 거세지면서 제품생산 및 컨설팅 의뢰 폭증으로 해외 사업에 진출하게 되었다. 홍길동 사장은 전세계를 단일시장으로 보고 표준화 제품군을 생산하는 사업부를 첫째 아들에게, 문화적 차이를 감안하여 중남미·동남아 지역 위주의 차별적인 서비스를 제공하는 컨설팅 사업부를 둘째 아들에게 맡겨 해외 사업을 진행하였고 형제 간의 간섭없이 전략, 조직구조를 만들도록 전권을 각각 위임하였다. 사업이 번창할 것이라는 기대와 달리, 오히려 회사가 어려움에 처하면서 경영 위기를 맞게 되었다. 컨설팅 결과에 따르면, 첫째와 둘째 모두 잘못된 전략, 조직구조를 활용하였으며, 첫째와 둘째 모두 지나치게 사업을 확장하여 해외 사업에 무작정 뛰어들었다가 과중한 부담을 버티지 못한 것이었다. 이에 셋째 아들에게 조직쇠퇴 원인을 파악하고 해결하는 중책을 맡기게 되었다. 물음 1) 바네(J. Byrne)의 대규모 조직과 중소규모 조직의 차이점을 설명하시오. (10점) 물음 2) 국제적 경쟁우위와 조직구조 간의 적합성 모형(Model to Fit Organization Structure to International Advantage)의 4가지 유형을 도식화하여 제시하고, 2개 사업부에 적합한 유형을 각각 설명하시오. (20점) 물음 3) 밀러(D. Miller)의 조직쇠퇴 4가지 유형을 설명하고, 한국엔터가 처한 조직쇠퇴 유형 및 극복방안을 설명하시오. (20점) [31회('22)] 조직의 각 부서는 다른 부서와 구별되는 고유한 기술(투입물을 산출물로 변환하는 데 필요한 업무 프로세스, 기법, 기계 및 행동)을 가지고 업무 활동을 전개한다. 이로 인해 각 부서의 구조적 특징도 달라지게 된다. 이러한 부서 수준의 기술을 분석하고 이해하기 위하여 페로우(C. Perrow)는 개념적 모형을 개발하였다. 다음 물음에 답하시오. (25점) 물음 1) 페로우(C. Perrow)가 개발한 모형에서 기술을 분류하는 2가지 기준을 설명하고, 해당 기준에 의해 도출되는 4가지 기술 유형을 쓰시오. (10점) 물음 2) 페로우(C. Perrow)가 개발한 모형에서 일상적(routine) 기술과 비일상적(nonroutine) 기술에 따라 조직구조의 특성이 어떻게 달라지는지를 공식화, 작업자 숙련도 및 통제 범위(span of control)의 3가지 차원에서 설명하시오. (15점) [30회('21)] 다음 사례를 참고하여 물음에 답하시오. (50점) 어느 조직이든 조직목적을 달성하기 위해 구성원 행동을 조정·통합하는 통제전략을 필요로 한다. 대부분의 조직에서는 오우치(William Ouchi) 교수가 제시한 관료적 통제(bureaucratic control), 시장 통제(market control), 문화 통제(clan control)의 세 가지 방안을 기본으로 하여 통제 전략을 시행하고 있다. 사례 A조직은 교육서비스 업무를 주로 수행하는 공공기관이다. A조직은 2019년 1월 최신의 정보통신기술(information & communication technology)을 도입하여 구성원 업무를 적극 지원하고 있다. A조직 구성원은 최근의 코로나 19 상황에서는 정보통신기술을 활용한 재택근무 등으로 업무를 수행하고 있다.

> 그 동안 A조직은 구성원에 대해 오우치(William Ouchi) 교수가 언급한 관료적 통제 방식을 주로 사용하여 왔으나, 코로나19와 같은 불확실한 환경에 대응하기 위해서는 새로운 방식의 구성원 통제 전략이 필요하다는 것을 인식하고 있다.

물음 1) 오우치(William Ouchi) 교수가 제시한 구성원에 대한 관료적 통제의 주요 요구사항(특징)을 기술하고, A조직이 직면한 코로나19 상황에서는 이러한 통제 전략이 왜 한계를 나타내는지 그 이유를 설명하시오. (20점)

물음 2) A조직에서는 새로운 구성원 통제 전략으로 시장 통제, 문화 통제를 고려하고 있다. 이들 2가지 통제의 주요 요구사항(특징)을 오우치(William Ouchi) 교수가 제시한 바를 기준으로 각각 설명하시오. (15점)

물음 3) 만약 여러분이 A조직의 조직개발전문가라고 가정하고, A조직에 적합한 새로운 구성원 통제 전략으로 문화 통제를 권고하기로 결정하였다고 하자. 문화 통제 전략을 선택한 이유를 설명하고, 그러한 전략을 구현하기 위한 변화실행방안을 쓰시오. (15점)

[29회('20)] 다음 사례를 참고하여 물음에 답하시오. (50점)

> 한국전자의 박새로이 사장은 약 30년간 기존의 반도체 칩(chip) 생산라인을 통해 노동집약적 사업을 추구하여 왔다. 그러나 최근 경영환경의 변화로 기존의 사업에 한계상황을 맞이하면서 신성장산업인 인공지능(AI) 사업을 시작하였다. 하지만 기대와는 달리 한국전자는 2개 사업부인 반도체 칩 사업부와 인공지능 사업부의 조직운영을 하면서, 전략방향, 조직구조의 설계 및 사업부간 갈등 등 단일 사업부일 때보다 오히려 더 많은 어려움이 나타났다.
> 특히 3가지 문제인 전략, 조직구조 설계 및 사업부 간 갈등의 문제로 조직의 균형과 안정성에도 문제가 발생하였다. 박새로이 사장은 고민 끝에, 빅픽처 컨설팅의 조이서 컨설턴트를 찾아가서 회사의 사정을 설명하고 자문을 구하였다.
> 조이서 컨설턴트는 이 문제를 해결하는 과정에서 전략 해결책으로 탐험(exploration)과 활용(exploitation)을 조직구조설계의 해결책으로, 양면형 조직(ambidextrous organization)을 사업부간 갈등의 해결책으로 통합형 협상(integrative negotiation)을 제시하였다.

물음 1) '탐험과 활용'의 개념을 설명하고, 만약, 당신이 조이서 컨설턴트라면 탐험과 활용을 통해 2개 사업부 각각에 적합한 전략을 설명하시오. (15점)

물음 2) '양면형 조직'의 개념을 설명하고, 만약, 당신이 조이서 컨설턴트라면 양면형 조직구조의 개념을 통해 2개 사업부에 적합한 조직구조를 설명하시오. (15점)

물음 3) '통합형 협상'의 개념을 설명하고, 만약, 당신이 조이서 컨설턴트라면 통합형 협상의 태도, 행동, 정보 각각의 관점을 통해 사업부 간 갈등의 문제 해결방안을 설명하시오. (20점)

[29회('20)] 조직의 다양한 부서들은 과업을 수행하기 위해 자원, 부품, 정보 등의 교환을 통해 상호의존하게 된다. 기술이 조직구조 설계에 영향을 미치는 연구 중 톰슨(james thompson)의 상호의존성(interdependence)의 3가지 유형을 설명하고, 조직구조 설계에 주는 시사점을 제시하시오. (25점)

[28회('19)] 다음 사례를 참고하여 물음에 답하시오. (50점)

> 당신은 노무법인에 근무하는 공인노무사로서, 화장지를 대량생산하여 원가우위를 추구하는 생산 중심의 정교화 단계 A기업과 의약품을 개발하여 차별화를 추구하는 연구개발 중심의 집단공동체 단계 B기업으로부터 조직 재설계 컨설팅을 의뢰받았다. 두 기업은 현대 경영에서 요구되는 유연성, 창의성 향상을 위하여 팀제 도입을 원하고 있으며, 팀제 도입을 통하여 조직 혁신을 추구하려고 한다.

물음 1) '조직수명주기', '팀제 설계에서 고려해야 할 상황' 두 측면에서 A기업, B기업을 각각 분석하시오. (15점)

물음 2) 4가지 유형의 팀제 및 조직 혁신을 설명하고, A기업, B기업에 적합한 팀제 및 조직 혁신 유형을 각각 논하시오. (35점)

[27회('18)] 스코트(R. Scott)는 기존의 조직이론을 체계적으로 정리하여 조직과 인간에 대한 관점으로 조직이론의 유형을 분류하고 있다. 다음 물음에 답하시오. (50점)
물음 1) 스코트의 4가지 조직이론 유형을 설명하시오. (20점)
물음 2) 각 유형별로 이론의 가정(assumption), 강·약점, 공헌분야 및 대표적 이론을 논술하시오. (30점)

[26회('17)] 조직의 구성원 통제방식을 계층적 통제(hierarchical control)와 분권적 통제(decentralized control)로 나누어 설명하고, 구성원 통제방식이 IT(information technology)의 영향으로 어떻게 변화될 것인지를 행동통제(behavior control)와 결과통제(outcome control) 측면에서 논하시오. (25점)

[26회('17)] 조직설계의 핵심적인 구조적 차원 중 공식화(formalization), 전문화(specialization), 집권화(centralization)의 개념을 각각 설명하고, 아래 지문에 나타난 상황적 요인을 고려하여 A조직과 B조직 간에 공식화, 전문화, 집권화의 정도가 어떠한 차이를 보일지 비교·설명하시오. (25점)

> A 조직 : 차별화된 신제품 개발을 임파워된 팀 중심으로 운영하는 90명 정도의 기업으로, 사장을 비롯해 구성원 간에 직접적인 의사소통을 주저하지 않는 가족적인 문화를 가지고 있다.
> B 조직 : 가전제품을 대량생산하여 원가우위를 추구하는 기업으로, 내부 효율성을 중시하고 분업화·표준화된 방식으로 운영하고 있는 10,000명 정도의 조직이다.

[25회('16)] 조직이 직면하는 환경의 불확실성을 복잡성과 동태성 측면에서 분석하고, 각각의 상황에 적합한 산업의 예와 구체적인 조직설계 방안에 대하여 논하시오. (50점)

[24회('15)] 거시조직이론 중 조직군 생태학이론, 전략적 선택이론, 제도화이론의 개념을 각각 설명하고, 이들 세 가지 이론의 차이점을 환경과의 대응관점(임의론 대 결정론)과 조직의 분석수준에서 각각 논하시오. (50점)

[23회('14)] 조직환경을 환경의 불확실성과 자원의존 측면에서 각각 설명하고, 조직의 환경 불확실성에 대한 대응방안과 자원통제를 위한 전략에 대해 각각 논하시오. (50점)

[22회('13)] 암묵지(tacit knowledge)와 형식지(explicit knowledge)를 비교 설명하고, 이에 기초하여 노나카(Nonaka)가 제시한 조직의 지식창조과정을 도식화하여 설명하시오. (25점)

[22회('13)] 조직문화의 개념과 의미(중요성과 순기능/역기능 포함), 그리고 조직문화와 조직성과와의 관계를 설명하시오. 또한 샤인(Schein)이 제시한 조직문화의 구성요소, 딜과 케네디(Deal & Kennedy) 그리고 퀸(Quinn)이 제시한 조직문화유형을 도식화하여 설명하시오. (50점)

[21회('12)] 조직구조에 관한 이론적 출발은 베버(Weber)의 이상적 관료제라고 할 수 있다. 이상적 관료제의 특징을 설명하고, 현대 기업 관점에서 이를 비판하시오. (25점)

[21회('12)] 현대 조직구조에 관한 통찰을 제시한 학자로 민츠버그(Mintzberg)를 들 수 있다. 민츠버그가 주장하는 조직의 5가지 기본부문을 설명하시오. (25점)

[20회('11)] 챈들러(Chandler), 포터(Porter) 및 마일즈와 스노우(Miles and Snow)의 전략이론을 설명하고, 각각의 전략이론 관점에서 전략과 조직구조의 관계를 논하시오. (50점)

[19회('10)] 조직 간 관계(interorganizational relationship)를 보는 자원의존관점(resource dependence perspective)에 관하여 설명하고, 조직이 외부 자원 통제를 위해 사용하는 전략들을 논하라. (50점)

[18회('09)] 네트워크 조직의 의의와 장단점. (25점)

[18회('09)] 조직변화를 위한 하나의 기법으로서 해빙, 변화, 재동결에 대해 설명하시오. (25점)

[17회('08)] 조직 내 창의성을 위한 조직설계 방안에 대하여 약술하라. (25점)

[16회('07)]	학습조직의 특성을 약술하라. (25점)
[13회('04)]	조직기술과 조직구조와의 관계를 우드워드, 톰슨, 페로우 이론을 중심으로 논술하시오. (50점)
[12회('03)]	조직구조에 영향을 주는 상황요인으로서 환경과 기술에 대하여 논술하시오. (50점)
[11회('02)]	애드호크라시(Adhocracy)의 특징과 그것이 적합한 상황을 설명. (25점)
[10회('01)]	업무 프로세스 중심의 수평적 조직구조의 의의, 등장배경 및 특성 설명. (25점)
[10회('01)]	조직적 구조설계에 있어서 분화, 통합의 의의 및 방법을 논하라. (50점)
[9회('00)]	기업의 정보화가 초래하는 경영조직의 변화를 설명. (25점)
[8회('99)]	팀제 조직과 전통적 기능 조직의 차이 약술. (25점)
[7회('98)]	조직개발의 목적과 기법에 대해 논하라. (50점)
[7회('98)]	조직구조의 구성요소들을 설명. (25점)
[6회('97)]	조직혁신과정에서 조직구성원들이 저항하는 원인을 밝히고 이를 극복하는 방안들을 제시하라. (50점)
[5회('95)]	폐쇄시스템과 개방시스템을 비교 설명한 후 조직과 환경과의 관련 하에서 폐쇄시스템에서 개방시스템으로의 이행과정에서의 중요한 이슈에 관하여 논하라. (50점)
[5회('95)]	사업부제 조직의 개념 및 장단점. (25점)
[4회('93)]	기계적 조직구조와 유기적 조직구조의 가장 적합한 상황을 각각 약술하라. (25점)
[3회('91)]	경영조직의 발전과정을 과학적 관리론, 인간관계론, 근대적 조직론(조직행동론) 중심으로 비교 논술하라. (50점)
[2회('89)]	매트릭스(Matrix) 조직의 본질, 의의 및 한계 약술. (25점)
[1회('87)]	조직이론에 있어서 컨틴전시 이론(Contingency theory)의 배경 및 그 대표적인 학설과 특징을 논하라. (50점)

Mind Map

제1장 개요

전략노트 pp.529-531

Ⅰ. Intro

1. 조직(organization)의 개념

조직이란 ① 공동의 목표를 가지고 있으며, ② 이를 달성하기 위해 의도적으로 정립한 체계화된 구조에 따라 구성원들이 상호작용하며, ③ 일정한 경계를 가지고, ④ 외부 환경에 적응하는, ⑤ 인간들의 사회적 집단으로, ⑥ 조직화(organizing) 과정의 산물

2. 관리(management)의 의의

① 계획(planning)은 조직의 목표를 규정하며, 이 목표를 달성하기 위하여 전반적인 전략을 만들며, 조직 내의 모든 활동을 통합하고 조정하기 위하여 포괄적인 계획의 사다리를 만드는 것. ② 조직화(organizing)란 업무의 결정, 분류, 분담과 보고 등을 포함하는 활동. ③ 지휘(leading)란 부하에게 동기를 부여하고, 행동을 지시하며, 갈등을 해결하고 효과적인 의사소통 채널을 선택하는 활동. ④ 조정(coordination)이란 조직의 목적 달성을 위하여 모든 부분활동을 통합·조화시키는 작용. ⑤ 통제(controlling)는 조직의 업적을 감시하고, 조직원의 일탈을 방지하는 활동

3. 조직관리의 중요성

① 사회변동의 심화
② 조직 규모의 거대화와 조직형태의 다양화
③ 고객 서비스의 질 제고

Ⅱ. 관리자와 관리계층

1. 관리자의 의의

조직에서 관리적 업무를 수행하는 자. 조직의 대외적 활동을 위한 조직 내부의 분업·조정·통제 작용을 하는 자

2. 관리자의 기술

(1) Mintzberg(민츠버그, 1983)의 구분

대인적(interpersonal) 역할, 정보(information)역할, 의사결정(decision making)의 역할로 구분

[관리자의 역할]

대분류	중분류	내 용
Interpersonal Roles (대인관계 역할)	대표자(Figurehead)	프로젝트 팀을 대표
	리더(Leader)	팀원들에 대한 동기 부여
	연락책임자(Liaison)	조직 외부 및 조직 내 계층 간 연락
Informational Roles (정보처리 역할)	정보수집자(Monitor)	외부정보를 수집
	정보보급자(Disseminator)	수집된 정보를 분배
	대변자(Spokesman)	팀의 정보를 외부에 이전
Decision Roles (의사결정 역할)	기업가 (Entrepreneur)	변화와 혁신을 설계하고 고무시키는 역할
	문제해결사 (Disturbance Handler)	문제 인식 및 해결방안 제시
	자원배분가 (Resource Allocator)	제약된 자원을 적재적소에 배치
	협상가(Negotiator)	조직 외부 및 조직 내 이해관계자와 협상

(2) Katz(1955)의 구분

Katz는 관리자의 자질을 세 가지로 나누어 관리자의 위치에 따라 각 자질들의 비중이 다르게 요구된다고 주장

[관리층 구분에 따라 요구되는 능력]

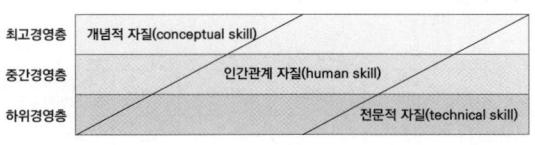

1) 개념적 자질(conceptual skills) : 상황판단능력

최고층 관리자라면 조직을 전체적으로 파악하면서 조직의 각 부분은 서로 어떤 관련이 있으며 한 부문에서의 변화가 조직 전체에 어떤 영향을 미칠 것인지를 예측할 수 있어야 함

2) 인간관계 자질(human skill) : 대인관계능력

관리자라면 사장이든지, 작업반장이든지, 팀장이든지, 관계없이 구성원들과 원만한 관계를 유지하면서 그들에게 동기를 부여해주고 서로 조정해주며 협조를 이끌어 내는 탁월한 인간관계능력이 필수적

3) 전문적 자질(technical skill) : 현장실무능력

업무적 자질, 기술적 자질이라고도 할 수 있는데, 일선관리자가 과업담당자에게 지시하고 충고, 감독하기 위해서는 실무기술이나 자기가 맡고 있는 전문분야의 업무에 능통해야 할 것

제 2 장 조직이론(organization theory)

전략노트 pp.531-591

I. 개요

[오늘날 조직관리이론들의 공존]

	조직의 가치관	구조관	인간관	환경관	연구방법 및 접근방법상 특징
고전적 조직이론	능률과 효율(efficiency) 특히 기계적 능률	공식적 구조	합리적·경제적 인간관	폐쇄 조직관	과학적이지 않음
신고전 이론	사회적 능률	비공식 구조	사회적 인간관	소극적 환경론	경험과학적
현대적 조직이론	다양한 가치(기계적+사회적 능률)성 효과성(effectiveness) 융통성(flexibility) 대응성(responsiveness))	다양한 구조(임시적 조직, 일시적 조직, 동태적 조직, 매트릭스 조직, 가상조직, 네트워크 조직 등)	자기실현적 인간관 복잡 인간관	적극적 환경론 (개방 조직관)	다양한 연구방법과 접근방법이 활용(학제적 + 높은 경험성)

II. 고전적 조직이론(classical theory)

1. 개요 : 인간을 경제적 동물(homo economicus)로 간주

기본적 출발은 1900년대 초 주먹구구식 관리(표류경영 : drifting management)를 제고하여 기업의 생산성을 높이고 노사문제를 해결하려던 일련의 연구팀들에 의해 시도, 이들의 주장을 통틀어서 고전적 조직이론이라고 함

고전적 조직이론은 기계적 접근방식으로 경제적 인간관에 초점을 두어 종업원을 기계와 같은 생산 수단의 하나로 취급하면서, 직무의 전문화, 분업화 및 표준화를 통해 인사관리 시스템을 설계

2. 과학적 관리론(scientific management) : F. W. Taylor

(1) 형성배경(1911년부터 1930년까지)

1911년 Taylor가 출판한 「과학적 관리법(Scientific Management)」을 출발점으로 형성, 그는 작업능률을 향상시키고 생산성을 증가시키는 유일한 최선의 방법(one best way)은 과학적인 방법을 사용하는 것이라 주장

(2) 내 용

1) 과학적 과업관리(task management)와 직무설계

Adam Smith의 분업의 원리에 이론적 바탕
'과업관리의 원리'를 주장, 직무연구(job study)의 책임, '시간과 동작연구(time and motion study)'를 적용, 작업조건과 환경을 표준화, 표준생산량(production standard) 설정

2) 과학적 선발과 훈련(scientific selection and training)

직무연구에 의하여 설계된 직무내용 기준, 인간공학(human engineering) 관점 육체적·지능적 자격조건 명시, 과학적 방법으로 근로자들을 선발, 직무조건에 맞추어 표준생산량을 달성하도록 훈련을 시켜야 한다는 것

3) 차등성과급제(differential piece-rate payment)

표준량 설정, 단순성과급과 차등성과급제를 창안
표준량과 임금률은 직무연구를 통하여 설정

4) 기능적 감독자제도(functional foremanship)

일선감독자의 직무구조에 분업의 원리를 적용하여 일선감독자와 감독자를 따로 채용 및 관리

※ 초기 산업심리학(Industrial Psychology)적 연구

직무에서 요구되는 신체적, 지능적, 성격적 요인 연구

◆ 참고 : 포디즘(Fordism)의 '3S'   Simplification, Specialization, Standardization

(3) 평가

1) 공헌(시사점)
① 〈직무〉는 가능한한 전문화(분업), 표준화, 기계화,
② 〈인간〉은 생산의 한 요소로서 높은 대체성 가짐,
③ 인간의 행동을 경제적 동물이라는 관점.
④ 인적자원관리를 합리화하고 과학화하려고 노력,
⑤ 최적의 구조체계가 있다는 것을 전제,
⑥ 작업환경을 표준화·직무설계/고용제도/임금제도를 공식화, 구조적 접근

2) 비판
① 일에 대한 자긍심 상실, 노동소외(alienation), ② 인간행동에 대한 설명이 부족, ③ 조직마다 처한 상황이 상이함에도 불구하고 유일 최선의 조직 관리 방안(one best way)이 있다고 주장한 보편론적 함정

3. 일반관리론(general administrative theory) : H. Fayol

(1) 개요
Fayol은 1916년 「산업의 일반관리론(Administration Industrielle et Générale)」이라는 저서를 통해, 인간을 경제적 관점으로 보고, 조직의 관리 기능(management)에 초점을 두면서 경영자의 자리에서 조직 전체를 효율적으로 운영하는 관리 원칙을 주장

◆ 참고 : Taylor와 Fayol의 차이점
테일러는 작업자의 작업 프로세스를 관리(작업 현장의 감독자가 작업과 인부를 관리)하는 좁은 의미의 관리에 관심, 페욜은 시야를 넓혀 경영자가 회사 전반을 관리(즉 조직 자체의 관리)하는 넓은 의미의 관리에 관심

(2) Fayol의 기업 경영활동

[6가지 경영활동]

① 기술(technology) 활동 : 생산, 가공
② 상업(commerce) 활동 : 판매, 구매
③ 재무(finance) 활동 : 자본조달, 자금 운용
④ 회계(accounting) 활동 : 대차대조표 작성, 손익계산, 재산평가
⑤ 보전(security) 활동 : 자산보전, 재고관리, 종업원 보호
⑥ 관리(administration) 활동 : 계획, 조직화, 지휘, 조정, 통제

6가지 경영활동 중 '관리활동'을 강조 - 계획(planning), 조직화(organizing), 지휘(leading), 조정(coordination), 통제(controlling).
관리활동을 수행하기 위한 14대 일반관리원칙 제시

[모든 조직관리에 통하는 14가지 일반 관리원칙
(principles of administration)]

1. 분업화 : 모든 작업은 분업화·전문화 되어야 한다.
2. 권한과 책임 : 상급자는 명령권을 가지되, 책임도 따라야 한다.
3. 규율 : 사원들은 정해진 규율을 지켜야 한다.
4. 명령통일 : 어떤 일의 지시든지 한 사람의 상사로부터만 받아야 한다.
5. 지휘통일 : 하나의 과업은 한 사람의 상급자에 의해 하나의 계획으로 작성되고 지휘되어야 한다.
6. 조직목표 우선 : 개인목표가 조직목표, 단체목표보다 우선될 수 없다.
7. 공정보상 : 보상은 조직, 주주, 노동자 모두를 만족시키는 수준으로 적절하게 정해져야 한다.
8. 집권화 : 권한위임은 상황에 따라 적정 수준으로 유지되어야 한다.

9. 계층화 : 조직의 지시, 의사소통, 정보전달 등은 계층별 연결망을 통하여 이루어져야 한다.
10. 질서와 순서 : 조직 내 모든 인적·물적 자원은 순서에 의해 질서정연하게 배치·배분·사용되어야 한다.
11. 공정 : 상급자는 모든 하급직원을 공정하게 대하여야 한다.
12. 고용보장 : 이직률을 낮추고 사원들에게 고용안정을 확신시키는 것이 바람직하다.
13. 자율권 부여 : 구성원에게 자율과 결정권을 부여함으로써 만족과 창의력 개발을 유도한다.
14. 협동심 부여 : 구성원들의 단결과 조화를 유지함으로써 동기부여와 시너지 효과를 누리도록 한다.

(3) 공헌
일반관리론은 '거시적 접근법'으로서 조직 전반의 관리를 어떻게 해야 할 것인지를 다룸
오늘까지도 조직의 운영과 설계에 필수적인 기준을 제시

(4) 한계

① 14가지 원칙은 서로 간의 구분과 경계가 애매모호하여 비슷한 것들도 있으며, 또 어떤 것들은 서로 이율배반적이라서 한 가지 원칙을 지키려면 다른 원칙은 파괴될 수밖에 없다는 비판, ② 일반관리론은 대부분 과학적으로 검증되지 않은 원리들을 제시하여 이론 적용에 있어 보편성과 일관성이 떨어진다는 비판, ③ 인간을 경제적 인간관으로 파악하여 인간소외와 기계적 조직설계를 야기, ④ '유일 최선의 조직관리 방안(one best way)'을 개발하려고 한 데에서 보편론적 함정 등

4. 관료제론(bureaucracy) : M. Weber
(1) 개요

19세기 말 독일의 사회학자 베버(M. Weber). 18세기 이후 서구의 근대화과정에서 생성된 대규모 공공조직들의 공통된 특징을 통합하고, 합리적이고 작업능률을 극대화할 수 있는 이상적인 조직형태로서 관료제에 대한 이상형(ideal type)을 설정. 관료제(bureaucracy)라는 말은 bureau(사무실, 책상)와 cracy(Kratia : 관리, 지배)의 합성어로서 사무실 책상에서 미리 규정과 절차를 정해 놓고 나서 전체 구성원은 그에 따라 현장 실무를 진행해야 한다는 뜻. 조직구성원들 간의 권력관계를 연구하여 조직의 권한구조(authority structure) 이론을 정립

(2) 대규모 조직의 구성원 통치 권한(방법)

1) 카리스마적 권한(charismatic authority)에 의한 통치 — 통치자가 지닌 신성함과 비범함을 수용하고 정당화하고 복종. 통치자를 신의 대리인이라고 믿음

2) 전통적 권한(traditional authority)에 의한 통치 — 전통과 관습의 무게 때문에 당연히 수용하고 복종

3) 합리적 법적 권한(rational & legal authority)에 의한 통치 — 명문화된 규칙과 법규가 합법적이고 정당하다고 믿기 때문에 조직의 통치에 따름

(3) 이상적인 관료제의 특성

1) 규칙(rule)에 의한 관리 — 모든 종업원의 직무상의 행동은 규칙·규정에 의하여 공식화되어 있으며, 규칙은 모든 권한의 원천이 되는 동시에 구성원의 행동을 규제하는 행동지침이 됨

2) 공정한 평가 — 규칙에 따르는 조직관리는 공정성을 유도, 모든 종업원은 규칙 및 객관적 자료에 의하여 평가를 받게 됨. 정실인사(nepotism) 배제

3) 분업(division of labor)에 의한 전문화(specialization) — 분업이란 작업능률을 향상시키기 위해서 직무를 보다 단순화·전문화된 과업으로 세분화하는 과정. 경영자나 종업원들은 전문화 또는 개인적 전문성에 따라 직무를 할당받아 수행

4) 피라미드 형태(pyramid-shaped)의 계층적 조직(hierarchical structure) — 대부분의 조직은 피라미드 형태의 계층적 구조. 계층적 조직은 의사결정권한에 따라 직위의 등급이 결정. 모든 권한과 권력은 상위층 내지는 최고경영층에 집중되며 각각의 하위직은 최고경영층의 지휘와 통제 하. 베버는 이 계층적 조직이 종업원의 행동을 통제하는 데 도움이 된다고 주장

5) 의사결정의 권한구조(authority structure) — 의사결정의 권한구조란 조직 내의 각 계층에서 중요성의 차이에 따라 의사결정할 수 있도록 권한을 결정해 놓은 조직구조. 규칙, 공정성, 분업 그리고 계층적 구조에 바탕을 둔 시스템은 권한구조에 의하여 잘 조직화

6) 평생고용 계약(lifelong career commitment) — 종업원이 기술적 자질과 만족스런 성과를 유지하는 한 직업안정이 보장, 조직은 종업원의 성실한 직무수행과 기술적 능력발휘를 확실히 하기 위하여 직업안정, 종신재직, 단계적 임금인상, 연금, 승진 등을 이용

7) 합리적(rational) 조직경영	전체 조직목표를 세분화하여 각 부서의 목표를 특수화하고, 모든 부서가 그들 각각의 목표를 달성할 때 회사는 전체목표를 성취하게 될 것 합리적 경영자는 조직의 목표성취를 위하여 가능한 효율적 수단을 이용, '논리적', '과학적'으로 조직을 운영
(4) 관료제 조직이 지향하는 목표	① 합리화·계산 능력 활용, ② 법적 규율에 의한 제도화된 행동과 역할을 강조, ③ 예측성 중시, ④ 기술적·객관적 능력 중시, ⑤ 객관적·공적(impersonal) 관계 중시
(5) 관료제 조직의 장점 : 조직관리의 합리성 추구	① 정확성, 신속함, 연속성, 비용 감소, ② 정실인사(nepotism)를 배격하며, 종신고용을 보장함으로써 구성원들에게 안정감과 예측가능성을 보장, ③ 규칙과 규정의 통일성은 역할모호성(role ambiguity)을 감소시키고 일의 능률을 제고, ④ 수직적 위계구조, 엄격한 복종으로 인해 권한의 범위와 책임의 측면에서 체계성
(6) 관료제 조직의 단점 : 관료병리학적(bureaupathology) 내용	
1) 과잉동조(overconformity)	조직이 과도한 형식주의로 흘러 절차나 규칙 자체를 목표로 삼는 현상. 더불어 목표-수단의 전치(轉置)현상도 발생. 이는 조직 전체적인 문제나 외부환경에의 변화보다는 조직 내부의 문제에 보다 중시하기 때문에 발생
2) 문서주의(red-tape)·형식주의(formalism)	대규모 조직에서는 사무처리의 비합리성을 배제하고 책임의 한계를 명확히 하기 위하여 주로 문서에 의한 업무처리를 하게 되는데, 과도한 관료제는 복잡한 날인절차, 문서다작, 형식주의 등을 초래하게 된다. 계층화로 의사소통이 왜곡
3) 인격적 관계의 상실	관료제의 구성원은 대규모 조직의 부속품처럼 기계화되어 인격적 관계를 상실. 정서적·감정적인 면을 너무 배제하고 인간을 규정에 의해 움직이는 꼭두각시 취급을 하였다는 비판(개인의 로봇화).
4) 무사안일주의와 상급자의 권위에 의존	문제해결에 적극적·쇄신적 태도를 취하지 않고 정책결정을 지연, 상급자의 명령·지시에만 맹종·영합, 책임을 회피하기 위하여 상급자의 권위에 의존하는 경우가 빈번. 주어진 지위와 권리만 주장, 새로운 인재의 유입과 동화가 어려움
5) 할거주의적 경향	관료제에 속한 구성원은 자기가 소속한 조직단위나 기관에만 관심과 충성을 가질 뿐 다른 부서에 대한 배려를 하지 않아 조정과 협조가 곤란. 그 이유는 다른 기관에 대한 이해부족이나 자원확보의 경쟁 때문. 개인의 성숙한 성장 저해로 상사에게 의존하게 만듦
6) 변화에 대한 저항	관료제는 본질적으로 보수주의적·현상유지적인 특징을 가지는데, 이에 따라 변동에 대한 적응성이 결여. 규정에 너무 집착하다 보면 조직이 경직화되어 상황변화에 대처하는 융통성이 부족해질 뿐만 아니라 개인의 재량권 폭이 좁아지고 다양성과 창의성 개발이 제한을 받게 되는 단점
7) 관료제 외적 가치와 이익의 추구	관료들은 신분보장과 권력 및 지위를 필요로 하는데, 관료제 외적 가치를 추구하기 위하여 조직의 계획이나 법규를 왜곡하고 아첨, 출세주의, 보신주의 등을 표출. 또한, 복종과 집단사고(集團思考) 현상이 만연

8) 전문화(분업화) 추구로 인한 무능	분화된 업무만 알고 전체적 업무를 이해하는 능력이 부족해져 훈련된 무능(trained incapacity)의 특징을 가지게 됨. 시야가 좁고, 통찰력이 부족하며, 전문가의 아집과 고집 및 편견으로 조정·협조가 곤란. 예외발생 시 대처능력 부족한 경향
(7) 관료주의 타파를 위한 접근방법 : 쇄신·혁신(innovation) 1) 임시 시스템 조직화	혁신적인 조직구조를 도입하여 문제를 해결하는 것이 한 방법. 임시 시스템 조직화란 안정적 시기에는 효율적인 관료주의적 조직형태를 활용, 예상하지 못한 재난이나 위기에는 유연하고 느슨한 구조를 활용하여 대처하는 것
2) 전문가 정신 고취	직원들에게 전문가 정신을 고취시키는 것. 전문가 정신은 정규교육을 받은 기간과 경력 기간에 의해 규정. 전문직에 관한 연구에서 전문가교육은 관료체제를 대신하여 직원들에게 높은 수준의 행위를 할 수 있도록 해주기 때문에 공식화는 필요하지 않음
3) 기 타	① 계층을 없애고, ② 본사 직원 수를 줄이고, ③ 업무수행에 대한 직업의식을 가지도록 하고, ④ 최소한의 고용안정성을 유지하고, ⑤ 발전지향적 구성원을 개발하며, ⑥ 직책이 낮은 직원들에게 과도한 규칙과 규율로 부담을 주기보다 의사결정을 더 자유롭게 할 수 있도록 하는 것 등을 고려
5. 고전적 조직이론(classical theory)의 정리	① 〈기능화의 원칙〉, 〈전문화의 원칙〉 ② 〈규칙 및 절차를 강조〉 ③ 〈계층화의 원칙(scalar principle)〉

Ⅲ. 신고전이론(neoclassical theory)

1. 개 요	신고전이론은 고전이론에서 제시했던 조직관리 원칙들의 경직성에 대해 의문을 제기하면서 조직구성원의 심리적이고 행동적인 문제들을 주요 이슈로 부각. 1920년대 유럽에서 발전한 경영사회학과 1930년대 미국에서 발생한 인간관계론에서 발견
2. 경영사회학적 접근 (1) 의 의	경영사회학은 기업조직에 대해 사회학적 접근을 하는 학문분야. 〈Simmel〉의 주요 관심사는 조직 내 구성원 간에 나타나는 갈등문제, 구성원 간의 상호작용을 통한 지배관계, 노동분업의 사회심리적인 결과 그리고 조직 내 구성원들 간의 사회적 관계 및 규범에 미치는 영향요인을 밝히는 것. 〈Briefs〉는 기업조직에서 나타나는 인간성 상실이라는 소외문제를 집중적으로 분석. 여기서 소외란 무력감과 무능력감, 일에 대한 의미의 상실, 조직 및 집단에 대한 소속감의 결핍으로부터 발생하는 사회적 고립감, 자기 격기(self-estrangement). 일에 대한 자기 관여의 완전한 결여를 의미
(2) 기업조직 내 인간소외 현상의 분석 내용	〈① 소유감(ownership)으로부터 소외〉, 〈② 노동으로부터 소외〉, 〈③ 생활공간으로부터 소외〉, 〈④ 협동으로부터 소외〉, 〈⑤ 자기 통제로부터 소외〉
(3) 평 가	산업화의 부정적 측면을 경고하면서 기업조직에서의 인간성 상실을 막을 수 있는 대안들을 찾는 데 주력

3. 인간관계론(human relation theory) – 인간을 사회적 동물(homo socialogicus)로 봄

(1) 형성배경

미국의 시카고 근처의 한 전화기 제조회사연 Hawthorne factory에서 테일러의 과학적 관리법에 입각한 성과급 제도를 도입, 생산성 측면에서 만족스럽지 못하여 일련의 관찰을 실시

(2) 호손 공장 실험(Hawthorne factory experiment)

1) 개 요

하버드의 사회학자인 Mayo와 Roethlisberger, 호손공장에서 과학적 관리법의 타당성을 실제로 검증하는 연구를 시작

2) 연구조사방법

① 조명실험(illumination experiment, 1924~1927)

조명도와 작업능률간 관계, 작업능률에 별다른 영향을 미치지 않음

② 계전기 조립실험(relay room experiment, 1927~1929)

작업 조건(작업시간 단축, 휴식시간 증가, 간식 제공 등)과 생산성 향상과는 무관

i), ii)의 실험에서 서로 다른 작업환경을 단들고 실험 집단(experiment group)과 통제 집단(control group)을 나누어 생산성을 관찰해 보았더니 실험 집단에 속해 있는 작업자들의 생산성이 매우 높게 나타났음. 즉, 실험대상자들은 본인이 관찰되고 있다는 사실을 인식함으로써 평상시와는 다르게 행동하는 현상이 나타났는데, 이를 〈호손 효과(Hawthorne effect)〉라고 부르게 되었음

③ 면접실험(interviewing program, 1928~1930)

작업장의 사회적 조건과 근로자의 심리적 조건이 근로자의 태도와 생산성에 영향을 미친다는 결론

④ 배전 전선작업실의 관찰실험(bank wiring room study, 1931~1932)

비공식적 조직(informal organization)의 존재와 "작업규범(norm)"과 같은 집단압력이 작업의 성과에 큰 영향을 미치고 있음을 파악

[호손 실험의 결과]

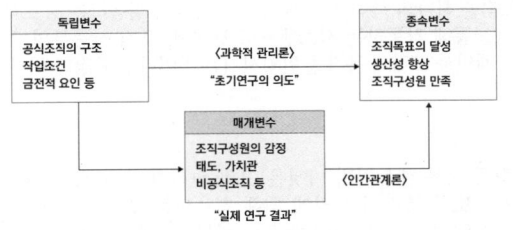

(3) 평 가

1) 공헌(시사점)

① 〈조직체의 사회적 성격〉 자연발생적인 '비공식조직'과, '집단구성원들 간의 상호작용'이 중요
② 〈개인의 행동동기〉 인간을 사회적 동물로 간주함으로써 '집단의 규범'과 '사회적 동기'가 집단구성원의 행동형성에 중요한 요소로 작용한다는 심리적 측면과, '비경제적 보수(noneconomic reward)'의 중요성을 강조
③ 〈집단의 중요성〉 작업조건보다는 '집단구성원들 간의 상호관계와 상호작용'으로부터 더 많은 영향
④ 〈직무만족과 생산성〉 '직무는 비전문화'하고, 집단구성원의 직무만족을 높이기 위하여 구성원을 잘 이해하고 그들의 문제에 관심을 가지고 배려해주는 '인간중심적이고 민주적인 관리방법'이 요구된다는 점을 제시

2) 비판

※ 과학적 관리론과 인간관계론의 비교

공통점	① 조직의 성과달성이 목표 ② 인간을 피동적 존재로 파악 ③ 폐쇄체제로 가정 ④ 작업 계층만을 연구대상으로 삼음 ⑤ 동기부여의 외재성, 욕구의 단일성 중시

		과학적 관리론	인간관계론
차이점	① 능률관	기계적 능률관	사회적 능률관
	② 인간관	경제인 기계의 부품 정태적 인간관	사회인 감정적 존재 동태적 인간관
	③ 동기부여 방식	경제적 동기 중시	사회·심리적 동기 중시
	④ 논리	비용·능률의 논리	감정의 논리
	⑤ 조직관	공식(formal) 조직 중시	비공식(informal) 조직 중시
	⑥ 초점	직무	인간
	⑦ 수행 실험	시간과 동작연구 (Time and motion study)	호손 공장 실험 (Hawthorne factory experiment)
	⑧ 조직과 개인을 바라보는 관점	일원적	이원적

① '조직 없는 인간(people without organization)'
② '사탕발림 인사관리(sugar management)'
③ 조직을 '폐쇄 시스템(closed system)'으로 봄
④ 만족한 젖소가 더 많은 우유를 생산하듯이, 만족한 근로자들이 더 많은 생산을 한다고 주장. 인간을 목적이 아닌 수단으로 바라보는 '젖소 사회학'

IV. 통합이론 : Barnard의 협동체계론과 Simon의 의사결정체계

1. 개 요 : 조직과 개인의 상이한 목적을 통합·일치시키는 과정

Barnard는 고전이론에서는 인간이 무시된 공식조직만 존재하고(organization without people), 신고전이론에서는 공식조직이 무시된 채 인간만 존재(people without organization)한다고 비판하면서 〈조직과 조직 내 인간에 대해 비교적 균형 잡힌 접근을 시도〉 고전이론과 신고전이론으로 구분한 과거의 이론들에 비해 보다 통합적으로 접근하려는 시도

조직을 하나의 목적을 위해 다수의 사람이 협동하는 상호적인 힘을 통해 작동하는 시스템으로 보면서, 조직 상층부의 역할은 개인과 조직의 목적을 일치시키는 것이라고 주장한 이론

2. Barnard의 협동체계론(cooperative system theory)

(1) 개인과 조직의 개념

1) 〈개인〉의 본질적 특징

"활동 혹은 행동이며 이것은 그의 심리적 제 요소로부터 나오며 또한 조직의 목적에 의해 허용되는 행동의 제한된 선택범위를 갖는 것". 자발적으로 협동시스템에 참여함으로써 비인격화 내지 사회화

2) 〈조직〉의 본질적 특징

"집단이 아니고 협동의 관계이며, 그것은 인간 상호작용의 협동시스템(cooperative system)"

(2) 조직의 기본 구성요소

1) 공동의 목적(common purpose)

조직구성원들이 수용할 수 있는 목적. 협동적+주관적 측면

2) 협동 의지(willingness to cooperate)

조직의 목적달성을 위해 개인이 노력하고자 하는 마음의 상태. 공헌과 유인의 비교로 공헌의욕 발생

3) 커뮤니케이션(communication)

조직에서는 공동의 목적달성에 대해 구성원이 공헌하려는 의욕이 높아져야 하는데, 이를 위해서는 우선 조직구성원이 커뮤니케이션을 통해 조직의 목적을 이해하고 있어야 함

(3) 조직의 존속이론 - 조직균형론

1) 의 의

Barnard의 조직론은 조직의 목적과 개인의 목적(동기)은 원래 일치하는 것이 아니라는 데에서 출발

2) 조직의 대내적 균형

| 공헌(contribution) ≤ 유인(inducement) |

조직과 구성원 개인 간의 관계에 관한 것, 구성원이 조직에 협동할 의사를 가지고 있어 그 조직을 떠나지 않으려는 상태 그리고 조직도 개인을 계속 보유하고자 하는 상태

인센티브 방법, 설득의 방법

3) 조직의 대외적 균형

조직과 외부환경과의 관계에서의 균형

(4) 평 가

① 조직의 본질을 인식하는 데 있어서 조직목적이라는 합리적 측면과 조직구성원의 협동의지라는 인간성 측면을 모두 포함
② 조직에서 최적의 경제성이라는 공식적 측면과 사회적 균형이라는 비공식적 측면을 통합하려는 시도가 높이 평가
③ 과거의 정태적인 조직 시각을 협동시스템의 역동성 그리고 조직의 존속이라는 시간적 개념을 도입하여 조직을 동태적으로 보았음

3. Simon의 의사결정체계

(1) 의 의

의사결정이란 "판단과 결단을 내린다"라는 의미
사이먼은 인간은 가능한 한 합리적인 의사결정을 지향하지만 그 합리성에는 한계가 있을 수밖에 없기 때문에 완벽하게 합리적인 의사결정은 근본적으로 불가능하다고 주장(제한된 합리성)

(2) 조직관리의 핵심 : 제한된 합리성(bounded rationality) 안에서의 의사결정

사이먼은 기업의 커뮤니케이션이나 의사결정이 합리적으로 이루어지느냐의 문제가 조직관리의 핵심이라고 보고 의사결정 활동을 중요한 조직행동으로 인식. 제한된 합리성(bounded rationality) 안에서 하는 것이 가장 현실적

그는 건초더미 속에 묻힌 여러 개의 바늘 중 한 개를 선택(의사결정)하여 사용할 때, 가장 좋은 바늘을 찾기 위해 온종일 낭비하는 것도 안 되고, 그렇다고 무조건 아무거나 잡히는 대로 집어 사용하는 것도 안 되며, 몇 개를 찾아보면서 그 중에서 그래도 가장 괜찮은 바늘을 선택하여 사용하는 것이 가장 좋은 관리

(3) 관리인(administrative man)의 관점

제한된 합리성 내에서 현실적으로 의사결정을 해 나가는 경영자들은 관리인(administrative man)이라고 함

Ⅴ. 행동과학론(1950년대)

1. 형성배경

개인과 집단의 행동이 더욱 복잡. 조직체 및 개인과 집단의 행동을 보다 학제적이고 과학적이며 실증적인 방법에 의하여 연구

2. 행동과학(behavioral science)의 기본개념

인간 및 인간집단의 모든 행위를 체계적이고 과학적으로 분석·개발하고자 하는 연구방법

3. McGregor의 X, Y론

(1) Theory X

인간은 원래 일하기를 싫어하고 이기적이고 창의력이 부족하며, 저차원적 욕구(생리적, 안전욕구)에 의해서 동기부여되는 존재, 관리자는 종업원의 업무를 구조화하고 감독하는 데 집중

(2) Theory Y

인간은 자율적으로 업무를 수행하며, 책임을 질 줄 알고, 조직이 처한 문제를 해결하는데 필요한 창의력을 가지고 있으며, 고차원적 욕구(사회적 욕구나 존경욕구 및 자아실현 욕구)에 의해서 동기부여 되는 존재, 관리자는 인간의 자율성에 입각하여 자아실현에 초점을 둔 관리에 집중

4. 과학적 관리론과 인간관계론 및 행동과학이론의 차이점

[과학적 관리론, 인간관계론, 행동과학이론의 차이점]

과학적 관리론	인간관계론	행동과학이론
▪ 〈경제인 가설〉 ▪ 전문화의 원리에 따른 직무설계 ▪ 과업관리 : 시간·동작연구 ▪ 차별성과급제도 : 경제인 가설에 따른 동기부여 기법 활용	▪ 〈사회인 가설〉 ▪ 리더십 : 민주적 리더십 강조 ▪ 참여 강조 ▪ 비공식조직 강조 ▪ 만족 → 생산성 모형	▪ 〈복잡인 가설〉 ▪ 연구대상 : 인간의 모든 행위 (complex man) ▪ 연구방법 : 과학적인 연구방법, 종합적인 연구방법 ▪ 종합과학적 접근법으로 접근을 시도

5. 행동과학의 시사점과 비판
(1) 시사점

인간의 모든 행위(complex man)를 대상, 종합과학적 연구접근, 인간은 금전적인 것보다 사회적 욕구를 중시, 자존심에 대한 강한 욕구를 존중, 자아실현 추구하는 사회적 존재

(2) 비 판

연구방법론(과학적·종합적·학제적 방법)의 한계. 즉, 과학적 실험에 대한 의문 제기

VI. 현대적 접근

1. 시스템 이론(system theory)
(1) 개 념

시스템 개념을 이용하여 주어진 문제의 해결을 시도하는 과학적이고 문제 중심의 현대적 해결방법
시스템(system)이란 어휘는 그리스어의 'systema(여러 개의 조합)'에서 유래된 것, 여러 개의 부문으로 구성된 전체(whole compounded of several parts)로서 어떤 하나의 목적(purpose)을 가지고 이를 성취하기 위하여 여러 구성요인이 유기적으로 연결되어 상호작용하는 결합체(association)

(2) 등장배경

제2차 세계대전 후 독일 생물학자 베르탈란피(L. Von Bertalanffy)가 과학과 사회가 발전할수록 여러 학문분야 간의 교류가 증진되어야 한다며 모든 분야를 통합할 수 있는 공통적인 사고의 틀로서 제시한 것. 경영학분야에서는 로젠즈웨이그(J. Rosenzweig), 존슨(R. Johnson) 등이 이를 소개하여 일반시스템 이론으로 응용

(3) 기업에의 적용

기업조직을 하나의 전체 시스템으로 본다면, 하위 시스템들이 사회적 역학(dynamics)에 의해 상호의존적인 구성요소들 모두가 조직 목표달성을 위해서 외부환경과 지속적으로 상호작용한다는 것

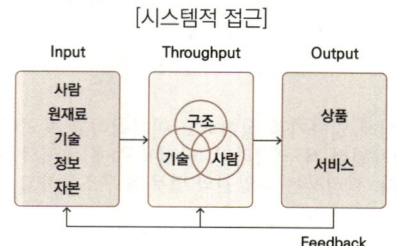

[시스템적 접근]

(4) 시스템의 구조	목적을 달성하기 위하여 무엇인가를 투입하고 처리하는 과정을 거쳐 산출을 내는 과정, 산출이 다시 새로운 투입으로 피드백되는 과정
(5) 시스템의 분류	
1) 폐쇄시스템(closed system)	외부환경과 상호작용을 하지 않는 시스템
2) 개방시스템(open system)	
① 개방시스템의 의의	외부환경과 상호작용을 계속하는 시스템
② 개방시스템의 특성	
ⅰ) 순환적 특성(cyclical character)	환경으로부터 필요한 것을 받고 다시 환경에 산출을 내어놓는다는 것을 의미. 외부의 자원, 에너지, 정보를 받아들여 재화와 서비스로 전환시킨 다음 외부에 내보냄으로써 조직과 환경은 균형관계를 유지
ⅱ) 환경 의식(environmental awareness)	조직은 어떤 환경이 위협이 되고 기회가 되는지 파악하려 들기 때문에 항상 환경을 의식하게 됨
ⅲ) 부정적 엔트로피(negative entropy: negentropy)	엔트로피란 시스템이 붕괴되거나 쇠퇴하거나 정지하거나 소멸되는 성향. 개방시스템은 멸망하지 않으려는 속성을 가지고 있기 때문에 시스템이 쇠퇴할 조짐이 보이면 더 많은 자원을 확보하여 자체 수정함으로써 시스템의 붕괴를 막는 부정적 엔트로피를 가짐
ⅳ) 항상성(steady state : homeostasis)	조직은 개방시스템이기 때문에 어떤 규범이나 표준을 이탈하면 스스로 바로잡는 행위를 촉발시키므로, 가만히 두어도 환경과 교환하고 반응하는 역동적 균형을 유지
ⅴ) 확장성(movement toward growth)	개방시스템이 더 정교하고 복잡하게 되면 소멸에 저항하고 자기 상태를 계속 유지하려는 활동이 활발해져서 오히려 시스템은 확장하고 성장하는 방향으로 움직임
ⅵ) 균형성(balance of maintenance and adaptiveness)	개방 시스템은 안정(현상유지)과 변화(변화혁신)라는 두 가지 상반된 활동의 균형을 추구
ⅶ) 이인동과성(異因同果性 : equifinality)	목표를 달성하는 데 다양한 투입과 전환과정이 있을 수 있다는 것을 의미하며, 어떤 문제에 부딪혀도 이를 해결할 수단(대안)이 여러 개라는 것
(6) 시스템적 접근법의 기대효과 : 문제해결 접근법	문제의 핵심 구성요소 및 환경의 파악, 전체적인 관점으로 접근, 하위 시스템으로 분해, 시너지 효과 등을 적절히 활용하여 효율적 문제해결
(7) 시스템적 접근법의 평가	
1) 시사점	유기체(organism)의 개념을 사회나 조직의 연구와 문제해결에 도입함으로써 그 대상의 문제를 이해하고 해결하는 데 도움. 세 가지 조직 영역(조직 간 영역, 조직 내부 영역, 조직과 개인의 영역) 간의 상호관계를 분석할 수 있는 틀을 제공하면서, 상호관계를 밝히고 있음
2) 비 판	이론 자체가 추상적임. 문제들은 근본적으로 명확하게 이해할 수 없음에도 불구하고 추상적인 문제나 현상에 대하여 마치 객관적인 사물처럼 이해하려고 함. 시스템적 접근법이 유기체적 비유를 지님으로써 이는 개인 행위자들은 자신의 행위에 책임을 질 필요가 없다는 결론으로 연결된다는 점

2. 상황적합론(contingency theory)

(1) 개 념

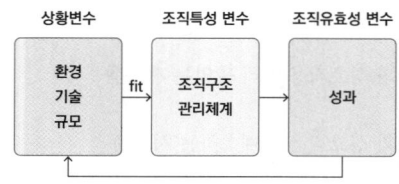

상황적합(contingency)이라는 용어는 "하나의 사건은 다른 것과 관련 있다(one thing is related to another)"라는 것. 상황적합론은 고전적 조직이론가들이 주장했던 조직유효성(organizational effectiveness : OE)을 높이기 위한 보편적인 최선의 방법(one best way)이 있다는 가정에 대해 1970년대 Lawrence와 Lorsch(1967)가 비판을 제기함으로써 발전된 것. 이들 학자는 관리문제란 상이한 상황에서는 다르게 다루어져야 하며, 상황적 요구에 따라 해결되어야 한다고 주장. 즉, 업무수행의 최상의 방법은 반복적인 일에는 유용하지만 관리적 문제에는 유용하지 않다는 것. Galbraith(1967)는 모든 상황에 적용될 수 있는 최선의 조직화 방법은 존재하지 않고, 어떠한 조직화 방법도 똑같이 효과적일 수 없으며, 조직이 처해 있는 상황이 다르면 효과적인 조직설계 및 관리방법도 다르다고 주장

(2) 특 징

1) 조직의 상황적응 중시 : 이론의 전제

최선의 조직화방법은 없으며, 어떠한 조직화 방법도 동일하게 효과적일 수 없고, 최선의 조직화방법은 조직이 관련되는 환경의 성격에 달려 있다는 세 가지 기본전제에 입각

2) 객관적인 결과 중시

일정한 조직특성이 어떤 의도에서 생겨나는가 하는 원인보다는 객관적 결과로서의 조직유효성에 주목하면서 상황과 조직특성의 적합한 관계를 설명, 여러 가지 상황에 직면하고 있는 각 조직이 어떤 특성을 가져야 하는가를 시사

3) 조직 자체를 분석단위로 한 이론

조직 내의 집단 혹은 개인의 행동과 동기가 아니라 조직의 구조적인 특성과 기능에 주목하고 거기에 존재하는 객관적 법칙을 지향

4) 중범위(middle range)이론의 지향

조직에 관한 실증분석, 비교분석 등을 통한 특수이론을 통합하여 불확실한 환경과 사회현상에 관한 일반적인 통찰을 만들어 내려고 함

5) 합리적 존재로 간주

조직과 조직구성원을 합리적 존재로 간주하고 있음

(3) 상황이론의 연구모형

1) 상황변수

조직 내·외의 상황의 특성을 나타내는 변수. 객관적 상황변수에는 환경·기술·규모, 주관적 상황변수로는 전략과 권력작용

2) 조직특성 변수

조직구조·관리체계

3) 조직유효성 변수

생산성, 이윤, 매출액/직무만족, 조직몰입, 근로생활의 질, 이직률

(4) 공 헌

① 상황이론은 실제 조직세계의 현장 상황을 중심으로 연구하는 것이기 때문에 이론과 실무를 연결시켜 유효성을 높일 수 있는 실제적이고 실무적인 행동대안을 제공, ② 상황이론을 근거로 하여 조직행위와 분석단위를 구체화, ③ 조직문제의 부적합한 원천을 발견

(5) 한 계

	시스템 이론	상황 이론
핵심 개념	전체 시스템, 상호작용, 개방성	상황, 유동성, 다양성
강조점	조직의 전체적인 관점, 외부 환경과의 관계	상황에 따른 최적 방식, 유연성
장 점	조직의 변화와 성장 이해, 외부 환경의 중요성 강조	실제 문제 해결, 유연성
단 점	추상성, 실제 적용 어려움	상황 진단 어려움, 일반 원칙 부족

① 상황적합이론에 따르면 따를수록 이론적 측면은 더욱 다양해지고 예외가 많아져서 조직행동이론의 학문성도 그만큼 낮아질 수 있음. 특정상황의 특수한(particularity) 사실만 나열한다면 학문의 보편타당성(universality) 목적에 위배되는 것이라 볼 수 있기 때문에 보편-특수 사이의 딜레마에 빠지게 될 수 있음, ② 상황과 조직 간의 적합관계에만 관심을 집중할 뿐 그 적합관계가 어떠한 방법에 의해서 획득되는 것인가는 소홀, ③ 이론이 개념적 명료성을 결여, 관련변수 사이의 최적적합도를 판단할 정확한 기준을 제시하지 못함

3. 전략적 선택이론(strategic choice theory)

◆ 참고 : Chandler의 전략이론
(1) 연구의 개요

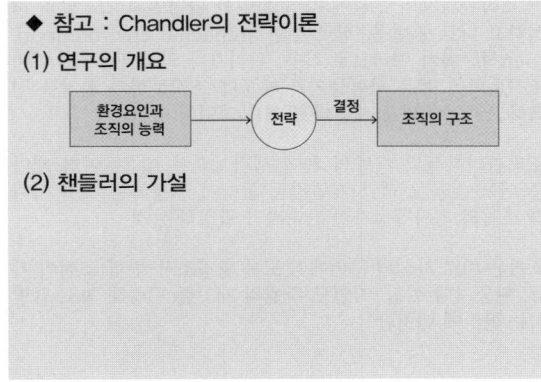

(2) 챈들러의 가설

1962년 Chandler는 [전략과 구조(strategy and structure)]라는 책에서 "구조는 전략에 따른다(structure follows strategy)"라는 유명한 이른바 '챈들러의 가설'을 제시

① 조직구조는 전략을 따른다(structure follows strategy).
② 기업의 전략과 구조는 발전적으로 진행해 나간다.
③ 조직은 그 구조를 가능한 현재 상태로 유지하고자 하며, 비효율성에 의하여 기업의 위기가 초래될 때 변화를 시도하게 됨. 언제·어떻게 변화하는가는 기업이 처한 상황적 특성과 경영자의 능력에 따라 달라짐

(1) 의 의

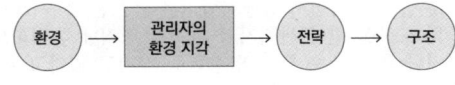

조직은 환경 속에서 자신이 원하는 것만 전략적으로 선택해서 활용하며 살아간다는 것. 1970년대 초 차일드(J. Child)는 챈들러(A. Chandler)가 주장한 전략결정론(strategy imperative)을 확장(비판)시킨 전략적 선택이론을 주장. 환경이 조직구조를 결정한다고 하더라도, 환경은 그저 일방적으로 주어진 것이 아니라 조직의 주도적인 의사결정자(관리자)에 의해 전략에 따라 선택된 것. 조직설계 문제는 창조적 행위자로서 경영자의 자유재량에 의한 의사결정자의 이해관계를 반영하는 정치적 과정의 산물

(2) 등장배경 : 구조적 상황이론의 비판

Child에 의해 제기된 전략적 선택이론은 구조적 상황이론이 경영자에 의한 전략적 선택의 중요성을 무시하고 있다는 점을 지적하면서 대두. ① 조직과 환경은 어느 정도 느슨하게 연결되어 있기 때문에, 동일한 환경 하에서도 조직이 주어진 목표에 도달할 수 있는 방법은 다양하다는 점. 즉, 이인동과성(異因同果性, equifinality)의 개념을 강조(Katz & Kahn, 1966), ② 환경 그 자체보다는 조직과 환경의 연결 역할을 하는 관리자의 환경에 대한 지각이 중요하기 때문에, 구조적 상황이론이 전제하는 것처럼 조직과 환경이 그렇게 긴밀하게 연결된 것으로 볼 수 없다는 점, ③ 기존에는 조직구조가 여러 환경요인(규모, 기술, 시장, 문화 등)의 상태에 따라서 거기에 알맞도록 설계되어야 한다고 하였으나, 이들 요인들은 전략을 통한 조직구조의 변경과정에서는 한 단계 벗어나 있는 요인들이라는 점

(3) 전략과 조직구조의 관계

환경이 조직에 미치는 영향력은 그다지 중요하지 않고 조직관리자가 환경을 어떻게 인식하느냐가 중요. 즉, 관리자가 환경의 일방적 지배를 받는 것이 아니라 환경을 임의적으로 혹은 전략적으로 해석하고 선택할 수 있다는 것

◆ 참고 : 전략적 선택이론(strategic choice view)에서의 환경의 선택

당초의 환경결정론이란 목이 긴 기린만 남고 목이 짧은 기린은 아무런 대책 없이 죽어갔다는 것. 기린이 환경에 적응하려고 목을 길게 빼는 운동을 반복하면서 진화하다 보니 환경에 적합하게 되었다는 설이 더 유력. 즉, 기린이 환경에 적응하려고 적극적으로 노력을 한 것. 이는 조직이 환경의 제약을 받기는 하지만 관리자들은 그저 앉아서 속수무책으로 지켜보다가 당하는 것이 아니라 상당한 재량을 가지고 조직을 설계하고 운영한다는 것

(4) 전략적 선택의 방식

1) 주관적 환경 지각

① 조직관리자의 주관에 따라 동일한 환경일지라도 달리 해석하고 다르게 반응, 창조된 환경(enacted environment), ② 조직문화가 여러모로 작용. 관리자나 의사결정자도 이미 조직문화에 젖은 사람들이기 때문에 조직문화가 환경을 선택하고 대응전략을 세운다고 해도 과언이 아님

2) 대안의 선택

조직관리자들의 재량의 폭이 생각보다는 넓음. 여러 대안 중 어느 것을 선택할 것인지는 환경이 결정하는 것이 아니라 조직의 의사결정자인 관리자가 결정하는 것

3) 환경의 조작과 통제

조직은 때로 자신의 구미에 맞도록 환경조작·변형·조절이 가능, 완충지대 설정. 기업도 자원의 재고를 비축해 놓고 급변하는 환경에 대처함

(5) 전략적 선택이론의 평가

1) 공 헌

① 최고경영자의 능동적 역할을 강조, ② 조직의 환경적응 행동 이론을 설명하면서 상황적합이론을 보완, ③ 사회학과 심리학의 도움을 받아 관리자가 환경을 조직에 유리하도록 조종하거나 통제할 수 있는 영향력을 가지고 있다고 본 점에서 인지적·심리적 현상을 파악

2) 비 판

① 대내적 제약

i) 소규모 회사가 처음 출발할 때에는 관리자가 마음대로 할 수 있다고 하더라도 점점 회사가 커지면서 인원과 부서가 늘고 규정과 관습이 고착화되면 관리자라도 조직을 자의적으로 조종할 수 없음, ii) 관리자들이 지각한대로 환경에 대응하려고 해도 이미 조직 내부에는 많은 장애물이 있음(조직의 사회화와 조직문화의 고착)

② 대외적 제약

i) 관리자의 '선택' 재량은 시장에서도 매우 좁아짐, ii) 한편 조직이 환경을 어느 정도 조작하고 조정할 수 있다고 했지만 이미 기존 대기업의 조정력에 밀리거나 정치·사회적 권력단체와 연계가 잘되어 있는 다른 업체들 때문에 힘을 쓸 겨를도 없이 밀려나는 경우가 많음, iii) 조직의 관리자나 의사결정자들이 환경에 대응하여 약간의 재량이 있기는 하지만 재량의 '크기'가 그리 크지는 않음

4. 자원중심론

(1) 개 념

조직에 필요한 모든 것을 총칭하는 것인데, 조직이 이 자원을 어떻게 획득하고 어떻게 전략적으로 이동시키는지에 초점을 두고 잘 관리하라는 것

(2) 자원의존이론(Resource Dependence Theory : RDT)

1) 의 의

조직은 다른 환경에 의존할 뿐만 아니라 능동적·적극적으로 가능한 한 환경에 대한 의존도를 최소화하고, 의존에서 비롯되는 여러 가지 제약과 불확실성에 대응하는 자율성과 독립성을 유지하기 위하여 환경에 영향력을 행사하려 한다는 이론(Pfeffer & Salancik, 1978, 「조직의 외부통제(The External Control of Organizations)」)

2) 자원의존이론의 관점

① 조직 : 이해관계자들의 연합체(coalition)로 해석

조직은 이해관계자들의 이해관계(요구 혹은 필요성)의 연합. 그들은 조직으로부터 일방적으로 이익만 얻으려는 것이 아니라 각자 조직이 필요로 하는 자원을 가지고 접근. 즉 이해관계자들이 바로 자원공급자들이기 때문에 조직은 그들에게 의존하는 것. 따라서 조직 자체로서는 스스로 아무것도 할 수 없고 이해관계자(자원공급자)의 비위에 맞추어야 존속이 가능. 조직은 자급자족이 불가능하며 환경으로부터 필요한 자원(resources)의 공급에 의존할 수탁에 없음

② 환경 : 감지된 환경들 중에서 중요하다고 판단되는 환경에만 대응

자원의존 관점에서의 조직은 모든 환경변화를 감지할 수도 없음. 모두 감지했더라도 감지한 환경들의 중요도가 동일하지도 않음. 결과적으로 조직은 다양한 이해관계자들의 다양한 요구에 동일한 수준과 동일한 방식으로 대응하는 것이 아님. 감지된 환경들 중에서 해당 조직에 중요하다고 판단되는 환경에만 그리고 중요한 정도 만큼만 대응

③ 활동 : 외부적 제약

조직의 생존을 위해서는 환경과의 어떤 거래가 필요하게 되며, 이에 따라 조직이 거래하는 환경의 다른 요인들과 상호의존적인 관계를 형성하게 됨. 조직은 핵심 자원을 통제하는 다른 조직이나 집단의 요구에 적절히 반응해야 함. 그러므로 상호의존적인 조직 간 권력의 문제가 제기되며, 이러한 조직 간의 권력이 조직의 행동에 영향을 미치게 됨. 환경의 제약으로부터 더 많은 자율성과 재량권을 획득하기 위해서는 의존적인 관계에 적응하거나 상호의존적인 관계를 변화시켜야 함

3) 특징 : 의존성과 의존성의 권력

① 의존성과 권력 개념은 에머슨(R. M. Emerson, 1962)과 블라우(Blau, 1964)에 의해 처음 연구되었음. 그들에 따르면, 사회적 관계는 사회적 행위자 간의 비용과 편익 교환으로 이해할 수 있음. 개인이 희소 자원을 통제할 수 있다면, 다른 사람보다 더 큰 권력을 가지게 되며, 이러한 희소 자원의 실질적인 통제가 권력 의존성을 형성하는 데 중요한 요소가 됨

② 페퍼와 샐란식(Pfeffer & Salancik, 1978)은 이 관점을 발전시켜 외부적 통제는 상호 의존성에서 비롯되며 조직이 환경 자원에 의존한다고 주장. 조직은 외부 제약에 단순히 반응하는 것을 넘어서 자연적, 경제적, 사회적 환경을 인위적으로 변화시키기 위해 의도적이고 목표 지향적인 행동을 취한다고 설명. 즉, 자원의존이론은 권력을 가진 관리자에 의해 어느 정도 전략적으로 조작될 수 있는 인위적 환경의 중요성을 강조

4) 자원의존도의 크기를 결정하는 외부 통제변수

① 자원의 집중도(concentration)와 대체성(substitutability) — 조직이 필요로 하는 자원이 외부의 한 사람 혹은 한 집단에 집중되어 있을수록 조직은 그 소유자에게 의존할 수밖에 없음. 필요한 자원을 다른 것으로 대체할 수 있는 상황일 때에는 자원의 집중도는 낮아지며, 의존성은 줄게 됨

② 자원의 풍부성(munificence)과 희소성(scarcity) — 조직이 획득해야 하는 자원이 충분하지 못하다면 그 희소자원 공급자의 영향력은 커짐

③ 자원의 상호의존성(interdependency) — 조직이 필요로 하는 자원의 종류가 여러 가지인데 자원 간의 상호 연관성이 많다면, 즉 서로 얽혀 있다면 조직의 환경의존도가 커짐. 왜냐하면 하나의 환경요소가 변함에 따라 다른 곳의 환경요소에 변화를 끼친다면 조직은 더욱더 미래가 불확실하기 때문

④ 조직의 환경인식 능력 — 조직이 구조적 상황 이외에도 조직이 자원의 상황을 얼마나 잘 감지하는지가 자원의존성과 관련. 지피지기면 백전백승이라고 환경 속의 자원상태를 정확히 파악한 조직이라면 모르지만 잘 모르고 있을수록 조직의 환경의존도는 커질 것

5) 자원확보를 위한 조직의 대응전략 유형

① 환경과 우호관계 유지 : 소극적 대응

ⅰ) 인수 합병(Merger & Acquisition : M&A) — 공동의 성과물에 대해서 가장 강력한 통제를 할 수 있는 형태. 인수기업이 피인수기업의 모든 자원과 자산, 채무를 흡수하는 형태이기 때문. 포탈 검색 엔진인 Google은 동영상 공유사이트인 Youtube를 인수합병하여 새롭게 부상하고 있는 온라인 비디오 시장 및 동영상 광고망을 활용할 수 있게 되었음

ⅱ) 합작투자(joint venture) — 완전소유보다는 약한 수준의 통제이지만 법률관계를 통해서 환경의 불확실성을 감소. 합작기업이란 둘 이상의 기업들이 혁신적인 제품이나 공동기술을 개발하기 위하여 서로 협력하여 새롭게 만든 조직

ⅲ) 전략적 제휴(strategic alliance) — 전략적 제휴는 둘 이상의 조직이 서로 협력하기로 협약을 맺고 각각 독립성을 유지하면서 공동의 목표를 위하여 자원을 투여하는 것. 이는 합작기업보다도 덜 공식적이고 통제력이 약한 형태로 직접투자를 하는 것이 부담이 될 때 약간의 수수료만 주고 적당한 협조관계를 유지

ⅳ) 공급계약(supply contract) — 여러 조직들이 핵심 공급자들과 계약을 맺고 내부 자원과 역량을 보충할 수 있는 자원을 확보하고 있음. 모든 것을 독자적으로 수행하는 대신, 애플, 월마트, 델, 테스코(Tesco) 등은 상호간에 유익이 되는 협력 관계를 맺으면서 필요로 하는 자원을 공급받음

ⅴ) 중역 채용(executive hiring) — 조직에 큰 영향을 미치는 외부의 중요한 인적자원을 직접 조직의 일부로 채용하거나 유대관계를 확실하게 해 놓는 방식. 이로 인하여 자연스럽게 기업 간 연계가 만들어지고 외부환경과의 조화로운 관계가 유지될 수 있음. 은행 중역을 회사의 자문위원으로 영입, 왕년의 정치 거물이나 법조계의 거물 및 군 출신 인사 등을 회사의 요직으로

ⅵ) 광고(advertisement)와 홍보(PR) — 사전 혹은 사후적으로 광고와 선전을 통해 자신들의 정당성과 결백함을 주장. 이러한 활동들을 통해서 회사의 브랜드 이미지가 상승되면 그 조직은 제품판매, 인재채용, 거래처 관계, 정부 관계 등 다방면에서 불확실성을 감소

② 환경을 직접통제 : 적극적 대응
  ⅰ) 활동영역의 변경(diversification)   조직은 철수 또는 다각화를 통해 지배, 통제가 가능한 활동영역을 모색하고 이를 통하여 환경의 불확실성에 대처. 세계적인 기업들이 불황기에는 사업을 축소하거나 낯선 사업부터 철수. 또한 영업이익 확대만을 위한 다각화가 아니라, 환경의 불확실성 속에서 조직이 살아남기 의해 제품 다각화, 수출 지역 다각화, 거래선 다각화 등을 활용

  ⅱ) 정치활동(political action) 및 로비(lobby)   법률이나 규칙에 얽매여 회사가 하고 싶은 일을 못하는 경우도 매우 많음. 기업의 경우 특히 세법과 부동산법, 수출입 관세, 무역협정 등이 사업의 존폐를 결정하는 때도 있는데, 이 때 관련법규를 자신들에게 불리하지 않도록 만들기 위해 대정부 로비활동을 벌이기도 하며 로비스트를 고용

  ⅲ) 산업협회(trade association) 형성   동일산업에 속한 조직들이 서로 만나서 정보를 교환하고 상대방의 활동을 감시하는 연합체. 소속 조직들의 이익을 지키기 위해서 자원을 모아서 로비를 하는 데 사용

  ⅳ) 비합법적 행동(illegal action)   뇌물 제공, 정경유착 등 비합법적인 활동은 기업이 환경을 통제하기 위하여 사용하는 최후의 수단. 이익의 급감, 상급자의 압력, 자원부족 등과 같은 위기 상황에 처했을 때 경영자들은 비합법적 활동을 시도

6) 평가
① 공헌   ⅰ) 조직이 필요한 자원을 환경에 의존하지만, 환경을 능동적으로 관리하고 환경에 적응하는 전략적인 주체가 되어야 함을 강조, ⅱ) 환경이 조직에 미치는 제약성과 불확실성을 인식하면서 조직의 환경에 대한 적극적 대응전략을 제시한 점에서 조직군 생태학이론보다 구체적이고 구조적 상황이론보다 능동적, ⅲ) 조직의 환경을 자원의존관계에 있는 다른 조직들로 규정함으로써 환경의 개념과 경계 그리고 조직 간의 관계를 훨씬 더 명확하게 설명

② 한계   ⅰ) 자원의존이론은 조직의 환경에 대한 자율성 및 관리 능력을 실제 현실보다 지나치게 부각, ⅱ) 이 이론은 권력이 강하고 규모가 큰 조직을 설명하는 데 적절하다고 할 수 있으나, 권력이 약하고 규모가 작은 조직을 설명하는 데는 여러 가지 한계, ⅲ) 권력의 원천이 되는 자원이나 서비스 제공능력, 지위 등을 가지고 있어도 그것을 의도적으로 행사할 때 비로소 권력으로 발현(Wrong, 1979)

◆ 참고 : 조직관리 관심대상의 이동

기계 ➡ 인간 ➡ 조직 ➡ 환경

Ⅶ. 조직과 환경적 맥락(organizational and environmental context)에서의 거시조직이론의 분류

조직환경은 조직의 경계의 바깥 모든 것. 환경은 조직이 적응·개척해야 할 가장 중요한 상황

1. 개 요

애스틀리(Astley)와 반드벤(Van de Ven)은 환경 인식에 대한 가정과 조직분석의 수준이라는 두 가지 차원에 의해 조직이론을 분류하는 틀을 제시(1983)

[거시조직이론의 분류]

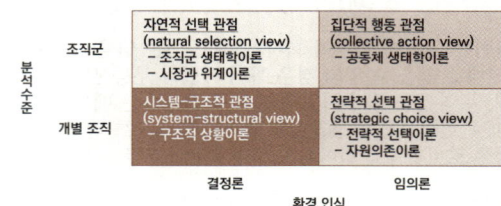

(1) 환경 인식

임의론적 관점은 개인이나 조직이 자율적이며 진취적으로 행동함으로써 적극적으로 환경을 형성(shape)하는 행위자로 파악. 그러므로 개인은 조직에 있어서 변화의 원천이며 분석의 기본단위가 됨. 반면 결정론적 관점은 개인이나 조직의 행위가 표출되는 환경의 구조적 특성에 초점을 두며, 개인의 행동은 구조적 제약에 의해 결정되고 단지 이에 수동적으로 반응하는 것으로 간주

(2) 분석 수준

전통적으로 개별조직이 주된 연구대상이었으나, 최근 들어 조직군(群)들이 개별조직에서는 파악할 수 없는 독특한 동태성을 가진다는 가정 하에 연구수준을 조직군 수준으로 하는 연구들이 늘어나고 있음

◆ 참고 : 환경결정론과 임의론적 관점의 문제점

1. 환경결정론적 관점의 문제점
    (1) 조직의 환경(시장)에의 영향력 확대

갤브레이스(Galbraith, 1967)는 조직의 생산량, 가격, 소비자, 수요 등에 대한 조직의 통제력이 강화되면서 '시장(환경)'이란 것이 결국 조직의 기획 능력의 범위 내로 편입되어 간다는 사실을 제시

    (2) 환경을 결정하고 변화시키는 주체에 대한 추상성

"과연 무엇이 환경을 결정하고 변화시키는가?"에 대한 대답을 쉽게 하지 못한다는 것

2. 임의론적 관점의 문제점
    (1) 자유재량권의 한계

"소규모 힘이 없는 조직이 자체의 환경을 스스로 형성하는 것이 가능한가?". 경쟁이 심한 시장상황에서 활동하는 조직의 경우 시장에서의 경쟁력이 그 조직이 달성할 수 있는 공정한 이익을 결정해주기 때문에 자체의 행동에 대한 자유재량권이 거의 없다는 것

    (2) 조직 자체의 영역 결정의 어려움

"대부분의 임의론적 조직이론들이 주장하는 바와 같이 조직이 자체의 영역(domain)을 선택하거나 또는 스스로 정한다는 것이 가능한가?". 조직이 어떠한 영역에 진출하는 과정에는 규모의 경제, 절대 비용, 제품 차별화에 대한 장벽 등을 포함한 여러 가지 형태의 장벽들이 도사리고 있고(Aldrich, 1979), 통제된 시장체제에서는 규제에 대한 승인을 얻는 것도 필요(Pfeffer, 1982). 조직이 자체의 영역을 스스로 결정한다는 것은 대부분의 경우에 쉽지 않음

◆ 참고 : 조직 간 관계 분석의 틀

1. 의 의

조직 간 관계란 둘 혹은 그 이상의 조직 사이에 자원의 거래, 이동, 연결이 지속적으로 이루어지는 관계. 한 기업이 생존에 필요한 모든 것을 가질 수는 없기에 다른 조직으로부터 공급받는 추세

2. 조직 간 관계의 분석 틀

조직관계	경쟁적	자원의존 관점	조직군 생태학 관점
	협력적	협력적 네트워크 관점	제도화 관점
		상 이	유 사
		조직유형	

⟨자⟩ : 환경에 대한 의존도를 낮추기 위해 조직이 사용할 수 있는 합리적 방법을 제시

⟨조⟩ : 기존 조직들이 점유하지 않은 틈새를 채우기 위해 새로운 조직형태가 출현

⟨협⟩ : 조직이 가치와 생산성을 제고하기 위해 의도적으로 다른 조직과 의존적 관계를 맺음

⟨제⟩ : 특정한 조직형태가 사회 속에서 정당성을 획득하게 되는 계기와 과정이 어떠한지, 특정 구조를 모방하게 되는 이유가 무엇인지 설명

3. 시사점

조직 간 협력을 이해할 수 있는 모형과 관점은 경영자가 자신의 역할을 수직적인 경영에서 조직 간 경계를 초월한 수평적인 경영으로 변화시키는 데 도움. 조직 간 관계의 분석 틀을 이해함으로써 경영자들은 환경을 평가하고 그에 따라서 자신의 필요에 적절한 전략을 선택할 수 있을 것

2. 자연적 선택 관점(natural selection view)

(1) 개 요

환경결정론, 개별조직의 적응행동에 초점을 두는 것은 잘못이며, 거시적 수준에서 분석이 불가피하다는 점을 강조. 외부적 선택을 강조하며, 환경에 적응할 수 있을 만큼 충분히 유연한 조직은 드물다고 주장. 변화에 따르는 비용과 저항, 역사적인 선례의 답습 등으로 인해 내부적, 구조적 적응은 그렇게 간단하지 않다고 봄

(2) 조직군 생태학이론(population ecology theory)

1) 의의 : '조직의 성공과 실패에 결정적인 영향을 미치는 것은 바로 환경이다'

① 생태학(ecology)의 의의

생태학은 원래 유기체(organism)가 환경(environment)의 영향에 의해 어떻게 생성되고 분포하며, 그 형태 및 생태는 어떠하고 왜 사멸하는가를 연구하는 생물학의 한 분야

② 조직군(population of organization) 생태학의 의의

조직군(population of organization)이란 유사한 형태의 자원을 활용하고 유사한 산출물을 생산하며 유사한 행동양식을 보이는 조직들의 집합체(aggregate). 생태학을 조직에 응용한 조직군 생태학이론은 개별 조직들의 집합체인 조직개체군과 환경과의 관계를 연구하는 학문으로, 조직군의 생성과 소멸 과정에 초점을 두고 어떻게 변이, 선택, 보존이 이루어지는가를 설명하는 데 중점을 둠

③ 대표적인 연구자

한난(M. T. Hannan), 프리만(J. Freeman), 올드리히(H. Aldrich), 캠벨(J. P. Campbell) 및 웨이크(K. E. Weick) 등

2) 전제조건 : 기존 기업들이 환경변화에 적응하기 힘든 관성이 있기 때문

조직의 형태는 한 번 정해지면 변화되지 않으려는 관성(inertia)이 있기 때문에, 조직군 안에 나타나는 혁신과 변화는 기존 조직의 개혁과 변화를 통해서보다는 주로 새로운 유형의 조직 탄생을 통해서 이루어짐

3) 특징(다른 이론들과의 차이점)

① 분석 및 연구 단위의 확장과 거시화

생태학에서는 생물을 일련의 수준별 계층구조로 분류하여 설명. 조직군 생태학은 인간사회 계층구조 중에서 그 분석 및 연구단위를 조직군과 그 환경에 두기 때문에 범위가 확장되고 수준이 높고 거시적

② 생물학적 적자생존 및 자연도태론에 입각한 조직이론

다윈(Charles Darwin)의 「종의 기원(Origin of Species)」(1859)에서 볼 수 있는 생물의 변이(variation), 적자생존(survival of the fittest), 자연도태 혹은 자연선택(natural selection) 이론을 조직군과 환경의 관계를 설명하는 데 유추

③ 조직군 내 조직형태의 환경 적합에 대한 관심

개체군 내 조직형태(organization form)의 환경 적합에 많은 관심. 조직형태란 조직의 목표, 구조, 활동 패턴, 규범적인 질서, 전문화 수준, 인적 자원, 생산품 등(Hannan & Freeman, 1977).

④ 적소(適所, niche) 및 적합성(fitness) 강조

조직군 생태학은 조직의 형태에 관심을 가지며, 나아가서 조직이 생존하는 데 필요하고 적합한 틈새를 강조. 적소(niche)란 특정한 환경자원 및 필요가 존재하는 영역

4) 조직의 자연선택(natural selection) 과정(생태적 변화의 과정) : 변이·선택·보존

새로운 조직형태가 계속해서 출현하기 때문에 사회 안의 조직군은 항상 변화하고 있다고 여김

변 이	선택 (도태)	보 존
조직 개체군에 변화가 일어나 개체 간에 새로운 형태나 성질의 차이가 나타난다.	환경에 적합한 조건을 갖춘 개체(조직형태)가 선택되고, 그렇지 않은 것은 도태된다.	선택된 개체(조직형태)는 환경 안에서 제도화돼 보존·유지된다.

① 변이(變異 : variation)

변이란 새로운 조직형태가 조직군 안에 출현하는 것

② 선택(選擇 : selection)

선택이란 새로운 조직형태가 환경에 적합한 것으로 받아들여져 생존하는 것. 자연도태

③ 보존(保存 : retention)

환경에 의해 적합한 것으로 선택을 받은 조직형태가 제도화되고 유지되는 것. 보존된 형태는 지배적 위치 차지

5) 생존전략 : 제너럴리스트(generalist), 스페셜리스트(specialist) 전략

① 조직군 생태학 관점에 내재되어 있는 또 다른 원리는 생존을 위한 투쟁(struggle for existence), 즉 경쟁. ② 넓은 범위의 적소 또는 활동 영역을 지닌 조직, 즉 다양한 범위의 제품이나 서비스를 여러 시장을 대상으로 제공하는 조직을 제너럴리스트라고 하며, 좁은 범위의 제품이나 서비스를 한정된 시장에 제공하는 조직을 스페셜리스트. 경영자가 개방된 적소(open niche)에 진입하는 전략을 선택하고, 조직을 이에 맞추어 나가는 것이 조직 성공의 중요한 출발점

6) 평 가

① 공 헌

① 조직과 환경 간의 관계에 관한 연구를 거시사회학적 차원으로 높임, ② 조직의 생존과 적응을 환경선택적 관점에서 설명하는 데 유용한 이론을 확립, ③ 사회와 체계의 구조적 변화 설명

② 한 계

◆ 참 고

조직군 생태학 이론에 따르면 대규모 기존 이론들은 공룡 신세가 되기 쉽다고 봄. 대규모의 기존 조직들은 급격한 환경 변화에 적응하기가 매우 어려움. 그 결과 환경이 변화하여 새로운 적소(nicke)가 생기면 새로운 조직형태가 출현하여 그 곳을 채움. 이러한 과정이 지속되는 가운데 점차 기존 기업들이 새로운 기업으로 대체됨. 조직군 생태학 관점에 의하면 어떤 조직이 번성하고 어떤 조직이 쇠퇴할 것인지는 환경의 변화에 의해서 결정된다고 함. 대규모 조직은 구조적 관성 때문에 오래된 조직은 환경변화에 적응하기가 어렵다는 것. 그 결과 환경이 급격하게 변화하면 오래된 조직은 쇠퇴하고 새로운 환경에 적합한 새로운 조직형태가 출현하여 빈자리를 차지하게 됨

① 지나치게 조직에 대한 환경결정론에 기울어져 있음, ② 자연적 생물세계를 연구하는 개념과 방법을 유추해 인간으로 구성된 사회조직을 설명하고자 하는 데 근본적인 문제점, ③ 경험적·실증적 연구수준이 높지 않음, ④ 조직군 생태학이론은 거시적 분석에 따르는 한계일 수도 있지만, 경영자의 전략적 선택을 배제하고 환경결정론에 지나치게 치우쳐 있으며, 특히 조직군 내의 조직들 간에 성과 차이를 유발하는 요인들을 무시

7) 관리자에의 시사점

경영자는 다른 조직과 수평적 관계를 개발하는 능력을 개발하여 조직이 놓여 있는 위치와 문제에 따라 경쟁과 협력을 자유로이 활용할 수 있어야 함

(3) 시장과 위계이론(markets and hierarchies)

1) 의 의

전통적인 조직이론의 설명과 달리, 거래비용경제학의 개념에 의해 조직을 설명

2) Coase의 거래비용(transaction costs)

Coase(1937)는 시장이라는 교환거래제도가 존재함에도 불구하고 왜 계층제로 상징되는 조직제도가 생성되고 선택되는가를 설명. 특히 '거래(transaction)' 개념의 중요성에 주목하여 거래비용을 절감(reduction)하는 것이 경제주체의 목표라는 것

3) Williamson의 거래비용이론(Transaction Cost Theory : TCT)

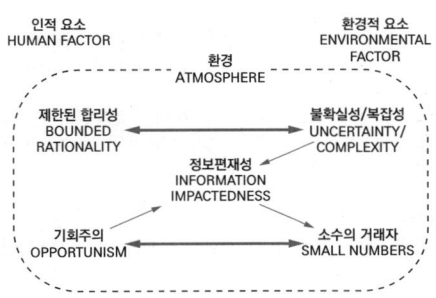

거래비용이론(transaction cost theory)은 경제학 이론을 조직이론에 연결시킨 것으로서 기업과 시장 사이의 효율적인 경계(efficient boundary)를 설명하는 이론, 기업활동 가운데 어떤 부분은 내부화(internalize)하며, 어떤 부분을 외부화(externalize)하는지를 설명하는데 일반적으로 적용되는 이론(조직경제학 이론(Organizational Economics Theory)은 경제학적 원리를 조직 내 의사결정, 인센티브 구조, 자원 배분 및 효율성 제고에 적용하는 학문. 이 이론은 주로 기업의 내부 운영과 조직 설계, 계약, 대리인 문제, 거래 비용 등에 초점을 맞추며, 조직이 자원을 효과적으로 배분하고 목표를 달성할 수 있도록 돕는 데 기여. 주요 조직경제학 이론에는 거래비용 이론, 대리인 이론, 재산권 이론, 계약 이론 등이 있음)

거래비용경제학에 의하면 기업은 시장 메커니즘이나 기업의 위계조직이라는 대체적인 거래양식을 통해서 필요한 자원을 조달하는데, 그 결정은 거래비용을 비교하여 이루어진다는 것. 그러나 정보의 비대칭성(정보가 거래자 중 어느 한 쪽에게만 주어져 있는 상황을 말함), 인간의 제한된 합리성(정보처리능력의 부족과 의사결정 결과에 대한 예측능력 부족 등으로 인해 합리적 선택이 곤란한 것을 말함) 및 상대방의 기회주의적 행동 등으로 인하여 거래비용이 높아지는 경우 시장거래는 더 이상 효율적인 기능을 발휘하지 못하게 됨. 이 경우 기업은 필요한 자원을 시장거래보다 더 효율적으로 조달하기 위해 필요한 기능을 기업 내 위계조직으로 설립하게 된다는 것(O. Williamson, 1975)

4) 거래비용이 발생하는 원인(시장 실패 모델)
   ① 인간적 요인
      ⅰ) 제한된 합리성(bounded rationality) — 의사결정자가 합리적으로 결정하고자 하는 의도를 갖고 있으나 현실적으로 제한을 받는(intendedly rational, but only limitedly so) 의사결정을 하는 것(Simon, 1947). 제한된 합리성을 초래하는 근원은 현실적으로 정보의 부족, 불확실성, 의사결정자 인지능력의 한계 및 시간제약 등

      ⅱ) 기회주의(opportunism) — 거래자가 자기의 이익을 추구하기 위해 거래 상대자에게 불이익이 될 수 있는 정보를 선택·왜곡 및 조작하는 등의 행동을 하는 것. 특히 거래자가 소수일 경우에는 쉽게 드러나지 않아 제어하기 어려움

   ② 환경적 요인
      ⅰ) 거래의 불확실성(uncertainty) / 복잡성(complexity) — 거래의 불확실성이란 거래 상대자의 신용상태나 기회주의적 행동의 개연성 등을 확실히 알 수 없는 경우를 말하며, 복잡성(complexity)이란 거래계약 규정이나 절차 등이 복잡한 것

      ⅱ) 소수의 거래자(small numbers) — 소수의 거래자와 거래 빈도가 많지 않기 때문. 거래의 빈도(frequency)란 거래의 발생 정도

      ⅲ) 거래자산의 특수성(asset specificity) — 거래에서 다른 대체물로 대신할 수 없는 자산. 어떤 경제적 행위주체가 구입하고자 하는 자산이 특수해 시장에서 구입하기 어렵고 대체물이 없는 경우 그 거래를 내부조직으로 유도

   ③ 전제조건(conditions) : 정보의 편재성(information impactedness) — 정보의 불완전성(information imperfection) 및 정보의 중요성(impact)을 의미. 당사자에게는 알려져 있으나 다른 사람이 알기 위해서는 비용이 많이 드는 것

5) 거래비용의 구성
   ① 준비비용(preparation costs) — 누가 잠재적인 거래대상자인지에 대한 정보를 획득하는데 드는 비용

   ② 합의비용(agreement costs) — 거래당사자와 협상하고 계약서를 작성하고 합의하는 과정에서 협상의 강도와 걸리는 시간을 고려하여 계산한 비용

   ③ 통제비용(control cost) — 거래관계를 시작하고 유지하기 위해서 납기를 준수한다든지, 상품과 서비스의 양과 질, 가격조건의 준수, 그리고 거래에 관한 비밀을 유지하는데 드는 비용

   ④ 적응비용(adaptation costs) — 거래계약의 유효기간 중에 발생하는 계약조건 변경(가령 납기, 상품과 서비스의 가격, 양과 질 등에 있어서의 변동)으로 인하여 발생되는 비용

6) 공헌 및 한계
   ① 공헌 — ⅰ) 거래비용이론은 경제학자들로 하여금 조직사회학의 개념을, 조직사회학자들로 하여금 경제학적 개념에 관심을 갖게 하고, 그 개념들을 적용해 시장·조직 및 제도의 관계를 분석하고 설명하는 데 도움, ⅱ) 조직 유형이 왜 효율적인가를 거래비용이라는 개념에 의해 구체적으로 제시, ⅲ) 거래비용의 기본적인 논리는 이후 Jensen and Meckling(1976) 등에 의해 대리인 이론(Agency theory)으로 발전

② 한계	i) 자원조달을 조직내부화하는 경우 조직의 비대로 인한 경직성 등이 문제, ii) 거래비용 개념의 포괄범위를 한정하는 데는 여러 견해, iii) 일부 학자들은 조직, 계층제, 내부조직 및 기업 등의 개념이 명확하게 구분되지 않고 쓰이고 있는 것도 지적, iv) 조직 및 계층제의 생성과 존재 목적을 편협하게 한정하여 설명

3. 집단적 행동 관점(collective action view)

(1) 개요	집단행동 결정론. 조직이나 인간은 능동적으로 지배할 수 있는 영향영역 내지 활동영역에 따라 형성될 수 있다는 임의론을 따름
(2) 공동체 생태학이론(community ecology or collective strategy)	
1) 의의	조직을 생태학적 공동체 속에서 상호의존적인 조직군들의 한 구성원으로서 파악하고 이에 따라 조직의 행동과 환경적 응과정을 설명하려는 이론. 조직은 환경과의 관계 속에서 그 활동을 영위하고, 조직의 생존과 성과는 다른 조직들과의 관계에 의해 크게 좌우된다는 인식에 바탕
2) 대표적 사례	전국경제인연합회, 경영자총협회 및 각종 협회
3) 접근방법 : 사회생태학적 접근방법	사회생태학에 근거하고 있는 공동체 생태학이론은 공동의 노력에 의해 자연적인 환경을 극복하고 자신에게 유리하도록 사회환경을 형성하고 통제하려는 조직들의 적극적인 노력에 초점
4) 조직 간 호혜적 관계형성의 이유	
① 필요성	정부나 법률 등의 규제에 대응하기 위해 조직 간에 교환관계나 연합을 형성할 필요
② 불균형	조직 간에 중요한 자원들이 산재되어 있는 경우 핵심적인 자원을 획득하기 위해 조직 간에 관계를 형성하는 것이 필요
③ 호혜성	공동의 목표나 이익을 추구하기 위해 조직 간에 관계를 형성하는 것이 필요
④ 효율성	조직 내부의 투입과 산출의 비율을 향상시키기 위해 조직 간에 관계를 형성하는 것이 필요
⑤ 안정성	자원의 희소성이나 환경변화에 대한 불완전한 지식에 의해 유발되는 환경의 불확실성을 줄이기 위해 조직 간에 관계를 형성하는 것이 필요
⑥ 정당성	조직의 명성이나 이미지를 제고하고 기존의 사회적 규범이나 신념 및 외부 기관들의 기대에 부응하기 위해 조직 간에 관계를 형성하는 것이 필요
5) 공헌 및 한계	
① 공헌	i) 환경에 대한 조직의 공동적인 노력, ii) 능동적 적응을 가능하게 해주며 iii) 기존의 조직이론이 설명하지 못하는 현대적인 조직활동의 많은 부분을 설명해줌. iv) 기존의 조직이론 중 거시적인 수준의 분석, v) 전략적 선택이론이나 조직군 생태학이론이 간과하고 있는 부분들을 보완해준다는 점
② 한계	i) 개별기업의 전략적 유연성을 감소시키고 ii) 외부 제약요인의 영향을 증대시킬 가능성, iii) 조직의 자체적인 적응능력을 떨어뜨리고 iv) 새로운 진입기업이 등장할 가능성

6) 다른 이론들(자원의존이론, 조직군 생태학이론)과의 차이점

① 자원의존이론과의 차이점

자원의존이론은 공동체 생태학이론과 동일하게 환경을 임의론적 측면에서 인식하고 있다는 점에서 유사점 / 그러나 자원의존이론은 '개별조직'에 초점을 맞추고 개별조직이 환경에의 자원의존을 탈피하기 위한 전략적 수단으로서의 조직 간 네트워크를 고려하고 있음. 반면에 공동체 생태학이론은 좀 더 거시적으로 '조직 간 관계' 그 자체에 연구의 초점을 둔다는 점에서 서로 관점이 다름

② 조직군 생태학이론과의 차이점

조직군 생태학이론과 공동체 생태학이론은 생태학적 관점을 조직분석에 이용하고, 개별조직을 분석수준으로 하는 기존의 조직이론에 비해 조직군 또는 조직공동체와 같이 좀 더 거시적인 분석수준을 택한다는 점에서 유사점 / 그러나 조직군 생태학이론은 환경결정론적 관점을 취함으로써 환경에 능동적으로 대처해 나가는 조직들의 공동적인 노력을 설명해 주지 못하고 있음

4. 시스템-구조적 관점(system-structural view)

(1) 개요

구조기능주의와 시스템 상황적합 관점을 결합한 것으로 구조결정론. 유효성의 논리. 유효성(effectiveness)이란 조직목표, 성과 그리고 기술적 제약에 적응할 수 있도록 설계된 상태를 말함. 환경에 대한 적응은 조직이 역할이나 형태를 변경하고 재통합하여 적응하는 과정

(2) 구조적 상황이론(structural contingency theory)

1) 의의 : 모든 조직에 범용적으로 적용되는 조직구조는 없음

조직구조는 상황요인에 의해 결정되며, 조직의 효과성은 조직의 구조적 특성과 상황적 특성이 얼마나 부합하는가에 달려 있다고 주장

2) 등장배경

① 조직폐쇄 관점, ② one best way의 타당성 한계

3) 대표적 학자와 연구

① 환경(environment) 요인
  ⅰ) Duncan & Thompson
  ⅱ) Lawrence & Lorsch
  ⅲ) Burns & Stalker

② 기술(technology) 요인
  ⅰ) Woodward
  ⅱ) Perrow
  ⅲ) Thompson

◆ 참고 : 환경결정론과 임의론적 관점의 문제점

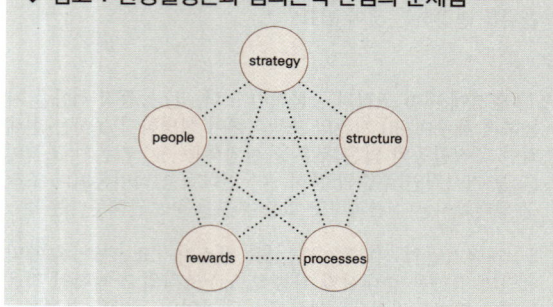

Jay R. Galbraith는 기업이 처한 상황에 맞는 조직을 선택해야 한다고 주장하면서 스타모형을 통한 조직설계의 Framework를 제시함. 전략, 구조, 프로세스, 보상, 인적자원과 같은 5가지 면을 같이 고려해야 적합한 조직설계가 가능하다고 주장하는 것임

(1) 전략(strategy)	경영의 기본적인 방향을 결정하는 것
(2) 구조(structure)	조직 내 권력과 권한의 배치를 결정하는 부분으로 전문화(specializatio)/조직형태(shape)/권력분배(distribution of power)/부서화(departmentalizatio)를 고려
(3) 프로세스(Process)	정보 및 의사결정 흐름을 말하며 주로 업무의 흐름을 중심으로 수직/수평 프로세스로 구분
(4) 보상(reward)	개인의 목표와 조직의 목표를 정렬시키는 것
(5) 인적자원(people)	조직의 전략 및 구조에 따라 요구되는 인재를 육성해야 한다는 것

4) 공헌 및 한계

① 공 헌
 - ⅰ) 구조적 상황이론은 조직이론과 설계에서 가장 지배적인 접근방법. 조직학 연구에서 가장 많이 활용되고 있는 현대 조직이론
 - ⅱ) 구조적 상황이론은 '유일 최고의 방법'을 '상황에 달려 있다(it all depends)'라는 것으로 대치하면서 조직의 내적·외적 환경에서의 중요변수를 규명하고 이러한 변수들의 상호작용 과정 및 이러한 상호작용의 결과를 분석하는 방향으로 조직이론을 전환
 - ⅲ) 구조적 상황이론은 개방 시스템 관점과 인과관계적 분석에 바탕
 - ⅳ) 경영에 관한 상황적합성을 강조함으로써 조직의 현실적인 문제에 구체적인 시사점을 제공해 준다는 점에서 각광

② 한 계
 - ⅰ) 학문적 발전은 초기의 연구들을 크게 벗어나지 못하고 있음. 이로 인해 이론과 방법론에 있어서 근본적인 변화가 요구
 - ⅱ) 구조적 상황이론은 조직이 환경적 요인(environmental conditions)에 의해 결정된다고 가정하면서 조직관리자가 수행하는 전략적 선택의 중요성을 무시하고 있다는 점

5. 전략적 선택 관점(strategic choice view)

(1) 개 요	개별조직을 분석수준으로 하여 임의론적 관점에서 조직이 환경을 변화시키거나 또는 조직이 환경에 적극적으로 대응한다는 입장
(2) 전략적 선택이론(strategic choice theory) : 제4편. 제2장. Ⅵ. 3. 참조	

6) 전략적 선택이론(strategic choice theory)과 구조적 상황이론과의 차이점

① 의 의	전략적 선택이론은 구조적 상황이론의 경쟁 패러다임이자 상호보완적 관계
② 기본 특성	구조적 상황이론은 '상황요인 자체에 의한 기계적 결정론'인데 반해, 전략적 선택이론은 '임의론적 관점'에서 조직과 환경의 연결역할을 하는 최고경영자의 역할을 강조
③ 상황요인-지각-구조의 연결 관계	구조적 상황이론은 '상황 그 자체가 조직구조에 영향을 준다'고 본 반면, 전략적 선택이론은 '경영자에 의한 상황요인의 지각이 조직구조에 영향을 줌'

④ 조직설계 관점 | 구조적 상황이론은 '외부 상황요인만을 고려'하였으나, 전략적 선택이론은 '개인 간 상호작용 및 지각을 중시'

(3) 자원의존이론(Resource Dependence Theory : RDT) : 제4편. 제2장. Ⅳ. 4. (2) 참조

6. 협력적 네트워크 관점(collaborative-network perspective)

(1) 개 요 | 기업들은 경쟁력을 높이고 희소한 자원을 공유하기 위하여 공동체를 구성. 항공기업들은 중소기업과 협력하여 차세대 제트기를 개발하고, 대형 제약회사들은 혁신적인 중소 생명공학기업과 협력관계를 맺으면서 자원과 지식을 공유하여 혁신을 촉진하고 있음

(2) 조직 간 관계에 대한 관점의 변화

전통적 관점 : 적대적	새로운 관점 : 동반자
낮은 의존성	높은 의존성

- 의심, 경쟁, 적대적
- 세부적인 성과척도,
  엄격한 평가
- 가격, 효율, 각자 이익 추구
- 정보 제한, 피드백 부족
- 법적으로 갈등 해결
- 최소한의 관여,
  서로 분리된 자원
- 단기적인 거래
- 관계를 제약하는 계약
	- 신뢰, 공통의 가치 창출,
	  깊은 몰입
	- 느슨한 성과 척도,
	  토론을 통한 문제해결
	- 공평, 공정한 거래,
	  쌍방의 이익 추구
	- 전자적 연결을 통한
	  핵심정보 접근,
	  문제에 대한 충분한 피드백,
	  토의
	- 상호 긴밀한 조정 메커니즘,
	  상대방 조직에 상주
	- 상대방의 제품설계 및 생산에
	  관여, 공유자원
	- 장기적인 거래
	- 계약을 초월한 상호지원

(3) 협력의 동기 | 협력 관계를 맺는 가장 큰 이유는 새로운 시장에 진입하는 데 따르는 비용을 분담, 특정 산업 또는 기술에 대한 조직의 능력을 제고. 혁신, 문제해결, 성과 제고를 위해서는 조직 간 협력이 필수요건. 파트너십은 세계 시장에 진입하기 위한 가장 좋은 수단. 조직 간 협력은 안전망의 역할을 하여 장기 투자와 위험추구를 가능하게 함. 더욱 혁신적이고 높은 성과를 달성

7. 신제도주의 이론

(1) 의 의 | 신제도주의 이론은 1970년대에 경제학·정치학·사회학에 나타난 이론, 제도적 조직론을 중심으로 설명. 제도이론은 제도적 환경이 조직구조나 행위에 미치는 영향을 설명하는 거시적 이론으로, 조직구조나 행위는 제도적 환경의 영향 속에서 형성되며, 제도적 환경으로부터 정당성을 확보하고 지지를 얻어 안정적이고 반복적으로 기능을 수행하며 생존

(2) 신제도주의 이론의 특징 | ① 개방체제적 관점
② 분석수준 - 거시적 사회 수준
③ 제도적 환경으로부터 조직의 정당성(legitimacy) 확보
④ 제도의 인지적 요소 강조
⑤ 조직 간의 제도적 유사성 및 동질성 및 그 메커니즘을 설명

(3) 제도화이론(institution theory)
1) 제도(institutions)의 의의 | 제도(institutions)란 조직이 취하는 실제의 설계구조나 운영시스템

2) 제도화(institutionalization)의 의의	제도가 확립되는 과정. 사회적 행위자들의 상호작용 속에서 정형화된 행위유형을 구성원이 보편적으로 받아들여 규칙 절차 및 행동의 유형이 확립되는 과정
3) 제도화이론(institution theory)의 의의	제도화이론이란 조직 간 관계에 대한 관점 중 조직이 생존하기 위해서는 효율적인 생산을 하는 것 이상으로 이해관계자로부터 정당성(legitimacy)을 획득하는 것이 중요하다고 주장, '합리화된 신화'(rationalized myth). 조직이 환경의 기대에 따라 택하는 조직구조·운영방식이 생산의 효율성과는 직접적 관련이 없다는 점에서 "신화(허구)"이나, 아이러니하게도 그러한 구조·방식을 채택함으로써 조직이 계속 생존해 나갈 수 있다는 점에서 "합리적"이라는 의미
4) 제도화이론의 대두배경	제도화 이론은 DiMaggio와 Powell의 경험적 불규칙성(empirical anomalies)을 규명하고자 하는 일련의 연구(『The Iron cage Revisited : Institutional Isomorphism and Collective rationality in organizational field』)에서부터 대두되었다고 할 수 있음. 현실적으로 경영자들은 합리적인 의사결정자들이 아니라고 함. 즉 치밀하고 빈틈 없이 정보를 수집하여 합리적으로 의사결정을 내리는 것이 아님. 기업에서 전문가를 고용하는 것조차도 그들의 조언을 얻기 위해서가 아니라 경영자가 이미 품고 있는 생각에 대한 정당성을 얻기 위한 경우가 종종 있음(Meyer & Rowan(1977), DiMaggio & Powell(1983)). 이러한 현실과 조직이론 간의 괴리 하에서 조직의 실제 의사결정 현상을 더욱 현실적으로 설명해 줄 수 있는 이론개발의 필요성이 대두되었고, 이에 따라 제도화 이론이 등장하게 된 것
5) 제도적인 환경(institutional environment)	제도화 이론에서는 조직의 생존과 성공을 조직이 환경으로부터 받는 기대에 부합하는가의 여부를 가지고 설명함. 제도적인 환경이란 고객, 투자자, 협회, 이사회, 정부, 협력 기업들과 같은 이해관계자의 규범과 가치를 의미하며, 환경을 어떻게 조직하고 행동하는 것이 올바른 방식인가에 대한 사회의 시각을 반영하는 것. 조직은 외부 이해관계자를 만족시키기 위해 조직구조와 운영 방식을 선택하며, 조직의 활동에 대한 외부 이해관계자의 기대는 조직에게 일종의 규칙으로 여겨짐
6) 정당성(legitimacy)	정당성이란 조직의 활동이 바람직하고 적절하며 환경의 규범과 가치, 그리고 신념 체계와 부합한다는 사회의 전반적인 시각. 제도화 이론에서는 눈에 보이지 않으면서 조직구조에 영향을 미치는 규범과 가치 등을 중요하게 생각함
	제도적 관점은 조직의 정당성을 확보하기 위한 시도로 조직 간 관계가 형성되며 외부 이해관계자가 타당하고 적절하다고 인지하는 구조나 활동을 조직이 채택. 또한 평판에 대하여도 관리. 이렇듯 경제적 이익을 극대화하기 보다 외부환경의 인정을 받으려고 노력함으로써 기존 조직은 결과적으로 서로 유사한 모습을 지니는 제도적 유사성을 띠게 됨. 이는 조직의 생존과 성공이 환경의 기대에 잘 부합하는지, 조직 간 관계를 잘 이해하고 이에 대응하는지 여부에 의해 결정된다는 점을 내포하고 있음
7) 제도적 동형화(institutional isomorphism)	
① 제도적 동형화(institutional isomorphism)의 의의	제도적 동형화란 동일한 환경에 있는 조직들이 서로 닮도록 이끌고 구속하는 과정(constraining process)을 의미

② 제도적 동형화의 메커니즘
　ⅰ) 모방적 동형화(mimetic isomorphism)

조직에서 적용할 기술을 잘 이해하기 어렵거나, 조직의 목표가 모호하거나 환경이 불확실할 경우에 조직은 다른 조직에서 적용하고 있는 성공적인 전형적 모형을 찾아 모방함으로써 제도적 동형성을 갖는 것. 예 : 어떤 기업에서 마케팅을 어떻게 해야 할지 모르는 경우 성공한 기업의 마케팅 전략을 벤치마킹

　ⅱ) 강압적 동형화(coercive isomorphism)

어떤 조직이 의존하고 있는 다른 조직으로부터의 영향이나 사회·문화적 기대가 그 조직에 공식적·비공식적 압력(강요 혹은 권고)의 형식으로 작용하는 경우에 나타나는 현상. 예 : 오염통제나 학교규제 등

　ⅲ) 규범적 동형화(normative isomorphism)

전문성 및 전문적 기준을 수용하거나 전문가의 단체에서 가장 효과적이고 최선의 방법이라고 규정한 기법을 규범적 요소로 수용해 조직 간에 제도적 동형화가 이루어지는 것. 예 : 정부의 평가단이 공기업의 혁신성을 평가할 때 외부 자문기관의 컨설팅을 받아서 혁신했으면 높이 인정해 주고 자체 인력으로 했으면 무시해 버리는 경향. 전문가의 지시대로 따랐다고 해야 나중에 평가단으로부터 정당성(legitimacy)을 인정받을 수 있기 때문

	ⅰ) 모방적 동형화	ⅱ) 강압적 동형화	ⅲ) 규범적 동형화
조직유사성의 원인	불확실성	의존성	의무, 책임
사 건	혁신, 가시성	법령, 규칙, 제재	전문가 인증, 심의
사회적 토대	문화적 지원	법적	도덕적
사 례	리엔지니어링, 벤치마킹	오염통제, 학교 규제	회계기준, 컨설턴트 훈련

③ 세 가지 메커니즘의 작용

모방적·강압적·규범적 힘이 모두 작용하거나 어느 한 요인이 주로 작용할 수 있음

8) 제도적 동형화와 디커플링(decoupling) 현상의 발생

조직 실재론자(realist)들에 의하면 국가의 행동과 구조는 해당국가의 역사와 전통, 경제규모, 정치시스템 또는 자원구조와 같이 개별적 특성과 밀접하게 커플링(tightly coupling)되어 있다고 주장. 그러나, 신제도주의자에 따르면 조직은 사회구성원이 바람직하고 당연하다고 여기는 가치와 규범을 반영하는 공식구조를 일률적으로 채택하도록 동형화 압력을 받는다고 봄

이렇게 제도화된 구조는 개별 조직의 특이성을 반영하지 못하므로 일상적 조직 활동의 효율성을 높이려는 기술적 합리성 추구와 상충(구조적 불일치 : structural inconsistencies)됨. 이처럼 의례적 규율로서 일상 업무의 기술적 요구와 공식구조를 채택해야 하는 제도적 요구가 서로 다른 경우 실제 운영과 공식구조 사이에 생겨나는 괴리 현상을 디커플링(decoupling)이라고 부름

9) 평 가
　① 공 헌

ⅰ) 경제적 효율성보다는 지속적인 생존의 중요성을 강조, 시간 축을 단기에서 장기적 전략적으로 확장한 것(단기적인 목표나 성과에만 집중하는 것이 아니라, 장기적으로 조직이 사회와 지속적으로 상호작용하며 안정성을 추구하고 제도적 규범에 적응하는 과정에 초점을 맞춘 것)(Scott, 1987a). ⅱ) 조직과 환경 간의 다각적인 관련성에 관심, ⅲ) 조직의 규범적이고 공식적인 계획의 측면에 관심을 두기보다는 실제로 조직에서 일어나고 있는 현상들에 관심

② 한 계
ⅰ) 비영리조직과 영리조직의 차이

제도화이론의 연구자들이 주로 표본대상으로 삼았던 것은 공공기관 혹은 비영리조직들이었음. 민간기업이나 영리단체는 외부 환경의 압력에 저항하기도 할 것이며 자신들의 이윤을 위해서 이기적으로 행동하는 바람에 공공의 압력을 묘하게 회피하면서 적당히 대응해 나갈 것이기 때문에 외부 영향을 덜 받을 수 있음

ⅱ) 조직의 창의성 상실

제도화이론의 주장의 초점은 조직의 다양성보다는 유사성에 있기 때문에 조직의 관리자들로 하여금 자신만의 아이디어로 남다른 고유의 조직을 만들려는 동기를 저하시킨다고 할 수 있음

ⅲ) 조직의 효율성 상실

제도화이론이 조직들 간의 유사성이나 이해관계자의 기대에 맞추어야 한다는 점은 강조하면서도 조직 자체의 효과성이나 조직목표를 달성하기 위한 효율에 대해서는 무관심하다는 사실. 즉 조직이 동형화에 매달리다 보면 효율성을 발휘하지 못하면서 겨우 유지만 되는 신세

ⅳ) 일반화의 한계

동형화된 많은 조직들 가운데에서도 어떤 조직은 성공하고 어떤 조직은 멸망하는가에 대한 설명을 명확하게 내리지 못하고 있다는 점

Ⅷ. 조직이론의 변천

1. 개 요

스캇(Scott, 1981)은 20세기를 지배한 주요 조직이론들은 두 번의 변혁적인 패러다임의 변화를 경험하였다고 주장, 기존의 조직이론들을 조직과 인간에 대한 관점으로 분류. 조직에 대한 관점을 환경변화를 포함하였는지에 따라 폐쇄적 관점과 개방적 관점으로 구분, 인간에 대한 관점으로 인간을 합리성을 추구하는 존재와 인간 본연에 대한 가치를 추구하는 존재로 합리적 관점과 사회적 관점으로 구분

첫 번째 패러다임 변화는 1960년을 전후로, 조직에 대한 관점이 환경 변화를 고려하지 않은 폐쇄적 관점에서 환경을 반영하는 개방적 관점으로 전환된 것. 두 번째 패러다임 변화는 조직을 폐쇄적 체계로 보는 이론들이 1930년을 기점으로, 개방 체계로 보는 이론들이 1970년을 기점으로 하여 합리적 관점에서 사회적 관점으로 변화한 것을 들 수 있음

2. 유 형

이 이론은 종단 연구와 횡단 연구가 함께 이루어졌다는 의의를 가지고 있음. 종단 연구(longitudinal study)란 시간의 경과에 따른 변화에 관심을 두고 자료를 수집하는 연구. 횡단 연구(cross-sectional study)란 일정한 시점에서 특정 표본이 가진 특성을 파악하거나 자료를 수집하는 연구

[조직과 인간의 관점에 따른 주요 조직이론]

조직에 대한 관점	인간에 대한 관점	
	합리적	사회적
폐쇄적	〈1900~1930〉 • Taylor(1911) • Gulick & Urwick(1937) • Weber(1947 번역) • Fayol(1949 번역) 제1상한	〈1930~1960〉 • Mayo(1945) • Selznick(1948) • McGregor(1960) 제2상한
	제3상한	제4상한
개방적	〈1960~1970〉 • Chandler(1962) • Lawrence & Lorsch(1967) • Thompson(1969) • Galbraith(1973)	〈1970~ 〉 • March(1976) • Hannan & Freeman(1977) • Pfeffer & Salancik(1978) • Weick(1979) • Dimaggio & Powell(1983) • Senge(1990)

(1) 제1상한 : 폐쇄 – 합리적 조직이론(1900년~1930년)	조직을 외부환경과 상관없이 존재하는 폐쇄된 체계로 보았으며, 조직을 구성하는 인간들을 합리적으로 사고하고 행동하는 존재로 인식. 주요 특징으로는 조직을 폐쇄체계(closed system)로 인식하여 환경에서 오는 위협과 기회를 무시하거나 최소화하여 환경과의 상호작용 측면을 고려하지 않았음. 구성원들에게 합리성과 능률을 강조하고, 이를 달성하는 수단으로 강력한 통제와 지도와 고도로 전문화된 과업을 반복적으로 수행하도록 함 / 테일러의 과학적 관리법, 베버의 관료제이론, 페이욜의 관리이론 등
(2) 제2상한 : 폐쇄 – 사회적 조직이론(1930년~1960년)	조직을 폐쇄된 체계 속에서 조직구성원들의 인간적인 측면을 고려. 인간은 다양한 욕구를 가졌으며, 사회적인 욕구를 가진 존재로 인식하여 조직구성원들이 가진 사회적 욕구를 충족시키고 이를 통하여 조직의 생산성 향상을 추구. 조직생존에 대한 환경의 영향은 도외시한 채, 과업수행의 동기화를 위한 조직구성원의 욕구문제를 중점적으로 다루었음 / 호손 연구를 통한 인간관계론과 행동과학이론 등이 대표적 이론
(3) 제3상한 : 개방 – 합리적 조직이론(1960~1970년)	인간을 합리적인 존재로 보는 견해의 후퇴를 보이고 있으나, 조직을 외부환경을 반영하는 진일보성을 보이고 있는 이론. 경쟁적 환경을 반영하여 조직을 외부환경의 변화에 영향을 받는 존재로 인식하기 시작하였음. 조직의 생존을 위해서는 환경과의 상호작용을 통한 적절한 관계를 유지하여야 한다는 시스템적 접근(systems approach)이 대두 / 챈들러와 톰슨의 이론 등이 대표적인 이론
(4) 제4상한 : 개방 – 사회적 조직이론(1970년 이후)	
1) 의 의	조직이 목표달성보다는 생존을 중시하고, 조직을 공식성과 합리성만이 아닌 비합리적인 동기적 측면을 중요시. 환경의 중요성을 강조하면서(open system) 조직의 합리적인 목적수행보다는 조직의 생존을 위하는 비합리성을 반영(사회체계) / Weick, Olson, March, Meyer, Senge, Pfeffer와 Salancik 이론 등이 대표적
2) 등장배경	Pfeffer와 같은 학자는 조직효과성의 문제를 사회·정치적 시각으로 바라봄. 조직구조의 문제 또한 개인과 집단의 정치적 협상 내지 투쟁의 결과로 파악
3) 주요 이론 ① Weick의 이론 ⅰ) 의 의 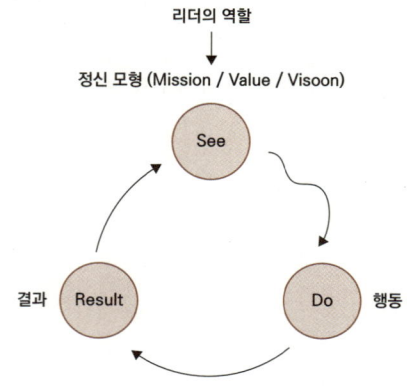	칼 와익(K. Weick)은 "조직은 환경에 의존적인 상황 속에서 단순히 환경에 반응(react)하는 것이 아니라 전략적으로 환경을 만들어(enact)갈 수도 있다(1979)." 라고 이야기하면서 조직은 객관적 실체로서 존재하지 않고 구성원들의 인식을 통해 새롭게 창조된다. 라고 주장. 이에 더하여 리더의 역할은 의미 형성(sense making)의 기준이 되는 정신모형을 개발하고 공유하는 것이라고 함

ⅱ) 조직화	조직화 과정을 환경탐색-해석-학습의 과정으로 파악, 환경은 인간 사이의 상호작용에 의해서 창조
ⅲ) 이론의 평가	〈공 헌〉 투입-전환-산출 모형의 개방체계 접근에서 벗어나 조직환경에 대한 사회심리적 접근 〈비판점〉 동인한 환경에 대해서도 관리자의 환경탐색·해석에 따라 복잡성·불확실성 정도가 다르게 지각될 수 있고, 인지되지 않거나 잘못 인지된 문제에 대한 조직의 대응에는 한계 존재
② Senge의 학습조직이론 ⅰ) 의의	21세기의 경쟁력이 단지 제품의 양이나 질보다는 지식창출과 지식의 생산능력에 좌우되는 만큼, 기업의 성공을 위해서는 끊임없이 배우고, 새로운 것을 창출할 수 있는 학습조직이 되어야 한다고 주장. Senge는 기업 자체를 핵심역량화하는 방안을 조직설계 차원에서 구체화하여 제시

ⅱ) 학습조직을 구축하는 핵심 요인

[Senge의 학습조직 모형]

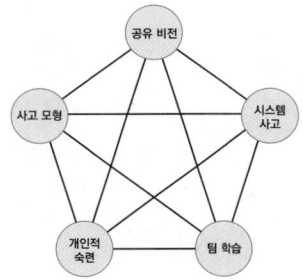

a. 시스템 사고(system thinking)	현상을 단선적이고 평면적으로 이해하는 것이 아니라 전체를 보고 전체에 포함된 부분들 사이의 순환적·동태적 인과관계를 이해하는 문제해결 수단
b. 개인적 숙련(personal mastery)	개인이 진정으로 지향하는 본질적인 가치를 추구하기 위하여 현재의 자기능력을 심화시켜 나가는 행위를 의미. 자기효능감(self-efficacy)에 근거한 능력과 권한의 확장, 즉 임파워먼트(empowerment)가 필요, 일상업무 속에서 경험하는 시행착오들에 의하여 축적된 지식(know-how)과 사건의 밑바탕에 깔려 있는 기본적인 원리(know-why)를 체득할 수 있도록 하는 동기부여가 필요
c. 사고 모형(mental model)	인간이 경험하는 현상들을 이해하는 체계 또는 준거의 틀로서, 인간의 철학적 기반에 해당
d. 공유 비전(shared vision)	조직이 추구하는 방향이 무엇이며, 그것이 왜 중요한 것인지에 관해 모든 조직구성원들이 공감대를 형성하는 것
e. 팀 학습(team learning)	팀 구성원들이 바람직한 결과를 얻기 위하여 의도적·체계적으로 지속하는 학습행위

ⅲ) 이론의 평가

〈공 헌〉 학습조직이론은 인간, 조직, 기술을 유기적으로 통합하여 기업의 생산성을 극대화하고, 기존 기계적 사고에서 시스템적 사고로의 전환이 학습조직 구축에 중요한 요소임을 밝혀냈으며, 변화에 대응하는 조직의 기본 원리를 밝혀냄으로써 지식의 경제적 가치를 효과적으로 관리하는 데 유용한 시사점을 제공

〈비 판〉 학습조직이론은 그 정의에서 실제로 제시하는 정의와 개념이 모호하여 구체적인 조직관리 실천방안을 제시하지 못함

4) 개방 – 사회적 조직이론의 공헌

오늘날은 4상한의 패러다임에 와 있음. 하위 시스템 각각의 유지 및 존속을 위해서는 학습의 개념이 그 어느 때보다도 중요하게 대두되고 있음. 환경변화의 속도는 더욱 빨라지고 환경변화의 내용은 더욱 복잡해지면서 경쟁우위의 요소가 원가와 품질에서 서비스와 시간으로 바뀌고 있음. 팀제 이론, 네트워크 조직이론, 프로세스 조직이론, 학습조직 이론 등은 새롭게 요구되는 기업의 핵심역량을 조직설계 차원에서 구체화시켜주는 역할을 할 것으로 기대됨

[조직이론들의 특징비교]

이론의 가정	폐쇄–합리체계 (1900~1930)	폐쇄–사회체계 (1930~1960)	개방–합리체계 (1960~1970)	개방–사회체계 (1970~)
강 점	- 정확성, 안정성, 책임성 요구 - 조직의 효율성 강조	- 조직을 유기체로 간주 - 개인과 조직의 욕구에 관심	- 조직을 유기체로 간주 - 환경에 대한 효율적 적응 강조	- 조직의 비합리적인 동기적 측면 관심 - 자기조직화 및 학습에 관심 - 효과적인 생존 강조
약 점	- 환경적응의 어려움 - 냉정하고 비판의 여지가 없는 관료제 초래 - 낮은 계층의 구성원에게 비인간적	- 조직의 논리를 외면하고 인간문제에 극단으로 치우침	- 조직과 환경을 지나치게 실물적으로 봄 - 시스템의 상이한 요소들의 독립적인 생존능력 부정	- 조직문제에 대한 처방적 측면 부족
공헌 분야	산업공학, 인간공학을 중심으로 한 경영과학 분야	사회학, 심리학을 중심으로 행동과학, 인적자원관리론 분야	생물학에서 도출된 시스템 이론을 중심으로 상황이론, 전략이론, 조직설계 및 조직개발 분야	자기조직화, 조직학습, 학습조직, 조직문화 분야
대표적 학자	Taylor Fayol	Mayo McGregor	Chandler Lawrence와 Lorsch Thompson	Weick March Senge

제 3 장 조직구조(organizational structure)의 이해

전과노트 pp.592-643

I. 조직과 조직구조

1. 조직(organization)의 의의와 등장배경
(1) 조직(organization)의 의의

i) 공동의 목표를 가지고, ii) 이를 달성하기 위하여 의도적으로 정립한 체계화된 구조에 따라 구성원들이 상호작용하며, iii) 협력관계를 구축하면서, iv) 외부환경에 적응하는 인간의 사회집단

(2) 조직의 중요성

① 조직목적달성을 위한 각종 자원의 결합이 가능하고, ② 상품과 서비스를 생산하며, ③ 혁신을 촉진시킬 수 있고, ④ 현대적인 제조기술과 정보기술을 활용하며, ⑤ 환경에 적응하고 환경을 창출하며, ⑥ 소유주나 고객 및 종업원을 위한 가치를 창출할 수 있고, ⑦ 다양성, 윤리성, 구성원 동기부여, 구성원 간 조정 등 지속되는 도전과제를 수용할 수 있는 기제가 되기 때문

2. 조직구조(organizational structure)의 의의와 필요성
(1) 조직구조(organization structure)의 의의

조직 안에서 과업들이 분리되고, 분리된 과업들이 연결되며, 과업의 집단들이 모여 부서를 이루고 다시 부서들끼리 연결된 상태

(2) 조직구조의 필요성

조직구조는 조직 안에서 분업화(division of labor), 조정(coordination)과 통합(integration), 구성원의 의사결정과 행동의 통제(decision making and control)와 같은 역할

II. 민츠버그의 조직구조 유형

1. 개요

Mintzberg에 의하면 조직구조는 5각형으로 형성된 다섯 가지의 조직 구조의 구성형태(configuration)를 보이고 있으며, 이 5각형 내부에서는 실제의 다양한 조직구조 형태와 조직이 직면하는 다양한 상황을 발견할 수 있음. 이 모형에서 각각의 조직구조의 구성형태는 5각형의 모서리에 위치

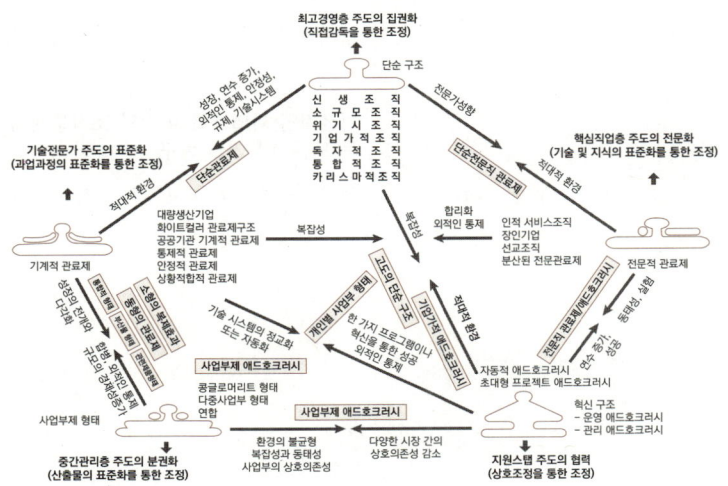

[Mintzberg의 조직성장경로 모형]

2. 조직의 다섯 가지 기본부문
(1) 개요 : 다섯 방향으로 작용하는 다섯 가지 힘

[조직의 다섯 가지 기본부문]

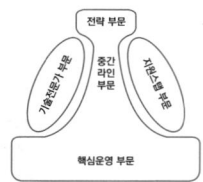

민츠버그(H. Mintzberg)는 조직이란 적어도 다섯 가지 기본부문으로 이루어져 있음. 각 부문 간 목표와 이해관계가 다르기 때문에 나아가려는 방향이 다르고 각 부문별로 나름대로의 힘을 발휘하여 각각 자기 쪽으로 조직을 몰고 가려는 힘이 작용한다고 하였음. 그리하여 다섯 부문 중 어디에 무게중심이 놓여 있는지에 따라서 조직의 형태는 달라지는 것(무게중심의 위치를 결정하는 데에는 조직의 기술과 업종, 연륜과 규모, 의사결정자의 신분 등 갖가지 상황요소가 작용)

(2) 조직의 다섯 가지 부문과 힘의 방향에 따른 조직설계

다양한 상황에 따라 5가지 부문에서 우선적으로 요구되는 힘이 달라짐, 조직설계

1) 전략 부문(strategic apex)
   ① 개 념

조직을 가장 포괄적인 관점에서 관리하는 최고경영층이 있는 곳. 여기에서 조직의 전략을 수립

   ② 조정 압력 : 집권화(centralization)

단순구조의 조직에서 이 힘이 강하게 작용

2) 중간라인 부문(middle line)
   ① 개 념

전략 부문과 핵심운영 부문 간을 직접적으로 연결시키는 라인에 위치한 모든 중간관리자로 구성

   ② 조정 압력 : 분권화(decentralization)

사업부제 구조에서 이 힘이 강하게 작용

3) 핵심운영 부문(operating core)
   ① 개 념

조직의 근간이 되는 업무가 수행되는 곳으로, 조직의 제품이나 서비스를 생산해내는 기본적인 일을 담당하는 곳(투입으로부터 산출로의 변환이 일어나는 곳). 제조기업에서는 생산부서, 대학에서는 교수와 수업이 일어나는 장소, 병원에서는 의료 활동이 일어나는 진료실이나 수술실

   ② 조정 압력 : 전문화(specialization)

전문적 관료제 구조에서 이 힘이 강하게 작용

4) 기술전문가 부문(techno structure)
   ① 개 념

기술전문가 부문은 조직 내의 과업 과정과 산출물이 표준화되는 시스템을 설계하는 분석가들을 포함

   ② 조정 압력 : 표준화(standardization)

기계적 관료제 구조에서 이 힘이 강하게 작용

5) 지원스탭 부문(support staff)
   ① 개 념

기본적인 과업흐름 이외의 조직문제에 대한 지원을 제공하는 모든 전문가들로 구성

   ② 조정 압력 : 협조 및 상호조정(mutual adjustment)

혁신구조에서 이 힘이 강하게 작용, 5가지 부문은 긴밀 관련

3. 순수원형으로서 조직구조

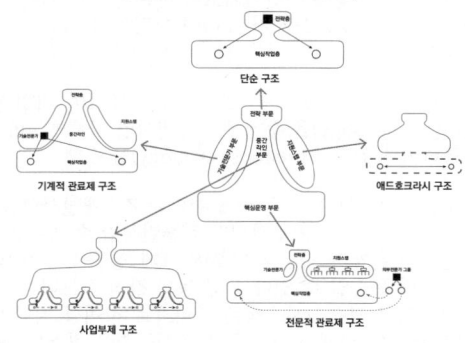

[민츠버그의 조직구조 유형]

모든 조직은 이러한 다섯 가지 힘들을 동시에 경험하고 있으며 결국 조직구조를 설계한다는 것은 서로 다른 힘들의 배합을 결정하는 것. 어떤 한 방향으로의 힘이 지배적일 때, 조직은 거의 5각형의 모서리에 있는 순수한 구조형태에 가깝게 됨

(1) 단순 구조(Simple structure) : 집권화된 유기적 구조

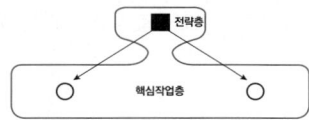

1) 개념과 특징

단순 구조의 구조적 특징은 단순함. 즉, 권한이 최고경영자에게 집중되어 있으며 소계층 조직으로서 핵심운영부서가 비공식적이며 유기적인 것이 주요 특징. 단순구조는 집권화된 유기적 구조. 전략층이 핵심부문

2) 상황조건

환경이 단순하나 동태적인 경우, 조직이 사용하는 기술시스템이 복잡하지 않은 경우, 때때로 카리스마적이고, 독재적 리더십과 같은 강력한 리더십이 필요한 경우, 창업 시의 조직, 위기 시의 조직, 국면전환 시의 조직의 경우

3) 전략상 특징

경영자가 조직을 환경으로부터 보호받을 수 있는 틈새(niche)에 위치시키는 데 전략의 초점, 이 위치에서 조직의 비전을 실천하기 위해 비전제시형 리더십(visionary leadership)을 발휘한다는 것

4) 장·단점

신속하고 유연성이 있으며 유지비용이 적게 들기 때문에 동태적 환경에 적응할 수 있는 장점 / 기업주 한 개인의 판단이나 건강여하에 따라 조직의 성패가 좌우되는 위험

(2) 사업부제 구조(divisionalized form) : 분권화된 기계적 조직

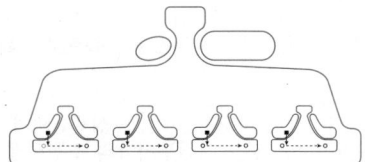

1) 개념과 특징

조직이 제품이나 고객 또는 지역별로 분할되어져 본사로부터 사업활동에 필요한 권한을 부여받아 이익책임단위로서 각기 자율적으로 구매, 생산, 판매활동을 수행하는 사업부들로 구성된 분권적 조직

2) 상황조건	제품 및 서비스의 다양성이 존재할 경우, 기술시스템이 사업부의 특성에 따라 분화될 수 있는 경우, 조직의 규모가 커져서 발생하는 위험을 분산시키고자 하는 경우나 기존 시장에 대해 매력을 별로 느끼지 못하여 다각화의 필요성을 느끼는 성숙기
3) 전략상 특징	개별사업들에 대한 포트폴리오 관리를 통하여 기업전략(corporate strategy)을 수행하고 개별사업 자체에 대한 전략을 통하여 사업전략(business strategy)을 수행
4) 장·단점	자원의 효율적 배분을 가능하게 한다는 점, 개별사업을 영위할 수 있는 기회가 있어 관리자를 훈련시킬 수 있다는 점, 한 사업부의 문제가 다른 사업부에 크게 영향을 주지 않기 때문에 위험을 줄일 수 있다는 점 등의 장점 / 그러나 사업부제 구조의 성과통제시스템은 관리자로 하여금 지나치게 재무성과에 치중하게 하여 그들의 혁신능력을 저해할 수 있을 뿐만 아니라 반사회적인 행동이나 무책임한 행동을 하게 하는 측면이 있음. 즉, 제품의 질, 고객에 대한 봉사, 환경보호 등과 같이 측정될 수 없는 질적인 측면은 무시되어지는 경향이 있음

(3) 전문적 관료제 구조(professional bureaucracy) : 전문화된 기계적 조직

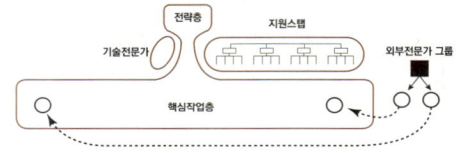

1) 개념과 특징	수행하는 과업의 복잡성으로 인해 고도의 기술이나 지식을 소유한 전문가들이 작업일선에서 자신의 업무에 대하여 상당한 통제력과 재량권을 행사하는 조직, 대학·연구소·병원. 예를 들어, 병원을 방문한 환자가 일련의 표준화된 수속 및 진료절차에 따라 수술일정을 확정하는 과정까지는 예측하기 쉬우나, 실제 수술실에서 고도의 전문가인 의사에게 의해 진행되는 수술 자체는 매우 복잡하여 표준화되기 어려우므로 의사에 대한 분권화가 필수적. pigeonholing system(전문가들이 표준화된 작업프로그램 하에서 자율적으로 일하는 것)
2) 상황조건	복잡하고 안정적인 환경에 적절
3) 전략상 특징	단편적인 많은 전략들이 계획되나, 조직화된 혼란을 일으키는 경우가 많음. 대부분의 전략은 소수 전문가들의 전문적 판단, 특정 이익단체의 집단적 선택, 그리고 조직 상층부의 승인 등 여러 요인들 간에 혼돈스런 모습으로 계획되고 추진
4) 장·단점	구성원들이 모든 압력과 정치적인 힘에 의해서 제약받을 필요가 없는 민주적인 구조라는 점, 구성원들에게 폭넓은 재량권이 주어진다는 점 / 지원부서와의 조정문제, 전문가들 간의 조정문제, 전문적 재량권의 남용에 따른 고객과의 갈등문제, 그리고 기존의 피전홀링 과정을 변화시키기를 두려워하는 혁신의 문제와 같은 단점

(4) 기계적 관료제 구조(machine bureaucracy) : 표준화된 기계적 조직

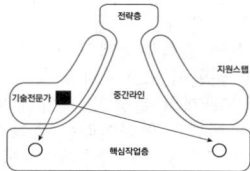

1) 개념과 특징	Weber가 언급한 관료제조직 구조와 가까운 형태, 작업이 철저하게 세분화되어 있고 또 그 작업은 반복적으로 수행되며, 특히 핵심현장부서에서 매우 높은 공식화를 보임. 과업과정의 표준화를 통하여 조정에 임하기 때문에 과업과정의 표준화를 담당하는 기술전문가 부문이 조직의 핵심 부문으로 등장
2) 상황조건	단순하고 안정적인 환경인 경우, 규모가 어느 정도 크고 성숙기에 이른 조직의 경우, 자동화는 아니지만 합리화된 기술시스템을 운영할 경우, 외부통제를 받을 경우, 대량생산과 대량서비스를 산출해야 할 경우에 적합. 정부조직이나 통제와 안전을 중요시하는 조직
3) 전략상 특징	명시적인 전략계획을 가지고 있다는 점, 조직의 활성화나 국면전환을 위한 전략적 변화에 저항이 심하며 오랜 기간 동안 안정되어 왔던 조직에 대하여 급진적인 변화를 거부한다는 점 등
4) 장·단점	효율성, 신뢰성, 정확성, 일관성을 토대로 한 기술적 합리성을 추구할 수 있는 장점 / 통제에 집착함으로써 생산 현장에서의 비인간화 문제가 야기. 조직 내에서 발생하는 갈등이 표준적인 규칙이나 제도로 해결될 수 없을 때 라인과 스탭 간의 조정문제가 발생하여 그 결과로 환경변화에 대한 적응력이 떨어지기도 함

(5) 혁신 구조(innovative organization) : 협력화된 유기적 조직

운영 애드호크라시 : 컨설팅회사, 광고회사
(operating adhocracy)

관리 애드호크라시 : 화학회사, 우주항공회사
(administrative adhocracy)

1) 개념과 특징 및 유형	효과적인 혁신을 위하여 서로 다른 전문분야의 전문가들을 유기적으로 연결시키는 구조. 이 조직의 가장 큰 특징은 행동의 공식화가 전혀 요구되지 않는 유연한 조직
2) 상황조건	첨단기술을 개발해야 하거나, 치열한 경쟁에 따른 잦은 제품 변화가 있거나, 한시적인 대규모 프로젝트 등을 수행해야 하는 복잡하고 동태적인 환경. 시간이 지남에 따라 조직은 관료화되기 때문에 조직의 연령이 적은 경우나 해당 산업이 태동기에 있을 때. 기술시스템이 자동화가 된 경우
3) 전략상 특징	전략적 초점(strategic focus)이 끊임없는 수렴과 발산(covergence and divergence)의 사이클을 보이고 있다는 점, 전략의 실행은 경영층의 명령이나 지시에 의해서보다는 밑으로부터의 학습과정(learning process)에 의하여 진행

4) 장·단점

구성원의 능력과 재능을 최대한 발휘하게 함으로써 혁신을 유도하는 민주적인 구조라는 점, 고객의 특별한 요구나 시장변화에 따라 프로젝트팀을 신속히 구축함으로써 변화에 유연하게 대응할 수 있다는 점 등의 장점 / 기능부서와 프로젝트 관리자들 간의 권력투쟁에서 비롯되는 갈등으로 개인의 역할, 책임 및 권한이 모호해지고 그에 따라 발생하는 스트레스, 잦은 계약관계의 설정 및 해체에 따른 심리적 긴장 등이 인간적인 문제점과 혁신이라는 효과성을 달성하기 위하여 조직 내부의 비효율성도 감수해야 하는 문제점

[조직구조 유형의 제 차원들]

	단순 구조	기계적 관료제 구조	전문적 관료제 구조	사업부제 구조	혁신 구조
중요조정 메커니즘	직접감독	과업의 표준화	지식 및 기술의 표준화	산출물의 표준화	상호 조정
조직의 핵심부문	전략경영층	기술전문가부문	핵심운영층	중간관리층	지원스탭
예	슈퍼마켓, 소규모 서비스업	자동차조립, 우체국	병원, 대학	제품별·시장별 사업부	프로젝트조직 행렬조직, 팀제
설계 파라미터					
과업의 분업화	낮은 분업화	높은 수평적·수직적 분업화	높은 수평적 분업화	부분적 수평적·수직적 분업화 (사업부와 본사 간)	높은 수평적 분업화
훈련과 교화	거의 없음	거의 없음	많이 필요함	어느 정도 필요함 (사업부관리자에게 필요)	많이 필요함
행동의 공식화	낮은 공식화	높은 공식화	낮은 공식화	높은 공식화(사업부 내)	낮은 공식화
관료적·유기적	유기적	관료적	관료적	관료적	유기적
단위그룹핑	주로 기능적	주로 기능적	기능 및 시장	시장	기능 및 시장
단위규모	넓음	하부에서는 넓으나 그 밖에는 좁음	하부에서는 넓으나 그 밖에는 좁음	전략층에서는 넓음	전반적으로 좁음
계획과 통제 시스템	거의 없음	활동 계획	거의 없음	많은 성과 통제	제한된 활동계획 (특히 관리 애드크라시)
횡적 연결장치	거의 없음	거의 없음	관리상 필요함	거의 없음	조직 전반에 걸쳐서 많음
분권화	집권화	제한된 수평적 분권화	수평적·수직적 분권화	제한된 수직적 분권화	선택적 분권화
상황요인					
연령과 규모	전형적으로 젊고 소규모	전형적으로 오래되고 대규모	다양함	전형적으로 오래되고 매우 대규모	전형적으로 젊음
기술시스템	단순, 비일상적	일상적, 비자동화 덜 복잡	비일상적 혹은 복잡	분할 가능, 나머지는 기계적 관료제와 유사	매우 복잡, 종종 자동화 (관리 애드호크러시), 비일상적 혹은 복잡 (운영 애드호크러시)
환경	단순하고 동태적, 때때로 적대적	단순하고 안정적	복잡하고 안정적	상대적으로 단순하고 안정적, 다각화된 시장 (특별히 제품과 서비스)	복잡하고 동태적, 때때로 불균형 (관리 애드호크러시)
권력	최고경영자 통제, 종종 소유주가 관리	기술전문가와 외부통제	전문적 오퍼레이터가 통제	중간관리층의 통제	전문가 통제, 유행에 매우 민감

4. 혼합형 구조

(1) 개요

많은 조직들은 2~3개의 조직구조 구성형태의 중간에 위치하여 혼합형 구조를 나타냄. 이러한 조직구조는 하나의 순수 유형의 구조에서 다른 순수 유형의 구조로 전환되어 가는 과정에서 발견됨

(2) 혼합형 구조의 역기능성

대부분의 조직은 일관된 순수유형의 조직구조를 갖기보다는 하나의 구조형태 이상의 특징을 나타내는 혼합형 구조를 지니고 있음. 이러한 혼합형 구조를 지니고 있는 조직은 때때로 역기능을 보이기도 함. 그러나 어떤 경우에는 조직이 어쩔 수 없이 혼합형 구조를 유지해야 할 필요가 있음. 기업이 통제할 수 없는 모순적인 상황요인들로 말미암아 기업은 혼란을 예상하면서도 어쩔 수 없이 역기능적 혼합형 구조를 채택하는 경우

(3) 혼합형 구조의 타당성

조직의 기능적 특성상 하나 이상의 힘에 반응해야 할 필요

(4) 하위 부문에서의 혼합형 구조

한 조직에서도 조직 내부의 여러 부문에서 혼합형 구조를 생각할 수 있음

(5) 조직설계에의 시사점

다섯 가지 순수 구조형태는 조직이 사용할 수 있는 다섯 가지 상호 배타적인 시스템으로 간주되어서는 안 되며 오히려 이론의 통합된 틀 혹은 준거 틀로서 간주되어야 함

5. 평가

Mintzberg의 조직성장경로 모형은 조직이 성장하는 과정에서 요구되는 조직설계의 특징과 방향을 보다 구체적이고 다각적인 상황 속에서 조명. 첫째, 모든 조직에는 여러 방향으로 나아가려는 힘이 작용하고 있고, 둘째, 조직의 구조와 상황을 반영하는 다섯 가지 원형이 있고, 셋째, 혼합 구조가 형성되는 근거를 알 수 있으며, 넷째, 하나의 구조와 상황으로부터 다른 구조와 상황으로 전환되어가는 근거를 파악

Ⅲ. 조직구조(organizational structure)의 기본 유형

1. 기능식 조직(functional organization) (=직능부제 조직)

(1) 의의

[기능식 조직의 예]

U-form이라고도 불리는 기능식 조직은 조직의 상층에서 하층까지 공통기능을 중심으로 활동이 부서화되는 구조. Taylor의 기능적 감독자 제도에서 창안된 개념. 엔지니어링 부서의 부장은 엔지니어링 활동에 대해 전적인 책임을 지고 있음. 제조, 연구개발, 마케팅 부서 등도 이와 같은 방식으로 기능별로 부서화 되어 있음

(2) 기능식 조직의 특징

구매·인사·회계·영업 등의 업무활동을 〈기능별로 분화(differentiation)〉하고 〈기능관리자는 업무활동에 대한 제반 사항을 최고경영층에 보고〉하도록 설계. 〈각 부서의 관리자는 해당 업무에 관련된 모든 사항을 책임지고 관리〉

(3) 적합한 상황 : 안정적 환경, 일상적 기술, 작은 조직규모

환경이 비교적 안정적, 각 부서 간 기술적 상호의존성 낮음, 일상적 기술 사용

(4) 장점과 단점

1) 장점
  ① 규모의 경제(economy of scale) 효과 — 동일 부서 배치·시설 공유, 전문화의 이점
  ② 각 기능별 기술개발 용이 — 소속 부서 내 필요 기술 숙달
  ③ 조직 분위기, 업무 능률 향상 — 공통된 사고와 언어 공유

2) 단점
   ① 부문 간 상호조정 곤란(부서 이기주의)   Silo effect
   ② 책임 소재 불분명   단일 부서가 전적인 책임을 질 수 없음
   ③ 업무능률 감소   수평적 조정이 약함
   ④ 환경적응과 혁신이 곤란   의사결정사안이 최고경영자에게 집중
   ⑤ 최고경영자 양성 곤란   통합적인 관리기술을 배울 수 있는 직책 부재

장 점	단 점
- 기능부서 내에서의 규모의 경제효과 달성 - 특정 분야에 대한 깊이 있는 지식과 기술개발 가능 - 기능별 목표달성 - 제품이 소수인 경우 적절	- 환경변화에 대한 반응이 느림 - 의사결정 문제가 최고경영층에 집중됨으로써 과부하 발생 - 부서 간에 수평적 조정 약함 - 혁신이 낮음 - 조직목표에 대한 제한적인 시각

(5) 기능식 조직구조의 보완 : 수평적 연결을 가진 기능별 구조 활용

조직은 기능식 조직구조의 문제를 보완하기 위해 수평적 연결장치를 활용할 수 있음

정보 시스템, 연결 역할, 전임통합자나 프로젝트 관리자, 태스크포스 또는 팀 활용, 관계적 조정을 촉진하는 상황을 만들어 줌으로써 수평적 조정을 개선

(6) 관리자에의 시사점 : 기능식 조직운영상 유의점
1) 조직의 경직화

구매, 생산, 판매 등 조직상의 흐름을 지나치게 일상화함으로써 경직성을 띠게 될 우려. 경직성은 의사결정의 지연을 초래하여 조직유효성을 저해하므로 기능식 조직을 형성할 때 유의

2) 정보소통능력의 결핍

기능식 조직은 각 부서가 자신의 기능에 집중하는 경향이 있어, 부서 간 협력과 정보 소통이 원활하지 않아 개발 부문과 관리 부문에서 혁신이 결핍되는 경우가 많음. 특히 개발 부서와 관리 부서는 목표와 관점이 달라 혁신과 정보 공유가 어려워질 수 있음(개발 부서는 새로운 아이디어와 혁신을 중시하는 반면, 관리 부서는 절차와 효율성에 초점을 맞추기 때문에). 따라서 기능식 조직에서는 두 부문 간의 정보소통 기능 확보에 주의를 기울여야 함

3) 부문최적화로 인한 손실 방지

부문최적화를 통해 오히려 기업전체의 양과 질에서 비효율적인 결과를 초래하는 경우가 있으므로 부문최적화로 인한 손실의 방지에 주의를 기울여야 함

4) 최고경영자에 대한 과다한 업무집중

각 부문의 독자적인 최적화 추구는 최고경영자에게 조정·통제 및 의사결정의 부담을 주게 됨. 그러므로 최고경영층은 가능한 한 전략적 차원의 결정에 집중하여야 함

5) 기업가적 인재육성의 한계성

대부분이 구성원, 심지어는 최고경영층인 중역급까지도 자기 부분에만 집착하여 부문의 이익만을 추구하는 경향, 기업 전체적인 문제해결능력이 없는 부문전문가만 낳는 조직구조라는 단점

6) 전략적 생존능력 경시

기능식 조직은 직능별로 전문화된 조직구조의 경직성 때문에 기업을 둘러싼 시장환경변화에 신속하게 적응하고 대처하는 전략적 생존능력이 부족할 뿐만 아니라, 이를 경시하는 경향

2. 사업부제 조직(divisional organization)

(1) 의 의

[사업부 조직의 예]

M-form(multi-divisional form) 혹은 분권화된 구조라고도 불리는 사업별 구조는 조직이 제품이나 고객 또는 지역별로 분할되어져 본사로부터 사업활동에 필요한 권한을 부여 받아, 이익책임단위로서 각각 자율적으로 구매, 생산, 판매활동을 수행하는 사업부들로 구성된 분권적 조직. 때로는 전략사업단위(Strategic Business Unit : SBU) 구조라고 불리기도 함

(2) 사업부제 조직의 특징

1) 전략적 결정의 기업 내 침투

조직의 산출물을 기준으로 부서화가 이루어진다는 점. 변화하는 외부 환경에 기업을 혁신적으로 적응시키기 위한 전략적 결정의 필요성을 최고 및 중간경영층에게 자각시키는 환경을 조성, 본사의 최고경영층은 일상적 업무결정에서 해방되어 기업 전체의 전략적 결정에 몰두할 수 있는 체제

2) 이익목표의 조작화

혁신적 결정을 내리려는 동기가 강할수록 위험성과 불확실성이 수반되므로 이를 줄이기 위해 명확한 목표와 평가 기준이 필요. 이러한 상황에서는 이익 목표가 대체로 구체적이고 계량적인 형태로 설정되기 때문에 하나의 계획안이 목표달성에 어느 정도 공헌하는가를 예측하고 측정할 수 있어 문제발견뿐 아니라 문제해결을 위한 탐구도 활발하게 진행됨

3) 의사결정의 합리성과 커뮤니케이션의 효율화

각 사업부는 일원화된 이익책임 단위로 정보 수집·전달이 가능, 각 사업부의 상호 독립성을 위해 의사결정의 분권화가 일어나 결정장소와 집행장소 간 거리가 짧아져 정보 피드백의 효율성이 높아짐

4) 경영의 자립성

계획의 기안·평가·선택에 대하여 타 부문과 조정하거나 본사 스텝 부문에 크게 의존하지 않아도 되기 때문에 성과에 대한 책임감도 높아 창조적 아이디어 활용에도 적극적

5) 시장경제 메커니즘의 기업 내 도입

독립적인 시장을 갖고 독자적인 이익책임을 갖는 사업부로 분할되어 있으므로, 각 사업부 간에는 시장경제 메커니즘 - ① 사내대체가격으로서 기업 내부 두 개 이상의 부문 사이에서 서로 주고받는 생산품이나 용역에 대해서 붙이는 가격이나 ② 기피선언권으로서 사업부 조직에서 각 사내거래 기피하여 외부시장에서 구입하거나 판매할 수 있는 권리 - 이 도입

(3) 적합한 상황 : 불확실한 환경, 비일상적 기술, 큰 조직규모

환경의 불확실성이 크거나 부서 간 상호의존성이 크고 비일상적, 다각화 전략

(4) 장점과 단점

1) 장 점

① 최종적인 조직성과 강조 — 제품이나 서비스에 대한 모든 책임이 사업본부장에게 부과

② 환경변화에 신속한 대응 — 개별고객이나 지역특성에 따른 요구사항에 쉽게 대응

③ 사업부 내 기능 간 조정 용이 — 여러 가지 기능부서가 한 사업부 내에 있기 때문

④ 고객 만족 — 시장 특성에 적절히 대응

⑤ 최고경영자의 전략 수립과 육성 — 장기적인 전략 수립에 집중하여 환경변화에 대응

2) 단 점

① 규모의 경제 상실 — 모든 제품단위마다 설비를 갖추어야 하므로 자원활용 측면에서 비경제적

② 제품 라인 간 기능조정 곤란 — 제품라인이 독립적으로 분리되어 있고, 라인 간 협력을 위한 인센티브가 거의 없기 때문에 제품라인 간 조정이 곤란하여 제품의 호환성이 없거나, 각 부서 사원들 간의 조정절차 숙지 부족으로 소비자의 불만이 증가

③ 기술 전문화 추구 곤란 — 기능이 여러 사업부로 분산되기 때문에 기술의 기능별 전문화가 어려워짐

④ 제품 라인 간 통합, 표준화 곤란 — 구성원들은 관련 부서의 제품라인에만 관심을 집중하여 전체 조직차원에서 기술의 통합과 전문화가 곤란

⑤ 질적 지표 무시 — 재무성과에 치중하여 혁신능력이 저하되고, 측정될 수 없는 질적 지표가 무시되는 경향

장 점	단 점
① 불안정한 환경에서 신속한 변화에 적합	① 기능부서에서 규모의 경제 효과 감소
② 제품에 대한 책임과 담당자가 명확하기 때문에 고객 만족을 높일 수 있음	② 제품라인 간 조정이 약화될 수 있음
③ 기능부서 간 원활한 조정	③ 특정 분야에 대한 지식과 능력의 전문화가 곤란
④ 제품, 지역, 고객별 차이에 신속하게 적응 가능	④ 제품라인 간 통합과 표준화가 곤란
⑤ 몇 개의 제품을 가진 대규모 기업에 적합	
⑥ 분권화된 의사결정	

(5) 사업부제 구조와 기능별 구조의 차이점

조직이 점점 복잡해짐에 따라 기능식 구조에서 사업별 구조로 옮겨가는 경향
사업부 내 기능부서 간 조정 극대화
유연성↑ → 변화 촉진
의사결정의 분권화

[기능식 구조의 사업부제 구조로의 재조직화]

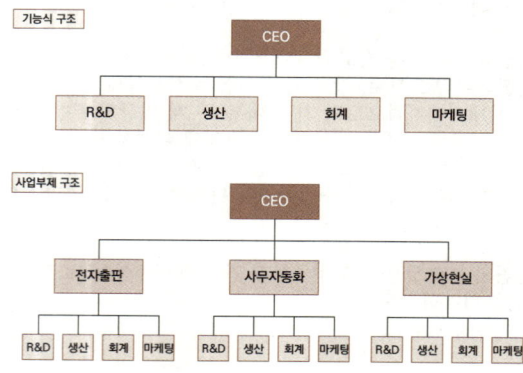

(6) 관리자에의 시사점 : 사업부제 조직 운영 시 유의점 — ① 부문 이기주의 경향을 배제하기 위해 공통의 이해관계를 모아 수행하는 중앙기능부서가 확립, ② 자율성을 기할 수 있는 충분한 사업체를 가진 규모를 유지, ③ 참여자의 주관적 욕구(subjective motive)와 객관적 상황(objective situation)을 이해할 수 있는 조직구성원과의 원활한 상호작용이 필요, ④ 또한, 사업부 담당자의 유능한 경영 능력이 필요, ⑤ 최고경영자의 분권화 태도도 뒷받침

◆ 참고 : 거래비용이론에 따른 조직의 선택과 형태

1. 조직의 선택

거래비용이론에서는 시장거래비용이 높은 경우 그것을 대체하는 방안으로서 내부조직화를 제안. 다시 말하면 계층제 조직을 선택하는 것

2. 조직의 형태
　(1) 단일구조 형태 : U형(Unitary form)

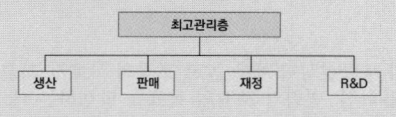

U형은 최고관리층 밑에 기능적으로 분화된 몇 개의 부서로 이루어짐

　(2) 복합구조 형태 : M형(Multidivisional form)

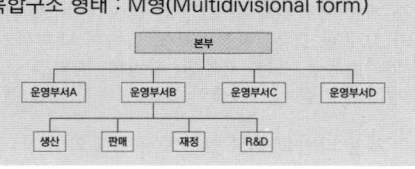

M형은 본부 밑에 몇 개의 운영부서(A, B, C, D 등)를 두고 각 운영부서별로 생산·판매·재정 등의 기능부서를 두는 복합적 조직구조

3. 매트릭스 조직(matrix organization)
(1) 의 의

계층적인 기능식 조직에 수평적인 사업부제 조직을 결합한 부문화의 형태로 양자 간의 균형을 추구하는 것. 이 구조는 기능식 구조이면서 동시에 사업부제인 구조를 가진 것. 때로는 조직구조에서 제품과 기능 또는 제품과 지역이 동시에 강조되는 다초점이 필요한 경우에 수평적 연결 메커니즘이 잘 작동되지 않을 때 발생

(2) 등장배경
1) 환경으로부터의 요구

오늘날 기업은 치열한 경쟁과 다양한 소비자의 욕구 그리고 각종 규제로 인하여 다양하고 혁신적인 제품을 생산하여야 될 뿐만 아니라 기술적으로도 고품질의 제품생산이 요구. 조직은 제품과 품질에 상당한 주의를 기울여야 하고 따라서 권력구조도 이중적인 구조로 편성하지 않을 수 없음

2) 정보처리의 필요성

불확실하고 복잡한 환경이 될수록 조직이 처리하여야 할 정보는 보다 광범위하고 빠르게 변함. 이럴 경우에는 제품과 기술적인 전문성을 분리하여 정보를 처리하게 하는 것이 보다 효과적인 방법. 즉 분리를 통하여 정보처리의 신속성 추구

3) 자원의 능률적 사용

조직이 각 제품마다 인력과 장비를 제각기 배정할 수 없는 경우 이중적인 구조를 편성하여 여러 제품 타인에 걸쳐 인력과 자원을 교대로 배치

(3) 매트릭스 조직구조의 특징
1) 강한 수평적 연결 형태

수평적 연결이 강한 형태의 조직구조. 매트릭스 구조의 독특한 특징은 제품부문과 기능부문(수평적, 수직적)이 동시에 구성되어 있다는 점

2) 두 조직의 구조 간의 관계보완	매트릭스 조직은 전통적인 계층구조에 의한 관계와 프로젝트 구조에 의한 관계를 서로 보완해주는 것이 필요. 이러한 보완관계를 통해 협의를 통한 횡적인 상호작용이 촉진되고 협동행동이 나타나게 됨
3) 2상사 시스템(two boss system)	전통적인 '명령일원화의 원칙'을 위반. 즉, 매트릭스 조직자체가 각 구성원이 직능구조와 매트릭스 구조에 동시에 속하도록 되어 있기 때문에 필연적으로 2명의 상사를 가지게 됨
(4) 적합한 상황	
1) 환경과 조직의 목표 측면	환경의 불확실성이 매우 높고 조직의 목표가 기술적 전문성과 제품혁신, 변화가 조직의 목표를 달성하는 데 중요한 경우에 적합. 깊이 있는 기술적 지식(기능식 구조)과 빈번한 신제품 개발(사업부제 구조) 등과 같이 두 가지 이상의 산출 목표가 요구될 경우, 환경변화에 신속히 대처하기 위한 원활한 의사소통을 가능, 기능별, 사업별, 지역별 구조에 결합된 수평적인 연결 메커니즘이 잘 작동하지 않을 경우
2) 규모 측면	소수의 제품 라인을 갖고 있는 보통 규모의 조직
3) 기술 측면	기술이 비일상적이며 각 기능 간 또는 기능 내부의 높은 상호의존성이 있을 때에 적합. 예측하기 어려운 문제에 대한 적응 및 해결을 용이하게 해주는 유기적 구조의 조직
(5) 매트릭스 조직의 유형	기능적 매트릭스(functional matrix)는 기능 관리자가 주요 권한을 가지고 있고 프로젝트나 제품 관리자는 생산활동을 단순히 조정하는 역할을 하는 것, 제품 매트릭스(product matrix)는 프로젝트나 제품 관리자가 주요 권한을 가지고 있고, 기능 관리자는 단순히 프로젝트에 기술 전문가들을 배치하고 필요에 따라 전문지식에 대한 조언을 담당하는 것
1) 기능-기능별 매트릭스 조직	제1차 기능영역과 제2차 기능영역을 연립
2) 기능-목적별 매트릭스 조직	기능별 영역과 목적별 영역(제품별 영역, 고객별 영역, 또는 지역별 영역)을 연립
3) 목적-목적별 매트릭스 조직	제품별 영역과 지역(고객별) 영역을 연립

(6) 매트릭스 조직의 장·단점
1) 장 점
2) 단 점

장 점	단 점
- 이중적인 고객의 요구에 대응할 수 있도록 필요한 조정을 할 수 있음 - 여러 제품 라인에 걸쳐 인적자원을 유연하게 공유하거나 활용할 수 있음 - 불안정한 환경에서 복잡한 의사결정과 빈번한 변화에 적절하게 대응할 수 있음 - 기능, 제품기술 개발에 대한 적절한 기회를 제공할 수 있음 - 소수의 제품 라인을 가지고 있는 중규모 조직에 가장 적절함 - 상이한 분야 간의 협동을 자극함	- 이중보고 체계로 인해 종업원들이 혼란을 느낄 수 있음 - 다양한 인간관계 기술에 대한 교육 훈련이 필요함 - 빈번한 회의와 갈등 조정 과정으로 인해 많은 시간이 소요됨 - 종업원들이 매트릭스 구조의 특성을 이해하지 못하거나 적응하지 못할 경우 제대로 작동하지 못함 - 권력의 균형을 유지하는데 많은 노력이 필요함(권력투쟁을 유발) - 실행하는 데 비용이 많이 소요됨

(7) 관리자에의 시사점 : 이해하기는 쉬우나 관리하기는 어려움

1) 조직설계(system)측면

① 권한영역의 설정 — 권한을 수직적·수평적으로 구분하여 직책에 맞도록 설정해야 함. 수평적으로는 부하를 지휘·통솔하는 관리직능계통과 기능별로 전문적 능력을 발휘하는 전문직능 계통을 구분하여 각각 이에 적합한 권한을 주어야 하며, 또한 수직적으로는 경영목표를 설정하는 계획직능계통과 계획된 것을 실행에 옮기는 실행직능계통을 구분하여 각각 이에 적합한 권한을 설정하여야 함

② 관리비 증가의 최소화 — 다원적인 연결이 필요하므로 다양한 조직운영 프로그램이 늘어나며, 이는 곧 관리비의 증대로 나타남

③ 적정수준의 측면지원 관리시스템 — 관리 시스템의 과다한 증가는 조직의 유효성을 저해하므로 이의 증가를 적정화 시킬 필요가 있음

④ 민주적 참가 메커니즘의 확립 — two boss의 눈치를 보게 되므로 구성원들이 적극적으로 참여하고 결정할 수 있는 민주적 참가와 관리풍토를 실현시킬 수 있는 관리 메커니즘의 확립을 다각적으로 모색해야 함

2) 구성원의 인식(spirit) 측면 : 최고경영자·매트릭스 관리자·종업원을 위한 기술과 노력 필요

① 최고경영자 — 편중된 권한집중은 조직을 제품조직이나 기능조직으로 변하게 하므로 최고경영자는 두 관리자 사이의 균형적 권한배분 및 조정을 위하여 노력, 두 관리자가 필요한 정보를 공유할 수 있도록 잦은 접촉 및 원활한 의사소통을 위해 노력을 하여야 함

② 매트릭스관리자 — 발생할 수 있는 상대방 관리자와의 갈등해결을 위하여 효과적인 의사소통 기술을 터득하는 노력이 필요. 조직은 대인관계 기술 습득을 위해 훈련 프로그램을 마련

③ 2상사를 둔 종업원 — Galbraith 교수에 따르면 "모두의 일이 되는 순간, 어느 누구의 일도 아니게 된다" 조직 내 상이한 부문 간의 통합이 불러올 수 있는 명령체계의 혼란에 대한 우려. 두 상사의 상충되는 요구로 인한 갈등을 경험하게 되는 경우, 즉시 두 상사에게 이를 알려 조정된 의사결정을 할 수 있도록 하여야 함. 구성원들이 서로 협력하는 노력 필요

4. 라인 조직(line organization)과 스탭 조직(staff organization)

[Value chain]

(1) 라인 조직(line organization) : 조직 목표 달성에 직접적으로 기여하는 조직, 실행조직(executive organization)

1) 라인 부문의 형성배경

기업조직은 규모 확대와 전문화 원리에 따라 점차 분화되는 경향. 부문화와 위계를 통해 라인이 형성

2) 라인 조직의 특징

조직목표 수행에 직접 책임을 지는 직능으로, 기업의 주 활동부문을 담당. 명령 통일의 원칙에 의한 수직적 의사소통 구조를 가지며, 계획-실행-통제의 자기완결성 측면에서 포괄적 권한을 보유

(2) 스탭 조직(staff organization) : 조직 목표 달성에 간접적으로 기여하는 조직, 일명 자문조직

1) 스탭 부문의 형성배경

전략적이고 비일상적인 의사결정에 필요한 업무를 수행하기 위해 기업조직의 주 활동부문(primary activity)을 보조하고 전문적 지식과 관련된 사항을 전담하는 스탭부문이 형성

2) 스탭 조직의 특징

스탭은 라인을 도와서 조직의 목표를 가장 효과적으로 달성할 수 있도록 지원, 보완하는 직능을 담당

3) 스탭의 종류

① 개인 스탭

최고경영자의 직무수행을 돕기 위해 한 사람의 특정 관리자에게 조언, 조력을 제공하는 보좌직위. 라인 보조자 및 스탭 보조자

② 전문 스탭

전문직능에 속하는 사항에 대해 조언과 조력을 제공하는 권한과 책임을 갖는 스탭, 조직 전체에 대해 조언과 조력

③ 관리 스탭

라인 관리자의 전반적인 관리직능에 대해 조언이나 조력을 하는 스탭

(3) 라인-스탭 조직의 성공적인 운영방안

1) 갈등관리

스탭은 현장라인 부서에 대해 간섭과 영향력을 행사하게 됨으로써 라인과 대립이나 마찰을 일으키는 것. 조직운영의 묘가 필요

2) 명령통일의 원칙과 전문화의 원칙의 조화

라인-스탭 조직은 대규모가 상당히 진행된 현재 조직구조의 전형, 명령통일의 이점과 전문화의 이점을 동시에 추구할 수 있다는 장점. 조직구조가 정체적·안정적인 기계적 구조이므로 주변환경이 안정적이거나 확실성이 높은 경우 적합한 조직구조

Ⅳ. 현대적 조직구조(organizational structure)

1. 애드호크라시 조직(adhocracy organization)
(1) 의 의

[조직형성의 3대 기초이론의 상호관계]

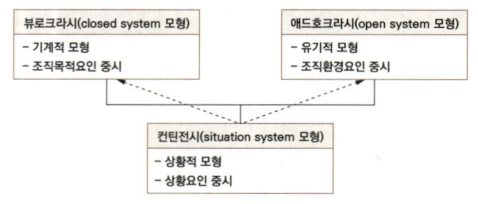

애드호크라시는 기존의 관료제에서 탈피하여 문제해결(problem-solving)을 위해서 다양한 기술을 갖는 비교적 이질적인 전문가집단으로 구성된 탄력적·융통적·적응적·혁신적·일시적 조직. 애드호크라시는 1968년 워렌 베니스(Warren Bennis)가 저술한 The Temporary society에서 처음 사용. 그 후 1970년 앨빈 토플러가 쓴 Future Shock에 의해 널리 알려졌고, 이후 헨리 민츠버그와 같은 학자들에 의해 개념이 더욱 발전

(2) 애드호크라시(adhocracy) 관점에서의 조직특성

1) 일반적 특징

① 낮은 수준의 복잡성(complexity) — 공식적 훈련을 받은 각 분야의 전문가들로 구성되므로 수직적 분화는 낮은 반면 수평적 분화의 정도가 높음. 전문가들은 자기 분야의 행동을 스스로 하므로 감독의 필요성이 별로 없기 때문

② 낮은 수준의 집권화(centralization) — 분권화된 의사결정으로 인해 낮은 수준의 집권화를 나타냄. 상위 일반관리자는 전문적인 분야에 대한 지식이 없으므로 신속하고 탄력적인 조직운영을 위해서는 분권적 의사결정이 요구됨

③ 낮은 수준의 공식화(formalization) — 높은 수준의 전문성으로 인하여 낮은 수준의 공식화를 나타냄. 규칙과 규정이 별로 없으며 설사 존재한다 하더라도 느슨한 형태를 띠거나 비문서화 되어있음

2) 구체적 특징

① 고도의 유기적 구조 — 고도의 유기적 구조로 이는 혁신을 추구하는 조직으로, 혁신적 조직은 일체의 표준화된 통제를 거부하기 때문. 뷰로크라시 : 궁전, 애드호크라시는 텐트

② 고도의 수평적 전문화·기능별 집단과 목적별 집단의 공조 — 고도의 훈련과정을 거친 전문가를 고용하여 그들에게 권력을 부여함으로써 고도의 수평적인 직무전문화를 도출. 애드호크라시에서는 상이한 전문가들이 프로젝트를 중심으로 모여 모든 분야를 망라한 집단을 구성하며 그 안에서 활발한 의사소통이 진행

③ 연락장치의 설치 — 효율적인 통합조직으로서 정보의 흐름에 따른 효율적인 연락장치의 설치를 시도. 조정의 수단으로 전문가 간의 상호조정을 사용, 통합관리자, 프로젝트 매니저 등을 통해 전문가들 사이의 연락 및 조정 역할을 담당

[애드호크라시의 성격]

구 분	성 격
조정 메커니즘	상호 조정
조직의 주요 부분	지원 스탭
설계변수	연락장치, 유기적 구조, 선택적 분권화, 수평적 직무분화, 훈련, 기능과 시장 동시 그룹화
상황요소	복잡하고 동태적인 환경, 신생, 정교화 되고 자동화된 기술체계

[애드호크라시의 장·단점]

장 점	단 점
• 변화에 대한 신속한 대응능력 • 기술혁신(Innovation)의 촉진 • 다양한 전문가들의 조정 촉진 • 창의적 작업에 적합한 조직구조 • 조직의 민주성 확보	• 조직구성원들 사이의 갈등 존재 (조정과 통합이 어려움) • 역할의 모호성 • 사회적 스트레스와 심리적 긴장 초래 • 작업의 표준화, 정확성, 편리성 결여 • 혁신비용의 증가 • 책임한계의 불분명 및 책임의식 결여

(3) 애드호크라시의 문제점

1) 역할모호성(role ambiguity)
상하관계가 없고 권한과 책임이 모호하며 업무가 명확히 구분되어 있지 않아 표준화된 작업에는 효율적이지 못함. 창조적인 사람은 이 조직에 어울리지만, 모든 사람이 그렇지는 않으며 통제에 익숙한 사람에게는 역할모호성을 불러 반발을 불러일으키기 쉬움

2) 구성원 간의 갈등
상이한 전문적 기술을 가진 전문가들이 모여서 프로젝트 팀을 구성하므로 구성원 간의 갈등은 상존하고 지극히 자연스런 현상

3) 비효율성	① 주문생산방식으로 표준화에 의한 비용절감 효과가 없으며, ② 의사결정에 있어 갈등관리, 커뮤니케이션 비용이 과다, ③ 혁신적 프로젝트는 사전예측 및 계획의 불가로 철야근무하거나 자리만 지키는 양 극단의 상황이 발생될 수 있어 인력 및 인건비의 낭비를 초래
(4) 애드호크라시의 적용조건	
1) 동태적이며 복잡한 환경	혁신은 예측불가능하고 동태적인 환경과 관련 있으며 복잡한 수단을 필요로 하므로 동태적이고 복잡한 환경에 적합
2) 기술적인 측면	기술과 관련해서 애드호크라시는 비일상적인 기술에 적합한 모형. 비일상적인 기술은 공식화되어 있지 않으므로 전문가의 재능에 의존하게 되고, 다양한 전문가를 필요로 하므로 이러한 이질적 기능을 조정, 통합할 필요성이 크기 때문에 유용
3) 제품의 빈번한 변화	제품이 빈번하게 변화하여 표준화가 불가한 경우, 제품 자체에 대한 경쟁이 극심하여 혁신이 요구되는 경우에도 적합
4) 신생조직	조직구조 발달의 초기단계에서는 노동의 분화상태가 명확하지 않고, 또 혁신이 요구되므로 신생조직의 경우 더욱 적합한 조직구조
5) 정교하고 자동화된 기술체계	조직의 기술체계가 정교하면 이를 설계, 변경, 유지하기 위한 전문스탭이 필요하고 이들에게 상당한 정도의 기술적 의사결정권이 위양
(5) 애드호크라시와 뷰로크라시의 관계	양립하거나 서로 보완적인 관계(환경적응+표준화, 분화, 공식화)

◆ 관료제의 한계를 대체하기 위한 새로운 시도 : 홀라크라시(Holacracy)

〈관리자 없는 조직체계〉로, 권한과 의사결정이 상위 계층에 속하지 않고 조직 전체에 걸쳐 분배되어 있는 새로운 조직구조. 즉, 조직의 위계질서가 존재하지 않으며 모든 구성원들이 관리자 없이 동등한 위치에서 동일한 책임을 지고 업무를 수행. 홀라크라시는 1967년 영국의 철학자이자 작가인 아서 케슬러(A. Koestler)가 자신의 저서 『기계 속의 영혼(The Ghost in the Machine)』에서 언급한 '홀라키(holachy)'와 통치를 의미하는 어근인 '크라시(cracy)'를 조합하여 만든 합성어. 홀라키는 전체를 뜻하는 그리스어 'holos'에 기초를 둔 신조어로서 자율적이고(autonomous) 자급자족적인 결합체(self-sufficient unit)를 의미

2. 프로젝트 조직(project organization)

(1) 의 의	특정한 사업목표를 달성하기 위해 일시적으로 조직 내 인적·물적자원 결합하는 조직형태 혁신, 비일상적 과제 해결을 위한 동태적 조직

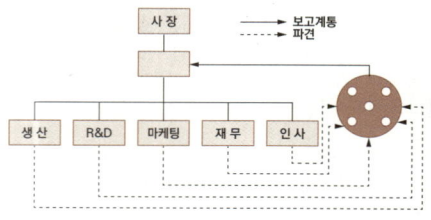

(2) 전통적 조직구조의 한계 및 등장배경 : 종래 라인 조직이 지니는 경직성을 제거하고 전문성과 신축성을 보완하기 위해 구성

① 〈전통적인 조직〉의 효율성은 기능(function)의 분화에 따른 전문화와 계층별 위계화(부, 과, 계)에 그 기반을 두고 있고, 분업을 통한 직무분화, 계층적인 권한구조, 규칙과 질서를 통한 업무수행으로 조직의 발전을 도모, ② 프로젝트 조직은 기업이 분화의 단계에서 통합의 단계로 접어들고 효율성(efficiency)보다는 유효성(effectiveness)을 주로 고려하게 됨에 따라, 환경변화에 따르는 불확실성을 감소시키기 위하여 분화·전문화된 직무를 통합·조정함으로써 조직상의 혁신을 꾀하기 위해 등장

(3) 구체적 사례

'영화산업'. 한편의 영화를 찍기 위해 수많은 전문가들이 팀으로 모여 한시적·목표 지향적으로 일을 수행한다는 점

[프로젝트 조직의 특징]

구 분	특 징
팀 리더	• 팀 리더는 목적, 과제를 달성하는 데 가장 알맞은 인재 임명 • 목적, 과제 달성에 필요한 실행권한(인사권, 예산권, 업무 운영권)을 가진다. • 팀 리더는 구성원 사이의 의사소통을 원활히 하고, 관계되는 부서와 좋은 인간관계를 유지할 필요가 있다.
조 직	• 달성 기한이 한정된 임시조직이다. • 팀 편성의 목적, 과제가 확실하다. • 팀은 구성원의 주체적인 참가의식을 기반으로 유지된다.
팀 구성원	• 팀 리더에 의해서 선발된 구성원은 목적, 과제 달성에 전문가이다. • 팀 구성원은 임무를 지각하고, 지위에 관계없이 팀에 참가하게 된다.

(4) 프로젝트 조직의 특성
1) 프로젝트 단위로 분화된 조직
2) 일시적, 잠정적, 동태적인 조직
3) 직무의 체계라는 성격이 강함
4) 라인조직 특성
5) 프로젝트 조직의 권한은 프로젝트의 합법성 내에서 존재

(5) 프로젝트 조직의 장·단점

장 점	단 점
- 풍부한 정보로서 검토할 수 있다. - 업무수행이 효과적이다. - 팀(team)의 목표가 명확하다. - 조직의 기동성을 높일 수 있다. - 인원구성상 강력성을 유지할 수 있다.	- 인간관계의 손상이 우려된다. - 원 부문의 인원계획에 차질이 온다. - 선발된 자의 자만심을 조장한다. - 프로젝트팀 편중으로 타 부문 사기저하를 가져온다.

(6) 관리자에의 시사점 : 프로젝트 조직설계 시의 유의점

1) 팀워크의 형성

인사관리상의 문제점을 해소, 서로 신뢰

2) 탁월한 관리자의 선정

폭넓은 지식과 통솔력을 가진 프로젝트 관리자

3) 기존 기능식 조직과의 조정

기존 조직에서는 결원 발생으로 과업 연속성↓, 조정 필요

[프로젝트 조직과 기능식 조직의 비교]

현 상	프로젝트 조직	기능식 조직
1. 라인-스탭의 이분원리	계층모형의 자취가 남아 있긴 하지만 라인 기능은 지원적인 위치에 있다. 권한과 책임의 연결망이 존재한다.	라인 기능은 목표달성에 직접적인 책임을 지며 라인에 있는 자에게 지시, 명령하고 스태프는 조언을 한다.
2. 계층 원리	수직적 연쇄의 요소가 있으나 수평적·대각적 작업 흐름을 강조한다. 중요한 사업은 그 업무의 정당성에 따라 수행된다.	권한관계의 연쇄는 전체조직을 통하여 상위자에서 하위자로 연결되어 있다. 중요한 사업은 수직적 계층의 상위에서 하위로 지시되어 수행된다.
3. 상하관계	동료 간, 관리자와 전문기술자 간의 관계에 기반을 두고 있으며, 이 관계가 사업의 수행에 이용된다.	상하관계는 매우 중요하다. 상하관계가 잘 유지됨으로써 성공을 거둘 수 있고, 모든 중요한 사업은 상위자와 하위자의 피라미드 구조를 통하여 수행된다.
4. 조직의 목표	프로젝트의 관리는 비교적 독립된 많은 부문의 조인트 벤처이다. 따라서 목표는 다변적으로 설정된다.	조직의 목표는 하위자 조직의 집합체로서의 므조직이 환경과의 관계에서 추구한 것이다. 목표는 일방적으로 설정된다.
5. 지시, 명령의 체계	프로젝트 관리자는 조직 간의 공통목표를 달성하기 위하여 기능식 조직의 라인을 가로질러 업무를 수행한다.	전반 관리자가 동일한 계획을 가진 활동집단의 장으로 행동한다.
6. 권한과 책임	프로젝트 관리자의 경우 책임이 권한을 초과하는 경우가 많다.	기능식 조직관리에서는 권한과 책임은 일치한다. 상위자-하위자 관계는 직능적 권한과 스태프 서비스 기능에 의해 유지된다.
7. 존속 기간	프로젝트는 일정기간 내에 완료되어야 하므로 프로젝트 조직의 존속기간은 한정되어 있다.	영속적이다.

3. 네트워크 조직(network organization)

(1) 개념

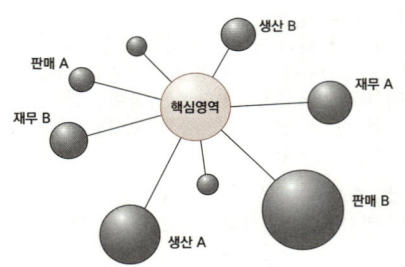

기회주의적 행동으로 인한 시장실패와 조직의 비대화에서 오는 조직실패를 모두 해결하려는 시도가 바로 신뢰를 바탕으로 운영되는 네트워크 조직. 업무적인 상호의존성이 큼에도 불구하고 자본적으로 연결되지 않은 조직들이, 서로의 자원을 내부 자원처럼 활용하기 위하여 조직 간 상호의존적인 협력관계를 형성하는 것. 최근 정보통신기술(ICT)이 발전하면서 컴퓨터 네트워크가 발달할수록 지리적 거리는 줄어든다는 텔레코즘의 법칙에 따라 가상 네트워크 조직으로 활용되기도 함

(2) 조직 간 관계에 대한 협력적 네트워크 관점

조직 간 관계에 대한 협력 네트워크 관점에 의하면, 다른 조직에 대한 의존은 위험을 감소시킴. 조직은 개방시스템으로서 환경으로부터 필요한 자원을 공급받기도 하고 환경이 필요로 하는 자원을 제공해주기도 하면서 생존해 나감. 네트워크 조직은 바로 환경 내에 있는 다른 조직과의 협력관계를 나타내는 현상

최근 들어 네트워크 이론은 모든 시스템을 구성단위인 노드(node)와 이들 간 연결관계인 타이(tie)로 구성되어 있다고 봄. 1970년대 화이트(H. White)는 누구도 점유하지 않고 있는 빈틈이 가치창출의 기회가 된다는 사실을 깨닫고 이러한 구조적 위치를 점유한 노드가 경쟁우위를 가지게 된다고 주장한 '기회의 사슬(chain of opportunites)', 네트워크가 협력과 의사소통의 구조뿐 아니라 경쟁의 구조도 규정한다는 것을 보여주면서 구조적 위치를 점유하고 있는 노드들이 보여주는 경쟁관계를 수학적으로 분석한 '구조적 등위성(structural equivalence)'의 개념을 제시. 이에 기반하여 마크 그라노베터 (Mark Granovetter) 미국 스탠퍼드대 교수는 서로 직접 연결되지 않는 노드(node)들도 다른 제3자들과 연결패턴을 가지면 경쟁력을 가지게 된다고 주장. 이제는 기업들이 과거의 전형적 생산 방식으로 생산하는 것이 아니라, 서로 다른 사업 분야와 기술들을 가진 이질적 기업들 간의 네트워크를 통해 혁신적 경쟁우위 창출이 가능한 것

◆ 참고 : 조직 간 협력관계의 구분 - 거래비용과 신뢰의 개념을 활용하여

[조직 간 협력관계의 구분]

		업무적 연결	
		낮음	높음
자본적 연결	높음	지주회사	M-Form
	낮음	시작 거래 관계	네트워크 조직

(1) 거래비용(transaction cost)
거래비용이 상당히 낮을 때에는 개별 조직에 의한 시장거래가 효율적으로 이루어지기 때문에 네트워크 조직은 필요하지 않게 됨

(2) 신뢰(trust)
신뢰는 어떤 공동체 안에서 다른 구성원들이 보편적인 규범에 의하여 규칙적이며 정직하고 협동적인 행동을 할 것이라는 기대. ① 사회문화적 배경이 기회주의적 행동을 제대로 제어, ② 과거행동과 평판 등 오랫동안 경험하고 관찰한 결과에서 기인

(3) 등장배경

1) 전략적 공생의 필요성 : 위험분산

급속한 기술발전과 치열한 경쟁환경으로 기업이 조직생존을 위한 혁신을 단독으로 수행하기 어려워지면서 연구개발에 수반되는 위험과 (거래)비용을 경쟁자와 공유하여 공생하려는 전략이 시도

2) 조직혁신의 필요성 : 조직 슬림화

조직의 비대화, 관료화가 종업원의 무기력화, 경직성 증대, 변화적응력 감소, 관리비용 증가 등 조직실패 문제를 야기하면서 이를 개선하기 위한 조직혁신 방안으로서 조직의 내부 부서를 외부화하는 조직 슬림화가 시도(분사제도, 소사장제도, 사내벤처, 아웃소싱 등)

3) 정보통신기술의 발전과 세계화 진전

기업이 세계화의 진전과 정보통신기술의 발전으로 조직의 외부협력자들과 실시간 정보공유와 의견 교환을 통해 네트워크 조직 간의 이해를 증진, 전세계적으로 가치사슬을 확보할 수 있는 이해와 조정이 가능하게 되어 외부환경의 불확실성을 감소하려는 새로운 가치창출 양식이 시도

4) 한계사업의 구조조정(분사)

환경의 불확실성에 대응하기 위하여 기업들이 핵심사업 중심으로 한계사업을 정리하는 구조조정이 불가피하게 되면서 한계사업을 분사화하여 기업을 슬림화하고 고용안정을 유지할 수 있는 적합한 방안

(4) 특 징

신뢰에 기반한 네트워크 조직은 이전의 네트워크 관계에 영향을 받고 시장이나 위계조직과는 달리 협력과 경쟁의 요소, 자율과 의존, 신뢰와 통제 등이 공존하는 관계를 형성. 참여조직 간 권력을 기준으로 관계형성은 지배적 관계와 협동적 관계로 파악

(5) 시장, 위계 조직, 네트워크 조직과의 차이

핵심 특징	시 장	위계 조직	네트워크 조직
① 규범적 기초	계약	고용관계	협력적 관계
② 의사소통 수단	법적, 강제적	위계	교호적 규범
③ 갈등해소 수단	재판	관리감독	평판
④ 유연성	높음	낮음	중간
⑤ 참여자 몰입도	낮음	중간, 높음	중간, 높음
⑥ 분위기	상호의심	공식적, 관료적	개방적, 호혜적
⑦ 상대방 선택	독립적	의존적	상호 의존적

(6) 네트워크 조직의 유형

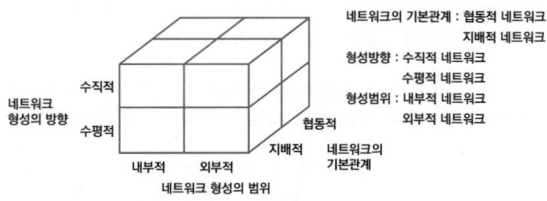

	수직적	수평적
내부적	소사장제	사내벤처, 일부 분사
외부적	모듈 기업	전략적 제휴

1) 내부적 네트워크(소사장제, 사내벤처, 일부 분사)

  ① 의 의

조직 내에 소규모 자율적 사업단위를 구축하여 시장 거래적인 경쟁과 기업가정신을 기업 내에 도입하려는 형태

  ② 특 징

기업은 사업단위에 대한 자산 소유권은 내부화하면서 사업운영에 대한 권한은 단위조직에 철저히 위양. 사내 조직 간 거래는 시장가격을 유도하여 능률 향상을 도모함으로써 경쟁과 협조에 위한 전략적 시너지를 창출

③ 형태
　ⅰ) 수직적 내부 네트워크(소사장제) — 기업이 연구개발, 생산, 판매 부분 중 일부를 자산은 소유하면서 경영은 독립시켜 네트워크 형태로 관리하는 경우

　ⅱ) 수평적 내부 네트워크(사내벤처, 일부 분사) — 기업이 새로운 영역에 수평적으로 진입하기 위하여 사내에 독립적인 조직을 네트워크 형식으로 설립하여 관리하는 경우

2) 외부적 네트워크(모듈기업, 전략적 제휴)
　① 의 의 — 환경이 급변하고 불연속성이 심화되면서 기업이 모든 활동을 내부적 수행하는 것이 불가능하므로 위험과 비용을 최소화하면서 불확실성을 감소하기 위한 전략으로 외부 공급자와 연계를 추구하는 전략적 제휴가 모색

　② 특 징 — 효율적인 자원 공급자와 제휴를 추진하는 외부적 네트워크는 산업을 단위로 국제적 네트워크로 형성되기도 함
　③ 형 태
　　ⅰ) 수직적 외부 네트워크 : 모듈 기업
　　　㉠ 개 념 — 생산 또는 판매를 위하여 중심기업 산하에 수직적으로 연결되는 여러 기업

　　　㉡ 종 류
　　　　ⓐ 생산자주도형 네트워크(producer-driven network) — 최종제품을 완성하는 제조업체가 중심이 되어 네트워크 조직을 형성

　　　　ⓑ 구매자주도형 네트워크(buyer-driven network) — 디자인업체 또는 대형 구매자중심으로 이루어진 하청관계로 노동집약적인 제품에서 발견. 정보통신기술 발달로 소비자욕구의 민감한 변화를 실시간 확보할 수 있는 디자인 업체는 가치사슬상 더 큰 권력을 보유

　　ⅱ) 수평적 외부 네트워크 : 전략적 제휴
　　　㉠ 개 념 — 제휴에 참여하는 기업들이 기여도나 힘의 균형을 유지하면서 경쟁관계에 있는 공동의 기술개발, 독과점 기업의 시장침투, 핵심역량 강화 등을 목적으로 전략적 제휴를 체결하여 새로운 네트워크를 형성

　　　㉡ 종 류
　　　　ⓐ 전략적 기술 제휴 — 기술 경쟁의 격화, 제품 수명주기의 단축에 따른 독자적 기술개발의 위험과 비용부담을 분산시키고 필요한 기술을 신속히 획득, 공유, 개발하기 위한 제휴

　　　　ⓑ 전략적 사업 제휴 — 과점적 특성이 강한 산업에서 활동하는 기업들이 제휴망을 구성하여 큰 투자 부담 없이 새로운 지역에 진출하려는 제휴

　　　　ⓒ 정보통신 네트워크 : 가상기업 — 비슷한 기능을 수행하는 조직들이 정보 네트워크 시스템을 기업 간 연결의 매개로 활용하여 자사의 능력과 지식기반을 신속하게 증대하려는 시스템

　　　　ⓓ 프로그램 협력 네트워크 — 유사한 조직들이 독자적으로 개발할 수 있는 기능을 공동으로 개발하여 함께 사용

(7) 네트워크 조직의 장·단점
1) 장 점
　① 조직의 개방화(공통) — 과업환경에 민감하게 반응하는 개방적, 열린 조직으로서 관리능력을 배양

② 조직의 슬림화(소사장, 사내벤처, 모듈, 분사) | 조직은 핵심역량 부문을 특화하고 나머지 부문은 네트워크 형식으로 운영하므로 조직 비대화를 개선하는 조직 슬림화 가능. 공장, 장비 유통 시설 등에 대한 막대한 투자 없이도 사업이 가능하고, 관리 간접 비용 절감이 용이하기 때문

③ 수평적 통합화 능력배양 | 네트워크 조직설계는 경계 간의 수평적 연계관계 구축에 역점을 두고 기능 간의 횡적 통합화 능력을 배양하게 됨. 특히 변화하는 요구에 매우 유연하고 신속한 대응이 용이

④ 임파워먼트(소사장, 사내벤처, 분사) | 소규모의 독립적인 조직으로 분권화되므로 조직구성원들에게 자율과, 책임에서 오는 적극적 참여 정신과 창의성 발휘 등을 고무시켜 대단한 동기부여의 효과

⑤ 혁신 경쟁력 배양(사내벤처, 전략적 기술 제휴) | 기술개발을 위한 전략적 제휴나 새로운 사업영역을 개척하기 위한 사내벤처의 경우 네트워크 조직은 최신 기술습득이나 연구원의 창의성 발휘로 지속적인 혁신을 이루어 시장경쟁력을 제고

2) 단 점
① 행동의 제약 | 네트워크 내 관련 조직의 압력으로 개별조직의 전략이나 행동이 제약을 받을 수 있음. 많은 활동과 종업원에 대해 관리자들이 직접적인 통제가 곤란하기 때문

② 폐쇄화 | 네트워크 조직은 상대 특유적인 투자의 성격을 가지고 있어 상대방에 대한 의존성 문제가 발생. 이러한 관계가 한번 형성되면 장기화되어 구성원은 고정화되므로 상호간의 행동 제약으로 인하여 네트워크 전체가 폐쇄화

③ 경쟁자 배양 | 네트워크 관리가 철저하지 않을 경우 기술, 경영 노하우 등 지식이 일방적으로 유출되어 네트워크 파트너가 경쟁자로 변할 위험

④ 대안의 필요 | 신뢰를 주고받던 상대방 기업의 경영자가 변경되는 경우에는 예기치 않은 기회주의적 행동으로 기업을 곤경에 처하게 할 위험이 있어 대안을 준비해 두어야 함. 또한, 계약에 따라 종업원이 수시로 교체될 수 있기 때문에 종업원의 충성심과 기업문화가 약하다는 점도 고려하여야 함

⑤ 네트워크 조직 간 경쟁의 심화, 사회전체 효율성 감소 | 네트워크 안의 조직은 효율성이 극대화되지만 밖의 조직에 대해서는 폐쇄적이므로 사회전체의 효율성이 감소할 수 있고 각 네트워크 사이에 격심한 경쟁을 초래

[네트워크 조직의 장·단점]

장 점	단 점
- 조직의 개방 - 조직의 슬림화 - 조직의 수평적 통합 - 분권화를 통한 임파워먼트 - 혁신을 통한 경쟁력 배양	- 전략적 행동의 제약 - 대외적 폐쇄화의 가능성 - 경쟁자의 육성 가능성 - 특정 집단 혹은 조직 내 운영 방안에 대한 제시 미흡

(8) 네트워크 조직의 핵심 성공요인(CSF)

1) 중심기업(network hub)의 공통적 관리방안
① 인적자원 – 신뢰의 구축 | 중심기업은 신뢰 구축을 위한 선도적 역할을 하여야 하며, 공식적 비공식적인 우호관계가 유지될 수 있도록 지식과 정보교환을 위한 의사소통의 장을 마련하여야 함

② 물리적 차원 – 정보통신기술의 구축	정보통신시스템을 구축하여 적시의 의사소통과 정보교환이 가능한 관계를 형성하여야 함
③ 정보적 차원 – 지식공유의 장 마련	구성원들의 친밀한 신뢰관계 속에 명시적, 묵시적 지식과 정보공유가 가능한 장을 마련하여야 함

2) 내부네트워크 관리(소사장, 사내벤처, 일부 분사)

① 적극적 초기 지원	초기에 네트워크 형성에 대한 모기업의 적극적인 후원이 있어야 주위의 이해부족과 당사자의 관성을 극복할 수 있음
② 소규모 유지	자율성 확보를 통한 임파워먼트와 창의성 개발의 활성화를 위해서는 소규모조직을 유지하여야 함
③ 관계설정의 명확화	모기업의 책임과 의무, 업적에 대한 보상체계 등 관계설정의 테두리를 명확히 합의하여야 도덕적 해이와 동기부여 저하 등을 방지할 수 있음

3) 수직적 외부 네트워크 관리(모듈)

① 참여 조직의 육성	창의성과 자율성 발휘로 시장, 기술 변화에 효과적으로 대응하기 위해서는 중심기업이 장기적인 안목을 가지고 참여조직을 대등한 관계로 육성하는 통합역할이 중요하므로 중심기업은 참여조직을 기술, 재정적으로 적극 지원하여 발전시켜야 함
② 관리능력의 제고	중심기업의 경영능력이 네트워크의 성공을 좌우하므로 관리능력을 배양하여야 하며, 전체 시스템의 관점에서도 전략적으로 관리할 수 있는 능력을 배양하여야 함

4) 수평적 외부 네트워크(전략적 제휴)

① 핵심역량의 확보	급변하는 기술환경에 생존하기 위해서는 네트워크에 참여하여 그 위치를 계속 유지할 수 있는 핵심역량을 확보해야 함
② 협력과 경쟁의 균형 유지	협력의 성과를 높이기 위하여 서로 협력하고 그 성과를 분배하기 위하여 서로 경쟁하는 관계의 균형을 추구하는 전략적 접근이 기회주의적 행동 욕구를 방지하고 네트워크를 유지
③ 게임 전략의 수립	반복적, 계속적 관계이므로 처음에는 협력적 태도로 임하고 이후에는 상대방 전략과 행동에 따라 전략을 구사하는 적절한 게임 전략을 확립하여 기회주의적 행동에 대응하여야 함
④ 동태적 과정의 분리	협상과 계약, 실행 과정이 반복되는 동태적 과정이므로 각 단계의 목표달성 여부와 공정성 평가에서 공식적 비공식적 관계들이 균형을 이룰 수 있도록 분리하여야 함

4. 팀 조직(team) → 집단 수준에서의 팀 조직 참고

5. 프로세스 조직(process organization) (=수평적 조직)

(1) 프로세스 조직(process organization)의 의미	리엔지니어링(Business Process Reengineering : BPR)에 의하여 기존의 업무처리절차를 재설계하여 획기적인 경영성과를 도모하도록 설계된 조직
(2) 등장배경	생산자중심(seller's market)에서 소비자중심, 이용자중심(buyer's market)으로 변해야 한다는 취지
(3) 과거의 단순업무 프로세스 개선과의 차이점	고객을 중심으로 고객의 가치를 가장 이상적으로 반영할 수 있도록 전체 업무프로세스를 근본적으로 재설계했다는 점

(4) 특 징

1) 팀 단위의 업무수행	프로세스 팀이란 전체 프로세스 중 하나의 프로세스를 완수하기 위해 함께 일하는 사람들의 집합. 그러므로 프로세스 팀은 하나의 완결된 과업을 수행하기 위해 서로 다른 기술과 기능을 보유한 사람들로 구성됨
2) 서로 다른 기술과 기능을 보유한 종업원들로 구성	단순한 프로세스에서는 사람들이 작업을 수행하기 위해서 적어도 한 사람이 여러 가지 기능과 질적으로 높은 수준의 과업을 수행함. 따라서 복합적인 과업을 효과적으로 수행할 수 있는 다기능 보유자가 요구됨
3) 프로세스 결과에 대하여 총체적인 책임	프로세스 팀원들은 하나의 과업에 대하여 각자가 따로 책임을 지는 것이 아니라 프로세스 결과물(outputs)의 가치에 따라 단체로 책임을 지며 맡은 일은 서로 다를 수 있음
4) 고객의 요구에 신속대응	리엔지니어링을 통하여 고객의 요구에 신속하게 대응 가능
5) 관리 및 조정비용의 감소	프로세스 중심의 팀제가 되면 통제를 줄이거나 불필요한 것을 제거함으로써 엄격한 통제로 인한 지나친 관리비용을 최소화. 조직의 기본단위인 팀과 팀 사이에 서로 독립적이고 자기 완결적인 프로세스를 담당함으로써 전통적인 기능조직만큼 연결과 조정이 필요하지는 않음. 기능부서 간의 조정비용을 줄일 수 있는 것. 근로자들의 일하는 보람(QWL) 제고
(5) 프로세스 조직의 설계단계	① 기업 내 주요업무 흐름 파악 및 프로세스별 우선순위를 평가, ② 업무 프로세스 흐름도를 작성하고 분석, ③ 프로세스 재설계, ④ 이후 새롭게 설계된 프로세스에 대한 비용-효과분석 평가를 거친 후 효율적이라고 판단되면 신프로세스를 확정, ⑤ 미비점은 보완하고 관련 경영시스템 혁신 및 구성원 학습을 통해 지속적인 개선

(6) 프로세스 조직의 장·단점

1) 장 점
2) 단 점

장 점	단 점
1. 고객에 대해 유연하고 신속한 대응	1. 핵심 프로세스를 규명하는 데 시간이 걸림
2. 종업원의 관심사가 고객을 위한 가치 창출에 집중되어 있음	2. 조직문화, 직무설계, 경영철학, 정보와 보상시스템 등에 대한 개선이 필요
3. 종업원들의 조직목표에 대한 폭넓은 시각	3. 관리자는 권력과 권한이 감소
4. 팀워크와 협력을 증진	4. 종업원들이 효과적으로 작업하기 위해서는 상당한 훈련이 필요
5. 종업원들에게 책임감 공유, 의사결정 참여, 조직목적에 기여할 수 있는 기회를 제공함으로써 삶의 질을 개선	5. 기능별 조직의 다양한 기능을 수행해야 하는 세분화된 전문적인 기능 개발에 한계

(7) 프로세스 조직의 성공조건

1) 복합적인 직무를 수행할 수 있는 인재요구	한 사람이 여러 가지 기능과 질적으로 높은 수준의 과업을 수행하여야 하므로 복합적인 직무를 효과적으로 수행할 수 있는 사람이 요구됨

2) 프로세스팀별 평가와 보상 — 개별 프로세스는 독립적이므로 프로세스팀별로 창출한 가치를 평가하여 보상을 해주어야 함

3) 프로세스 관리자는 코치로 역할 — 직원들이 보다 질적으로 우수한 직무를 수행할 수 있도록 도와주어야 함

6. 역피라미드 조직(upside-down organization)

(1) 고객지향적 조직화의 필요성 — 회사의 내부조직, 인적자원관리, 기술개발과 제품의 판매, 디자인개발에 이르기까지 기업의 모든 활동에 고객의 욕구와 가치를 중시하도록 조직을 설계하는 것

(2) 역피라미드 조직의 의의 — 소비자주도형 조직(customer-driven organization)이라고도 하는데, 조직구조가 경영자에 의한 명령보다 고객의 요구에 따라 설계되고 운영되는 조직. 종래 조직의 외부자로 인식해왔던 고객을 기업의 내부자로 인식하도록 조직도표를 재개념한 것. 그림과 같이 지금까지의 전통적인 위계적 피라미드형 조직도표를 거꾸로 보는 것

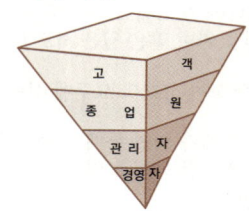

(3) 역피라미드 조직의 사례
[Nordstrom 백화점의 조직도]

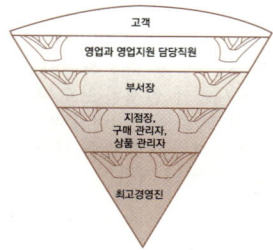

Nordstrom 백화점은 조직도에 사원들을 맨 위에 배치함으로써 사원들의 중요성을 상징화. 이는 경영자가 구성원을 통제하기보다는 서비스를 제공하는 직원들을 뒷받침하는 사람이라는 것을 상징적으로 나타냄

(4) 역피라미드 조직의 특징 — 고객과 직접 접촉하는 팀은 고객이 원하는 생산·서비스를 직접 책임져야 함. 일선작업자들은 고객의 직접 접촉에 의해 고객이 원하는 바에 따라 움직이므로, 고객들은 사원들의 업무수행을 명령하는 최고상급자가 됨. 경영자는 군림하는 지위가 아니라 고객에 대한 서비스를 향상시키는 데 필요한 자원·정보를 제공하고 교육·훈련 등의 지원적 역할

(5) 역피라미드 조직의 성공적 운영방안 — 잭 웰치는 "관료제 조직에서는 직원들이 상사에게는 얼굴을, 고객에게는 엉덩이를 내밀게 된다"〈고객과의 접점에 있는 일선작업자들〉은 고객의 필요충족과 시장에서의 기회 포착을 위해 주인의식과 주도성을 갖고 뛰어야 함. 〈중간관리자와 지원부서들〉은 그들이 제대로 뛸 수 있도록 교육훈련, 수평적 커뮤니케이션, 참여, 민주적 리더십을 제공해야 하며, 〈최고경영진〉은 고객지향마인드가 살아숨쉬는 조직 토양을 일구기 위해 고객지향 철학을 심어주도록 규정을 제정하고 조직문화를 형성시켜야 함

7. 가상조직(virtual organization)

(1) 의의 — 팀 구성원들이 시간, 공간 또는 조직의 경계를 초월하여, 주로 전자통신을 통하여 커뮤니케이션하면서 과업을 수행하는 조직

(2) 기업 간 협력관계와 구분되는 특징	① 가상조직에 참여하는 기업들은 모두 최종제품의 성공을 위해 노력한다는 것. 그러나 가상조직 참여기업들의 관심은 최종제품이 성공했을 때의 시장이윤의 분배 몫임 ② '텔레코즘의 법칙(Law of Telecosm)'을 활용하여 최근의 정보통신기술의 성과를 이용하여 주로 가상공간에서 기업 간 협력을 진행한다는 점. 기존의 기업 간 협력관계는 지리적인 근접성을 필요로 했음 ③ 가상조직은 유연성의 최대화를 추구. 가상조직들은 다른 기업이 하는 것이 더 우수하고 더 비용이 적게 들 것 같은 제조, 유통, 마케팅 혹은 다른 사업기능들을 계약을 통해 새로운 네트워크와 관계를 형성
(3) 가상팀 운영 시 유의사항	신뢰(trust) - 상대방의 노력과 기술에 대한 신뢰, 일에 대한 접근방식과 일정준수에 대한 신뢰, 목표성취에 대한 신뢰 등이 가상팀의 성패를 좌우

8. 사내벤처 분사조직

(1) 의의	기업가적(entrepreneurial) 조직이라고도 함. 조직구성원의 기업가정신을 고취함으로써 조직의 내부 또는 외부에 자율적인 사내기업을 설치·운영하여 지속적인 혁신과 조직변화를 촉진하려는 조직

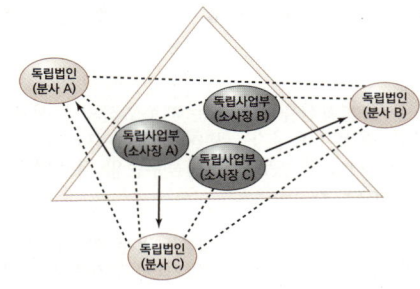

(2) 등장배경	조직의 경직성, 관료화 → 혁신적·창의적 태도 필요
(3) 특징 : 중소기업의 장점과 대기업의 장점을 통합	
(4) 목적	① 경영다각화와 사업재구축 ② 신규사업 개발의 효율성 ③ 조직활성화와 구성원의 창의성을 제고 ④ 신규사업으로 진출시 risk를 최소화
(5) 유형	
1) 조직 내부의 사내벤처 소사장제	소사장제란 생산라인의 일부분을 사내기업가가 독립채산제로 인수하거나, 생산설비를 임대하거나 보조업무(판매, 회계)를 지원하거나, 제조공정성과에 대한 책임을 지도록 하는 것
2) 조직 외부의 분사(독립법인)	분사(分社)란 자율성과 창조성을 강조하면서 모기업과 본사 간의 계열관계의 성격을 띠는 것
(6) 장점	대기업에서 인사적체문제의 해결을 통한 중간관리자들의 사기진작이 가능하다는 점, 자기책임 하에 움직여지기 때문에 불량률을 크게 낮추고 품질향상효과와 원가절감효과를 기대할 수 있다는 점, 납기일이 단축되고 적기조달률이 높아진다는 점, 조직구성원의 창의력과 도전의욕을 높여 조직의 지속적인 혁신성향을 높인다는 점, 노사공계관리에 대한 부담을 줄일 수 있다는 점

(7) 성공적 운영방안

① 본사와 사내벤처 분사 간에 갈등관리를 잘해야 한다는 점, ② 모든 사업영역에 적용하기보다는 제한된 사업영역에 활용하는 것이 유리하다는 점, ③ 본사는 소사장기업의 육성에 대한 구체적 청사진을 제시하여 구성원들이 신뢰할 수 있는 분위기를 조성해야 한다는 점

9. 혼합형 조직

(1) 의 의

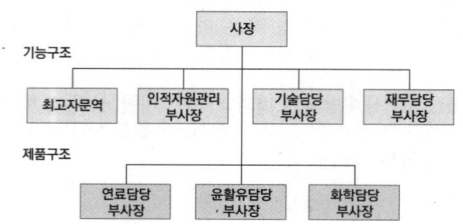

기능조직과 제품조직을 혼합적으로 사용하여 설계한 조직형태, 두 조직의 특성을 적당히 혼합하여 조직의 효율을 높이고자 하는 것

(2) 혼합형 조직의 특성

제품사업부, 세분화된 시장별로 기능분산 / 중요기능 본사 잔존 ⇒ 규모의 경제, 전문화 이점 → 조직효율성 높일 수 있음

(3) 적합한 상황

1) 환경, 기술 측면

외적 효율성과 혁신을 중시하는 제품조직의 특성처럼 불확실한 환경, 소비자 요구가 급변하는 상황이나 일상적이거나 비일상적인 기술·기능부문과 제품부문의 상호의존성이 존재하는 상황

2) 규모, 목표 측면

비교적 큰 규모의 조직에서 제품사업부 간 자원의 중복이 존재하여 이를 제거할 필요가 있거나, 조직의 목표가 각 기능 부서에 대한 효율성과 고객의 다양한 욕구충족, 혁신을 필요로 하는 경우

(4) 혼합형 조직의 장·단점

1) 장 점

① 〈전문성 강화〉 측면에서 기능별, 프로젝트별로 필요한 전문 인력을 배치할 수 있고, ② 〈유연성〉 측면에서 상황에 따라 다양한 구조를 조합해 사용하므로 변화에 신속히 대응할 수 있으며, ③ 〈효율성〉 측면에서 각 부서나 기능이 독립적이면서도 협력할 수 있어 자원 배분이 효율적

2) 단 점

① 〈복잡성 증가〉 측면에서 여러 구조가 혼합되어 의사결정이 복잡해지고, 명확한 보고 체계가 약화될 수 있고, ② 〈조정 어려움〉 측면에서 부서 간 충돌이나 책임 소재가 모호해질 수 있어 조정과 관리가 어려워질 수 있으며, ③ 〈비용 증가〉 측면에서 다양한 구조를 운영하기 위해 추가적인 인력과 자원이 필요해 운영 비용이 증가할 수 있음

제 4 장 조직구조의 설계(design of organizational structure)

전략노트 pp.643-750

I. 조직구조 설계의 개요

1. 조직구조(organizational structure)의 개념

조직 안에서 과업들이 분리되고, 분리된 과업들이 연결되며, 과업의 집단들이 모여 부서를 이루고, 다시 부서들끼리 연결된 상태

2. 조직설계(organizational design)의 의의와 유형 및 차원

(1) 조직설계(organizational design)의 의의

여러 과업과 과업담당자, 담당부문들을 적절하게 분화(differentiation)하고, 분화된 과업 및 부문들이 서로 연결되도록 통합(integration)시키는 것

[조직구조의 설계]

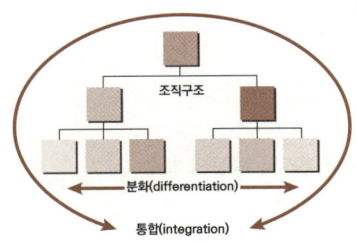

(2) 조직설계의 유형 : 과업구조 설계와 부서의 설계

1) 기본 과업구조(sub-structure)의 설계 : '과업'의 분류, 할당, 연결, 권한배분

개인별 과업단위의 설계차원, 과업을 어떻게 분화시키고 어떻게 개인에게 할당하며 담당자 간의 상호 연결을 어떻게 할 것인가의 문제

2) 상위 조직구조(superstructure)의 설계 : '부서단위'의 분류와 통합

부서단위의 설계차원, 과업단위들의 묶음을 어떻게 분류할 것이며 그들 간의 연결장치와 보고·지휘·관리체계는 어떻게 정할 것인가의 문제

(3) 조직설계를 위한 차원

구조적 차원(structural dimensions)이란 조직 내부 특성을 설명하는 속성변수. 상황적 요인(contingency factors)은 조직의 환경, 기술, 규모, 전략 및 권력과 같이 조직구조에 영향을 주는 요소들로 구성. 조직의 구조적 차원에 영향을 미치는 조직배경이 상황적 요인

[구조적 차원과 상황적 요인 간의 상호작용]

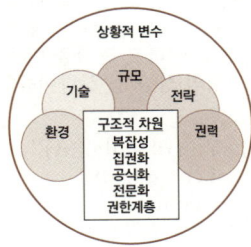

3. 조직구조 설계의 기본 메커니즘

(1) 분화(differentiation)

조직이 발전함에 따라 조직이 하부단위로 나누어지는 정도. 목표달성을 위해 과업·권한의 관계를 정하고 사람·자원을 적절하게 분배하는 과정

(2) 통합(integration)

분리된 작업집단의 작업결과가 합해져야 조직 목표가 완수되기 때문에 이들을 다시 연결시키고 통합해야 할 문제가 대두되는데 각 기능과 부문 간의 협동을 꾀하고 상호 연결시키는 것을 통합화라고 함. 즉, 경영활동의 복잡성을 해결 및 조정하는 과정

[구조적 차원과 상황적 요인(변수) 간의 상호작용]

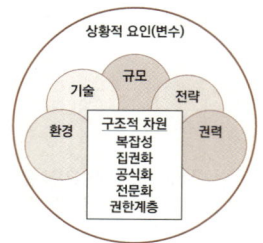

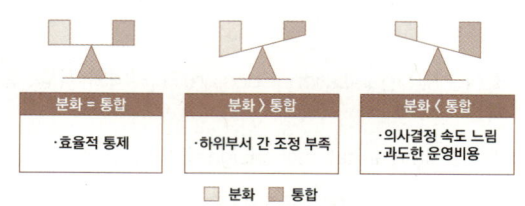

II. 조직설계의 구조적 차원(structural dimensions) : 조직 내부 특성을 설명하는 속성변수

1. 복잡성(complexity) : 분화의 정도(degree of differentiation)

(1) 복잡성(complexity)의 개념 — 조직 내에서의 부서나 활동의 개수

(2) 수직적 복잡성(vertical complexity)

1) 수직적 복잡성(vertical complexity)의 개념 — 조직 내 위계계층의 수. 서로 다른 지식과 전문성

2) 위계(位階, hierarchy)의 의의 — 조직구성원 간에 정보와 지식, 권한과 책임, 보상과 혜택 등의 측면에서 서로 차별화된 상태

3) 조직에서 위계의 의미와 특징 — 조직에서 위계란 권한과 책임의 차별화를 위한 직위의 분할을 의미. 위계에 따라 위에서 아래로 리더십이 행사되고, 위계 상층부일수록 더 불확실하고 복잡한 의사결정을 하게 됨. 명령과 통제와 보고의 주요 경로가 되며, 조직규모 증가와 시간의 경과에 따라 위계가 증가

4) 조직에서 위계가 필요한 이유 — ① 과업은 계획과 전략, 실행과 검토의 과정을 거쳐야 하는데, 이를 한 집단에서 모두 맡기에는 역부족, 수직적 전문화가 필요, 실행자는 계획자의 지시에 따라야만 과업이 완수. ② 분업에 의해 분리된 개인들의 접촉과 커뮤니케이션이 부족한 상황에서 통합과 조정을 담당하는 신분이 필요한데, 각 부서는 이들에게 순종해야 통합이 가능, ③ 조직에 필요한 과업을 부여하고 규칙을 만들기 위한 근거를 담당, ④ 승진과 경력의 상승 등 상향이동하려는 동기부여의 원동력

5) 전통적 조직에서의 위계관리 증가 현상 — ① 권한 연결 고리(chain of authority) ② 지휘통일(unity of command) ③ 통제 범위(span of control) ④ 과업할당권, 평가·보상 결정권

6) 현대적 조직에서의 위계관리 감소 추세 — ① 권한과 명령의 주체는 개인이 아닌 팀과 부서에 의해 행사 ② 급한 과업에 관한 한 권한과 책임의 불일치를 허용 ③ 권한의 분산과 분권화 추세 ④ 명령적 리더십이 아닌 전체적 비전에 의존 ⑤ 개방적 커뮤니케이션과 정보의 배분을 독려 ⑥ 감독과 규제가 아닌 목표의 합의와 조화에 의존 ⑦ 위계계층 수를 줄이려는 노력이 증가

(3) 수평적 복잡성(horizontal complexity)	부서나 직업적 전문가의 수
(4) 공간적 복잡성(spatial complexity)	조직의 부서와 사람들이 지리적으로 흩어져 있는 정도

2. 집권화(centralization) : 조직 내에서 의사결정이 이루어지는 계층수준

(1) 집권화(centralization)의 의의	조직의 중요한 의사결정 및 통제권한이 조직의 특정 부분에 집중되어 있는 것
(2) 분권화(decentralization)의 의의	조직의 의사결정 및 명령지시권이 조직의 여러 계층에 위양되어 있는 것

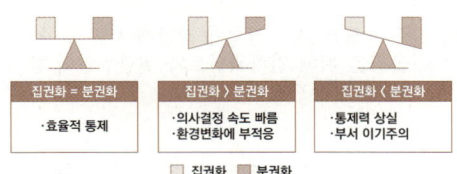

[집권화와 분권화의 균형]

(3) 집권화의 결정요인	
1) 규모(size)	조직의 규모가 커지게 되면 경영자들이 내려야 할 의사결정의 양이 많아지고 종류가 다양해짐. 따라서 조직의 규모가 커지게 될수록 분권화되어야 함
2) 기술 복잡성	최고경영층은 나날이 증대되는 기술복잡성을 따라잡을 수 없음. 따라서 기술의 복잡성이 증대되거나 발전이 이루어지게 될수록 가급적 분권화를 통하여 관리의 효율성을 얻어야 함
3) 지리적 분산	여러 지역에 걸쳐 사업이 이루어지고 있는 경우, 의사결정 권한이 집권화되어 있는 경우에는 각 지역의 구체적인 상황을 이해하기가 어렵기 때문에 적절한 의사결정을 내리기가 어려움. 따라서 지역적으로 작업이 분산화되어 있는 경우에는 의사결정권한을 분권화할 필요
4) 환경 불확실성	최고경영층의 환경의 불확실성에 대한 평가능력이나 신속한 대처능력은 환경의 불확실성이 증대될수록 어려움을 겪게 됨. 환경의 불확실성이 증대되게 되면 집권적인 형태의 조직을 보다 분권적인 조직으로 변화시킬 필요가 있음
(4) 권한과 집권화	
1) 명령계통(=명령체계) (chain of command)	의사결정이 분권화될 때 권한은 명령계통을 따라서 조직의 가장 높은 지위로부터 가장 낮은 위치로 위임되며, 이 때 명령계통은 의사결정이 분권화될 때 권한이 배분되는 경로를 나타냄
2) 권한(authority)	권한은 관리직위가 가진 고유의 권리로서, 명령을 내리고 그 명령에 복종을 기대할 수 있게 함. 조정을 가능하게 하기 위해 권한을 부여받음
3) 명령 통일성(unity of command)의 원칙	명령의 통일성 원칙은 한 종업원에게는 오직 한 명의 직속 상관이 존재해야 한다는 개념. 명령의 통일성 원칙은 명령계통이 끊어지지 않게 도와주는 역할

(5) 집권화와 분권화의 장·단점

	집권화(centralization)	분권화(decentralization)
장점	- 의사결정속도나 의사소통속도가 빠르다. - 구성원이 일사분란하게 움직이고 자원의 낭비와 중복을 줄여 효율성이 높다. - 부문 간의 갈등조정이 신속하다.	- 각 구성원이 창의성을 발휘할 수 있다. - 각 구성원이 적극적으로 참여하고 자율적으로 업무를 한다. - 직무만족도가 높아진다.
단점	- 하위자에게 권한 없이 책임만 주어지는 경우가 있다. - 종업원들이 수동적이고 타율적인 행동을 보인다.	- 기능과 업무가 중복될 수 있다. - 부서이기주의에 의해 갈등이 나타날 수 있다. - 비효율적이다.

(6) 집권화의 사례 – 정부조직
(7) 조직설계상 시사점

권한의 집중·분산은 조직 상황에 적합해야 할 것이나, 최근 직무만족·몰입을 위해 임파워먼트와 권한위양이 중시되고 있는 바, 적절한 권한 배분이 중요

3. 공식화(formalization)

(1) 공식화(formalization)의 의의 : 과업수행방식의 표준화 정도

공식화는 조직구성원이 수행하는 과업의 내용, 수행절차, 수행방법 그리고 수행결과 등에 대해 사전에 기준을 정해 놓은 정도. 이것을 과업과정에 대한 표준화(standardization)라고도 함

[표준화와 상호조정의 균형]

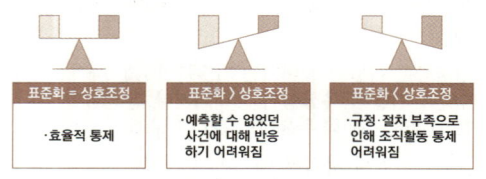

(2) 공식화의 유형
1) 명시적 공식화(explicit formalization)

조직구성원들이 언제·무엇을·어떻게 할 것인가를 직무기술서(job description), 규정, 표준화된 절차 등으로 명시화해 놓은 것

2) 암묵적 공식화(implicit formalization)

문서화되어 있지는 않더라도 조직구성원들이 언제·무엇을·어떻게 할 것인가가 사회규범처럼 조직 내에 내재화되고 적용되고 있는 것

(3) 공식화의 필요성

① 과업 및 부문 간 경계가 분명하게 주어지지 않으면 구성원들이 다른 사람들의 영역을 침범할 수 있어서 갈등이 발생, ② 구성원들은 과업이 분명하게 할당되지 않으면 책임지기를 꺼림, ③ 구성원들은 역할이 모호한 과업보다는 역할이 분명한 과업을 선호, ④ 구성원들은 과업이 표준화되면 높은 성과를 올림

(4) 행동의 공식화 방식
1) 작업절차의 공식화

비교적 단순하고 반복적인 작업의 경우, 작업에 관계되는 동작을 구체적으로 표준화하는 것이 가능, 표준화하여 이를 공식화(문서화)함으로써 작업의 정확도를 높이고 생산성을 높일 수 있음. 업무수행지침, 직무기술서, 규칙 등의 사규가 행동표준화에 사용되는 도구

2) 작업기술의 표준화

복잡하고 비일상적인 작업의 경우 작업과 관계되는 동작을 예측할 수 없기 때문에 구체적으로 표준화하는 것이 불가능, 과업을 수행하는 데 필요한 기술을 표준화하는 방법

① 훈련의 필요성	장기간의 훈련을 통하여 높은 수준의 작업수행기술을 체화시킴
② 교화(indoctrination)의 필요성	교화(敎化)를 통한 바람직한 규범의 내재화가 중요한 것은, 전문적 서비스의 수혜자는 자기가 받는 서비스의 질을 판단할 능력이 없기 때문
(5) 공식화의 장·단점	
1) 장 점	① 구성원들은 철저한 규범설정과 계획 없이는 그들 직위 간의 관계를 해결할 수 없음, ② 조직 내에서 허용되는 행위와 그렇지 않은 행위를 구분하여 구체적인 상황에 처한 구성원들의 행위에 대한 예측가능성을 높여줌, ③ 표준화된 업무지침과 행동규범은 과업의 일관성을 높이는 효과가 있으며, 생산의 효율성을 제고시키기도 함
2) 단 점	① 개인차와 업무차이에 따라 공식화의 효과가 다름, ② 공식화가 높을수록 문서화된 규칙은 반드시 지켜야 할 규칙을 위한 규칙이 될 수 있음, ③ 정교한 조직구조를 지나치게 강조함으로써 비공식적 의사소통을 방해하고, 공식적 의사소통의 과중한 부담을 초래
(6) 공식화의 구체적 기법	선발, 직무기술서, 규칙과 정책, 훈련과 개발, 의례와 의식
(7) 조직 설계에의 시사점	공식화와 비공식화는 연속선상에 표시될 수 있는 상대적 수준의 문제로서, 어느 정도가 적정한가는 상황적응적 수준에 따라 다를 것

4. 전문화(specialization) : 직무의 세분화 정도

(1) 전문화의 개념	전문화란 조직의 직무가 개별 과업(task)으로 세분화되어 있는 정도. 전문화 정도가 높으면 구성원들은 매우 제한된 업무만을 수행하게 됨. 전문화의 정도가 낮은 경우 구성원들은 다양한 직무를 수행할 기회를 가지게 됨. 분업화(division of labor)
(2) 수직적 전문화(vertical specialization)	
1) 수직적 전문화(vertical specialization) 의 개념	특정 과업을 수행함에 있어서 과업수행방법의 결정이나 후속조치에 대하여 어느 정도 재량권과 책임을 가지고 있느냐 하는 개념. 수직적 전문화의 정도가 높다는 것은 과업수행 방법의 결정이나 후속조치에 대해 아무런 재량권이나 책임이 없이 타인에 의하여 결정된 수행 방법에 의해 과업만을 반복하는 경우
2) 수직적 전문화의 목적	조직 전체의 목적을 효율적으로 달성하기 위하여 상위계층에서부터 하위계층에 이르기까지 이루어지는 활동들을 연관지우며 체계화하는 것
3) 수직적 전문화의 결정 요인	① 관리자가 직접 관리하고 감독하는 부하의 수인 〈통제의 범위(=관리의 폭)(span of control)〉, ② 지위계층, ③ 수평적 전문화 및 ④ Tall(고층) 구조와 Flat(평면) 구조, ⑤ 부서의 특성, ⑥ 현장기술 등
4) 수직적 전문화를 줄이기 위한 방법 : 직무충실(job enrichment)	직무충실이란 직무의 내용을 풍부하게(enrich) 만들어 의사결정의 자유재량권과 책임을 늘리며, 능력을 발휘할 수 있는 여지를 크게 하고, 도전적이고 보람있는 일이 되도록 직무를 구성하는 것. 보람있는 일터(Quality of Work Life)를 만들고 생산성 향상

(3) 수평적 전문화(horizontal specialization)
1) 수평적 전문화의 개념

수평적 전문화란 조직구성원이 책임을 지고 수행해야 할 과업의 범위, 즉 몇 가지의 다른 과업을 수행하느냐의 문제. 즉, 조직이 수행하는 업무를 조직구성원들이 횡적으로 분할하여 수행하는 형태

2) 수평적 전문화의 목적

[전문화(분업화)의 경제성과 비경제성]

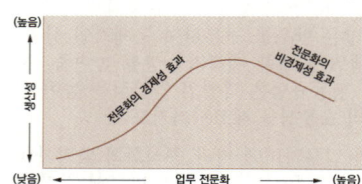

과업을 수평적으로 전문화하는 이유는 과업의 생산성을 올리기 위함. 수평적 전문화 정도를 높이게 되면 한 개인이 수행해야 할 과업의 수가 적어지므로 작업공정을 표준화하기 쉬우며, 같은 작업의 반복을 통하여 짧은 시간 내에 숙련될 수 있기 때문에 생산성을 높일 수 있음

(4) 수평적 전문화와 수직적 전문화의 관계

[수평적 전문화와 수직적 전문화의 관계]

① 수평적 전문화가 높고 수직적 전문화도 높은 경우 〈조립공장의 생산사원〉. 수평적으로는 한정된 종류의 과업을 반복적으로 수행하며, 수직적으로는 그 수행방법의 결정이나 후속조치에 대한 재량권이 전혀 주어져 있지 않음

② 수평적 전문화는 낮은 편이지만 수직적 전문화가 높은 경우 〈조립생산 라인의 일선감독자〉. 일선감독자는 수직적 전문화가 높은 과업을 수행하는 상당수의 종업원을 감독하기 때문에 수평적 전문화는 되어 있지 않지만, 과업수행에 관계되는 문제에 대해 별로 재량권이 없음

③ 수평적 전문화는 높지만 수직적 전문화는 낮은 경우 〈대학교수와 같은 전문인〉. 어느 한정된 전공분야만을 맡아 강의하지만, 그 분야의 과목에 관한 한 모든 재량권을 가지고 있기 때문

④ 수평적 전문화도 낮고 수직적 전문화도 낮은 경우는 〈경영자〉. 경영자는 모든 분야를 책임지고 있는 것과 동시에 이 분야들에 대한 많은 재량권을 가지고 있기 때문

(5) 조직설계상 시사점

전문화는 조직의 전문성 증대 및 시너지 창출의 긍정적인 면이 있으나 한편으로 조정·통제의 문제도 커지는 만큼 조직이 처한 상황과 성장을 고려하여 상황적합적으로 접근해야 할 것

5. 권한 계층(hierarchy of authority)
(1) 권한 계층의 개념(= 통제 범위(span of control)) : 관리의 폭

[권한 계층(통제범위)의 대조]

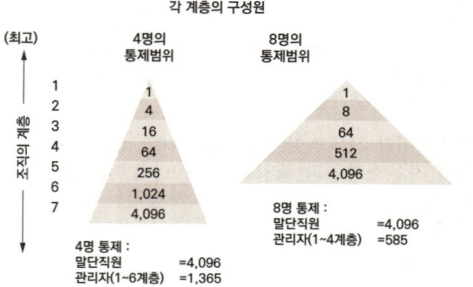

권한 계층은 권한의 크기가 비슷한 사람들의 지위 계급을 의미, 이러한 지위 계급에 따라 관리하고 감독할 수 있는 부하의 수를 달리 설정할 수 있음. 따라서 이와 관련된 것이 통제의 범위인 것, 통제의 범위란 관리자가 직접 관리하고 감독하는 부하의 수를 말함. 즉, 조직에서의 보고 체계와 관리의 통제 범위를 지칭하는 말. 통제 범위가 좁으면 조직은 수직적이 되며 계층이 높아지고 통제 범위가 넓어지면 조직은 수평적이 되어 계층은 낮아짐

(2) 권한 계층(통제 범위)의 축소와 계층 증가의 원인(주로 과거 조직들의 형태)

① 부하들끼리 철저한 연결이 있어야 업무가 완수되는 경우
② 부하들 각자의 업무가 서로 이질적이고 다양한 경우
③ 예외와 새로운 문제가 빈번하게 발생하는 경우
④ 부하들 업무수행 장소가 물리적으로 분산되어 있는 경우
⑤ 부하들의 능력 수준이 낮은 경우
⑥ 대면(face to face) 의사소통과 직접적 연결 및 감독이 필요한 경우(Tall 조직의 형태)

(3) 권한 계층(통제 범위)의 확대와 계층 축소의 원인(최근 Flat화의 형태)

① 관리계층의 단축, ② 경영구조 간소화, ③ 의사결정 속도의 증가, ④ 팀제 운영의 증가, ⑤ 관료제의 잔재인 규정과 절차 사용 감소, ⑥ 의사소통 경로의 단축, ⑦ 임파워먼트와 권한 위임 등의 상황조건에서 권한 계층이 주로 확대됐고 계층이 축소(Flat 조직의 형태)

Ⅲ. 조직의 통제와 조정수단

1. 통제와 조정의 필요성

개인의 과업을 분업화하고 그 과업들을 연결하여 하나의 단위부서로 묶는 부서화가 진행될수록 조직은 상호의존성을 가진 조직 내의 다른 과업들과의 관계를 통제하고 조정할 필요성을 갖게 됨. 각 과업들이 적절한 통제 및 조정을 통하여 조직 전체의 과업수행에 기여하게 될 때 개인의 과업은 제대로 의미를 갖게 되는 것

◆ 참고 : 구조적 결함의 증상들(symptoms of structural deficiency)

1. 구조적 결함(structural deficiency)의 개념

조직구조가 조직의 요구사항에 맞게 정렬되지 못한 경우에 구조적 결함으로 인해 다음과 같은 증상이 나타남. 최고경영진은 조직구조가 변화하는 조직의 요구에 적합한지를 정기적으로 평가해야 하며, 내부적인 보고 관계와 외부환경 요구 간의 최적의 적합을 달성하기 위해 노력해야 하는데, 아래의 증상이 나타나는 경우 조치를 취해야 함

2. 구조적 결함의 증상들
  (1) 부서 간 협조(협력) 저하

조직구조는 조직이 목표 달성을 위해 협력이 가능하게 설계되어야 함. 부서 요구와 목표 간 상충을 해소하고 조직 전체 차원에서 하나의 목표가 만들어져야 함. 각 부서의 목적이 서로 다르거나 조직 전체 목표 대신에 자기 부서 목표만을 달성하려고 할 경우, 종종 조직구조가 결함을 갖게 됨. 수평적 연결 메커니즘이 적절하지 못할 경우도 마찬가지임

  (2) 의사결정의 지연, 의사결정의 질 저하

조직계층을 따라 처리해야 할 문제와 의사결정 요구 사항이 많다보니 의사결정권자에게 과부하가 일어남. 하위계층에 대한 권한위양이 충분하지 못하고, 의사결정권자에게 필요한 정보가 정확히 전달되지 못해 의사결정의 질(수준)이 떨어짐 의사결정의 질을 보장해 줄 수 있을 만큼의 충분한 수직적, 수평적 정보 연결이 이루어지고 있지 않기 때문

  (3) 변화하는 환경에 혁신적 대응 부족

혁신적으로 대응하지 못하는 이유는 부서 간 수평적 조정이 원활하게 이루어지지 못하기 때문. 마케팅 부서에서 파악된 고객 요구사항은 연구개발부서의 기술개발 업무와 연결되고 조율되어야 하고, 외부환경에 대한 탐색과 혁신을 포함하여 조직구조 안에는 각 부서의 책임내용이 명확하게 규정되어 있어야 하는데 이러한 조정이 잘 이루어지지 않는 것

(4) 직원들의 성과 저하, 목표 달성 불가능	직원들의 성과가 떨어지고 목표가 달성되지 못함. 명확한 목표, 책임성, 조정과 협력 메커니즘 등을 조직구조가 제시해야 되는데, 그렇지 못하기 때문에 종업원의 성과가 떨어지는 것임. 조직구조에는 시장 환경의 복잡성이 반영되어야 하고, 종업원들이 효과적으로 업무를 수행할 수 있도록 명쾌하게 설계되어야 함
2. 통제 : 수직적 정보 연결	통제란 기업이 설정한 목표와 실제 성과 간 차이를 분석하고 프로세스 개선에 영향을 주는 요인을 평가하여 적절한 시정조치를 취하는 것
(1) 수직적 정보 연결의 의의 및 필요성	수직적 연결은 조직의 상층과 하위층 간의 활동을 조정하기 위해 사용되며, 일차적인 목적은 통제. 하위층에 있는 종업원들은 최상층의 목표와 일관성을 가지고 활동을 수행해야 하며, 최고 경영진은 종업원들의 활동과 달성 정도를 알아야만 함
(2) 계층상의 상사(hierarchical referral)	조직도에 수직선으로 표시. 종업원이 어떻게 해결해야 할지 모르는 문제가 발생한 경우 종업원은 계층상의 상사에게 문제를 보고, 상사가 이 문제를 해결한 경우에는 그 결과가 종업원에게 내려감. 조직도의 연결선은 의사소통 채널의 역할
(3) 규칙과 계획	① 반복적으로 일어나는 문제나 의사결정 사안의 경우 상사와 직접적으로 의사소통하지 않고 해결할 수 있도록 〈규칙〉이나 절차 등을 설정 ② 〈계획〉 또한 종업원들에게 좋은 정보를 제공
(4) 수직적 정보시스템	수직적 정보흐름의 양을 증가시키는 전략. 수직적 정보시스템에는 정기적인 보고서, 문서화된 정보, 컴퓨터를 통한 의사소통 등이 포함됨. 정보시스템은 상향·하향의 의사소통을 더 효과적으로 이루어지게 해줌

◆ 참고 : 조직통제전략의 유형 – William Ouchi

1. 개 요

[조직통제의 세 가지 전략]

유 형	요 구 사 항
관료적 통제 (bureaucratic control)	규칙, 표준, 위계, 합법적 권한
시장 통제(market control)	가격, 경쟁, 교환관계
문화 통제(clan control)	전통, 공유가치와 신념, 믿음

◆ 통제시스템의 철학과 초점 – 〈계층적 통제와 분권적 통제〉

	계층적 통제	분권적 통제
기본 가정	- 사람들은 자기 절제를 할 수 없으며 신뢰할 수 없다. 사람들은 밀접하게 모니터하고 통제되어야 한다.	- 사람들은 조직에 완전히 몰입할 때 가장 일을 잘한다.
정 책	- 세부적인 규칙, 절차, 공식적 통제시스템을 활용한다. - 하향식 권위, 공식 계층, 직위 권력, 감독, 품질 통제 검사관 등을 활용한다. - 과업 관련 직무기술서를 활용한다. - 외적 보상(임금, 복지, 지위)을 강조한다. - 경직된 조직문화를 보이며, 통제수단으로서 조직문화를 믿지 않는다.	- 규칙을 한정적으로 활용한다. 공유가치, 집단 및 자기통제, 선발 및 사회화에 의존한다. - 유연한 권위, 소계층 구조 및 전문가 권력에 의존한다. 모두가 품질을 모니터한다. - 결과 기반 직무기술서에 의존한다. 달성해야 할 목표를 강조한다. - 외적 보상과 내적 보상(의미있는 일, 성장 기회) 모두를 강조한다. - 적응적 문화를 보인다. 문화는 개인, 팀 및 조직 목표를 통합시키는 전반적 통제로 여겨진다.
결 과	- 직원들은 지시에 따르며, 지시 받은 대로만 행동한다. - 직원들은 업무에 대해 무관심한 느낌을 가진다. - 직원들의 근무태만과 이직이 많다.	- 직원들이 진취적이며 책임감을 추구한다. - 직원들은 자신의 일에 적극적으로 개입하고 헌신한다. - 직원들의 이직이 적다.

2. 관료적 통제(bureaucratic control)	
(1) 의 의	행동을 양식화하고 관료적인 업무를 평가하기 위해서 규정, 정책, 계층적 권한, 서류화된 문서, 표준화 그 밖의 다른 관료주의적 매커니즘을 활용하는 것
(2) 적합한 상황조건	Weber는 ① 합리적-법적 권한(rational-legal authority), ② 전통적 권한(traditional authority), ③ 카리스마적 권한(charismatic authority)으로 정의. 대규모 조직에서 합리적-법적 권위가 내부 운영 활동을 관리하고 의사를 결정하는 데 있어 가장 널리 쓰이고 있는 형태
3. 시장 통제(market control)	
(1) 개 념	가격경쟁을 통한 한 조직 혹은 주요 부서나 사업부의 산출물 또는 생산성을 평가하고자 할 때 발생. 관리자들이 그들 기업의 효율성을 평가하기 위해 가격과 수익을 비교할 수 있기 때문에 가격은 효율적인 통제수단이 됨. 최고경영자들은 항상 그들 기업의 성과를 측정하기 위해 가격 메커니즘을 사용
(2) 적합한 상황조건	① 생산성이 가격할당을 위해 충분히 명확할 것과 경쟁이 존재할 것을 필요, ② 한때 시장 통제는 주로 전체조직 차원에서 사용됨. 그러나 현재는 제품사업부에서 점점 더 많이 이용, ③ 네트워크 조직(network organization) 또한 시장 통제를 설명해줌
4. 문화 통제(clan control)	
(1) 의 의	행동을 통제하기 위해 기업문화, 공유된 가치와 헌신, 전통, 믿음과 같은 사회적 성격을 사용하는 것. 문화통제를 이용하는 조직은 종업원들 사이의 공유된 가치와 신뢰를 중시하는 강한 문화가 필요
(2) 적합한 상황조건	① 모호성과 불확실성이 높을 때 더욱 중요, ② 소규모 비공식적인 조직 혹은 강한 문화를 가지고 있는 조직에서 흔히 사용
5. Ouchi 교수의 은유	"시장 통제는 송어와 같고 문화 통제는 연어와 같다. 송어와 연어는 매우 아름답고 특별한 종으로 생존을 위한 독특한 환경을 필요로 함. 이와 비교해서 관료적 통제는 까다롭고 볼품없는 메기와 같다. 그러나 가장 우수한 종으로서 어떠한 환경에서도 살아남을 수 있다"라고 설명
3. 조정 : 수평적 정보 연결	조정이란 공동 목표의 달성을 위해 한 방향으로 구성원의 행동이 집중될 수 있도록 통합해주는 것
(1) 수평적 정보 연결의 의의 및 필요성	수평적 의사소통은 통일된 노력을 통해 조직목적을 달성할 수 있도록 부서 간 장벽을 제거. 수평적 연결은 부서 간에 수평적으로 일어나는 의사소통과 조정
(2) 정보시스템(information system)	오늘날 조직에서 수평적인 연결을 제공하는 중요한 방법은 기능 부서를 가로지르는 정보시스템을 활용하는 것. 컴퓨터를 활용하는 정보시스템은 조직 전체에 퍼져 있는 관리자와 현장작업자들이 문제, 기회, 활동, 의사결정사항 등에 대한 정보를 일상적으로 교환할 수 있도록 해줌

(3) 직접 접촉(direct contact)

고차원적인 수평적 연결은 해당 문제와 관련이 있는 관리자와 종업원 간에 이루어지는 직접적인 접촉. 직접적인 접촉을 증진하는 한 가지 방법은 전문적인 연결역할(liaison role)을 두는 것. 연결역할을 수행하는 사람은 특정 부서에 속해 있으면서 다른 부서와의 의사소통과 조정을 담당하는 책임

(4) 태스크포스(task force)

2개 이상의 다른 부서들을 서로 연결시켜야 할 필요성이 있을 경우에는 복잡한 방식인 태스크포스를 활용. 태스크포스는 문제와 관련된 각 부서를 대표하는 사람들로 구성되는 일시적인 위원회. 구성원들은 자신이 속한 부서의 이해를 대표하고, 회의에서 나온 결과를 해당 부서로 다시 전달해 주는 역할

(5) 전임통합자(fulltime integrator)

오직 조정역할만을 전담수행하는 직위나 부서를 만드는 것. 흔히 제품관리자, 프로젝트 관리자, 프로그램 관리자 또는 브랜드 관리자 등과 같은 직함. 전임통합자는 관련 부서와는 별도로 자리를 잡고 있고, 관련되는 몇 개의 부서를 조정하는 책임을 지는 것. 뛰어난 인간관계 능력 필요

(6) 프로젝트 팀(project team)

프로젝트 팀은 지속적으로 존재하는 태스크포스로서 흔히 전임통합자와 함께 활용. 비교적 오랫동안 부서 간에 강력한 조정활동이 필요할 경우 기능횡단 팀(cross-functional team). 혁신 또는 신제품을 개발하는 경우

(7) 관계적 조정(relational coordination)

관계적 조정은 공유 목표와 지식, 상호 존중이라는 관계를 통해 수행되고 적시에 빈번하게 이루어지는 문제해결 커뮤니케이션. 조직의 짜임이나 문화의 일부분. 부서를 가로질러 종업원들이 서로 직접적으로 조정과 협력을 하는 것

◆ 성공사례 : Southwest Airline
: 관계적 조정을 통해 공유목표 집중 가능. 가장 짧은 회전율 성과

4. 결론

[수평적 연결과 조정 메커니즘]

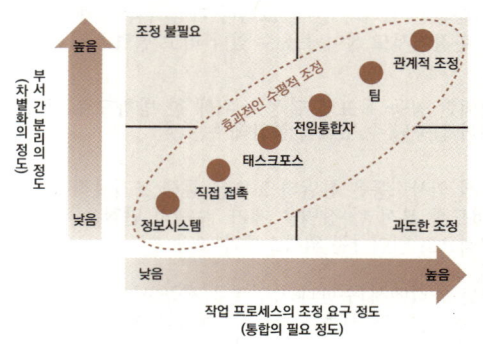

각각의 장치들은 조직에서 수평적인 조정을 증가시키기 위해 관리자가 선택할 수 있는 대안이라고 할 수 있음. 더 높은 수준의 장치들은 더 많은 수평적 정보능력을 제공하지만 시간과 인적자원이라는 측면에서 볼 때 더 많은 비용이 요구. 요구되는 수평적 조정의 강도가 높을수록 관리자들은 더 높은 수준에 있는 조정 장치를 선택해야 함

IV. 효율성과 학습을 위한 조직설계

1. 개요 : 구조적 정렬의 필요

[효율성 지향 조직과 학습 지향 조직설계]

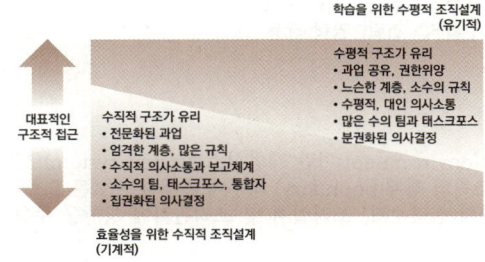

조직은 효율성을 목적으로 조직설계를 지향할 수도 있고, 즉각적인 학습을 지향하는 조직설계를 지향할 수도 있음. 전통적 조직은 수직적 의사소통과 통제를 중요시하는데 비해, 학습 지향 조직은 수평적 의사소통과 조정을 강조

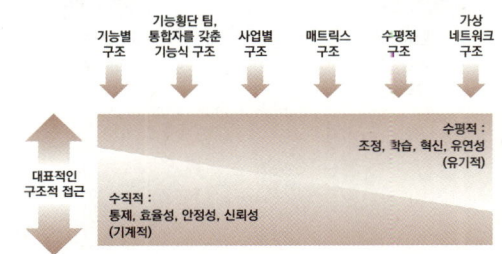

2. 효율성을 위한 수직적 조직설계

효율성과 통제를 강조한다는 것은 전문화된 과업, 권한계층, 규칙과 규제, 공식적인 보고체계, 소수의 팀 또는 태스크포스, 문제와 의사결정이 깔때기 모양의 최상층까지 전달되는 집권화된 체제. ex) 기능별 구조

3. 학습을 위한 수평적 조직설계

학습과 적응을 강조한다는 것은 과업을 공유하고, 계층이 낮고 규칙이 거의 없고, 대면 의사소통이 이루어지고, 다수의 팀과 태스크포스가 존재하고, 비공식적이고 의사결정이 분권화된 체제. ex) 가상 네트워크 구조

V. 조직설계에 영향을 미치는 변수 – 상황요인 (contingency factors)

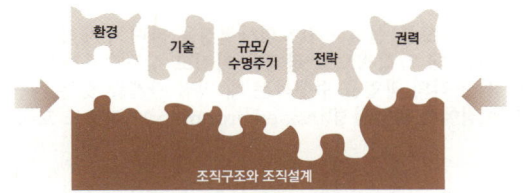

VI. 조직설계에 영향을 미치는 상황변수로서의 '환경'

1. 개요

조직을 흔히 개방조직과 폐쇄조직으로 구별. 대개의 생물체는 외부에서 공기나 먹을 것을 받아들이고 외부에 배설하면서 생명을 이어가는데 이를 개방시스템(open system)이라고 함. 기업조직의 경우 외부에서 구성원과 자본과 원료를 구입해서 제품과 서비스를 생산하는 개방조직. 조직의 개방성이 중요한 이유는 조직과 외부환경의 교류 때문. 환경은 조직의 설계, 전략수립 등에 영향을 미치게 되고 조직이 이에 잘못 적응하면 유지와 발전에 지장을 초래

2. 조직의 상황변수로서의 '환경'

(1) 조직의 상황변수

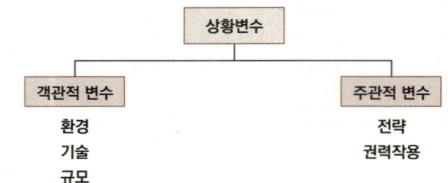

① 상황적합이론(contingency theory)에 의하면 조직유효성 높이려면 상황에 적합한 조직을 유지
② 상황변수란 조직형성에 영향을 미치는 결정요소
③ 〈객관적〉 환경, 기술, 규모
　〈주관적〉 전략, 권력 작용

(2) 조직환경의 의의

환경(environment)이란 개방시스템(open system)으로서의 조직의 경계(boundary) 외부에 존재하는 모든 요소로서 조직의 전략수립, 조직설계 및 조직관리에 영향을 주는 제 요인

3. 환경의 중요성

조직환경이란 조직의 성과에 영향을 미칠 수 있는 잠재적 요소들. 이러한 환경은 조직영역 밖에 있으면서 조직이 생존, 성장하기 위해 대응해야 하지만 불확실하며 동태적인 특성을 가지고 있어 통제하기 어려움

4. 조직과 환경의 상호관계

① 상호의존·상호작용 관계, ② 해결해야 할 문제 발생의 근원, ③ 자원의존 관계, ④ 호혜 관계 혹은 경쟁적 관계

5. 조직환경의 범위

(1) 거시적·일반적 환경(macro-general environment)과 미시적·특정적 환경(micro-specific environment)

1) 거시적·일반적 환경(macro-general environment)

모든 조직에 영향을 미치는 광범위한 외부 환경. 조직을 둘러싸고 있는 정치·경제·사회·인구통계적·기술적 상황 등

2) 미시적·특정적 환경(micro-specific environment) (= 과업환경(task environment))

조직이 목표를 설정하거나 의사결정을 하며 구체적인 활동을 하는 데 직접적으로 관계를 가지고 상호작용해야 하는 환경. 조직의 과업을 수행하는 데 직접 관계를 갖는 환경이라는 점에서 과업환경(task environment)이라고도 호칭

(2) 객관적(실제적) 환경과 주관적(지각적) 환경

1) 객관적(실제적) 환경(actual environment)

모든 사람이 공통적으로 확실하게 예측하는 환경은 객관적 환경. 확실한 정보와 자료에 근거하여 예측되는 환경

2) 주관적(지각된) 환경(perceived environment)

제한된 정보로써 경영진의 경험에 입각하여 예측된 환경은 주관적(지각된) 환경

6. 환경의 분류

[환경분류의 3차원 모델]

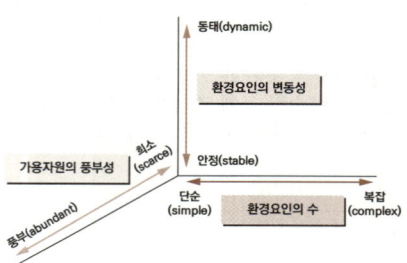

(1) 단순성(simplicity)과 복잡성(complexity)

환경이 단순하다는 것은 조직이 의사결정을 할 때 고려해야 하는 요소가 몇 개가 안된다는 것이고, 복잡하다는 말은 조직이 의사결정을 할 때 고려해야 하는 요소가 많다는 의미. 단순성과 복잡성은 환경요소의 수 이외에도 고려할 환경요소끼리 유사한지(동질성 혹은 유사성 : homogeneity) 혹은 전혀 무관한 것인지(이질성 : heterogeneity)에 의해서도 결정

(2) 안전성(stability)과 동태성(dynamism)

의사결정을 할 때 고려해야 할 환경요소의 수가 아니라 그들 요소들이 얼마나 변하지 않고 안정적인지의 문제

(3) 풍부성(abundance)과 희소성(scarcity)

풍부성이란 목표를 완수하려는 조직의 활동에 필요한 자원의 양이 조직에 충분히 공급될 수 있는지의 여부

7. 환경분석에 따른 조직구조와 설계 : 던컨(R. B. Duncan)과 톰슨(J. D. Thompson)

(1) 의 의

던컨과 톰슨은 환경을 한편으로는 단순한 것과 복잡한 차원(simple-complex dimension)으로, 또 한편으로는 안정적인 것과 동태적인 차원(static-dynamic dimension)으로 나누고, 이들을 조합해 네 가지 환경을 도출하고 각 환경에 적합한 조직구조를 언급

(2) 내 용

[환경분류의 통합적인 틀]

		환경의 복잡성	
		단 순	복 잡
환경의 동태성	안정적	단순 + 안정 = 낮은 불확실성 1. 소수의, 유사한 환경요소 2. 환경요소의 낮은 변화성 3. 예 : 컨테이너 제조업, 식품가공, 음료수병 제조업	복잡 + 안정 = 다소 낮은 불확실성 1. 다수의, 서로 다른 환경요소 2. 환경요소의 낮은 변화성 3. 예 : 대학, 병원, 화학기업, 보험사
	동태적	단순 + 동태적 = 다소 높은 불확실성 1. 소수의, 유사한 환경요소 2. 환경요소의 높은 변화성 3. 예 : 유행의류, 장난감 제조업, 전자상거래	복잡 + 동태적 = 높은 불확실성 1. 다수의, 서로 다른 환경요소 2. 환경요소의 높은 변화성 3. 예 : 전자산업, 컴퓨터기업, 항공사, 석유회사

1) 안정적이며 단순한 환경

높은 복잡성(수직적·수평적 분화가 높음)·공식성과 집권화가 높은 조직구조가 적합. 대표적으로 청량 음료 유통업(수요는 점진적으로만 변화하고, 유통업자는 확정된 배송 경로가 있으며, 청량 음료의 공급은 일정에 따라 이루어짐)

2) 안정적이며 복잡한 환경

높은 복잡성·높은 공식화와 분권화된 구조가 적합. 대표적으로 주립 대학, 가전기기 제조업자, 보험회사(다수의 외부 요소들이 존재하지만 변화하더라도 점진적이며 예측 가능하게 변화)

3) 동태적이며 단순한 환경

복잡성과 공식화 및 집권화가 모두 낮은 것이 적합. 대표적으로 장난감 제조사, 전자게임을 만들거나 의류 혹은 음악 산업(ZARA는 변화하는 고객의 취향을 맞추기 위해 매년 11,000개의 신규 제품을 출시. 공급자, 고객, 경쟁자와 같이 경쟁하는 요소들은 적지만 예측하기가 어렵고, 예상치 못한 변화가 발생)

4) 동태적이고 복잡한 환경

환경을 구성하는 요소의 수가 많고 역동적이며 계속적으로 변화하므로 불확실성이 높게 지각됨. 따라서 이 경우에는 복잡성과 집권화 및 공식화가 낮은 조직구조가 적합하다는 것

대표적으로 전기통신 산업, 석유 산업, 항공사가 이러한 환경에 속해있음. 많은 외부 요소들이 동시에 변화함. 항공사의 경우 항공 교통 통제관(air traffic controller)의 부족, 비행단의 노화, 노동 불안, 연료 가격의 급상승, 새로운 저가 경쟁자의 진입, 일련의 항공 교통 사고, 소비자 수요의 극적인 감소 등의 다양한 환경 요소의 변화에 직면했고, 겨우 몇 년 동안 4개의 대형 항공사와 다수의 소형 항공사들이 파산하여 집단적으로 수십만명의 직원을 해고했음

8. 환경의 복잡성과 동태성에 대한 대응 : 과업환경의 관리(Thompson, Scott)

[환경특성과 조직 대응의 관계]

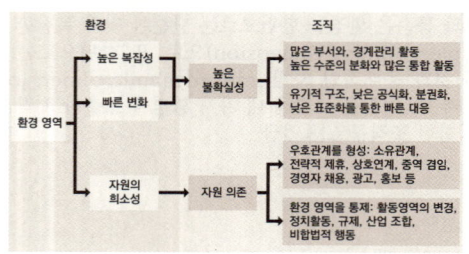

(1) 직위와 부서 설치

외부환경의 복잡성이 높을수록 조직 안에 직위와 부서의 수가 증가하고, 그에 따라서 조직 내부의 복잡성도 높아짐. 환경의 각 부문마다 그 부문을 담당할 부서 내지 사람을 두어야하기 때문에 이런 현상이 나타남

(2) 관계 구축 : 완충과 경계관리 역할(Scott의 환경에 대한 대응 전략)

1) 완충 역할(buffering role) : 대내적 전략

① 개 념

환경의 변화가 있을 때 충격을 감소하고 시간을 벌면서 대응책을 마련하는 것

② 유 형
ⅰ) 규격화(=분류)(coding)

외부에서 조직으로 공급되는 인적·물적·정보적 자원의 표준과 규격을 조직에 맞게 미리 정하여 조직에 익숙한 것만 조직으로 들어오도록 만들면 조직은 당황할 필요가 없을 것

ⅱ) 비축(stock piling)

원료를 많이 비축해 놓으면 갑자기 원료가격이 상승하거나 공급업자들이 담합을 해도 안심

ⅲ) 평준화(leveling)

조직에의 투입과 조직에서 나가는 산출이 항상 평탄하도록 시장의 수요나 조직의 공급을 평준화시키는 것

ⅳ) 예측(forecasting)

환경변화가 주기적이라서 예측이 어느 정도 가능하다면 이에 미리 대비하면 됨

ⅴ) 할당(=배급)(rationing)

수요에 비해 공급이 부족한 경우 사용하는 마지막 수단으로, 비상시에 곡물이나 육류를 우선순위에 따라 공급하는 것

ⅵ) 성장(growth)

조직의 기술적 핵심을 확장(조직의 성장)하는 것으로 대규모 조직이 환경변화에 대응하는 가장 일반적인 방식

2) 경계관리 역할(boundary spanning role) : 대외적 전략
① 의의

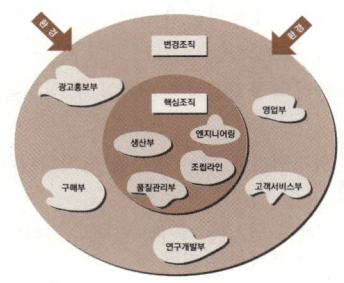

환경과 접해 있는 곳에 집중하여 조직에 피해가 가지 않도록 완충장치를 마련해놓고 예의주시하는 것

② 유형
ⅰ) 환경 경계역할

a. **정보입수**(detect & bring)(환경에 관한 필요한 정보를 탐색하고 이를 조직 안으로 들여오는 역할. 예 : 판매원의 소비자 정보 입수), b. **정보전달**(send)(조직 안의 정보를 조직에게 유리하게 환경에 내보내는 역할. 예 : 홍보사원의 기업 홍보, 시제품 출시예정일 지면광고)

ⅱ) 경계역할 담당자

대표이사가 가장 많이 함, 시장조사자·판매원·고객상담원도 담당

ⅲ) 경계의 확장과 수축

a. **경계의 확장**(expansion)(조직은 비상시에, 즉 환경의 변화가 심해서 위태로우면 모든 구성원을 경계선 쪽으로 동원시킴. 경쟁사의 정보를 더 많이 얻기 위해 경쟁사 중역을 스카웃해 오기도 함), b. **경계의 축소**(constriction)(회사의 정보가 새어나가지 않도록 판매원들이 신제품 개발이 진행 중이라는 사실을 아직 알리지 못하게 함구령을 내리거나, 외부환경으로 정보나 기술이 새어나가지 않도록 경계조직에 근무하는 직원 수를 소수정예화 하는 방법)

◆ 참고 : 기술 핵심조직(technical core)과 변경조직(boundary-spanning units)

(1) 개요

[기술핵심조직과 변경조직]

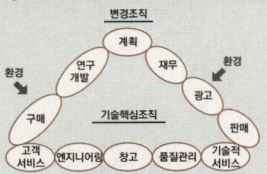

Thompson은 조직이 환경의 불확실성을 감소시키기 위해 부서의 수를 증가시켜나간다고 하면서 조직의 부문별 역할 특성에 따라 구조 유형을 크게 두 가지로 구별

(2) 기술 핵심조직(technical core)
1) 개념

기술 핵심조직이란 조직에서 중요한 생산활동을 수행하는 곳. 기술핵심조직에서는 외부환경의 불확실성에 대응하기 위해 완충역할(buffering role)을 두는 것이 일반적

2) 구체적인 예

제조업의 경우 생산현장 또는 조립 라인, 대학의 경우는 연구 및 강의가 행해지는 곳

3) 바람직한 조직설계 방향

기술 핵심조직이 환경의 충격에 거의 영향을 받지 않고 효율적으로 생산활동을 할 수 있도록 하기 위해서는 변경조직을 운영하되, 환경의 영향이 차단된 폐쇄체계 하에서 생산성 향상에만 전념할 수 있는 기계적 형태로 설계

(3) 변경조직(boundary-spanning units)
1) 개 념 — 변경조직이란 기술 핵심조직이 효율적으로 운영되어질 수 있도록 외부환경의 영향력을 흡수하는 부서를 의미

2) 구체적인 예 — 구매부, 영업부, R&D
3) 바람직한 조직설계 방향 — 변경조직은 환경의 불확실성에 대처할 수 있도록 유기적 형태로 설계

(4) 변경조직의 역할 — 변경조직은 환경변화에 대한 정보를 탐지하거나 처리하는 역할을 수행

 iv) 권위주의(authoritarinism) — 중심조직이 지배적 위치를 차지하며 외부 조직이 필요로 하는 자원과 정보를 통제하는 전략

 v) 경쟁(competition) — 타 조직과의 경쟁을 통하여 서비스의 질을 높이는 것으로, 민영화(privatization)나 공사화(corporatization) 등

 vi) 인수합병(M&A) — 여러 조직이 규모를 성장시키거나 시장을 확보하거나 경쟁자를 제거하거나 기술을 획득하는 등 이윤 창출을 목적으로 두 기업이 인수 또는 합병을 통해 결합/연대하는 제반과정 및 경영전략

 vii) 적응적 흡수(co-optation) — 외부의 유력 인사를 받아들이는 것. 관료의 기업체 이사 초빙
 viii) 로비 활동(lobby) — 자기들의 유리한 결과를 얻기 위하여 제3자를 통해 탄원하는 행위
 ix) 광고(advertisement) — 잠재적 소비자들에게 호의적 태도를 갖게 하여 환경을 효과적으로 관리하고 환경의 불확실성을 감소시키는 방법

(3) 계획과 예측
1) 계 획 — 환경의 불확실성이 높을수록 학습이나 지속적으로 변화에 적응하는 방법, 혁신 방법에 대한 계획 활동을 더 추구한다고 밝히고 있음. 이를 통해 기업들은 외부적 변화의 충격을 줄일 수 있음

2) 예 측 — 예측활동으로는 시나리오 개발을 통하여 경영자들은 환경의 다양한 변화요소에 따라서 조직이 어떠한 영향을 받는지 연습을 해볼 수 있음

(4) 분화(differentiation)와 통합(integration) : Lawrence와 Lorsch — Lawrence와 Lorsch

(5) 기계적(mechanistic) 및 유기적(organic) 조직 구축 : Burns와 Stalker — Burms와 Stalker

9. 자원확보를 위한 조직의 대응전략 유형
(1) 환경과 우호관계 유지 : 소극적 대응
1) 인수/합병(M&A)
2) 합작투자(joint venture)
3) 전략적 제휴(strategic alliance)
4) 공급계약(supply contract)
5) 중역 채용(executive hiring)
6) 광고(advertisement)/PR

(2) 환경을 직접통제 : 적극적 대응
1) 활동영역의 변경(diversification)
2) 정치활동 및 로비(lobby)
3) 산업조합(trade association) 형성
4) 비합법적 행동(illegal action)

10. 기계적 조직(mechanistic organization)과 유기적 조직(organic organization)

(1) 개 요	번스(Tom Burns)와 스토커(G. M. Stalker)는 영국 내에 있는 20개의 기업을 대상으로 연구한 결과, 외부환경과 조직의 내부구조가 서로 관련이 있음을 발견하였음(1961). 환경이 급속하게 변화하고 있는 동태적 환경에 직면한 조직의 구조는 안정적인 환경에서 활동하고 있는 조직의 구조와 현저한 차이가 있음
(2) 기계적 조직(mechanistic organization)과 유기적 조직(organic organization)의 개념	
1) 기계적 조직(mechanistic organization)	안정적 환경에 직면한 조직은 기계적인 구조를 가짐. 기계적 조직은 표준화된 절차와 규칙 그리고 분명한 권한구조에 의하여 기계처럼 작동. 즉, 의사소통이 주로 문서에 의해 이루어지고, 의사결정도 소수의 경영자에 의해서 행해지고, 정보의 흐름도 제한되어 있으며, 종업원 간의 갈등은 주로 상급자의 의사결정에 의하여 해결. 규칙이나 절차에 의해 미리 정해진 방법에 의존하여 업무를 처리하는 관료제적 구조
2) 유기적 조직(organic organization)	동태적 환경에 직면한 조직은 유기적인 구조. 유기적 조직은 느슨하고, 자유롭게 흐르는 유연한 이미지를 갖는 조직. 즉, 문서화된 규칙이나 절차가 거의 없고, 의사결정권도 분권화되어 있고, 토론이나 상호작용으로 종업원 간의 갈등을 해결하며, 종업원 간 의사소통이 빈번히 이루어짐. 예상치 못한 뜻밖의 상황에 유연하게 대응할 수 있는 구조를 가짐
(3) 기계적 조직과 유기적 조직의 차이	
1) 집권화된 조직구조 대 분권화된 조직구조	집권화란 상위 계층에서 의사결정이 일어나는 것을 말함. 어느 계층에서 의사결정이 일어나도록 할 것인가와 관련이 있음. 〈기〉에서는 집권화된 조직구조를 가지고 있고(지식과 통제활동이 주로 상층부에 집중되어있어 구성원들은 위에서 시키는대로 움직이게 됨), 〈유〉에서는 분권화된 조직구조를 가지고 있음(지식과 통제행위가 상층부가 아닌 구성원 수준에서 일어나므로 구성원들은 자신들의 의사결정 권한을 기초로 서로 협력하면서 고객이나 관련문제를 해결하게 됨)
2) 전문화된 과업 대 권한위양된 역할	과업(task)이란 좁은 의미의 개념으로 한 개인에게 부여된 일의 조각들을 말함. 〈기〉에서는 과업을 기계의 부품처럼 잘게 분화시키고 직무기술서에 따라 업무를 수행함. 과업과 달리 역할(role)은 목표달성을 위한 사회 역동성이 강조되며, 재량과 책임이 중시되는 개념. 〈유〉에서는 부서나 팀에 소속되어 일을 하면서 역할은 상황에 맞추어 변화하게 됨
3) 공식 대 비공식 시스템	〈기〉에서는 많은 규칙과 규제, 표준화된 절차 등이 작동. 정보나 의사소통, 성과상의 문제 등을 찾아낼 때는 반드시 공식 시스템이 관여. 〈유〉에서는 반대로 규칙이나 공식적인 통제 시스템이 많지 않음. 의사소통과 정보공유가 비공식적으로 이루어지는 경우가 많음

4) 수직적 대 수평적 의사소통

〈기〉에서는 수직적 의사소통이 강조됨. 최고경영자는 구성원들에게 조직 목표와 전략, 업무지시와 절차 등에 대한 정보를 내려보내고 구성원들에게 발생하는 문제, 성과보고, 재무보고, 제안과 각종 아이디어 등을 올려보내라는 요구를 함. 〈유〉에서는 보다 수평적인 의사소통이 강조됨. 정보는 계층적으로 그리고 전 부서에 걸쳐 모든 방향으로 흐르게 되는데, 이는 환경변화에 빠르게 대응하기 위해서임. 또한 조직에서는 고객, 공급자 그리고 때로는 경쟁자들과도 의사소통 통로를 열어놓고 있으며, 학습 역량을 높이기 위해서임

5) 권한계층 대 협력적 팀워크

〈기〉에서는 수직적 계층과 공식적 명령체계가 중요. 주요 작업들은 기능적 계열을 따라 수직적으로 이루어지며 부서 간 협력은 크게 강조되지 않음. 전체 조직이 수직적 계층을 따라 통제됨. 〈유〉에서는 이와는 달리 협력적 팀워크가 강조됨. 다양한 부서의 사람들과 변경조직에 있는 주체들이 주어진 문제를 협력적으로 해결하기 위해서임. 기업가정신을 장려하여 구성원들이 고객의 새로운 니즈에 대응할 수 있는 창의적인 생각을 할 수 있도록 유도하고 있음. 자기통제적 팀들이 조직의 기본단위를 이룸

	기계적 구조	유기적 구조
	기계적 조직	유기적 조직
주요 목표	- 효율성, 생산성	- 유연성, 적응성
적합한 환경	- 안정적 환경	- 동태적 환경
작업의 분업화	- 높음	- 낮음
커뮤니케이션	- 명령, 지시	- 충고, 자문
권한의 위치	- 조직의 최고층에 집중	- 능력과 기술을 가진 곳
갈등해결 방식	- 상급자의 의사결정	- 토론, 기타 상호 작용
정보의 흐름	- 제한되고 하향적	- 상하로 자유로움
공식화	- 높음	- 낮음

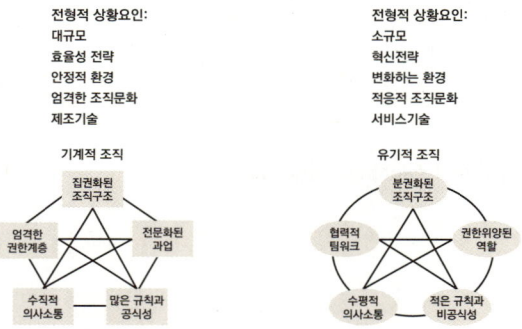

(4) 환경적합적 조직설계에의 시사점

Burns와 Stalker는 가장 효과적인 조직구조란 조직이 직면한 환경의 특성에 적합한 조직구조라고 함. 즉, 안정적이고 확실성이 높은 환경 하에서는 기계적 구조가 적합하고, 동태적이며 불확실성이 높은 환경 하에서는 유기적 구조가 효과적이라는 것. 조직환경의 성격이 조직구조를 설명해주는 결정적 변수라고 함

11. 산업별 환경의 불확실성 정도
(1) 의 의

Lawrence와 Lorsch는 산업이 처한 환경의 불확실성의 차이에 따라 기술핵심조직과 변경조직의 구조가 서로 다름을 제시. 이들은 플라스틱 산업, 식료품 산업, 컨테이너 산업에 있는 10개의 기업을 대상으로 환경의 차이에 따른 효과적인 조직구조에 관한 연구를 하였는데, 세 개의 산업은 서로 상이한 환경의 불확실성을 지니고 있음

(2) 환경의 불확실성 정도 : 플라스틱 산업 〉 식료품 산업 〉 컨테이너 산업

1) 플라스틱 산업

경쟁자들 간의 경쟁이 매우 치열, 기업들이 신제품이나 새로운 공정을 자주 개발하여 제품수명주기도 짧아 매우 동태적이며 불확실성이 높은 환경 특성

2) 식료품 산업

환경의 불확실성 정도는 두 산업의 중간 정도에 해당하는 것으로 나타났음. 급격한 기술혁신이 별로 없으며 신제품의 출현 및 판매고의 성장이 플라스틱 산업보다는 낮고 컨테이너 산업보다는 높은 특성을 가진 것으로 나타났음

3) 컨테이너 산업

20년 동안이나 특기할 만한 신제품이 거의 개발되지 않고 있었으며 매출액의 성장률은 인구증가율과 같은 속도를 유지하는 등 매우 안정적이며 불확실성이 낮은 환경특성

(3) 차별화(differentiation)와 통합(integration)

1) 의 의

Lawrence와 Lorsch는 서로 다른 환경 내에 있는 변경조직들은 서로 다른 조직설계를 통하여 하위환경과의 적합한 관계를 추구할 것이라고 생각하고, 차별화(differentiation)와 통합(integration)이라는 개념으로 조직설계를 설명

2) 차별화(differentiation)

① 의 의

차별화란 기능적으로 상이한 부서에 속한 관리자들은 그 기본 성향이 서로 다르고, 또 부서 간의 공식적 구조도 서로 다르다는 것을 의미

[환경의 불확실성과 부서 간의 차별화]

특 징	연구개발 부서	생산 부서	영업 부서
목표 성향	신제품개발, 품질	효율적 생산	소비자 만족
시간 성향	장기	단기	단기
종업원 간 성향	과업 지향	과업 지향	관계 지향
구조의 공식성	낮음	높음	높음

② 차별화와 하위환경

ⅰ) 로렌스와 로쉬는 부서 간의 차별화가 존재하는 것은 목표 성향, 시간 성향, 구성원 간 성향, 구조의 공식성에 따라 각 기능부서 간에 태도와 행동수행 면에서 큰 차이가 있다는 것을 의미한다고 보았음. 그리고 이러한 차이는 각 하위부서가 직면한 하위환경의 특성이 서로 다르기 때문에 나타나는 것이라고 하였음

ⅱ) 로렌스와 로쉬는 환경의 불확실성이 높을수록 차별화가 많이 되어 있다고 하였음. 환경의 불확실성이 높은 플라스틱 산업 내에 있는 기업들의 연구개발 부서, 생산 부서, 영업 부서 간에는 목표 성향, 시간 성향, 종업원 간 성향, 구조의 공식성에는 현격한 차이가 있지만, 환경의 불확실성이 낮은 컨테이너 산업 내에 있는 기업들의 기능부서 간에는 목표 성향, 시간 성향 등이 별로 차이가 나지 않는다는 것

3) 통합(integration)

① 의 의

조직의 통합이란 차별화된 부서 간의 행동이 조직 전체의 목적과 일치하는 방향으로 움직여 나가도록 하는 공동의 노력

② 조직의 통합방법

[환경의 불확실성과 조직의 통합 방법]

	플라스틱 산업	식료품 산업	컨테이너 산업
환경의 불확실성 정도	높음	중간	낮음
통합방법	규율 계층, 권한 목적, 방침, 계획 개인적 접촉 태스크포스 팀 계층별 통합 팀 통합부서 위원회 연락담당자	규율 계층, 권한 목적, 방침, 계획 개인적 접촉 태스크포스 팀 통합 스탭	규율 계층, 권한 목적, 방침, 계획 개인적 접촉

i) 〈환경의 불확실성이 높은 플라스틱 산업〉의 경우에는 사전에 설정된 규율, 방침, 계획과 같은 기계적 통합방식뿐만 아니라, 임기응변적인 태스크포스 팀, 통합 스탭, 위원회, 연락담당자 등과 같은 유기적이며 다양한 통합방법

ii) 〈컨테이너 산업〉의 경우에는 주로 규칙, 방침, 계획과 같이 이미 정해진 기계적 방식에 의해 통합

iii) 〈식료품 산업〉의 경우에는 통합방법의 종류도 중간 정도

4) 차별화와 통합의 관계

산 업	플라스틱	식료품	컨테이너
환경의 불확실성	높음	보통	낮음
부서의 분화	높음	보통	낮음
통합역할 수행자의 비율	22%	17%	0%

비록 차별화와 통합은 상호 반대되는 개념이지만 산업 내에서 성공적인 기업은 환경의 불확실성 정도에 적합한 차별화와 통합방법을 동시에 확보

5) 맺음말 : 환경의 변화방향과 조직설계

환경의 불확실성 정도와 조직의 분화 및 통합의 정도가 적합성을 유지할 때 조직의 성과가 좋다는 것. 안정적 환경에서는 차별화와 통합 정도가 낮은 조직설계 형태가 적합하지만 동태적인 환경에서는 차별화와 통합 정도가 높은 조직설계 형태가 적합

12. 환경의 불확실성과 조직설계에 대한 결론

[환경의 불확실성과 조직설계]

	환경의 복잡성	
환경의 동태성	단순	복잡
안정적	낮은 불확실성 1. 기계적 조직 　공식적·집권적 2. 소수의 환경요소 3. 아주 낮은 차별화 　아주 적은 통합방법 4. 생산 지향적	다소 낮은 불확실성 1. 기계적 조직 　공식적·집권적 2. 다수의 변경조직 3. 낮은 차별화 　아주 적은 통합방법 4. 약간의 계획
동태적	다소 높은 불확실성 1. 유기적 조직 　비공식적·분권적 2. 소수의 변경조직 3. 높은 차별화 　많은 통합방법 4. 계획 지향적	높은 불확실성 1. 유기적 조직 　비공식적·분권적 2. 다수의 변경조직 3. 아주 높은 차별화 　아주 많은 통합방법 4. 포괄적 계획, 예측

최근 급변하는 환경 하에 적합한 조직구조의 설계가 조직유효성의 결정적 요인이 되고 있음. 〈Stacey〉는 최근의 복잡한 환경 하에서 경영자들이 조직을 성공적으로 운영하기 위해서는 조직경영에 대한 기존의 사고방식을 바꾸어야 한다고 함. 카오스 상태의 조직에서는 학습(learning)이 중요한 생존전략. 즉 카오스의 환경에서는 지속적인 학습이 중요, 이에 따라 조직구조도 학습조직화 되는 것. 급격한 환경변화에 대응하기 위한 조직구조로 수평적 조직, 모듈 조직, 팀 조직, 네트워크 조직 등의 구조가 적합

Ⅶ. 조직설계에 영향을 미치는 상황변수로서의 '기술'

1. 개요

(1) 조직의 상황변수

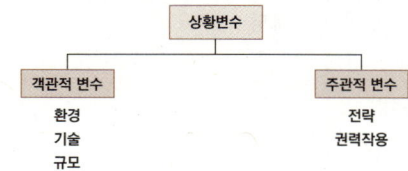

(2) 기술(technology)의 의의

조직의 투입물(원료, 정보, 아이디어)을 산출물(제품과 서비스)로 변환시키는데 사용되는 작업절차, 기법, 기계, 행동 등을 총괄한 개념

(3) 기술과 조직구조 연구에 관한 Daft의 관점

1) 핵심 조직의 기술에 관한 연구 : Woodward(제조기술), 서비스 기술
2) 비핵심부서의 기술에 관한 연구 : Perrow
3) 부서 간 상호의존성에 관한 연구 : Thompson

2. 핵심조직의 제조(생산)기술

(1) 우드워드(Woodward)의 연구

1) 의의

최초의 제조기술에 대한 연구는 영국의 산업사회학자인 조앤 우드워드(Joan Woodward)에 의해 이루어졌음. 그녀는 남부 에식스(Essex) 지방에서 100여 개 제조기업을 대상으로 실시한 현장 연구에서 시작

2) 기술의 복잡성(technical complexity)

〈기술의 복잡성(technical complexity)〉이란 생산과정의 기계화 정도(mechanization)와 예측가능성(predictability)의 정도

3) 세 가지의 기술 유형 - 기술의 복잡성(technical complexity)

[Woodward의 생산 시스템에 따른 100개 영국 기업의 분류]

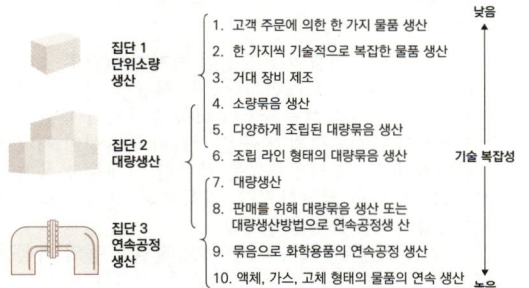

① 단위소량 생산기술(small-batch and unit production) : 소량 생산

특정 고객의 필요성을 충족시켜 주기 위한 것으로서, 거의 사람의 수공에 의존하는 기술 유형, 기술복잡성 낮음
〈예〉 선박이나 우주선과 같이 개별 주문을 받아 생산하는 경우, 맞춤양복 또는 특수목적용 설비의 주문생산. 즉 주문작업을 기본으로 함

② 대량 생산기술(large-batch and mass production) : 대량 생산 — 표준화된 제품을 생산하기 위하여 여러 가지 공정으로 이루어진 긴 제조과정, 기술복잡성 중간
〈예〉 자동차나 전자제품의 조립생산에서 사용되는 기술

③ 연속공정 생산기술(continuous process production) : 연속공정 생산 — 생산의 전과정이 기계화되어 있으므로 산출물에 대한 예측 가능성은 매우 높음, 기술복잡성 높음
〈예〉 정밀화학제품을 생산하는 공장, 석유정제공장 그리고 합성섬유산업이 이에 해당

4) 연구결과 : Woodward의 생산기술과 조직구조의 특징

[기술 유형과 조직구조의 특징]

구조상의 특징	기술		
	단위소량 생산	대량 생산	연속공정 생산
기술 시스템의 특징			
제품생산 방식	개별고객의 주문	조립공정 방식	연속적인 변환
공정의 특성	비반복적	반복적·일상적	연속적
기술의 복잡성	낮음	중간	높음
조직구조 특징			
관리계층의 수	3	4	6
최고경영자의 통제범위	4	7	10
감독자의 통제범위	23	48	15
직·간접 생산인력 비율	9 : 1	4 : 1	1 : 1
관리자·종업원 비율	1 : 23	1 : 16	1 : 8
직원의 기술 수준	높음	낮음	높음
절차의 공식화	낮음	높음	낮음
집권화	낮음	높음	낮음
구두 커뮤니케이션 정도	높음	낮음	높음
문서 커뮤니케이션 정도	낮음	높음	낮음
전반적 구조	유기적	기계적	유기적

① 관리자의 비율은 기술의 복잡성이 커지면서(단위 소량생산에서 연속생산으로 가면서) 증가. 복잡한 기술을 다루기 위해서는 경영의 요구사항이 더욱 많아지기 때문
② 직접인력 대 간접인력의 비율은 기술의 복잡성이 커지면서 줄어들게 됨. 간접인력들은 복잡한 기계를 운용하고 유지하는데 더욱 필요하지만, 자동화된 설비에 의하여 생산 직접인력은 줄어들기 때문
③ 감독자의 통제범위, 절차의 공식화, 집권화 등의 특성들은 대량생산기술의 경우 더욱 높은데, 그 이유는 작업이 표준화되었기 때문
④ 단위소량 생산과 연속공정 생산기술에는 고도의 숙련된 작업자들을 필요로 하며, 작업자들은 기계를 잘 다루고 변화하는 조건에 적응하기 위해 구두 의사소통을 활용. 대량 생산기술은 표준화되고 일상적이므로 예외의 발생이 상대적으로 적기 때문에 구두 의사소통의 필요성은 작고, 종업원들의 숙련도는 낮은 편

5) 기술 종류에 따른 유기적 구조와 기계적 구조와의 관계

〈단위소량 생산기술과 연속공정 생산기술〉의 경영시스템은 '유기적(organic)'이어야 함. 이들은 보다 자유롭게 흘러가야 하며, 적응력이 높아야 하고, 적은 수의 표준화와 규정 및 절차가 요구. 그러나 〈대량 생산기술〉은 표준화된 직무와 공식화된 절차라는 '기계적(mechanistic)'인 구조를 가짐 ⇒ "서로 다른 기술은 개인과 조직들에게 다른 종류의 요구를 한다. 그리고 이런 요구는 적절한 구조를 통해 충족되어야 한다"

6) 전략, 기술과 성과와의 관계

① 우드워드는 구조-기술의 관계를 상업적 성공 여부로 비교하였고, 성공적인 기업이 상호보완적인 기술과 구조를 가지고 있음을 발견하였음
② 성공한 소량·연속 : 유기적 조직구조
   성공한 대량 : 기계적 조직구조

7) 시사점

① 조직이 사용하는 기술이 무엇인가에 따라 그에 적합한 조직 구조 형태가 달라진다는 〈기술결정론적 입장〉을 취함
② 〈조직의 기술과 구조 간의 적합성〉 여부에 따라 조직의 성과가 달라짐
③ 전략, 구조, 기술이 잘 연계되어야 하며, 특히 경쟁적 조건이 변화할 때는 더욱 그러함. 유연성이 전략적으로 중요

8) 오늘날에의 적용 : 유연생산기술(Flexible Manufacturing Technology : FMT)의 도입과 조직구조

① 개요 : 스마트 공장의 등장

컴퓨터 기술을 이용하여 제품을 생산함으로써 조직이 사용하는 기술의 유연성이 증가. Smart factory란 설계·개발·제조 및 유통·물류 등 생산과정에 디지털 자동화 솔루션이 결합된 정보통신기술을 적용해 생산성·품질·고객만족도를 향상시키는 지능형 생산공장. 컴퓨터를 이용하는 기술은 CIM(Computer-Integrated Manufacturing), CAE & CAD(Computer-Aided Engineering and Design) 그리고 CAM(Computer-Aided Manufacturing)등이 있고, 스마트 공장에서 이러한 기술들이 활용되고 있음

② 유연생산기술(Flexible Manufacturing Technology : FMT)의 개념

유연생산기술이란 컴퓨터를 기초로 제품설계, 제조, 마케팅, 재고관리 및 품질관리 등을 전체적으로 관리하는 기술

궁극적으로는 각각의 제품이 고객의 요구사항에 맞춰 만들어지는 대량주문생산(mass customization)이 가능하게 됨

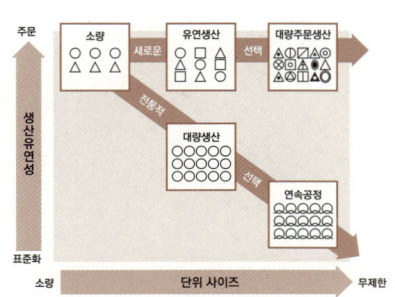

③ 린 생산(lean manufacturing)의 개념

유연생산을 통해 모든 부품들이 상호의존적으로 사용되고 유연관리 프로세스와 결합할 때, 품질, 고객서비스, 원가절감이 최고의 수준에 이르는 것

◆ 참고 : 린 식스 시그마
식스 시그마란 품질-통제 접근방식으로 높은 품질과 낮은 원가를 끊임없이 추구하는 것이 강조되는 것(매우 의욕적인 품질 표준으로 100만 개의 부품 당 3.4개의 결함을 목표로 하는 것이다). 즉, 린 식스 시그마는 팀 중심의 전체적 접근으로서 낭비를 줄이고 품질을 향상시키는 것

◆ 참고 : 카이젠(Kaizen)
점진적이고 작은 개선을 조직 내 모든 영역에서 지속적으로 실천하는 것

④ 대량주문생산(mass customization) : 컴퓨터 기반의 장인정신(computer-aided craftmanship)

유연생산기술과 린 생산은 대량주문생산을 위한 토대를 제공. 개별고객의 요구에 맞게 독특한 디자인을 한 제품을 대량생산기술을 사용하여 신속하고 저렴한 비용으로 만들 수 있었음

[대량생산과 유연생산의 조직특성 비교]

특 징	대량생산	유연생산 (FMS)
구조 　통제범위 　계층 수 　직무 　전문화 　의사결정 　종합	넓다 많다 일상적, 반복적인 일 높음 집권 관료적인, 기계적	좁다 적다 적용하는, 숙련된 기술이 필요한 일 낮음 분권 자기 통제적인, 유기적인
인적자원 　상호작용 　훈련 　전문성	독립형 좁음, 일회성 수공의, 기술적인	팀워크 폭넓은, 빈번 인식의, 사회적인 문제해결
조직 간 　고객 수요 　공급자	안정적 많음, 거리가 멀다	변화하는 적음, 밀접한 관계

⑤ 유연생산기술과 조직구조

유연생산기술은 기술의 복잡성을 증가시키고, 과업을 보다 복잡하게 만들며, 과업 간 상호의존성을 증대. 이러한 요인들은 전형적으로 조직으로 하여금 활동의 조정을 촉진시킬 수 있는 〈유기적 구조(organic structure)〉를 채택

9) Woodward의 대량 생산기술과 조직구조 간의 관계의 비교

환경의 급속한 변화가 조직으로 하여금 보다 유연한 생산기술을 필요로 하게 만들었으며, 유연한 생산기술이 효율적으로 운영되기 위해서는 유기적 구조가 필수적

구 분 \ 기술	대량 생산기술	유연생산기술 (스마트 공장)
최고경영자의 통제범위	넓다	좁다
계층의 수	많다	적다
과업특성	일상적·반복적	숙련된 기술이 필요
분업화	높다	낮다
통합 정도	낮다	높다
의사결정	집권화	분권화
정보 흐름	수직적	수평적
권한의 원천	직위	지식
행 동	표준화	적응적
관리기술	구체적	통합적

10) 유연 생산기술이 필요한 이유

오늘날 기업에 주는 시사점은 전략, 구조, 기술이 잘 연계되어야 하며, 특히 경쟁적 조건이 변화할 때 더욱 그러함. 전략을 지원할 적합한 신기술을 채택하지 못하거나 기술에 맞는 전략을 만들지 못하면 성과는 떨어짐

(2) 시사점

전략, 구조, 기술이 잘 연계되어야 함(특히 경쟁적 조건이 변화할 때)
전략을 지원할 신기술 채택 or 기술에 있는 전략이 성과창출을 위해 필요

3. 핵심조직의 서비스 기술(service technology)

(1) 서비스 기술(service technology) — 물리적 제품과는 달리 지식과 아이디어로 구성된 추상적 기술

(2) 생산 기술과 비교한 서비스 기술의 특징

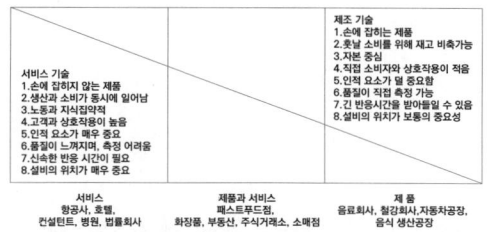

1) 무형의(intangible) 제품 및 생산과 동시에 소비되는 특성 — 서비스란 추상적이며, 물리적 제품과는 달리 지식과 아이디어로 구성. 서비스는 생산과 동시에 소비된다는 특성

2) 노동·지식 집약적 — 서비스란 무형의 제품으로 고객요구가 있기까지는 존재하지 않음. 저항할 수 없고, 최종제품으로 볼 수도 없음. 만일 서비스가 생산되면서 바로 소비되지 못하면, 이는 사라짐. 그래서 서비스 기업은 노동집약적이며 지식집약적. 반면 제조업은 자본집약적이고 대량생산, 연속공정, 그리고 유연생산기술에 대한 의존도가 높음

3) 고객과의 높은 상호작용 및 인적요소의 중요성 — 서비스 분야에서 고객과 종업원의 직접적인 상호작용은 매우 높음. 반면 제조업의 기술핵심에서 고객과 종업원 간의 직접적인 접촉은 별로 없음

4) 품질이 느껴지며, 측정이 어려움 — 세일즈맨으로부터 받는 서비스, 또는 의사나 변호사, 미용사로부터 받는 서비스는 고객의 만족수준을 결정하게 됨. 서비스의 품질은 느껴지는 것이지 유형의 제품처럼 직접 측정되고 비교되는 것이 아님

5) 신속한 반응시간이 필요 — 고객만족과 품질서비스의 지각에 영향을 미치는 또 다른 요인은 빠른 반응시간임. 서비스는 반드시 고객이 원하고 필요로 할 때 제공되어야 함

6) 설비의 위치가 중요 — 서비스 기술의 마지막 특성으로는 위치선정(site selection)이 제조업보다 매우 중요. 서비스란 눈에 보이지 않으므로 서비스는 고객이 받고자 하는 위치에 있어야 함. 서비스는 널리 퍼져 있고 지리적으로 고객에게 근접해 있음

(3) 서비스의 새로운 방향 : 고객맞춤형 서비스 — 서비스 기업은 언제나 개별고객이 원하고 필요로 하는 것을 정확히 제공해주는 맞춤식이어야 함. Ritz-Carlton 호텔은 50만명의 손님들의 각종 데이터베이스를 갖고 있어, 고객이 과거 원했던 포도주는 무엇인지, 깃털 베개에 알레르기가 있는지, 추가로 수건 몇 개를 필요로 했는지에 대한 정보를 활용함. 고객들은 좋은 서비스에 대한 기대감이 높아지고 있음

(4) 서비스 조직의 설계방향 — 서비스 기술이 조직구조와 통제 시스템에 어떤 영향을 미치는가라는 측면에서 고객 가까이서 일하는 기술핵심에 있는 종업원들이 매우 중요함

1) 서비스 조직과 제품 조직 간 형태와 구조상 차이점

① 구조의 특징	서비스 조직	제품 조직
분리된 경계 역할	적음	많음
지리적 분산	많음	적음
의사결정	분권화	집권화
공식화	낮음	높음
② 인적자원		
종업원의 기능 수준	높음	낮음
스킬의 강조점	인간관계	기술적

2) 서비스 조직의 설계방향

① 구조의 특징

ⅰ) 분리된 경계역할 — 경계역할이란 고객을 다루는 제조업에 사용되는데 기술핵심에 미치는 혼란을 줄여주는 것

ⅱ) 지리적 분산 — 서비스 기업은 정보와 무형의 산출물을 다루기 때문에 규모가 클 필요가 없음. 가장 큰 경제적 효과를 가져오는 방법은 고객들 가까이 위치해 가능한 작은 단위로 쪼개는 것(분리). 한편 제조기업은 단일 지역에 집중하여 운영을 하는데, 이는 원료와 인력을 활용하기 좋기 때문

ⅲ) 의사결정의 분권화 — 서비스 기업은 의사결정의 분권화 정도가 높은데, 고객만족을 추구하기 위해서는 신속한 의사결정과정을 거쳐야 하므로 의사결정이 분권화. 한편 제조 기업은 효율성을 위하여 집권화된 의사결정이 보편화

ⅳ) 낮은 수준의 공식화 — 서비스 기업은 생산과 소비가 동시에 일어나고, 고객과 상호작용이 높으므로, 공식화의 정도가 낮은데 반해, 제조 기업은 미래 소비를 위한 재고가 가능, 직접 소비자와 상호작용이 적으므로 업무 프로세스가 규정과 절차로 지정되어 공식화의 정도가 높음

② 인적자원

ⅰ) 종업원의 기능수준 — 서비스 기술은 조직을 지시하고 통제하는데 사용되는 내부 조직특성에도 영향을 미침. 예를 들어 기술핵심 종업원의 기능은 더욱 높아질 필요가 있음. 그래서 이들 종업원은 충분한 지식으로 기계적 업무를 다루는 것 이상으로 고객의 문제를 잘 다룰 줄 알아야 함

ⅱ) 스킬의 강조점 — 서비스 기술에서는 사회적, 인간관계의 스킬과 기술적 스킬을 동시에 갖추어야 함. 고도의 스킬과 구조적 분산으로 인해, 서비스 기업에서 의사결정은 분권화, 공식화는 낮아짐. 비록 어떤 서비스 조직(예: 패스트푸드점)은 고객서비스를 위한 규정과 절차를 두기도 하지만, 대체로 서비스업 종업원들이 관련 업무에 보다 많은 자율과 재량권을 가짐

4. 비핵심 부서의 기술

(1) 페로우(Perrow)의 연구

1) 기술의 정의 — "어떤 대상물을 변화시키기 위해 그 대상에 대해 행해지는 모든 활동"

2) 기술의 차원

① 〈과업의 다양성(variety)〉 — 예외의 빈도 또는 동질성의 정도와 관련되는 것으로, 과업이 수행되는 과정에서 발생하는 예외의 수

② 〈분석가능성(analyzability)〉 — 과업수행 중에 발생한 문제에 대한 적절한 해결책을 찾아내는 탐색과정의 난이도

3) Perrow의 기술분류

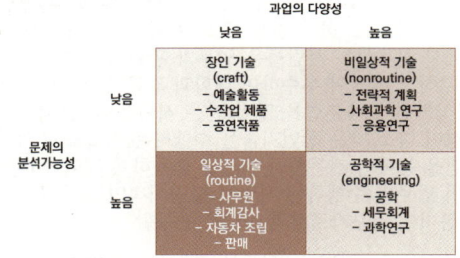

① 일상적 기술(routine technologies)

일상적 기술을 사용하고 있는 부서에서는 수행하는 과업의 내용이 분명하고, 발생하는 문제는 대부분 분석이 가능하기 때문에 집권화된 의사결정과 관리가 이루어짐. 일상성이 높고 업무수행과 관련된 제반 사항에 대한 공식화 정도도 매우 높음. 관리의 효율을 높이기 위해 표준화된 통제와 정해진 규정과 절차를 사용

② 장인 기술(craft technologies)

장인 기술을 사용하고 있는 부서는 과업이 다양하지는 않지만 발생하는 문제가 비일상적이므로 문제의 해결이 어려움. 문제의 해결을 위한 의사결정권이 업무를 수행하는 담당자에게 주어져서 매우 분권화. 그리고 과업의 다양성이 별로 없기 때문에 업무수행과정에 관련된 제반 사항의 공식화 정도가 높을 수 있음. 효과적인 관리를 위해서 지식과 경험이 풍부한 전문가가 업무와 관련된 모든 의사결정을 스스로 하도록. 과업을 수행하기 위해서 담당자는 지혜나 직관 그리그 경험 등에 의존해야 하므로 다양하고 광범위한 훈련과 경험을 쌓아야 함

③ 공학적 기술(engineering technologies)

공학적 기술을 사용하는 업무는 과업을 수행하는 데 있어서 상당한 다양성이 존재하기 때문에 복잡도가 매우 높음. 그러나 업무수행과정에서 다양한 문제들이 발생하지만 이들 문제들은 분석가능성이 높기 때문에 일반적으르 잘 짜여진 공식, 절차 그리고 기법에 의해서 해결될 수 있음. 공학적인 기술을 사용하는 분야에서 과업을 수행하는 사람들은 발생한 문제를 효과적으로 해결할 수 있는 상당한 지식을 가지고 있음. 업무상 의사결정은 대부분 집권화되어 있지만 공식화된 정도가 낮아서 조직의 유연성을 유지하는 것이 가능

④ 비일상적 기술(nonroutine technologies)

비일상적 기술을 사용하는 업무에서는 과업의 다양성이 매우 높고, 이를 해결하기 위한 성공적인 방법을 발견하는 탐색절차가 매우 복잡. 따라서 비일상적 기술을 사용하는 부서에서는 발생하는 문제와 사건을 분석하기 위해 상당히 많은 노력을 들여야 함. 문제해결을 위한 대안도 여러 가지를 가지고 있으며, 경험과 기술적 지식이 문제해결을 위한 중요한 도구로 이용. 업무수행과 관련된 공식화 정도가 매우 낮고, 의사결정의 분권화 정도는 매우 높음

4) Perrow의 기술분류와 조직설계
   ① 조직구조의 특성

일상적 기술을 사용하는 부서에서는 고도의 규정과 절차, 의사결정의 집권화 등 기계적 특성이 나타나며, 비일상적 기술을 사용하는 부서는 자유로운 의사소통에 의한 유기적인 구조 특성을 지님. 수행하는 업무의 성격이 현저히 다른 생산부서와 연구개발 부서의 관리체계나 조직구조는 현저한 차이가 나게 됨. 즉, 사용하는 기술에 따라 부서의 분위기, 조직원들의 옷차림, 작업습관 그리고 자율권 등 모든 분야에서 많은 차이가 남

② 스탭의 전문가적 자질	일상적인 기술을 사용하는 사람들은 반복적인 업무를 수행하기 때문에 교육훈련의 필요성이 낮고, 업무와 관련된 많은 경험을 필요로 하지 않음. 그러나 과업의 다양성이 높은 부서에서 근무하는 사람들은 업무와 관련된 기술이나 지식이 풍부하고 자질이 우수하며 대학과 같은 상급 교육기관에서 공식적인 교육훈련을 많이 받은 사람들임. 문제의 분석가능성이 다소 낮은 장인기술을 수행하는 이들을 축적된 직무경험을 통하여 전문가적 자질을 습득하게 되며, 비일상적 기술의 업무를 수행하는 사람들은 공식적인 교육과 직무경험을 통하여 전문가로서의 자질을 습득함
③ 공식화	일상적 기술을 사용하는 업무분야에서는 과업의 표준화, 분업화를 통하여 높은 공식화가 이루어져 있으며, 대부분의 업무수행에 대하여 정해진 규칙과 절차가 적용됨. 비일상적 기술을 사용하는 분야의 경우에는 업무를 수행하는 절차나 방법이 비공식적이며 표준화의 정도가 매우 낮은 특징을 나타내고 있음. 즉, 과업이 매우 다양할 경우에 공식적인 절차나 방법을 통해 이루어지는 활동은 거의 없음
④ 통제범위	통제 범위는 관리자나 일선감독자가 보고를 받게 되는 부하 직원의 수를 의미. 전문가들은 자신이 수행하는 업무에 대한 전문적인 지식을 가지고 있고 목표달성에 대한 내재적인 표준화가 되어있기 때문에 상급관리자의 통제범위가 보통수준으로 넓어지게 됨. 일반적으로 비일상적인 과업은 과업의 예외발생빈도가 높아 공식화가 어렵고 발생하는 문제의 분석가능성이 낮아 분권화가 요구되므로 전문화 정도가 높은 종업원에 의해 수행되며 통제범위는 좁아짐. 왜냐하면 감독자와 부하들이 자주 상호작용해야 하는 일이 많기 때문. 일상적 기술을 사용하는 업무일수록 공식화 정도가 높고 집권화되어 있으므로 일선감독자의 통제범위는 넓어짐
⑤ 분권화	일상적 기술을 사용하는 업무에서 이루어지는 대부분의 의사결정에 관한 권한은 관리자에게 집권화되어 있음. 공학적 기술을 사용하는 업무의 경우에는 기술적인 경험과 지식이 과업수행에 중요한 역할을 하기 때문에 업무 담당자들이 자신들의 업무와 관련된 대부분의 의사결정권을 가지고 있음. 따라서 비일상적 기술을 사용하는 업무분야일수록 분권화된 구조특성을 나타내게 됨
⑥ 의사소통	의사소통 형태는 과업의 분석가능성에 따라 달라지게 되는데, 과업의 분석가능성이 높을수록 보고서나 규칙, 절차 등과 같은 문서형식의 의사소통이 빈번하게 이루어짐. 과업의 분석이 어려울수록 직접대면, 전화 또는 회의와 같은 구두형식으로 더욱 자주 이루어짐. 따라서 비일상적 기술을 사용하는 업무일수록 수평적인 의사소통이 많이 이루어지고, 일상적인 기술을 사용하는 업무일수록 상급자와 하급자 간의 수직적인 의사소통이 많이 이루어짐
⑦ 조정체계	비일상적 기술을 사용하는 부서의 종업원들은 정기적인 회의나 수평적인 의사소통 등의 조정체계를 통하여 의사결정 활동에 참여. 일상적 기술을 사용하는 분야에서는 수직적인 의사소통을 통해 부서 간 조정이 이루어짐. 일상적인 기술을 사용하는 업무분야에서는 감독자의 영향력이 크며, 규칙이나 절차를 통해 의사결정과 통제활동이 이루어짐

구분 \ 기술의 종류	장인 기술	비일상적 기술	일상적 기술	공학적 기술
조직구조의 특성	다소 유기적	유기적	기계적	다소 기계적
공식화	중	저	고	중
집권화	중	저	고	중
스탭의 자격	작업 경험	훈련과 경험	낮은 훈련, 경험	공식적 훈련
감독범위	보통	좁음	넓음	보통
의사소통	수평적, 언어	수평적	수직적, 문서	문서, 언어
조정과 통제	훈련, 모임	회의, 가치관	규칙, 예산, 보고서	보고서, 모임
중점 목표	질	질	양, 효율	신뢰성, 효율성

5) Perrow의 기술분류와 조직목표

조직 전체목표	제품목표	파생적 목표	조직 전체목표	제품목표	파생적 목표
안정성 낮은 위험 비교적 낮은 이윤	품질 비기술혁신	보수적	고성장 고위험 낮은 이윤	높은 품질 혁신적	진취적
		장인기술	비일상적 기술		
		일상적 기술	공학적 기술		
안정성 낮은 위험 높은 이윤	물량 비기술혁신	보수적	적정 성장 약간의 위험 적정 이윤	신뢰성 적절한 혁신	진취적

5. 부서 간 작업흐름의 상호의존성(interdependence)

(1) 의 의

제임스 톰슨(James Thompson)은 조직구조에 영향을 미치는 상호작용을 세 가지 유형으로 정의. 상호의존성은 조직구조에 영향 미치는 기술 특성

(2) 상호의존성(interdependence)의 정의

상호의존성이란 부서가 자신의 과업들을 완수하기 위해 자원이나 원료 등의 필요를 이유로 서로에게 의존하는 정도

(3) 유 형

[톰슨의 상호의존성과 관리적 시사점]

상호의존성의 형태	수평적 의사소통과 의사결정의 요구	조정의 형태	부서화 우선순위	활용 기술
집합적(은행) □ □ □ ↓ ↓ ↓ 고객	낮은 의사소통	표준화, 규정, 절차 사업부 구조	낮음	중개 (mediating)
순차적(조립 라인) □→□→□ ↓ 고객	중간 정도 의사소통	계획, 스케줄, 피드백 태스크포스	중간	연속 (long-linked)
교호적(병원) □⇄□⇄□ ↓ 고객	높은 의사소통	상호 조정, 부서 간 횡단 미팅, 팀워크 수평적 구조	높음	높음 (intersive)

1) 집합적 상호의존성(pooled interdependence)

① 의 의   부서들 간에 상호의존성이 가장 낮은 경우. 여기서는 어떠한 작업을 위하여 여러 단위 분서나 조직을 거쳐야 할 필요가 없는 경우

② 중개 기술(mediating technology)   외부환경으로부터 고객에게 중개하거나 연결해주는 재화나 서비스를 제공

③ 사 례   은행, 중개회사, 부동산 사무실들은 모두 사는 사람과 파는 사람을 중개. 하지만 사무실은 조직 내에서 독립적으로 활동

④ 관리적 의미   관리자가 규정과 절차를 사용함으로써 부서 간에 이루어지는 활동들을 표준화시킨다고 함. 각 부서는 동일한 절차와 재무제표를 사용하므로 모든 부서결과는 측정할 수 있고 각 부문을 집합하여 전체의 성과를 합산할 수 있음. 부서 간에 조정을 매일 할 필요가 거의 없음

2) 순차적 상호의존성(sequential interdependence)

① 의 의   상호의존성이 연속적인 형태로 일어날 때, 즉 한 부서에서 만든 부품이 다음 부서의 투입물이 되는 경우

② 연속형 기술(long-linked technology)   생산의 한 단계가 다음 단계의 투입활동이 되는 것

③ 사 례   조선회사나 자동차 회사 조립생산 라인은 필요한 모든 부품들(엔진, 타이어, 스티어링 등)을 순차적으로 조립

④ 관리적 의미   경영진의 요구사항은 집합적 상호의존성보다 순차적 상호의존성에서 더 많아짐. 왜냐하면 연결된 공장이나 부서들 간에 더 많은 조정이 필요하기 때문. 상호의존성은 일방향의 원료의 흐름을 의미하기 때문에 폭넓은 계획과 스케줄이 필요

3) 교호적 상호의존성(reciprocal interdependence)

① 의 의   최고수준의 상호의존성이 교호적 상호의존성. 이는 작업 A의 결과가 작업 B의 투입, 작업 B의 결과가 다시 작업 A의 투입이 되는 경우. 부서들의 결과가 서로에게 영향을 미치는 경우

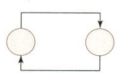

② 집약형 기술(intensive technology)   고객에게 다양한 제품과 서비스를 제공할 때 모든 업무담당자가 협력 하에 동시에 제공하는 것

③ 사 례   병원, 신제품을 개발하는 회사

④ 관리적 의미   교호적 상호의존성은 병원사례처럼 부서들이 매우 긴밀히 작업을 하며 타이트하게 조정해나가야 함. 교호적 상호의존성은 부서들이 함께 밀접하게 일하고 조정되기를 요구하기 때문에 〈기능횡단 팀(cross functional team)〉이나 〈수평적인 구조〉가 가장 적합

(4) 구조를 만들 때 우선순위

① 교호적 상호의존성은 조직구조에서 최우선적으로 다루어져야 함, ② 그 다음 우선순위는 순차적 상호의존성이고, ③ 마지막으로 집합적 상호의존성이 사용됨

(5) 구조를 만들 때 시사점

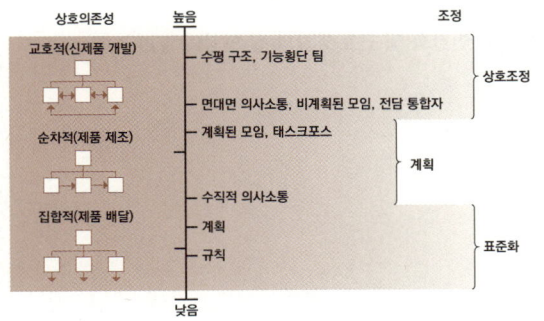

[제조업에서 과업의 상호의존성이 다른 경우 조정을 이루는 방법]

대부분의 조직들은 다양한 형태의 상호의존성을 경험. 표와 같이 상호의존성의 정도에 맞게 설계될 수 있음

1) 제조회사의 신제품 개발 – 교호적 상호의존성

제조회사의 신제품개발에서 설계, 엔지니어링, 구매, 제조, 판매부 등 여러 부서들 간에 교호적 상호의존성이 필요

2) 제품제조 – 순차적 상호의존성

한 제품이 설계되면, 실제 생산은 순차적 상호의존성을 갖게 되어 한 부서에서 다른 부서로 부품이 흘러가게 됨

3) 제품배달 – 집합적 상호의존성

실제 주문과 제품배달은 집합적 상호의존성을 갖고 있어, 창고작업과는 별개로 이루어짐. 고객들은 가장 가까운 곳에 주문을 하게 되며, 창고들 간에 조정이 거의 필요가 없음

◆ 참고 : 일상성에 의한 기술 분류

공헌자	기술 및 조직모형	
	일상적 및 기계적 조직구조	비일상적 및 유기적 조직구조
Woodward	대량 생산기술	단위소량 생산기술 연속 생산기술
Perrow	일상적 기술 공학적 기술	장인 기술 비일상적 기술
Thompson	중개형 기술 연속형 기술	집약형 기술

6. 사회 · 기술시스템(sociotechnical system)

(1) 개 념

기계설비 및 이의 조작지식이라는 〈기술시스템〉과 생물적 및 사회·심리적 원칙에 지배받는 종업원의 심리상태와 종업원 간의 〈사회시스템〉으로 구성, 기술적 요구와 인간적 요구의 '동시최적화(joint optimization)'를 추구하면서 환경적 조건에도 부합되어야 함을 의미

(2) 등장배경

사회·기술시스템이론은 1950년대 영국 타비스톡 연구소(Tavistock Institute)의 석탄광산 연구를 토대로 사회학자들에 의해 제시, 인간적인 삶을 위한 노력은 직무의 변화에서부터 시작되어야 한다는 것

(3) 내 용

〈사회〉란 조직 내 활동하는 사람과 집단, 〈기술〉이란 조직의 투입물을 산출물로 변환시키는데 사용되는 원료, 도구, 기계 등

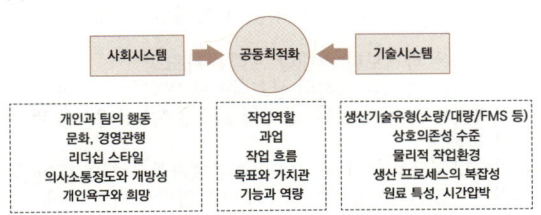

(4) 사 례 | 폐쇄회로 TV시스템으로 경비원들을 대체한 경우 기술로 인한 비용절감이 이루어지긴 했으나, 단지 5%만 침입건을 적발(미 연방기관의 18개월 간 조사 결과). 이는 인간의 욕구가 제대로 반영되지 않았기 때문

(5) 사상과 영향 | 노동의 인간화 및 근로생활의 질 향상(QWL)

(6) 직무설계의 방향 및 원칙
　① 직무 내 과업의 최적다양성
　② 전체 과업에 관계되는 의미 있는 과업형태
　③ 최적 작업주기
　④ 성과기준 설정에 있어서의 재량권과 결과의 피드백
　⑤ 경계과업을 포함하도록 과업의 경계를 확장
　⑥ 어느 정도의 기능을 필요로 하는 가치 있는 과업
　⑦ 전체 생산과정에 뚜렷한 기여를 하는 과업

(7) 사회·기술시스템이론의 적용 | 사람을 자원으로 보고 이들에게 적절한 기능과 의미 있는 작업 및 적합한 보상을 주어야 한다는 것. 기술에 대한 과도한 믿음으로 사람 관리를 소홀히 한다면 조직의 성과에 심각한 문제를 야기시킬 수 있음

(8) 공헌과 한계

1) 공 헌 | ① 자율적 작업집단을 도입함으로써 인간욕구를 반영, ② 생산성을 향상, ③ 신기술의 유연한 수용이 가능

2) 한 계 | 이 이론을 적용하기 위해서는 전제조건으로 〈조직 자체 측면〉에서 역동적 특성을 지니고 있고, 복잡한 환경 하에 처해 있어야 하며, 〈직무기술 측면〉에서 일상적 직무기술이 비일상적 직무기술 변화로 확대해 나가야 한다는 한계

(9) 맺음말 : 사회·기술시스템의 관리자에의 시사점
　① 인간욕구의 중요성 강조 | 경비원을 폐쇄회로시스템으로 대체한 예처럼 인간욕구를 무시한 기술은 오히려 조직유효성(organizational effectiveness)과 성과(performance)를 떨어뜨림
　② 기술과 인간욕구의 상황적합적 조화 | 기술진보는 조직과 종업원에게 관심과 몰입을 유도할 때 효과적
　③ 양자 조정이 중요 | 기술과 사람의 혼합 및 조정이 중요

7. 정보기술(IT)의 발전과 조직효율성

(1) 정보기술(IT)의 발전

1) 정보기술(information technology : IT)의 의의 | 정보를 만들어내고 가공하고 전달하고 저장하고 활용하는 일체의 기술. IT는 메인프레임 → PC → 데스크탑 인터넷 → 모바일 인터넷 → 사물 인터넷으로 진화. 가장 대표적인 정보기술의 발전은 디지털 혁명과 인터넷의 확산

2) 디지털의 의의와 특징 | ① 광속성, ② 확산성, ③ 쌍방성, ④ 반복성, ⑤ 개체성

◆ 참고 : 인터넷이 기업조직에 미친 영향 | ① 인터넷은 과거보다 거대한 고객을 대표함
② 인터넷은 기업과 고객의 상호작용에 변화를 가져옴
③ 인터넷은 고객, 공급자, 종업원들의 상호작용방식을 바꾸어 놓음
④ 인터넷은 소비자나 조직의 이해관계자들을 개인이 아닌 집단으로 변화시켰으며 그들의 힘과 압력을 더욱 증대시킴

(2) 정보기술과 조직관리의 효율화

1) 개 요

기업의 생산, 판매, 고객관리, 수송 등의 업무활동에 고도의 정보기술을 이용하여 정보시스템을 통한 시장수요분석, 판매예측, 컴퓨터가 기반이 된 제조와 생산과정관리, 인적자원관리의 정보시스템화가 가능하게 되었음. 결국 이러한 변화는 경영효율을 높이고 있음

2) 경영정보시스템(Management Information System : MIS)

업무를 실행할 때 쓰이고(운영적 역할) 그 업무를 지시하고 통제·감독하는 데 쓰이고(관리적 역할) 중역이나 관리자들이 미래를 예측하고 계획을 세우는 데에도 사용(전략적 역할)

3) IT의 조직에의 응용

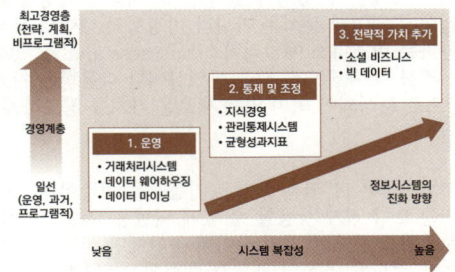

① 운영 부문에의 적용 : 실행(Do)

① 거래처리시스템(transaction processing system : TPS) : 매출, 구매, 재고 변화 등의 자료를 획득하여 데이터베이스에 저장하는 것과 같이 일상적이고 반복적인 사업거래를 자동화, ② 데이터 웨어 하우징(data warehousing) : 기업의 모든 데이터를 결합한 거대한 데이터 베이스를 활용하는 것으로 사용자들이 데이터에 직접 접근하고 보고서를 만들며 조건별 질문에 대한 답변을 얻을 수 있도록 해주는 것, ③ 데이터 마이닝(data mining) : 회사 여러 곳의 다양한 원천과 외부 원천까지 데이터를 탐색하고 분석하여 의미가 있음직한 패턴과 관계를 파악하는 것

② 통제 및 조정 : 평가(See)

① 지식 경영(knowledge management) : 구성원 개개인이 가진 지식의 창출, 공유, 확산 시스템을 통해 기업의 문제해결 능력을 향상시키는 것, ② 관리통제시스템(management control system) : 조직 전체에서 정보시스템을 계획하고 관리하고 통제, ③ 균형성과지표(BSC) : 조직의 전략으로부터 도출되어 신중하게 선택된 평가지표들의 합

③ 전략적 가치 추가 : 계획(Plan)

① 소셜 비즈니스(social business) : 블로그, 소셜 네트워크 또는 트위터 등의 사회적 미디어 기술들을 활용하여 구성원, 소비자 및 다른 이해관계자들과의 상호작용과 의사소통 및 협동을 촉진시키는 것, ② 빅 데이터(big data) 해석학 : 전통적 응용프로그램들에서는 다룰 수 없었던 거대하고 복잡한 데이터 set들을 검색하고 검토하여 숨겨진 패턴들과 상관관계를 찾아내는 기술, 기능 및 과정

◆ 참고 : 빅데이터의 특성(3V)

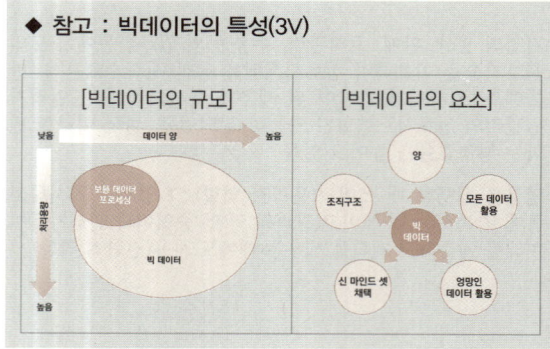

빅데이터는 과거 의사결정의 기초가 되었던 정보와는 다음과 같은 측면에서 그 특성이 다름
3V. 즉, ① 양(volume) : Data Base에 비해 차별화되는 대량의 물리적 데이터, ② 다양성(variety) : 비용, 성별 등 정형 데이터, 사진, 오디오, 비디오, SNS 등 비정형데이터, ③ 속도(velocity) : 고도화된 실시간 처리와 같은 특성을 기본으로 하되, 다음과 같은 속성들이 추가로 연구되고 있음(국립중앙과학관). ④ 가치(value) : 새로운 가치를 창출하거나 쓸모 있는 가치, ⑤ 정확성(veracity) : 데이터 자체의 신뢰성과 연관, ⑥ 가변성(variability) : 맥락에 따라 의미가 달라지는 데이터, ⑦ 시각화(visualization) : 정보 이용 대상자가 쉽게 이해할 수 있어야 한다는 것. 이러한 속성을 활용하면 정형적 데이터 분석뿐 아니라 비정형적 데이터 분석까지 포함하는 비즈니스 애널리틱스(business analytics)까지 사고가 확장, 휴대폰으로 찍은 동영상이나 다운받은 자료가 실시간으로 분석되어 의미 있는 새로운 가치를 창조하게 됨

(3) 정보기술과 조직구조의 설계
1) 정보기술과 조직의 규모(size)

오늘날 회사들은 IT 덕분에 많은 기능들을 외주처리하고 내부 자원은 보다 적게 사용할 수 있게 되었음. 정보기술을 활용하는 사업들 중에는 거의 사이버 공간에만 존재하는 사업들도 있을 정도로 조직의 규모가 축소되고 있음. 사업 운영을 위한 사무실과 집기, 빌딩 등 공식적 조직이 반드시 존재할 필요가 없음

2) 정보기술과 조직의 권한관계
① 정보기술과 집권화(centralization)

1958년에 Leavitt와 Whisler. ① 조직에서 권한을 위임하는 가장 큰 이유는 통제의 한계 때문인데, 정보기술의 발전으로 대규모 조직이 필요한 복잡한 커뮤니케이션 네트워크를 설계할 수 있게 되었음. 즉, 한 번에 수십 명의 업무를 파악하고 통제하도록 해 줌, ② 정보기술은 막대한 정보처리 능력을 바탕으로 조직의 모든 업무를 대상으로 종합적인 경영정보망을 구축할 수 있으므로, 계층별·지역별로 산재되어 있는 하부구조를 통합하여 강력한 중앙집권적 조직형태를 갖출 수 있음, ③ 모든 정보가 직접적으로 중앙에 집결될 수 있도록 하기 때문에 최고경영층은 상당한 정보력을 보유할 수 있지만, 중간관리층은 정보력이 저하되어 최고경영층에 의존할 수밖에 없음

② 정보기술의 분권화(decentralization)

① 정보기술은 조직의 중간 간부들의 역할을 전산이 대신하게 되어 남은 관리자들은 과거보다 더 많은 부하를 거느려야 하고 이로 인하여 많은 업무를 부하 직원에게 위임한다는 것. ② 의사결정은 그 결정사항이 실제로 실행되는 현장 가까이에서 이루어지도록 하는 것이 여러 가지 이점을 가지기 때문에 최근 많은 기업들이 중간관리층을 축소하고 조직을 수평화(Flat 구조). 따라서 관리자는 과거보다 많은 부하를 관리하게 되거나 부하들에게 권한을 많이 위양, ③ 사실상 정보기기는 대량의 정보를 처리해줄 수 있는 능력은 있지만, 복잡한 경영문제에서 발생되는 모든 변수들을 계량화하여 최적의 의사결정을 내려주지는 못함. 정보기술의 발달은 보다 많은 정보를 조직에서 활용할 수 있게끔 하여 종래보다 처리하여야 할 정보의 양을 증가시켜 주기 때문에, 최고경영자는 시간과 전문성이 부족하기 때문에 의사결정은 아래로 위양

◆ 참고 : 폭포효과(cascade effect)

③ 집권화와 분권화의 선택

조직의 계층적 단계

요 인	집권화가 바람직한 조건	분권화가 바람직한 조건
정보전달 비용	정보가 적정한 비용으로 중앙의사결정자에게 전달될 수 있을 경우	원거리정보가 의사결정에 가치는 있으나 전달비용이 매우 높을 경우
의사결정 정보	원거리정보를 사용하는 것이 의사결정에 가치가 있을 경우	현장의사결정자가 중요한 정보에 접근할 수 있고, 정보를 중앙에 전달하는 것이 어려울 경우
신 뢰	중앙의사결정자가 중요한 의사결정 시에 현장의 의사결정자를 신뢰하지 않을 경우	현장의사결정자가 중요한 결정 시 중앙의사결정자를 신뢰하지 않을 경우
동기유발	업무가 단순하고 현장 의사결정자가 타율적인 명령 하에서도 열심히 일할 경우	현장의사결정자가 스스로 결정을 할 때보다 열심히 일할 것으로 기대되는 경우

3) 정보기술과 커뮤니케이션(수평적 조정의 향상)

정보기술은 조직 내의 장벽을 제거. 수평적 부서 간의 장벽은 말할 것도 없고 수직계층 간의 장벽을 낮춤. 정보기술의 발달은 커뮤니케이션의 방식과 빈도를 증대시킴으로 조직 내 공식화된 조직구조를 비공식적 분위기로 변환시키고 조직을 훨씬 유연하게 함

4) 정보기술과 조직형태의 변화
　① 리엔지니어링(reengineering)

정보의 전달구조에 따라 조직을 재설계하는 것. 리엔지니어링은 업무상의 정보가 흘러가는 정보전달 구조의 합리화를 그 핵심내용으로 함. 현장에서 착상된 좋은 아이디어가 흘러가는 과정에서 낡고 진부한 정보로 변한다는 것이 리엔지니어링의 기본적인 문제의식

　② 프로세스 조직(process organization)

획기적인 경영성과를 도모하기 위해 리엔지니어링을 통해 기존의 기업조직과 업무처리절차를 재설계한 조직. 고객의 가치를 가장 이상적으로 반영할 수 있도록 전체 업무 프로세스를 근본적으로 재설계

　③ 가상조직(virtual organization) (= 네트워크 조직)

팀 구성원들이 시간, 공간 또는 조직의 경계를 초월하여, 주로 전자통신을 통하여 커뮤니케이션하면서 과업을 수행하는 조직. '텔레코즘의 법칙(Law of Telecosm)'. 정보통신기술의 성과를 이용하여 주로 가상공간에서 기업 간 협력을 진행. 가상조직은 참여기업 간에 정보네트워크를 통해 정보를 공유하기 때문에 참여기업들이 멀리 떨어져 있는 경우에도 지속적인 협력이 가능

5) 정보기술과 업무수행방식의 변화
　① 인터넷과 조직관리

정보의 확산과 공유를 넘어 교육, 문화, 상거래 등 전 분야에 혁신을 가져옴

　② 전자상거래(Electronic Business : E-Business)

조직의 공간과 시간·광고비·정보 효율을 혁신적으로 변화

　③ 업무시간과 업무방식의 유연성 : 가상 네크워크 조직 촉진

모든 업무가 전산화. 저장과 전달이 자유롭고 시간적 제약을 벗어나기 때문에 업무시간과 장소를 한군데로 고정시킬 필요가 덜해짐. 즉 업무담당자들의 업무시간대가 일정하지 않아도 됨

(4) 조직설계에의 시사점

첨단 정보기술이 조정과 통제를 위한 주 수단인 전통적 계층제를 대체할 것이라고 보는 전문가들도 있음. 정보기술의 발전으로 조직의 부문화와 상호연계, 그리고 구성원 간의 권력관계도 변화를 가져옴. 그러므로 조직의 구조도 다시 설계할 필요

◆ 참고 : 파이프형 조직(Pipeline organization) vs 새로운 형태인 플랫폼형 조직(Platform organization)

(1) 파이프형 조직(Pipeline organization)과 플랫폼형(Platform organization) 조직의 개념

오랜 세월동안 전통적 조직을 파이프형이라고 불렸음. 파이프형이란 선형적 지시에 따라 일하고 한쪽 끝에서 자원을 획득하고 파이프를 가득 채워서 다른 한쪽 끝으로 결과물을 밀어 내보내 소비자에게 판매하는, 즉 가치의 창출과 이동이 단계적으로 일어나는 순차적 과정을 가지고 있음.

그러나 플랫폼 기반 조직들(platform-based organization)은 사용자들을 연결하게 하여 가치있는 무언가를 창출하고 소비할 수 있도록, 즉 가치가 사람들에 의해 다양한 장소에서 다양한 방식으로 만들어지고 변경·교환·소비됨. 생산자와 소비자들이 디지털 기술(컴퓨터, 스마트폰 등)을 통하여 연결되는 것

(2) 근본 가정들(차이점)

1) 파이프형

① 자산의 규모를 증대시킴으로써 경쟁적 우위를 창출함. 파이프형 조직에서는 시장점유율, 가격 결정력 및 글로벌 판매력을 획득하기 위하여 인수합병을 통해서 규모와 영향력을 확보. ② 조직은 계층적으로 형성되어 있으며, 의사결정을 위해 중요한 정보들은 그 조직의 중심 또는 상층부로 이동. ③ 경험 많은 경영자들이 보다 큰 책임을 지는 직위로 승진

2) 플랫폼형

① 자산은 플랫폼의 생산자와 소비자들을 연결시킴으로써 획득될. ② 빛의 속도로 변화하는 상황에서는 의사결정을 위해 권한은 분권화해야. ③ 플랫폼 소프트웨어에 내재화한 알고리즘(algorism)이 인간보다는 원하는 결과를 달성할 수 있게 도와줌

i) 플랫폼형 조직의 두 가지 유형

교환형 플랫폼(exchange platforms)은 멤버들 사이의 1:1 상호작용을 촉진시키는 것, 메이커형 플랫폼(maker platforms)은 멤버들 사이의 1:수천명 간의 상호작용을 촉진시키는 것

ii) 플랫폼 조직 설계 시 핵심 성공 요인(CSF)

① 건설적 문화에 대한 비전을 제시할 필요. CEO 및 여타 최고 지도자들은 그들 회사의 디지털 및 문화적 차원 양쪽 모두에 대한 비전에 대해 의사소통할 수 있어야. 특정 플랫폼 사업체에서의 기술적/디지털 사고방식이 조직문화를 압도하거나 우선시되어서는 안됨
② 디지털 인재에게 투자할 필요. 많은 회사들에게 올바른 디지털 스킬 및 사고방식과 더불어 올바른 인재를 획득하는 것이 중요한 과제. 디지털 인재는 희소. 노동력이 부족할 때는 새로운 인재를 발견하는 것만큼 현재의 인재를 계속 보유하는 것이 중요. 따라서 플랫폼 회사는 인재를 끌어들이는 자석이 되어야 함
③ 소프트 스킬과 팀 빌딩을 촉진시켜야 함. 디지털 세계에서는 기술 도구들이 아주 빠르게 변화하기 때문에 기술적 스킬이 일시적인 것처럼 보임. 디지털 변형을 다루도록 가장 잘 준비된 회사들은 직원들의 인적 스킬 개발에 집중하는 경향. 기능별 탑(사일로)을 무너뜨리고 기능 간 (cross-functional) 협동 작업에 집중하는 것이 필요

VIII. 조직설계에 영향을 미치는 상황변수로서의 '규모'

1. 개 요
(1) 조직의 상황변수

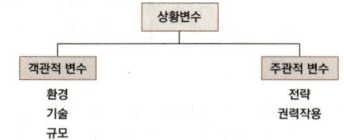

(2) 상황변수로서 조직의 규모(organization size) — 조직의 크기(size). 대규모-소규모 조직 사이 공식화, 집단화, 관리자 비율 차이가 있는 것으로 보고

2. 조직규모의 판단
(1) 판단지표 — 종업원 수, 매출액, 총 투하지불금

(2) 조직규모의 확대 — 일정한 지역에만 집중적으로 고용을 증가시켜서 규모를 확대하는 경우와 여러 지역에 분산적으로 고용을 증가시켜서 규모를 확대하는 경우

(3) 유의사항 — 조직규모 판단 시에는 지역분산도와 이에 따른 모회사 - 자회사 간의 종속관계 등을 검토하여 종업원 수를 산정

3. 규모결정론 및 이에 대한 비판

(1) 규모결정론 : 애스턴 그룹(Aston Group), 블라우(P. M. Blau), 메이어(M. W. Meyer) — 조직규모가 조직구조를 결정하는 데 가장 중요한 요소임을 강조하는 사람들의 주장. 애스턴 그룹의 조직규모에 대한 연구는 기술이 조직구조에 결정적인 영향을 미친다는 종래 기술결정론의 주장에 대해서 기술보다는 규모가 조직구조에 더 많은 영향을 미친다는 생각을 심어준 획기적인 연구였음. 애스턴 그룹은 31개의 제조업체와 15개 서비스업체를 대상으로 연구했는데, ① 조직의 규모가 커짐에 따라 조직은 관료화된다는 점, ② 타 조직에 대한 의존도 증가는 권한의 집중을 초래한다는 점, ③ 제조업체만을 대상으로 했을 때 조직구조는 생산기술의 결합도보다는 규모에 더 밀접한 영향관계를 갖는다는 점, ④ 규모가 조직구조에 가장 큰 영향변수라는 점 등을 통해 조직의 규모는 조직구조와 밀접한 관계를 가진다고 주장. 규모의 증대는 전문화·공식화 증대와 관련

(2) 규모결정론에 대한 비판 : 아지리스(Argris), 메이휴(Meyhew), 앨드리히(Aldrich) — 어떤 연구들은 규모가 조직구조에 미치는 영향은 아주 미미하든가 아니면 전혀 영향을 미치지 않음을 보여 주기도 함

4. 규모와 조직구조

(1) 개 요 — ① 규모가 커짐에 따라 부서의 수가 증가되어 조정의 필요성이 커지기 때문, ② 이에 따라 규정과 공식화가 증가되기 때문, ③ 한 부서에 소속되는 인원수도 증가되기 때문에 각 부서별로 권한위임과 공식화가 가속되기 때문

(2) 인원의 증가와 복잡성(complexity) — 조직규모가 커짐에 따라 조직의 구조는 복잡해짐. 조직에 구성원이 추가됨에 따라 인간관계는 기하급수적으로 증가, 조직의 규모가 커지면 조직의 질서를 유지하기 위하여 분업화, 통합화, 권한의 위양 등이 필요하게 될 뿐만아니라, 부서의 수와 규모도 상당히 증가되어 조직을 복잡하게 만듦. 규모가 일정한 임계치를 지남에 따라 복잡성이 둔화되는 이유는 규모가 커짐에 따라 분산되고, 분업화가 진행될수록 부서나 직위 내 과업의 이질성이 감소하여 추가적인 분업화의 필요성이 감소하기 때문

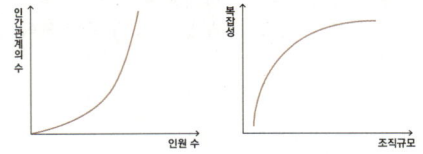

(3) 집권화(centralization)

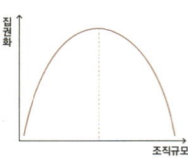

집권화는 의사결정 권한이 특정 계층, 특히 상층부에 집중된 정도를 의미. 조직의 규모가 증가할수록 조직은 강력한 리더십이 필요하기 때문에 조직의 상층부에 의사결정 권한을 집중시키지만, 규모가 증가하면 증가할수록 고객의 다양한 니즈를 충족시키고 변화에 대응해야 하기 때문에 권한위임이 발생하여 집권화의 정도가 약해지는 경향이 있음

(4) 공식화(formalization)

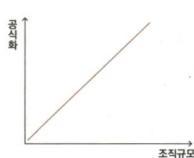

조직 규모가 커질수록 구성원의 행동은 더욱 공식화됨. 과업의 분업화가 이루어지면서 구성원들의 행동은 보다 반복적으로 변하게 됨. 또한, 조직이 커질수록 내부 혼란이 증가하고, 비인간적인 관계로 인해 사기 저하 문제가 발생할 수 있음. 이러한 상황에서 관리자는 규칙, 절차, 직무기술서 등의 공식적 수단을 개발하여 구성원들의 행동을 예측 가능하게 함. 결국, 조직 규모가 커질수록 공식화의 정도가 강화되는 경향이 있음

(5) 조직규모와 부서의 수

조직의 규모가 커질수록 조직의 구조는 구체화됨. 즉, 규모가 커질수록 과업은 보다 분업화되고 부서단위 또한 차별화될 뿐만 아니라 여러 관리구성 요소(기술구조, 지원 스탭)들이 나타나기 시작함. 조직구성원과 조직의 산출물의 양이 늘어나면서부터 조직이 수행해야 할 과업은 분화되기 시작, 과업이 분업화되어감에 따라 각 단위부서들 역시 분화되어 감. 과업의 분업화는 단위부서 내의 과업을 동질화시키지만, 단위부서 간의 과업은 이질화시킴. 부서 간 과업의 이질화는 부서 간의 분화를 더욱 촉진시킴

(6) 조직규모와 단위부서의 규모

조직의 규모가 커질수록 단위부서의 평균규모는 증가함. 왜냐하면 조직 내의 규정의 수와 공식화 정도가 증가되면 한 사람의 상급자가 통제/감독할 수 있는 부하의 수(span of control)도 증가하기 때문. 조직의 직위가 보다 전문화되고 단위부서가 분화될수록 관리자들은 보다 쉽게 하위구성원들의 행동을 표준화할 수 있게 됨. 즉, 행동의 공식화 혹은 작업계획이라는 기술적 관리시스템이 관리자의 역할 중 일부분을 대체하게 되는 것. 조직규모의 증가가 보다 많은 분업화를 가능하게 하고, 더 나아가 단위 부서의 규모도 증가시킴

(7) 조정의 필요

조직은 이러한 분화를 효과적으로 관리하기 위해 단위부서 간의 조정활동을 증대하게 됨. 즉, 조직의 규모가 커질수록 ① 직접 감독으로 조정하기 위해 요구되는 위계, ② 과업 과정의 표준화로 조정하기 위해 요구되는 작업절차의 공식화, ③ 성과통제를 위해 요구되는 계획 및 통제시스템 혹은 ④ 상호의존성을 조정하기 위해 요구되는 횡적 통합장치 등과 같은 조정 장치를 필요로 하게 되는 것

(8) 규모와 조직계층의 수

대규모 조직의 경우라면 과거에는 필요 없었던 조정과 연결업무를 담당할 상급자계층이 있어야 하고 이는 곧 조직에 또 하나의 위계가 생기는 것. 즉, 과거보다 계층이 한 개 더 늘어남. 상급계층에서는 업무할당과 규칙제정, 조정/감독의 역할을 해야 하며, 이러한 업무는 규모가 커질수록 정교화되고 구체화됨

5. 조직규모와 관료주의(bureaucracy), 통제

(1) 개요 : 수명주기의 발전에 따른 관료주의화

수명주기를 거치며 발전하는 동안 조직은 복잡해지고 규모가 커지면서 대부분 관료주의적 특성. 관료제의 기본적 틀은 유럽의 정부조직을 연구하여 대규모 조직을 합리적이고 효율적으로 만들기 위한 관리 요소를 고안한 사회학자 막스 베버(Max Weber)에 의해 제시

(2) 관료주의(bureaucracy)의 의의 : 제4편. 제2장. Ⅱ. 4. 참조

(3) 조직의 운영과 구성원 통치방법

(4) 이상적인 관료제의 특성

(5) 관료제조직이 지향하는 목표

(6) 조직의 규모와 구조적 통제

1) 복잡성(complexity)
2) 집권화(centralization)
3) 공식화(formalization)
4) 인원구성비(personnel ratios)

첫 번째 패턴은 조직의 규모가 커지면서 총 직원에 대한 고위 관리직의 비율이 낮아진다는 것. 이는 조직의 규모가 커짐에 따라 관리경제성이 있다는 점. 두 번째 패턴은 사무직과 전문지원직원 비율과 관련. 이들은 조직규모에 비례해 증가하는 경향. 조직이 크게 성장하면 의사소통과 보고의 필요성이 높아지고 그에 따라 사무직의 비율이 높아지기 때문, 직무는 더욱 세분화되어 전문직 직원의 비율이 증가

[행정지원 인력 비율]

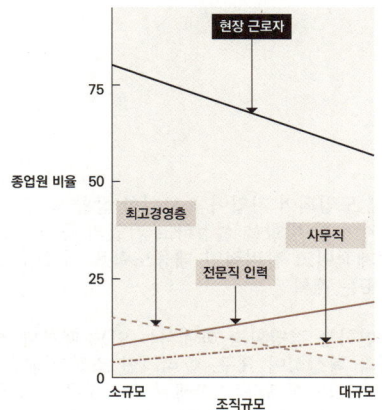

(7) 관료제조직의 장점 : 조직관리의 합리성 추구

(8) 관료제 조직의 단점 : 관료병리학적(bureaupathology) 내용

◆ 참고 : 파킨슨의 법칙(Parkinson's law)

영국의 역사학자 시릴 파킨슨(Cyril N. Parkinson, 1909~1993)은 자신의 실제 경험과 통계 자료를 바탕으로 1958년 『파킨슨의 법칙: 확장의 추구(Parkinson's Law : The Pursuit of Progress)』라는 저서를 발간. 1914년부터 1928년까지 영국의 해군장병과 군함의 수는 줄어든 반면, 같은 기간 동안 해군 부대에 근무하는 행정 직원의 수는 2,000명에서 3,569명으로 기존 인원의 80% 가까이 증가. 또한 제2차 세계대전 이후 영국의 해외 식민지들이 독립하면서 영국 식민청(Colonial Office)이 관리해야 할 지역은 감소했음에도 불구, 식민청의 직원 수는 1935년 372명에서 1954년에는 1,661명으로 늘어남. 이를 통해 업무량이 증가하는 것과 공무원 수가 증가하는 것은 서로 아무런 관련이 없으며 공무원 수는 업무량과 관계없이 증가함을 통계학적으로 증명, 두 가지 법칙으로 그 원인을 설명

① 첫째는, 부하배증(部下倍增)의 법칙. 공무원 수는 업무의 경중이나 해야 할 일의 유무에 관계없이, 상급 공무원으로 출세하기 위해서는 부하의 수가 늘어날 필요가 있기 때문에 일정한 비율로 증가한다는 것. 즉, 일이 많기 때문이 아니라 부하를 늘림으로써 승진을 앞당기기 위해 공무원을 뽑는다는 것

② 둘째는, 업무배증(業務倍增)의 법칙. 부하배증의 법칙에 따라 부하직원이 늘어나게 되면 과거에 혼자 업무를 처리했던 것과 달리 지시, 보고, 승인, 감독 등의 파생적인 업무가 생겨나게 되어 이에 따른 업무량이 늘어난다는 것. 즉, 조직이 커지면서 사람이 늘어난 만큼 일자리가 더 필요해지는 것. 일할 사람이 많아질수록 사람들은 시간적 여유가 생겨 그만큼 일을 느리고 비효율적으로 처리하기 때문에 업무 성과의 효율성을 떨어뜨리게 됨

(9) 관료주의 타파를 위한 접근방법 : 쇄신·혁신(innovation)

IX. 조직설계에 영향을 미치는 상황변수로서의 '전략'

1. 개 요

(1) 조직의 상황변수

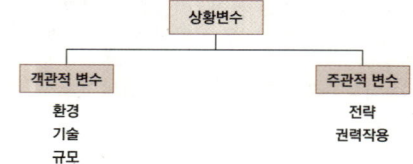

(2) 전략(Strategy)의 개념 — 기업경영에 도입되어 기업이 불확실한 상황 및 경쟁환경 하에서 나아가야 할 방향을 설정하고 기업의 목적을 달성하기 위하여 체계적이고 합리적인 대응노력을 기울이도록 하는 기본방침 또는 계획

(3) 전략의 중요성 — 오늘날 급변하는 경영환경 하에서는 어느 때보다 경영조직의 유연성과 혁신성이 요구. 합리적인 조직전략에 따른 적절한 조직구조의 설계와 조직행위의 실천은 조직유효성을 제고시켜 기업의 성장을 견인하는 중요한 변수가 됨

2. 전략과 조직구조의 관계

(1) 챈들러(Chandler)의 전략이론

1) 연구의 개요 — 챈들러는 1962년에 발행된 [전략과 구조(Strategy and Structure)]라는 책에서 미국 기업의 발전사를 70개 기업의 실증적 연구를 통하여 고찰. 기업이 채택한 전략과 그 전략을 수행하는 조직구조 사이에는 아주 밀접한 상관관계가 있음을 발견 "구조는 전략에 따른다(structure follows strategy)"라는 유명한 이른바 '챈들러의 가설'을 제시

[챈들러의 전략결정론(strategic imperative)]

2) 챈들러의 가설

① 가설 1 – 조직구조는 전략을 따른다(structure follows strategy).

② 가설 2 – 기업의 전략과 구조는 발전적으로 진행해 나간다.

③ 가설 3 – 조직은 그 구조를 가능한 현재 상태로 유지하고자 하며, 비효율성에 의하여 기업의 위기가 초래될 때 변화를 시도하게 된다. 언제, 어떻게 변화하는가는 기업이 처한 상황적 특성과 경영자의 능력에 따라 달라진다.

(2) 차일드(J. Child)의 전략적 선택이론(strategic choice theory)

1) 연구의 개요 : '전략적 선택'이라는 용어를 최초로 사용	조직설계의 문제가 단순히 상황적응의 문제만이 아니라 창조적 행위자로서의 경영자의 자유재량에 의한 의사결정과 관련 당사자들, 특히 조직에서 권력을 가지고 있는 관리자 내지는 경영자들의 이해관계나 가치를 반영하는 정치적 과정의 산물로서 파악. 환경이 조직구조를 결정한다고 하더라도, 환경은 그저 일방적으로 주어진 것이 아니라 조직의 주도적인 의사결정자(관리자)에 의해 전략에 따라 선택된 것이라고 주장
2) 등장배경	Child에 의해 제기된 전략적 선택이론은 구조적 상황이론이 경영자에 의한 전략적 선택의 중요성을 무시하고 있다는 점을 지적하면서 대두
3) 전략과 조직구조의 관계	관리자가 환경의 일방적 지배를 받는 것이 아니라 환경을 임의적으로 혹은 전략적으로 해석하고 선택할 수 있다는 것
4) 전략적 선택의 방식 ① 주관적 환경지각 ② 대안의 선택 ③ 환경의 조작과 통제	

(3) 앨드리치(H. E. Aldrich)의 연구

차일드의 각 명제에 대한 반대명제를 연구
① 새 환경부문의 최적선택에 관한 경영자의 능력에는 한계가 있음. 이 제약은 시장의 기존 조직들이 잠재적 진입자를 방해하는 진입장벽임. ② 조직이 환경에 영향을 미치는 함에는 한계가 있음. 환경에 중요한 영향을 미칠 수 있는 능력은 거의 전적으로 대규모 조직이나 정치적 연계가 좋은 조직들에게만 존재할 수 있음. ③ 이상에서 보면 전략이 구조에 영향을 미치는가 아니면 구조가 전략에 영향을 미치는가에 관한 논쟁은 명확한 결론을 내릴 수 없는 실정에 있음

(4) 시사점

경영전략과 조직구조가 적합한 관계를 유지해야 조직유효성이 제고

3. 산업구조 분석(industry analysis) – Porter의 산업구조 분석(industry analysis)

(1) 의 의

Michael E. Porter는 많은 기업연구를 통해서 경영자가 산업환경의 다섯 가지 영향요인을 잘 이해하면 훨씬 더 수익성이 높고 위험이 낮은 전략을 수립할 수 있다고 제안. Porter에 의하면 산업 내 경쟁자와 비교한 기업의 상대적 위치는 다음의 다섯 가지 영향요인에 의해 결정

(2) 영향요인

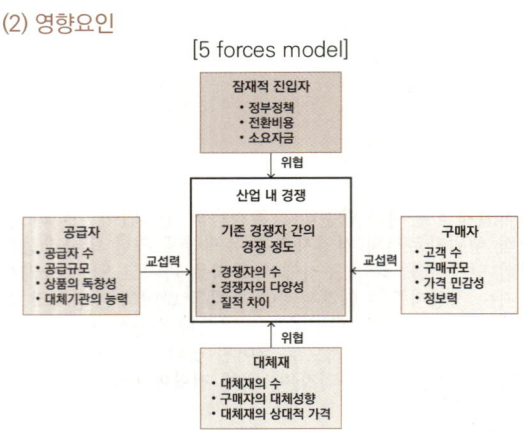

[5 forces model]

유망사업	비매력적 사업
· 진입위험이 적음 · 대체물의 위험이 적음 · 구매자의 협상력이 약함 · 공급자의 협상력이 약함 · 경쟁강도가 낮음	· 진입위험이 큼 · 대체물의 위험이 큼 · 구매자의 협상력이 강함 · 공급자의 협상력이 강함 · 경쟁강도가 높음

1) 신규진입자의 위협

새로운 진입자의 출현은 기존 기업에게 가격을 낮추게 하거나 투자를 늘리게 만드는 압력을 가함

2) 공급업체의 협상력

강력한 대규모 공급업체들은 높은 가격을 책정하거나 제한된 서비스 혹은 품질을 제공하거나, 고객에게 비용을 전가함으로써 높은 수익성을 올릴 수 있음

3) 구매업체의 협상력

막강한 구매업체는 가격을 인하시키고 더 높은 품질과 서비스를 요구하는 방법으로 공급조직의 비용을 증가시킬 수 있음

4) 대체재의 위협

회사 제품이나 서비스를 대체할 만한 다른 대안의 위협이 얼마나 큰지는 비용 절감이나 신기술의 등장, 고객충성도를 낮추는 사회적 추세와 같은 환경변화에 따라 달라짐

5) 기존 업체 간 경쟁관계

기존 경쟁업체 사이의 경쟁강도는 앞서 얘기한 네 가지 영향요인뿐만 아니라 제품의 가격이나 차별화 정도에 따라 달라짐

4. 사업수준의 전략(business strategy)
(1) 마이클 포터(Michael E. Porter)의 전략유형
1) 의 의

어떻게 하면 해당 사업에서 경쟁우위를 확보할 수 있도록 하느냐가 바로 경쟁전략. 경쟁전략이 달라지면 그 전략 수행을 위해 필요한 역할행동(role behaviors)이 달라지고, 이런 기대되는 역할행동은 인적자원관리 제도들에 의해서 형성될 수 있다고 보는 것. '본원적 경쟁전략(generic competitive strategy)'

2) 유 형

| ① 저원가 전략(low-cost leadership) | 경쟁자에 비해 가격을 낮게 책정함으로써 시장점유율을 증가시키는 전략. 예를 들면 생산원가를 낮추기 위해 인건비, 원료구입비를 절감할 수도 있고, 생산시설과 품질관리 방식을 재정비하여 제품생산에 들어가는 총비용을 낮춰서 판매가격을 낮출 수도 있음 |

② 차별화 전략(differentiation) — 산업 내 다른 경쟁자에 비해 독특한 제품이나 서비스를 제공하는 전략. 이를 위해서는 특별한 원료로 멋지게 비싸게 만드는 방법도 있고(제품 차별화), 엄청난 광고비를 투자하여 소비자에게 고상한 이미지를 심어주는 전략도 있으며(광고 차별화), 직접 배달 등과 같은 경쟁사와는 차별화된 유통망 전략(서비스 차별화)

③ 집중화 전략(focus strategy) — 특정 지역이나 고객에 집중하는 전략. 즉, 가격을 특별히 낮추고 품질을 특별히 높이는 전략을 세우되 전 고객을 상대로 하는 것이 아니라 한정된 특수 고객에 집중하여 원가우위 혹은 차별화 전략을 쓰는 것

(2) 마일즈와 스노우(Miles & Snow)의 전략 유형

1) 의 의

조직이 전략유형에 부합되는 조직구조나 관리방식을 갖추어야 성과를 낼 수 있다는 가정 하에 시장 환경에의 대응방식, 즉 고객의 욕구를 파악하고 충족시키는 방식에 따라서 다음과 같은 전략을 분류

2) 유 형

① 공격형 전략(prospector) : persue new and interesting products and services — 개척형 전략으로 새로운 시장을 선점하고 새로운 제품을 개발해서 출시하고, 그 다음에 해외시장도 개척하고, 새로운 영역을 선도적으로 열어가는 전략유형, 매우 공격적인 모습을 띤다고 해서 공격형 전략이라고 명명. 혁신, 적극적인 위험감수, 새로운 기회에 대한 탐색과 성장을 추구하는 전략

② 방어형 전략(defender) : conservatively seek stability — 현재의 사업분야에서 자리를 지키면서 경쟁우위를 지켜내려는 수성형 전략. 기존 사업 영역과 기존 시장 내에서 우수한 품질의 제품이나 서비스를 만들어내고자 애쓰고, 생산 및 판매에서 낭비함이 없이 효율적으로 운영이 가능한 시스템을 구축하고 비용절감을 위한 여러 가지 방안을 끊임없이 개발하고 추구하는 전략. 공격형 전략과는 반대되는 전략으로 위험을 추구하거나 새로운 기회를 탐색하기보다는 안정성을 중요시하는 전략

③ 분석형 전략(analyzer) : combine the strenths of both Prospector & Defender — 부분적으로 혁신을 추구하는 한편 안정성을 유지하는 전략. 기본적으로는 본업에서 방어형 전략을 채택하는 기업과 같이 품질과 비용의 경쟁력을 추구하나, 그 자리에만 있지 않고 공격형 전략을 채택한 기업들이 새로운 제품시장과 새로운 고객기반을 개척하는 전략적 행동을 지켜보면서 효과적 결과를 얻는 부분을 빠르게 모방하는 전략을 동시에 추구. 신제품을 모방. 끊임없이 공격형 전략을 채택하는 기업들을 눈여겨 봐야되고, 시장동향 자체에 대해서도 기민하게 관찰할 수 있어야 함. 성공적인 사업모델이나 신제품이 나타나면 재빠르게 배우고 모방해내는 학습능력이 뒷받침 되어야 함

④ 반응형 전략(reactor) : inherently unstable & not considered strategists

실제로는 전략이라고 할 수 없는 것으로, 환경의 기회와 위협에 대해 그때그때마다 임시방편적으로 대응하는 것

3) 전략과 조직설계의 관계

[전략과 조직설계의 관계]

Porter의 경쟁전략	Miles와 Snow의 전략 유형
전략 : 차별화 전략 조직설계 : • 학습지향, 유연하고 느슨하게 짜여진 방식, 강력한 수평적 조정활동 • 높은 연구개발 능력 • 고객과 친밀성을 높일 수 있는 가치와 메커니즘 구축 • 창의성, 위험 감수, 혁신에 대한 보상	전략 : 공격형 전략 조직설계 : • 학습지향, 유연성이 높고 분권화된 구조 • 높은 연구개발능력 전략 : 방어형 전략 조직설계 : • 효율 지향 : 집권화와 철저한 원가관리 • 생산효율성에 대한 강조, 낮은 간접비 강조 • 밀접한 감독, 낮은 자율권
전략 : 저원가 전략 조직설계 : • 효율 지향 : 강력한 집권화, 철저한 원가관리, 상세한 보고서 • 표준화된 작업 절차 • 효율적인 조달과 유통시스템 • 자세한 감독, 일상적인 과업, 제한된 자율권	전략 : 분석형 전략 조직설계 : • 효율과 학습의 균형 : 유연성과 적응성 하에서 철저한 원가관리 • 안정적인 제품에 대한 효율적인 생산, 혁신을 위한 창의성, 연구개발, 위험 감수 강조 전략 : 반응형 전략 조직설계 : • 명확한 방향 없음 : 상황에 따라 조직구조 특성이 갑작스럽게 변화

[전략 유형에 따른 특성]

전략 유형	목표	환경의 특성	구조적 특성	복잡성	집권화	공식화
공격형	유연성	역동적	느슨한 조직구조, 낮은 분업	-	낮음	낮음
방어형	안정성, 효율성	안정적	강력한 통제	높음	높음	높음
분석형	안정성, 유연성	적절한 변화	현재 활동에 대한 높은 통제, 새로운 사업에 대한 낮은 통제	-	중간	-

이상의 전략 유형은 오늘날 기업뿐만 아니라 대학과 병원 등 다양한 일반 조직에서 실제로 환경을 분석하고 대책을 세우는 데 매우 실질적이고 효과적인 대안들로서 타당성이 입증된 것으로 평가

4) 평 가

X. 조직설계에 영향을 미치는 상황변수로서의 '권력'

1. 개 요
(1) 조직의 상황변수

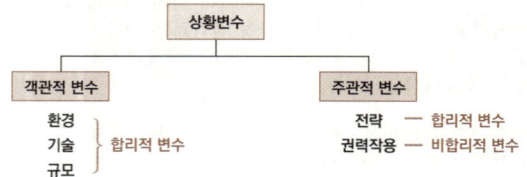

(2) 권력(power)의 개념

사회적 관계에서 상대방의 의지와 관계없이 나의 의지(will)를 상대방에게 관철시킬 수 있는 잠재적/실제적 힘(force) 또는 능력(ability)

2. 권력작용 변수의 대두배경

조직의 합리성(organizational rationality)을 전제로 하는 〈전통적 조직이론〉은 조직설계에 있어서 조직의 비합리적인 측면이 권력작용을 도외시하였기 때문에 현실의 조직구조를 설명하는데 한계. 〈근대적 조직이론〉에서는 조직구조의 상황변수로서 권력작용 변수를 포함시켜 동태적인 조직구조이론의 형태를 띠게 됨

3. 권력론의 기본관점

조직구조의 설계에 있어서도 '이해관계자 집단'은 자기 집단의 권력을 유지하고 확대하는 방향으로 조직구조를 선택하려 하기 때문에, 이러한 권력작용이 주관적인 상황변수가 된다는 것

4. 권력의 원천(source)

(1) 개인 수준(individual level)

French & Raven, 1960

1) 보상적 권력(reward power) : 공식적 권력(formal power)
2) 강제적 권력(coercive power) : 공식적 권력(formal power)
3) 합법적 권력(legitimate power) : 공식적 권력(formal power)
4) 준거적 권력(referent power) : 개인적 권력(personal power)
5) 전문적 권력(expert power) : 개인적 권력(personal power)
6) 기타 : 정보적 권력(information power), 관계 권력(connection power)

(2) 집단 수준(group level)

1) 불확실한 상황의 통제 능력
2) 기능의 비대체성(irreplaceability)
3) 업무의 중심성(centrality)
4) 자원의 조달 및 통제능력

5. 권력과 조직구조

(1) 기본가정

조직의 환경, 규모, 기술, 전략과 같은 합리적 상황변수는 조직구조 설계에 있어 일반적인 제약조건으로 작용. 그러나 제약조건을 받아들인 후에도 선택의 여지는 남아있으며, 어떤 조직구조를 선택할 것인지에 대한 의사결정은 권력이 가장 많은 이해집단에 의해 좌우됨

(2) 조직구조

권력론에 따르면, 권력자들은 그들의 통제를 유지하도록 하는 조직구조를 선택하게 되고, 그 구조는 복잡성을 최소화하고 공식화와 집권화를 최대화하는 구조가 됨

1) 복잡성 : 낮음

조직의 분화(수평적·수직적·장소적)는 조정과 통제상의 어려움을 초래하기 때문에 경영자는 상황이 동일하다면 복잡성이 낮은 구조를 선호. 최근 정보시스템의 발달로 높은 복잡성도 가능하다는 견해가 있음

2) 집권화 : 높음

권력자들은 의사결정을 위한 권력의 배분을 원치 않는 경향이 있으므로 집권화된 조직구조를 추구

3) 공식화 : 높음

조직구성원들이 준수하는 법칙과 규정이 확립될수록 권력층의 통제가 용이하게 되기 때문에 권력자들은 가능한 한 높은 공식화를 추구

6. 시사점

기업은 단순한 사회·기술시스템만이 아니라 정치시스템이며, 기업의 권력자원은 유한한 것. 따라서 한정된 권력자원을 어떻게 효율적으로 사용하여 경영목표달성에 최대한의 위력을 발휘하도록 만들 것인가가 핵심적인 문제

경영자 또는 조직의 리더는 권력의 다양한 원천을 이해하고, 권력이 중요한 상황변수임을 인식하여 조직의 목표달성에 긍정적인 방향으로 권력작용을 유도해야 할 것

XI. 글로벌 환경을 위한 조직설계

1. 글로벌 확장의 동기

(1) 규모의 경제(economy of scale)

대량생산이 가능해지면서 각 기업은 단위비용을 최소화. 국내 시장 점유율로는 규모의 경제실현 어려워 해외 진출

(2) 범위의 경제(economy of scope)

범위란 한 기업이 활동하는 지역, 국가, 시장의 수와 종류뿐 아니라 한 기업이 제공하는 제품과 서비스의 수와 종류를 의미. 여러 국가에 진출한 기업은 소수의 국가에만 진출한 기업보다 마케팅 파워와 시너지 측면에서 큰 효과를 누릴 수 있음. 범위의 경제를 통해서 다양한 고객에게 영향을 미치는 문화, 사회, 경제 등에 대한 광범위한 지식을 획득할 수도 있으며, 다양한 고객의 요구에 맞는 상품과 서비스를 제공할 수 있기 때문에, 시장에 대한 영향력을 크게 가질 수 있음

(3) 생산요소(factors of production)의 경제성과 합리성

국제적 대규모화는 원료구입 비용과 일체의 생산원가 절감을 가져옴. 자국의 자원이 희소하기 때문에 해외 식민지 확보와 국제 간 무역이 시작되었음. 인건비가 싼 나라의 인력을 고용하며, 지대와 세금이 싼 나라에 공장을 세우고, 원료가 풍부한 나라에서 원료를 구매하여 수요가 많은 나라에 가져다 판다면 최적의 조건에서 기업활동이 이루어지는 것. 저렴한 자본비용, 값싼 에너지원, 약한 정보의 규제, 고급기술력, 저렴한 인건비 등을 감안하여 자원조달의 최적화를 추구

2. 국제화 발전단계

기업의 국제화에 따라 위와 같은 조직 구조의 발전과 더불어 경영자와 종업원들은 문화지능(cultural intelligence)이 필요해짐. 문화지능이란 추론과 관찰을 통해 낯선 제스처나 상황을 해석하고 적절한 행동 반응을 고안하는 능력. 문화지능은 개인이 새롭게 당면한 상황에서 상대의 의도를 이해하고 문화적으로 적합한 방식으로 대응하도록 해줌

	1. 국내기업 단계 (domestic stage)	2. 국제기업 단계 (international stage)	3. 다국적기업 단계 (multidomestic stage)	4. 글로벌 기업 단계 (global stage)
개념	국내시장에 초점(글로벌 환경은 인지), 국내시장을 위한 기업구조, 시장 잠재력은 제한적	해외수출이 늘어나면서 다국가적(해외 여러 개의 시장을 가지는 것)으로 생각하기 시작, 그러나 이들 시장이 상호 연결되어 있지는 못한 상태	여러 해외 시장에서 폭넓은 경험을 가지면서 마케팅, 제조, 연구개발이 해외 여러 국가에서 수행되는 단계. 해외시장에서의 판매가 큰 비중을 차지	한 국가를 초월하는 단계. 전 세계 자회사들이 서로 연계되기 시작하는 단계. 국적없는 기업(stateless coporation)으로 진입
전략적 지향	국내 중심	수출 중심의 다국가적	다국적	글로벌
발전단계	초기 해외시장 진입	해외시장에서의 경쟁적 입지	폭발적 성장	글로벌
조직구조	국내시장 중심구조 + 수출 부서	국내시장 중심구조 + 국제사업부	세계적이며 지역적 특성을 지닌 제품	매트릭스, 초국가적 구조
시장잠재력	보통, 대부분 국내시장	큼, 복수 해외시장	매우 큼, 다국적	전 세계

3. 글로벌 조직설계의 어려움

(1) 국제환경의 높은 복잡성

국제환경에서의 이와 같은 복잡성은 결국 조직 내부의 복잡성으로 나타남. 즉, 환경의 복잡성과 불확실성이 증가함에 따라 조직은 이에 대응할 수 있는 전문직위, 부서나 부문을 설치함으로써 차별화가 높아짐. 외부환경을 효과적으로 감지하고 반응하기 위해 Thompson이 주장하듯이 더 많은 경계 부서들(boundary spanning)이 필요하기 때문

(2) 높아진 차별화와 통합의 필요성

조직이 보다 차별화된다는 것은 결국 다양한 제품부문 부서 직위가 여러 나라에 흩어져 있다는 것을 의미하고 결과적으로 관리자들은 변경조직을 어떻게 통합할 것인가라는 커다란 문제에 봉착

(3) 조직단위 간 지식과 혁신 이전의 어려움

구성원들이 국경을 넘어 지식과 아이디어를 이전하도록 하는 것은 극히 도전적인 과제임. 언어 장벽, 문화적 차이, 지리적 거리 등과 같은 요인 때문에 서로 상이한 국가의 사업부에 존재하는 지식과 기회가 이전되기 어렵기 때문. 때때로 경영자들이 조직 간 통합을 통해 얻을 수 있는 가치를 인식하지 못하고 다른 부문과 협력하기보다는 자기 부서의 이익을 지키려 하는 것이 그 원인이 됨. 뿐만 아니라 지식의 많은 부분이 구성원의 정신 속에 존재하므로 쉽게 문서화되지 못하고, 다른 부서와 공유하기 어렵기 때둔

4. 글로벌 전략에 적합한 조직구조의 설계

(1) 글로벌 환경과 국가별 여건에 대응하기 위한 전략모형

1) 글로벌 전략(global strategy)

제품 설계와 제조 및 마케팅 전략 등을 전 세계적으로 표준화시키는 것

2) 다국가적 전략(multidomestic strategy)

개별 국가별 경쟁방식을 다른 국가들에서의 경쟁방식과는 관계없이 독자적으로 수립하는 것

[국제적 경쟁우위와 조직구조 간의 적합성모형]

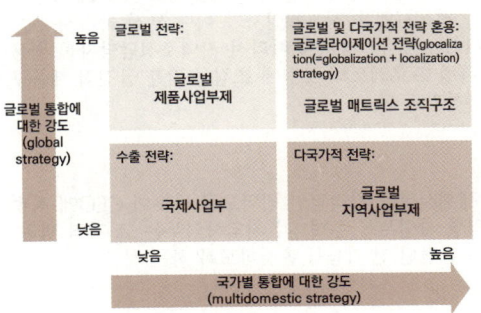

[다국적기업의 구조적 진화과정]

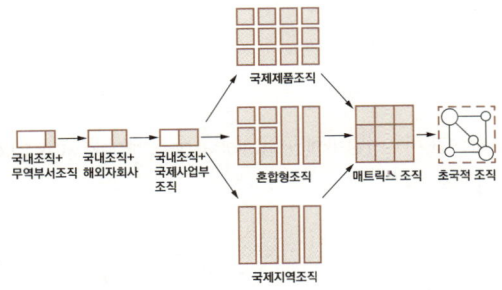

전형적으로 수출부서가 생긴 다음 점차적으로 수출부서가 확대되면서 국제사업부(international division)가 나타나게 됨

(2) 국제사업부 조직(international division)

1) 의의

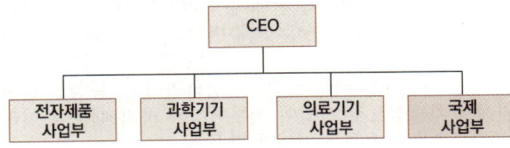

2) 상황조건	회사 내 다른 주요 사업부들과 비슷한 위상을 갖게 되는 수준, 국제사업부는 독자적으로 여러 국가에서 사업(라이센싱, 합작기업)을 수행하는 데 필요한 기능 부서를 갖게 됨. 국내사업 부문들에서 창출하는 제품이나 서비스를 판매하고, 현지 공장을 기업이 국제적으로 더 특화된 분야로 진출하도록 선도해 나감
3) 특 징	국내 사업부문들에게는 기능별 구조가 주로 사용, 사업영역이 국제적으로 확장되는 경우에는 조직계층의 수가 많아지기 때문에 기능별 구조를 별로 사용하지 않음. 따라서 제품별 사업부 구조나 지역별 사업부 구조 또는 매트릭스 구조를 채택하고 더 작은 단위로 세분화하여 해외활동을 관리

(3) 글로벌 제품사업부제 구조(global product structure)

1) 의 의	제품별 사업부가 특정 제품분야에 대해서는 전 세계시장에 걸쳐서 모든 운영에 책임을 지게 됨

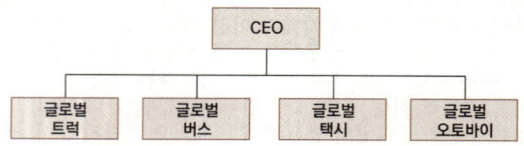

2) 상황조건	각 제품사업부의 최고책임자들은 원하는 방식대로 사업부문 내의 조직을 설계할 수 있으며 또한 글로벌 시장에 대응하기 위해 나름대로 독특한 방법으로 직원들을 활용. 글로벌 제품사업부제 구조에서는 전 세계의 모든 시장에 대해서 각 사업부의 최고책임자가 제품 생산 및 배분과 관련된 모든 기능들을 계획하고 조직화하고 통제하는 권한을 갖게 됨. 제품이 기술적으로 유사하고 전 세계적으로 마케팅을 표준화시킬 수 있는 경우에 가장 효과적
3) 특 징	어떤 국가에서는 제품사업부들 간에 협력하기보다는 경쟁이 심화됨으로써 조직운영이 원활하지 못하게 되는 경우. 또한 제품사업부 최고책임자가 어떤 특정 국가시장을 무시해버리는 경우. 경우에 따라서 지역조정담당자를 활용하거나 특정 프로젝트의 조정에 초점을 맞춘 급진적 제품구조를 사용하기도 함

(4) 글로벌 지역사업부제 구조(global geographic structure)

1) 의 의	전 세계시장을 지리적인 권역으로 나누어 CEO에 직속하는 지역별 사업부를 두며, 각 지역사업부는 그 지역 범위 내에서는 관련된 전 기능을 총괄하도록 하는 것

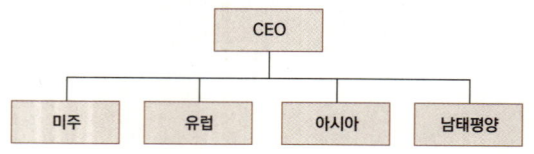

2) 상황조건	전형적으로 제품이 성숙기에 접어들었고 기술이 안정적인 경우가 많음. 즉 마케팅과 판매에 있어서는 여러 국가별로 제각기 다른 욕구들을 충족시켜주면서 아울러 개별 국가시장 내에서는 생산비용을 낮추도록. 경영환경 및 경영방식이 변화되어, 최근에는 서비스업이 성장하면서 그 특성상 현지 차원에서 차별적으로 사업이 이루어져야 하기 때문에 이러한 조직구조를 활용하는 기업이 확산

3) 특 징	지역사업부 구조는 각 지역의 구체적 요구에 대한 대응을 중요시하기 때문에, 비용의 통제가 큰 문제가 됨. 전 세계 모든 지역들에 대한 조정문제를 전담하는 부서를 새로이 설치함으로써 글로벌 조정문제를 해결할 수 있음
(5) 글로벌 매트릭스 조직(global matrix structure)	
1) 의 의	둘 이상의 다른 조직구조 또는 조직설계 요인들을 함께 활용하는 것

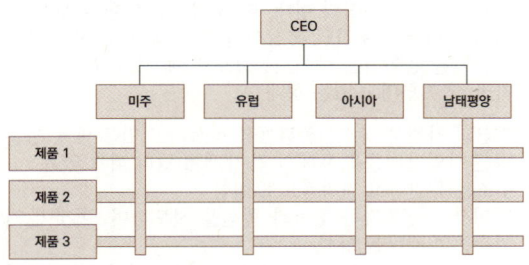

2) 상황조건	글로벌 매트릭스 조직은 특히 제품표준화와 지역별 현지화를 조합한 전략을 사용할 때 효과적. 이는 글로벌 기업이 글로벌 표준화와 지역다변화 및 대응성 제고 측면 모두를 달성할 수 있게끔. 자원 공유의 문제를 조정해야 하는 것이 조직의 핵심사안이 되는 경우에 가장 효과적
3) 특 징	기능별, 지역별, 제품별 사업부 조직을 혼용하여 사용
(6) 시사점	글로벌 시장에서 조직을 운영하는 데 있어 이상적인 구조란 없으며, 사업을 영위하는 기업들은 글로벌 환경에서 직면하게 되는 여러 문제를 극복하기 위하여 빈번히 조직구조를 변경해야 함

5. 성공 방안 : 글로벌 조정의 메커니즘

◆ 참고 : 글로벌 조정의 이점
1. 비용절감, 2. 더 나은 의사결정, 3. 수익증대, 4. 혁신의 증대

(1) 글로벌 팀(global team)	글로벌 팀은 초국적 팀(transnational team)이라고도 불리는데, 국가의 경계를 초월하여 다양한 기술을 가진 다양한 국가의 구성원으로 구성된 팀. ① 이문화 팀(intercultural team), ② 가상 글로벌 팀(virtual global team)
(2) 본사의 계획과 통제	본사가 계획 스케줄 설정에 적극적인 역할을 수행하여 널리 흩어져 있는 지역 조직들이 동일한 방향을 향해 함께 일할 수 있도록 강력한 통제를 하는 방법
(3) 확장된 조정역할	조정을 위한 구체적인 조직 역할 또는 직위를 설정해 글로벌 기업의 각 부문들을 통합

6. 조정과 통제에 있어서 문화차이

(1) 조정과 통제에 있어서 국가 간 문화차이 고려 필요	홉스테드의 연구. 나라마다 사회적 가치와 문화적 가치가 다른 것처럼, 국제 기업의 경영가치와 조직규범은 본사의 국가가 어디인지에 따라서 달라지는 경향. 따라서 조정과 통제에 있어서 국가문화와 가치에 대한 고려가 필요

(2) 조정과 통제에 있어서 세 가지 접근	일본 기업들은 흔히 집권화된 조정과 통제방식을 사용, 유럽 기업들은 분권화된 조정과 통제방식을 선호하고, 미국 기업들은 공식화에 의한 조정과 통제 방식을 취하고 있는 경향. 대부분의 기업들은 본사의 국가가 어디인지에 관계없이 이러한 세 가지 접근법의 각 요소를 조합하여 활용
7. 초국적 조직(transnational model) : 가장 진보된 국제조직의 형태	
(1) 초국적 조직(transnational model)의 의의	가장 진보된 국제조직의 형태. 이 조직은 다양한 부문을 많이 가지고 있어서 조직의 복잡성이 가장 높으며, 여러 다양한 부문들을 통합하는 메커니즘으로 인해 조직의 조정활동이 가장 잘 이루어지고 있는 형태
(2) 초국적 조직구조의 특징	① 자산과 자원은 상호의존관계를 형성하고 있는 매우 전문화된 사업단위들을 통해서 전 세계에 널리 퍼져 있음 ② 구조는 유연하고 지속적으로 변함 ③ 자회사의 경영자는 전략과 혁신을 시도하며, 이것이 기업수준의 전략을 형성 ④ 통합과 조정은 공식적인 구조와 시스템보다는 주로 기업문화, 공유된 비전과 가치관, 경영스타일에 의해 이루어짐

XII. 조직의 성장과 쇠퇴

1. 조직의 규모 : 조직은 클수록 더 좋은가

(1) 성장에 대한 압박	신생기업들은 빠르게 성장하여 대규모 기업이 되고자 하는 희망을 가지고 있으며, 결국에는 Fortune의 500대 기업 리스트에 자신의 이름을 올리고 싶어 함
(2) 대규모의 딜레마	조직은 성장해야 함. 그러나 일정 정도 이상의 규모가 되면 지나치게 많은 규칙과 절차 그리고 불필요한 요식행위에 의해 조직의 윤리, 열의, 몰입이 약화되어 조직의 효과성이 줄어들 수 있음
1) 대규모	기업이 세계적으로 경쟁하기 위해서는 막대한 자원과 규모의 경제가 요구됨. 대규모 조직들은 어려운 시기에도 살아남을 수 있을 만큼 충분한 자원을 가지고 있음. 큰 회사는 복잡하며 표준화되어 있고 종종 기계적으로 운영됨. 대기업 안에는 수백 개의 전문영역에 속한 사람들이 다양한 과업을 수행하여 여러 복잡한 제품을 생산
2) 소규모	글로벌 경제에서 성공하는 주요 요인은 변화하는 시장에 대한 민감한 대응과 유연성. 규모가 작은 기업은 고객 니즈와 시장 및 외부환경변화에 신속하게 대응할 수 있다는 장점을 지님. 작은 조직에서는 종업원들이 자신을 한 공동체에 속한 구성원으로 느끼기 때문에 몰입도가 더 높아짐. 작은 조직들은 단순한 구조를 가지고 유기적이며 자유로운 경영 스타일로 기업가정신과 혁신을 촉진. 작은 조직의 구성원들은 기업 사명에 보다 쉽게 동화되며, 회사에 개인적인 애착을 갖게 되어 동기부여와 책임감이 높아짐

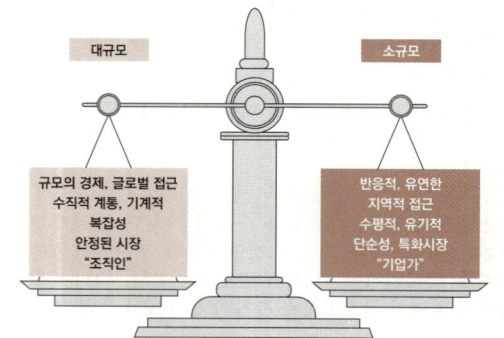

자료 : John A. Byrne(1989), "Is your company too big?"

3) 대기업·소기업의 혼합

GE의 전 회장인 Jack Welch는 '대기업·소기업 혼합'이라 불리는 방법을 해결책으로 제시, 대규모 조직의 자원 활용 능력과 소기업의 간소함과 유연성을 결합한 형태. 이러한 회사들은 유연성과 효율성을 동시에 가능케 하는 구조와 프로세스를 만들어내 소기업의 창의성과 대기업의 시스템 양쪽 모두에 적합한 구조와 프로세스를 만드는 양면적 접근법을 사용

2. 조직수명주기(organization life cycle)

(1) 개요

조직수명주기는 조직이 어떻게 성장하고 변화하는지를 알게 해주는 유용한 개념. 조직은 탄생하고, 성장하며, 사멸함. 조직수명주기의 단계별로 조직구조, 리더십, 관리스타일은 일정한 패턴을 갖고 변화. 단계들은 연속적으로 발생되며 자연적인 성장과정을 따름

(2) Greiner 조직수명주기 모형

1970년대 Greiner에 의해 개발된 조직수명주기 모형. 그는 조직은 모든 유기체와 마찬가지로 어떤 개체의 생존능력은 유전적으로 타고 태어나는지? 아니면 환경의 영향을 받는지?의 의문에서 시작, 〈조직 적응 측면〉에서 개체의 생존 기간 동안 사전에 정해진 일정한 규범적 문제를 성공적으로 통과해야 한다는 관점에서 파악

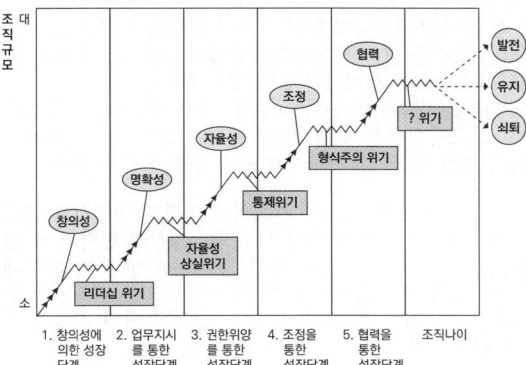

자료 : Greiner(1972). "Evolution and Revolution as Organizations Grow", Harvard Business Review

1) 1단계 : 창의성(creativity)에 의한 성장 – make & sell

가장 초기단계에서 창의성을 강조. 새로운 틈새시장을 찾기 위한 신제품 개발에 대한 노력이 지속되고 혁신적인 제품생산에 초점을 맞추는 단계로, 제품과 시장을 창출하여 이익이 창출되는 시기

다만 리더십 부재로 인한 위기(crisis of leadership). 규모가 작을 때는 종업원 수가 적어 창업자의 직접적인 감독 및 비공식적 의사결정이 적합하지만, 규모가 커지면서 조직 내의 수평적·수직적 의사소통 문제가 대두되고 원활한 조정이 필요해지기 때문

2) 2단계 : 업무지시(direction)를 통한 성장 – efficiency of operation

조직은 리더십 부재로 인한 위기를 타파하기 위해 업무지시를 통한 조직성장을 모색. 무능한 리더들이 퇴진하고 새로운 전문경영자가 조직 내에 유입, 조직전략 설정과 조직구조 및 조직문화에 대한 재평가가 논의

그러나 공식화된 의사결정과 권한의 집중으로 인해 전문경영인은 자율성 상실의 위기(crisis of autonomy)를 겪게 됨. 또한, 전문경영인은 조직 전반에 걸쳐 넓은 활동 범위를 가지고 있지만, 이에 상응하는 권한이 부족하여 어려움을 겪기도 함. 따라서 과거의 계층적 구조에 얽매여 자율성이 보장되지 않으면, 결국 유능한 구성원들이 조직을 떠나는 상황이 발생할 수 있음

3) 3단계 : 권한위양(delegation)을 통한 성장 – expansion of market

조직은 분화되고 각 부문별 전문경영자에게 권한과 책임이 부여되어 그에 맞는 자율성이 주어지게 됨
그러나 각 부문이 자율적으로 활동하다 보면 부서의 능률에만 관심을 가진 채 조직전체의 효율성을 망각하게 됨. 의사결정권한의 위임에 대한 불만과 갈등이 발생, 조직은 다시 한번 통제위기(crisis of control)

4) 4단계 : 조정(coordination) 통한 성장 – consolidation

최고경영자 역할 중 가장 중요한 것은 상이한 부서를 조정하는 것. 각 부문의 통제계획을 수립하거나 여러 부문의 조정을 필요로 하는 업무를 수행함으로써 부문 간 갈등을 배제하고 전체 기업입장에서 조정활동을 벌여나감으로써 조직을 다시 성장해야 함
그러나 각종 시스템을 정비하면서 엄격한 통제로 인해 다시 구성원들을 경직시키고 억압하는 폐단이 발생. 즉, 지나친 형식주의 위기(crisis of red tape)에 빠지게 됨

5) 5단계 : 협력(collaboration)을 통한 성장 – problem of solving & innovation

개인들의 차이점을 인정하고 팀제를 통한 자발적 행동과 개인 간 차이를 극복하기 위한 구성원 간의 상호작용을 중시. 협력은 조직을 더욱 유기적으로 만들어 상호조정을 보다 확대하며 표준화를 줄여나가게 만드는 역할
Greiner는 지속적인 변화를 위해서는 변혁의 과정이 필수적으로 요구된다는 것을 의미. 조직은 변혁기의 문제점을 성공적으로 해결하지 못한다면 결국 몰락의 길을 겪게 됨

6) 조직설계에의 시사점

Greiner에 따르면 조직이 지속적인 변화를 위해서는 변혁과정이 필수적. 변혁의 과정은 조직이 성장과 변화의 각 단계에서 나타나는 문제들을 해결하고, 이를 통해 다음 단계로 나아가게 하는 중요한 과정. 조직이 이러한 변혁기의 문제를 성공적으로 해결하지 못하면, 결국 몰락의 길을 걷게 될 위험이 있음

[Greiner의 5단계별 조직운영의 특징]

구분	제1단계	제2단계	제3단계	제4단계	제5단계
경영의 초점	생산과 판매	운영 효율성	시장 확대	조직의 통합	문제해결, 혁신
조직 구조	비공식 구조	권한 집중, 기능식 조직	권한 분산, 지리적 분산	라인/스탭, 제품별 팀	매트릭스 구조
최고경영자 스타일	개인주의, 기업가 정신	지시형	권한위양	감시감독	참여형
통제기구	시장에서 결과평가	표준화, 원가중심적	보고, 이익중심적	계획, 투자중심적	참여를 통한 공동목표 설정
관리자 보상	소유권	기본급, 성과급	개인별 보너스	이익분배, 스톡옵션	팀 보너스

(3) Quinn과 Cameron의 조직수명주기 모형

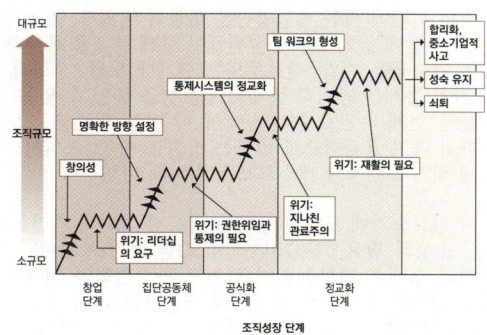

조직수명주기는 4단계로 구분. 단계마다 조직이 직면하는 문제는 각기 다름

1) 창업 단계(entrepreneurial stage)
① 특징 : 비관료적, 최고경영자에 의한 경영활동과 통제

기업이 탄생하면 새로운 제품이나 서비스를 개발하여 시장에서 살아남는 것이 무엇보다 중요. 혁신적 성향을 지닌 창업자들은 기술적 측면에서 생산과 마케팅 활동에 총력. 조직구조는 비공식적이며 비관료적. 업무시간은 매우 긺. 통제는 기업가의 개인적 감독으로 이루어짐. 기업은 창조적인 제품과 서비스를 동력으로 삼아 성장

② 위기 : 리더십의 요구

조직이 성장하면 종업원의 수가 늘어나는데, 종업원 수가 증가하면 관리적인 문제가 나타남. 그러나 창의적이고 기술지향적인 기업가들은 관리적 문제보다 신제품이나 새로운 서비스를 개발하고 판매하는 데 더 많은 에너지를 사용. 조직을 체계화해야 할 뿐 아니라 이를 수행할 수 있는 역량 있는 경영자를 영입해야 함

2) 집단공동체 단계(collectivity stage) - 청년기
① 특징 : 조직구조는 비공식적, 강한 카리스마적 리더의 방향 제시

리더십 위기가 해결되면, 강력한 리더십이 형성되고 조직은 분명한 목표와 방향을 가지게 됨. 권한계층, 직무할당, 역할분화를 통해서 부서 구분이 이루어짐. 집단공동체 단계는 종업원들이 개인의 목표와 회사의 사명과 목표를 동일시하고 기업의 성공을 위하여 헌신하는 시기

② 위기 : 권한위양의 필요

새로운 방식의 경영이 성공하면서, 하위관리자들은 자신들의 생각이나 의견이 강력한 최고경영진의 하향적 리더십에 의해 무시된다고 느낌. 자신의 직무분야에서 확신을 얻기 시작한 하위관리자들은 더 많은 결정권을 원함. 강력한 리더십과 비전에 의해 성공한 상위경영자들은 자신들의 권한을 포기하지 않으려 하기 때문에 권한위양에 대한 위기가 발생

3) 공식화 단계(formalization stage) - 중년기
① 특징 : 서서히 관료주의적 특징이 나타남, 계층조직 출현, 스탭 부문 강화

제도와 규칙, 절차 그리고 통제시스템을 구축하여 활용하는 단계. 의사소통은 줄어들고 공식적인 방식으로 이루어짐. 엔지니어, 인적자원관리 전문가, 그 밖의 스텝이 추가로 영입. 최고경영층은 전략과 계획문제에 관심, 중간경영자에게 기업의 일상적인 운영활동에 대한 관리 위임. 기능부문 간의 조정을 용이하게 하기 위해 제품별 사업팀 또는 다른 형태의 분권화된 조직을 만듦

② 위기 : 과다한 관료주의

조직이 성장하여 새로운 시스템과 프로그램들이 확산되면 중간관리계층은 압박을 느낌. 조직은 관료주의로 흐르고 중간관리층은 지원 부서들의 간섭에 분노를 느낌. 혁신이 이루어지지 않으며, 기업은 너무 거대하고 복잡해서 공식적인 프로그램들을 통해 관리하기가 힘들어짐

4) 정교화 단계(elaboration stage)
  ① 특징 : 대규모 관료제 조직, 관료화 심화를 방지하기 위한 팀 형성

관료주의 위기에 대한 해결방안은 협동과 팀워크. 경영자들은 조직 전반에 걸쳐 조직구성원들이 함께 문제를 해결하고 일하는 기술들을 개발. 관료주의는 한계에 도달. 사회적 통제와 자기 통제는 공식적 통제의 필요성을 줄일 수 있음. 경영자들은 현재의 관료주의 속에서 더 이상 새로운 제도를 추가하지 않고 효과적으로 일하는 방법을 배움. 공식시스템은 단순해지고 팀제나 태스크포스에 의해 대체

  ② 위기 : 재활력화의 필요

조직이 정교화기에 도달한 후에는 일시적인 쇠퇴 기간을 맞게 됨. 소생의 필요성은 10년에서 20년 주기로 일어남. 관료주의의 팽배로 대응능력이 떨어져 환경변화와 적절하게 조화를 이루지 못하도록 퇴보한 조직은 혁신이나 구조조정을 하지 않으면 안 될 시기에 직면하게 됨. 이 기간에는 최고경영자의 잦은 교체가 이루어짐

5) 조직설계에의 시사점

조직은 성장하며 수명주기단계를 거침. 각 단계별로 구조, 통제시스템, 목표, 혁신 등의 구체적인 특징이 다르게 나타남. 수명주기현상은 경영자들로 하여금 조직이 다음 단계로 성장함에 따라 나타나는 문제점을 이해하고 해결할 수 있도록 도와주는 유용한 개념

[수명주기 단계별 조직 특성]

특 징	1. 창업 단계	2. 집단공동체 단계	3. 공식화 단계	4. 정교화 단계
	비관료적	준관료적	관료적	초관료적
구 조	비공식적, 1인체제	대체로 비공식적 부분적 절차	공식적 절차, 분업화 전문가 영입	관료제 내의 팀 운영, 소규모 기업식 사고
제품 또는 서비스	단일제품 또는 서비스	소수의 주요제품 또는 서비스	제품라인 또는 서비스 라인	복수의 제품라인 또는 서비스라인
보상과 통제 시스템	개인적, 온정적	개인적, 성공에 대한 공헌	비개인적, 공식화된 시스템	포괄적, 제품과 부서의 목적에 맞춤
혁신의 주체	창업주	종업원과 관리자	독립적인 혁신집단	제도화된 R&D
목 표	생존	성장	내부안정, 시장확대	명성, 완전한 조직
최고 경영자의 관리 스타일	개인주의적, 기업가적	카리스마적, 방향제시	통제를 바탕으로 한 위임	팀 접근적, 관료화 타파

[조직수명주기에 따른 조직설계]

구 분	생성기	성장기	확장기	성숙기
규 모	소규모	중규모	대규모	매우 큰 규모
환 경	변화	적은 변화	다소 변화	안정
구 조	유기적	약간 유기적	다소 유기적	기계적
차별화	낮음	중간	높음	아주 높음

(4) 평 가
1) 공 헌

단계별 특징을 규명함으로써, 조직의 성장과정에 따른 조직설계의 방향을 제시

2) 한 계

복잡다양한 현실을 지극히 단순화시킨 이론으로, 조직성장의 현실을 제대로 반영하지 못할 수 있음

3. 조직성장경로 모형(Mintzberg)

(1) 조직수명주기 모형의 한계 : Quinn과 Cameron의 수명주기 모형이 조직성장의 실제 현실을 그대로 반영하는 것인가?	대부분의 실제 조직성장의 과정은 Quinn과 Cameron이 주장한 4단계보다 훨씬 복잡. 왜냐하면 그들이 제시한 모형은 어디까지나 복잡다양한 현실을 지극히 단순화시킨 이론이기 때문. 이런 관점에서 볼 때 Mintzberg의 조직성장경로 모형은 조직이 성장하는 과정에서 요구되는 조직설계의 특징과 방향을 구체적이고 다각적인 상황 속에서 조명
(2) Mintzberg의 조직성장경로 모형의 주장	① 모든 조직에는 여러 방향으로 나아가려는 힘이 작용, ② 조직의 구조와 상황을 반영하는 다섯 가지 원형이 있음, ③ 혼합 구조가 형성되는 근거, ④ 하나의 구조와 상황으로부터 다른 구조와 상황으로 전환되어가는 근거

4. 조직의 쇠퇴(organizational decline)와 규모 축소

(1) 조직 쇠퇴(organizational decline)의 의의	오랜 기간에 걸쳐 나타나는 절대적이고 상당한 조직자원기반의 감소를 의미. L.G. Halgh에 따르면, 기업이 환경에 적응하지 못할 경우 기업과 환경 간의 동적 균형이 크게 파괴되고 그로 인해 기업 자원이 크게 축소되는 것이라고 주장. D. A. Whetten은 조직이 관료적이고 수동적이며 무감각해지는 상태를 침체(stagnation)라고 정의. 조직의 쇠퇴는 환경적 쇠퇴, 즉 조직 크기의 감소(소비자 수요축소나 과세 기반 약화 등)나 형태의 변화(소비자수요의 변호-)와 관련
(2) 조직 쇠퇴의 원인	
1) 조직의 구조와 문화	조직구성원의 행동들은 조직의 구조와 제도에 의해 제약을 받음. 조직의 어딘가에 잘못을 발견해도 개인으로서는 다른 행동을 취하려 해도 쉽지 않음. 경로의존성(path dependency) 조직은 오랫동안 성공을 해 오다 보면 과거의 성공습관에 젖게 되고 주변 환경이 변하더라도 좀처럼 습관을 바꾸려고 하지 않는데, 이를 조직의 타성(inertia)이라고 함. 타성적 문화와 관습은 조직규모의 지나친 확대와 관리층의 증가를 가져와 실무자들의 융통성과 창의성을 가로막음
◆ 참고 : 밀러(D. Miller) 교수의 '이카로스 패러독스'	오랫동안 조직의 쇠퇴를 연구하던 밀러 교수는 '이카로스 패러독스'라는 개념을 제안하면서, 기업이 성장 단계에 따라서만 변신을 해야 되는 것이 아니고, 항상 성공을 경계해야 한다고 주장
2) 환경 부적응으로 인한 퇴화(atrophy)	대부분의 조직은 개방시스템으로서 외부환경에서 자원을 투입하고 산출물로 외부의 수요를 충족시키면서 영위해 가는데, 조직으로 투입되던 자원이 갑자기 감소한다든지 조직의 산출물에 대한 수요가 감소하면 그런 조직은 당연히 존재의 필요성을 상실
3) 경쟁(competition)의 심화	기업조직들이 쇠퇴하는 큰 이유 중의 하나는 수요 감소나 환경변화보다는 동일업계의 경쟁이 심해져서 여기에서 낙오되는 기업이 생기기 때문(중국의 값싼 섬유업계의 경쟁)
4) 취약성(vulnerability)	조직의 경우 오래되지 않았어도 자원이 부족하거나, 변화에 대처할 능력이 부족하거나, 인재가 부족해도 살아남기 힘듦 (중소기업들)

5) 규모의 경제(economy of scale)

조직세계에도 규모의 경제가 적용됨. 그러나 무모한 규모 확장과 맹목적인 다각화는 쇠퇴를 부르기도 함. 과도한 설비투자나 경험이 부족한 곳에 자원을 쏟아 부었다가 기존의 튼튼했던 분야의 자원마저 써 버리는 경우

6) 경영진과 CEO

최고경영층의 능력이나 조직관리방식은 조직의 성공과 소멸에 직접적이고도 매우 큰 영향을 미침. 왜냐하면 최고경영자의 개인적 특성이나 시각에 따라 조직의 전략이 수립되고 실천될 가능성이 크기 때문

(3) 조직 쇠퇴 진행단계
[쇠퇴 단계와 성과의 차이 증가(Weitzel and Jonsson, 1989)]

Weitzel과 Jonsson은 조직이 쇠퇴하는 5단계를 제시. 각 단계마다 나타나는 문제들을 적절히 해결하지 못하면 결국 더 이상 회복할 수 없는 단계에 이르러 조직은 해체하게 됨

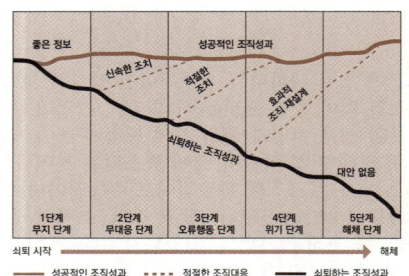

1) 무지 단계(blinded stage)
　① 개념과 특징

쇠퇴의 첫 번째 단계는 조직의 장기적 생존을 위협하는 내·외부 변화가 있고 조직은 여기에 신중하게 접근해야 하는데, 이에 무지하고 둔감한 상태

과도하게 많은 임원, 번잡한 질서, 고객과의 잦은 충돌, 경영자는 쇠퇴신호를 놓침

　② 해결방안 : 좋은 정보

〈조기경보체계〉 구축. 시기적절한 조기경보와 이에 대한 조치로 조직을 다시 본 궤도에 올려놓을 수 있는 시기

2) 무대응 단계(inaction stage)
　① 개념과 특징

각종 성과 악화라는 경고에도 이를 부인하며 나타나는 무대응 단계

경영자는 직원과 주주들에게 모든 것이 잘되고 있다고 설득, 분식회계

　② 해결방안 : 신속한 조치

쇠퇴가능성을 인정하고 조직을 재활성화하기 위한 신속한 조치를 취하는 것. 새로운 문제해결 접근법, 참여의사결정의 확대, 무엇이 잘못되었는지 파악하려는 노력을 확산시킬 수 있는 리더십 필요

3) 오류행동 단계(faulty action stage)
　① 개념과 특징

조직이 심각한 문제를 겪게 되고 저조한 성과지표들을 무시할 수 없게 되는 단계

이 단계에서 쇠퇴의 소용돌이를 조절하지 못하면 조직의 실패로 이어짐. 리더들은 중대한 변화를 고려, 사원감축을 포함한 긴축조치

　② 해결방안 : 적절한 조치

리더들은 가치를 명확히 하고 정보를 제공함으로써 구성원들의 불확실성을 줄여나가야 함

4) 위기 단계(crisis stage)
① 개념과 특징

조직은 여전히 쇠퇴에 효과적으로 대처하지 못하며 공황상태에 놓여 있는 단계

조직은 혼란을 겪을 것이며 기본으로 돌아가려는 노력, 급격한 변화, 분노를 경험

② 해결방안 : 효과적인 조직재설계

이 위기 단계를 방지하는 것이 최선의 방법. 전면적인 재조직. 최고경영자의 교체나 조직구조, 전략, 문화의 혁명적 변화 같은 중대한 변화가 필요. 극심한 인력감축이 있을 수 있음

5) 해체 단계(dissolution stage)
① 개념과 특징

이 단계의 쇠퇴는 돌이킬 수 없는 단계
조직은 시장의 명성과 최고의 직원들을 모두 잃고 자본이 고갈

② 해결방안 : 대안 없음

질서정연한 방법으로 조직을 닫는 것이며 직원들의 직장상실로 인한 충격을 줄이는 것

(4) 조직 쇠퇴의 유형 – Miller의 조직 쇠퇴 유형

Dany miller교수는 조직이 과거 성공방식, 전략만을 고집하며 자만심에 빠져있다가 역량함정(competency trap)에 빠져 쇠퇴하는 조직의 유형을 다음과 같이 제시. 여기에서 변화(change)란 상품구색과 제공방법의 변동성 정도를, 활용영역(scope)이란 생산품과 목표시장의 범위를 의미

```
                      변화(change)
              매우 안정적        매우 불안정적
              
              표류자형 기업    제국주의자형 기업
         넓음    이완형 쇠퇴      모험형 쇠퇴
              영업사원형 기업   건축가형 기업
활용영역
(scope)
              장인형 기업      개척자형 기업
         좁음   집중형 쇠퇴      발명형 쇠퇴
              수선공형 기업    현실도피형 기업
```

1) 발명형 쇠퇴(창업단계)
① 의 의

개척자형 기업이 현실도피주의형 기업으로 변신하면서 쇠퇴하는 유형

② 내 용

구 분	개척자형 기업	현실도피형 기업
전 략	기술혁신	고기술 추구 현실도피주의
목 표	사회를 위한 과학	기술지상주의
문 화	연구개발	두뇌집단 중심
조직구조	유기적 구조	혼란스러운 구조

③ 극복방안
ⅰ) 전략의 변화

소비자의 요구에 부응하는 상품을 개발하고, 시장을 다변화하며, 적극적인 판촉활동을 하고, 경제적인 기술혁신

ⅱ) 문화의 변화

판매, 생산, 재무 부서에 동등한 권한을 부여, 판매 부서와 긴밀한 의사소통, 외부환경변화에 대응하기 위해 부서 간 조정체계를 강화

2) 집중형 쇠퇴(집단공동체단계)

① 의 의

장인형 기업(craft man)이 수선공형 기업으로 변신하면서 쇠퇴하는 유형. 즉, 원가를 절감하고 완벽한 상태에서만 제품을 출하하려는 장인형 기업들이 차츰 극단적인 집중성향으로 인하여 극도의 절약을 강조하다가 품질을 손상시키고 기술혁신을 도외시하며 소비자들로부터 외면당하는 수선공형 기업으로 쇠퇴하는 경우

② 내 용

구 분	장인형 기업	수선공형 기업
전 략	품질 혹은 원가주도형	기술적 수선공형
목 표	품질 혹은 원가	완벽주의
문 화	공학적	기술관료주의적
조직구조	집권화	초집권화

③ 극복방안

ⅰ) 지도자와 문화의 변화

생산기술 중심의 분위기 때문에 영업부문이나 다른 부분의 관리자들의 의견이 무시될 수 있으므로 광범위한 의견수렴이 필요. 따라서 권력을 공유하고 하급자와 소비자의 말을 경청하는 경영자를 선임(경영철학과 문화변화). 도외시된 부문이 어디 있는지 항상 유의하고 각계각층의 의견제시의 기회를 균등하게 배분(의견제시 균등배분). 또한 관료적인 통제방식을 지양하고 새로운 의사결정 형태 도입(경영참여 및 권한위양).

ⅱ) 전략의 변화

고품질만을 외치다보면 고객의 욕구를 충족시키기 어려운 측면이 있고, 원가절감만을 강조하다 보면 싸구려 제품이 출시되므로, 품질 또는 원가추구전략의 재확립(고객요구 반영), 제조와 기술 향상에만 몰두하면서 상대적으로 소홀했던 판매활동의 강화(소비자와 밀접한 접촉), 기술혁신의 강화(경쟁력을 갖춘 제품생산), 상품영역의 확장(제품 및 시장 다각화)

ⅲ) 창의적 장인정신

기술부문이나 연구개발팀에도 창의적 연구를 강조하면서 폭넓은 정보원천으로부터 다양한 정보수집, 공개적 토론을 통한 혁신을 추진(창의적 연구 강조, 열린 분위기).

3) 모험형 쇠퇴(공식화단계)

① 의 의

건축가형 기업이 제국주의자형 기업으로 변신하면서 쇠퇴하는 유형

② 내 용

구 분	건축가형 기업	제국주의자형 기업
전 략	팽창	극단적 팽창
목 표	성장	웅장한 규모
문 화	기업가 정신	사냥꾼 정신
조직구조	사업부제	산산히 분해된 조직구조

③ 극복방안
ⅰ) 경영자의 변화 | 과거에 팽창주의적 최고경영진을 교체할 필요가 있기 때문에, 전망 없는 사업을 정리하고 핵심사업 및 관련 사업에 집중하여 경영을 할 수 있는 경영자를 선임하여야 함

ⅱ) 전략의 변화 | 이익이 나더라도 경영능력에 무리가 따른다면 과감하게 매각하여 거기서 나오는 자본으로 핵심사업을 키우는 **지혈전략**을 활용, 핵심사업부문 경쟁우위를 재확립하며, 그 동안은 재무팀에 역점을 두어 회사를 운영했지만 앞으로는 신제품개발이나 생산부서 확충에 초점을 두는 것이 필요(**신제품 및 생산을 강조**)

4) 이완형 쇠퇴(정교화 단계)
① 의 의 | **영업사원형 기업이 표류자형 기업으로 변신하면서 쇠퇴하는 유형**

② 내 용

구 분	영업사원형 기업	표류자형 기업
전 략	현란한 판매기법	무분별한 제품 생산
목 표	시장점유율	분기별 목표수치
문 화	조직일체형 문화	정치적 문화
조직구조	분권화된 관료제	과도한 관료제

③ 극복방안
ⅰ) 전략의 변화 | 너무 많은 지점과 판매점 허가를 남발하면 경쟁이 심화되기 때문에 본사에서는 상호연결망을 구축하여 정보교환과 공생전략을 설정

ⅱ) 품질 개선 | 시장확대에만 치우친 경영의 결과로 기업이 표류하지 않기 위해서는 당연히 **제품개발과 생산분야에 동일한 관심과 투자**를 하는 정책적 배려, **품질개선**. 넓은 시장의 수요에 부응하기 위해 시장요구에 기민하게 대처하는 **판매활동, 생산공정 간소화**

ⅲ) 리더십과 문화의 변화 | 조직 전체를 중심가치에 응집하도록 동기부여하기 위해 지역별, 제품별 혹은 고객유형별로 나누어 각 부문에 맞는 리더십이 필요(**강력하고 다양한 리더십**), 권한을 하부위양하여 조직환경에 신축적이고 기민한 대처가 가능하도록 하며(**권한위양**), 부서 간 갈등해소를 위해 제품, 시장, 소비자 유형별로 각 부서를 연결(**각 부서의 연결**).

5) 맺음말 | 조직규모의 축소를 원활하게 진행하기 위해 경영자는 종업원들과 의사소통을 원활히, 해고된 직원에게 도움을 제공해야 하며, 조직에 남아 있는 직원들의 감정적인 문제들을 잘 다루어야 한다는 것

(5) 조직규모 축소(downsizing)의 실행

1) 다운사이징의 의의 | 조직의 경쟁력 제고를 위하여 조직을 계획적으로 축소하고 다수의 인력을 감축하는 것

2) 다운사이징의 필요성

① 인건비 감축, ② 진부화된 공장을 폐쇄하거나 구식 공장에 신기술을 도입하게 되는 경우 인력수요가 줄어들기 때문, ③ 기업의 인수합병으로 인하여 간접부문 관리자와 전문 스탭의 인력수요가 줄어들며, ④ 많은 기업들이 경제적 이유, 특히 인건비 절감을 이유로 국내 다른 지역이나 외국으로 옮기기 때문

3) 다운사이징에 실패하는 이유

① 초기의 비용절감은 단기적으로 이익이 되기는 하지만 적절하지 않게 실시된 다운사이징은 장기적으로 부정적 결과를 초래. 조직에서 창의성과 유연성을 제고하는데 필요한 사회적 네트워크를 파괴
② 대체 불가능한 자산으로 판명되는 사람들을 조직에서 나가게 함
③ 살아남은 종업원들은 시야가 좁고, 자기중심적이고 위험 회피적 성향이 되는 경향

4) 다운사이징의 성공적인 운영을 위한 방안

① 미래에 필요한 인력의 기준을 설정
② 대안을 탐색
③ 적극적인 커뮤니케이션
④ 해고된 직원들에게 도움을 제공
⑤ 살아남은 자들이 성장하도록 도움

◆ 참고 : 라이트사이징(rightsizing)

전략적 접근방법으로 조직의 비전과 목표를 기반으로 중요한 작업과 이를 지원하는 필수조건들을 지속적이고 능동적으로 평가하여 조정하는 방법. 일부 영역은 구조의 확대나 인력의 확장을 취하게 됨.
이 방법은 고정비용을 줄여서 조직의 자원을 핵심성공요인에 투자할 수 있도록 함.

제 5 장 조직문화(organizational culture), 윤리(ethics), 기업의 사회적 책임(CSR)

전략노트 pp.750-790

I. 조직문화(organizational culture)

1. 조직문화(organizational culture)의 의의

◆ 참고 : 조직문화
조직문화는 미국의 경우 기업문화(corporate culture)라고도 하고, 일본의 경우에는 사풍(社風)으로 이해

조직문화란 조직구성원들, 조직구조, 규범을 제공하는 통치체제와 상호작용하는 공유된 가치(무엇이 중요한가)와 신념(무엇을 해야 하는가)의 시스템. 조직문화의 대가인 샤인(Schein)은 "한 집단이 다양한 환경에 대하여 어떻게 지각, 사고 및 반응할 것인지를 결정하는 요인으로써 흔히 조직구성원들 사이에 공유되어 당연시되는 내재적 가정(1966)", "조직문화란 일정한 패턴을 갖는 조직 활동의 기본가정과 신념(basic assumptions and beliefs)(1985)"

2. 조직문화의 대두배경

(1) 이론적 배경

20세기 전반의 주류 이론인 과학적 관리론과 관료제이론은 조직의 공식적 구조와 보편적 원리의 탐구에 치우쳐 개별 조직의 특성과 조직 내부 인간의 사회심리적 문제를 소홀하게 다루었음. 인간관계론은 조직구성원의 사회심리와 행태를 중요하게 다루었지만 그들이 공유하는 문화적 요소에 관심을 두지 않았음. 1960년대 풍미한 상황적합 이론(contingency theory)은 개방체제의 관점에서 어떻게 조직의 구조와 관리가 상황적합성을 갖는가를 객관적으로 분석하고 연구하는 데 기여했음. 그리고 이후의 연구들을 통해 조직구성원의 인식과 행동은 그들이 공유하는 가치관·의미·행동양식과 같은 조직 문화에 크게 의존함이 밝혀짐

(2) 실제적 배경

1970년대 들어 기업경영 분야에서 미국 기업들의 생산성과 경쟁력이 저조한 반면 일본의 기업들은 대약진하는 현상이 나타나므로 일부 구미 학자와 실무자들은 일본의 기업문화에 주목해 그 우수성을 찬양. 오우치(W. Ouchi)는 일본과 미국 기업 문화를 비교연구(1981), 피터스(T. J. Peters)와 워터맨(R. H. Waterman)은 미국의 초우량기업의 공통적 특징을 연구한 저서로 조직문화 연구의 붐을 일으켰음(1982)

3. 조직문화의 중요성

(1) 조직의 운영과정에 영향

조직문화는 조직의 공식적, 비공식적 운영과정에 광범위하게 영향을 미칠 수 있기 때문에 중요시됨. 일을 처리하는 일상적 과정 속에서도 관행과 같은 문화적 요소가 배어 있으며 상호간의 교류 속에, 갈등의 와중에 그리고 무엇보다도 결정과 선택의 순간순간에 옳고 그름에 대한 조직원들의 가정과 믿음이 작용하게 됨

(2) 조직의 전략과정에 영향

조직문화는 조직의 전략과정에 영향을 미치기 때문에 중요시됨. 전략의 방향을 선택할 때에도 조직문화는 이념의 형태로 그 과정에 작용할 수 있으며 전략을 수립하고 추진하는 과정에서도, 때로는 전략 담당자들의 관점을 제한함으로써, 또 어떤 때는 전략실행에 있어 하나의 저항세력으로 작용할 수 있음

(3) 경쟁력의 원천

조직문화는 경쟁력의 원천(또는 경쟁자원)이 될 수 있음. 올바른 문화를 갖고 있는 조직은 장기간에 걸쳐 경쟁우위를 점할 수 있음. 조직문화는 사고팔 수 없는 고유한 무형의 경쟁자원

(4) 조직의 성과와 관련

하버드 대학 연구팀이 200개 기업의 조직문화를 연구한 결과 강한 조직문화가 성공하려면 외부 조직환경에 적절히 적응해야 한다는 결과를 얻었음. 적응하지 못하는 강한 문화는 약한 문화보다 성과가 낮았음

(5) 역사적 차원에서의 중요성

조직은 어느 한 시대 그 조직이 속한 사회의 가치관과 믿음과 행동양식 등을 조직문화라는 이름으로 응축하여 유지하고 다음 세대에 보전하며 발전시키는 역할을 함

4. 조직문화의 형성과정과 변화과정
(1) 조직문화의 형성과정(조직문화를 만드는 주체들)
1) 개 요

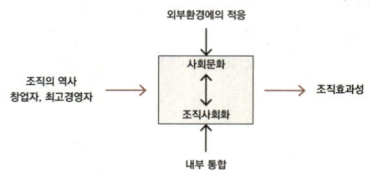

조직의 역사를 통한 경험, 창업자와 최고경영자의 영향과 여기에서 파생된 전통 및 조직이 직면하는 두 가지 문제, 즉 외부환경에 대한 적응과 내부통합문제를 해결하는 과정에서 형성. 외부환경에 대한 적응문제는 조직이 끊임없이 변화하는 환경 속에서 어떻게 활동영역을 찾아내고 그 환경을 어떻게 다룰 것인가에 관한 것. 내부통합문제는 조직구성원들 사이에 효과적인 작업관계를 어떻게 수립하고 유지할 것인가에 관한 것

2) 조직의 역사

기업의 발전과정 초기에는 기업의 창업자가 조직문화의 형성에 중요한 역할을 함. 그러나 조직이 계속 발전해감에 따라 문화는 창업자의 믿음 및 조직구성원의 계속적인 학습과 경험이 복합적으로 혼합되어 나타남

3) 창업자 — 창업자의 설립목적과 창업신념
4) 최고경영자 — 최고경영자의 관리스타일
5) 사회문화 — 기업이 활동하고 있는 국가의 사회문화, 관습, 규범 등이 조직문화 형성에 영향을 미침

6) 조직사회화(organizational socialization)

한 개인이 어느 조직에 소속되면서 그 조직의 과업관련 규범, 가치, 사회적 분위기에 대한 지식, 생활양식과 조직문화 등을 습득해가는 과정

7) 외부환경에의 적응(external adaptation)과 내부통합(internal integration)

과거에 경험했던 성공사례와 정보를 이용. 반복 사용하는 것은 몸에 익혀져 강화되고 정착되며 그렇지 않은 것은 잊어버림. 몸에 익혀지면 조직문화가 된 것임. 결국 환경에 적응하는 과정에서 환경의 특성에 맞는 조직문화가 형성되기 마련

(2) 조직문화의 변화과정
1) 조직 성장단계에 따른 조직문화 변화 — 조직의 성장단계에 따라 조직문화의 기능이 달라지게 됨
2) 샤인(Schein)의 조직 성장단계

[조직성장 단계와 조직문화의 변화]

성장단계	조직문화 변화 메커니즘
창업 및 초기 성장단계 (창업자·가족지배, 승계단계)	(1) 자연적 발전 (2) 조직적 치료요법을 통한 자기통제 발전 (3) 혼합을 통한 관리된 발전 (4) 외부자에 의해 관리된 '혁신'
조직의 성장기(중년기)	(5) 계획된 변화와 조직개발 (6) 기술적인 동기 (7) 스캔들이나 신화의 공개를 통한 변화 (8) 점진주의적 변화
조직의 성숙단계 (변혁기, 해체기)	(9) 강압적 설득 (10) 방향전환 (11) 재조직, 해체, 재탄생

① 창업 및 초기성장기
ⅰ) 창업자·가족지배기

창업자나 그 가족의 지배 하에 놓여 있는 조직에 있어서의 조직문화는 구성원들에게 일체감을 심어주고 그들을 통합시켜 주는 접착제의 역할. 자신들의 문화가 다른 조직과는 달리 독특하다는 점을 강조하게 됨으로써 내적인 동질화와 외적인 차별화를 추구

ⅱ) 승계기

승계단계에서 문화는 보수와 급진파간의 투쟁의 무대가 됨. 창업의 정신을 유지하려는 보수파와 조직에 새로운 바람을 일으키려는 급진파들 간에 갈등이 발생하고 그것을 해결해 가는 시기

② 성장기

조직이 성장기에 들어오면 취급하는 제품과 시장규모가 커지고, 수직적인 통합과 지역적 확장을 거듭하게 됨. 타 기업을 인수 또는 합병하는 활동도 활발해짐. 부서별 소단위 하위문화가 보다 강력히 자리잡게 됨. 조직은 정체성 위기를 맞게 되며 새로운 가정, 새로운 가치관, 그리고 새로운 목표의 정립을 위한 기회를 노리게 됨

③ 성숙기

시장 자체가 포화상태에서 오히려 줄어드는 단계로 접어들게 되며 조직 내적으로는 대단히 안정적이어서 변화에 대한 저항이 크게 작용하게 됨

ⅰ) 변혁

강압적 설득, 방향전환, 그리고 재조직, 파괴, 재탄생. 이 때는 방향전환관리자나 관리팀, 조직이 지향하는 방향에 대한 명확한 인식, 목표성취에 대한 문화 변화의 모델과 실천의지

ⅱ) 해체

재조직과 재탄생의 방법은 문화뿐 아니라 조직 자체를 파괴시키고 새로운 문화를 구축하는 것이므로 최후의 방안이며 문화적 연속성을 상실하게 되는 방법

Ⅱ. 조직문화(organizational culture)의 구성요소

1. 개요

복잡하고 미묘한 특정조직의 문화를 유형화하는 것은 조직에 내재하는 여러 요소들 가운데 조직문화를 지배하는 구성요소를 파악하여, 이것을 중심으로 단순화한 모형을 구성하는 작업이 필요

2. 샤인(E. H. Schein)의 모델 – 샤인의 조직문화의 계층체계론

(1) 의의

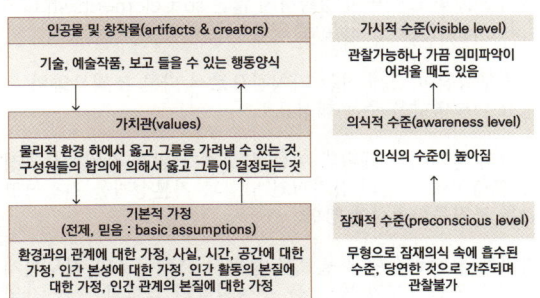

샤인(E. H. Schein)에 따르면 조직문화란 개인의 마음속 깊은 데 존재하는 무의식적이고 무형적인 요소에서부터 우리가 보고 만질 수 있는 조직의 상징물에 이르기까지 다양한 요소들로 이루어진 총괄적 개념. 샤인은 조직문화의 구성요소 및 항목들을 세 가지 범주로 나누고 그것을 의식수준(level)에 따라서 세 개의 계층(layers)으로 체계화

(2) 인공물 및 창작물(artifacts and creators) | 조직구성원들이 가시적·명시적 인식수준에서 공유하는 구체적인 상징과 표현들. 구체적으로 조직구성원들의 특유의 복장(제복), 언어, 조직 규칙, 시설 및 사무실 배치 등에서 볼 수 있는 인위적 구성물 등이 이에 속함

(3) 가치관(values) | 조직구성원들이 바람직하고 중요하다고 인식하는 것. 가치관은 조직구성원들이 뚜렷하게 보고, 인식해 공유하는 것은 아니지만 어느 정도 공유하면서 지각하고 인식하며 의식(awareness)하는 수준에 존재하는 것

(4) 기본적 가정(basic assumptions) | 어떤 사물이나 일의 존재와 그 존재의 본질 및 당위성에 대해 당연하게 받아들일 수 있는 믿음과 전제. 선의식적(preconscious) 영역에 해당하여 추상적

3. 파스칼(Pascale)과 피터스(Peters)의 7S 모형

(1) 등장배경 | 조직문화는 조직구성원의 행동과 전체 조직체 행동을 지배하는 중요개념으로서 가치관과 신념, 규범과 관습 등 여러 가지의 요소로 형성되어 있음. 그리고 이들 요소들은 전체적인 연관관계 속에서 조직구성원의 행동과 전체 조직체 행동에 영향을 주고 있으므로, 각 요소가 개별적으로 구성원 행동과 조직체 행동에 얼마나 작용하고 있는지에 대한 계량적인 측정이 매우 어려움. 이러한 점을 보완하여 조직문화의 중요 요소와 이들 간의 상호관계를 개념화하여 조직문화 연구와 조직개발에 많은 도움을 주도록 개발된 것이 7S 모형

(2) 개념

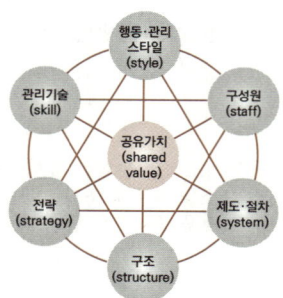

| 미국의 경영학자 Peters와 Pascale은 『초우량기업의 조건(In Search of Excellence)』에서 7S 모델을 소개. 책에는 6가지 재무지표 등을 기준으로 산정한 43개 초우량 기업과 그 기업들의 8가지 특질이 소개, 그 8가지 특질에서 도출된 7가지 성공요인이 바로 7S. 각 요소들 간의 연관성을 통해 조직의 이해는 물론 강약점과 조직문화의 일체성 등 전사적 경영시스템을 진단하고 대책을 수립(보완 및 개선조치가 필요한 부분을 규명)하는데 유용한 분석기법. 이 모델은 각 요소들이 밀접하고 일관성 있게 연계될 수 있는 전략이 수립되고 실행되어야 강한 조직 역량이 구축되고 효과적인 조직 변화가 일어날 수 있다고 주장

(3) 구성요소 | 식별이 쉽고, 경영진에 의해 직접 영향을 받는 hard elements(strategy, structure, system)와 조직 문화에 의해 영향을 받아 모호하고 식별이 명확하지 않은 soft elements(shared value, staff, skill, style)로 구분

1) 공유가치(shared value) | 기업구성원이 함께 하는 가치관으로서 다른 조직문화의 구성요소에 영향을 주는 핵심요소

2) 전략(strategy) | 기업의 장기적인 계획과 이를 달성하기 위한 자원배분과정을 포함하며 기업의 장기적인 방향과 기본성격을 결정하고 다른 조직문화형성에 영향

3) 조직구조(structure) | 기업체의 전략수행에 필요한 틀로서 조직구조와 직무설계 그리고 권한관계와 방침 등 구성원들의 역할과 그들 간의 상호관계를 지배하는 공식요소들

4) 제도(system)	기업경영의 의사결정과 일상운영의 틀이 되는 보상제도와 인센티브, 경영정보와 의사결정 시스템, 경영계획과 목표설정 시스템, 결과측정과 조정·통제 등 경영 각 분야의 관리제도와 절차
5) 구성원(staff)	기업체의 인력구성과 구성원들의 능력, 전문성, 신념, 욕구와 동기, 지각과 태도, 행동 패턴
6) 관리기술(skill)	기업체의 각종 물리적 하드웨어 기술과 이를 작동시키는 소프트웨어 기술 그리고 기업경영에 활용되는 경영기술과 기법
7) 리더십 스타일(style)	구성원을 이끌어 나가는 경영 관리자들의 관리 스타일, 이는 구성원의 동기부여와 상호작용 그리고 조직분위기와 나아가서 조직문화에 직접적인 영향
(4) 특 징	이 중에서도 조직문화형성에 있어서 가장 중요한 역할을 하는 것은 공유가치로서 이를 다른 말로 바꾸어 표현하면 바로 조직문화. 7S가 같은 방향으로 정렬되면 성과가 창출됨
◆ 참고 : 맥킨지(Mckinsey consulting)	맥킨지는 간단하면서도 매우 유용한 이 이론을 국제적인 컨설팅에 접목, 그때부터 맥킨지의 모델은 7S 모델 또는 행복한 원자(happy atom)로 명명하게 되었음. 맥킨지 컨설팅 회사는 연 10억 달러 이상의 매출액 외형을 가진 기업체를 대상으로 자본이익률과 자산증가 등 수익 및 성장지표, 그리고 7S 모형을 사용하여 우수기업을 선정하여 발표

Ⅲ. 조직문화(organizational culture)의 유형

1. 일차원적 분류 : 강한 문화와 약한 문화

(1) 강한 문화(strong culture)

1) 의 의	강한 조직문화는 많은 구성원들이 조직의 핵심적인 가치가 강하게 널리 스며들어 있는 문화. 독특하고 긍정적인 특질을 지닌 문화가 조직성과에 긍정적인 영향을 미친다고 주장
2) 장 점	문화가 강하면 그것이 구조가 되고 규정이 되어 저절로 구성원을 관리. 구성원의 이직률을 감소시키고 조직몰입도와 응집력과 충성심을 고양
3) 단 점	과거에 해 보지 않았던 새로운 일, 혹은 실패했던 일에 대해서 극히 폐쇄적인 전통이 강하다면 변화의 시대에는 걸맞지 않음. 일단 문화에 걸맞은 행동이라고 생각되면 의심을 받거나 재검토되지 않은 채 반복되고 심지어 의례적으로 고정되어 버리는 경우

(2) 약한 문화(weak culture)

1) 의 의	조직에 대한 특별한 이미지나 신념이 없고, 독자적이고 개별적인 조직문화를 말함. 비교적 조직의 역사가 짧고 구성원의 교체가 빈번할 때 나타나기 쉬움. 그 이유는 조직의 핵심적인 가치에 대하여 구성원들이 집착을 지닐 수 없기 때문. 로빈스(Robbins, 1990)는 문화가 약할 때 조직의 환경, 전략, 기술 등이 적절하더라도 조직의 효과성을 높일 수 없다고 함

2) 문제점 | 피동적인 풍토의 사람들은 조직의 전략수립이나 그에 대한 협동심은 약하고 부분적인 자기 부서의 이해관계에는 지나치게 집착. 개인 간 혹은 부서 간 불필요한 권력 게임만 즐비하고 갈등도 많고 중재자도 없고 중재할 기준도 없음

3) 모자이크 문화 | 강한 문화를 가진 다양한 소집단들이 합해져서 하나의 큰 조직을 이루었을 때 조직 전체로 보면 약한 문화라고 할 수 있음. 문화의 색깔이 일관성이 있거나 통일되지 않았기 때문. 이때 조직문화는 역기능을 할 가능성이 커지므로 관리자가 주의해야 함(크라이슬러와 다임러벤츠의 합병은 문화 차이로 결국 무산)

(3) 평가 | 정의하기가 상당히 모호하고 다양해서 이론이나 연구의 기초를 제공하기에는 적절치 않다는 한계. 조직문화와 성과와의 관련성이 지나치게 단순한 개념에 기초를 두고 있다는 문제점

2. 일차원적 분류 : 적응적(adaptive) 조직문화와 부적응적(non-adaptive) 조직문화

(1) 의의 | 소비자들의 욕구나 기호 변화에 민감하게 적응해야 하며 기술이나 정부정책의 변화, 또는 세계경제와 환율의 변화를 미리 예측하여 효과적으로 적응하지 못하면 기업의 생존이 위태로워짐. 외부환경에 얼마나 효과적으로 적응할 준비가 되어있는가 적응잠재력의 문제

(2) 유형

1) 적응적 조직문화(adaptive organizational culture) | 조직원들이 고객을 우선적으로 생각하며 변화를 가져올 수 있는 인적, 물적 또는 제도나 과정 등의 내적 요소들에 많은 관심

2) 부적응적 조직문화(non-adaptive organizational culture) | 부적응 조직문화에서는 조직원들이 고객보다는 자기 자신의 이익을 우선 생각하고 위험을 감수하려 하지 않으며 변화를 싫어함

	적응적 조직문화	부적응 조직문화
가시적 행위	조직원과 리더들이 고객과 같은 외부환경요인들에 긴밀히 주의를 기울이고 다소 위험이 따르더라도 변화를 제안한다.	조직원과 리더들이 이기적, 정치적, 관료적으로 행동하며 환경변화에 적응하기 위하여 행동을 바꾸든가 제안하지 않는다.
가치관	조직원과 리더들이 고객, 주주, 조직원들에게 대하여 깊은 애정을 갖는다. 효과적 변화를 창조하는 데 관련된 인적, 물적, 제도적 요인들에 큰 가치를 둔다.	조직원/리더들이 자기 자신과 자신의 팀, 또 자기에게 주어진 일에만 관심을 둔다. 관행을 중시하고 위험을 감수하려 하지 않는다.
가정	조직 전체에 기여, 사람에 대한 신뢰	나의 욕구충족, 사람에 대한 불신

(3) 시사점 | 조직원들, 특히 조직의 리더들이 변화에 대하여 개방적 태도를 갖는 적응적 조직문화를 만들어 가는 것이 중요

3. 이차원적 분류 : 딜(Deal)과 케네디(Kennedy)의 모형

(1) 의 의

기업문화를 위험감수 정도와 일의 결과가 얼마나 빨리 피드백되는가에 따라서 네 가지로 분류

(2) 유 형

시간성	모험 감수성 고	모험 감수성 저
단기	무법·남성형 (tough guy·macho style)	노력·유희형 (work hard·play hard)
장기	전심전력형 (bet your company)	관료·절차형 (process)

1) 무법·남성형(tough guy·macho style) 문화
주요가치 : 위험감수와 개척추구
건설업계나 화장품회사, TV, 라디오, 경영 컨설팅업계

감수해야 할 모험(위험) 정도가 높고, 결과 피드백의 기간이 짧을 때 나타나는 문화, 거친 태도와 개인주의적, 미신적 특성을 보이며, 짧은 기간 안에 업무를 완성하지만 과거의 실수로부터 교훈을 얻지 못하며, 모든 것이 단기간에 이루어지고 협동의 미덕이 무시, 이 문화에 속한 개인들은 유행에 민감, 실내에서 주로 활동

2) 노력·유희형(work hard·play hard) 문화
주요가치 : 고객과 고객의 필요
부동산업이나 컴퓨터회사, 자동차판매소(수입자동차 판매), 소매점

모험감수 정도가 낮고, 결과 피드백 기간이 짧을 때 나타나는 문화, 이 문화는 강력한 판매력을 지니며, 문제를 해결하는 데 있어서 팀 접근법을 사용, 미신적이지 않음. 강점으로는 많은 일을 빠른 시일 내에 완수할 수 있음, 단점으로는 일을 빨리 해결하려 하다 보니 문제해결보다는 어떤 행동만을 취하고 마는 경향

3) 전심전력형(bet your company) 문화
주요가치 : 기술적 완벽성
정유업계나 항공사, 자본집약적 산업, 제조업, 투자은행, 군대

모험감수 정도가 높고, 결과 피드백 기간이 장기일 때 나타나는 문화, 이 문화는 장기적 관점을 지니며, 의사결정 시 재검토를 반드시 하고, 기술력이 강하며, 권위에 대해 강한 존경심을 가짐. 강점으로는 높은 질의 창조작업과 과학적 발전을 이룰 수 있다는 것, 단점으로는 어떤 일을 이루는 데 있어서 너무 시간이 많이 걸린다는 것과 단기간의 경제적 변동에 약하여 현금 흐름문제에 직면하게 된다는 것. 이 문화에 속한 개인들의 특성으로는 옷입는 방식이라든지 생활환경 또는 거주형태에 위계서열이 반영. 또한 멘토링(mentoring) 같은 기존 구성원과 새로운 구성원의 관계에 심혈을 기울임

4) 관료·절차형(process) 문화
주요가치 : 장기적 발전지향
은행, 보험회사, 제약업, 서비스 조직, 정부 관련기관

모험감수 정도가 낮고, 결과 피드백의 기간이 장기일 때 나타나는 문화, 이 문화의 전형적 유형은 매우 조심스럽고, 방어적이라는 것과 세세한 부분까지 주의를 기울이는 것, 언제나 완성된 절차를 따른다는 것. 강점으로는 작업환경에 순서와 체계가 유지된다는 것, 단점으로는 너무 관료주의적이어서 창조적 사고가 꺾인다는 것과 일을 하는 데 너무 많은 시간이 소비된다는 점. 위계적 질서에 따라 일을 하며, 토론하는 것을 즐기는 경향

4. 이차원적 분류 : 퀸(Quinn)의 경쟁가치 모델 (competing value model)

(1) 의 의

퀸(Robert E. Quinn)에 의하면 조직은 몇 가지 서로 상호 모순되는 가치들을 동시에 만족시킬 수 있어야 높은 성과를 얻을 수 있다고 함. 경쟁가치 모델은 조직의 성과를 포괄적으로 파악하는 것으로서 조직관리에 있어서 본질적으로 내재하는 모순과 긴장관계에 주목하고 이를 극복할 수 있는 이론적 틀. 서로 상충되어 보이는 요소들을 균형 있게 동시에 구축할 때 조직유효성이 높아진다고 주장

(2) 두 가지 차원

① 첫 번째 차원은 조직에 대한 질서 및 통제를 강조하는 측면과 자율 및 유연성을 강조하는 것
② 두 번째 차원은 조직의 내부통합을 강조하는 것과 조직 외부를 지향하는 것

(3) 유 형

[경쟁가치 모델에 따른 조직문화 유형]

	내부통합	외부지향
유연성 강조	관계지향 문화 (clan culture)	혁신지향 문화 (adhocracy culture)
통제 강조	위계지향 문화 (hierarchy culture)	시장지향 문화 (market culture)

1) 관계지향 문화(clan culture) : 경쟁가치접근법 중 인간관계 모형

관계지향에서 추구하는 가치는 조직 내 가족 공동체적인 인간관계의 구축과 유지에 있음. 조직구성원들의 조직에의 소속감, 상호신뢰 및 참여에서 그 가치가 발견

2) 혁신지향 문화(adhocracy culture) : 경쟁가치접근법 중 개방체계 모형

혁신지향 문화에서는 조직의 유연성을 강조하며, 특히 조직이 당면한 외부환경에의 적응에 높은 가치를 둠. 혁신과 창의성이 강조되기 때문에 조직구성원은 과거에 해본 경험이 없는 새로운 일을 주로 함

3) 위계지향 문화(hierarchy culture) : 경쟁가치접근법 중 내부 프로세스 모형

위계지향 문화에서는 조직의 안정적인 기반 위에서 조직 내부의 효율성을 추구하는 데 가치를 둠. 이를 위해서 조직 내 질서가 강조되고 구성원들에게 명확히 규정된 과업이 부여되며 또한 구성원들은 주어진 규칙을 철저히 따라야 함

4) 시장지향 문화(market culture) : 경쟁가치접근법 중 합리적 목표 모형

시장지향 문화는 조직의 성과달성과 과업수행에 있어서 생산성에 가치를 둠. 예를 들면, 시장점유율, 목표달성 그리고 이윤창출이 핵심가치가 됨

5. 이차원적 분류 : 대니얼 데니슨(Daniel Denison) 조직문화 모델(DOCS Model)

(1) 개 념

Denison Model은 미시건 비즈니스 스쿨에 있을 때 약 25년간의 연구를 통해 개발한 것으로, 조직문화와 손익 관련 지표(수익성, 성장, 품질, 혁신, 고객과 직원 만족도)를 지속적으로 연구하여 조직문화적 특징을 검증해왔음. 4가지 구성요소를 통해 조직문화의 유형을 파할 수 있는 장점을 가지고 있음. 모델의 중심에는 "기본 신념과 가정(Beliefs and Assumptions)"이 있음. 이는 구성원들이 조직, 동료, 고객, 경쟁자 및 산업 등에 대하여 깊이 간직하고 있는 신념에 대한 것. 이러한 기본 신념과 가정, 관련된 행동들이 조직문화를 결정짓는다고 주장

(2) 문화를 진단하는 핵심 질문 4가지

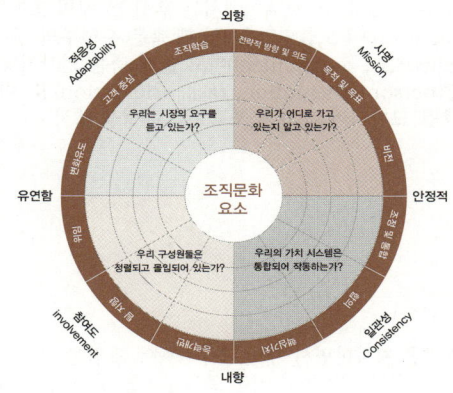

1) Mission : Do we know where we are going?
   (사명 : 우리들은 어디로 가고 있는지 알고 있는가?)
2) Adaptability : Are we listening to the marketplace?
   (적응성 : 우리들은 시장/고객에 대응하고 있는가?)
3) Involvement : Are our people aligned, engaged, and capable?
   (참여도(몰입도) : 우리들은 사명과 목표에 연계해서 활동하고 있으며 참여하고 있으며, 역량이 충분한가?)
4) Consistency : Do we have the systems, values, and processes in place to execute?
   (일관성 : 우리들은 실행력을 갖춘 시스템, 가치, 프로세스를 갖추고 있는가?)

6. 이차원적 분류 : 해리슨(Harrison)과 핸디(Handy) 모형 – 공식화와 집권화 기준

(1) 의 의

해리슨(R. Harrison)과 핸디(C. Handy)의 주장은 서로 비슷한데 조직에서 권한이 얼마나 집중(centralization)되어 있는가, 그리고 얼마나 공식화(formalization)되어 있는가에 따라서 조직문화를 네 가지로 구분

(2) 유 형

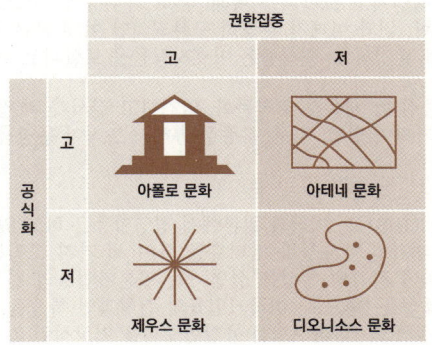

1) 아폴로 문화(Apollo culture) : 역할문화

태양계 질서의 신이 지배하듯이 합리적이고 분석적이며 각자의 역할이 정돈되어 있으며 질서와 규칙이 지배(예 : 부품 조립공장)

2) 아테네 문화(Athena culture) : 과업문화

전시에는 전쟁에 참가하고 평화 시에 농사를 돌보는 지혜와 전술의 신처럼 창의적 사고와 다양성을 조화시켜 팀 프로젝트를 완성하는 매트릭스(matrix) 문화(예 : 광고제작팀)

3) 제우스 문화(Zeus culture) : 가부장문화

공식성은 없지만 두려움과 인자를 겸한 가부장적인 신처럼 비합리적이지만 카리스마적 리더가 지배하는 문화(예 : 가부장적인 중소기업)

4) 디오니소스 문화(Dionysus culture) : 실존문화

자율적이고 비공식적인 포도주의 신처럼 개별적 원자로 행동하되 자기 것은 자기가 책임지는 문화

7. 트롬피나르스(Trompenaars)의 조직문화 유형

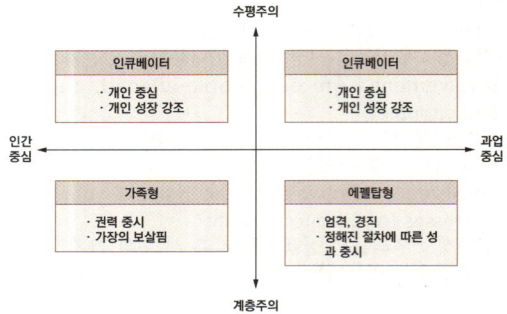

트롬피나르스는 47개 국가 15,000명을 서베이하여 조직문화의 유형을 조사. 이 서베이에서는 우선 두 개의 조직문화 축(dimension)이 도출되었음. 첫째 축은 수평주의-계층주의(egalitarian, hierarchical)이고 둘째 축은 인간지향-과업지향(person-orientation, task-orientation)임. 이 두 개의 축을 교차시켜 네 개의 조직문화 유형을 제시

(1) 인큐베이터 조직문화

수평주의를 지향하면서 개인 욕구충족에 초점을 두는 조직문화. 신생 벤처기업들이 이런 조직문화를 갖는 수가 많음. 사장이나 신입사원이나 수평적 관계를 유지하되 조직원 각자는 업계 최고의 실력파로 인정받기 위해서 일함. 전문성과 능력이 중시되며 자율성을 존중

(2) 미사일 조직문화

수평적, 과업중심의 조직문화. 과업목표달성과 성과창출을 중시. 전문가들이 팀을 이루어 목표달성을 위해서 노력함. 개인의 욕구보다는 조직의 성과를 먼저 내세움. 미국의 NASA가 이런 조직문화를 가지고 있음

(3) 가족형 조직문화

인간중심적이면서 계층적인 조직문화. 가장이 모든 구성원들을 책임지고 보살피는 형태. 흔히 가부장적 문화로 불리기도 함. 위와 아래가 분명히 구분되지만 아랫 사람들은 윗사람을 존경하고, 윗사람은 아랫사람들을 보살피고 돌봐줌

(4) 에펠탑형 조직문화

과업중심적, 계층적 조직문화. 엄격하고 질서가 꽉 잡힌 특징을 가지며 명령, 지시, 복종을 통해서 조직이 운영됨

8. 오우치(Ouchi)의 Z이론

(1) 의 의

Ouchi(1981)는 미국과 일본에서 경영활동을 하고 있는 20개의 대기업 대표들과 인터뷰를 하여 세 가지 조직문화를 구분하여 각각의 특성을 설명. 즉, 일본기업들의 전형적인 경영특성을 J형으로, 미국기업들의 전형적인 특성을 A형으로 규정하고, J형과 A형을 융합한 Z형을 이상적인 기업형으로 제시하였고, 이를 'Z'이론이라 발표. 미국기업들은 Z형 기업경영 체제를 갖춤으로써 일본기업들의 도전을 극복할 수 있다고 주장

(2) 이론의 등장배경

1970년대 이후부터 1980년대에 이르기까지, 미국의 생산성은 다른 선진국의 생산성에 비해 현저히 떨어졌음. 생산성 하락에 대한 우려와 외국으로부터의 도전에 직면해 있던 미국의 경영자들은, Toyota와 같은 일본기업들이 그들과 다르게 경영되고 있다는 것을 인식하게 됨. 일본 문화 깊숙이 잠재해 있는 특징적 요소인 과거 봉건영주시대에 형성된 가부장적 유교주의와 전통적 사회주의가 조직의 구성원들에게 스며들어 상하관계와 상호작용, 회사에 대한 충성심에 영향을 주었다는 것

(3) 기존 조직문화와 Z이론적 조직문화 비교

통제방식	요구되는 사항	통제관리	구성원의 관계, 호칭
시장관리	상호교환	가격	경쟁자, 공급자, 고객, 평가, 계약
관료제	상호교환 법·규칙 권한	규정	상사, 부하 통제, 관리 절차, 표준 법규, 룰
Z이론 씨족통치	상호교환 법·규칙 권한 공통가치 공통신념 공동체정신	전통	동료, 동지 선배, 충고자 인도, 반성 규범, 전통 목표, 신념, 가치관

기본수단은 신뢰와 우호, 미국식 경영에 일본식 씨족 경영 접목한 Z이론 경영 바람직

(4) Z이론의 내용

〈A형 조직〉(미국식)
1. 단기적인 고용
2. 개인적인 의사결정
3. 개인적 책임
4. 단기적 평가와 승진
5. 통제기구의 명확화
6. 경력관리의 전문화
7. 종업원을 하나의 종업원으로만 보고, 부분적 관심을 가진다.

〈J형 조직〉(일본식)
1. 종신고용제
2. 집단적 의사결정
3. 집단적 책임
4. 장기적 평가와 승진
5. 통제기구의 불명확화
6. 경력관리의 비전문화
7. 종업원을 하나의 인간으로 보고, 전반적 관심을 가진다.

〈Z형 조직〉(수정 미국식)
1. 장기적인 고용 : 재훈련을 통한 인력재활용
2. 집단적 의사결정 : 관리되는 모든 종업원이 주요 결정에 참여
3. 개인적 책임 : 관리자가 개인의 결정에 책임을 짐
4. 장기적 평가와 승진 : 연공이 아닌 능력에 의한 승진
5. 공식적인 통제기구를 가지면서도 비공식적 통제의 응용 : 규칙과 절차에 근거한 자기통제
6. 어느 정도의 경력관리의 전문화 : 직무순환을 통한 광범위한 능력개발
7. 가족을 포함한 전반적 관심 : 종업원의 직장생활과 직장 외 생활이 모두 중요시됨

Ouchi는 수년 간의 연구를 통하여, 극단적인 미국기업형(A형) 조직과 일본기업형(J형) 조직의 중간형태인 Z형 조직이 바람직하며, 이것은 특히 미국기업의 조직에 적합하다는 결론을 내렸음

X-Y 이론	Z이론	W이론
D. McGregor의 주장	W. Ouchi의 주장	이면우 교수의 주장
-인간의 본성에 대한 올바른 이해를 촉구 -인간에 대한 긍정적이고 낙관적인 견해 -인간중심적인 조직 강조	-회사의 고용제도, 승진 및 경력관리, 의사결정 등 인사제도면에 대해서 광범위하게 다루고 있으며, 특히 일본의 경영관행, 인사제도의 장점 부각 -인간에 대한 관심을 비단 직장생활에 국한시키지 않고 전체 삶으로 확대하는 것을 제안	-조직구성원들의 자부심을 희망과 포부를 일깨워 '신바람' 나는 직장이 되게 하는데 지도자의 솔선수범과 희생정신이 주요하다는 지적 -그러나 X-Y이론이나 Z이론처럼 구체적인 이론구조나 방향을 제시하지는 못함
-주로 경영자의 가치관, 세계관을 다루고 있으며, 경영자의 의식개혁 강조	-조직전체의 분위기, 경영관행과 경영체계를 주로 다룸	-경영자의 의식개혁과 창의력을 통한 생산관리를 강조(고부가가치 아이디어 상품 개발 등)
-미국의 기업문화를 다룸	-주로 일본의 기업문화를 다룸	-바람직한 한국의 기업문화를 제시

9. 고배경(=고맥락) 문화와 저배경(=저맥락) 문화

(1) 의 의

Hall

배경(context)이란 사람들 간의 교류와 소통이 이루어지는 환경이나 상황

[고배경 문화와 저배경 문화의 특징]

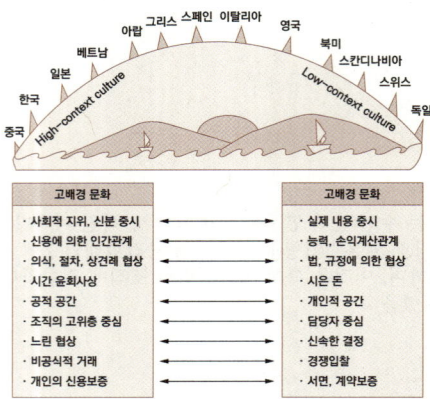

(2) 고배경문화(high context culture)

타이틀이나 지위를 중시하고 구체적이고 명확한 표현보다는 두루뭉술 넘어가는 것을 서로 간의 신뢰의 징표
ex) 대한민국, 이탈리아, 프랑스, 중국, 베트남, 사우디

(3) 저배경문화(low context culture)

저배경문화의 사람들은 말한 것과 쓰여진 정보를 주변 정보보다 더 중시
ex) 미국, 독일, 영국, 캐나다, 스위스

구분	고배경 문화	저배경 문화
개인의 말	개인에 대한 보증 암묵적 규범이나 관례가 중요	서면으로 남기는 경우만 신뢰함 규칙과 절차가 중요
의사소통 방식	비언어적 신호, 상호작용 맥락, 암묵적 의미가 중요 대화 상대가 배경 지식을 갖추고 있다고 가정	명확하고 직설적인 언어, 직접적/구체적 정보, 대화 상대가 배경 정보를 잘 모르고 있다고 가정
공간	같이 공유함	개인 공간은 서로 침해하지 않음
시간	인생의 모든 일은 시간이 해결함(polychronic)	시간은 돈이며, 협상 이외의 목적은 없음
협상	시간이 걸리며, 협상 과정을 통해 서로를 이해함	신속하게 해결
책임 소재	조직의 최고책임자	업무담당자 또는 최하급자
경쟁 입찰	빈번하지 않음	아주 흔함

(출처: Keegan의 연구)

10. 홉스테드의 문화에 따른 국가분류 : 제2편 제5장 Ⅴ. 2. 참고

IV. 조직문화의 기능

1. 조직문화의 순기능

(1) 조직원으로서의 정체성(organizational identity)을 제공 | 조직문화는 조직구성원들에게 소속 조직원으로서의 정체성을 제공. '삼성맨', '현대맨'. 조직원들이 일반적으로 공유하는 행동적, 심리적 또는 지식이나 사고에 있어서의 독특한 동질성을 뜻하는 말

(2) 집단적 몰입(commitment) | 조직문화는 가치관, 믿음, 행동의 통일을 가져옴으로써 조직구성원들의 집단에 대한 몰입의 결과를 낳음. 일종의 집단학습 효과

(3) 조직체계의 안정성을 높임 | 조직체계의 안정성을 높이는 결과를 가져옴. 많은 경우 문화적 동질성을 강화하기 위한 규범과 통제가 증가하게 되며 한계를 벗어난 행동에 대해 제재가 가하여짐. 이같은 강한 통제에 대하여 일종의 감정적 애착을 갖게 됨

(4) 학습도구 | 조직문화는 구성원들로 하여금 조직의 이모저모에 대하여 학습토록 함으로써 구성원들의 행동을 원하는 방향으로 조작해 나감. 사회화(socialization)의 과정을 통하여 조직에서의 관행과 의미체계에 대한 구성원들의 인지적 스키마를 다듬어 나가는 과정

(5) 내부통합(internal integration) | 조직문화는 조직이 외부환경에 적응할 수 있도록 도와줌. 구성원들이 집단정체성을 개발하고 효과적으로 함께 일하는 방법을 아는 것을 의미

(6) 외부적응(external adaptation) | 조직이 어떻게 목표를 달성하고 환경을 다룰 것인지에 관한 것. 문화는 조직이 고객의 요구나 경쟁자의 움직임에 신속하게 반응할 수 있도록 도와줌

(7) 의사결정의 기준 – 행동지침의 제공 | 조직문화는 명시적 규정이나 정책 없이도 구성원이 어떻게 의사결정을 해야 하는지 알려줌. 조직구성원들 간에 그리고 조직과 외부환경 간에 긍정적 또는 부정적인 관계를 형성함으로써 조직의 사회적 자본 형성에 영향을 미침

(8) 조직분위기(organizational climate) 형성 | 조직분위기란 조직구성원들이 깊숙이 알고 느끼면서 체화되어 있는 어떤 상태인데, 그 정체는 구성원들이 근무하면서 겪은 여러 가지 경험들의 총체로부터 얻어진 것. 이에 비교되는 조직문화란 구성원이 조직에서 어떻게 행동할지의 기준이 되는 가치관과 그런 사고의 기반을 떠받치고 있는 기본전제. 조직문화의 이러한 측면은 일종의 팀 정신

2. 조직문화의 역기능

(1) 제도화(institutionalization) | 문화가 조직 안에서 관습이나 규범으로 굳어져서 그 자체가 구성원의 행동과 가치관을 지배하게 되면 제도화되었다고 말함. 이때부터는 조직 관리자의 목표나 의도대로 되지 않고 제도 자체가 별도의 삶을 유지해감. 즉, 주객이 전도된 듯이 그 조직의 존재목적이 바로 조직문화의 유지계승이 되고 만다는 것

(2) 다양성(diversity)과 창의성(creativity)의 제한 | 신입사원이 들어왔을 때 그가 회사문화와 다른 특성을 가지고 있다면 적응하기도 어려울 것이며 그가 가진 장점은 숨겨짐

(3) 합병의 걸림돌 | 시너지 효과를 위해 조직은 가끔 다른 조직과 합병도 하고 흡수도 하며 이러한 추세는 급변하는 환경에서 더욱 가속화. 그런데 합병대상인 두 해당 기업의 문화가 서로 강하게 구별된다면 부작용이 많음

V. 조직유효성을 위한 조직문화

1. 조직문화와 조직성과와의 관계

(1) 개 요 | 조직문화는 '경제적 성과' 및 '사회적 성과'와 깊은 연관성

(2) 종업원의 행동 및 태도 | 쿠크와 쯔말(Cooke & Szumal, 1993)의 〈건설적 주도형 조직문화〉는 직무만족, 조직에의 잔류의사 및 혁신의지와 긍정적인 연관성이 있으며 업무나 책임에 대한 회피의사와는 부정적으로 연관. 반면에 〈수동적 방어형 조직문화〉와 〈능동적 방어형 조직문화〉는 직무만족과 조직에의 잔류의사와 부정적으로 연관. 이러한 연구결과 : 구성원들은 서로 어울리면서 성장과 발전을 위해 격려해주는 조직을 더욱 선호

(3) 조직몰입, 직무만족 | 개인적 가치와 조직적 가치 사이의 적합성(fitness)에 따라 조직몰입(organizational commitment), 직무만족(job satisfaction), 이직의사 및 이직률이 달리 나타남

(4) 재무적 성과 | 조직문화를 통하여 조직의 재무적 성과를 예측할 수는 없음. 단지, 적응적(adaptive)이고 유연한(flexible) 조직문화를 가진 기업에서 재무적 성과가 높게 나타난다는 사실(Kotter & Heskett, 1992)

(5) 합병에 있어서의 조직문화의 차이 | 기업 간 합병의 경우, 양사 간 조직문화의 차이 때문에 흔히 실패. 전 세계적으로 합병에 실패하는 확률은 70%선

(6) 조직에의 적용 | 첫째, 경영자의 경영이념과 종업원들의 행동방식이 일치된 상태로서 강한(strong) 문화가 형성될 경우, 둘째 수립된 경영전략에 적합한(fit) 문화가 형성될 경우, 셋째는 환경변화에 유연하게(flexible) 적응하는 문화가 형성될 경우

2. 좋은 조직문화의 특징적 요소

(1) 가치성(valuable) | 조직의 산출을 증가시키든지, 매출액을 올리든지 하여 조직의 재무적 가치를 높이는 행동을 유도하여야 하는 것

(2) 특이성(rare) | 다른 보통의 조직들에서는 찾아보기 힘든 독특한 문화. 아무리 좋은 것이라도 흔하면 아무 소용이 없음

(3) 모방 불가능성(imperfectly imitable) | 타 조직이 쉽게 모방할 수 없고 다른 곳으로 이전 되더라도 성공이 어려운 요소를 포함하고 있어야 함

(4) 강한 문화(strength) | 강한 문화는 구성원들의 목표 추구 행동을 일목요연하게 정렬시키면서 조직몰입과 동기가 부여된 상태에서 구성원의 동조와 헌신적 노력을 이끌어낼 수 있기 때문

(5) 적합성(fit) | 조직문화가 그 조직이 세운 전략에 일치하는 것일 때 조직성과를 높임

(6) 적응성(adaptive) | 좋은 문화란 조직이 환경변화에 적응하고 그 변화를 소화시킬 수 있도록 하는 문화. 적응성은 일종의 유연성이며, 타 문화를 쉽게 받아들이는 수용성을 포함. 수용하고 포용하고 인정하면서 남의 장점을 모방할 줄 아는 문화

◆ 사례 : 3M社 '실패를 응원하는 조직문화'

VI. 조직문화의 개발 : 조직문화의 구축방법 및 변화의 수단

1. 조직문화의 구축방법 : 조직문화는 어떻게 구축되는가

(1) 의식(ceremony)과 축제(festival) | 회사의 가치를 상징하는 이벤트나 기념할 일이 있을 때 각종의 행사들을 통해서 조직원들에게 회사의 의미체계를 전달하는 것. 체육대회, 등반대회, 축제 등

(2) 스토리(story) | 스토리는 대개 난관을 극복했던 전설적 이야기들을 조직원들에게 공유시킴으로써 회사의 정신과 철학을 전파하는 것. 나이키(Nike)는 최고 스토리임원(Chief Story Officer)을 통해 회사의 이야기를 구성원에게 전하는 데 많은 시간을 썼음. 공동창업자인 빌 바우어만(Bill Bowerman)이 더 좋은 운동화를 만들기 위해 고무를 와플 기계에 부었다는 이야기를 들려주면서 나이키의 혁신 정신을 이야기하고 있음

(3) 상징물(symbol) | 조직의 가치를 가시화하여 제시함으로써 조직원들이 이미지를 통하여 의미를 전달받도록 하는 것. 포스코는 '롬멜 하우스'라고 불리는 당시 공사현장의 막사를 보관. 뱃지나 유니폼 등

(4) 특수어휘(specialized language) | 슬로건이나 속담 또는 조직원들 간에만 통용되는 조어 등을 통한 조직가치 전달. 코오롱의 'One & Only'와 같은 표현

(5) 선발(selection)과 사회화(socialization) | 조직문화가 어떻게 형성되고 지속되는지를 설명하는 Schneider의 ASA(Attraction, Selection, Attrition) 이론이 이를 설명해줌. 선발(Selection) 과정에서 단순히 능력이나 기술만 보는 것이 아니라, 지원자가 조직문화와의 적합성(cultural fit)을 가지고 있는지를 고려하여 채용, 조직은 새로운 구성원이 조직의 문화와 일치된행동을 하도록 돕는 과정에서 새로 들어온 직원이 조직문화에 동화되지 못하면 결국 Attrition(이탈)이 일어나게 됨. 이는 조직이 일관된 문화를 유지할 수 있는 자연스러운 필터 역할을 함

2. 조직문화 변화의 수단

(1) 비전, 환경 및 전략의 선택 | 제일 먼저 해야 할 일은 비전의 설정. 왜냐하면 비전은 전략적 선택이며 선택된 전략에 의하여 새로운 환경이 결정, 새로운 환경에 적응하고 생존하기 위하여 필요한 바람직한 조직문화가 무엇인지 결정, 또한 비전은 전체 조직구성원의 상상력, 창의력의 환기를 통하여 전 조직의 에너지를 한 방향으로 집결시키는 역할을 하기 때문

(2) 경영자의 리더십	경영자의 리더십 스타일이 바람직하지 못할 경우 기업이 수립한 모든 대책들의 효력이 상실될 수 있음. i) 경영자의 관심영역은 조직이 중요시하는 가치가 무엇인지를 알리는 효과적인 의사소통 수단, ii) 경영자의 평가기준에 따라 구성원들의 행동양식이 바뀔 수 있고, iii) 경영자의 통제스타일에 따라 구성원들의 태도에도 영향을 미침
(3) 교육훈련	조직문화의 형성이나 변화에는 여러 인적자원제도와 운영방식이 영향을 미침. 최근 전통적인 교육훈련방법 외에도 현장학습이나 체험학습 등과 같은 다양한 방법을 활용하는 교육훈련 프로그램을 개발
(4) 멘토링 프로그램	신입사원이 입사하여 오리엔테이션이 끝나고 나면 해당 부서에 배치되어 담당해야 할 세부적인 과업과 업무수행 시 지켜야 할 것들을 구체적으로 배우게 됨. 멘토(mentor)란 이 기간 중에 신입사원에게 업무 및 조직의 규범, 가치관 등을 전수시키는 책임을 지는 사람
(5) 조직개발	조직문화를 보다 체계적이고 집중적으로 변화시키기 위하여 사용되는 기법이 행동과학적 지식을 기초로 한 조직개발기법. 조직 목표를 성공적으로 달성하기 위하여 행동과학적 지식을 이용하여 조직의 구조나 과정을 체계적인 절차에 따라 변화시켜 나가는 일련의 방법들
(6) 보상체계	구성원의 바람직한 행동에 대한 지속적인 보상은 그 행동을 강화, 보상기준은 구성원들에게 어떠한 성과나 행동이 자신에게 요구되고 있는지 알려주는 수단. 다른 기업보다 월등히 높은 보상을 제공하고 높은 성과에 대해 인센티브를 제공하는 기업은 뛰어난 능력과 강한 성취 지향을 가진 개인을 유인하고 보유, 그러한 개인들은 조직 내에 혁신적인 문화를 창출하는 데 기여할 것
(7) 조직구조	조직구조는 업무와 책임의 분담, 업무와 업무 간의 관계, 부서의 설계, 부서와 부서 간의 관계 등을 규정하며 업무수행상에 필요한 권한을 배분하고 의사결정 방법 등을 설정하는 조직의 기본골격
(8) 표어 및 의례의식	조직은 문화를 정착시키기 위하여 여러 가지 상징수단을 이용할 수 있음. 구두 상징(verbal symbol), 행동적 상징(action symbol), 물적 상징(material symbol)
(9) 새로운 기술의 도입	새로운 생산기술의 도입은 새로운 업무습득의 필요성을 야기하여 기존의 가치체계 및 문화적 상황의 변화를 유도해낼 수 있음

Ⅶ. 조직윤리의 실천 : 윤리적 가치와 사회적 책임

1. 윤리(ethics)의 개념	윤리(ethics)는 옳고 그름과 관련하여 개인이나 집단의 행동을 이끌어 가는 도덕적 원칙과 가치관
2. 윤리적 가치관의 원천	① 〈개인윤리〉, ② 〈조직문화〉, ③ 〈조직시스템〉, ④ 〈이해관계자〉, ⑤ 〈법과 제도〉
3. 경영자윤리(managerial ethics)	경영자윤리는 도덕적 관점에서 무엇이 옳고 그릇된 것인지를 결정하는 원칙으로 경영자의 의사결정과 행동을 이끌어냄

4. 기업의 사회적 책임(corporate social responsibility : CSR)

(1) 기업의 사회적 책임(CSR)의 의의

경영자윤리가 확장된 개념이며, 조직이 사회적 발전을 위해 대외적으로 가지고 있는 여러 가지 책임 및 의무사항을 의미하는 것
〈CSR의 적용영역〉으로는 경제적 기능, 사회기대 부응, 사회 거시적 목표달성
〈CSR의 대상〉으로서는 종업원, 주주, 소비자, 정부, 지역사회에 대한 책임

(2) 기업의 사회적 책임의 3대 분야

구 분	협 의	광 의
1) 환경 경영	- 정부에서 제공한 환경공해 방지 및 작업장 환경, 제품안전 등과 관련된 법과 규제의 준수 여부	- 법적 책임을 넘어 윤리적 책임으로까지 확대 - 환경에 대한 오염방지 차원을 넘어 '지속가능한 발전' 개념으로 확대
2) 정도 경영	- 주주권한, 노사관계, 윤리규정, 각종 법령에 대한 준수 여부	- 기업정보의 공개를 의미하는 투명경영과 기업의 사회적 책임까지 확대된 윤리경영 개념으로 확장 - 직원의 윤리적 의사결정을 위한 준거기능으로 활용
3) 사회 공헌	- 자원봉사활동, 지역사회활동, 긴급구호활동, 기부금 기탁 등을 통해 사회에 기여하는 공익활동	- 전략적 사회공헌활동으로 확대 - 잉여상품, 유통채널, 기술 노하우와 비금전적 기업자산의 기증 및 공유

◆ 참고 : CSR 피라미드

[Carroll(1991)의 CSR 피라미드(The Pyramid of Corporate Social Responsibility)]

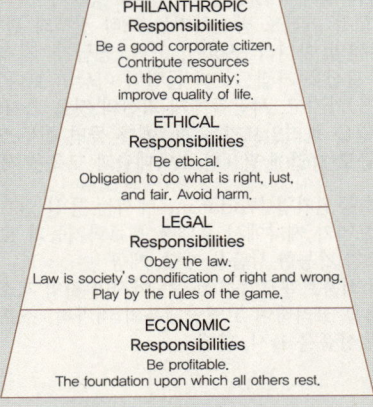

Archie B. Carroll ① 〈경제적 책임〉은 재화와 서비스의 효율적 생산을 통한 수익 창출, ② 〈법적 책임〉은 법적 의무의 준수, ③ 〈윤리적 책임〉은 윤리적이고 공정한 활동, ④ 〈자선적 책임〉은 기부 및 자선과 같은 사회공헌 활동을 의미. Carroll은 이 모델이 피라미드 모양으로 구성되어 있으나 경제적 책임이 다른 책임들보다 중요하다거나 각 책임 간에 선후관계가 존재한다고 보지 않으며, 네 가지 책임을 동시에 충족시켜야 한다고 주장

◆ 참고 : ESG(Environmental, Social and Governance)

기업 활동에 친환경(E), 사회적 책임 경영(S), 지배구조 개선(G)과 같은 투명 경영을 고려해야 지속 가능한 발전을 할 수 있다는 철학을 담고 있는 용어, 기업의 재무적 성과만을 판단하던 전통적 방식과 달리 장기적 관점에서 기업 가치와 지속가능성에 영향을 주는 환경·사회·지배구조(ESG)의 비재무적 요소를 충분히 반영해 평가하는 것. ESG 성과를 활용하게 되면 기업 입장에서 장기적 수익이 가능할뿐만 아니라, 사회 전반적인 이익이 창출된다고 보는 것

- E(Environment) : 대기오염 감축, 에너지 절감, 탄소 및 온실가스 배출 최소화, 폐기물 관리
- S(Social) : 구성원 존중, 사회 공헌 활동, 협력사와 공급망의 지속가능성 관리
- G(Governance) : 투명한 기업 경영, 이사진의 역할과 책임 준수, 윤리 및 부패 문제 관리, 협력사 대상 반부패 정책 적용

(3) 기업의 사회적 책임을 촉진할 수 있는 다양한 접근법
1) 지속가능성을 중시하는 녹색운동의 부각

지속가능성(sustainability)이란 환경에 대한 사회적 책임을 지키면서 부를 창출하는 능력. 이는 미래 세대의 욕구 충족을 위하여 환경과 사회를 보존하면서, 동시에 주주들의 욕구도 충족시키는 것을 의미. 지속가능성이라는 경영 철학을 가지고 경영자들은 기업의 사회적 책임을 다하면서 재무적 목표가 달성될 수 있도록 사회 환경적 요인을 감안하여 전략적 의사결정을 해야 함. 구체적으로는 심리적 주인의식(psychological ownership)으로 구성원들이 조직과 연결감을 느끼고 조직을 자신의 소유물처럼 느끼게 되는 감정을 갖게 하고, 외부 이해관계자를 참여시키며, 다양한 형태의 인정과 보상(reward)이 필요

2) 3차원 성과 평가(TBL)

[3차원 성과 평가(TBL)]

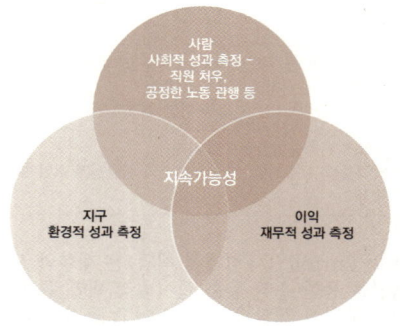

지속가능성을 수용하는 기업들은 성공을 세 가지 관점에서 평가. 그것이 바로 TBL(Tripple Bottom Line). 3P라고도 하며 사람(people), 지구(planet), 이익(profit)을 표방. '사람'측면은 기업이 얼마나 공정한 노동관행과 다양성 및 직원 처우를 하는지를 평가하는 것, '지구'측면은 기업이 환경적 지속가능성에 기여한정도를 평가하는 것, '이익'은 기업의 수익성을 평가하는 것

3) 깨어 있는 자본주의(consicious capitalism)

공유가치 기반의 접근(shared value approach)라고도 하며, 기업의 경제적 성공을 촉진하고 동시에 지역사회의 경제적 사회적 여건도 발전시키는 조직 정책과 관행을 의미. 즉, 주주뿐만 아니라 구성원, 고객, 공급자, 지역사회에 균형 있는 관심을 가짐으로써 돈벌이 이상의 보다 높은 차원의 목적을 가지고, 사람들에게 최선의 것을 가져다주며, 신뢰와 존경을 불러일으키는 것. 예를 들면 힌두스탄 유니레버가 소규모 창업에 필요한 소액대출과 교육을 제공하는 것

- 세계적 통신기업 'Vodafone'에서는 통신 인프라가 열악한 아프리카 케냐에서 휴대폰 통화기능과 모바일 송금 서비스가 가능한 상품을 개발, 제공
- 글로벌 식품브랜드 'Nestle'는 아시아 지역 저소득층의 영양상태를 고려하여 고영양제품의 저가격, 소포장 형태인 보급형 상품을 출시, 판매

◆ 참고 : 공유 가치 창출(Creating Shared Value : CSV)

기업의 경제적 가치와 공동체의 사회적 가치를 조화시키는 경영, 2011년 마이클 포터가 하버드 비즈니스 리뷰에 처음 제시한 용어. 사회 공헌 활동(Corporate Social Responsibility : CSR)이 단순히 사회·경제적 약자를 돕는 차원에 머무른다는 인식이 커지면서 기업이 사회적 약자와 함께 경제적 이윤과 사회적 가치를 만들고 공유하는 공유가치창출(Created Shared Value : CSV) 활동으로 진화하고 있음. CSV는 CSR과 비슷하지만 '가치 창출'이라는 점에서 큰 차이. CSR은 선행을 통해 기업의 이윤을 사회에 환원하기 때문에 기업의 수익 추구와는 무관. CSV는 기업의 사업 기회와 지역사회의 필요가 만나는 지점에서 사업적 가치를 창출해 경제적·사회적 이익을 모두 추구

4) 이해관계자 관리 : 이해관계자 관점의 접근(stakeholder approach)	이해관계자란 조직의 성과에 이해관계가 있는 조직 내부 또는 외부의 집단. 각 집단의 만족 수준은 조직의 전반적 성과와 효과성 지수로 평가할 수 있음. 이 때 활용할 수 있는 이해관계자 맵핑(stakeholder mapping)이라는 기법이 있음. 이는 다양한 이해관계자들의 변화하는 기대, 욕구, 중요성, 그리고 상대적 힘을 규명하는 체계적 접근법임. 과거에는 관리자들이 책임 회피, 하청업체에 책임 떠넘기기 방식으로 접근하였으나, 최고경영진이 전면에 나서 책임을 선언하고 특단의 필요한 조치를 취함으로써 회사에 호의적인 단체의 지지를 얻게 되는 것이 이러한 사례
5) 소득 피라미드의 최하층(bottom of pyramid : BOP) 지원	소득 피라미드의 최하층이란 1인당 국민소득을 기준으로 세계 경제 피라미드의 최하층을 구성하는 40억 이상의 사람들을 일컫는 말. 이는 다국적 거대기업이 세계의 최빈민들에게 판매를 통하여 이익을 얻을 뿐만 아니라 빈곤과 다른 사회악을 줄이자는 개념
(4) 기업의 사회적 책임의 효과	윤리적 책임과 사회적 책임이 재무성과와 비교적 긍정적인 관계를 가지고 있는 것. 지속가능성(sustainability) 창출

5. 문화와 윤리 형성방법

(1) 가치기준 리더십(value-based leadership) [가치기준 리더의 특성] 	구성원은 경영자를 지켜보면서 조직에 중요한 가치가 무엇인지를 알게 됨. 경영자들은 자신의 개인적 가치관과 팀이나 조직에 형성하고 싶은 가치관을 알아내어, 그 가치관을 말과 행동을 통해 구성원들에게 적극적으로 전달해야 함
(2) 공식구조와 시스템	'윤리위원회(ethics committee)', '윤리경영자(Chief Ethics Officer), 또는 '준법감시인(compliance officer)'
(3) 신고제도(내부고발 제도)	내부고발(whistle-blowing)
(4) 윤리 규약(code of ethics)	윤리와 사회적 책임에 대한 회사의 가치관을 공식적으로 표현한 것

6. 이중 목적 조직(혼합 조직)

(1) 사회적 기업(social enterprise)으로서 이중 목적 조직(혼합 조직)의 개념 [혼합 조직에 내재된 2개의 상반된 로직] 	사회적 기업이란 사회적 문제 해결과 함께, 사회적 사명 달성에 필요한 재원 조달을 위한 사업의 성공이라는 두 가지 목적(logic)을 동시에 추구하는 것. 혼합조직(hybrid organization)은 하나의 조직 내에서 이익적 사명과 사회적 사명 두 가지 목적을 같이 추구함을 의미. 재정적 자급자족(self-sufficient)을 추구하고, 동시에 창출한 이익을 사회적 또는 환경적 문제 해결에 사용

(2) 사명 표류(mission drift)의 위험

이중 목적 조직(혼합 조직)에서 사명 표류가 일어날 위험이 높음. 즉, 사회적 성과와 더불어 상업적 성과 창출을 위하여 설립되었지만, 매출이나 수익 창출에 우선하고 사회적 사명을 소홀히 하는 '사명 표류(mission drift)'의 위험에 빈번하게 직면할 수 있다는 것. 궁극적으로는 회사의 존재 이유를 위협. 따라서 이중 목적 조직(혼합 조직)의 경영자들은 상업적 활동과 사회적 활동을 둘다 균형 있게 추구하는 법을 배워야 함. 사회적 목적 의식을 잃지 않으면서 충분한 수익을 창출하는 방법을 습득해야 하는데, 이하의 방안들을 고려

(3) 이중 목표(상업적 목표와 사회복지 목표) 동시 달성을 위한 조직설계 고려방안

1) 부서 분할 또는 통합

모든 구성원들을 하나의 부서로 묶는 통합구조(integrated structure)를 택하거나, 업무흐름(work flow)과 고객의 속성에 따라 2개의 부서로 분할하는 방법. 단일의 산출물을 만들어내는 연속성 있는 과업일 경우에는 하나의 부서로 직원들은 통합하는 것이 보다 효율적, 효과적. 반면, 서로 가치관 로직(value logic)이 다를 경우에는 가치관을 기준으로 부서를 분할하는 것이 더 효과적

2) 균형적 사고방식을 가진 직원 채용

혼합 조직은 상대적으로 새로운 현상이기 때문에 조직이 이익 추구와 사회복지 간의 균형을 유지하도록 도움을 줄 수 있는 충분한 경험을 가진 직원들이 부족. 거시적 관점에서 직원들 사이에 조직 공통의 균형된 정체성을 형성, 재무적, 사회적 두 측면에서 마을 사람들과 좋은 관계를 구축하여 업무를 성공적으로 수행할 수 있도록 지원

3) 명확한 목표 설정과 효과성 측정

구성원들에게 무엇이 중요한지를 의사소통하고, 지금 무엇을 평가하고 있고, 무엇을 하지 말아야하는지를 알려주어야 함. 따라서 명확한 목표 설정과 효과성 평가가 중요한 조직설계 요소가 됨. 더욱이 재무적 성과평가와 사회적 성과평가 간의 적절한 균형을 맞추는 일은 매우 까다로운 것일 수 있음. 조직의 재무적인 측면을 평가하는 것은 매출이나 수익 증가 및 자산수익률(ROA)과 같은 지표를 활용할 수 있어 상대적으로 쉬우나, 사회적 측면을 평가하는 것은 목표를 정교하게 설정하기가 쉽지 않고, 정량적 자료의 확보가 더욱 어렵기 때문에 쉽지 않음

4) 생각이 비슷한 회사와 협력

이중 목적을 추구하는 많은 회사들이 점유율을 높이는 쪽에 많은 노력을 기울이고 있음. 이들은 〈제도화 이론〉과 같이 사업을 같이 하는 회사들의 시스템과 가치관을 흉내내는 제도적 동질성(institutional similarity)을 갖는 경향이 있기 때문에, 혼합 조직의 리더들은 고객, 공급자, 구성원들을 포함하여 그들이 함께 일할 이해관계자들에 대해 명확한 초점을 가질 필요가 있음

5) 사회적 사명이 직원들 마음 속에 살아있도록 하는 것

조직의 리더들이 사회적 사명을 구성원들 마음 속에 살아있도록 한다면, 서로 다른 가치관 Logic을 가진 구성원들 사이에 갈등을 최소화시킬 수 있음. 구성원들이 단순한 돈벌이를 넘어서 의미가 있다고 느껴지는 직무를 하고 싶어하기 때문

6) 올바른 법적 틀 선택

미국에서는 사회 환경적 사명을 재무적 목표와 동등하게 추구하는 조직으로서 법적인 인증을 받을 수 있음. 이러한 자선 기업(benefit corporation)은 공식 인증 되어있음. 법적으로 명시된 이익 목적뿐만 아니라 사회 환경에 대한 긍정적 기여도 같이 표방하는 이익 추구 기업. 사회와 환경에 대한 공익(public benefit)을 창출하는 것이 목적

[사회적 복리를 위한 조직적 접근법]

제 도	개 념
자선 기업 (benefit corporation)	이익 추구 목표와 더불어 긍정적으로 사회적 또는 환경적 목표에 대한 법적 책임을 경영 헌장에 담고 있는 영리법인
B콥 (B corporation)	사회적, 환경적 성과에 대한 책임성과 투명성을 80개 항목으로 평가하고, 이에 근거하여 랩이 발급한 사설 인증서를 받은 조직. 자선 기업으로서 정부의 법적 인가 제도가 없는 지역에서 사용됨
저영리 유한책임회사 (low profit limited liability company : L3C)	사회적 이익을 위하여 영리활동을 하는 기업에 투자를 허락하는 법적 제도
공유가치 접근 (shared value approach)	회사의 경쟁력을 높이는 동시에 경제적, 사회적으로 지역 사회 발전에 기여하는 비즈니스 활동
저소득층 지원 벤처 (bottom of the pyramid ventures)	저소득층을 지원하는 제품이나 서비스를 개발하여 사업을 확장하는 기업 접근법
깨어있는 자본주의 (conscious capitalism)	지역 및 글로벌 차원에서 사회적, 환경적 이슈들에 관심을 가지고, 제품이나 서비스가 사람과 환경에 미치는 영향을 고려한 비즈니스 전개
사회적 기업가 정신 (social entrepreneurship)	사업의 지속성을 위한 충분한 이익 확보와 함께 특정의 사회적 문제 해결을 목적으로 하는 영리형 신규 벤처 사업 창업
사회적 기업 (social enterprise)	사회적 문제 해결과 이익 창출이라는 이중 목적을 가진 평판 좋은 혼합 기업

VIII. 도덕적 해이(moral hazard)

1. 도덕적 해이(moral hazard)의 개념

도덕적 해이의 개념은 경제학에서 출발. 〈경제학적 의미〉로는 정상적인 시장을 해칠 수 있는 경제주체들이 자신들이 빠져나갈 구멍만 찾고 도덕적·윤리적·경제적으로 부정적인 태도 및 행동으로 타인이나 사회에 위험 또는 위협적인 요인을 제공하는 것. 〈일반적인 의미〉로는 미국에서 보험가입자들의 부도덕한 행위를 가리키는 말로 사용되기 시작. 윤리적으로나 법적으로 자신이 해야 할 최선의 의무를 다 하지 않은 행위를 나타내는데, 법 또는 제도적 허점을 이용하거나 자기 책임을 소홀히 하는 행동을 포괄하는 용어로 확대, 이후 〈조직관리적 관점〉에서 다양하게 사용

2. 거래비용이론(transaction cost theory) (Williamson, 1975)

(1) 거래비용의 필연성

거래비용(transaction cost)은 상대방이 기회주의 행동을 하는지 어떤지를 식별하기 위해 들어가는 비용과, 기회주의적 행동을 하지 못하도록 예방하는 데 들어가는 비용

(2) 거래비용과 도덕적 해이

기회주의적 행동이 바로 도덕적 해이이고, 이러한 도덕적 해이를 방지하기 위해서 들어가는 비용이 거래비용

3. 대리인 이론(agency theory) (Jensen & Meckling, 1976)

(1) 대리인 이론(agency theory)의 개념

[정보비대칭, 역선택, 도덕적 해이]

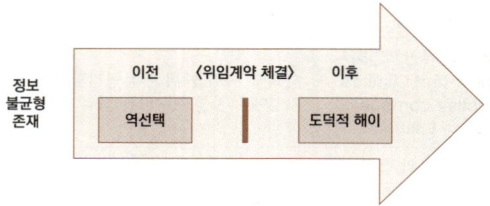

대리인 이론이란 한 사람이 다른 사람의 행위에 의존할 때, 주인(위임인)과 대리인으로서 서로 상충되는 이해관계를 가지게 되는데 이때 발생하는 각종 문제를 다루는 이론. 대리인 이론의 본질적 특징은 주인(위임인)은 비전문가인 반면 대리인은 전문가이기 때문에 둘 사이에서 〈정보의 불균형〉이 존재한다는 것. 이로 인해 위임계약 체결 '이전'에는 〈역선택〉이라는 문제가, 위임계약 체결 '이후'에는 〈도덕적 해이〉라는 문제가 발생

(2) 정보의 비대칭(asymmetric information)과 역선택(adverse selection)

대다수의 정보는 공짜로 얻을 수 있는 것이 아니기에 획득하는 데 비용이 따름. 정보의 비대칭이란 한 쪽이 상대보다 우월한 정보를 가지고 있는 경우를 말함. 정보 비대칭 상황이 발생하면 정보를 많이 가진 쪽이 자신에게 유리한 방향으로 행동함으로써 상대에게 손실을 입힐 수 있음

역선택(adverse selection)이란 주인과 대리인이 계약하거나 (재)거래하게 될 때 정보를 많이 가진 대리인이 오히려 주인을 선택하는 역설적인 현상이 생기게 되는 현상. 예컨대, 주인이 대리인을 시켜 기업을 운영하다 보면 오히려 주인은 정보와 멀어지고 대리인이 더 잘 알게 되는 정보 비대칭현상이 생김. 이때 대리인이 조금씩 돈을 빼돌린다면 이것이 대리인의 도덕적 해이(moral hazard)가 되며, 주인과 대리인이 다시 계약하거나 거래하게 될 때 정보의 비대칭(asymmetric information)으로 정보를 많이 가진 대리인이 오히려 주인을 선택하게 되는 역선택(adverse selection)이 나타나게 되는 것

(3) 대리인 비용(agency cost)의 개념

조직은 많은 이해관계자들의 모임. 여기서 이해관계자란 기업에 권리와 요구를 할 수 있는 주체로서 주주, 전문경영인, 종업원, 소비자, 지역사회, 채권자 등이 이에 해당하는데, 주식을 가지고 있는 주주(주인)가 전문경영인(대리인)에게 기업경영을 위임하게 됨. 이 때 대리인이론을 적용해보면 대리인과 주인 간에는 상호불신과 이해의 상충관계, 즉 대리인 문제(agency problem)가 생기는 것이 불가피. 주인은 대리인의 노력과 봉사로 자신의 이익을 추구하려는 이기적 동기를 가지고 있으며, 대리인은 주인이 주는 대가로 자기의 이익을 추구함. 이때 발생하는 손실이 대리인 비용

(4) 대리인 비용의 구성

대리인 비용은 본인과 대리인 간의 이해대립과 정보의 비대칭으로 인해 발생하는 비용을 뜻함

① 감시비용(monitoring cost)	'주인'이 대리인이 주인의 이해에 반하는 행동을 하는 것을 감시 감독하는데 드는 비용. 대표적으로는 스톡옵션, 연봉제, 성과급 등
② 확증비용(bonding cost)	대리인이 주인의 이익에 반하는 행동을 하지 않고 있다는 것을 증명하는 데 수반되는 비용. 대표적으로 회계감사 비용 등
③ 잔여 손실(residual loss)	앞서 살펴본 감시비용과 확증비용에도 불구하고 대리인의 의사결정이 주인의 의사결정과 일치하지 않음으로써 발생하는 주인의 부의 감소비용을 의미

4. 도덕적 해이의 영향과 방지책

(1) 도덕적 해이의 결과	일차적으로는 거래관계에 있는 상대방이나 이해관계자에게 손실을 입히지만 다음으로는 제삼자에게 피해가 전가되는 경우가 많음. 기업의 반(反)윤리적 행위는 조직성과에도 악영향을 미침
(2) 도덕적 해이의 방지책	
1) 정부의 개입이나 법률적 규제 : 공적 영역	대리인 또는 경영자들의 도덕적 해이를 줄이기 위한 가장 흔한 방법으로는 정부의 개입이나 법률적 규제로 행동을 제한하는 것
2) 개인 간 계약과 법률적 장치 마련 : 사적 영역	개인 간에도 계약과 법률적 장치를 튼튼하게 마련해 놓는 방법. 예 : 법으로 CEO의 임금을 명확하게 정해 놓는 것
3) 사외이사제도나 다양한 감독장치	사외이사제도나 기업의 회계감사와 같은 다양한 감독장치를 만들어 사회적 평판이나 시장원리에 의해 제약이 가능하도록 할 수 있음. 기업 경영자뿐만 아니라 기업의 회계감사 혹은 감독자를 또 감시하는 이중 장치 필요
4) 비공식 제도에 따른 사회적 규범을 통한 통제	사회적 규범을 통한 도덕적 해이에 대한 통제는 명시적인 제도가 아니라 사회적 평판과 비판, 신뢰와 사회 전반에 흐르는 윤리의식 같은 비공식적 제도를 통해 이루어질 수 있음

제 6 장 조직변화(organizational change)와 조직개발(organizational developement)

전략노트 pp.790-828

I. 조직변화(organizational change)의 의의와 과정

1. 조직변화(organizational change)의 개념

조직변화란 적응적(unplanned)으로 혹은 인위적(planned)으로 조직의 구조와 기술과 사람을 변화시키는 것

2. 조직변화의 배경

(1) 외부환경의 압력

외부 환경은 단편적인 변화(episodic change) → 지속적인 변화(continuous change) → 파괴적 혁신(disruptive innovation)의 순서로 영향을 받게 됨

(2) 내부환경의 압력

구조조정과 기업합병에 따른 고용불안의 가속화, 수직적 관계를 중시하여 왔던 전통적 유교가치관의 붕괴, 개인의 자율성과 일의 의미를 강조하는 개성중시의 풍토, 관료주의에 따른 조직병리현상의 심화, 노동의 질 추구, 조직의 비대화에 따른 관리비용 증대 등

3. 조직변화의 방법

[변화에 대한 양대 관점]

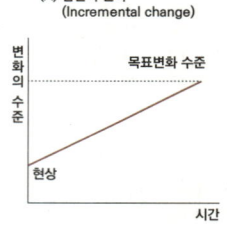
(A) 점진적 변화 (Incremental change)

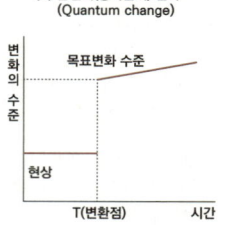
(B) 급진적(양자론적) 변화 (Quantum change)

(1) 점진적 변화(incremental change)

조직의 전략이나 구조 등 근본적 체계는 그대로 둔 채 환경이 변화하는 대로 적응해 가면서 비교적 장기간에 걸쳐 조금씩 변화시켜 나아가는 것. ex) 사회·기술 시스템 이론

(2) 급진적 변화(=양자론적)(quantum change)

조직의 구조와 전략 등 근본적 체계를 폭넓고 빠르게 변화를 시도하는 방식. 계단함수 그래프로 표현. 과거와 단절된 대대적인 질적 변화를 추구하는 것. ex) BPR

4. 조직변화 접근방법

(1) 계획적 조직변화관리의 모델

르윈(Kurt Lewin), 존 코터(John Kotter)

(2) 레윈(Kurt Lewin)의 세력 장 이론(force field theory) (=레윈의 조직변화 3단계 모델)

1) 의 의

조직에는 항상 변화를 강요하는 요소들(추진세력(driving force))이 있는가 하면 이에 저항하는 혹은 전통을 고수하려는 요소들(저항세력(resisting forces))도 존재, 이 두 세력의 크기가 균형을 이루고 있을 때에는 조직은 관성(inertia)의 상태를 유지하면서 어떤 변화도 일어나지 않음. 조직이 변화를 위해서는 변화세력을 증대시키든지 저항세력을 감소시키든지 해야 함

2) 세력 장(場) 이론(force field theory)의 유래

① 제2차 세계대전이 시작된 직후 미국이 식육용 고기 부족으로 곤란을 겪고 있을 때 사회심리학 연구기관의 관계자였던 K. Lewin이라는 사람이 이 문제의 해결을 맡았음. ② Lewin은 주부들끼리의 토론기회를 만들어 놓고 설득하려는 자들을 주부들과 같은 동료집단으로 참석시킴. 즉, 일방적으로 강의를 듣는 것이 아니라 스스로 토론에 참여하고, 준거집단인 동료 부인들로부터 새 의견을 제시받음으로써 쉽게 동조하였음. 개개인의 태도를 바꾸는 데 있어 한 사람씩 개별적으로 접근한 것이 아니라 집단 속에 들어가서 영향을 미치니 그 영향력은 순식간에 퍼져나갔던 것, ③ 장 이론은 집단의 힘으로 개인과 조직을 변화시키는 집단역학(group dynamics)의 발전을 촉진시킴

3) 세력 장 분석(force-field analysis) 기법

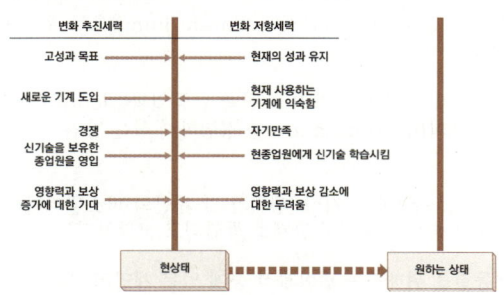

현재의 상태가 원하는 상태로 변화하기 위해 대립하게 되는 두 가지 세력인 변화 추진세력(driving force)과 변화 저항세력(resisting forces)을 분석하는 방법을 사용

4) 태도변화의 과정

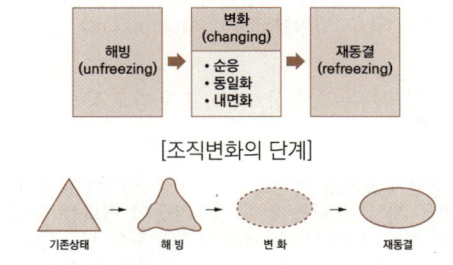

개인, 집단, 조직 태도 변화에도 전반적 적용가능

① 해빙(unfreezing)
 ⅰ) 의의

개인이나 집단을 변화에 대해 준비하도록 하는 것. 한 개인의 관습, 습관, 전통, 즉 어떤 일을 하는 데 있어서 과거의 방식을 깨뜨림으로써 그가 새로운 대체안을 받아들일 태세를 갖도록 하는 것

ⅱ) 조직이 해빙단계에서 사용할 수 있는 수단
 a. 〈변화 추진 세력을 증가시키는 방법〉

조직구성원이 도저히 저항할 수 없을 정도로 막강한 압력이 기존 조직에 존재하거나, 도저히 저항할 수 없는 압력이 외부로부터 가해지는 경우

 b. 〈변화 저항 세력을 감소시키는 방법〉

구성원인 고객의 진정한 욕구와 일치시킬 수 있다는 확신을 심어주거나, 교육과 의사소통을 통하여 변화의 당위성을 인정하게 하고, 구성원들을 참여시키고, 각종 인센티브를 지급하고, 최후의 수단으로 강압과 강제(해고나 감봉, 형사적 고발, 승진기회 박탈)를 활용하는 방법

② 변화(changing)
　ⅰ) 의 의 — 사회적 영향력의 행사

　　ⅱ) 변화의 단계(Kelman, 1963)
　　　a. 순응(compliance) — 한 개인이 다른 사람 혹은 집단의 호의적·비호의적 반응을 얻거나 회피하기 위해서 그들의 영향력을 수용할 때 발생

　　　b. 동일화(identification) — 한 개인이 다른 사람이나 집단과 관계를 맺고 있는 데 만족을 하고, 다른 사람이나 집단의 태도를 받아들여 자기 자신의 일부를 형성할 때 발생

　　　c. 내면화(internalization) — 유발된 태도나 행위가 내면적으로 보상되며, 한 사람의 가치체계에 부합될 때, 즉 타인의 주장이 자신의 보상체계에 부합되거나 합당한 것으로 받아들여질 때 일어나는 것

　ⅲ) 변화의 구체화 조치
　　　a. 〈시스템 변화〉 — 짧은 시간 내에 양자론적(quantum jump)으로 추진하는 방법

　　　b. 〈휴먼 변화〉 — 중장기적인 안목을 가지고 변화를 동일화(identification)와 내재화(internalization)를 경험하게 하는 방법

③ 재동결(refreezing)
　ⅰ) 의 의 — 새로 획득된 태도, 지식, 행위가 그 개인의 퍼스낼리티나 계속적인 중요한 정서적 관계로 통합되고 고착화되는 과정

　ⅱ) 유의점 — 재동결을 위해서는 변화과정 중에 있는 개인이 계속 변화할 수 있도록 강화시켜 줄 수 있는 환경이 마련되어야 함

5) 변화 성공의 방법
　① 〈추진세력의 힘을 증가시키는 방법〉 — 조직도 변화를 이끌어줄 사람이나 집단에게 조직변화를 위탁하는 것이 필요, 변화담당자(change agent), 자문팀, 교수팀

　② 〈저항세력을 약화시키는 방법〉 — 교육, 참여, 공개논의, 협상, 결속, 조작 강요 등

(3) 코터(John Kotter)의 변화실행의 8단계 계획
1) 개 요 — 르윈의 3단계 모델을 바탕으로 변화 실행을 위한 더 구체적인 방법을 제시. 코터는 먼저 경영자들이 변화를 실행하려고 할 때 흔히 일어나는 실패를 열거(변화의 필요성에 대해 공감대를 형성하지 못하는 것, 변화 과정을 함께 관리할 연합을 형성하지 못하는 것, 변화에 대한 비전의 결여와 비전을 효과적으로 전달하지 못하는 것, 비전의 달성에 방해가 되는 장애물을 제거하지 못하는 것, 단기적이고 달성가능한 목표를 제공하지 못하는 것, 너무 빨리 성공을 선언하는 것, 변화를 조직의 문화에 뿌리내리지 못하게 하는 것 등)

2) 내 용(Kotter의 8단계와 Lewin의 3단계 비교)

[코터의 조직변화 8단계]

개 념	내 용
제1단계 위기의식 고취	변화하지 않으면 망한다라는 위기의식을 고취시켜 조직을 해빙한다.
제2단계 주도세력 결집	조직 각 분야, 각 계층의 힘 있는 사람들을 모아 변화주도 세력화한다.
제3단계 비전과 전략구축	변화를 이끌어갈 비전을 확실히 하고 달성전략을 세운다.
제4단계 비전 전파	새로운 비전을 지속적으로 전파하기 위한 커뮤니케이션 전략의 수립, 실천한다.
제5단계 임파워먼트	변화저항 제거 : 조직변화가 현실화되도록 위험 감수, 창의적 문제해결 독려한다.
제6단계 단기성과 축적	단기적 변화성과를 인정하고 보상해줌으로써 변화가 가시화될 수 있다는 자신감 제공한다.
제7단계 변화확대	단기성과를 기반으로 더 큰 변화의 당위성을 확보하여 더 많은 사람을 끌어들이고 조직에 더 넓게 변화를 확산시킨다.
제8단계 조직문화로 재결빙	변화된 상태를 조직문화로 고착시키고 지속시킨다.

조직변화에 있어 리더십의 중요성을 강조하면서 성공적 조직변화의 70~90%는 최고경영층의 리더십에 의해서 결정된다고 주장

1~4단계는 Lewin의 '해빙'에 해당
5~7단계는 '변화'에 해당
8단계는 '재동결'에 해당

5. 변화의 저항 이유 : 개인 level, 집단 level, 조직 level을 중심으로

(1) 개인수준의 저항이유

1) 지각의 문제 — 새로운 것은 낯설기 때문에 싫어함
2) 성격의 문제 — 독단적·의존적
3) 불확실성에 대한 공포 — 모르는 것에 대해서는 두려움
4) 기득권 상실우려 — 현재의 지위, 돈, 권리, 우정 등
5) 사회학적 이유 — 권력의 원천, 자율행동 범위 등이 예측불허
6) 새로운 기술취득 — 새 기술을 배워야 하는 부담
7) 안전 욕구 — 본능과 관습으로 안정을 원함
8) 경제적 이유 — 경제적 손실

(2) 집단수준의 저항이유

1) 집단규범(group norm) — 집단의 규범으로부터 보이지 않는 지시와 명령
2) 집단응집력(group cohesiveness) — 지나친 집단응집력은 기존 집단의 것을 요구
3) 집단사고(group think) — 만장일치 동조

(3) 조직수준의 저항이유

1) 조직의 문화 — 안정·복지부동 문화
2) 조직의 구조 — 완전하게 자리잡은 조직구조
3) 자원의 한계 — 시간·자본·사람
4) 매몰 비용(Sunk cost) — 매몰 비용은 이미 투자된 시간, 돈, 노력이 돌려받을 수 없는 비용을 의미. 사람들이 매몰 비용을 의식하게 되면, 그 비용을 회수하려는 심리적 이유로 인해 현재 상황에 집착하고, 변화나 새로운 시도에 저항할 가능성

5) 기존의 조직전략 — 밀러(D. Miller)라는 학자는 조직이 과거 성공에 대하여 집착하는 경향을 이카로스 패러독스(icarus paradox)로 설명

6. 변화 저항의 극복방법

(1) 최고경영자의 역할 : 몰입의 관리와 변화리더십

1) 몰입의 관리

[변화에 대한 구성원들의 몰입단계]

구성원들은 한꺼번에 변화한다기보다는 단계를 가지면서 서서히 변화함. 경영자뿐 아니라 구성원에게도 기술혁신, 신제품과 서비스에 대한 아이디어 개발, 전략과 구조의 적합성 유지 등에 있어서도 변화는 쉽지 않기 때문에 관리자는 변화에 대한 구성원들의 몰입단계를 고려하여 관리하여야 할 것

2) 변화리더십

변화라는 것이 본래 복잡하고 역동적이며, 그 영향력이 크기 때문에 이를 실행하는 사람의 강한 리더십이 필요. 이를 위해 조직에서는 변화를 주도하는 리더를 만들어내는데, 그 사람을 대개 변화 리더(change leader). 이러한 리더는 거래적 리더십(transactional leadership)보다는 변혁적 리더십(transformational leadership)을 가진 경우가 많음

(2) 변화담당자(change agent)가 할 일 : 신뢰와 참여 및 지원

1) 변화담당자(change agent) 설정

조직변화를 주도하는 조직원들을 변화담당자(change agent)라고 함. 조직변화를 주도하는 주체인 변화담당자는 아이디어 챔피언, 혁신팀, 벤처팀 또는 독립적 사업단위 등이 포함. 〈아이디어 챔피언〉, 〈혁신팀〉, 〈벤처팀〉, 〈독립사업단위〉

2) 변화담당자의 신뢰

원래 변화를 싫어했던 사람도 변화담당자에게 신뢰가 가고 난 후에는 기꺼이 변화를 받아들임. 변화할 최종목표가 윤리적이거나 당위성이 있으며 구체적인 성공가능성이 있음을 보여주고 기존의 다른 목표들과도 상충되지 않는다는 사실을 확인시킬 필요

3) 참 여

아무리 좋은 취지라도 자기가 도외시되었다면 심리적으로 거리감을 가짐

4) 협상과 타협

변화가 불가피하다면 저항을 줄이기 위해 이해관계가 다른 당사자들 간에 양보와 피해보상 등을 놓고 협상과 타협과정을 거쳐야 하며, 여의치 않을 때에는 제3자의 중재에 맡겨서라도 이를 해결해 놓고 시작을 해야 저항이 적을 것

◆ 참고 : 변화 방정식(Change equation)

$$C = D \times V \times F > R$$

Change   Dissatisfaction   Vision   First step   Resistance

벡하드(Richard Beckhard)는 보스턴 경영대학원에 재직하면서 조직개발론과 계획된 조직변화에 대한 연구성과물과 함께 해리스(Ruben T. Harris)와 변화 방정식(Change equation)을 만들어냈음
C : Change
D : Dissatisfaction
V : Vision
F : First step
R : Resistance(변화에 따르는 비용도 포함)

이 방정식은 계획적인 변화를 이끌어내는 결정적인 요소들이 무엇인지를 설명하고 있음

(3) 조직이 할 일 : 교육과 커뮤니케이션

1) 교육과 커뮤니케이션 | 의사소통도 안 되고 변화의 소식이 잘못 전달되면 오해로 인해 저항이 더욱 커지기 때문에, 사전에 변화의 필연성, 변화방법, 변화결과에 대한 교육과 설명회가 있어야 함

2) 조직지원과 조직몰입 | 구성원들이 애사심이 많고 조직에 헌신하려는 의지가 강할 때에는 변화를 더 수용하려는 경향이 있음. 중간관리자나 종업원들에게 애사심을 갖도록 직무환경과 보상제도에서 개선이 이루어지고 이를 통해서 구성원들은 조직지원(organizational support)을 체험해야 함. 이 때 조직지원이 제대로 효과를 거두려면 구성원들 간의 교류가 활발하고 각자는 긍정적 정서를 유지해야 함

3) 의도적·적극적 접근 | 예를 들면 저항이 클 것 같은 부서의 리더들을 의사결정과정에 대표자로 참석시켜서 사전 이해를 돕기도 하고 적극적인 협조도 얻을 수 있음

7. 조직변화의 화두

개 념	내 용
(1) 학습조직	학습이 조직성패의 핵심이라는 개념. 경영자는 전체 그림을 이해할 줄 알아야 하며 시스템 각 부분들 간의 관계를 간파해야 한다.
(2) 리엔지니어링	관리시스템과 과정을 근본적으로 재설계하는 것. 일이 기능이나 과업 중심이 아니라 최종결과(또는 고객) 중심으로 재구축되어야 한다고 주장한다.
(3) 핵심 역량	조직이 자신이 제일 잘 할 수 있는 역량을 찾아내어 그들 중심으로 조직화되어야 한다는 개념. 전략은 이러한 핵심역량 중심으로 구축되어야 하며 제품이나 시장 중심으로 구축되어서는 안 된다.
(4) 식스 시그마 (six sigma)	생산품의 결함발생률을 백만개 중 3~4개 수준으로 낮추려는 데서 시작된 경영혁신운동으로 '측정'-'분석'-'개선'-'관리'(MAIC)의 과정을 통하여 문제를 개선해가는 과정이다.
(5) ERP	기업 전체의 경영자원을 효과적으로 관리하기 위해서 기업 전반의 업무 프로세스를 통합 관리하여 경영상태를 실시간으로 파악, 관리함으로써 효율성을 높이는 방법이다.
(6) BSC	조직의 사명과 전략을 측정, 관리할 수 있도록 포괄적인 측정지표로 바꾸어 관리함으로써 조직의 사명, 전략과 관리활동을 연계시켜주는 혁신 기법이다.
(7) TQM	전사적 품질경영으로서 제품이나 서비스뿐 아니라 경영과 업무수행, 구성원 자질까지도 품질개념에 넣어 관리해야 한다고 주장하는 혁신방법이다.

8. 전략적 우위를 달성하기 위한 변화의 유형

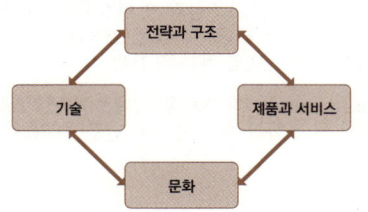

네 가지 혁신·변화는 '상호의존적'

(1) 전략과 구조 변화(strategy and structure innovation)
1) 개요

기업경영 관련 변화추진

2) 전략과 조직구조의 변화를 성공적으로 이끌기 위한 방법

① 관리부문과 기술부문

i) 〈관리부문〉은 계층상 기술부문 위에 놓여 있음. 관리부문은 조직의 구조, 통제, 조정을 담당하며, 정부, 재무자원, 경제상황, 인적자원, 경쟁자 환경에 관심을 가짐
ii) 〈기술부문〉은 원재료를 조직의 제품과 서비스로 전환하는 과업을 수행하며, 고객과 기술 환경에 관심을 가짐

② 관리변화의 특성

첫째, 관리변화는 기술변화보다 빈번하게 일어나지 않음.
둘째, 관리변화는 환경영역의 변화에 대응하여 일어나며, 상이한 내부 프로세스를 따름

③ 조직변화의 이중모형(dual-core approach)

관리부문의 변화와 기술부문의 변화

④ 이중모형(dual-core approach)의 핵심

많은 조직들-특히 비영리조직과 정부조직-이 빈번하게 관리변화를 시도해야 하며, 경쟁 우위를 위해 기술과 제품을 혁신하는 조직과는 다르게 구조화되어야 한다는 것

⑤ 관리변화를 위한 조직설계
i) 관리변화를 추진한 조직의 특성

관리변화를 성공적으로 추진한 조직은 기술변화를 추진한 조직보다 관리자 비율이 높고, 규모가 크며, 집권화되고, 공식화

ii) 관리부문과 기술부문에서의 혁신방법

제품기술 변화 및 신제품을 위한 혁신적인 기술변화 등의 기술적인 변화는 유기적 구조에 의해 촉진. 유기적 구조는 하위계층과 중간계층에 있는 구성원들이 아이디어를 끊임없이 창출할 수 있게 함
반대로 관리변화를 채택한 조직은 하향적 프로세스와 기계적 구조를 사용

[조직변화의 이중모형]

	혁신 유형	
	관리 혁신	기술 혁신
	관리 부문	기술 부문
변화의 방향	하향적	상향적
변화의 예	전략, 인력 감축, 구조	생산기법, 작업흐름, 제품 아이디어
변화에 적합한 조직형태	기계적 구조	유기적 구조

⑥ 맺음말
i) 관리 혁신(하향적 변화) 시 유의점

주로 상향적인 방법으로 기술적인 혁신이 이루어지던 기업이 위기를 맞이하여 재조직화가 필요한 경우 하향식 변화프로세스를 사용하는 것이 바람직.
하향적 변화, 특히 구조조정과 인력감축과 관련한 변화는 구성원들에게 고통스러울 수 있으므로 최고경영자는 가능한 한 빠르고 강압적으로 변화를 진행

ii) 르윈의 3단계 변화의 활용

① 해동(unfreezing), ② 새로운 상태로의 변화(changing), 그리고 새로운 변화를 영구적으로 만들기 위한 ③ 재동결(refreezing)의 3단계

(2) 제품과 서비스 변화(product and service innovation)
1) 개요

새로운 제품이나 서비스를 일부 변경하거나 완전히 새로운 제품라인을 도입하는 경우

2) 제품과 서비스의 혁신을 성공적으로 이끌기 위한 조직설계 방법
　① 실패 원인 분석(problem)

　　ⅰ) 불확실성이 높은 제품과 서비스의 혁신　　제품과 서비스의 변화는 기술혁신 등 다른 혁신과 비교해볼 때 특별한 점이 있음. 왜냐하면 제품과 서비스는 조직 외부에 있는 고객에 의해 사용되기 때문

　　ⅱ) 낮은 신제품 성공률

　② 성공 방안(solution)

　　ⅰ) 신제품 성공 방법 : 협력　　연구결과에 의하면 혁신이 성공하는 것은 기술과 마케팅 부서 간에 협력이 얼마나 잘 이루어지느냐에 걸려 있다고 함
→ 신제품혁신이 성공하려면, 부서들이 수평적으로 연결될 수 있도록 조직을 설계하는 것이 필요

　　ⅱ) 신제품과 서비스 혁신을 위한 조직설계 방법
　　　a. 수평적 조정모형의 활용

[신제품 혁신의 수평적 조정모형]

　　　　ⅰ. 부서의 전문성(departmental specialization) 확보　　신제품을 개발하는 핵심부서는 연구개발, 마케팅, 생산 부서. 전문성이란 세 부서의 구성원들이 모두 담당 과업 수행하는 데 있어 그 역량이 매우 우수함을 의미

　　　　ⅱ. 경계역할(boundary spanning)　　신제품 개발과 관련된 각각의 부서가 외부환경과 연계되어 있음을 의미

　　　　ⅲ. 부서 간 수평적 조정(horizontal coordination)　　연구개발 부서, 마케팅 부서, 생산 부서의 구성원들이 아이디어와 정보를 공유하는 것을 의미

　　　b. 개방적 혁신(open innovation)과 크라우드소싱 (crowdsourcing)
　　　　ⅰ. 성공적인 기업들은 고객, 전략적 파트너, 공급자, 그리고 외부인을 제품과 서비스 개발과정에 직접적으로 참여시키는 등 개방적 혁신 실행
　　　　ⅱ. 크라우드소싱(crowdsourcing)은 crowd와 outsourcing의 합성어. 기존의 직원들이 아닌 온라인상의 지원자로부터 정보와 서비스 및 아이디어를 개방적 혁신의 접근방법으로 사용하는 것

　　ⅲ) 경쟁우위 달성 : 속도의 필요성
　　　a. 시간기반 경쟁(time-based competition)　　패스트 사이클 팀(fast cycle team)
　　　b. 고객의 요구를 충족할 수 있는 신제품 설계　　세계시장에서 경쟁, 국제 무대를 대상으로 마케팅

(3) 문화 변화(culture innovation)

1) 개 요　　조직은 사람과 사람 간의 관계로 구성됨. 전략, 구조, 기술, 제품의 변화는 각각이 독립적으로 이루어지는 것이 아니며, 이것들의 변화는 사람의 변화를 수반. 문화 변화는 구성원이 가지고 있는 가치관, 태도, 기대, 신념, 능력, 행동 등의 변화. 구성원 사고방식의 변화와 관련

2) 변화의 필요성과 어려움　　사람들의 핵심가치관, 사고, 행동방식 위협

3) 문화변화를 위한 조직 개발

① 대집단 개입활동(large group intervention) — '방 안의 총체적인 시스템', 조직 외부에 있는 주요 이해관계자들은 물론이고, 조직과 관련이 있는 모든 사람들을 별도의 공간에 모아 놓고 문제나 기회를 논의하고 변화에 대한 계획을 수립하는 방법

② 팀 빌딩(team building) — 작업집단 구성원들이 조직에서 벗어난 특별 훈련에 참가하여 과업성과에 대한 관심을 갖고 생산성에 미치는 여러 요인들을 토론하는 훈련. 작업팀은 함께 모여 갈등, 목표, 의사결정 과정, 의사소통, 창조성, 리더십에 대해 논의

③ 부서 간 교류활동 — 상이한 부서의 대표들이 공통의 장소에서 만나 갈등을 표출하고, 그 원인을 진단하고, 의사소통과 조정을 촉진할 수 있는 방안을 강구. 노사 간의 갈등, 본부와 현장의 갈등, 부서 간 갈등, 합병에 활용

(4) 기술 변화(technology innovation)

1) 개 요
지식이나 기술을 포함한 조직의 생산과정을 변화시키는 것. 기술변화는 '효율적 생산' 가능케 함

2) 기술변화(혁신)를 위한 성공적인 조직설계 방안 : 양면적·혁신적 접근방법

① 개 요 — 현대 기업세계에서 새로운 기술을 지속적으로 개발하지 않고, 획득하지 않거나 적응하지 않은 기업은 생존하기 어려움. 경영자들은 기술변화를 장려하는 환경을 조성해주어야 함. 그렇지만 기술변화를 할 때 조직은 모순에 직면. 왜냐하면 새로운 아이디어를 촉진하는 환경은 일반적으로 현재의 일상적인 생산을 실행하는 데는 최선이 아니기 때문

② 유기적 조직과 기계적 조직에서의 특징
 i) 〈유기적 조직〉에서는 창조적으로 생각하고 새로운 아이디어를 도입할 자유가 구성원에게 주어지기 때문에 유연성이 있어 하위계층에서의 혁신이 활발하게 일어남. 중간과 하위계층의 구성원들은 아이디어를 자유롭게 제안하고, 도출된 아이디어를 실험하는 것도 자유를 가지고 있기 때문에 그들은 새로운 아이디어를 계속적으로 창출
 ii) 〈기계적 조직〉은 규칙과 규정을 강조하기 때문에 혁신이 쉽지 않음. 그러나 제품을 효율적으로 생산하는 데는 기계적 조직이 적합

③ 양면적 접근방법(ambidextrous approach)
 i) 유기적 조직과 기계적 조직의 딜레마 — 분권화와 자율성 같은 유기적 조직의 특성은 새로운 아이디어를 도출하고 실험하는 데 효과적. 그러나 이와 같은 조직에서는 변화를 실행하기가 어려움

 ii) 양면적 접근방법의 활용 — 혁신창출과 실행에 적절한 조직구조와 관리프로세스를 모두 갖추는 것. 새로운 아이디어를 탐색하고 개발하는 부서를 유기적인 구조로 설계하고, 혁신을 실행하는 부서는 기계적인 구조로 설계하는 것

[양면성 조직의 업무분장]

```
                    최고경영자
                   ┌─────┴─────┐
              혁신창출 부서  →  혁신실천 부서
              · 역량확대        · 역량활용
              · 새로운 아이디어    · 새로운 아이디어
                발굴 및 개발       적용
              (유기적 구조)      (기계적 구조)
```

④ 상향식 접근방법(bottom-up approach)

⑤ 기술변화 촉진기법
  i) 구조전환(switching structures)

  ii) 창조적인 부서(creative departments)

  iii) 벤처 팀(venture team)

  iv) 조직의 기업가정신

Ⅱ. 조직개발(Organizational Development : OD)

1. 조직개발(Organizational Development : OD)의 개념

2. 조직개발의 목적

3. 조직개발의 등장배경

4. 조직개발의 성격

> ◆ 참고 : 양면성 조직에 대한 논의
>
> Duncan(1976)이 이중 구조(dual structure) 연구를 한 것을 기반으로 Tushman & O'Reilly에 의해 보완. 그 중에서도 James March(미국 스탠퍼드대) 교수는 기업이 지속적으로 가치창출을 하기 위하여 시장 환경 변화에 대한 전략적인 적응과정 및 조직학습이 필요하다면서, 이를 위한 활동을 '탐색(exploration)'과 '활용(exploitation)' 모델로 설명. 탐색은 새로운 도전을 하는 것, 활용은 기업이 기존의 자원을 활용하는 것. 활용에 치중하는 기업은 단기적 성과를 높이기는 쉬우나 변화에 잘 대처하지 못함. 환경이 급변할 때는 탐색이 위력을 발휘하지만 위험한 측면이 있으므로 그 비중이 너무 높으면 기업이 도산할 가능성이 있음. 최근 헬싱키 공대에서 발표한 연구결과에 따르면, 최고 성과를 낸 최적 비율은 '활용'을 10으로 가정했을 때 '탐색'이 7정도일 때라고 함. 이 연구의 메시지는 활용과 탐색의 공존과 균형이 필요하다는 것

새로운 아이디어의 시도를 필요로 할 때 효과적인 유기적 구조를 창조하는 것

대기업에서의 혁신시도는 별도의 창조적인 부서에서 이루어짐. 연구개발, 엔지니어링, 설계, 시스템 분석과 같은 부서들은 다른 부서에서 채택할 혁신적인 내용을 도출해냄

〈벤처 팀〉, 〈스컹크 팀(skunk works)〉, 〈벤처 기금(new-venture fund)〉

아이디어 챔피언(idea champions)의 출연을 촉진

프렌치(French)와 벨(Bell)에 따르면, 조직개발이란 조직이 직면하고 있는 문제를 해결하고 조직의 재생능력을 증진시키기 위한 장기적인 노력을 의미

버크(Burke)는 조직개발은 행동과학에서 개발된 기술, 연구 결과와 이론들을 이용하여 조직문화를 계획적으로 변화시켜 나아가는 과정이라 주장

즉, 조직개발은 구성원의 능력개발과 조직기능의 개선을 위해서 직무환경을 계획적으로 변화시키는 사회과학적 기법

경영실제에 적용함으로써 변화를 이룩하고 성과를 향상시키도록 지원하는 것

1940년대 중반 레윈(Kurt Lewin)이 주도하는 MIT 대학의 학자들에 의해서 시작

(1) 계획된 변화, (2) 공동노력에 의한 변화를 추구, (3) 성과지향적, (4) 인본주의에 기초, (5) 시스템적 접근, (6) 과학적

5. 조직개발의 제 기법

수 준	기 법
(1) 개인 수준	감수성 훈련, 그리드 훈련(개인수준), 교류 분석, 스트레스 수용능력 개발, 생애-경력계획, 일반적 교육훈련 프로그램, 직무충실화, 역할연기
(2) 집단 수준	팀 빌딩, 브레인스토밍, 집단대면, 과정자문법, 제3자 조정법, 서베이-피드백, 조직체거울, 감수성훈련, 그리드 훈련(집단수준), 조하리의 창
(3) 조직 수준	그리드 훈련(조직수준), 관리자 대면기법, 시스템 Ⅳ, 목표관리, QWL, 서베이-피드백, 스캔론 플랜, 인적자원회계, 종업원지주제, 보상프로그램

(1) 개인 수준 – 감수성훈련(T-Group Training)

1) 개 념

1946년 Kurt Lewin이 주도했던 T-Group활동을 모체로 하여 발달한 프로그램으로 대인관계의 감수성 증대를 통해서 인간관계 능력과 조직유효성을 향상시키려는 기법으로 T그룹 훈련이라고도 함. 대인능력의 향상을 위해 개인의 태도 변화를 도모하고자 하는 것. 조직구성원들이 다른 구성원과의 대면접촉(face-to-face contact)을 통해 타인에 대해 관심을 가지고, 그들의 처지나 입장을 이해함으로써 마음의 벽을 허물고 인종, 지역, 학력, 출신 등 차이를 극복하고 협동을 하게 됨으로써 조직이 활성화되고 이를 통해 조직성과가 향상된다는 것

2) 기본가정

① 개방적이 아니며 정직하지 못함, ② 부정확한 지각, ③ 진솔한 의사전달 중요

3) 감수성훈련의 목적

구성원들 간 원활한 상호작용 도모

4) 감수성훈련의 절차

① 보통 한 집단에 10~15명 정도로 구성, 각각 구성원들의 직업, 나이, 출신 등이 다르도록 구성
② 참가자에게 훈련에 들어가기 전에 내용들을 설명
③ 훈련을 받는 동안 집단 내에서 자율적인 분위기가 인정되므로 자신들의 행동에 구속을 받지 않음
④ 토의는 정기적으로 매일 3회 실시, 매회 2시간씩 1주일 동안 진행
⑤ 참가자들의 원래 속해 있던 훈련집단을 해체하고 각 집단의 구성원들을 바꾸어 새로운 훈련집단을 만들고, 새로운 훈련집단을 만든 후 2일 간 토의
⑥ 새로운 훈련집단에서의 훈련이 끝나면 각 참가자들은 원래 소속되어 있던 훈련집단으로 복귀. 새로운 훈련집단에서의 경험을 통하여 자신들이 원래 속해 있던 훈련집단에 더욱 애착을 갖게 되고 훈련집단의 활동을 더욱 유효하게 함
⑦ 위와 같은 과정을 통하여 2주일 간의 훈련을 모두 마침

5) 훈련 참가자 집단의 유형

① 〈가족형〉 같은 조직 내 같은 부서의 사람들로 이루어진 유형

② 〈사촌형〉 같은 조직 내 다른 부서의 사람들로 이루어진 유형

③ 〈이방인형〉 다른 조직의 사람들로 이루어진 유형

6) 특 성

① 개방성 강조, ② 즉각적인 피드백 제공

7) 훈련자의 자세		① 개방적인 분위기를 확립하고 유지 ② 참가자들이 불공정한 비판이나 부당한 대접을 받지 않도록 보호 ③ 참가자중 전문적 지식이 많거나 말 잘하는 사람이 주도하지 않도록 조절
8) 감수성훈련의 효과		① 구성원들은 서로 자기가 타인에게 어떠한 영향을 미치고 있는지, 또 자신이 타인으로부터 어떻게 인지되고 있는지, ② 구성원들은 원활한 의사소통기법을 터득, ③ 자신의 의견을 앞세우기 보다는 타인의 의견을 먼저 듣는 방법, ④ 집단과 구성원사이에 어떠한 영향을 주고받는가, ⑤ 사람들이 처하게 되는 상황에 따라 어떠한 방식으로 대응해야 하는가
(2) 개인 수준 - 교류분석(transactional analysis)		Freud의 정신분석 원리기반으로 Eric Berne이 개발. 두 사람 간에 나타나는 대화의 내용을 분석함으로써 인간관계능력을 향상시키는 것, 피교육자의 행동은 부모(P), 성인(A), 유아(C) 등 세 가지의 자아상태(ego states)에서 형성된다고 가정하고 성인으로서의 성숙한 행동을 유도해 나가는 방법
(3) 개인 수준 - 역할연기(role playing)		인간관계에 대한 태도개선 및 인간관계기술을 제고시키기 위한 기법. 역할이란 '기대되는 행동패턴'으로서의 교육 참가자는 어떤 상황을 교육실시자로부터 부여받고 가장 효과적이라고 판단되는 행동을 하게 됨
(4) 집단 수준 - 팀 빌딩(team building) (=팀 구축법)		
1) 의 의		작업집단 구성원들이 조직에서 벗어난 특별 훈련에 참가하여 과업성과에 대한 관심을 갖고 생산성에 미치는 여러 요인들을 토론하는 훈련
2) 목 적		조직의 공식적 임무를 수행하는 다양한 작업집단의 구성원들이 협조관계를 형성하여 임무수행의 효율화를 도모하도록 하여 조직유효성을 증대시키는 것
3) 팀 빌딩의 가정		① 작업집단은 기술적 구조인 동시에 사회적 시스템 ② 집단구성원들이 공동목표를 달성하기 위하여 서로 협조할 때 작업집단의 효율성이 증진 ③ 작업집단구성원들의 정서적인 욕구가 충족되고 복지가 향상되어야만 작업집단의 유지와 효율성 증진이 가능

4) 팀 빌딩의 절차

단 계	내 용
제1단계 : 팀 연수	연수회(워크숍)를 통하여 조직 내의 여러 팀들이 변화를 수용할 수 있도록 만든다.
제2단계 : 자료수집	설문지를 통하여 일선 감독자들로부터 조직의 분위기, 감독상태, 직무만족도 등에 대하여 자료를 수집한다.
제3단계 : 자료처리	변화담당자는 전 단계에서 얻은 자료를 팀에 제시하고 변화담당자가 참관하는 가운데 제시된 문제를 공개토론 시킨다. 공개토론을 통하여 우선순위를 결정하고 사전권고를 한다.
제4단계 : 행동계획	앞에서 토론된 내용을 중심으로 실제로 수행할 변화계획을 수립한다.
제5단계 : 팀 빌딩	이 단계에서는 각 팀의 유효성을 저해하는 요소들을 규명하고, 거기에 대한 해결책을 개발하며, 바람직한 변화가 실천되도록 한다.
제6단계 : 집단 간 팀 빌딩	조직 전체목표를 달성하는 데 있어서 서로 의존관계에 있는 팀들 간의 문제를 밝혀내고 팀 간에 서로 협조할 수 있는 체제를 확립하며 조직 전체에 이러한 변화를 확대해 나간다.

5) 특 징	구성원들 간의 이해와 상호합의, 개방적인 의사소통, 상호신뢰, 갈등의 효과적 관리, 선택적이고 적절한 팀 형성, 적절한 리더십, 적절한 개인기술의 이용 등으로 효과적인 작업집단의 본질을 설명해 줌
6) 효 과	개방적이고 참여적인 분위기 하에 팀 노력이 창출, 의사소통과 문제해결이 개선, 구성원의 심리적 성장과 인간관계 기술이 개선되고, 팀 성원의 태도와 지각 및 조직성과에 긍정적 영향을 미침

(5) 집단 수준 - 브레인스토밍(brainstorming)

1) 의 의	오스본(A. F. Osborn)에 의하여 창안된 기법으로, 여러 명이 한 가지의 문제를 놓고 아이디어를 무작위로 개진하여 그 중에서 최선책을 찾아내는 방법
2) 진행과정	
3) 장 점	① 소수의 의견이 무시되지 않으면서 회의의 진행방식이 구성원 모두에게 참여의 기회를 제공하기 때문에 소수의 구성원이 회의를 지배할 수 없음, ② 다른 구성원들의 아이디어를 통해 학습효과
4) 단 점	① 중구난방식의 아이디어 제시로 급기야는 문제와 전혀 연관성이 없는 아이디어들을 나열, ② 현실성 결여, ③ 다른 사람들의 아이디어를 경청하면서 자기의 발언 기회 때까지 기다려야 하고, 심지어 기다리다가 원래 떠올랐던 자신의 아이디어를 잊어버리는 경우가 발생

(6) 집단 수준 - 명목집단법(Norminal Group Technique : NGT)

1) 의 의	서로 다른 집단에 종사하고 있는 사람들을 명목상 집단으로 간주하고 아이디어를 문서로 받음으로써 익명성을 보장하고 반대논쟁을 최소화하는 방법. 명목(名目)이란 독립적으로 행동하는 이름만으로 집단을 구성함을 뜻함
2) 진행과정	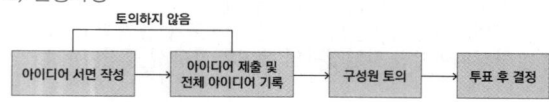
3) 장 점	① 제출된 아이디어에 대한 평가기능을 가지고 있어 아이디어의 질(quality)에 대한 인식 측면에서 브레인스토밍 기법보다 우수, ② 의사결정에 참여한 모든 구성원들은 각자 타인의 영향을 받지 않고 자신의 의사를 개진할 수 있기 때문에 의사결정을 방해하는 타인의 영향력을 줄일 수 있음, ③ 투표라는 객관적인 방법을 동원하여 아이디어의 우선순위를 매기기 때문에 결과 수용성이 높음
4) 단 점	리더(촉진자(faciliator))가 훈련을 받고 자질을 갖추고 있어야, 한 번에 한 문제밖에 처리할 수 없음
5) 상황조건	새로운 사실의 발견과 아이디어를 얻고자 할 때, 회의에 참가하는 구성원들이 문제에 대한 사전 지식과 관련 자료를 충분히 가지고 있을 때, 정보의 종합이 필요할 때, 최종결정을 내릴 때

(7) 집단 수준 – 조하리의 창(Johari's window) : 제3편 제1장 Ⅰ. 3. (4). 4) 참조

(8) 조직 수준 – 그리드 훈련(grid training)

(9) 조직 수준 – 조직시스템 Ⅳ

1) 의 의

시스템 1	시스템 2	시스템 3	시스템 4
약탈적 – 권위적	자애로운 – 권위적	상담적 – 민주적	참여적 – 민주적
리더에 의해 통치, 하향적 의사소통, 매우 집권화	부분적 참여 허용, 하향적 의사소통	의사결정 참여 허용, 부분적 권한 위임	의사결정 분권화, 쌍방향 의사소통

Likert는 다양한 현장연구를 통해 효과적인 조직은 그렇지 못한 조직과 여러 구조적 속성에 있어서 차이가 난다는 것을 발견하고 다음 네 가지 유형의 시스템을 제시

2) 유 형

① 시스템 Ⅰ 조직 — 톱 다운식으로 조직이 운영되며 경영이 (착취)적인 성격을 띠는 강압적인 권위적(exploitative autocratic) 경영스타일의 조직

② 시스템 Ⅱ 조직 — 톱 다운식으로 조직이 운영되기는 하지만 경영이 착취적인 성격을 띠지 않는 이른바 호의적인 권위적(benevolent authoritative) 경영스타일의 조직

③ 시스템 Ⅲ 조직 — 조직구성원들이 조직의 문제라든가 결정에 대해서 조언은 하지만 최종결정권은 가지지 못하는 이른바 조언적(consultative) 경영스타일의 조직

④ 시스템 Ⅳ 조직 — 가장 참여적(participative) 경영스타일 조직. 기업의 목표는 조직구성원들의 견해를 수렴하여 참여를 통해 설정되며, 많은 결정이 합의를 통해서 이루어짐

3) 평 가 — 리커트는 사람 중심 혹은 행위지향적인 조직이 더 효과적인 조직이라고 결론을 내리고, 시스템 Ⅳ 조직이 가장 효과적이고 참여지향적인 조직임을 설명. 인간존중경영 실현위한 조직특성

4) 리더의 Linking pin 역할 강조 — Likert는 조직의 상층-하층을 연결시키는 중간관리자의 역할을 강조. 연결핀 역할을 하는 상사와 태스크포스팀은 조직 내 상호작용을 촉진시키 수 있음. 나아가 부하에 대한 높은 신뢰가 존재하는 바, 정보 공유를 전제로 조직의 의사결정에 참여시키는 시스템 Ⅳ를 가장 효과적인 조직으로 보았음

6. 조직개발에 대한 비판

(1) 타당성에 대한 의문 — 일반적으로 조직개발기법들을 실제에 적용함으로써 원하는 결과를 얻을 수 있는가에 대하여 커다란 확신은 가질 수 없음

(2) 태도변화의 지속성 불확실 — 태도변화가 장기적인 지속성은 확실하지 않음. 상황에 따라 기법들의 효과가 많은 차이를 보임

(3) 조직 전체과정에 대한 효과 — 조직 전체과정에 대해서는 별 효과를 발견할 수 없었음. 즉, 조직개발기법들이 효과가 있다고 하더라도 그 효과가 조직 전체에 스며들도록 하는 데는 많은 장애물들이 있음

(4) 협소한 조직개발영역 — 조직개발의 연구영역을 확대해야 한다는 주장이 제기. 다국적기업에서의 조직개발활용문제, 사회운동에서의 조직개발기법의 사용, 그리고 고성과-고몰입 집단의 개발문제 등을 새로운 연구분야로

7. 조직개발의 성공조건

(1) 외부전문가 초빙 — 객관적인 조직진단을 위하여 가급적 외부의 전문가를 초빙하는 것이 필요

(2) 변화분위기 조성 — 개혁을 요구하는 조직 내외의 압력이 있어야 하며 개혁의 분위기가 조성되어야

(3) 최고경영층의 참여와 관심 — 최고관리자의 적극적인 의지와 지원이 있어야

(4) 인사제도와 연계 — 조직의 장·관리층·인사담당자·보상담당자들이 실험집단에 참여, 조직발전의 실효성 및 결과에 대한 분석과 평가를 하여 조직발전의 결과에 따라서 보수제도 및 기타 인사절차를 조정

(5) 성공체험 — 초기노력이 성공해야

(6) 구성원 교육 — 조직개발에 관하여 구성원이 올바른 이해를 하도록 교육을 실시

(7) 피드백 — 조직발전의 결과에 대하여 계속적인 분석·평가와 피드백이 뒤따라야

Ⅲ. 지식경영을 위한 학습조직의 설계방안

1. 지식 창조조직

(1) 지식(knowledge)의 의의 — 지식이란 조직이나 개인이 얻은 경험을 체계적으로 정리한 정보, 의사결정과정이나 경영활동에 효용가치를 발휘할 수 있는 실력·노하우·기술정보를 총 망라한 것. P. Drucker는 지식이란 작업방식을 개발·개선하거나 기존의 틀을 혁신함으로써 부가가치를 증가시키는 것이라고 하였음

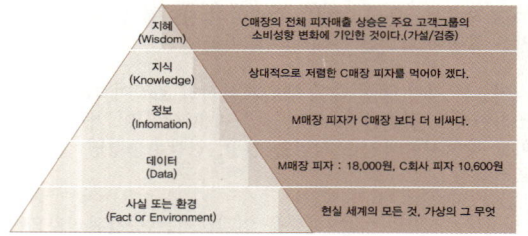

(2) 지식의 중요성 — 노동, 자본, 토지, 정보 등의 경영자원에 더하여 최근 지식이 제5의 경영자원

(3) 지식의 유형(Polanyi)

1) 형식지(型式知, explicit knowledge) — 객관적으로 측정·관찰할 수 있는 논리·기계적 지식

2) 암묵지(暗默知, tacit knowledge) — 개개인의 독특한 노하우와 주관적 경험으로 구성된 감성·직관·주관적 지식

구분	형식지	암묵지
특징	- 언어를 통해 습득된 지식 - 전수가 상대적으로 쉬움	- 경험을 통해 몸에 밴 지식 - 전수하기 어려움
속성	- 구체성 - 공식성 - 체계성	- 추상성 - 개인성 - 비체계성
예	비행기 조종 매뉴얼, 프로그램	비행 체험과 훈련에 의해 생긴 것

(4) 지식의 변환(Nonaka)

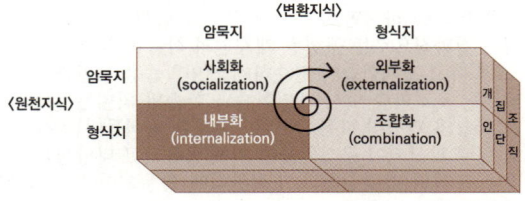

1) 사회화(socialization)

암묵지 → 암묵지로 변환되는 것, 체험·관찰·모방 등과 같은 감각적 경험을 통해 지식이 공유 변환되어가는 경우로 Know-how, OJT, Mentoring 등

2) 외부화(externalization)

암묵지 → 형식지로 변환되는 것, 신제품 개념 창출, 최고경영자 경영철학의 문서화, 숙련 노하우의 문서화 등

3) 내부화(internalization)

형식지 → 암묵지로 변환되는 것, 매뉴얼 등을 시뮬레이션 혹은 Role Playing을 통해 개개인의 내부에 체험적으로 이해시키는 것(Learning by Doing)

4) 조합화(combination)

형식지 → 형식지로 변환되는 것, 문서, 설계도, 데이터베이스, 메일 등의 매개를 활용한 분류 가공 조합 편집 등에 의한 새로운 시스템적 지식으로 체계화되는 것

(5) 지식의 증폭작용 : 나선형적 지식확장(Nonaka)

노나카 교수는 〈나선형적 지식확장〉이라 하여 조직 안에서 이것이 효율적으로 이루어진다면 지식은 기하급수적으로 확장될 것이며 점점 커지는 나선형처럼 지식확장의 소용돌이를 일으킬 것이라고 주장

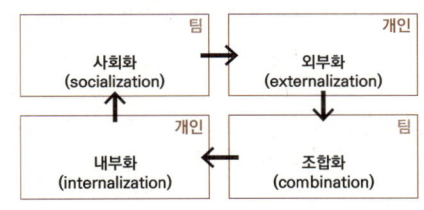

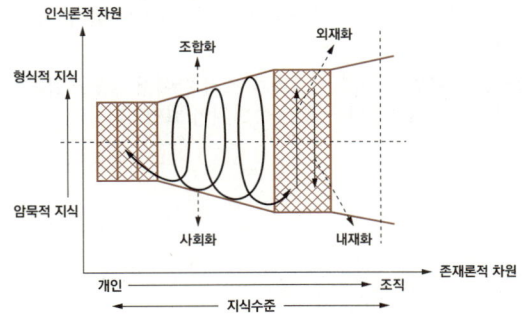

2. 조직학습과 학습조직

(1) 조직학습의 개념

조직은 학습을 하지만 조직 스스로는 학습할 능력이 없음. 조직은 결과적으로는 구성원 개개인의 학습을 통해서 학습함. 그렇다고 조직학습이 단순하게 개인학습을 통합한 것은 아님. 즉, 조직학습 역시 개인학습과 학습의 의미는 동일하지만 학습의 과정이 다름. 개인이 축적한 지식들이 조직 전체에 널리 확산되어 구성원들에 의해 공유되고 타당성을 인정받아 조직의 전략실천과 조직관리에 활용되어야 조직학습이라고 할 수 있음

(2) 학습조직(learning organization)의 개념

학습조직이란 변화에 적응하는 능력(지식, 노하우, 실력 등)을 계속 습득해 나가는 조직을 말함. 피터 셍게(P. Senge)는 대부분의 조직들은 심각한 학습 무능력 현상을 겪고 있으며, 이로 인하여 그들 대부분은 얼마 못 가서 사멸한다고 말하면서 "학습조직은 사람들이 진실로 바라는 결과를 창출하기 위한 능력을 지속적으로 확대해 가는 곳, 새롭고 팽창적인 사고의 패턴이 자라는 곳, 집단적인 획일성에서 해방되는 곳 그리고 사람들이 함께 학습하는 방법을 끊임없이 배우고 있는 곳"이라고 하였음

(3) 학습조직의 등장배경

[조직학습과 학습조직의 의미]

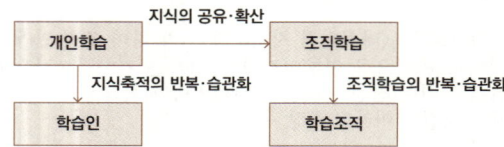

기존의 조직개발은 조직구성원 개인을 통해서 조직을 한 단계 변화시키는 것에 불과하였음. 그러다가 현대로 오면서 거시적·제도적·시스템적 조직변화의 움직임이 증가하였는데, 그중에서도 특히 조직학습을 기반으로 지식창조 조직을 만드는 것이 계속적인 지식의 개발과 축적을 통해 지속적으로 조직을 한 단계 변화시키는 방법으로 각광을 받고 있음. 1980년대에는 TQM이, 1990년대 초에는 리엔지니어링이 유행하였듯이 1990년대 후반에는 학습조직이 유행하였음

(4) 학습조직의 전제

1) 탐색능력

광범위한 환경 속에서 발생되는 여러 가지 변화를 탐색하고 예견할 수 있는 능력을 개발해야 함. 과거, 현재, 미래에 대한 능숙한 재현과 시도능력, 틈새에 대한 예견과 통찰, 조기경보체계, 고객과 경험 공유, 열린 조직운영

2) 회의(doubt) 습관

이미 과거부터 지켜지는 원칙과 규칙, 전통과 습관에 대한 회의를 항상 가지면서 과거 습관의 적절성 여부를 검토하고 도전하는 능력

3) 학습능력

적절한 전략의 방향과 조직화가 조직 안에서 자연스럽게 발현되도록 조직설계와 구조가 준비되어 있어야

(5) 학습의 두 가지 유형

[단순고리학습과 이중고리 학습]

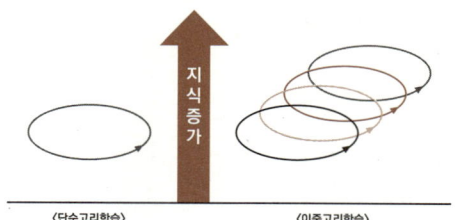

1) 단순고리학습(single loop learning) 어떤 잘못을 발견한 개인 혹은 조직이 과거에 해결한 방식이나 현재의 방침대로 해결하는 것. 이는 오류를 확인하고 행동을 수정하는 것, 과거에 학습했던 것을 그대로 사용했기 때문에 이번에는 학습이 없었던 것(과거의 학습은 단순하게 한번으로 끝이 난 것)

2) 이중고리학습(double loop learning) 잘못이 발견되면 과거의 성공방식이나 현재의 방침이 아니라, 그것보다 더 새로운 방식을 고안해서 해결하는 것. 이는 기본 전제와 가정을 원점에서 재검토하여, 끊임없는 시행착오와 그에 대한 성찰을 통해 조직 내 근본적인 변화를 유도하는 것

장기적으로 단순고리학습보다는 이중고리학습을 하는 사람이나 조직이 훨씬 앞서가게 됨(문제해결방식이 훨씬 업그레이드된 것이기 때문)

3. 학습조직의 실천

(1) 학습조직 구축의 핵심요인

[Senge의 학습조직 모형]

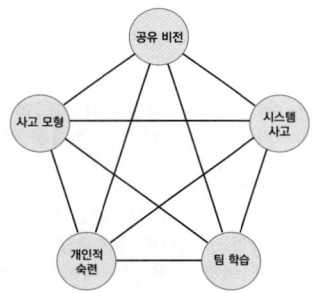

1) 시스템 사고(system thinking) 현상을 단선적이고 평면적으로 이해하는 것이 아니라 전체를 보고 전체에 포함된 부분들 사이의 순환적·동태적 인과관계를 이해하는 문제해결 수단

2) 개인적 숙련(personal mastery) 개인이 진정으로 지향하는 본질적인 가치를 추구하기 위하여 현재의 자기능력을 심화시켜 나가는 행위

3) 사고 모형(mental model) 인간이 경험하는 현상들을 이해하는 체계 또는 준거의 틀로서, 인간의 철학적 기반

4) 공유 비전(shared vision) 조직이 추구하는 방향이 무엇이며, 그것이 왜 중요한 것인지에 관해 모든 조직구성원들이 공감대를 형성하는 것

5) 팀 학습(team learning) 팀 학습이란 팀 구성원들이 바람직한 결과를 얻기 위하여 의도적·체계적으로 지속하는 학습행위

(2) 학습조직 설계원리

1) 관료제조직과 학습조직의 특징
  ① 관료제조직 관료제조직에서 지식창출의 담당주체는 최고경영진

② 학습조직

[관료제조직과 학습조직의 특징]

	관료제조직의 특징	학습조직의 특징
계 층	많음	적음
구 조	기능에 의한 분리, 수직적	기능횡단팀, 수평적
전문성	단일분야에 집중	다양한 분야의 전문성 필요
경계선	고정적	자유로운 이동 및 참여 가능
공동체 의식	통제와 지시에 의해	신뢰와 목표 공유에 의해
상하관계	명령과 복종의 관계	대등한 관계
권한의 소개	최고경영진에 집중	구성원에 분산
책임의 소재	책임의 전가	자발적 책임
정보활용	정보의 독점	정보의 공유 및 이전
정보의 흐름	공식적 의사소통 채널	공식적·비공식적 의사소통 채널
변화에 대한 반응	경직, 지연	유연, 신속
지식창출담당자	최고경영진	모든 구성원

학습조직에서는 낮은 계층, 기능횡단 팀(cross-functional team)을 주축으로 하는 수평적 구조를 가지고 있고, 구성원들은 다양한 분야의 전문성을 기반으로 관련업무에 따라 자유로운 이동과 참여가 가능. 또한 상사와 부하는 대등한 관계를 유지하며 상호신뢰와 목표공유를 통해 공동체 의식을 형성하고, 분권화하여 구성원 스스로 책임을 맡아 일을 수행하게 함. 정보는 공식적 의사소통 채널뿐만 아니라 비공식적 의사소통 채널을 통해서 자유롭게 흐르고 공유되므로, 변화에 대해서 유연하고 신속한 반응을 할 수 있음. 이러한 학습조직에서는 모든 구성원이 지식 창출의 주체

2) 미들업다운 관리(middle-up-down management) – Nonaka와 Takeuchi

① 하향식(top-down)·상향식(bottom-up) 관리 방식의 문제점

하향식 관리방식에서는 최고경영진이 지식과 정보를 창출하고, 중간관리자와 구성원은 단순히 주어진 정보를 처리하기만 함. 따라서 지식변환과정에서 기존 형식적 지식을 이용하는 결합과 내부화에는 적절하지만, 조직의 현장에 존재하는 다양한 암묵적 지식의 가치를 간과하고 활용하지 못할 가능성이 높음 / 상향식 경영방식은 창의적인 아이디어를 가지고 있는 개인에 의해서 정보와 지식이 창출되는데, 이 방식은 조직구성원이 가진 암묵적 지식을 이끌어내는 데에는 적절하지만 과도한 자율권으로 인해 구성원 간의 조정·통합이 곤란하고, 구성원들의 지식을 다른 부문으로 이전하거나 공유하는 것이 어려움

② 미들업다운 관리 : 중간관리자의 연결역할 강조

중간관리자가 중심이 되어 최고경영진과 구성원 사이를 흐르는 정보와 지식을 주도적으로 연결·관리함으로써 효과적인 지식창출 가능

3) 하이퍼텍스트 조직(hypertext organization) – Nonaka와 Takeuchi

① 하이퍼텍스트 조직의 의의

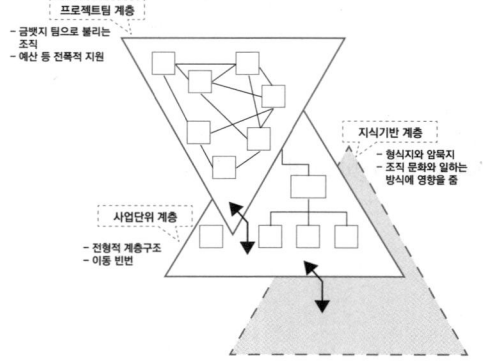

Nonaka와 Takeuchi는 미들업다운 관리가 효과적으로 이루어질 수 있는 가장 적절한 조직으로 하이퍼텍스트 조직이라는 것을 제시

하이퍼텍스트라는 말은 컴퓨터의 한 화면에 여러 가지 창들이 동시에 나타나 있는 형태를 의미

② 하이퍼텍스트 조직의 구성
ⅰ) 지식기반층 : 지식교환소

기업비전, 문화, 기술 또는 데이터베이스 형태로 지식이 축적되고 교환되는 저장소 겸 교환소의 역할. 나머지 두 층에서 창출된 지식이 재분류되고 정리됨

ⅱ) 프로젝트팀층 : 신제품 개발

신제품개발 등 새로운 지식창출활동 수행. 계층이 낮고 수평적인 자기조직화 팀으로 구성되기 때문에 집중적인 탐색을 통해 깊이있는 새로운 지식을 창출하고 습득할 수 있음

ⅲ) 사업단위층 : 일상적 업무

계층적 피라미드 형태. 일상적인 업무를 실행하고, 이로부터 만들어진 지식을 활용하며 축적하는데 보다 효과적

③ 하이퍼텍스트 조직의 특징

① 세 개의 층이 동시에 존재, 유연 이동 가능
② 관료제, 프로젝트 팀 결합한 장점
③ 외부로부터 지식 습득 능력

④ 하이퍼텍스트 조직과 매트릭스 조직의 차이점

ⅰ) 매트릭스 조직은 조직구성원이 동시에 두 가지 구조에 소속, 하이퍼텍스트 조직에서는 한 시점에서는 오직 한 구조에만 전속되므로 지속적으로 프로젝트에 관심을 집중할 수 있음
ⅱ) 하이퍼텍스트 조직에서는 각 층에서 새로운 지식이 창출되고 축적, 매트릭스 조직은 지식창출에 별로 관심이 없음
ⅲ) 하이퍼텍스트 조직에서는 시간이 지남에 따라 지식이 각 층 사이에서 보다 유연하게 결합
ⅳ) 프로젝트에는 마감기한이 설정되어 있기 때문에 목표달성을 위해 자원과 에너지를 보다 집중적으로 사용할 수 있음
ⅴ) 프로젝트 팀은 최고경영자의 직접적인 통제 하에 있기 때문에 의사소통 시간과 거리가 단축될 수 있고, 그 결과 경영층 간에 보다 철저하고 깊이있는 대화가 이루어짐

(3) 학습조직으로의 변화 과정 : Lewin의 태도변화과정 활용

1) 의 의

2) Lewin의 태도변화과정 : 제4편 제6장 Ⅰ. 6. (2) 4) 참조

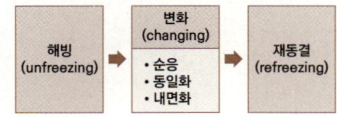

시스템은 변하지 않으려는 관성을 내포. 즉, 변화에 대한 저항이 있는 것. 따라서 저항하는 개인들을 변화에 노출시킨 후 학습시켜야 함. K. Lewin이 제시한 이론은 조직에서 모든 수준의 변화, 즉 개인의 태도, 집단 및 조직의 태도변화에 전반적으로 적용될 수 있는 것

① 해빙(unfreezing) (폐기 학습(unlearning))

② 변화(changing) (학습(learning))
ⅰ) 순응(compliance)
ⅱ) 동일화(identification)
ⅲ) 내면화(internalization)

③ 재동결(refreezing) (조직 학습(organizational learning))

부록

기출문제

부록 기출문제

제1회 ('87)
1. 조직이론에 있어서 컨틴전시 이론(Contingency theory)의 배경 및 그 대표적인 학설과 특징을 논하라. (50점)
2-1. 경력개발(Career Development)의 의의·절차 및 기법. (25점)
2-2. 직능급의 의의 및 장점과 단점. (25점)

제2회 ('89)
1. 근로생활의 질(Quality of Working Life)에 관하여 논하라. (50점)
2-1. 매트릭스(Matrix) 조직의 본질·의의 및 한계. (25점)
2-2. 경영참가제도의 의의와 유형. (25점)

제3회 ('91)
1. 경영조직의 발전과정을 과학적 관리론, 인간관계론, 근대적 조직론(조직행동론) 중심으로 비교 논술하시오. (50점)
2-1. 인간관계관리의 제 기법(제도). (25점)
2-2. 직무확대(Job enlargement)와 직무충실(Job enrichment)의 특성과 효과. (25점)

제4회 ('93)
1. 동기이론 중 알더퍼(Alderfer)의 E.R.G 이론, 허쯔버그(Herzberg)의 2요인 이론, 아담스의 공정성 이론의 특징과 동기부여에의 기여를 설명하라. (50점)
2-1. 조직문화의 정의와 조직 관련에의 영향. (25점)
2-2. 기계적 조직구조와 유기적 조직구조의 가장 적합한 상황. (25점)

제5회 ('95)
1. 폐쇄시스템과 개방시스템을 비교, 설명한 후 조직과 환경과의 관련 하에서 폐쇄시스템에서 개방시스템으로의 이행과정에서의 중요한 이슈에 관하여 논하라. (50점)
2-1. 내재적 보상과 외재적 보상의 차이점. (25점)
2-2. 사업부제 조직의 개념 및 장단점. (25점)

제6회 ('97)
1. 조직혁신과정에서 조직구성원들이 저항하는 원인들을 밝히고 이를 극복하는 방안들을 제시하여 보시오. (50점)
2-1. 조직 내의 집단사고(Group think)의 증상과 극복방안을 제시하시오. (25점)
2-2. 갈등해결의 기본방식을 열거하고 설명하라. (25점)

제7회 ('98)
1. 조직개발의 목적과 기법에 대해 논하시오. (50점)
2-1. 변혁적 리더십(Transformational Leadership)과 교환적 리더십(Transactional Leadership)을 비교 설명하시오. (25점)
2-2. 조직 구조의 구성요소들을 설명하시오. (25점)

제8회 ('99)
1. 동기부여 이론을 서술하시오. (50점)
2-1. JOB STRESS의 원인과 대책. (25점)
2-2. 팀제조직과 전통적 기능조직의 차이. (25점)

제9회 ('00)
1. Leadership의 상황적 적합이론(Contingency Theory)중 Fiedler이론과 Hersey & Blandchard의 이론을 비교, 설명하라. (50점)
2-1. 지각(Perception)의 영향요인과 오류의 유형. (25점)
2-2. 기업정보화가 초래하는 경영조직의 변화. (25점)

제10회 ('01)
1. 조직적 구조설계에 있어서 분화·통합의 의의 및 방법을 논하라. (50점)
2-1. 강화이론 중에서 자극·반응연계를 증대시키는 방법과 감소시키는 방법을 설명하라. (25점)
2-2. 업무프로세스 중심의 수평적 조직구조의 의의·등장배경 및 특성을 설명하라. (25점)

제11회 ('02)
1. 직무설계가 조직구성원의 모티베이션에 어떻게 영향을 미치는가를 직무특성이론을 중심으로 논하시오. (50점)
2-1. 조직 내 갈등의 원인을 기술하고, 그 순기능과 역기능을 설명하시오. (25점)
2-2. 애드호크라시(Adhocracy)의 특징과 그것이 적합한 상황을 설명하시오. (25점)

제12회 ('03)
1. 조직구조에 영향을 주는 상황요인으로서 환경과 기술에 대하여 논술하시오. (50점)
2-1. 동기부여 이론으로서 목표설정이론의 의의와 시사점. (25점)
2-2. 상동적 태도(stereotyping)의 개념과 긍정적, 부정적 측면. (25점)

제13회 ('04)
1. 조직기술과 조직구조와의 관계를 우드워드, 톰슨, 페로 이론을 중심으로 논하라. (50점)
2-1. 리더십 행위이론 중 관리격자이론을 약술하라. (25점)
2-2. 의사소통에 대한 장해요인과 활성화방안을 약술하라. (25점)

제14회 ('05)
1. 조직과 개인의 권력(power)의 원천을 쓰고 권력의 획득 및 행사방법에 대해서 쓰시오. (50점)
2-1. 태도와 인지부조화. (25점)
2-2. 의사결정의 제한적 합리성 모형. (25점)

제15회 ('06)
1. 최근의 경영환경변화의 주요 내용을 기술하고, 이와 관련하여 요청되는 새로운 조직유형으로 조직내부에서 두 가지, 조직 간에서 두 가지를 설명하시오. (50점)
2. 조직 내 개인행동에 영향을 미치는 성격(personality) 유형들을 열거하고, 설명하시오. (25점)
3. 조직효과성(organizational effectiveness)의 개념을 설명하고, 이를 측정하는 다양한 지표를 기술하시오. (25점)

제16회 ('07)

1. 리더십 이론을 크게 특성이론, 행동이론, 상황이론으로 구분할 때, 이 세 가지 범주의 리더십 이론에 대해 한계점 중심으로 설명하시오. (50점)
   (단, 각 범주에 해당하는 구체적인 세부 리더십 이론들을 설명할 필요는 없음)
2-1. 집단의사결정의 장·단점. (25점)
2-2. 학습조직의 특성. (25점)

제17회 ('08)

1. 조직의 성장과 발전에 따른 조직수명주기를 단계별로 구분하고 각 단계별로 직면한 위기와 그 대응방안을 설명하시오. 또한 각 단계별 조직의 특성(예 : 구조, 통제시스템)을 요약 설명하시오. (50점)
2-1. 조직정치의 개념과 영향요인 및 순기능/역기능. (25점)
2-2. 조직 내 창의성을 위한 조직설계 방안. (25점)

제18회 ('09)

1. 동기부여이론 중 기대이론과 공정성이론을 각각 설명하고, 두 이론의 공통점과 차이점을 논하시오. (50점)
2-1. 네트워크조직의 의의와 장단점에 대해 기술하시오. (25점)
2-2. 조직변화를 위한 하나의 기법으로서 해빙, 변화, 재동결에 대해 설명하시오. (25점)

제19회 ('10)

1. 조직 간 관계(interorganizational relationships)를 보는 자원의존관점(resource dependent perspective)에 관하여 설명하고, 조직이 외부자원 통제를 위해 사용하는 전략들을 논하시오. (50점)
2. 조직의 갈등관리에 있어서 협상의 의미와 중요성, 협상전략, 그리고 협상과정에 대해 설명하시오. (25점)
3. 감정노동의 개념과 의의(영향과 중요성)에 관하여 설명하시오. (25점)

제20회 ('11)

1. 챈들러(Chandler), 포터(Porter) 및 마일즈와 스노우(Miles and Snow)의 전략이론을 설명하고, 각각의 전략이론 관점에서 전략과 조직구조의 관계를 논하시오. (50점)
2. 집단의 구조적 속성으로서 역할과 역할갈등의 개념을 기술하고 집단에서의 역할갈등의 원인에 대하여 설명하시오. (25점)
3. 조직 내 대인관계에 있어서 조하리 창(Johari window)의 개념과 활용방안을 설명하시오. (25점)

제21회 ('12)

1. 현대 기업경영에서는 전통적 리더십과는 달리 카리스마 리더십(charismatic leadership)과 서번트 리더십(servant leadership)이 새로운 관점에서 부각되고 있다. 두 리더십 유형의 의의, 주요 특징을 각각 설명하고, 현대 기업에 대한 적용측면에서 장·단점을 비교하시오. (50점)
2. 조직구조에 관한 이론적 출발은 웨버(M.Weber)의 이상적 관료제라고 할 수 있다. 이상적 관료제의 특징을 설명하고, 현재 기업관점에서 이를 비판하시오. (25점)
3. 현대 조직구조에 관한 통찰을 제시한 학자로 민쯔버그(H.Minzberg)를 들 수 있다. 민쯔버그가 주장하는 조직의 5가지 기본부문을 설명하시오. (25점)

제22회 ('13)

1. 조직문화의 개념과 의의(중요성과 순기능/역기능 포함) 그리고 조직문화와 조직성과의 관계를 설명하시오. 또한 샤인(Schein)이 제시한 조직문화의 구성요소, 딜과 케네디(Deal & Kennedy) 그리고 퀸(Quinn)이 제시한 조직문화유형을 도식화하여 설명하시오. (50점)

2. 조직갈등의 해결방안으로서 협상이 갖는 의미와 중요성을 기술하고, 분배적(distributive) 협상전략과 통합적(integrative) 협상전략을 비교·설명하시오. (25점)
3. 암묵지(tacit knowledge)와 형식지(explicit knowledge)를 비교·설명하고, 이에 기초하여 노나카(Nonaka)가 제시한 조직의 지식창조과정을 도식화하여 설명하시오. (25점)

제23회 ('14)
1. 조직 환경을 환경의 불확실성과 자원의존 측면에서 각각 설명하고, 조직의 환경 불확실성에 대한 대응방안과 자원통제를 위한 전략에 대해 각각 논하시오. (50점)
2. 동기부여 이론 중 2요인 이론(two factor theory)과 기대이론(expectancy theory)의 주요 내용을 간략히 설명하고, 각 이론을 조직구성원 보상과 연계하여 설명하시오. (25점)
3. 조직 내 커뮤니케이션 과정에서 나타날 수 있는 장애요인을 설명하고, 구성원 및 관리자 입장에서의 커뮤니케이션 활성화 방안을 각각 설명하시오. (25점)

제24회 ('15)
1. 거시조직이론 중 조직군생태학이론, 전략적 선택이론, 제도화이론의 개념을 각각 설명하고, 이들 세 가지 이론의 차이점을 환경과의 대응관점(임의론 대 결정론)과 조직의 분석수준에서 각각 논하시오. (50점)
2. 아담스의 공정성이론의 내용 및 공정성의 3가지 유형을 설명하고, 불공정성 해소방안과 조직관리에 대한 시사점을 제시하시오. (25점)
3. 기능별 조직의 공식적 조직도상에 나타나는 커뮤니케이션 유형을 커뮤니케이션의 방향에 따라 구분하여 설명하고, 이들 각 유형이 사용되는 상황의 예시와 각 유형의 문제점을 제시하시오. (25점)

제25회 ('16)
1. 조직이 직면하는 환경의 불확실성을 복잡성과 동태성 측면에서 분석하고 각각의 상황에 적합한 산업의 예와 구체적인 조직설계 방안에 대하여 논하시오. (50점)
2. 조직관리에서 학습의 중요성, 학습과정 그리고 학습의 주요 원리로서의 강화에 대하여 각각 설명하시오. (25점)
3. 집단응집성의 의미를 서술하고, 집단응집성과 집단성과의 관계를 집단목표와 조직목표의 일치여부와 관련하여 설명하시오. (25점)

제26회 ('17)
1. 다음 사례를 참고하여 물음에 답하시오.

> 우리나라의 한 제조업체 공장장으로 근무한 홍길동은 몇 개월 전 동일업체의 미국 공장장으로 부임하여 현지 미국인 근로자들을 관리하고 있다. 홍길동은 우리나라에서 한국인 근로자들을 관리했던 방식을 동일하게 현지 미국인 근로자들에게 적용하고 있지만, 두 나라 근로자들의 행동 간에 상대적인 차이가 존재함을 경험하고 있다. 예를 들어, 우리나라에서는 부하직원들에게 어떤 과업을 어떻게 수행해야 하는지 알려주면 그대로 받아들이는 경향이 많지만, 현지 미국인 근로자들은 자기 의견을 적극적으로 개진하는 경우가 많으므로, 홍길동은 자신이 우리나라에서 보여준 리더행동(유형)이 미국에서 더 이상 효과적이지 않음을 깨닫고 있다.

(1) 두 나라 근로자들의 행동차이의 원인일 수 있는, 국가문화의 하위차원들(홉스테드(Hofstede)의 연구)에 대해 한국과 미국을 비교하여 설명하고(단, 남녀역할 차이와 장기/단기지향성에 대한 국민문화 차원은 무시),

(2) 로버트 하우스(Robert House)의 경로-목표이론(path-goal theory)에 기반하여, 홍길동이 우리나라에서 행한 리더행동 유형은 무엇이고, 미국에서 행해야(바뀌어야) 할 적합한 리더행동 유형은 무엇인지에 대해 국가문화의 하위차원과 관련하여 논하시오. (50점)
2. 조직의 구성원 통제방식을 계층적 통제(hierarchical control)와 분권적 통제(decentralized control)로 나누어 설명하고, 구성원 통제방식이 IT(information technology)의 영향으로 어떻게 변화될 것인지를 행동통제(behavior control)와 결과통제(outcome control) 측면에서 논하시오. (25점)
3. 조직설계의 핵심적인 구조적 차원 중 공식화(formalization), 전문화(specialization), 집권화(centralization)의 개념을 각각 설명하고, 아래 지문에 나타난 상황적 요인을 고려하여 A조직과 B조직 간에 공식화, 전문화, 집권화의 정도가 어떠한 차이를 보일지 비교·설명하시오. (25점)

> A 조직 : 차별화된 신제품 개발을 임파워된 팀 중심으로 운영하는 90명 정도의 기업으로, 사장을 비롯해 구성원 간에 직접적인 의사소통을 주저하지 않는 가족적인 문화를 가지고 있다.
> B 조직 : 가전제품을 대량생산하여 원가우위를 추구하는 기업으로, 내부 효율성을 중시하고 분업화·표준화된 방식으로 운영하고 있는 10,000명 정도의 조직이다.

제27회 ('18)

1. 스코트(R. Scott)는 기존의 조직이론을 체계적으로 정리하여 조직과 인간에 대한 관점으로 조직이론의 유형을 분류하고 있다. 다음 물음에 답하시오. (50점)
   (1) 스코트의 4가지 조직이론 유형을 설명하시오. (20점)
   (2) 각 유형별로 이론의 가정(assumption), 강·약점, 공헌분야 및 대표적 이론을 논술하시오. (30점)
2. 집단의사결정의 의미를 설명하고, 집단의사결정 방법 중 명목집단법(nominal group technique), 브레인스토밍(brainstorming) 및 델파이기법(delphi technique)을 각각 기술하시오. (25점)
3. 행동변화의 전략 중 4가지 강화(reinforcement) 유형을 예시를 포함하여 설명하고, 조직관리에 대한 시사점을 제시하시오. (25점)

제28회 ('19)

1. 다음 사례를 참고하여 물음에 답하시오. (50점)

> 당신은 노무법인에 근무하는 공인노무사로서, 화장지를 대량생산하여 원가우위를 추구하는 생산 중심의 정교화 단계 A기업과 의약품을 개발하여 차별화를 추구하는 연구개발 중심의 집단공동체 단계 B기업으로부터 조직 재설계 컨설팅을 의뢰받았다. 두 기업은 현대 경영에서 요구되는 유연성, 창의성 향상을 위하여 팀제 도입을 원하고 있으며, 팀제 도입을 통하여 조직 혁신을 추구하려고 한다.

   (1) '조직수명주기', '팀제 설계에서 고려해야 할 상황' 두 측면에서 A기업, B기업을 각각 분석하시오. (15점)
   (2) 4가지 유형의 팀제 및 조직 혁신을 설명하고, A기업, B기업에 적합한 팀제 및 조직 혁신 유형을 각각 논하시오. (35점)
2. 조직시민행동의 개념 및 5가지 구성요소를 설명하고, 조직시민행동이 조직의 생산성 향상에 기여하는 이유를 기술하시오. (25점)
3. 거래적 리더십(transactional leadership)과 변혁적 리더십(transformational leadership)의 개념과 주요 구성요인을 설명하고 각 리더십별로 권력원천(source of the power)과의 상호관련성을 기술하시오. (25점)

제29회 ('20)

1. 다음 사례를 참고하여 물음에 답하시오. (50점)

> 한국전자의 박새로이 사장은 약 30년간 기존의 반도체 칩(chip) 생산라인을 통해 노동집약적 사업을 추구하여 왔다. 그러나 최근 경영환경의 변화로 기존의 사업에 한계상황을 맞이하면서 신성장산업인 인공지능(AI) 사업을 시작하였다. 하지만 기대와는 달리 한국전자는 2개 사업부인 반도체 칩 사업부와 인공지능 사업부의 조직운영을 하면서, 전략방향, 조직구조의 설계 및 사업부간 갈등 등 단일 사업부일 때 보다 오히려 더 많은 어려움이 나타났다.
> 특히 3가지 문제인 전략, 조직구조 설계 및 사업부간 갈등의 문제로 조직의 균형과 안정성에도 문제가 발생하였다. 박새로이 사장은 고민 끝에, 빅픽처 컨설팅의 조이서 컨설턴트를 찾아가서 회사의 사정을 설명하고 자문을 구하였다.
> 조이서 컨설턴트는 이 문제를 해결하는 과정에서 전략 해결책으로 탐험(exploration)과 활용(exploitation)을 조직구조설계의 해결책으로, 양면형 조직(ambidextrous organization)을 사업부간 갈등의 해결책으로 통합형 협상(integrative negotiation)을 제시하였다.

 (1) '탐험과 활용'의 개념을 설명하고, 만약, 당신이 조이서 컨설턴트라면 탐험과 활용을 통해 2개 사업부 각각에 적합한 전략을 설명하시오. (15점)
 (2) '양면형 조직'의 개념을 설명하고, 만약, 당신이 조이서 컨설턴트라면 양면형 조직구조의 개념을 통해 2개 사업부에 적합한 조직구조를 설명하시오. (15점)
 (3) '통합형 협상'의 개념을 설명하고, 만약, 당신이 조이서 컨설턴트라면 통합형 협상의 태도, 행동, 정보 각각의 관점을 통해 사업부간 갈등의 문제 해결방안을 설명하시오. (20점)

2. 작업가치관(work values)은 내생적 작업가치관(intrinsic work values)과 외생적 작업가치관(extrinsic work values)으로 분류할 수 있다. 다음 물음에 답하시오. (25점)
 (1) 내생적 작업가치관과 외생적 작업가치관의 개념에 관하여 설명하시오. (8점)
 (2) 내생적 작업가치관을 갖는 종업원과 외생적 작업가치관을 갖는 종업원 각각에 대하여 성공적인 동기유발 방법을 설명하시오. (10점)
 (3) 내생적 작업가치관을 가지고 있고, 내생적으로 동기부여되어 일하고 있는 종업원에게 외재적 보상을 하였을 때 내재적 동기부여수준이 어떻게 달라질 수 있는지를 데시(Deci, E. L.)의 인지평가이론(cognitive evaluation theory)에 근거하여 설명하시오. (7점)

3. 조직의 다양한 부서들은 과업을 수행하기 위해 자원, 부품, 정보 등의 교환을 통해 상호의존하게 된다. 기술이 조직구조 설계에 영향을 미치는 연구 중 톰슨(James Thompson)의 상호의존성(interdependence)의 3가지 유형을 설명하고, 조직구조 설계에 주는 시사점을 제시하시오. (25점)

제30회 ('21)

1. 다음 사례를 참고하여 물음에 답하시오. (50점)

> 어느 조직이든 조직목적을 달성하기 위해 구성원 행동을 조정·통합하는 통제전략을 필요로 한다. 대부분의 조직에서는 오우치(William Ouchi) 교수가 제시한 관료적 통제(bureaucratic control), 시장 통제(market control), 문화 통제(clan control)의 세 가지 방안을 기본으로 하여 통제 전략을 시행하고 있다.
> 사례 A 조직은 교육서비스 업무를 주로 수행하는 공공기관이다. A조직은 2019년 1월 최신의 정보통신기술(information & communication technology)을 도입하여 구성원 업무를 적극 지원하

고 있다. A조직 구성원은 최근의 코로나 19 상황에서는 정보통신기술을 활용한 재택근무 등으로 업무를 수행하고 있다.

그 동안 A조직은 구성원에 대해 오우치(William Ouchi) 교수가 언급한 관료적 통제 방식을 주로 사용하여 왔으나, 코로나 19와 같은 불확실한 환경에 대응하기 위해서는 새로운 방식의 구성원 통제 전략이 필요하다는 것을 인식하고 있다.

(1) 오우치(William Ouchi) 교수가 제시한 구성원에 대한 관료적 통제의 주요 요구사항(특징)을 기술하고, A조직이 직면한 코로나 19 상황에서는 이러한 통제 전략이 왜 한계를 나타내는지 그 이유를 설명하시오. (20점)

(2) A조직에서는 새로운 구성원 통제 전략으로 시장 통제, 문화 통제를 고려하고 있다. 이들 2가지 통제의 주요 요구사항(특징)을 오우치(William Ouchi) 교수가 제시한 바를 기준으로 각각 설명하시오. (15점)

(3) 만약 여러분이 A조직의 조직개발전문가라고 가정하고, A조직에 적합한 새로운 구성원 통제 전략으로 문화 통제를 권고하기로 결정하였다고 하자. 문화 통제 전략을 선택한 이유를 설명하고, 그러한 전략을 구현하기 위한 변화실행방안을 쓰시오. (15점)

2. 조직마다 의사결정 방식이 다르며, 동일한 조직 안에서도 사안이 무엇인지에 따라 결정방식이 다양하다. 조직의 의사결정은 합리적이고 이상적으로만 이루어지는 것이 아니라 여러 가지 현실적 원리에 의해 전혀 뜻밖의 방식으로 결정되기도 한다. 그 이유는 조직의 의사결정에 영향을 미치는 요소는 매우 많기 때문이며 또한 내부의 영향요인 이외에 외부 영향요인도 존재하기 때문이다. 1971년 올슨(J. Olsen) 등은 합리적 의사결정 모형이나 사이몬(H. Simon)의 바늘이론을 비판하면서 실제 조직의 의사결정은 그보다도 훨씬 비합리적으로 이루어진다고 주장하면서 소위 '쓰레기통 의사결정 모형(Garbage Can Model)'을 발표하였다. (25점)

(1) 쓰레기통 모형(Garbage Can Model)의 개념적 정의를 쓰시오. (6점)
(2) 쓰레기통 모형(Garbage Can Model)의 의사결정이 언제 자주 일어나는지 주요 상황 3가지를 쓰시오. (6점)
(3) 쓰레기통 모형(Garbage Can Model)의 의사결정 요소들 중에서 핵심적인 구성요소 4가지를 쓰시오. (7점)
(4) 쓰레기통 모형(Garbage Can Model)이 주는 시사점 4가지만 쓰시오. (6점)

3. 사물이 아닌 사람을 지각하는 것을 대인지각(person perception)이라고 하는데, 이것은 사물을 지각할 때와 조금 다르다. 타인을 지각할 때, 우리는 그가 속해 있는 상황을 잘 모르기 때문에 그가 하는 행동을 보고 그를 지각할 수 있다. 그런데 우리는 타인의 행동을 보고 곧바로 판단하는 것이 아니라, 그가 한 행동의 원인을 추측한 다음에 생각을 하고 그를 판단한다. 켈리(H. Kelley)는 타인의 행동원인을 추측하는 것을 '귀인이론(attribution theory)'으로 설명하였다. 다음 물음에 답하시오. (25점)

(1) 다음 캘리(H. Kelley)의 내부귀인과 외부귀인의 개념적 정의를 쓰고 이에 따른 예를 각각 쓰시오. (10점)
(2) 캘리(H. Kelley)가 제시한 귀인결정의 요소 3가지를 쓰시오. (15점)

제31회 ('22)

1. 다음의 내용을 참고하여 물음에 답하시오. (50점)

갈등은 어느 조직에나 존재하는데, 갈등에 대한 전통적 관점에서는 기본적으로 갈등은 조직에 역기능을 가져다주기 때문에 제거해야 된다는 입장이다. 반면에 현대적 관점에서는 갈등이 순기능을 가져다 줄 수 있기 때문에 조직은 갈등에 대해 보다 적극적인 관심을 가져야 한다는 것이다. 조직경영과 관련하여 중요한 갈등은 개인 간 갈등과 집단 간 갈등으로 대표되는 조직 내 갈등이다. 조직원들끼리 또는 팀들 간에 업무를 수행하고 목표를 달성하는 과정에서 발생하는 갈등은 자칫 성과를 떨어뜨리는 결과를 가져올 수 있기 때문이다.

(1) 갈등의 개념적 정의를 제시하고, 개인 간 갈등의 원인을 개인차원, 업무차원, 조직차원으로 구분할 때 각 차원별로 그 원인 3가지를 설명하시오. (10점)

(2) 개인 간 갈등관리의 유형을 라힘(M. A. Rahim)의 구분 기준에 의하여 제시하고 각 유형의 개념과 장단점을 설명하시오. (25점)

(3) 집단 간 역기능적 갈등 해결방안과 조직성과를 높이기 위한 순기능적 갈등 조성방안을 각각 5가지 설명하시오. (15점)

2. 의사결정자가 최선의 의사결정을 내리는 데 필요한 모든 정보를 획득하고 처리하는 것이 불가능하다는 것을 고려해볼 때, 최선의 대안을 선택하는 과정에서 범하는 오류는 의사결정의 질을 저해할 수 있다. 의사결정자가 흔히 범하는 아래의 오류들 각각에 대하여 개념적 정의와 조직 상황에서 발생할 수 있는 예시 1가지씩 쓰시오. (25점)

(1) 가용성 편향(availability bias)

(2) 고착 편향(anchoring bias)

(3) 확증 편향(confirmation bias)

(4) 사후확신 편향(hindsight bias)

(5) 몰입의 심화(escalation of commitment)

3. 조직의 각 부서는 다른 부서와 구별되는 고유한 기술(투입물을 산출물로 변환하는데 필요한 업무 프로세스, 기법, 기계 및 행동)을 가지고 업무 활동을 전개한다. 이로 인해 각 부서의 구조적 특징도 달라지게 된다. 이러한 부서 수준의 기술을 분석하고 이해하기 위하여 페로우(C. Perrow)는 개념적 모형을 개발하였다. 다음 물음에 답하시오. (25점)

(1) 페로우(C. Perrow)가 개발한 모형에서 기술을 분류하는 2가지 기준을 설명하고, 해당 기준에 의해 도출되는 4가지 기술 유형을 쓰시오. (10점)

(2) 페로우(C. Perrow)가 개발한 모형에서 일상적(routine) 기술과 비일상적(nonroutine) 기술에 따라 조직구조의 특성이 어떻게 달라지는지를 공식화, 작업자 숙련도 및 통제 범위(span of control)의 3가지 차원에서 설명하시오. (15점)

제32회 ('23)

1. 다음 사례를 참고하여 물음에 답하시오. (50점)

> 한국엔터의 홍길동 사장은 아이돌 굿즈와 관련한 한국 전통 제품군들을 생산하는 대규모 사업부와 아이돌 굿즈 기획을 컨설팅하는 소규모 사업부를 운영하였다. BTS, 블랙핑크와 더불어 뉴진스 등이 공전의 히트로 한류 붐이 거세지면서 제품생산 및 컨설팅 의뢰 폭증으로 해외 사업에 진출하게 되었다. 홍길동 사장은 전세계를 단일시장으로 보고 표준화 제품군을 생산하는 사업부를 첫째 아들에게, 문화적 차이를 감안하여 중남미·동남아 지역 위주의 차별적인 서비스를 제공하는 컨설팅 사업부를 둘째 아들에게 맡겨 해외 사업을 진행하였고 형제 간의 간섭 없이 전략, 조직구조를 만들도록 전권을 각각 위임하였다. 사업이 번창할 것이라는 기대와는 달리, 오히려 회사가 어려움에 처하면서 경영 위기를 맞게 되었다. 컨설팅 결과에 따르면, 첫째와 둘째 모두 잘못된 전략, 조직구조를 활용하였으며, 첫째와 둘째 모두 지나치게 사업을 확장하여 해외 사업에 무작정 뛰어들었다가 과중한 부담을 버티지 못한 것이었다. 이에 셋째 아들에게 조직쇠퇴 원인을 파악하고 해결하는 중책을 맡기게 되었다.

(1) 바네(J. Byrne)의 대규모 조직과 중소규모 조직의 차이점을 설명하시오. (10점)

(2) 국제적 경쟁우위와 조직구조 간의 적합성 모형(Model to Fit Organization Structure to International Advantage)의 4가지 유형을 도식화하여 제시하고, 2개 사업부에 적합한 유형을 각각 설명하시오. (20점)

(3) 밀러(D. Miller)의 조직쇠퇴 4가지 유형을 설명하고, 한국엔터가 처한 조직쇠퇴 유형 및 극복방안을 설명하시오. (20점)

2. 조직구성원들의 조직적응은 업무에 대한 태도 형성과 성과에 영향을 미친다. 특히 신입사원 조직적응과 관련하여 조직사회화(organizational socialization)의 중요성이 강조되고 있다. 다음 물음에 답하시오. (25점)

    (1) 조직사회화의 개념과 행위적 결과 및 정서적 결과를 설명하시오. (10점)
    (2) 조직사회화의 3단계 모델을 설명하시오. (15점)

3. 특정 사물, 사람, 사건 등에 대해서 좋아하거나 싫어하는 것을 태도(attitude)라고 한다. 태도는 개인의 조직행동을 결정하는 중요한 요인이다. 다음 물음에 답하시오. (25점)

    (1) 태도를 구성하는 3가지 요소를 제시하고, 3가지 요소들의 영향 관계에 관하여 설명하시오. (10점)
    (2) 페스팅거(L. Festinger)의 인지부조화(cognitive dissonance)이론을 기반으로 태도와 행동 간 불일치를 해결하는 원리를 설명하고, 태도와 행동 간 불일치 해결에 영향을 미치는 요인을 제시하시오. (15점)

제33회 ('24)

1. 경영환경의 변화는 의사결정에 있어서 불확실성을 증대시킨다. 조직은 이에 대한 효과적 대응방안의 하나로서 구조적 설계 대안을 마련해야 한다. 다음 물음에 답하시오. (50점)

    (1) 조직 구조를 설계할 때 고려하는 3가지 핵심 요소를 설명하시오. (10점)
    (2) 조직 환경의 불확실성을 정의하고, 불확실성을 분류하기 위한 던컨(R. Duncan)의 2가지 구성요소를 설명하시오. 그리고 이에 따른 4가지 수준의 조직 환경의 불확실성과 각 불확실성 수준에서 활동하는 조직의 구조적 특성을 함께 설명하시오. (25점)
    (3) 환경 불확실성에 대처하기 위한 조직의 대응방안 중 완충 역할(buffering role 또는 buffer)과 경계 역할(boundary spanning role)을 설명하시오. (15점)

2. 집단은 여러 가지 이유로 변화를 겪게 되고, 집단 구성원들은 집단의 발달 단계에 따라 각기 다른 상황에 직면하게 된다. 따라서 집단이 어떻게 변화하고 발달 단계에 따라 어떠한 특성이 나타나는지를 이해하는 것은 중요하다고 할 수 있다. 다음 물음에 답하시오. (25점)

    (1) 집단의 발달 단계를 설명하고 있는 모델 중 터크만(B.W. Tuckman)의 집단발달 5단계 모델과 거식(C.J.G. Gersick)의 단속평형모델(punctuated-equillibrium model)을 각각 설명하시오. (20점)
    (2) 터크만(B.W. Tuckman)의 집단발달 5단계 모델과 거식(C.J.G. Gersick)의 단속평형모델(punctuated-equilibrium model)의 차이점을 비교·설명하시오. (5점)

3. 권력(power)은 조직 내에 엄연히 존재한다. 하지만 권력행사자가 강력한 권력을 소유하고 있다고 하더라도 권력수용자가 받아들이지 않으면 영향력을 발휘할 수 없다. 또한 조직에서 권력의 독점이 아닌 공유를 통하여 조직유효성을 높이기 위한 개념으로 임파워먼트(empowerment)가 강조되고 있다. 다음 물음에 답하시오. (25점)

    (1) 켈만(H.C. Kelman)의 권력수용 3가지 과정을 제시하고, 해당 과정별로 권력의 원천, 권력수용자의 영향력 수용 이유, 권력행사자의 적합한 상황요건과 행동 대안을 설명하시오. (15점)
    (2) 스프라이쩌 등(G.M. Spreitzer et al.)에 따른 심리적 임파워먼트(psychological empowerment)의 개념을 구성하는 4가지 하위차원의 개념 및 발생하는 상황을 설명하고, 직무성과 및 직무만족과 관계있는 하위차원을 각각 기술하시오. (10점)

[제9판]
경영조직 전략노트 목차키워드

초판 발행일 1쇄   2017년 3월 31일
9 판 발행일 1쇄   2025년 3월 25일

저 자   김유미
발행인   이종은
발행처   새흐름
         서울특별시 마포구 독막로 295 삼부골든타워 212호
         등록 2014. 1. 21, 제2014-000041호(윤)
전 화   (02) 713-3069
F A X   (02) 713-0403
홈페이지   www.sehr.co.kr

ISBN   979-11-6293-627-6(93320)
정 가   30,000원

* 본서의 무단복제행위를 금합니다. 파본은 바꿔드립니다.
* 저자와 협의하여 인지첨부를 생략합니다.